Wolfgang Welsch

Die verklärte Diktatur

Der verdrängte Widerstand gegen den SED-Staat

Helios

Umschlaggestaltung: Ute Weizsaecker

Dieses Buch wurde ohne Förderung
der Bundesstiftung zur Aufarbeitung
der SED-Diktatur publiziert

Impressum

Helios Verlags- und Buchvertriebsgesellschaft
Postfach 39 01 12, 52039 Aachen
Tel.: (02 41) 55 54 26; Fax: (02 41) 55 84 93
eMail: Helios-Verlag@t-online.de
www.helios-verlag.de
Bitte fordern Sie beim Verlag aktuelle Informationen zu lieferbaren Titeln an.

ISBN 978-3-938208-93-9

Inhaltsverzeichnis

Einleitung 7

I. DIE GEHEIMPOLIZEI UND IHRE SPIONAGEABTEILUNG

1. Struktur einer kriminellen Organisation 12
2. Die Hauptverwaltung Aufklärung 20
3. Mordpläne gegen den Widerstand 27

II. UNRECHT UND WIDERSTAND

1. Vom Versagen der Politik 33
2. Die Legende von der Opposition 36
3. Vom Gewissen zum Widerstand. 52
4. Das Angepasstsein christlicher Kirchen 67
5. Widerstand als Imperativ 74
6. Widerstand und Definition 82
7. Die Verfolgten der SED 85
8. Widerstand in der historischen Betrachtung. 90

III. MARXISMUS – EINE ERSATZRELIGION

1. Die neue Kirche des Hasses 95
2. Die Erziehung zum neuen Menschen. 102
3. Wie die Saat aufging 107

IV. WIE BEKÄMPFE ICH EINE DIKTATUR?

1. Das Ende der Freiheit 112

2. Fluchthilfe und deren operative Bekämpfung 118

3. Operative Zersetzung und Liquidierung 129

4. Einsatz und Charakteristik von IM am Fall „de la Rosa“. 132

5. Der Fall „Lenzlinger“. 160

6. Spezielle Kampfmaßnahmen 163

7. Opfer, Widerstand und Vergleich 167

8. Die Intellektuellen in Ost und West. 177

V. WIDERSTAND UND MEDIEN

1. Legitimation von Zersetzung und Liquidierung durch DDR-Medien am Beispiel der Zeitschrift „horizont“ 183

2. Flüchtlingsproblematik aus SED-Pressesicht. 189

3. Die schöne ‚Junge Welt‘ der MfS-Veteranen 194

VI. IN DEN VERLIESEN DES MfS

1. Die Banalität des Bösen als wiederkehrendes Element der Geschichte . . . 198

2. Die Kriminalisierung von Widerstand 201

3. Wie aus Menschen Staatsverbrecher werden 204

4. Kampfmaßnahmen gegen den Widerstand 208

5. Das Inquisitionsprinzip in MfS-Gefängnissen. 211

6. Die Folter 216

7. Rehabilitierung und Freikauf 219

8. Widerstand in Haftanstalten 221

VII. GERECHTIGKEIT UND OHNMACHT

1. Historischer Rückblick 225

2. Die Kunst der Anpassung 228

3. Die Bestrafung der Täter 232
4. Vergangen, Vergeben, Vergessen? 236

VIII. VOM VERKLÄREN DER GEWALTHERRSCHAFT

1. Bilanz deutscher Gerechtigkeit 249
2. Gleichstellung NS-/SED-Verfolgte? 254
3. Macht vor Recht. Neues Unrecht? 261
4. Aufarbeitung: Bewältigen, Erledigen, Beenden? 271
5. Die Ausgrenzung des Widerstands 276
6. Nachschau 286

ANHANG

Abkürzungsverzeichnis 292
Ausgewählte Literatur 297
Personen- und Namenverzeichnis 306

Der Schriftsteller hat eine schwierige Aufgabe.
Er darf sich nicht in den Dienst derer stellen,
die Geschichte machen, denn er dient denen,
die diese Geschichte erleiden.
Albert Camus

Einleitung

Es mag sein, dass wir gerade dabei sind, in eine Zukunft hinüber zu gleiten, in der die Vergangenheit die Gegenwart weniger aufwühlen wird als bisher. Der Rost des Vergessens blüht nicht in Flecken, sondern in Flächen über der westdeutschen Landschaft, und er hat auch die ostdeutsche schon lange flächendeckend überzogen. Zwanzig Jahre nach dem Ende der SED-Diktatur, dem Auswurf der weltweit verbreiteten marxistischen Ideologie und des stalinistischen Terrors auf deutschem Boden, ist deren Aufklärung und Aufarbeitung längst nicht beendet. Insbesondere der Widerstand wurde in der historischen Betrachtung weder ausreichend beleuchtet noch öffentlich überzeugend gewürdigt. Zu Verklärung der Diktatur gehört, den Widerstand zu verdrängen, zu vergessen, ihn aus dem Gedächtnis zu streichen. Dabei war es der Widerstand, der den Glauben an den Eros der Freiheit nie aufgab.

Die große Flüchtlingswelle im Sommer 1989 gab Anlass für die Leipziger Demonstrationen und versetzte dem Regime den Todesstoß. Bei der Bekämpfung des Widerstands gab es von den Prätorianern der SED-Machtelite weder Zurückhaltung noch Kompetenzprobleme. Das MfS war ein vielarmiges Monster, das in jeden Lebensbereich eindrang, Gegner gnadenlos verfolgte und zuweilen ermordete. Der Spionageapparat der HVA war darin ebenso eingebunden, wie die allgegenwärtigen Inoffiziellen Mitarbeiter. Fast vierzig Jahre wirkte diese Geheimpolizei nach den Regeln strengster Konspiration und größter Willkür. Zwar wusste jeder DDR-Bürger um deren Existenz, doch was sich dahinter verbarg, nach welcher Prämisse man arbeitete, blieb weitgehend im Dunkeln.

Zu meiner aufklärerischen Absicht gehört, die Schuld der Duldung sichtbar werden zu lassen, die Gründe für die minimale innere Distanz der Ostdeutschen zu einem neuen System des Terrors deutlich zu machen. Seit Gründung des SED-Staates gab es Verfolgte, Opfer und Leidende. Es gab aber auch mutige Menschen, die nicht Opfer bleiben wollten, weil die Bezeichnung „Opfer" Passivität unterstellt. Sie gaben ein Beispiel für Zivilcourage, leisteten Widerstand und nahmen für sich in Anspruch, eine bewusste und kompromisslose Auseinandersetzung mit einem nicht reformierbaren System geführt zu haben. Das befand sich in einem permanenten Kriegszustand, genannt Klassenkampf, der bis in das Operationsgebiet getragen wurde. Hinter diesem Terminus verbarg sich nichts anderes als das durch Spionage, Entführung und Mordoperationen zu bearbeitende feindlich-kapitalistische Ausland.

Das MfS war Produkt und wichtigstes Werkzeug der SED-Machtelite; für die Untaten dieser kriminellen Organisation zeichnet deshalb die SED nicht minder verantwortlich. Der Bau der Mauer stellte für die Verfolgungspraxis des MfS ebenso einen Einschnitt dar, wie für die Menschen, die dem ausgeliefert waren. Aus dieser Situation gingen neue Formen widerständigen Verhaltens hervor: Flucht und Fluchthilfe. Ein Staat, der seinen Bürgern das Recht der freien Ausreise durch Gesetz vorenthält, verspielt den Anspruch auf Beachtung seiner Gesetze.

Hier greift das Recht zum Widerstand. Widerständige wurden von der Machtelite als Staatsfeinde verfolgt. Sie waren ein erhebliches Sicherheitsproblem für den SED-Staat, und für Sicherheit war das MfS zuständig. Das Engagement weniger, die Widerstand leisteten, weil sie diesen als unausweichliche Gewissensentscheidung begriffen, hat einer ganzen Generation das geistige Überleben ermöglicht. Heute wird man misstrauisch angesehen, als wollte man sagen, wo kommen wir denn hin, wenn jeder nach seinem Gewissen handeln würde. Ich denke aber, Charakter und Selbstachtung einer Nation zeigen sich darin, wie sie mit dem Widerstand und den Opfern der zweiten deutschen Diktatur umgeht.

Zwanzig Jahre später wird der historische Verdienst des Widerstands subjektiviert und retardiert zur Politikfunktion. Deutschlands gegenwärtige Gedenk-Kultur, die sich zugleich als konstitutive Staatspolitik gefällt und lange der machthabenden 68er Generation geschuldet war, verkommt zur asymmetrischen Empathie, die im Vergleich mit den Opfern des NS-Regimes bedeutet: Ungleiche Empfindungskraft für die Leiden von Abermillionen Opfern des GULag-Systems, das eben keine stalinistische Abweichung vom kommunistischen Weltreinigungsentwurf war, sondern seine logische Endkonsequenz. So logisch, wie der rassenmörderische Weltreinigungsversuch des NS-Systems, für das besonders Auschwitz steht.

Um Zwang und Hass zu rechtfertigen, kann man beliebige Doktrinen haben, rassische oder klassische, jedoch ist der Unterschied zwischen beiden Sozialismen zweitrangig, die Gemeinsamkeiten sind das Wesentliche. Die Konsequenz des ungleichen Empfindens den unschuldigen Opfern der totalitären Systeme des 20. Jahrhunderts gegenüber ist erklärte Gedenkpolitik, die aus einem selektiven und deshalb Pseudo-Humanismus resultiert, der sich vor allem im wissenschaftlich-universitären Raum, in politischen und konfessionellen Bildungseinrichtungen, in Medien und Sprachregelungen der Parteien ausgebreitet hat. Die vielen Häftlingsberichte, Untersuchungen über den Widerstand und publizistische Erinnerung der fünfziger und sechziger Jahre, wurden seither eher als ein Produkt des Kalten Krieges denn als Informations- und Anklageschriften gegen ein totalitäres Regime verstanden. Kommunistischen Untaten gegenüber war und ist man teilweise noch immer in weiten Teilen der westlichen Gesellschaft nachsichtiger. Damit werden die Opfer Stalins und seiner osteuropäischen Satrapen ein weiteres Mal zu Opfern.

Ich bin überzeugt, dass die offene und versteckte Opfer-Hierarchisierung, wie sie sich in den letzten Jahren in Deutschland zu einer Art Staatsraison entwickelt hat, ihren entscheidenden Grund in der bewussten Verschüttung von historischem Wissen durch ideologisch motivierte Entwertungsverfahren hat. Deshalb stehen die Opfer wider die Republik der Opfer-Sortierer. Das Leiden der Menschen unter den vielen willigen Helfern der Folterer, Henker und Mörder wird dort nicht verstanden und mit Respekt gewürdigt, wo man die Opfer durch beschämende Entschädigungsverfahren und eine zynische Gesundheitspolitik, in der Opfer die Herkunft ihrer gesundheitlichen Leiden beweisen müssen, ein zweites Mal entwürdigt. Diese Methode der Aufarbeitung ist entweder von böser Ironie oder bitterem Zynismus gekennzeichnet. Mit der Hergabe von Almosen und lächerlich-entstellender Wiedergutmachung werden die Qualen von Millionen Menschen auf einen Lapsus der Geschichte reduziert.

Es haben sich zwei geschichtspolitische Lager gebildet: auf der einen Seite eine geistige Koalition linker Politiker, Geschichtswissenschaftler und Vergangenheitsverklärer, die an der Rehabilitation des SED-Staates im Sinne einer Normalität in der Diktatur arbeiten und ihrer eigenen Rolle als vorgebliche Opposition glorifizieren. Dagegen stehen die Historiker und Verfolgten, die eine Aufarbeitung der SED-Diktatur in den antitotalitären Konsens der Bundesrepublik integrieren wollen, die bislang dem NS-Gedenken vorbehalten blieb. Eine Aufarbeitung ist aber erst dann gelungen, wenn die kommunistische Diktatur den Deutschen so präsent ist, wie die NS-Diktatur.

Es war das Europäische Parlament, das 2005 eine Resolution annahm, in der das Dritte Reich und die Sowjetunion eine rechtlich identische Kennzeichnung erhielten: „die Tyrannei". Die Gewalt an den Opfern hat dann einen Sinn, wenn sie Widerhall findet in dem Gewissen der Lebenden.

Die Beschäftigung mit Geschichte halte ich für einen unverzichtbaren Bestandteil menschlichen Lebens und bedeutet daher, nicht einfach nur persönlichen Interessen und Neigungen nachzugehen, sondern die grundlegende Bedeutung der Vergangenheit für die Gegenwart anzuerkennen und zu thematisieren. Geschichte ist für jede Gesellschaft unumgänglich, da die Ausbildung individueller und kollektiver Identitäten ohne den Umgang mit der Vergangenheit nicht gelingen kann. Insofern bewahrheitet sich sowohl in wissenschaftlichen Kontexten als auch im täglichen Leben immer wieder, dass Orientierung in der Gegenwart ohne Kenntnis der Geschichte scheitern muss. Nur wer seine Vergangenheit kennt, kann die Zukunft gestalten.

Unter Beibehaltung objektiver Kriterien habe ich mich entschieden, die Perspektive des Überlebenden zu wahren, ungeachtet des Misstrauens, das der Historiker gegen eine derart persönliche Beweisführung hegen wird. Nach Camus und Malamud ist der Überlebende ein Protagonist im klassischen Sinn. Indem er am Leben bleibt, wird er zum erfolgreichen Kämpfer gegen die Ungerechtigkeit und das Böse.

Mit Blick auf die unglaublichen Leiden der Opfer gibt es keine wissenschaftliche Relativierung der Perspektive. Meine Analyse unternimmt den Versuch, den Widerstand in einen Zusammenhang zu stellen mit Ursache, Funktion und Folgen von Macht und Gewalt im SED-Staat. Darin bezeichne ich Verfolgte, Opfer und Täter und mache deren Verletzungen und Leiden deutlich. Ich stelle mich dem Schmerz der Opfer, indem ich ihre Perspektive einnehme und setze der verbreiteten Fama von den vielen, die angeblich gegen den SED-Staat handelten, die Fakten eines vielfach institutionalisierten Opportunismus entgegen, im Osten wie im Westen. Ich bin mir wohl bewusst, dass dies nicht geht, ohne an Tabus zu rühren und gegen den Zeitgeist zu schreiben. Unter Berücksichtigung einer Fülle von Quellen und Dokumenten, Zeitzeugenberichten von Verfolgten, Opfern, Historikern, Politikwissenschaftlern und schließlich meiner eigenen Erfahrungen als politischer Häftling und Soziologe, versuche ich, das Wesen des Widerstands gegen den SED-Staat darzustellen, sowie den nebulösen Begriff „Opposition" zu definieren. Ein weiteres Anliegen ist, die brutalen Versuche der Geheimpolizei, den Widerstand zu liquidieren, transparent zu machen.

Diese Untersuchung erhebt keinen Anspruch auf Vollständigkeit. Es ist auch nicht meine Absicht, jeden Themenbereich erschöpfend darzustellen. Der Leser soll sich nicht irreführen lassen. Mein langer Weg durch die Gefängnisse der Diktatur, der beharrliche Wille, mich dem Regime nicht zu beugen, kann die Darstellung der objektiven Bedingungen des Widerstands nicht schmälern. Auch kann er den Blick für die Zusammenhänge und Funktionsweisen von Macht und Gewalt nicht verstellen. Wer von klein auf in einer Diktatur lebte, liebt die Freiheit mit umso größerer Inbrunst. Wenn das Bewusstsein der Freiheit ins Spiel kommt, ist es mit der Gleichgültigkeit des Unbewussten vorbei.

Jeder weiß, dass gegen die marxistischen Volksverderber jede mögliche Form des Widerstands gewagt werden musste, egal ob es gelang oder nicht. Dabei halfen mir meine Erfahrungen als politischer Häftling Nummer 151 248 und später in der Bundesrepublik als Doktorand, Fluchthelfer und Publizist, mich dem SED-Regime entgegenzustellen. Eine neutrale oder „objektive" Haltung war dabei nicht möglich.

Nahezu sieben Jahre war ich in Haft, überlebte Misshandlungen und Folter, später drei Mordanschläge. Hasserfüllt hatten sie alles penibel vorbereitet um mich zu töten. Es ist ihnen nicht gelungen. Ich habe überlebt. Und ich nehme für mich in Anspruch, nicht unerheblich am Widerstand gegen die SED-Diktatur beteiligt gewesen zu sein. Das Erbe der Überlebenden hat seinen Ursprung in einem starken Bedürfnis, die Wahrheit bekannt zu machen. Ziel des Überlebens ist es, wie Margarete Buber-Neumann in ihrem Buch „Als Gefangene bei Stalin und Hitler" schreibt, *„die Welt in Kenntnis zu setzen."*

Wenn ich sehe, wie unsere heutige Gesellschaft den politischen Widerstand ignoriert, wie sie Zehntausende Verfolgte und Opfer behandelt, wie die Verklärer zunehmend die Oberhand gewinnen, kann und darf ich nicht schweigen. Wir leben in einer freien Gesellschaft, in der Ex-Reformsozialisten nicht verhindern werden, widerständiges Verhalten zu beschreiben und historisch einzuordnen. Falsch gezeichnete Rollenbilder über die Geschichte der Opposition in der DDR müssen aufgebrochen werden. Aufarbeitung macht keinen Sinn, wenn sie historische Wahrheiten verschweigt. Damit ist auch das Dilemma offizieller Diktatur-Aufarbeitung beschrieben. Etwas wissen ist nicht dasselbe wie selbst erfahren. Schon Heine stellte fest: Nur eine verletzte Auster produziert eine Perle.

Der überdimensionale Schrecken des Nationalsozialismus hat in Deutschland zu einer unverdient milden Beurteilung des SED-Staates geführt. Weil die zweite deutsche Diktatur keinen Genozid begangen, keinen Weltkrieg angefangen hat, waren die Vollstrecker nicht automatisch besser als ihre Kollegen von der Gestapo.

Unrecht bleibt Unrecht. Die wiedervereinigte Bundesrepublik hätte deutlich machen müssen, dass das MfS eine verbrecherische Organisation war.

Drei Jahrzehnte dauerte es nach 1945, bis größere Teile der Bevölkerung bereit waren, die Verbrechen der NS-Diktatur zur Kenntnis zu nehmen. In den fünfziger, sechziger Jahren wollte den KZ-Überlebenden niemand zuhören. Das Thema wurde einfach übergangen. Ähnliche Erfahrungen haben die politischen Häftlinge, hat der Widerstand gegen das SED-Regime gemacht. Anfangs wurden sie noch als Helden und Widerstandskämpfer geehrt, doch das Interesse erlosch rapide, als eine angemessene Entschädigung für ihre Leiden gesetzlich verankert werden sollte.

Für geradezu skandalös halte ich, dass das Thema SED-Diktatur in heutigen Schulbüchern, unabhängig von Bundesland oder Schultyp, auf maximal zwei Seiten abgehandelt wird. Man könnte annehmen, die Politik lade zum Vergessen ein. Dazu kommt, dass die Mehrheit der Verlage an der gesellschaftlichen Brisanz und Priorität dieses Themas nicht interessiert ist. Ich gebe zu, dass auch mich manchmal Momente überraschen, in denen ich nachgeben, aufgeben möchte, in denen die eifrig publizierte, geschichtsverdrehende Glorifizierung der Reformsozialisten das Weitermachen erschwert. Doch wenn ich an das Leiden der Verfolgten denke, an die Männer und Frauen, die menschlich blieben, die ihr Leben im Widerstand gegen die Unmenschlichkeit einsetzten, dann ist jedes Wort, jede Zeile von denen, die überlebten, von unschätzbarer Bedeutung. Leben heißt, etwas riskieren, hinfallen und wieder aufstehen.

Ich danke den vielen ungenannten, mutigen Verfolgten, Widerständlern, und Opfern für ihre teils erschütternden Zeugnisse und Erfahrungsberichte. Ich danke Prof. Dr. Wolfgang Seiffert für die positiven Impulse, Prof. Dr. Günter Seidler für Interesse und Engagement an meiner Arbeit, Prof. Dr. Appelius für die Vermittlung von Erkenntnissen in der Erforschung der Tötung von DDR-Flüchtlingen in Bulgarien, Dr. Joachim Gauck für seine verständnisvolle Stellungnahme zu dem vorliegenden Text, sowie Dr. Jürgen Schmidt-Pohl für zahlreiche Anregungen, Literaturhinweise und seine stete Ermutigung zum Weitermachen. Ute Weizsaecker danke ich für die kritische Durchsicht des Manuskripts und für ihre robuste Geduld. Mein besonderer Dank gilt Elisabeth und Helmut Hilbert für die großzügige Unterstützung meiner Arbeit.

Sinsheim, im Frühjahr 2009
Wolfgang Welsch

I. DIE GEHEIMPOLIZEI UND IHRE SPIONAGEABTEILUNG

Mord Mord heißen, auch wenn eine Fahne darüber weht...
Kurt Tucholsky

1. Struktur einer kriminellen Organisation

Am 22. Mai 1964 schlossen sich für mich zum ersten Mal die Tore einer Untersuchungshaftanstalt des Ministeriums für Staatssicherheit. Wo ich war, ahnte ich nicht. Auch die Stasi, wie sie hinter vorgehaltener Hand genannt wurde, war mir unbekannt. Und ebenso wenig wusste ich, was mich erwartete. Ich wusste nur, dass soeben mein Fluchtversuch gescheitert war, dass mich Soldaten des „friedliebenden Arbeiter- und Bauernstaates“ schlugen, mir Handschellen anlegten und Maschinenpistolen auf mich richteten. Ganz unverhofft sah ich mich einer Gewalt ausgeliefert, die ich nicht für möglich gehalten hätte. Jahre zuvor, genau genommen am 13. August 1961 als die Berliner Sektorengrenzen geschlossen und die Mauer gebaut wurde, hatte ich beschlossen, meine Freiheit durch die Flucht zurück zu gewinnen. Mein Plan war, die Grenze bei Boitzenburg/Elbe mit meinem Westberliner Personalausweis zu passieren, den ich mir noch vor dem 13. August in Westberlin hatte ausstellen lassen. Dass dieser ohne Passierschein nicht ausreichen würde, war mir auf Grund der allgemein dürftigen Informationslage nicht bekannt. Nach meiner Festnahme lernte ich als erstes, dass ich recht- und schutzlos war und man mich willkürlich behandeln konnte. Eine Erkenntnis, die mir die Richtigkeit meines Entschlusses, wenn auch verspätet, bestätigte. Was darauf folgte, welcher jahrelangen Gewalt und Todesnähe ich ausgesetzt sein würde, hätte ich mir nicht träumen lassen. Diese Erlebnisse haben mich bis heute traumatisiert und veranlasst, den Ursachen und Mechanismen der Gewalt nachzugehen.

Wer war das Ministerium für Staatssicherheit, in wessen Auftrag handelte es, und was waren seine Ziele? Zunächst steht eines fest: Das Ministerium für Staatssicherheit war die Sicherheitszentrale der SED. Als „Schild und Schwert der Partei“ entwickelte es ein Macht- und Überwachungssystem, das in der Geschichte ohne Beispiel ist. Zeitweise wurde von 60.0000 inoffiziellen Mitarbeitern ausgegangen.[1] Das politische System der „DDR“ bestand im Wesentlichen aus dem SED-Machtapparat und seinem Repressionsinstrument, dem Ministerium für Staatssicherheit. Es definierte sich durch seine Verfassung als „sozialistische Republik“, war aber tatsächlich und in der praktischen Umsetzung der in seiner Verfassung postulierten Rechte ein Unrechtsstaat. Das MfS war zugleich die Geheim- und Ideologiepolizei, Terrorinstrument einer spätstalinistischen Diktatur, in seiner Aufgabenstellung und Zielsetzung durchaus mit der nationalsozialistischen Gestapo zu vergleichen: Gegner der SED aufzuspüren, zu neutralisieren und zu vernichten. Strukturiert als

1 Vgl. "Das am besten organisierte Geheimdienstsystem der Welt, Diestel legt Bilanz zur Auflösung des Staatssicherheitsdienstes vor“ In: TAGESSPIEGEL vom 8.9.1990, S. 5

„Organ der Rechtspflege" war sie zugleich politische Geheimpolizei, zur Verfolgung aller vom SED-Regime als politische Vergehen, Verbrechen oder Handlungen bezeichneter Taten. Es sicherte weniger den Staat, als vielmehr die Diktatur dieser Partei. Ohne parlamentarische Kontrolle war es in allen gesellschaftlichen Bereichen vertreten. Jeder Bürger wurde letztendlich als potentielles Sicherheitsrisiko betrachtet. Unter der Devise „Sicherheit geht vor Recht" waren der Willkür und dem psychologischen Terror volle Legitimität erteilt. Der Psychologe Hans-Joachim Maaz schreibt: *„Die Macht der Stasi beruhte auf Angst, latente Angst. Darunter versteht die Psychotherapie einen unbewussten seelischen Spannungszustand, der aus unbefriedigten Grundbedürfnissen und verbotenen Gefühlen besteht."*[2] Das MfS organisierte das Unrecht systematisch und machte es damit zum Verbrechen. Es konnte Untersuchungshaft in eigens eingerichteten, teilweise geheimen Gefängnissen veranlassen. Von ihm ermittelte politische Verstöße waren Rechtswahrheit. Die gleichgeschaltete Justiz setzte die gewünschten Maßnahmen der Anklage in Urteile um. Das Ministerium für Staatssicherheit ließ in seinen Gefängnissen foltern, zwangsweise abtreiben und nach justizformalistischen Urteilen hinrichten. Unrechtssysteme lassen sich nur mit Unrecht errichten und erhalten. Zum politischen Interesse der SED-Machtelite gehörte es, möglichst viele Menschen für ihre Ziele zu instrumentalisieren und dadurch in kriminelle Handlungen zu verwickeln, um so das Machtmonopol der Partei zu stabilisieren. Es galt die Regel: Je größer die für die Erfüllung von Absichten der Machthaber eingesetzte Energie, desto geringer die Wahrscheinlichkeit der Flucht in den Westen oder der Opposition gegen das System. Je mehr Mittäter und je mehr Angepasste, umso gesicherter war das Unrechtssystem. So sagte der MfS-Chef, Erich Mielke: *„Man muss solche jungen Tschekisten heraussuchen, herausfinden und erziehen, dass man ihnen sagt, du gehst dorthin, den erschießt du dort im Feindesland. Da muss er hingehen und selbst wenn sie ihn kriegen [sic], dann steht er vor dem Richter und sagt: ‚Jawohl, den hab ich im Auftrag meiner proletarischen Ehre erledigt!' So muss es sein! Das sind die Aufgaben der FDJ."*[3] Daraus ist zu konstatieren: Das Ministerium für Staatssicherheit der DDR war eine kriminelle Vereinigung.

Offiziell wurde das Ministerium für Staatssicherheit am 8. Februar 1950 als Staatssekretariat für Staatssicherheit gegründet und war in seiner Anfangszeit auf die Funktion der Gewährleistung innerer staatlicher Sicherheit beschränkt, Spionageabwehr und Gegenspionage eingeschlossen. Erst Anfang September 1951 wurde der ‚Außenpolitische Nachrichtendienst' (APN) gegründet. Zu den Gründungsmitgliedern gehörte Markus Wolf. Zum Zeitpunkt der Aufstellung des APN lag in der Sowjetunion die Funktion der außenpolitischen Spionage beim so genannten Komitee für Information (KI) des Ministerrates der UdSSR, das gleichfalls unmittelbar dem Außenminister unterstellt war. Das KI war Ende 1947 auf Vorschlag Molotows aus dem bis dahin zum Staatssicherheitsministerium (MGB) gehörenden Auslandsnachrichtendienst und der Hauptverwaltung des Militärischen Geheim-

---

2 H.-J. Maaz, Der Gefühlsstau, Berlin 1990, S.19, 23f

3 E. Mielke auf der Delegiertenkonferenz der SED-Grundorganisation der Bezirksverwaltung des MfS Cottbus 1979

dienstes beim Generalstab der Streitkräfte (GRU) gebildet worden. Der militärische Aufklärungsteil dieses kombinierten Dienstes wurde Mitte 1948 wieder dem Generalstab unterstellt.

Als der damalige Außenminister der UdSSR, Wyschinski, Ende 1951 dem Druck von Stalins Staatssicherheitschef Berija nachgeben musste, und die Wiedereingliederung des zivilen Aufklärungsapparates der Sowjetunion in dessen Zuständigkeitsbereich erfolgte, war auch für den APN die Vorentscheidung getroffen, sich mit dem Staatssicherheitsministerium zu vereinigen. Getreu dem Vorbild „von der Sowjetunion lernen heißt siegen lernen“, geschah dies mit dem APN auch in der DDR. Der bis dahin zivile Dienst wurde in den Staatssicherheitsdienst der DDR integriert. Markus Wolf, ab 1956 im Rang eines Generalmajors, wurde Leiter der Hauptabteilung XV, in der die APN aufging. Die besondere Stellung dieser Hauptabteilung, später Hauptabteilung Aufklärung (HVA) genannt, wurde nochmals unterstrichen, als Wolf, bei Beibehaltung seiner alten Dienststellung, zu einem der Stellvertreter des Ministers für Staatssicherheit ernannt wurde. Eine strikte Trennung der Arbeit nach außen und nach innen gab es hinfort nicht mehr, obwohl die Chefs der HVA, Wolf und dessen Nachfolger Großmann, in ihren Veröffentlichungen den Eindruck erwecken, Spionage im Ausland sei etwas völlig anderes, als Teil der Repression im Inland zu sein. Auch Abwehreinheiten hatten das Recht, ihre Aktivitäten auf Räume außerhalb der DDR, insbesondere auf westliche Staaten – und hier vor allem die Bundesrepublik und West-Berlin – auszudehnen, wenn sich dafür operative Erfordernisse aus dem zugewiesenen Sicherungsauftrag ergaben, oder die Logistik konkreter Abwehraufgaben dies erforderte.[4]

Die dazu erforderliche enge Zusammenarbeit von Aufklärung und Abwehr zieht sich durch viele Grundsatzdokumente, Dienstanweisungen und Parteibeschlüsse bis hin zu den Lehrmaterialien der Juristischen Hochschule des MfS in Potsdam. In deren Studienmaterial „Die Organisation der Zusammenarbeit“ heißt es unmissverständlich: „Daraus ergibt sich als Aufgabenstellung für das MfS, Feindorganisationen im Operationsgebiet eindeutig zu identifizieren, den Nachweis zu erbringen, dass feindlich-negative Kräfte in der DDR zu entsprechenden Handlungen durch entsprechende Kräfte aus dem Operationsgebiet inspiriert werden und durch die Bereitstellung operativ bedeutsamer Informationen sicher politische Entscheidungen zu ermöglichen. Aus all dem erwächst das Erfordernis, ein einheitliches und abgestimmtes Handeln von operativen Kräften der Abwehr und Aufklärung zur Abwehr dieser Angriffe und zur Gewährleistung der staatlichen Sicherheit zu organisieren und führt demzufolge mit zwingender Notwendigkeit zur verstärkten Zusammenarbeit der entsprechenden Diensteinheiten.“[5] Der Journalist Klaus Behling fasst zusammen: *„Der schwer verständliche Wortbrei hat im Grunde eine simple Botschaft: Der reale Sozialismus in der DDR ist so gut, dass eigentlich niemand dagegen sein kann. Da es aber nun doch einige gibt, die ihn nicht mögen, müssen sie aus dem Westen gesteuert sein. Um diese Leute bestrafen zu können, müssen*

---

4 F.-W. Schlomann, Operationsgebiet Bundesrepublik, H. Knabe: Die unterwanderte Republik, S. 307

5 MfS-Vertrauliche Verschlusssache VVS JHS 0001-32/88 vom Februar 1988, vgl. Sélitrenny/Weichert: Das unheimliche Erbe- Die Spionageabteilung der Stasi, Leipzig 1991

wir wissen, wer die Fäden im Westen zieht. Diese Informationen sollen die Spione beschaffen, und wenn dann alle richtig gut zusammenarbeiten, können die Feinde im eigenen Land vernichtet werden.“[6]

Das Tarnen der Beteiligung der HVA an der inneren Unterdrückung in der DDR ist mit dem Vernichten personenbezogener Akten lange nicht erledigt. Auch das Vernichten anderer Akten (des Mil-ND) wird an der Entzauberung der „Diktatur des Proletariats“ nichts ändern, an die sich der letzte DDR-Abrüstungsminister, vielsinnig zum Vorsitzenden des Vorstands der „Stiftung Aufarbeitung der SED-Diktatur“ avancierte Rainer Eppelmann aus Überzeugung beteiligt hat. Ich werde auf diese skurrile Aufarbeitungsmethode im letzten Kapitel zurückkommen.

Den Widerstand hätten Großmann & Genossen nicht täuschen können. Der hatte zu keinem Zeitpunkt rosarote Illusionen über deren verbrecherischen Charakter. Deshalb war auch die Ausreisebewegung keine Bürgerrechtsbewegung, sondern widerständiges Verhalten. Auch die spätere Aussage des Tschekisten und Spionagegenerals Wolf, die HVA hätte nichts mit Operationen zur Liquidierung von Gegnern im Westen zu tun gehabt, ist spätestens mit der Verschlusssache der Juristischen Hochschule des MfS zur Liquidierung von Gegnern als Lüge und Desinformation entlarvt.

Millionen Menschen wurden Opfer der SED-Diktatur. Etwa vier Millionen flohen aus der DDR. Für sie waren die Diktatur der SED, die ständige Unfreiheit und Heuchelei unerträglich. Erziehung zum Hass, Zersetzung, Entführung, Mord und so fort waren gängige Arbeitsmethoden der SED-Geheimpolizei.[7] Wer blieb, konnte sich dem permanenten Druck kommunistischer Diktatur und allgegenwärtiger Indoktrination in der Regel nicht entziehen. Recht wurde in der DDR zur Beliebigkeit ex falso quodlibet. Doch die Bundesregierung erklärte das Ministerium für Staatssicherheit nicht zur kriminellen Organisation. SED/MfS-Täter wurden nur in seltenen Ausnahmefällen bestraft. Sie bilden fortdauernd das entscheidende Wähler- und Handlungspotential der SED-Nachfolgepartei PDS. Stattdessen postulierte die frühere, oberste Verfassungsrichterin der Bundesrepublik Deutschland, Jutta Limbach: „Das Ministerium für Staatssicherheit ist doch nicht zu dem Zwecke gegründet worden, Verbrechen zu begehen.“ Ein Fall juristischer Naivität und Unkenntnis? Oder Ausdruck des Unwissens generell?

Während bei den politischen Eliten der Bundesrepublik nach wie vor Unklarheit über den Charakter des MfS besteht, wie die zitierte Aussage deutlich macht, nehmen alte Seilschaften der SED und ihres Repressionsapparates inzwischen Entscheidungspositionen in Politik, Rechtswesen, Wirtschaft und Kultur ein. Sie sabotieren den Aufbau Ost mit allen Kräften oder missbrauchen ihn für ihre eigenen Zwecke. Sie streben in die Landesparlamente und den Bundestag. Ihr Ziel: Die kapitalistische Ordnung der Bundesrepublik zu beseitigen.

Die moralische Kraft des Widerstands gegen das unmoralische SED-Regime wird dagegen nicht nur nicht genutzt, sondern ausgegrenzt. Die ehrenwerte öffentliche Anerkennung der wenigen Bürgerrechtler blieb dem größten Teil der SED-Verfolgten

---

6 K. Behling, Kundschafter a. D., Das Ende der DDR-Spionage, Stuttgart/Leipzig 2003, S. 53/54

7 D. Voigt, Mord. Eine Arbeitsmethode des MfS, München 1996

bislang versagt, obwohl sie ungleich wichtiger für den Zerfall des kommunistischen Systems waren als die Vorgenannten. Für diese Betroffenen war es weit gefahrvoller und schwieriger, den Widerstand vor der Wendezeit zu leisten; und das im gesamten Zeitraum der kommunistischen Diktatur von 1949 bis 1989. Der frühere Bundeskanzler Kohl erklärte 1996: *„Wer einmal die Käfige von Bautzen gesehen hat, den lassen diese Bilder nicht mehr los. Wir haben das nicht vergessen. Die, die sich der Diktatur mutig entgegengestellt haben und dafür ins Gefängnis gingen, die Widerstand leisteten, sind uns [...] willkommen."*[8] Doch die Wirklichkeit im wiedervereinigten Deutschland sieht ganz anders aus. Die Repräsentanten der Republik haben noch keinen Verfolgten öffentlich besucht, empfangen oder willkommen geheißen, der vor dem Sturz der Diktatur Widerstand gegen das SED-Unrechtsregime leistete. Die Verfolgten stehen nicht auf der Rechnung der Politik.

Ein Individuum kann kaum eine selbstbewusste und kritische Persönlichkeit entwickeln, wenn es unmündig gehalten wird, sich ständig misstrauisch beobachtet fühlt und zudem seinen Lebensweg mit ihm unbekannten Fallen gespickt weiß, in die es ahnungslos stolpern kann. In genau dieser Situation befanden sich aber die meisten DDR-Bürger zeit ihres Lebens, wenn eine solche Feststellung inzwischen auch gerne abgewiegelt wird. Sie lebten unter dem Druck einer vollkommenen Vertrauenslosigkeit und einer permanenten Rechtsunsicherheit, wie sie in den letzten zweihundert Jahren in Deutschland nicht üblich war. DDR-Bürger wurden von ihrem Staat im Allgemeinen als unmündige Kinder betrachtet und auch entsprechend behandelt. „Der SED-Staat selbst verhielt sich kriminell, da er die von ihm selbst eingesetzten Rechte im speziellen Falle nicht befolgte und einhielt oder sie gar bewusst brach."[9]

Angehörige des MfS verstießen nicht nur täglich und stündlich gegen internationale Menschenrechte und geltendes DDR-Recht, sie lehrten ihre Mitarbeiter, wie man Rechtsvorschriften entweder umging, oder häufiger, dass geschriebenes Recht für die Geheimpolizei bedeutungslos war. Das Ausmaß der Zerstörungen, die das Schild und Schwert der Partei im Interesse einer selbst definierten Sklavenmoral zuzufügen bereit war, ist noch heute sichtbar.

Vorrangige Aufgaben des MfS waren die Gewährleistung der staatlichen Sicherheit und der über die Jahre hinweg ständig verstärkte Schutz der DDR, was die Machtsicherung der SED meint, vor allem gegenüber wie auch immer gestalteten Angriffen „imperialistischer" (was hieß, nicht-sozialistischer-) Kräfte und gegenüber Menschen, die als Helfer dieser Feinde des Sozialismus eingeschätzt wurden, eine Einschätzung, die allein das MfS nach subjektiven Kriterien traf. Nahezu vierzig Jahre wirkte das Ministerium für Staatssicherheit der DDR im Verborgenen, im Schatten strengster Konspiration. Zwar wusste wohl jeder DDR-Bürger um die Existenz dieser Geheimpolizei, auch ließ sich die Nutzung weitläufig abgesperrter Bürokomplexe kaum verheimlichen, doch was hinter den Absperrungen vor sich ging, entzog sich der Kenntnis: Struktur, Methoden und Wirkungsweise der Stasi blieben weitgehend unbekannt.

---

8 CDU-Parteitag in Hannover am 21.3.1996

9 L. Wawrzyn, Der Blaue. Das Spitzelsystem der DDR, Berlin 1991

MfS-Minister Erich Mielke brachte in einer Rede anlässlich seiner Auszeichnung mit dem Lenin-Orden im Dezember 1973, die er als Anerkennung des Kampfes aller Diensteinheiten des MfS wertete, das internationale Anliegen der Stasi unter Berufung auf den Marxismus-Leninismus zum Ausdruck: *„Die Partei hat uns erzogen und in die Lage versetzt [...] auf der Grundlage des Marxismus/Leninismus und den Prinzipien des proletarischen Internationalismus, Schulter an Schulter mit unseren sowjetischen Genossen und Freunden den Kampf um die zuverlässige Sicherung des Sozialismus erfolgreich zu führen und die Machenschaften des Feindes konsequent und kompromisslos zu zerschlagen."*[10] Die Berufung auf den Marxismus/Leninismus war das ideologische Fundament der Macht. Was aber war Marxismus, was wollte Marx? Bei Löw heißt es dazu: *„Davon, dass Marx ausdrücklich darauf verzichtete, Moral zu predigen war schon die Rede. Er fühlte sich auch an keinerlei Moralvorgaben gebunden. Für ihn und Engels war das Postulat der Nächstenliebe nur Anlass, um sich zu mokieren [...] Hass, Verachtung anderer, Hohn und Spott, Racheschwüre, ja Terror und Mord, also die extremsten Gegensätze von Liebe, werden ausdrücklich bejaht [...]. Auch wer Marx und Engels geistige Väter des Terrorismus nennt und ihnen die Verherrlichung von Mordtaten vorwirft, tut ihnen kein Unrecht, nimmt sie nur beim Wort."*[11]

So scheint es natürlich, dass die wichtigste und rücksichtsloseste Rolle bei der Durchsetzung der Ziele der SED-Parteiführer (und dabei vor allem des Erhalts ihres Machtmonopols) deren Geheimpolizei spielte, deren Mitarbeiter sich in sowjetischer Tradition als „Tschekisten" verstanden. Ihr „Roter Terror" trug zur blutigen Konsolidierung des Sowjetsystems auf deutschen Boden bei. Dabei scheuten sie kein Verbrechen, wenn es im Interesse der Parteiführer lag.

Immer galt es zu beachten: Das MfS war das Produkt und das wichtigste Werkzeug der SED-Spitze. Es gab vor, die marxistisch-leninistische Idee zu verteidigen und ihre Verbreitung zu fördern, aber die angebliche Verteidigung der Ideologie war nur Verteidigung der Macht der SED durch Destruktion. Grundsätzlich hatte das MfS *„alle Maßnahmen im Kampf gegen äußere und innere Feinde so zu gestalten und umzusetzen, dass sie dem Schutz und der Durchsetzung der Politik der Staatspartei SED maximal"* entsprachen.[12] Das galt ebenso und besonders der HVA. Kurz nach seiner Ankunft in Deutschland, entschlüpfte Ulbricht im Mai 1945 der entlarvende Satz „Es muss demokratisch aussehen, aber wir müssen alles in der Hand behalten." So wurde die kommunistische Diktatur vorbereitet.

Annähernd die Hälfte aller Deutschen behauptet, niemals direkt oder indirekt Kontakte mit dem Ministerium für Staatssicherheit der DDR gehabt zu haben. Das ist bestimmt wahr. Wahr ist aber auch: Weit mehr Bundesdeutsche haben die vormalige DDR besucht und wurden bei der Einreise vom MfS registriert und nach möglichen Anknüpfungs- oder Überwachungskriterien überprüft. Was ist Wahrheit? Wer alles in der Welt hat schon nach der Wahrheit gefragt, danach gesucht und ist

---

10 E. Mielke, zit. in Fröhlich/Kluge 1979, S. 203

11 K. Löw, Der Mythos Marx und seine Macher. Wie aus Geschichten Geschichte wird. München 1996, S. 231f

12 Grabsch/Quitschau/Silbermann/Wagner/Stein/Wagner, Der Mythos Marx und seine Macher. Wie aus Geschichten Geschichte wird, VVS, München Potsdam 1989, S. 254

dabei bis an die Grenzen der Ewigkeit gestoßen? Andererseits können wir unser Dasein nicht an Ahnungen festmachen. Wir müssen versuchen, der Wahrheit möglichst nahe zu kommen – durch gute Informationen und objektive Quellen. Um herauszufinden, was das Ministerium für Staatssicherheit der DDR war, welche Pläne und Absichten die Herrscher, die SED-Diktatur, wirklich hatten, die sich dieses Instrument zur Absicherung ihrer Herrschaft schufen, muss man in die Strukturen, Aufgabenstellung und Absichten dieses Unterdrückungsapparates eintauchen.

Bis zum Untergang der DDR überzogen die MfS-Dienststellen flächendeckend das Land. Über 90.000 Personen arbeiteten 1989 hauptamtlich für das MfS, weitere etwa 170.000 als inoffizielle Mitarbeiter (IM), davon rund 1500 Jugendliche unter 18 Jahren. Mielkes Schattenarmee folgte seinem Befehl: „Genossen, wir müssen alles wissen." Vor allem aber die Berichte der Verfolgten im Kontext zu diesen beweiswerten Überbleibseln der Diktatur vermittelt uns ein Bild des realen Sozialismus. Erst wenn man einzelne Zusammenhänge und Auswirkungen ihrer Arbeit analysiert und deren Folgen für die Menschen sichtbar macht, kann es gelingen, der Wahrheit näher zu kommen, den Verfolgten und Opfern Gerechtigkeit widerfahren zu lassen. Denn es gibt keine Gerechtigkeit ohne Wahrheit. Hilfreich dabei waren und sind die Unterlagen und Akten der BStU in Berlin, aber auch die eigene Präsentation des SED-Staates in der Öffentlichkeit durch die überkommenen DDR-Quellen.

Wer war Verfolgter? Ein Verfolgter war immer ein Opfer von aktiven, das heißt operativen Maßnahmen des MfS und damit letztlich der SED-Machtelite. Verfolgte waren diejenigen, die diktatorischer Willkür ausgesetzt waren, die ihr Leben durch Handlungen gegen das System verloren oder aufs Spiel setzten, denen eine Aus- und Weiterbildung verweigert wurde, die man am Besitzerwerb hinderte, oder die Besitz verloren. Es waren diejenigen, die sich einer bewussten Konfrontation mit dem System stellten. Viele wurden erst durch repressive Maßnahmen staatlicher Stellen zu potenziellen Gegnern. Sie wurden verhaftet, obwohl oder weil sie unschuldig waren, weil sie mit dem Bösen keine gemeinsame Sache machen wollten. Hunderttausende, aus politischen Gründen verhängte Haftstrafen, waren ebenso Folge, wie Zwangsadoptionen und Zwangsabtreibungen. Es gab hunderte Tote an der Grenze, Todesurteile wurden erlassen und vollstreckt. Die Verfolgung ging über Mauer und Grenzen hinweg. Auf höchster Ebene wurde die Liquidierung von Fluchthelfern befohlen. Eine subtile Methode der Verfolgung war die Zersetzung des Gegners, zum Beispiel durch ausstreuen von Gerüchten und Verleumdungen. Insgesamt gab es in 40 Jahren DDR über 800.000 Häftlinge, davon mindestens 200.000 politische. Daneben gab es die Masse, die so tat, als sähe sie nichts.

Wenden wir uns der Problematik von Opfern und Tätern der Diktatur zu, um die Mechanismen des Terrors verstehen zu können. Das MfS existiert nicht mehr. Viele der früheren Mitglieder leben aber nach wie vor, organisieren sich in Internet-Foren, publizieren geschichtsfälschende Bücher und beleidigen ihre Opfer auf öffentlichen Veranstaltungen. *„Ihren Seilschaften steht ein gefährliches Täterpotenzial zur Verfügung: ehemalige Agenten, Killer und Elitekämpfer der osteuropäischen Geheim-*

dienste, die während und nach der Wende ein Untergrundnetz aufbauen konnten", schreibt Ferdinand Kroh.[13]

„Ein eklatanter Eingriff in die Lebensläufe, die Lebensperspektiven der Ostdeutschen nimmt mit dem Mauerbau am 13. August 1961 seinen Anfang", berichtet die „Welt" 2006, „der von außen betrachtet wie ein Schlag ins Wasser erscheint und dennoch ohne sichtbare Reaktion blieb. Eine staatliche Zwangsmaßnahme ohne Beispiel wird über Nacht verhängt, die die Menschen zu Gefangenen, zu Zwangsbeteiligten und Probanden eines gesellschaftspolitischen Experiments ohne eigene Beteiligung macht." Die psychischen Folgen des brutalen Eingriffs sind bis heute nicht abzusehen. Kritische Reaktionen, Ablehnung oder Protest wurden rigide geahndet. Widerstand wurde überwiegend von denen geleistet, denen das eigene Gewissen keine Wahl ließ, deren Kampfkraft sich an der wütenden Spannung zwischen dem Wunsch, aufrecht zu bleiben, der Weigerung sich aufzugeben oder in irgendeiner Weise Teil eines Systems zu werden, das Menschen zu Vieh degradiert. Daraus kann nicht gefolgert werden, dass die Unterdrückten generell dazu nicht imstande gewesen wären. Auf sie trifft wohl eher Freuds Hinweis zu, dass die Neurose die Realität keineswegs verleugnet, nur nichts von ihr wissen will. Damit war es den Kommunisten mit ihrer dehumanisierenden Propaganda vom „Klassenfeind als Menschenfeind" gelungen, das Gewissen auszuschalten und zu präokkupieren.

Desungeachtet ist nicht alles, was in den 40 Jahren Diktatur geschehen konnte, allein darauf zurückzuführen, sondern ebenso auf einen historisch antrainierten, geradezu unterwürfigen Gehorsam. Der Mangel, eine Widerstandspflicht in einen faktischen Widerstand umzusetzen, trug wesentlich zu der organisierten Menschenverachtung und zum Hass auf Andersdenkende bei. Mitscherlich formuliert mit Blick auf die Nazi-Zeit: *„Da das Gehorsamideal sehr bindend war, beschwor das Löcken wider den Stachel in Gedanken unerträgliche Schuldängste, die mit überschießender Unterwürfigkeit abgegolten wurden."*[14]

Auch diesmal ist die Gruppe derer, die eine aktive Auseinandersetzung mit der Vergangenheit leisten, klein, isoliert und einflusslos. Obwohl wieder 20 Jahre nach dem Ende einer Diktatur in Deutschland vergangen sind, wiederholt sich die Unfähigkeit neuer Täter zu einer generellen Schuldanerkennung. Die Täter fürchten um den Verlust einer Identität, die auf Lüge und Wahn errichtet worden war. Als Verkennung und Verklärung, als eine Art Gemütslähmung ragt sie in die Jetztzeit. Zwar wurden im Prinzipiendekalog (Korb1) der KSZE Vereinbarungen über die Menschenrechte und Grundfreiheiten, einschließlich der Gedanken-, Gewissen-, Religions- und Überzeugungsfreiheit festgeschrieben, die in der Schlussakte von Helsinki am 1.8.1975 von allen Ostblockstaaten einschließlich der DDR unterzeichnet wurden. Die Formulierung der Menschenrechte und Menschenwürde definierten die Grenzen der Macht und sind doch zugleich auf die Macht angewiesen, um wirksam geschützt werden zu können. Zwar konnten sich widerständige Menschen in Zukunft darauf berufen. Doch die SED setzte ihre Politik der Missachtung von Menschenrechten ungerührt fort, weil sie die Macht dazu hatte.

---

13 F. Kroh, Wendemanöver: Die geheimen Wege zur Wiedervereinigung, Wien 2005, S. 267
14 A. und M. Mitscherlich, Die Unfähigkeit zu trauern, München 1967, S. 33

Viele der einstmals Verstummten und Erstarrten kompensieren den Verlust ihres Bewusstseins bis heute, indem sie vorgeben, dass es einen anderen, besseren Sozialismus gibt, den sie zwar nicht definieren können, den zu erlangen es aber lohnte, im Unrecht auszuharren um es zu reformieren. Ob dies eine „sozialistische Opposition" mit marginal-rechtsstaatlichen Vorstellungen war, oder eine System-Opposition, die das strukturierte und ideologisierte Unrecht in toto ablehnte, Widerstand leistete, mag man an der gegenwärtigen Meinungshoheit Ersterer kaum noch erkennen. Dennoch sind und bleiben die Unterschiede trotz aller Bemühungen und auflagenstarker publizistischer Nebelwerfer evident. Als der damalige Bundeskanzler Kohl den Diktator Honecker zum Staatsbesuch nach Bonn einlud und dadurch dessen Regime legitimierte, fühlten sich hunderttausende Verfolgte des SED-Staates verraten. Diese Einladung halte ich für eine politische Fehlleistung. Ein Regime, das nach wie vor auf Menschen *„wie auf Hasen schoss"*, wie es der in Ostberlin akkreditierte ARD-Journalist Lothar Loewe formulierte, war nun ein honorabler Nachbarstaat. Ein deutliches Zeichen für die Ignoranz und Fehleinschätzung einer Realität, die seit 40 Jahren in allen Details beschrieben worden war.

2. Die Hauptverwaltung Aufklärung

Man muss feststellen, dass die Hauptverwaltung Aufklärung des Ministeriums für Staatssicherheit (HVA) zwar sehr vieles gewusst, aber wenig bewirkt hat. Gleichwohl sind die psychischen Folgen ihrer Tätigkeit bis heute nicht abzusehen. Wenn solch ein riesiger Apparat viele Jahre auf Hochtouren läuft, ist er einfach nicht zu stoppen. Das wissen nicht nur die Verfolgten, die lange nach dem Ende der massiven Bedrohung ihre Angst und Hilflosigkeit, ihr lebenslanges Trauma weder vergessen noch verbergen können. Nicht vergessen werden darf auch, dass ihre Daten, vor allem die des aktiven Widerstands, im streng geheimen Informationsverbund der Sicherheitsdienste des Ostblocks, „SOUD", aber auch Kubas und Vietnams gespeichert waren. Dessen zentrale Datei wurde vom KGB in Moskau verwaltet. Dort dürften sie noch heute verzeichnet sein. Experten schätzen, dass von den SOUD-Daten insgesamt etwa eine Million Bundesbürger tangiert sein könnten.[15] In Moskau haben die Umwälzungen des letzten Jahrzehnts zwar Verschiebungen in der Struktur der Sicherheitsorgane ergeben, die Spionage – in der Ersten Hauptverwaltung des sowjetischen Geheimdienstes KGB angesiedelt, jetzt SWR, ist davon jedoch weitgehend unberührt geblieben.

Bernhard Marquardt und Karl Wilhelm Fricke schreiben 1995: *„Schwer lastet das Erbe der DDR-Geheimdienste auf dem wiedervereinigten Deutschland"*. Allein hinsichtlich der Spionageabteilung des MfS, die lange Zeit von Markus Wolf geleitet wurde, der bis zu seinem Tod seine Freiheit gegen seine Opfer nutzte, wird zusammengefasst: „Der Spionage-Apparat des Ministeriums für Staatssicherheit, die Hauptverwaltung Aufklärung, hatte Orwellsche Dimensionen und arbeitete ohne jede Kontrolle mit weitreichenden Zwangsbefugnissen, mit menschenverachtender

15 Wegmann u. a. SOUD...S. 4

Skrupellosigkeit." Heute leugnen oder minimieren deren Vertreter die kriminellen Unternehmungen des MfS. Damit stellen sie sich in eine Reihe mit den Nichtwissern der Hitler-Diktatur.

Dazu schrieb Hannah Arendt: *„Das Schlimme war doch, dass die wirklich daran glaubten."* Nach diesem Vorbild verfahren heute die überkommenden Mitglieder und Funktionsträger des MfS, ihrer HVA und den angegliederten Diensteinheiten: Ihr angeblicher *„Ehrenkodex verbiete ihnen zu reden."*[16] „Dagegen verging bislang kaum ein Jahr, an dem nicht neue Ungeheuerlichkeiten aus dem Schattenreich der Geheimpolizei bekannt werden: grausame Folterzellen und Verhörpraktiken, Kontakte zu Rechts- und Linksextremisten, Sabotage an Kernkraftwerken, Verschleppungen und inszenierte Unfälle missliebiger Personen, Unterstützung terroristischer Vereinigungen und einer kommunistischen Untergrundarmee", sowie Inoffizielle Mitarbeiter in allen Bereichen der Zivilgesellschaft.[17] Dass die HVA sich nicht vom MfS abstrahieren lässt, betont ihr früheres Mitglied Günter Bonsack 1997: *„Sie war, um mit Engels zu sprechen, Bein von ihrem Beine und darum weder besser noch anders als die ganze Institution. Anderslautende Gerüchte besitzen den Charakter einer Legende."*[18]

Bohnsack bestätigt als Insider die Bewertung Frickes: *„Letztlich durchdringen sich Abwehr und Aufklärung in den Aktivitäten des MfS, defensive und offensive Arbeiten bedingen und ergänzen sich, denn die Staatssicherheit hat beides zu sein – Schild und Schwert der Partei – ein konstitutives Herrschaftsinstrument mit dem sie ihre Politik durchsetzen will, im Innern wie nach außen."*[19]

In einer Reihe von Untersuchungen sind die Strukturen des MfS und ihrer HVA analysiert worden, der mit viertausend Mitarbeitern größten Diensteinheit des MfS. Aus den zahlreichen Dokumenten und Zeugenaussagen ehemaliger Insider geht eindeutig hervor, dass sich die SED-Geheimpolizei in Organisation und Zielsetzung von westlichen Nachrichtendiensten grundlegend unterschied. Die wichtigsten Merkmale sollen hier kurz erwähnt werden.

Das MfS war nach seinem Statut vom 30. Juli 1969 formell ein Organ des Ministerrats der DDR, ein Sicherheits- und Rechtspflegeorgan zur Sicherung der DDR, und somit keiner staatlichen Kontrolle unterworfen. Der Dienstherr und Minister des MfS, Erich Mielke, war ausschließlich dem Generalsekretär der SED verpflichtet. Grundlagen für die Arbeit des MfS boten das Programm der SED, die Beschlüsse des Zentralkomitees und des Politbüros. Mielke, ab 1976 voll stimmberechtigtes Mitglied im Politbüro, war unmittelbar an den Weisungen der Partei für sein Ministerium beteiligt. Er kontrollierte sich sozusagen selbst. Von der ungebremsten Machtfülle profitierten auch seine Stellvertreter und HVA-Chefs Wolf und Großmann. Mielke lobte die Männer der HVA als *„wahre Kundschafter des Friedens."*[20] Die

---

16 W. Großmann in: JUNGE WELT vom 14.7.2007, S. 3

17 Fricke/Marquardt, DDR-Staatssicherheit. Das Phänomen des Verrats. MfS und KGB, Bochum 1995, S. 1

18 G. Bohnsack, Die Legende stirbt, Berlin 1997

19 K. W. Fricke, Macht intern. Macht, Strukturen, Auflösung der DDR-Staatssicherheit, Köln 1991

20 Am 7. Februar 1985 im NEUEN DEUTSCHLAND

Agenten, die zum Heiraten geschickt oder zum *„vögeln fürs Vaterland“*[21] ins Operationsgebiet abkommandiert wurden, gehörten trotz der vernebelnden Bezeichnung „Kundschafter“ oder „IM“ zum ganzen Apparat und nicht zu einer Abteilung der Extraklasse, die noch vorgibt, durch ihre Aufklärung den Kalten Krieg milder gemacht zu haben.[22]

Wie auf Verratsfälle zu reagieren sei, hat Mielke in einer Dienstbesprechung am 19. Februar 1982 dargelegt. Die Rede, auf Tonband archiviert, offenbart den Geist des mit insgesamt neunzigtausend Mitarbeitern aufgeblähten Mammutapparates: *„Wir sind nicht davor gefeit, dass auch mal ein Schuft unter uns sein kann. Wir sind nicht gefeit dagegen, leider. Wenn ich das schon jetzt wüsste, dann würde‘ er ab morgen schon nicht mehr leben“ [...] Ganz kurzer Prozess. Weil ich Humanist bin, deshalb habe ich so‘ ne Auffassung. Lieber Millionen Menschen vom Tode retten, als wie einen Banditen leben lassen, der uns dann die Toten bringt [...] Dieses Geschwafel von wegen und so weiter nicht hinrichten und Todesurteil, alles Käse, Genossen. Die Schweine; Hinrichten, wenn notwendig auch ohne Gerichtsurteil. Wenn ich gesehen hab‘, wie die Friedenskämpfer da, wie man die behandelt hat, Genossen. Und wenn wir ein klein bisschen Mal einen Strolch anfassen, da machen sie ein Geschrei, als wenn irgendetwas wäre, nicht wahr!“*[23] Allein die Diktion des Vortragenden zeugt von der ganzen menschenverachtenden und im Wortsinn mörderischen Absicht, die niemand beschönigen oder wegdiskutieren kann. Selten wurde jedoch das Über-allen-Gesetzen-Stehen, wurden die Brutalität und die Skrupellosigkeit dieser Organisation von ihrem, nach der Wende als Mörder verurteilten, Anführer selbst so offen gekennzeichnet. Mielke wollte abschrecken, weshalb auch die Verschleppungen und Tötungen von Verrätern im MfS stets bekannt gegeben und „zum Gegenstand einer eingehenden Belehrung“ gemacht wurden.

In einer Richtlinie des MfS lautet die Begründung für den allumfassenden Spionageauftrag: *„Das Ministerium für Staatssicherheit führt den Kampf gegen die imperialistischen Aggressions- und Diversionshandlungen in enger Zusammenarbeit mit den Werktätigen und mit Unterstützung aufrechter Patrioten [...]. Um die von der Partei- und Staatsführung gestellten operativen Ziele zu erreichen, setzen die Organe des Ministeriums für Staatssicherheit ihre wichtigste Kraft, inoffizielle Mitarbeiter, im Kampf gegen die Feinde auch außerhalb der Grenzen der Deutschen Demokratischen Republik ein.“*[24]

Eine bemerkenswerte Aussage. Sie ist die theoretische Grundlage für die Mordoperationen des MfS in Verbindung mit der HVA im westlichen Ausland.[25] Die Chefs der HVA, die Spionagegeneräle Wolf und Großmann, jene Stellvertreter des Gesamtministeriums für Staatssicherheit, konnten für ihr Handeln nicht zur Verantwortung gezogen werden, weil der Rechtsstaat DDR-Bürger nur nach DDR-Recht

21 Redewendung in der HVA-Schule Belzig
22 M. Quoirin, Agentinnen aus Liebe, Frankfurt/M. 1999
23 Tonbandprotokoll; zit. in Stasi intern, 1991, S. 213, I. Thiemrodt, Strafjustiz, Berlin 2000, S. 327
24 MfS-Richtlinie 2/68 für die „Arbeit mit IM im Operationsgebiet“, als Geheime Verschlusssache (GVS) klassifiziert
25 MfS-Bearbeitungskonzeption zum ZOV „Skorpion“, Berlin-Ost 1981, MfS XV/3359/74 ff GVS/ GKS, Anleitung zur Bearbeitung Operativer Vorgänge, Ost-Berlin 1976-81

beurteilen konnte, oder aus Gründen, die im Rückwirkungsverbot des Einigungsvertrages liegen.

Zum Beispiel Menschenraub. Zwischen 1949 und 1964 fielen Wolf rund 400 namentlich bekannte Menschen zum Opfer. Nur im Fall des geflüchteten und von der HVA gekidnappten MfS-Hauptmanns Walter Thräne, der später zu 15 Jahren Haft verurteilt wurde, konnte die Verantwortung Wolfs gerichtsfest nachgewiesen werden. Wegen Freiheitsberaubung, Nötigung und Körperverletzung wird er dafür am 27. Mai 1997 zu zwei Jahren Haft und einer Geldstrafe von 50.000 D-Mark verurteilt. Dabei wussten die wenigsten Menschen, die Wolf bei Lesungen oder im Fernsehen erlebten, dass es sich bei ihm um einen rechtmäßig wegen Menschenraubes verurteilten Straftäter handelte.

Neben Entführungen und der Beseitigung „feindlich-negativer" Personen, beschäftigte sich die Wolf-Truppe mit Anschlägen auf das Leben von Widerständlern und Dissidenten. Behling beschreibt, wie einige von ihnen zu Tode gebracht werden sollten und wurden: durch Sprengstoff, Schüsse, Gift (Wolfgang Welsch), Schüsse (Michael Gartenschläger), Unfall (vermutlich Lutz Eigendorf) und mit radioaktivem Material (vermutlich Jürgen Fuchs).[26] Kaum einer dieser Fälle unter Beteiligung der HVA war wirklich in das öffentliche Bewusstsein gedrungen. So kam es im Fall Gartenschläger zu keiner Verurteilung der Todesschützen, weil nicht festgestellt werden konnte, wer von den drei Beteiligten den tödlichen Schuss abgegeben hatte. Auch in den Fällen Fuchs und Eigendorf fehlte es an den (vernichteten) Beweisen. Nur in meinem Fall gab es gerichtsfeste Beweise und Aussagen von Tatbeteiligten [sic], aus der eine unmittelbare Tatbeteiligung der HVA hervorgeht.

Natürlich kann das Unrecht einer Diktatur nicht mit den juristischen Mitteln des Rechtsstaates sanktioniert werden. Dafür hätte es eines klaren Einigungsvertrages bedurft, der auf eine Anwendbarkeit juristischer Prinzipien des Rechtsstaates hätte achten müssen. Kein Politiker kann sich herausreden, er hätte nichts von den Aktivitäten und Menschenrechtsverletzungen des MfS gehört. Folgerichtig wurden Wolf, der auch 35 Jahre für den KGB gearbeitet hatte, und andere freigesprochen, weil man ihnen lediglich Spionage nachwies, ein Tatbestand, wie er nicht nur nach justiziablem Verständnis allgemein von Staaten praktiziert wird. Spätestens als Unterlagen über die Einsatzgrundsätze des MfS auftauchten, wie auch die berüchtigte Toxdat-Liste, denen zu entnehmen war, dass und vor allem wie, Gegner und Verräter des SED-Staates zu liquidieren seien, hätte die Justiz des Rechtsstaates die neue Beweislage würdigen müssen, indem sie die Urheber und Täter anklagte.[27] Das ist bis heute nicht der Fall. Vielmehr hat auch das Bundesverfassungsgericht seine rechtsstaatliche Unschuld verloren, und mit ihm die Enquête-Kommission des Deutschen Bundestages zur Rechtsproblematik der Nach-DDR-Zeit, zu deren Pflichten die Erinnerung daran gehört hätte.

Wo fand das MfS seine willigen Helfer? Wie konnte es diese monströsen Dimensionen annehmen? Hannah Arendt behauptet, jedes Volk, was immer seine politi-

26 K. Behling, Kundschafter a. D. – Das Ende der DDR-Spionage. Leipzig, 2003

27 Einsatzgrundsätze und Hauptaufgaben der Einsatzgruppen im Operationsgebiet, GVS/MfS 005-389/73, GVS/MfS 046-9/81/L, usw. Ost-Berlin, jährlich verlängert bis 1988, Mordbefehl

sche Kultur und seine demokratischen Traditionen seien, berge in seinem Schoß genügend labile Menschen, um einem totalitären System die nötigen Kader zu liefern. Damit waren die Angepassten, die Mitläufer, die Wegseher und Weghörer gemeint, die schon den Vollstreckern einer anderen Diktatur ihr Handwerk erst ermöglichten. Durch ihr Nichtstun wurde deren Tun möglich. Die kollektive Amnesie darf nicht länger mit vorsätzlichem Unwissen erklärt werden.

Auch zwanzig Jahre nach dem Sturz des Kommunismus gilt Brechts Satz: „Der Schoß ist fruchtbar noch, aus dem das kroch." Widerstand in seiner populären Form war schließlich auch die versuchte Flucht aus dem SED-Staat und die Hilfe dazu. Sowohl das Politbüro als auch das MfS haben viele Dokumente verabschiedet, in denen die Bedeutung der Ausreise, vor allem der illegalen, also der Flucht, als destabilisierendes Element des Systems immer wieder in den Vordergrund gestellt worden ist.

Die Bedeutung der Verhinderung von Flucht und Fluchthilfe fand ihren sichtbaren Ausdruck im Vorhandensein der Zentralen Koordinierungsgruppe (ZKG), der Hauptabteilung (HA) VI und der Operativdienststelle (OPD) des MfS, einer Diensteinheit des Ministeriums für Staatssicherheit, die keine Mittel scheute, die auch vor Mord nicht zurück schreckte, um die Flucht von DDR-Bürgern zu verhindern.[28] Deren Chef, Generalmajor Heinz Fiedler, promovierte an der juristischen Hochschule (JHS) des MfS in Potsdam/Eiche mit einer Arbeit über die effiziente Liquidierung von Fluchthelfern und anderen Staatsfeinden.[29] Die ZKG war die Berührungs- und Nahtstelle zur HVA, mit der die Kampfaktionen gegen Gegner im Operationsgebiet koordiniert wurden.

Fluchthilfe war demzufolge eine Widerstandshandlung, die dem SED-Staat als höchste Staatsgefährdung galt und daher mit allen Mitteln bekämpft wurde. Dabei wurde auf Propaganda gegen Fluchthelfer ebenso wenig verzichtet, wie auf sogenannte „Kampfmaßnahmen" gegen „kriminelle Menschenhändler" (KMH) oder deren Helfer, „kriminelle Menschenhändlerbanden" (KMHB) genannt, wahlweise „staatsfeindlicher Menschenhandel", wie er in der tschekistischen Semantik bezeichnet wurde, um Inhumanität juristisch zu tarnen. Fluchthelfer waren deshalb immer Staatsfeinde mit größtem Gefährdungspotential für die DDR. Flüchtlinge waren der Nagel am Sarg des SED-Staates. Dem MfS galten sie als Staatsfeinde und Verbrecher, deren Flucht verhindert werden musste, kostete was es wolle – auch wenn es ihren Tod bedeutete. Deshalb erscheint es logisch, dass alle Fluchtfragen Sicherheitsfragen waren. Und über Sicherheitsfragen entschied einzig und allein das MfS mit weitreichenden Kompetenzen und allumfassender Macht.

Fluchthelfer arbeiteten zumeist vom Territorium der Bundesrepublik. Damit gerieten sie in das Blickfeld der Hauptverwaltung Aufklärung. Die HVA betrachtete sich als Hauptinstrument im Kampf gegen den äußeren Feind, und der Tschekist Wolf postulierte vor ausgewählten Führungskadern des MfS: *„Die Mitarbeiter der HVA sind Teil einer untrennbaren ‚Kampfgemeinschaft aller Tschekisten'; [...] die Haupt-*

28 Abt. 1, für die Westarbeit zuständige Operative Dienststelle Berlin, Fiedler/Herfurth/Mattern

29 D. Voigt, Mord. Eine Arbeitsmethode des MfS, 1996, Die Promotionen des MfS, 1997

verwaltung A ist Teilsystem in einem Gesamtsystem, dem Ministerium für Staatssicherheit."[30]

So kann es nicht wundern, dass die für Fluchthilfe zuständige Hauptabteilung VI unter Generalmajor Heinz Fiedler mit der HVA unter der Leitung von Generaloberst Wolf, später Großmann, in der Verfolgung und Liquidierung von Fluchthelfern im westlichen Ausland kooperierte. Getreu der MfS-Richtlinie: unterschiedliche Aufgaben – eine Zielstellung. Mal stellte die HVA Logistik zur Verfügung, ein anderes Mal Spezialisten im Auffinden und Töten der Zielpersonen.[31] Unersetzlich waren die qualifizierten wissenschaftlichen und technischen Informationen, Aufklärung und Logistik, die die Diensteinheiten der HVA für andere Diensteinheiten des MfS im „imperialistischen Ausland" beschaffte. Daten hierzu befinden sich auf der „Rosenholz-Datei", die nach der Implosion des SED-Staates in den Besitz der Amerikaner fiel.

Die HVA war in Operationen des MfS sowohl planerisch-organisatorisch, als auch in Kampfoperationen eingebunden, insbesondere in diejenigen, die sich mit der Zersetzung oder Vernichtung von tätigem Widerstand oder staatsfeindlicher Gegnerschaft im westlichen Ausland gegen den SED-Staat befassten. Wenn Spionagegeneral Wolf in seinen Memoiren so tut, als sei er im Grunde nichts anderes als ein Geheimdienstchef, wie ihn auch der Westen habe, dann ist das reinste Desinformation. Die gesamte DDR-Spionage diente letztlich der Stabilisierung der Monopolpartei SED und ihres Regimes.[32] Dafür war vor allem Wolf als langjähriger Spionagechef verantwortlich. „Der Höhepunkt seiner Arroganz ist dabei die Äußerung, er habe nur für den Frieden spioniert. Er sagte nur nicht, wessen Frieden er damit jahrzehntelang meinte: „den ‚Frieden' der gnadenlosen Unterdrücker der DDR", schreibt Richard Meier 1992.[33]

Die Spionageabteilung des MfS war zudem ein Instrument zur Destabilisierung der freien westlichen Gesellschaft. Durch den Gesamtauftrag des MfS war sie in Liquidierungsversuche von Staatsfeinden im westlichen Ausland nicht nur ideologisch sondern logistisch und tatsächlich involviert.[34] Knabe weist detailliert nach, wie eng die HVA mit den übrigen Abteilungen in Mielkes Imperium kooperierte, und widerspricht damit den Behauptungen Wolfs.[35] *„Gerichtsprozesse belegen"*, stellt Behling 2003 fest, *„dass im wahren Leben über Leichen gegangen wurde, um den Sozialismus zu stärken."*[36] Der nahezu grenzenlose Aufwand für den „Sicherheitsapparat", das Fehlen jeglicher rechtsstaatlicher Beschränkung und die enge Verflechtung zwischen äußerer Aufklärung und innerer Repression machten Geheimpolizei und Spionage des SED-Staates zu einem wirkungsvollen Instrument

30 P. Siebenmorgen, Staatssicherheit der DDR, Bonn 1993
31 W. Welsch, Ich war Staatsfeind Nr.1, Frankfurt/M. 2001, München 2006
32 Vgl. K. W. Fricke, Ordinäre Abwehr – elitäre Aufklärung?: zur Rolle der Hauptverwaltung A im MfS, in: Aus Politik und Zeitgeschichte: Beilage zur Wochenzeitung Das Parlament, 1997
33 Richard Meier, Geheimdienst ohne Maske, Bergisch Gladbach, 1992, S.144
34 W. Welsch, Frankfurt/M. 2001, München 2006
35 Vgl. H. Knabe, Die Täter sind unter uns, Berlin 1998
36 K. Behling, 2003, S. 154

der Machtabsicherung. Die alten MfS/SED-Kader sind dagegen bei ihrem Metier geblieben, dem der Desinformation.

Widerspruchslos führte die Leitung der HVA bis zum Herbst 1989 Befehle des Ministers aus, ohne Einwendungen gegen den, aus professioneller Sicht unvernünftigen, Gebrauch seines Instrumentariums zu haben. Selbst im Oktober 1989 wurden Offiziere der HVA zu Sicherungseinsätzen gegen das aufbegehrende Volk in Dresden und Leipzig geschickt. Wolfs Einwand, von naiven Journalisten kolportiert, die HVA hätte nichts mit dem Schreckensapparat des sonstigen Ministeriums zu tun, dessen stellvertretender Minister er immerhin war, ist schon deshalb falsch, weil die Idee der eigenständigen Auslandspionage erst Formen annahm, als der SED-Staat sich seinem Ende näherte. Im Übrigen galt bis fast zum Ende des SED-Staates und des Ministeriums für Staatssicherheit die KGB-Maxime des integrierten Geheimdienstes nach dem Motto: Von der Sowjetunion lernen, heißt siegen lernen. In der Sowjetunion hatten sich Experimente mit einem eigenständigen Auslandsnachrichtendienst, wie vorerwähnt, nicht bewährt. Diese, von Wolf stets bestrittenen, Tatsachen für den SED-Staat vorausgesetzt, lassen die Verwicklung der HVA in Mordoperationen des MfS gegen Gegner der DDR besser einordnen und erscheinen im Kontext der Gesamtaufgaben des MfS transparenter.

Zeitweilig hielt das MfS die tschechoslowakische Symbolfigur Jan Palach auch für die Sicherheit der DDR so gefährlich, dass es Mitarbeiter bestimmter HVA-Diensteinheiten zur Überwachung der Begräbnisstätte Palachs in Prag abkommandierte, zu der auch DDR-Dissidenten pilgerten. Angesichts der ihn umgebenden Passivität, fünf Monate nach der Niederschlagung des Prager Frühlings durch den Einmarsch der sowjetischen Panzertruppen, gab der Prager Philosophie Student Jan Palach am 16. Januar 1969 ein Fanal für die Freiheit, indem er sich selbst verbrannte. Wie 1415 Jan Hus, der seinem Gewissen treu blieb und lieber verbrannt werden wollte als zu widerrufen, wurde auch Jan Palach zu einem Märtyrer für eine freie Tschechoslowakei, ein Wegbereiter der Gewissensfreiheit. In seinem Abschiedsbrief heißt es: „Da unser Land davor steht, der Hoffnungslosigkeit zu erliegen, haben wir uns dazu entschlossen, unserem Protest auf diese Weise Ausdruck zu verleihen, um die Menschen aufzurütteln.“

Kurze Zeit nach meinem Freikauf in den Westen, reiste ich Anfang der 70er Jahre zum Prager Friedhof Olšany, auf dem Jan Palach beerdigt war. Die kommunistischen Machthaber hatten sein Grab unzugänglich gemacht, indem sie es mit Brettern umzäunten und als „Baustelle“ ausgaben. Ungeachtet dessen, wie auch der dort observierenden HVA und der tschechischen Geheimpolizei, erwies ich ihm Ehre und Respekt durch die Befestigung eines Blumenstraußes an einem der Bretter. Auf dem Rückweg wurde mein Pass kontrolliert, von einem Zivilisten, auf Deutsch mit sächsischem Akzent! Mein nunmehr westdeutscher Reisepass schützte mich vor Repressalien. Wer so nachhaltig den arroganten Stasi-Fressen ausgesetzt war wie ich, musste über die Herkunft dieser „Kontrolleure“ nicht spekulieren. MfS/HVA im sozialistischen Ausland! Ich erinnere mich, dass der deutsche Studentenführer Rudi Dutschke die Tschechoslowakische Reformbewegung später als „Unterstützung der Konservativen des Westens“ bezeichnete. Dass Jan Palach für die Freiheit starb, war ihm ebenso wenig erwähnenswert, wie den tschechoslowakischen und ostdeutschen Machthabern. Der Demokrat Oskar Lafontaine brachte 1968 sogar „Verständnis für die Niederschlagung des Prager Frühlings" auf.[37]

In einem Interview des „Spiegel" erklärt Wolfs Nachfolger Großmann: „Aber es stimmt einfach nicht, wenn er behauptet, er habe frühzeitig erkannt, dass die DDR nicht mehr zu retten sei, und deshalb seinen Abschied betrieben."[38] Relativ unverhohlen bezeichnet er hier seinen Vorgänger als Lügner, der in einem Interview noch behauptet hatte: *„[...] die Tötung [von Gegnern] ist bei uns nicht nötig."*[39] So kann eine andere Lüge Wolfs nicht überraschen: *„Ich war kein Tschekist."*[40]

Lügen war eine der tschekistischen Kampfmethoden, die der Ex-KGB Agent und spätere russische Präsident Putin 2004 indirekt bestätigte: „Einmal Tschekist, immer Tschekist." Keine Amnesie, sondern den Klassenfeind belügen war Teil des Klassenkampfes. Der ehemalige MfS-Offizier der Hauptabteilung IX (Untersuchung), Uwe Karlstedt, reagierte auf Äußerungen Großmanns, wonach die HVA nichts mit dem üblichen repressiven Teil der Stasi zu tun gehabt hätte mit den Worten: *„[...] Sein Interview hat bei mir als ehemaligen Mitarbeiter des „anderen Teils" des MfS Wut und Übelkeit zugleich verursacht [...] Ich wehre mich ganz entschieden gegen die Darstellung von zwei Teilen innerhalb des MfS, dem ach so ehrenhaften Auslandsnachrichtendienst und dem Rest, der für die ‚innere Repression' zuständig war. Das MfS war ein alles umfassender Krake, der in jeden Lebensbereich der Menschen kroch und zwar arbeitsteilig, aber sehr ‚effektiv' Hand in Hand arbeitete."*[41] Damit wird auch Großmann von einem Mitarbeiter seines Ministeriums als Lügner entlarvt. Die Täter, darunter auch die Todesschützen an der innerdeutschen Grenze und ihre Anstifter, müssen sich dennoch nicht fürchten, denn die Medien sorgen für die Verbreitung ihrer so genannten „Erinnerungsbücher" und sichern ihnen mit den Einnahmen ein sorgenfreies Alter. Von der Justiz haben sie ebenfalls nichts (mehr) zu befürchten, wie Roman Grafe am Beispiel der Prozesse gegen Mitglieder des Politbüros und der Grenztruppen-Führung eindrucksvoll festhält.[42] Die stellte längst alle Verfahren gegen MfS/SED-Täter ein, die bis zum 3. Oktober 2000 nicht prozessreif waren. Die am 31.12.2000 eingesetzte Verjährung für mittelschwere Verbrechen dieser Tätergruppe setzt deren Verfolgung unwiderruflich ein Ende. Deutsche Gerechtigkeit.

3. Mordpläne gegen den Widerstand

Für den Widerstand machte es keinen Unterschied, welche Hauptabteilung des MfS ihn gerade bearbeitete, oder wer innerhalb des Gesamtministeriums den Befehl zur Liquidierung gab. Die Historiker haben keine Anhaltspunkte gewonnen, die eine Differenzierung zwischen einzelnen Diensteinheiten des MfS im Sinne von

37 U. Müller in: weltonline vom 9.6.2008
38 DER SPIEGEL Nr. 6, 2001, S. 64
39 SONNTAGS-ZEITUNG vom 16.2.1997, S. 13
40 Eberhard Zahn auf einer Lesung Wolfs in Berlin, 2001
41 U. Karlstedt in: DER SPIEGEL Nr. 8, 2001, S. 13f
42 Vgl. R. Grafe, Deutsche Gerechtigkeit. Prozesse gegen DDR-Grenzschützen und ihre Befehlsgeber, München 2004

„human" oder „menschenverachtend" zulassen würde. Die HVA macht davon keine Ausnahme. Der Widerstand beschränkte sich folgerichtig nicht auf bestimmte Diensteinheiten des MfS, auf bestimmte staatliche Institutionen der DDR. Er richtete sich gegen das Gewaltregime insgesamt. Die Gräueltaten an der Berliner Mauer, an der innerdeutschen Demarkationslinie, die Gewaltbereitschaft des Regimes, die Unterdrückung jeder Regimekritik, die permanente, offensichtliche und vorsätzliche Verletzung der Menschenrechte rechtfertigten nahezu jeden Widerstand.[43] Er ist ein Menschenrecht und zugleich [patriotische] Pflicht des „Citoyen", insbesondere des Staatsbürgers eines Landes der Nach-Hitler-Zeit.

1981 ließ das MfS eine zehn Seiten umfassende Anweisung für seine Mitarbeiter unter dem Titel „Einsatzgrundsätze und Hauptaufgaben der Einsatzgruppen im Operationsgebiet" erstellen. Darin wird vorausgesetzt, dass die Mitglieder der Einsatzgruppen „jederzeit [...] aktive Aktionen gegen den Feind und sein Hinterland erfolgreich durchführen [...] können". Dies galt ausdrücklich auch „unter relativ normalen, friedlichen Bedingungen."(!) Die Fassung der Einsatzgrundsätze wurde noch 1988 ausdrücklich den veränderten politischen Bedingungen angepasst und abgezeichnet. Sie war also weiterhin und bis zum Ende der DDR in Kraft. MfS-Oberst Stöcker weiter: *„Es geht um die Bereitschaft der MfS-Einsatzgruppenmitarbeiter, im ‚Operationsgebiet', das heißt im nichtsozialistischen Ausland und vor allem in der Bundesrepublik Deutschland, im Sinne der SED auf Befehl – auch gegen Personen – aktiv zu werden, erfolgreiche Aktionen zu führen."*[44]

Diese Aktionen sind stets „überraschend" und „geheim" durchzuführen und zeichnen sich vor allem durch „die Erreichung maximaler Ergebnisse bei minimalem Einsatz von Kräften und Mitteln" aus. *„Die Durchführung aller Kampfaktionen muss so erfolgen, dass keine Rückschlüsse und Zusammenhänge für den Feind erkennbar werden."*[45] Konspiration war oberstes Gebot.

Erkennbar wird an dieser Stelle aber etwas anderes: Für das MfS und damit für die SED war ein nichtsozialistischer Staat in erster Linie immer und überall ein „Feind" und musste auch stets als solcher behandelt werden, ganz gleich, wie die offiziellen politischen Verlautbarungen klangen und welche Verträge gerade galten. Obwohl der Unterpunkt über den Einsatz „unter relativ friedlichen Verhältnissen" der Einsatzgrundsätze nur eine knappe Dreiviertelseite umfasst, ist er bei weitem der brisanteste. Er enthüllt nämlich, welche Aufgaben die Einsatzgruppen im „Operationsgebiet" während solcher Zeiten hatten, in denen allein schon ihre Anwesenheit dort mit keinem Argument zu rechtfertigen war. Weder wurde die DDR mit Krieg überzogen, noch war sie von einem solchen bedroht. Dennoch verfügten die MfS-Vorgesetzten unter anderem:

- Die Liquidierung oder Beibringung von Verrätern
- Die Liquidierung oder Ausschaltung führender Personen, von Terrororganisationen, deren Tätigkeit gegen die staatliche Sicherheit der DDR gerichtet ist.

43 Ders.

44 GVS/MfS 005-389/73: Einsatzgrundsätze und Hauptaufgaben der Einsatzgruppen im Operationsgebiet, Ost-Berlin 1981

45 Ebd.

Die Liquidierung wird in einem anderen MfS-Papier aus dem Jahre 1973 definiert als physische Vernichtung von Einzelpersonen und Personengruppen, erreichbar durch Erschießen, Verbrennen, Zersprengen, Strangulieren, Erschlagen, Vergiften und Ersticken.[46]

Es sei nochmals darauf verwiesen, dass es sich hier um Maßnahmen in Friedenszeiten handelte. Mit Blick auf die heute globale Terror-Problematik, unter völlig veränderten Bedingungen und Zielsetzungen, muss klar gestellt werden, dass der Begriff „Terrororganisation" in der Hauptsache auf Fluchthilfeunternehmen angewandt wurde. Und immer bestimmte das MfS willkürlich, wer ein Verräter war, der getötet oder verschleppt werden durfte. Dabei galt ausschließlich das Ausmaß seiner Gefährdung für die unangefochtene Vormachtstellung des SED-Machtapparates.

Die Vollstreckung im Operationsgebiet, vorzugsweise im Westen, oblag dann der HVA oder den von ihr herangeführten Inoffiziellen Mitarbeitern als Tatausführende, durch Informationsbeschaffung, Aufklärung und logistische Unterstützung, getreu den Direktiven Mielkes. Dem Interpretationsspielraum des MfS blieb vorbehalten, eine beliebige Gruppe von Menschen der feindlichen Tätigkeit gegen die Sicherheit der DDR zu bezichtigen. Der Rechtsgrundsatz, dass die Beweislast beim Kläger liegt, wurde in diesem Zusammenhang eklatant außer Kraft gesetzt. Dazu äußerte Honecker 1990 nach seinem Sturz: *„Ich halte ein solches System nicht nur für hanebüchen, sondern auch [...] geradezu unerhört! Ich möchte sagen, dass es hierzu keine Beschlüsse gab."*[47] Alle Schuld an der monströsen Aufgeblasenheit, der kriminellen Tätigkeit des MfS, schiebt Honecker auf Krenz, als Verantwortlichen für Sicherheit im Zentralkomitee der SED, und damit zuständig für das MfS.[48]

Spionagechef Wolf äußerte sich in der Sache ähnlich. *„Ich frage mich, wie Menschen, die ihre Augen vor der Deformierung ihrer sozialistischen Ideale nicht mehr verschließen konnten, die von vielen im Namen des Sozialismus unter Stalin und später begangenen Verbrechen wussten, weiter und so lange an diese gesellschaftliche Alternative zum Kapitalismus glauben konnten."*[49]

Eine Antwort auf diese Frage, die auch eine Frage nach persönlicher Schuld ist, gab Wolf bis zu seinem Tod nicht. Vielleicht lag es an der Furcht, dann auch einräumen zu müssen, nicht das richtige Leben geführt zu haben. Die Wahrheit seiner Schlussfolgerungen mag dahingestellt sein, denn an anderer Stelle wird er mit dem Satz zitiert: *„tatsächlich wenden Geheimdienste in bestimmten Situationen auch das Mittel der Tötung an. Wir haben in der Auseinandersetzung mit der BRD als unseren unmittelbaren Gegner nie darauf zurückgegriffen"*,[50] was nicht zuletzt durch mein eigenes Beispiel zu widerlegen ist.

Wenn Wolf in einem Interview behauptet, *„dass meinem Dienst und mir persönlich keine Tötung angelastet werden kann, möchte ich allerdings nicht als besonders humanitäres Aushängeschild gewertet sehen. Wir haben es einfach nicht für erfor-*

46 Ebd., S. 2
47 Andert/Herzberg, Der Sturz. Honecker im Kreuzverhör. Berlin und Weimar 1990, S. 365
48 Ebd.
49 M. Wolf, in einer Lesung aus „Berliner Lektionen" im Renaissance-Theater, Berlin 1996
50 Wie den langjährigen Liquidierungsplan Welsch im ZOV „Skorpion", die Fälle „Thurow", „Eigendorf" u.v.a., vgl. Müller 1995, Sauer/Plumeyer 1991, Welsch 2001

derlich gehalten. Wären wir hingegen in anderen Teilen der Welt aktiv gewesen, etwa im Nahen Osten oder in Südamerika, wäre das vielleicht anders gewesen. Heute kann ich dankbar dafür sein, dass Tötung bei uns nicht nötig war",[51] dann lügt er dreist.

Mit welcher Chuzpe er die Beteiligung „seiner" HVA an dem Giftmordanschlag auf mich 1981 in Israel bestreitet, grenzt an pathologische Amnesie. Offensichtlich versteht auch er sich als Humanist vom Schlag eines Mielkes, der, so nötig, Mord als Mittel der Wahl durchaus anerkennt, als Tschekist darüber aber nicht spricht. Seiner Auffassung nach haben die Bürger der BRD dabei einfach Glück gehabt: Entweder galten sie bei der HVA als so dumm und ungefährlich, dass der Einsatz der ultima ratio nicht nötig erschien, um drohende Gefahr von der DDR fernzuhalten, oder die sozialistischen Internationalisten machten bei aller Solidarität mit den Geknechteten dieser Erde und aller viel berufenen Völkerfreundschaft doch Unterschiede zwischen dem Wert des Lebens eines ihnen kulturell und historisch nahe stehenden Mitteleuropäers und desjenigen eines „Halbwilden" irgendwo „dahinten im Busch". Die kriminelle HVA-Abteilung im terroristischen Biotop des MfS, mordete natürlich auch anderswo, wenn dies aus Nützlichkeitsgründen geboten erschien. Das folgte zum einen den ständigen Mordaufrufen ihres Anführers Mielke, zum anderen den so genannten Sicherheitserfordernissen des MfS und insbesondere der zu verteidigenden Machtelite der SED. Sie waren die conditio sine qua non des Bestehens der DDR und daher von zentraler Bedeutung.

Mit der ausdrücklichen Ermächtigung von Diensteinheiten zur Arbeit außerhalb der DDR erging zwar kein Freibrief für jedwede Operation in fremden Staaten; die Ermächtigung beschränkte sich auf „vorgangs- und personenbezogene" Sachverhalte, die zum ureigensten Bereich der jeweils gestellten Abwehraufgabe zählten. In der Praxis freilich – wie im Einzelnen noch zu zeigen sein wird – konnte diese Beschränkung jedoch in teilweise erheblichem Maße umgangen werden."[52] Die so genannten „menschlichen Quellen", auch Agenten oder Informanten, sind ein wichtiger Bestandteil des manisch weit gefassten Sicherheitsbegriffs von Diktaturen und ursächlich dafür, dass alle normalen Proportionen beim Einsatz Inoffizieller Mitarbeiter gesprengt werden, um die eigene Bevölkerung mit einem flächendeckenden Netz von Informanten zu überziehen. In einer Dienstanweisung des MfS heißt es: *„Es gibt kaum eine politisch-operative Aufgabe zur vorbeugenden Verhinderung, Aufklärung und Bekämpfung der subversiven Angriffe des Feindes und damit zur Gewährleistung der Sicherheit unserer gesellschaftlichen Ordnung, die ohne den Einsatz von Inoffiziellen Mitarbeitern und ohne Erarbeitung von Informationen durch sie in hoher Qualität zu erfüllen ist."*[53]

Die SED interpretierte jeden Versuch, sich ihrer „Fürsorge" zu entziehen, als feindlichen Akt und erhöhte sukzessive die Repression.[54] Nach außen gab man sich liberal und weltoffen – nach innen restriktiv und diktatorisch. Je brüchiger und ge-

51 SONNTAGS-ZEITUNG vom 16.2.1997, S. 29, zit. bei Voigt 1997, S. 13
52 Vgl. SIRA-Akten, Siebenmorgen, S. 167
53 Vgl. Fricke/Marquardt, ebd., S. 27
54 M. Wagner, Das Stasi-Syndrom, Berlin 2001, S. 31

fährdeter das Regime, umso größer die Tendenz zur totalen Kontrolle im Innern und umso größer die Neigung, politische und gesellschaftliche Defizite mit den repressiven Mitteln des Sicherheitsapparates zu kompensieren. So verwundert nicht, dass selbst IM von anderen IM bespitzelt, kontrolliert, und wenn nötig, bedroht worden sind. Das gesamte Spitzel- und Überwachungssystem trug deutliche Züge paranoiden Verfolgungswahns, wie dieses Zitat eines geheimen Schreibens zum Ausdruck bringt: „Ich muss mit allem Nachdruck deshalb darauf hinweisen, [...] dass ehemalige IM versucht haben, Rückverbindungen zu Mitarbeitern des MfS oder zu IM aufzunehmen. Hauptzielstellung des BND ist, in das MfS einzudringen."[55]

Mielke frohlockte über einen weiteren Mord: „Und Genossen, es geht! Wir haben noch nicht verlernt, wie der Feind zu bekämpfen ist. Das beweist der Abschluss des OV „Rabe". Die Feinde konnten – wie ich bereits gesagt habe – innerhalb kürzester Zeit liquidiert werden [...]."[56] Man kann die Liste der versuchten und gelungenen MfS/HVA-Morde erweitern. Stellvertretend dafür sprechen der ZOV „Skorpion", der OV „Rabe" und andere eine deutliche Sprache. Solschenizyn stellte fest: Es genügt ein Tropfen um zu wissen, wie das Meer schmeckt.[57] Wer vom MfS verfolgt wurde, hat die Kräfte der Vernichtung im Menschen erlebt.

Die Stasi ist zwar entmachtet, doch ihr Gift und ihre Lügen wirkten weiter. Der Rechtsstaat steckt in einem Dilemma, weil er mit seinen Mitteln das Handeln des Unrechtsstaates DDR nicht aufarbeiten kann. Der Beschluss des BVerfG vom 15. Mai 1995 hatte die Frage der Strafbarkeit und Verfolgbarkeit früherer Mitarbeiter und Agenten des MfS und des militärischen Nachrichtendienstes der DDR wegen ihrer zuvor gegen die Bundesrepublik Deutschland und die NATO-Partner gerichteten Spionage- und „Operativ"-Tätigkeit zu beantworten. Dabei stellte es fest, dass diese Handlungen zur Tatzeit nur nach dem Recht der Bundesrepublik Deutschland strafbar, nach dem Recht des Handlungsortes, also der DDR, dagegen nicht mit Strafe bedroht waren. Diesem Spruch kann ich nicht zustimmen, gab es doch eine ganze Reihe von Straftaten, die auch nach DDR-Recht mit Sanktionen belegt waren. Darunter fällt zum Beispiel die Vorbereitung zum Mord. Der Karlsruher Spruch wird ehemalige Verfolgte nicht nur irritieren. Er trägt wenig oder nichts zum Rechtsfrieden bei, erst recht nicht dem Verlangen der Opfer nach Gerechtigkeit. Ich werde der Frage später noch einmal nachgehen.

Zu einer nennenswerten Strafverfolgung gegen den Spionageapparat der DDR, die diese Bezeichnung verdient, ist es nie gekommen, auch nicht im Embargobereich, weder bei westdeutschen noch bei ostdeutschen Tätern. Die meisten Verfahren gegen Offiziere im Bereich Sektor Wissenschaft und Technik (SWT) des MfS wurden ebenso eingestellt, wie gegen Offiziere des Bereichs „Operative Psychologie" der MfS-Hochschule Potsdam, die die Methoden für deren Strategien lieferten. Von den zumeist wohldotierten Urhebern der Mordpläne gegen den Widerstand ganz zu schweigen. Die öffentliche Larmoyanz steht in einem merkwürdigen Widerspruch zur Gleichgültigkeit gegenüber den Verfolgten, Widerständigen und Opfern

55 Lehmann et al. 1976, S. 91
56 E. Mielke, BStU, S. 48
57 A. Solschenizyn, Ein Tag im Leben des Iwan Denissowitsch, München, Zürich 1962

in Literatur und Gesellschaft, indem das Zeugnis der Traumatisierten verkleinert oder ausgeschlossen wird. Sie stören folglich ihren Scheinfrieden. Doch gerade für sie ist die scheinbare Sinnlosigkeit des Schmerzes ein zentrales Thema, weil sie über die aufsteigenden Schuldgefühle nicht sprechen dürfen. Der Prozess des Zeugnisablegens ist der Kampf gegen das Vergessen. Dies zu erkennen führt dazu, mit den Opfern einen Schmerz zu teilen, der auch unser eigener ist.

II. UNRECHT UND WIDERSTAND

Wer Unrecht duldet, ohne sich dagegen zu wehren, macht sich mitschuldig.
Mahatma Gandhi

1. Vom Versagen der Politik

Heute behauptet ein großer Teil der Deutschen in den alten Bundesländern, die Wiedervereinigung für absehbar gehalten zu haben, mehr noch, sich stets dafür eingesetzt zu haben, widerständig gewesen zu sein oder opponiert zu haben. Das Gegenteil ist jedoch wahr, obwohl die „Vollendung der Einheit und Freiheit" in der Präambel zum Grundgesetz gefordert wurde. Sogar das Bundesverfassungsgericht stellte fest, dass sich für alle Staatsorgane daraus „die Rechtspflicht ableite, die Einheit Deutschlands mit allen Kräften anzustreben." Tatsächlich war die Wiedervereinigung sowohl bei den Staatsorganen, als auch bei der westdeutschen Bevölkerung weitgehend abgeschrieben. Man hatte sich in der Bundesrepublik eingerichtet. Das Bundeskanzleramt glaubte noch im Sommer 1989, dass die Fluchtbewegung aus der DDR wieder zum Stillstand kommen würde. Kanzler Kohl kannte zwar die Bundesrepublik, nicht aber den SED-Staat. Er war ahnungslos. Vielmehr glaubte er den Diplomaten der Ständigen Vertretung in Ost-Berlin, die sich einbildeten, diesen Staat zu kennen, tatsächlich aber keinerlei Ahnung über dessen wirkliche Lage hatten und ihrer Stabilitätslegende unverändert anhingen. Niemand ahnte, wie sehr sich Gorbatschows Position destabilisiert hatte. Auch in der westdeutschen CDU hielt man Ende 1988 eine baldige Wiedervereinigung für Utopie. Exemplarisch dafür war die Äußerung des Stuttgarter Oberbürgermeisters Manfred Rommel, dass „die Idee der Wiedervereinigung völlig aussichtslos" sei. Selbst auf dem CDU-Parteitag von 1989 sah niemand die bevorstehenden Ereignisse. Man erinnert sich auch der Worte Willy Brandts vom September 1988: „Die Hoffnung auf Wiedervereinigung wurde geradezu zur Lebenslüge der zweiten deutschen Republik", die er nur ein Jahr später mit dem Satz revidierte: „die Mauer wird fallen." Zur immerhin theoretischen Ansicht der CDU, dass die Wiedervereinigung „vordringlichste Aufgabe deutscher Politik sei", bemerkte SPD-Vordenker Egon Bahr Ende 1988: „Das ist objektiv wie subjektiv Lüge und Heuchelei, die uns und andere vergiftet." Noch Ende 1989 plädierte er dafür, die deutsche Teilung als historische Gegebenheit zu akzeptieren. So wundert es nicht, dass auch Gerhard Schröder zu Beginn der großen Flüchtlingswelle im Mai 1989 meinte: *„man sollte eine neue Generation in Deutschland nicht über die Chance einer Wiedervereinigung belügen. Es gibt sie nicht."*[58] Oskar Lafontaine, der den Flüchtlingsstrom aus dem Osten zu stoppen suchte, bezeichnete auf dem SPD-Parteitag 1989 eine Wiedervereinigung mit den starken Worten: „Welch ein historischer Schwachsinn." Das schien logisch, hatte er doch schon 1985, als erster Ministerpräsident die Zahlungen seines Lan-

58 Interview in BILD vom 12.6.1989

des für die Erfassungsstelle Salzgitter eingestellt, die die Menschenrechtsverletzungen des SED-Staates systematisch dokumentierte. Im gleichen Jahr forderte er die Anerkennung der DDR-Staatsbürgerschaft. Wohl deshalb empfing Honecker Lafontaine von 1982 bis 1989 gleich neunmal. Einzig Herbert Mies, Chef der von der SED alimentierten DKP, wurden geringfügig mehr Audienzen gewährt. im März 1982 kam es zum ersten Gipfeltreffen. Es war der Beginn einer wunderbaren politischen Freundschaft. 1987 überraschte Lafontaine die Öffentlichkeit, als er auf gleich sieben „Spiegel"-Seiten Honecker zum 75. Geburtstag gratulierte. Der SED-Chef wird in der Eloge als fröhlicher, aufrichtiger, verlässlicher und prinzipienfester Mensch vorgestellt, der viel für die Bürger seines Landes erreicht habe und dem deshalb aller Respekt gebühre, auch und gerade vom „antikommunistisch voreingenommenen Publikum" in der Bundesrepublik. Nie zuvor ist der Ostberliner Machthaber von einem deutschen Sozialdemokraten derart gewürdigt worden.[59]

Willy Brandt brach mit Lafontaine lange bevor dieser mit der Sozialdemokratie brach. Den Saarländer als legitimen Enkel des Saarländers Honecker zu sehen, hat eine gewisse Plausibilität. Als Chef der Linken, einer Partei mit SED-Vergangenheit, ist er sozusagen in die Fußstapfen des letzten DDR-Diktators getreten. Es war wohl nur Erhard Eppler, der einen Zusammenbruch der DDR für denkbar und wünschenswert hielt. Die Grünen stellten beide Teile Deutschlands auf eine Stufe und verdammten sie in gleicher Weise. Joschka Fischer meinte, die Wiedervereinigung sei „vorbei und verspielt, die Deutschen selbst sollten daran kein Interesse mehr haben." Noch im Juli 1989 erachtete er sie für eine gefährliche Illusion und ein Unglück für das deutsche Volk. Die Bundestags-Vizepräsidenten Antje Vollmer fand es selbst am 8.11.1989 noch wichtig, im Bundestag sagen zu müssen, die Wiedervereinigung sei historisch überholter denn je.

Die westdeutschen Medien folgten allzu willig dem damaligen Zeitgeist. Sprüche, wie die des ZDF-Journalisten Wolfgang Herles, waren durchaus mehrheitsfähig, wonach er sich mit Menschen in Zürich und Straßburg mehr verbunden wisse als mit denen in Dresden und Halle. Die DDR-Propaganda wurde sehr oft und kritiklos übernommen. In westdeutschen Zeitungen findet man noch Anfang 1989, dass die DDR den siebthöchsten Lebensstandard der Welt habe! In gutbürgerlichen Zeitungen, wie der „Badischen Zeitung", erhob man die Forderung, man solle das in unserer Verfassung verankerte Wiedervereinigungsgebot *„als Lebenslüge endlich ad acta legen, denn die Verfassung fordert etwas, was nicht nur unerreichbar ist, sondern was bei genauer Betrachtung unerwünscht sein muss."*[60]

Was die bundesdeutschen Medien 1989 an Blindheit und Wunschdenken gegenüber der DDR offenbarten, kann ich nur als beschämend bezeichnen. Anstatt die Bevölkerung in der Bundesrepublik auf plötzliche Veränderungen vorzubereiten, rechnete man stattdessen in unbegreiflicher Blindheit mit dem Anhalten der Sackgassensituation in der deutschen Frage. Die Selbstkastration politischer Flexibilität war unübersehbar. Kritik am SED-Staat schien politisch nicht korrekt. Klaus Schütz, einst Regierender Bürgermeister in Berlin, verbot Anfang der 80er Jahre als Inten-

59 U. Müller in: weltonline vom 9.6.2008, DER SPIEGEL, 1987
60 BADISCHE ZEITUNG vom 23.5.1989

dant der „Deutschen Welle“ den Redakteuren die Worte „Regime“ und „Diktatur“ auf die DDR anzuwenden. Ab Herbst 1989 tat er es dann selbst gern und oft. Erinnert sei auch an die Hasskampagnen gegen den Journalisten Gerhard Löwenthal mit seinem ZDF-„Magazin“, das auf Weisung Bundesminister Frankes vom innerdeutschen Ministerium und mit Zustimmung der CDU eingestellt wurde! Sehr treffend und gleichfalls beschämend liest man bei Georg Herbstritt, dass bundesdeutsche Regierungsstellen im Zeichen der ‚Entspannungspolitik‘ die Arbeit DDR-kritischer Einrichtungen behinderten und *„dadurch wirkungsvoller Einfluss ausübten, als es das MfS tat.“*[61]

Bis etwa zum Frühherbst 1989 herrschten bei dem durchschnittlichen Westdeutschen Desinteresse und Gleichgültigkeit gegenüber dem Landesteil jenseits der Mauer vor. Man wollte seine Ruhe haben. Die Menschen im Westen hatten sich mit der Teilung abgefunden, sie saßen ja auch auf der Sonnenseite. Die Mauer war eine Selbstverständlichkeit. Meinungsumfragen Anfang 1989 ergaben, dass nur noch ganze 0,5 bis 1 Prozent der Bundesbürger die Wiedervereinigung als wichtigstes politisches Problem ansahen. Die damalige Sicherheitsberaterin des US-Präsidenten, Condoleezza Rice, erklärte im März 1989, die deutsche Einheit sei ein Thema, das jeden Amerikaner interessiert, um das sich aber kein Deutscher schert. Den ersten Teil ihrer Aussage halt ich für übertrieben, der zweite aber trifft den Nagel auf den Kopf.

Damals gab es Lichterketten gegen Ausländerfeindlichkeit, Demonstrationen in Bonn wegen des Weggangs der Regierung nach Berlin, aber keine gegen die Unterdrückung der eigenen Landsleute im SED-Staat! Wen interessierte da noch Bautzen, Cottbus, Brandenburg oder Hoheneck? Man sah kaum noch den Unterschied zwischen einer demokratisch gewählten Regierung und der nicht vorhandenen Legitimität eines Honeckers. Gut in Erinnerung sind mir die liebedienerischen Avancen westdeutscher Politiker und Wirtschaftbonzen vor Honecker, als man allzu oft von zwei gleichberechtigten Staaten sprach. Das alles darf nicht vergessen werden.

Wie oft habe ich vor 1989 die Mächtigen in Bonn angefleht, sich doch für die politischen Häftlinge einzusetzen. Gerade von den angeblich so anti-kapitalistischen Linken musste ich immer wieder ablehnend hören, dass dies eine Einmischung in die Souveränität der DDR sei. Es kann deshalb kaum verwundern, wenn die SPD die tragisch erfahrene Worthülse vom „demokratischen Sozialismus“ als erstrebenswertes Ziel wieder in ihr Parteiprogramm aufnimmt. Wenn der vormalige SPD-Parteivorsitzende Kurt Beck und Fritz Kuhn (Grüne) 2008 mit starken Worten Liechtenstein, die Schweiz und Luxemburg auffordern, sich den deutschen Steuergesetzen anzugleichen, dann ist das eine Einmischung in deren Souveränität! Die zwingende Logik aus dem Vergleich ist, dass die Millionen von Zumwinkel & Co. mehr wert sind als die Gesundheit und Freiheit der damaligen politischen Häftlinge. Man appelliert an die allgemeine Moral in Vaduz. Ein Staat, der Stasi-Scher-

61 G. Herbstritt, Bundesbürger im Dienst der DDR-Spionage, Göttingen 2007

gen besser versorgt als deren politische Opfer, sollte lieber schweigen. Andernfalls macht er sich mit seiner Doppelmoral nur lächerlich.[62]

Die Textur der Realität ist etwas ungemein Verletzliches. Man kann an ihr herumbasteln, ihre Fäden kappen, sie solange verformen, bis ihr irgendwann der Widerstand abhanden kommt. Geschieht das, wird im Prinzip alles möglich. An die Stelle des ursprünglichen Gewebes rückt etwas, das einem bald genauso vertraut vorkommt wie die Ausgangstextur. Was aber sind dann Realität, Erfahrungen, Tatsachen, Ereignisse?

2. Die Legende von der Opposition

Es ist leichter einer Lüge zu glauben, die man hundertmal gehört hat, als eine Wahrheit, die man noch nie gehört hat, schrieb der 1970 verstorbene amerikanische Soziologe Robert S. Lynd. Damit ist die bisherige Sicht vieler Aufarbeiter und Historiker um den Niedergang der DDR zutreffend beschrieben, wie sie noch heute gedeutet und verstanden wird. *„Die Lüge hat nämlich tatsächlich die stärkeren Bataillone und findet in der Gesellschaft noch immer eine ungleich höhere Akzeptanz“*,[63] stellt Wolfram Baentsch 2007 fest.

Unstreitig ist nur der Tatbestand, dass das sozialistische Experiment auf deutschem Boden, die auf sowjetische Vormacht gestützte DDR, 1989 implodierte. Doch schon an der Frage, wie das im Einzelnen geschehen konnte, entzündet sich bis heute eine Kontroverse. Die in den letzten Jahren des Bestehens der DDR entstandenen linksalternativen Gruppen, sowie die sozialistischen Systemkritiker Harich, Havemann, Biermann und Bahro, wollten als Reformsozialisten wahrgenommen werden. Florian Havemann stellt in Bezug auf seinen Vater 2007 lapidar fest: *„Was zu Füßen des Gurus und ‚Dissidenten der vorletzten Stunde‘, Robert Havemann, kauerte, ist ein Haufen verkrachter Existenzen“*[64] Aus ihnen wurden gegen Ende des SED-Staates Bürgerrechtler, die für sich den Titel „Opposition“ in Anspruch nehmen und bis heute dafür geehrt werden. Bis zum Zusammenbruch der Diktatur gab es in der Geschichte des SED-Staates aber keine homogene Oppositionsbewegung, die diesen Namen verdient hätte. Die politische und gesellschaftliche Realität, in der das MfS ein bedeutender Faktor war, ließ Formen des vorhandenen Widerstandes oder der Kritik nur unter erheblichen persönlichen, beruflichen oder wirtschaftlichen Schwierigkeiten zu.[65] Opposition war daher zum Scheitern verurteilt. Eine oppositionelle Massenbewegung, wie zum Beispiel in Polen, konnte nicht entstehen, weil die DDR-Bürger sich dem System überwiegend anpassten. Im Gegensatz dazu gab es von Beginn des SED-Staates an Widerstand und widerständiges Verhalten, gespeist aus totalitärer und neuer Erfahrung von Unrecht. Der Wille widerständiger

62 F.-W. Schlomann in: DER STACHELDRAHT Nr.1+2/2008

63 W. Baentsch, zit. aus: DEUTSCHLAND JOURNAL, Hamburg 2007, swg-Reihe, H. 74, S. 91

64 F. Havemann, Havemann, Frankfurt /M. 2007

65 Vgl. D. Pollack, Außenseiter oder Repräsentanten. Zur Rolle der politisch alternativen Gruppen im gesellschaftlichen Umbruchprozess der DDR. In: DEUTSCHLAND ARCHIV Nr.8/1990, S.1218

Menschen zum Handeln war alles, weil er die primäre Macht des Wirklichen verkörperte. Wer oder was sollte ihn brechen können?

Was unterscheidet die Bürgerbewegung der späten 70er und 80er Jahre von jenen, die den Widerstand in der DDR individuell oder in bestimmten Phasen gemeinschaftlich und wesentlich früher getragen haben? Die Frage ist nicht einfach zu beantworten, weil an den essentiellen Unterschieden Wesen und Repressionsfolgen einer totalitären Diktatur sichtbar werden, die von sechs signifikanten Existenzmerkmalen gekennzeichnet wird: Ideologie, Massenpartei, Geheimpolizei, Massenkommunikationsmittel, staatliche Zwangsmittel, zentrale Wirtschaftführung und -Planung. Ein Großteil derer, die in den 70er und 80er Jahren in den Friedens-, Umwelt- und Menschenrechtsgruppen saßen, waren von den Ereignissen 1968 im Westen stark beeinflusst. Sie fühlten sich mit diesen Alternativbewegungen solidarisch. Es war die gleiche Generation, und der Verdacht, dass es sich bei deren Nonkonformismus zunächst und vertieft um einen Generationskonflikt handelt, liegt auf der Hand. Das Friedensengagement der so genannten Friedensgruppen als Opposition zu sehen, wäre deshalb eine Selbsttäuschung.

„Der Rückzug der Kirchenleitungen von der durch sie selbst initiierten Bewegung ‚Schwerter zu Pflugscharen' resultierte aus der Definition kirchlichen Friedensengagements als eigenständiger Beitrag innerhalb der Bemühungen der DDR um Frieden", schreibt der Pfarrer und Bürgerrechtler Erhard Neubert.[66] Er sollte wissen, dass es keine Friedensbemühungen des aggressiven SED-Regimes gab. Folgerichtig distanzierte sich die regimetreue Kirche von dieser Bewegung. So erklärte der evangelische Kirchenpräsident Natho im Juni 1982: *„Aber ich möchte es nicht an Klarheit fehlen lassen, dass zur Verschärfung der Situation die mit beigetragen haben, die wider besseren Wissens anderen einzureden suchten, es handele sich im Friedensengagement junger Christen um eine selbstständige und vom Staat ‚unabhängige Friedensbewegung'. Diese unabhängige und selbstständige Friedensbewegung gibt es nicht, nicht in unseren Kirchen und auch sonst nicht in der DDR. Die evangelische Kirche ist keine Oppositionspartei, der man zu bestimmten politischen Verhalten und zu Machtansprüchen gegenüber dem Staat raten müsste."*[67] Vielmehr zeigte sich über die Anpassung hinaus, eine enge Zusammenarbeit der Spitzenvertreter beider Großkirchen mit der SED und dem MfS, die zu bedrückenden Erkenntnissen führt. Funktionäre wie Konsistorialpräsident Stolpe sorgten dafür, dass die Evangelische Kirche dem Regime keinen menschenrechtlichen Ärger machte. Den Gläubigen entging der Widerspruch zwischen dem Gotteswort und dem gottlosen Staat nicht. Sie wussten sehr genau, wo die Grenze vom Unvermeidlichen zum Unnötigen lag. Die theologische Qualifizierung des DDR-Kirchenbundes als einer „Kirche im Sozialismus" beruhte wesentlich auf der Rezeption weniger Sätze aus vorläufigen theologischen Reflexionen Bonhoeffers, ohne diese im Licht seines Gesamtwerkes zu bedenken.[68]

---

66 E. Neubert, Geschichte der Opposition in der DDR 1949-1989, Berlin 1998, S. 403

67 G. Besier: Die Rolle des MfS bei der Durchsetzung der Kirchenpolitik der SED und Durchdringung der Kirchen mit geheimdienstlichen Mitteln, in: Enquête-Kommission „Aufarbeitung von Geschichte und Folgen der SED-Diktatur in Deutschland", Bd. VI/I, 1995, 509-558

68 Ders.

Die von Neubert und anderen rekurrierte „Friedenschiene" als Opposition ist eine Schimäre. Weshalb Reinhard Buthmann feststellt: *„Kein Wunder, dass jene, die Widerstand gelebt und erfahren haben, einen Wirklichkeitsverlust in der wissenschaftlichen Aufarbeitung feststellen müssen."*[69] Diese Einseitigkeit, oder historische Manipulation, setzt sich beim Umgang mit der Vergangenheit fort. Die Christenverfolgung in der SED-Diktatur bleibt dabei als Thema ausgeblendet. Bis heute neigen die Kirchen in Deutschland dazu, die inhumane Dimension der kommunistischen Diktatur zu ignorieren oder zu beschönigen. Fast zynisch klingt es, wie der Evangelische Kirchentag 2003 sein Forum zur DDR-Vergangenheit „Alles halb so schlimm – oder?" nannte. Die Aussage prägt sich ein, das Fragezeichen nicht. Eine Indifferenz, wie sie typisch für die vormalige „Kirche im Sozialismus" ist. Die Kirche, von der Neubert redet, wollte die Beziehung zwischen Staat und Kirche nicht gefährden. Deshalb hat sie die Aufständischen des 17. Juni im Stich gelassen. Auch Pollack, der wie Neubert im SED-Staat Theologie studierte und an der Leipziger Karl-Marx-Universität lehrte, zeichnet eine Analyse widerständigen Verhaltens und Opposition, der ich nicht zustimmen kann, wenn er schreibt: *„In dieser Zeit* (Anm. den 70er Jahren) *entstanden die politisch-alternativen Gruppen unter dem Dach der Kirche."*[70]

Welche Alternativen zeigten denn diese Gruppen auf? Wie politisch waren sie? Hier wird eine Verdrehung der tatsächlichen Lage vorgenommen. Die Mehrheit der Bevölkerung hatte mit dem Politikverständnis und den Alternativen dieser Gruppen nichts zu tun, *„[...] noch war es ihnen möglich, die Anliegen der Gruppen in größere Teile der Bevölkerung zu vermitteln"*,[71] stellt Buthmann fest. Das Volk befand sich in einer Art zurückgezogenen, passiv-kritischen Verweigerungshaltung. Es wollte keine reformierte DDR, weil der Einheitsgedanke der Nation in ihm fortlebte.

Ausgerechnet unter dem Dach der „Kirche im Sozialismus" sollte sich eine Opposition formiert und agiert haben? Etwa mit dem Verdienstorden geschmückten Manfred Stolpe an der Spitze?[72] Zum einen zeigt dieser Umstand, wie weit die Säkularisierung der Kirche im atheistischen SED-Staat fortgeschritten war, denn Religion, gepredigter Gottesglaube, hat nach dem Verständnis des Evangeliums mit Politik nichts zu tun.[73] Zum anderen ist dies die Fortschreibung einer dezidiert falschen Geschichte, die eher der eigenen Glorifizierung als einer nüchternen Analyse des Tatsächlichen dient. Die Vorstellung von einer reformierbaren DDR, von politischen Alternativen, von einzufordernder Gerechtigkeit und Menschenwürde, zeigt nur zu deutlich die politische Naivität selbst derer, die ihre Geschichte heute legitimatorisch reflektieren. Diese Naivität korrespondiert mit der Haltung der westdeutschen Linken und Pazifisten. Während dort „Schwerter zu Pflugscharen" gegen die Repression umgeschmiedet wurden, verbreiteten bundesdeutsche Pazifisten und Linke einen Brecht-Vers von 1936: „Stellt euch vor, es ist Krieg und keiner geht

69 R. Buthmann, Widerständiges Verhalten u. Feldtheorie, in: Neubert/Eisenfeld [Hrsg.] Macht Ohnmacht Gegenmacht, 2001, S. 91
70 Ders. S. 351
71 Ders. S. 355
72 Laut BVG-Urteil [!] in 2005 nicht mehr IM „Sekretär"
73 Vgl. NT, Joh.18.36, 2.Kor.4.17,18, Luk.21.33

hin...", dessen nächste Zeile und eigentliche Aussage sie allerdings verschwiegen: „...dann kommt der Krieg zu euch." Es ist nur verständlich, dass die Wölfe die Abrüstung der Schafe verlangen, denn deren Wolle setzt dem Biss einen gewissen Widerstand entgegen. Staaten ohne Gerechtigkeit, schreibt Augustinus, sind nichts anderes als Räuberbanden. Und die lassen sich nicht reformieren.

Kants Imperativ der Freiheit war ihnen wohl unbekannt. Für ihn lag das größte Geheimnis nicht in der Welt, sondern in uns. Es ist unsere Freiheit. Freiheit heißt: die Dinge bestimmen können und nicht nur von ihnen bestimmt werden. Die Selbstbestimmung, die Besinnung auf Freiheit war auch die ultima ratio des Widerstands. *„Freiheit ist keine Gegebenheit"*, bemerkt Karl Popper, *„sie ist verletzlich, man muss darum kämpfen und bereit sein, dafür zu sterben."*[74] Rüdiger Safranski ergänzt: *„Freiheit ist nicht vollkommen. Vollkommenheit ist nur bei Gott. Freiheit ist eine Chance, keine Garantie des Gelingens. Das Leben kann auch misslingen – aus Freiheit. Der Preis der Freiheit ist genau diese Möglichkeit des Misslingens."*[75]

System, Ideologie und Menschenverachtung des SED-Staates waren die Anstrengung nicht wert, das müssen die Menschen begreifen, die ihre Arbeitskraft in seinen Dienst gestellt hatten, oder jene, die ihn mit zeitlich zunehmendem Abstand weich zeichnen und verklären. Sie waren Teil eines Systems, das es besser nicht gegeben hätte. Die durch die Armut erzwungene Gleichheit und die beschränkten Zukunftsaussichten hatten eine Gesellschaft geschaffen, die so horizontal war wie der Boden Mecklenburg-Vorpommerns. Michael Kleeberg bekennt auf die Frage: Welche Erinnerung ist die schmerzhaftere, das KZ oder der Kommunismus: *„Schmerzhaft? Der Kommunismus! Im Lager habe ich keine Desillusionierung erlebt. Ich komme dort an. Ich weiß, was der Nazismus ist, nichts kann mich da überraschen, die Brutalität überrascht mich nicht. Aber die Entdeckung, dass der stalinistische Kommunismus, wie ich ihn kannte, trotz der Kommunisten eine völlige Verirrung war, das hat mich böse überrascht. Das Lager ist nicht auszuhalten, Es ist tödlich, unerträglich, aber nicht schmerzhaft. Im Gegenteil, jeden Abend sagt man sich: Ah, schon wieder ein Tag, den du durchgehalten hast. Die andere Erfahrung ist viel schmerzhafter, weil du gezwungen bist, dich selbst zu verleugnen, einen Teil von dir selbst zu zerstören. Deshalb gibt es so viele Kommunisten, die das nie getan haben: Den Schmerz, den das bereitet, wollten sie sich ersparen."*[76]

Toqueville hat das in seiner Analyse immer wieder betont: *„Wie könnte die Gesellschaft dem Untergang entrinnen, wenn sich das sittliche Band nicht festigt, derweil das politische sich lockert? Und was soll man tun mit einem Volk, das als Herr seiner selbst nicht Gott untertan ist?"*[77]

Eine Gesinnung reicht nicht aus, die Logik des Handelns zu ersetzen. Erst im Handeln wird Denken manifest. Angst darf man haben. Angst ist die Weggabelung. In Richtung Feigheit oder Mut. Stauffenberg erkannte: „Wenn es den unbedingten Mut und Willen zur Konsequenz gilt, sieht man sich allein." Wer sich mit der Oppo-

---

74 K. Popper, Die offene Gesellschaft und ihre Feinde Bd. 1, Stuttgart 1992
75 R. Safranski, Das Böse oder das Drama der Freiheit, Frankfurt/M. 1999, S.25
76 F. J. Raddatz über M. Kleeberg in: Cicero, Warum die Alten an der Macht bleiben, 2005
77 A. de Toqueville, Demokratie in Amerika. I, 144, 1835

sition im Kopf zufrieden gibt, zieht sich in die bürgerliche Unverbindlichkeit zurück. Erst der zivile Ungehorsam und das Tun geben Einsichten frei. Den Ungehorsam rechtfertigt das Bemühen, sich selbst und das Land vor Schaden zu bewahren und nicht eine Bande von Lügnern schützen, nur weil sie zufällig an der Macht waren. Schließlich hat die Wahrheit nichts zu tun mit der Zahl der Leute, die von ihr überzeugt sind. Sophie Scholl stellte 1942 unmissverständlich klar: *„Unser heutiger „Staat" ist die Diktatur des Bösen. [...] Aber, frage ich Dich, wenn Ihr das wißt, warum regt Ihr Euch nicht, warum duldet Ihr, daß diese Gewalthaber Schritt für Schritt offen und im verborgenen eine Domäne Eures Rechts nach der anderen rauben, bis eines Tages nichts, aber auch gar nichts übrigbleiben wird als ein mechanisiertes Staatsgetriebe, kommandiert von Verbrechern? Ist Euer Geist schon so sehr der Vergewaltigung unterlegen, daß Ihr vergeßt, daß es nicht nur Euer Recht, sondern Eure sittliche Pflicht ist, dieses System zu beseitigen?" [...] Der Sinn und das Ziel des Widerstandes ist, den Nationalsozialismus zu Fall zu bringen, und in diesem Kampf ist vor keinem Weg, vor keiner Tat zurückzuschrecken, mögen sie auf Gebieten liegen, auf welchen sie auch wollen. An allen Stellen muß der Nationalsozialismus angegriffen werden, an denen er nur angreifbar ist. Ein Ende muß diesem Unstaat möglichst bald bereitet werden."*[78] Als junge Christin hatte sie den Mut, sich aktiv der Diktatur des NS-Staates zu widersetzen. Vorbild war sie gleichermaßen dem Widerstand gegen die zweite deutsche Diktatur. Kierkegaard unterstreicht: *„Es kommt darauf an, dass einer es wagt, ganz er selbst, ein einzelner Mensch, dieser bestimmte einzelne Mensch zu sein, allein vor Gott, allein in dieser ungeheuren Anstrengung und mit dieser ungeheuren Verantwortung."*[79]

Noch 1961 schrieb der BGH fest, dass eine Widerstandshandlung nur dann als sinnvoll und legitim anerkannt werden könne, wenn sie „wenigstens eine gewisse Aussicht" biete, „eine wirkliche Wende zum Besseren herbeizuführen". Eine irrelevante Norm, die nur Attentäter und Verschwörer gegen Diktatoren erfüllen. Sophie Scholl schon nicht mehr.

William Proctor schreibt in seinem Buch ‚Das Evangelium der NYT': *„Nahezu alle traditionellen Werte haben sich im Laufe von wenigen Jahrzehnten in ihr krasses Gegenteil verkehrt. Der Wert eines intakten, stabilen Familienverbandes, Moral und Sitte, Religion und Glaube usw. als Basis für ein gesundes physisches und psychisches Wachstum des Menschen, aber auch ein menschenwürdiges Miteinander in Ehrfurcht vor inneren Werten und der Erfahrung ganzer Generationen, all dies ist hinweggespült worden durch die scheinbare Freiheit, nach der alles erlaubt wäre, was nicht unmittelbar schadet bzw. nicht jenen schadet, welche die Meinungsmacher dieser neuen Ideologien sind."*[80]

Das Krebsgeschwür des Werteverfalls, durch den Feldversuch des Kommunismus im SED-Staat herangezüchtet, wurde 40 Jahre widerständig bekämpft und vor 20 Jahren erfolgreich operiert. Kann man mithin von einer Heilung sprechen, wenn die Metastasen weiter wachsen? Wenn die Träger des krankmachenden Gedan-

78 S. Scholl, Aus dem 3. Flugblatt der Weißen Rose, München 1942
79 W. Dietz, Sören Kierkegaard. Existenz und Freiheit. Frankfurt/M. 1993
80 W. Proctor, The Gospel according to the New York Times, 2000

kengutes, die Mitinhaber, Mitläufer, Reformer, und „demokratischen Sozialisten", sich mehr oder weniger verborgen als die neuen Heiler und Therapeuten geben, sprich Aufarbeiter und Geschichtserklärer? Wenn ich die heutige Aufarbeitungskultur betrachte, ihre Auswirkungen verfolge, miterlebe, mit welchen geschichtsverdrehenden und wertezerstörenden Elementen wir es zu tun haben, so wird deutlich, wie wenig dies mit der Würdigung eines unabdingbaren Widerstands zu tun hat. Dabei ist es von großer Bedeutung, dass es diesen Widerstand überhaupt gab, dass etwas unternommen wurde, was Historiker die „sichtbare Tat" nennen, obgleich sich deren Bedeutung wohl erst nachfolgenden Generationen erschließt.

Erhard Neubert schreibt 1998: *„[...] dass immer wieder viele Menschen bereit waren, Opfer auf sich zu nehmen und die Anliegen der Opposition mitzutragen [...] die Texte der Opposition wurden weit verbreitet."*[81] Welche Anliegen der „Opposition" waren gemeint, die „viele Menschen mittragen"? Wie weit wurden sie verbreitet? Anliegen konnte doch nur die Isolation der Menschen und ihr Ausgeliefertsein an die Diktatur sein. Bei dieser, sich fälschlich Opposition nennenden Bürgerbewegung, die sich nach eigenen Angaben erst „seit August 1989" zu formieren begann, handelte es sich um Grüppchen und Netzwerke, die ihre Kritik am sozialistischen Gesellschaftsmodell mit einer Kritik am westlichen Kapitalismus verbanden. *„In allen Gründungsdokumenten der Opposition wurde auf die Massenflucht Bezug genommen."*[82] Die Haltung dieser Sozialreformer mündete zwangsläufig in Kontakte zu den Grünen in der Bundesrepublik, zu eben jenen, deren führende Ideologen, wie Jürgen Trittin, aus diversen kommunistischen Gruppen kamen und die Zerschlagung der demokratischen Strukturen in der Bundesrepublik anstrebten. Das war der einzige politische Bezug nach außen. Nach innen lehnten sie das Gesellschaftsmodell „Sozialismus/Kommunismus" weder ab, obwohl sie selbst negative Erfahrungen machen mussten, noch leisteten sie Widerstand. Diese partiellen Sozialismus-Kritiker hatten keinerlei Einfluss auf politische Abläufe. Ihre Gruppierungen waren überschaubar und konnten vom Staat und den Kirchen kontrolliert werden.[83]

1989 gab es ca. 160 verschiedene Zusammenschlüsse, in denen ca. 2500 Personen (Kern 600) fest eingebunden waren. Von einer „weiten Verbreitung" und „Massenwirkung" zu sprechen ist eine kühne Behauptung. Zulauf erhielten sie erst im Vollzug der Wende. Am 19. November fand in der Berliner Gethsemane-Kirche eine Zusammenkunft der Bürgerbewegung statt, auf der sich auch der Ständige Vertreter Bonns in Ostberlin, Franz Bertele, befand. Am nächsten Tag kabelte er: „Die Veranstaltung zeigte, dass die Arbeit neuer und alter Gruppen in der DDR weit entfernt ist von effektiver Oppositionsarbeit. Die in unserer Presse veröffentlichten Berichte über die ‚Opposition' in der DDR sind übertrieben und aufgebauscht. Bärbel Bohley konnte keine Orientierung geben, ihr amateurhaftes Auftreten zeigte deutlich die Schwierigkeiten bei inhaltlicher und organisatorischer Umsetzung ihrer

81 E. Neubert, Geschichte der Opposition in der DDR, Bonn 1998, S. 497

82 E. Neubert, Unsere Revolution. Die Geschichte der Jahre 1989/90, S. 70f

83 Information über die Lage und Entwicklungstendenzen der ständigen Ausreise von Bürgern der DDR nach der BRD und Westberlin sowie des ungesetzlichen Verlassens der DDR in der Zeit vom 1. Januar bis 30. Juni 1989. (MfS,ZAIG,Nr.3933/89). In: A. Mitter (Hrsg), a.a.0. S.46.

Ziele. Der Teilnehmerkreis bestand ausschließlich aus Intellektuellen, unter denen keine politischen Talente sichtbar wurden."[84] Dieser Kurzanalyse schließe ich mich an.

Ernst-Jörg von Studnitz bekräftigt: *„Das Regime wird weder durch die Kritik der Kirchen noch durch die oppositionellen Gruppierungen gefährdet. Die Kirche versteht ihre Rolle nicht primär politisch, sondern eher diakonisch."*[85]

Der Politikwissenschaftler Christof Geisel stellt 2005 fest: *„Der «dritte Weg» einte die Bürgerrechtler. Sie spielten vor der friedlichen Revolution in der DDR keine Rolle. Nur während des revolutionären Umbruchs im Herbst 1989 traten sie als Wortführer in Erscheinung und prägten das politische Geschehen. Danach verschwanden sie in der Versenkung."*[86]

Geisel fragt nach den Gründen für ihren Auf- und Abstieg und bestätigt, dass sie nicht grundsätzlich gegen den Sozialismus waren. Die Szene orientierte sich nicht am westlichen Demokratie-Modell. „Man darf daraus wohl den Schluss ziehen, dass für einen Großteil der sogenannten DDR-Opposition nicht die real existierende Bundesrepublik mit ihrem seit 1949 eingespielten Institutionengefüge und politischem Personal attraktiv war, sondern jene „andere Republik", die Petra Kelly am 10. Oktober 1981 bei der Bonner Großdemonstration gegen die „Nachrüstung" beschworen hatte."[87] Gemeint war die „Demokratische Republik".

Die Mehrheit der DDR-kritischen Bürgerbewegung stand dem Sozialismus näher als die Masse der Bevölkerung. Diese war innerlich renitent und äußerlich angepasst. Bei den meisten Bürgerrechtlern verhielt es sich umgekehrt. Sie neigten dem wirtschaftlichen und politischen System der Bundesrepublik Deutschland mehrheitlich nicht zu. Deshalb gilt die Formel: Opposition gleich demokratischer Sozialismus, Widerstand gleich parlamentarische Demokratie. Im Gegensatz zu den oppositionellen Kräften in Polen und Ungarn, gab es bei den DDR-Dissidenten keine oder kaum antisozialistische Vorstellungen. Ausreiser und Flüchtlinge waren geradezu verhasst. Ihre Entscheidung war antisozialistisch. Der Erklärungsversuch für die Anhänglichkeit am Sozialismus lautet wie folgt: Die Beobachtung, dass Menschen eine skeptische, ablehnende oder gar unversöhnliche Haltung gegenüber einem sie bedrückenden System einnehmen, sich zugleich aber nicht imstande sehen, dieses grundsätzlich in Frage zu stellen, zieht sich durch die gesamte Geschichte. Offenbar überlagerte die normative Kraft des Faktischen alternatives Denken. Dies kann man letztlich auch Geisel unterstellen, der behauptet, dass das Herrschaftsmonopol der SED maßgeblich durch diese „oppositionelle" Szene gebrochen wurde. Dieses irrelevante Fazit ist ärgerlich, weil es den Widerstand in bekannter Attitüde ausblendet.

Neubert bestimmt zwar ebenfalls Ansatz und Selbstverständnis dieser Schein-Opposition auf Legalität und Systemimmanenz, meint aber, eine zweigeteilte Orien-

84 Deutsche Einheit. Sonderedition aus den Akten des Bundeskanzleramtes 1989/90, Dokumente zur Deutschlandpolitik. Hrsg.: BMI unter Mitwirkung des Bundesarchivs, Berlin 1998, S.409f

85 E.-J. v. Studnitz, ebd. S. 413-416

86 Ch. Geisel, Auf der Suche nach einem dritten Weg. Das polit. Selbstverst. der DDR-Opp. in den 80er Jahren, Berlin 2005

87 Ders.

tierung zu erkennen, in der letztere das politische System radikal in Frage stellt, *„obwohl die Gesamtbewegung [...] unpolitische Anteile besaß, [...] und sich zu einer Demokratiebewegung entwickelte."*[88] Damit gerät seine Definition des Begriffes „Opposition" und ihrer Wirkung im System in Schieflage. Allein die Vorstellung, eine Demokratiebewegung in einer totalitären Diktatur stalinistischer Ausprägung mit „unpolitischen Anteilen" und nicht näher definierter „radikaler Infragestellung" zu entwickeln, zeugt entweder von politischer Naivität, oder sie stellt den Versuch dar, eine halblegale Opposition unter dem Dach der evangelischen „Kirche im Sozialismus" im Geschichtsbild als ernst zu nehmende zweite Kraft im SED-Staat zu etablieren.

Mit einer Widerstands-Bewegung jedenfalls hatte das nichts zu tun. Widerstandshandlungen einzelner Menschen oder Gruppen verzichteten auf den Anspruch einer Legalisierung oder auch nur öffentlichen Legitimierung. Allein die Verwendung des Oberbegriffs „Opposition" ist paradox, da ja gerade sie gegen die SED hätte opponieren und deutliche Distanz zeigen müssen. In Diktaturen gibt es keine Opposition. Mielke selbst stellte fest: *„Es gibt keine Basis für eine politische Opposition."*[89] Und die, die sich dafür hielt, war von der Stasi durchsetzt und gelenkt.[90] Wer eine andere Meinung vertrat, geriet so, ob er es wollte oder nicht, in die Rolle desjenigen, der gegen den Staat Widerstand leisten musste. Eine Opposition duldete das SED-Regime in keiner Form.[91]

Der Historiker Stefan Wolle berichtet von spontanen *„Widerstandsaktionen im ganzen Land"*, als nicht wenige Menschen 1968 gegen den Einmarsch der Sowjets protestierten.[92] Vernehmbar, aber ohne Erfolg. Eine stabile Diktatur kann man von innen nicht stürzen. Es sei denn, man sitzt an den Schalthebeln der Macht. Indem man von einer „Opposition in der DDR" spricht oder schreibt, drückt man unterschwellig aus, es gab keine Diktatur. Das aber stellt die Geschichte auf den Kopf.

Es bedeutet auch, die Geschichte (der Opposition) zu verfälschen, wenn einzelne Kirchen-Funktionäre und Pfarrer der DDR, wie Forck oder Falcke versuchen, diese zum Dach einer politischen Gegenkraft zur SED hoch zu stilisieren. Das Gegenteil war der Fall. Die Leipziger Superintendenten Magirius und Richter taktierten und kooperierten mit der SED bis zuletzt. Eine Montagsdemonstration mit Billigung dieser und anderer Pfarrer hätte wohl frühestens 2009 stattgefunden. Nirgendwo sonst waren so viele IM des MfS bis in höchste Ämter positioniert, wie in der Kirche. Dass es auf Grund dieser nahezu lückenlosen Überwachung nicht zu Massenverhaftungen kam, zeigt den von der Stasi zugemessenen oppositionellen Wert. Die Gefahr für das Regime wurde nicht sehr hoch angesetzt, weil die gemeinsame Basis, der Sozialismus, letztlich blieb und es zu keiner Ablehnung sui generis kam. Das schloss nicht aus, dass einige Pfarrer auf die Idee kamen, den liturgischen Rahmen von Gottesdiensten mit außerkirchlichem Protestpotenzial anzureichern,

---

88 Ders.
89 Tonmitschnitt 1983, BStU
90 W. Biermann, Die Oppositionsgruppen der DDR sind von Stasi-Metastasen zerfressen, zit. aus: Dankesrede zur Verleihung des Büchner-Preises 1991
91 Fink/Fritsche/Schuster/Spiegel, Geschichte kennen und verstehen, München 1997, S. 84
92 S. Wolle, Der Traum von der Revolte. Die DDR 1968, Berlin 2008

wie Pfarrer Führer in Leipzig, oder Pfarrer Eppelmann in Berlin. Religiöse oder theologische Werte wurden dort kaum vermittelt. Die evangelischen Kirchen in der DDR haben sich den reformsozialistischen Gruppen letztendlich nur deshalb geöffnet, weil diese Gruppen die DDR reformieren und nicht abschaffen wollten. Das mindert die Verdienste dieser Gruppen nicht, muss sie aber ordnen und heuristisch bewerten. Die Oppositionsforschung, die zumeist aus den Reihen der vormals kirchlichen Träger, Universitäten und Institutionen kommt, hat diesen Umstand aus durchsichtigen Gründen weitgehend ignoriert. Die daraus entstandenen Seilschaften reichen heute bis weit in die SPD und in andere Parteien und nehmen die Verdienste einer fundamentalen Gegnerschaft unberechtigt für sich in Anspruch.

Den jetzigen Polit-Eliten ist das egal. Sie nutzen ihre Macht und Medien-Hoheit, den Widerstand, dessen Opfer und Bedeutung für den Sturz der Diktatur klein zu reden. Dabei war es der Widerstand Einzelner oder Gruppen, von innen oder von außen, der eine deutliche Absage an das SED-Regime transportierte und damit ein wirksames Zeichen der Unvereinbarkeit von Demokratie und Diktatur setzte. *„Das Wesen totaler Herrschaft ist der Terror"*, schreibt Hannah Arendt.[93] Das sah Mielke aus seiner Perspektive ähnlich, als er über einen Fluchthelfer zum Ausdruck brachte: *„Der Gegner verfolgt das Ziel, die DDR zu schädigen [...] eine sogenannte innere Opposition bei uns zu schaffen und eine politische Untergrundtätigkeit zu organisieren."*[94]

Die nie akzeptierte Teilung in der deutschen Nachkriegsgeschichte war eine Motivation des Widerstands. Diese Teilung aufzuheben verlieh ihm Legitimation und gesamtnationale Wirkung. Die sogenannte Opposition dagegen hatte die Teilung Deutschlands tief verinnerlicht und als unumkehrbar betrachtet. Selbst nach dem Fall des DDR-Regimes, und aufgesplittert in den verschiedensten Basisgruppen, wie „Demokratischer Aufbruch", „Neues Forum", „Demokratie jetzt" und den Neu-Parteien nach westdeutschem Vorbild, sah sie ihr Ziel darin, die längst gescheiterte DDR-Staatsideologie zu einem „demokratischen Sozialismus" reformiert, wieder zu beleben.

Auch die Forschung orientiert ihre Ergebnisse weitgehend und bis heute an dem, was DDR-Theologen, Kommunismus-Renegaten, Künstler, Pazifisten, Radikalökologen, Sozialisten, Anarchisten und Intellektuelle der Bürgerbewegung an Deutungsmustern einbringen. So kann es auch nicht verwundern, dass sich die Themen der „Runden Tische" einzig um die Erneuerung des Sozialismus und der herrschenden kommunistischen Partei drehten.[95]

Besonders Neubert bemüht sich einerseits, den systemnahen Kritikern Bedeutung zu verschaffen und den Widerstand herabzusetzen, indem er behauptet, Widerstand war *„nicht sehr wirkungsvoll"*.[96] Damit hat er aber den unter Historikern definierten Konsens verlassen, der einen Vergleich niemals als die historische Wahrheit im eigentlichen Sinn determiniert. Das Gegenteil seiner Aussage trat

93 H. Arendt, Elemente und Ursprünge totaler Herrschaft, Frankfurt/M. 1958, S. 874
94 VVS MfS Mielke 0008-7/79
95 Vgl. E. Neubert, Unsere Revolution: Die Geschichte der Jahre 1989/90, München 2008
96 Ders., Geschichte der Opposition in der DDR 1949-1989, S. 502

letztlich ein, weshalb er im Kontext andererseits einräumt, dass Ausreisebegehren, Flucht und Fluchthilfe Widerstandshandlungen waren, die *„das System empfindlich trafen."* Er konzediert, dass *„die Flucht [...] Ausdruck des Eingeständnisses war, dass oppositionelle Politik nicht mehr möglich war."*[97] Folgerichtig wurde die Hilfe zur Flucht *„in erster Linie als ein politischer Kampf gegen die DDR und den Sozialismus"* betrachtet, und war damit eine genuine Widerstandshandlung.[98]

„Die Massenflucht [vor dem Mauerbau] *bereitete der DDR erhebliche ökonomische Probleme und zerrüttete auf einem praktischen Wege die nationalistisch-kommunistische Legitimation der SED-Politik"*, konstatiert er schließlich. Oppositionelle Absichten, soweit man sie so bezeichnen kann, konnten sich also nur auf Kosmetik am System beschränken. Sie waren in der Konsequenz kontraproduktiv, weil sie die sozialistische Ideologie an der Basis durch Entwürfe für einen anderen Sozialismus sanktionierten.[99] Man könnte sagen, dass das weitgehend angepasste Volk Kritik an bestimmten gesellschaftlichen Erscheinungen äußerte. Günter Minnerup unterstreicht die Bedeutung des Widerstands an Fallbeispielen: *„Mit langjährigen Zuchthausstrafen ahndete die DDR-Justiz 1951 auch die Aktivitäten einer Widerstandsgruppe von 19 Oberschülern in Werdau, die vor allem durch Flugblätter gegen Wahlfälschungen oder das drakonische Flade-Urteil protestiert hatte. Selbst Grotewohl wollte im Falle der Werdauer Gruppe Aufsehen vermeiden und versuchte, den Prozess aufzuhalten. Scharf gingen die Behörden gegen diejenigen vor, die innerhalb der eigenen Apparate die Gefolgschaft verweigerten. Zahlreiche Volkspolizisten weigerten sich, gegen die Bevölkerung vorzugehen, wie etwa während der Deportationen aus den Grenzgebieten 1952. Widerstand Einzelner in den staatlichen Verwaltungen und selbst in der Justiz kam vor und wurde hart bestraft. Auslöser waren häufig die moralischen Bedenken mancher Funktionäre bei den schweren Unrechtsakten und der verlogenen Auseinandersetzung mit der national-sozialistischen Vergangenheit. [...] Kurze Streiks gab es in der gesamten DDR schon seit Mai 1953, von denen allerdings nur wenige außerhalb der betroffenen Betriebe wegen der absoluten Nachrichtenblockade bei solchen Vorkommnissen erfuhren. Als sich die Chance zu Veränderungen seit dem 11. Juni 1953 bot, ergriff die Bevölkerung – in allen sozialen Schichten – sofort die Initiative, und es gab eine Welle von Streiks und Protestversammlungen in großen Betrieben Sachsens und Thüringens."*[100]

Auch Neubert benennt einzelne Fakten, die stellvertretend für eine Vielzahl solcher Ereignisse stehen, zieht aber nicht die möglichen Schlüsse. Für ihn gelten nur die sozialistischen Reformer der Bürgerbewegung unter dem Dach der „Kirche im Sozialismus" als „Opposition". Schlüsselsätze wie: *„Man könne die DDR reformieren"*, oder *„wir haben dabei die Menschen vergessen"*, und zuletzt *„wir waren stolzer auf uns, als wir verdient hätten"*, machen sein Dilemma deutlich. Eine Fülle

97 Ders., S. 68

98 MfS-HA I/1, Abwehr, Naa, Kr, vom 24.12.1976, S. 6f

99 G. Minnerup, Politische Opposition in der DDR vor dem Hintergrund der Reformdiskussion in Osteuropa, in: Die DDR im 40. Jahr. Geschichte, Situation, Perspektiven. 22. Tagung zur DDR-Forschung. Köln 1989

100 Ders., S. 67f

von Behauptungen wird aufrechterhalten, die nicht oder nicht mehr dem aktuellen Forschungsstand entsprechen. Wenn man ihm diese manichäische Abgrenzungsdefinition überlassen will, dann kennzeichnet Opposition Realitätsfremdheit, Politikferne und angepasstes Verhalten an den Rahmen der „sozialistischen Gesetzlichkeit". Unabhängiges Denken und Freiheitsliebe sind indes mit hartnäckiger Gewissensbefragung und Widerständigkeit gegen Unrecht und Unfreiheit verbunden. Das konnten die Basisgruppen der Bürgerbewegung nicht leisten. Ihr Ansatz war eine Reform der Diktatur. Dieser Widerspruch wird heute mit den Requisiten des Widerstands geschmückt. Dabei wird man an ein Sprichwort aus dem Orient erinnert in dem es heißt: „Wenn ein Narr einen Stein in den Brunnen wirft, können ihn zehn Weise nicht mehr herausholen."

Selbst nach der Unterzeichnung der Schlussakte der KSZE 1975 durch die DDR, setzte sich die Inhaftierung politisch verfolgter Menschen fort, und schließlich waren es über eine Million, die in den Zuchthäusern gesessen hatten. Demzufolge setzte sich der Widerstand seit 1949 kontinuierlich fort. Die Bürgerrechtsbewegung, später „Opposition" genannt, war nur das I-Tüpfelchen auf ein jahrzehntelanges widerständiges Verhaltens gegen eine aggressive Diktatur.

Heute wird aber so getan, als wäre sie es gewesen, die das SED-Regime in die Knie gezwungen hatte. Dabei war die Ausreisebewegung explizit eine Erscheinungsform widerständigen Verhaltens, wie der Historiker Kowalczuk feststellt.[101] Der massenhafte und nachhaltige Wunsch nach einer Ausreise führte den Staat und die Identität der übrigen Staatsbürger immer wieder in unlösbare Konflikte. 1953 konnte das Regime noch durch sowjetische Panzer gerettet werden. 1961 wurde mit Hilfe des Warschauer Paktes die Abgrenzung gegenüber dem Westen mit dem Bau der Mauer zementiert. Durch Angst, Verunsicherung und Isolation sollte das Volk zermürbt und zur Kapitulation vor den Verhältnissen gezwungen werden. Als letzte Maßnahme stand dann der zunehmende Druck zur Ausreise. Diese spezifische Art der Vertreibung ermöglichte es, die sich immer wieder aufbauenden Strukturen innerhalb kirchlicher Gruppen ohne großes Aufsehen zu zerschlagen. Die präventive Ausbürgerungspolitik erreichte im Jahre 1984 mit der Übersiedlung von 41.000 DDR-Bürgern ihren Höhepunkt.[102] Langfristig gesehen erwies sie sich aber als ein nicht wieder gut zu machender Fehler. In den folgenden Jahren wandelte sie sich zur eigenständigen Ausreisebewegung breiter Bevölkerungsschichten und konnte vom MfS nicht mehr unter Kontrolle gehalten werden. Nachdem im Jahre 1987 vermehrt auch jüngere Menschen besuchsweise in den Westen fahren konnten, erlebte das ideologische System einen für viele Bürger schockierenden Einbruch. Die Angst vor einem "sinnlosen" Leben wurde größer, als die Angst vor dem totalitären Staat. In einem Bericht der Staatssicherheit heißt es: *„Seit Inkrafttreten der Reiseverordnung ist eine deutliche Zunahme des aggressiven, fordernden und verleumderischen Verhaltens und Auftretens sowie eine sinkende Hemmschwelle zur*

101 U. Poppe /R. Eckert, Die Ausreisebewegung – eine Erscheinungsform widerständigen Verhaltens. In: Ilko-Sascha Kowalczuk (Hrsg), Zwischen Selbstbehauptung und Anpassung, Berlin 1995

102 DER SPIEGEL Nr.6/1990 S.70

Androhung und Durchführung von feindlich negativen Aktivitäten festzustellen.“[103] 1988 wurde dann durch die Genehmigung von 40.000 Ausreiseanträgen versucht, den innenpolitischen Druck abzubauen. Jedoch wurde das Gegenteil erreicht. Die sozialen und psychologischen Konflikte innerhalb des SED-Staates zwischen denen, die gehen und denen, die bleiben wollten, wuchs.

Am 27. Juni 1989 durchschnitten der ungarische Außenminister Guyla Horn mit seinem österreichische Amtskollegen Alois Mock anlässlich eines symbolischen Fototermins den Grenzzaun zwischen beiden Staaten bei Soprón (Ödenburg). Am 19. August fand dort das von der Paneuropäischen Union (PEU) und dem Ungarisch Demokratischen Forum (MDF) organisierte „Paneuropa-Picknick“ statt. „Die Teilnehmer dürfen sich selbst am Abriss des Eisernen Vorhangs beteiligen“, hieß es in deutscher Sprache auf einem Flugblatt, mit dem die Veranstalter insbesondere Bürgerinnen und Bürger der DDR nach Soprón einluden, die sich zum Urlaub in Ungarn aufhielten. Unter der Schirmherrschaft des ungarischen Staatsministers Imre Pozsgay und des PEU-Präsidenten Otto von Habsburg, konnten mehr als 600 von ihnen über ein kurz zuvor geöffnetes Grenztor nach Österreich flüchten. Noch nie hatten so wenige so vielen so viel geholfen.

Mit dem Abbau der ungarischen Grenzanlagen im September 1989 setzte eine massenhafte Fluchtwelle ein. Es war der Beginn des tatsächlichen Zusammenbruchs des SED-Staates. Dem Ausreisedruck konnte die DDR nichts mehr entgegensetzen. Endlich bekannte sich die Bundesrepublik als Schutzmacht gegenüber den Flüchtlingen.[104] Die mit deutschen Stellen abgesprochene Aktion führte zum Sturm auf die deutsche Botschaft in Prag und schließlich zur Öffnung der Westgrenzen am 9.11.1989. Das politische und wirtschaftliche System der DDR brach zusammen.[105] Danach setzten die anhaltenden Übersiedlerzahlen die Politik der beiden deutschen Staaten so unter Druck, dass die Vereinigung nicht mehr aufgehalten werden konnte. Wenn im Ministergesetz vom 19.9.2008 die Minister des letzten DDR-Kabinetts wegen ihrer „Verdienste für die Deutsche Einheit“ mit einer Ehrenpension geehrt werden, weil sie den Beitritt der DDR zur Bundesrepublik beschlossen, dann halte ich dies, im vorangehenden Kontext, für pure Heuchelei. Dieser Schritt war lediglich der formale Vollzug des Volkswillens.

Der Schritt der ungarischen Reformkommunisten vom Frühsommer 1989 hatte weitreichende Folgen. Er war eine Zäsur im Widerstand der letzten Jahre. Im Prozess der Selbstrettung war die Selbsterkenntnis der Bürgerrechtler, trotz ihrer punktuellen Kritik am realen Sozialismus, einem Wahn angehangen zu haben, nämlich den von der Reformierbarkeit eines autokratischen Machtapparates, immer noch gering. Erst die Zerstörung des Alten machte es möglich, das Neue zu erkennen, zuzulassen und sukzessive zu lernen. Bundespräsident Rau sagte später: *„Die Mauer wäre nicht gefallen, wenn Ungarn nicht die Grenze zu Österreich geöffnet hätte“*. Gorbatschow sprach vom Dominoeffekt, den die Öffnung der un-

---

103 Information über die Lage und Entwicklungstendenzen der ständigen Ausreise von Bürgern der DDR nach der BRD und Westberlin sowie des ungesetzlichen Verlassens der DDR in der Zeit vom 1. Januar bis 30. Juni 1989. (MfS,ZAIG,Nr.3933/89). In: A. Mitter (Hrsg), a.a.0. S.82.

104 FAZ v. 24.8.1999

105 Vgl. H. Knabe (Hrsg): Aufbruch in eine andere DDR, Reinbeck 1989, S.15

garischen Grenze nach Österreich auslöste. *„Das führte zum Zusammenbruch des DDR-Regimes und übertrug sich auf die Tschechoslowakei, Rumänien und später Bulgarien.“*[106] Festzustellen bleibt: Die Bürgerbewegung wurde nicht von genuiner Gesellschaftskritik getragen, sondern war vielmehr der Versuch einer Auseinandersetzung und Reflexion mit einem, aus systemkritischer, jedoch nicht feindlicher, Sicht retardierten Regime. Und sie hatte kein säkulares Politikverständnis.[107] Vielmehr fügte es die Geschichte, dass der Sturz der Diktatur primär nicht durch die Massendemonstrationen im Herbst 1989 herbeigerufen wurde, sondern ihre Ursache vielmehr in der widerständigen Flucht- und Ausreisebewegung lag. Bis zuletzt verkannte die Bürgerbewegung deren Bedeutung als aktiven Widerstand, der mit der ganzen persönlichen und sozialen Existenz getragen und erlitten wurde. Waren es nicht die Flüchtlinge, die im Sommer 1989 widerständige Verhaltensweisen in einem Umfang entwickelten, der es rechtfertigt, von einer tatsächlich politischen Kraft zu sprechen, welche ausreichte, das System zu stürzen? Knabe und Staritz bestätigen: *„Den entscheidenden Faktor, der zur akuten Krise und zum Zusammenbruch des Honecker-Systems führte, bildeten jedoch der enorme Ausreisedruck und die hilflose, wirklichkeitsfremde Reaktion der Führung darauf, die die politischen Spannungen in bis dahin unbekannter Weise anheizte. Durch den Abbau der Sperranlagen an der österreichisch-ungarischen Grenze geriet die gesamte nach dem Mauerbau geschaffene Statik des politischen und wirtschaftlichen Systems in der DDR ins Wanken, weil das Legitimationsdefizit der Mächtigen in seiner ganzen Dramatik deutlich wurde.“*[108] Politikwissenschaftler und Autoren wie Eisenfeld, Fricke oder Jahn, die selbst Dissidenten oder politisch Verfolgte gewesen sind, teilen die Auffassung, dass sich die ganze „Revolutionsgeschichte“ von 1989 viel zu sehr auf die konzentriert habe, die in der DDR geblieben sind. *„Wenn 3,7 Millionen Menschen den Weg nach Westen gesucht und sich auf ihre Weise gegen den Staat das Recht ertrotzt haben, über sich selbst zu bestimmen, so war dies eine Form der Systemauseinandersetzung“*, schreibt Fricke,[109] und Vaatz ergänzt: *„Jenen, denen Freiheit wichtiger war als Geld und Gut, Heimat und die Nähe zu Freunden ist viel zu verdanken. Ohne sie wäre uns die DDR erhalten geblieben.“*[110] Ohne die Signalwirkung einer erneut aufbrechenden Fluchtbewegung im Sommer 1989 hätte es keine Montagsdemonstrationen gegeben, keinen Sturz Honeckers. Vor allen wichtigen politischen Ereignissen (1953, 1961, 1989) konnte man eine ständig wachsende Ausreisebewegung beobachten. Somit wurden die Flüchtlinge und Übersiedler zu einer einflussreichen, externen und wirklichen Oppositionsbewegung. Sie erwiesen

---

106 In: STANDARD vom 11.9.2004

107 Meuschel, zit. in Neubert, Geschichte der Opposition in der DDR 1949-1989, Poppe, Der Weg ist das Ziel, Zum Selbstverständnis und der politischen Rolle oppositioneller Gruppen der achtziger Jahre, in: Zwischen Selbstbehauptung und Anpassung: Formen des Widerstandes und der Opposition in der DDR, Forschungen zur DDR-Geschichte. Hrsg. Poppe /Eckert/Kowalczuk, 1995, Saage: Politische Utopien der Neuzeit, 1991, Kocka: Revolution und Nation 1989, 1995

108 Vgl. H. Knabe (Hrsg), a.a.0. S.15 und vgl. D. Staritz: Ursachen und Konsequenzen einer deutschen Revolution. In: DDR, Fischer Weltalmanach (Sonderband), a.a.0. S.31.

109 K. W. Fricke, Stasi intern

110 A. Vaatz in, DER TAGESSPIEGEL vom 30.9.1999

sich als *„die eigentlichen Motoren aller gesellschaftlichen Veränderungen in der DDR“,*[111] stellt der unverdächtige Hans Modrow fest.

Als entschuldigender Hinweis hinsichtlich der Inhalte jenes Reformbestrebens wird vorgetragen, dass der Bürgerbewegung der DDR-Sozialismus „für die Ewigkeit geschmiedet“ erschien.[112] Auch dies ist explizit nicht nachvollziehbar. Die Geschichte von Diktaturen zeigt, dass ihre Halbwertzeit diametral zum Eigenverständnis liegt, also weder „ewig“ noch „tausend Jahre“ andauert. Das trifft insbesondere auf Diktaturen zu, deren Entstehen und Handeln weltweit auf Ablehnung stößt. Diesen Umstand außer Acht zu lassen zeugt entweder von erheblicher Naivität, oder homogener Abgrenzungsidentität. Es liegt im Wesen einer Diktatur, keine Opposition oder Reformen zu dulden. Eine angemessene Systemkritik als fundamentale Opposition führt zum Widerstand, kann in dessen Folge nur in der totalen Ablehnung und einer Abschaffung der Diktatur glaubwürdig sein. In diesem Zusammenhang frage ich, was es für die Mehrheit der Bürgerbewegung an einer offensichtlich menschenverachtenden Diktatur zu reformieren gab?

Wenn es ihnen um die Durchsetzung von Freiheit, Demokratie, Gewaltenteilung, Pressefreiheit, Grundrechte und Rechtsstaatlichkeit ging, war das mit den Strukturen und dem Selbstverständnis einer auf Hass basierenden, aggressiven und repressiven Gesellschaft nicht möglich. Etwaige Versuche endeten zwangsläufig in der Transzendenz des realsozialistischen Systems. Feuer und Wasser lassen sich nicht verbessern, neu ordnen, oder transformieren. Die antifaschistischen Widerstandsgruppen im nationalsozialistischen Deutschland wollten den Faschismus nicht reformieren oder ihm ein „menschliches Antlitz“ geben, sondern bekämpften ihn in der erklärten Absicht, ihn in einer absehbaren Zeit als menschenverachtende Ideologie und Staatsform zu stürzen, bis dahin aber zumindest zu bekämpfen. So gelangte der Generalstabsoffizier Henning von Tresckow bei seinen Erwägungen zu dem Schluss, dass Widerstand um jeden Preis geleistet werden musste, als er 1944 schrieb: *„Das Attentat muss erfolgen, coûte que coûte. Denn es kommt nicht mehr auf den praktischen Zweck an, sondern darauf, dass die deutsche Widerstandsbewegung vor der Welt und vor der Geschichte den entscheidenden Wurf gewagt hat. Alles andere ist daneben gleichgültig.“*[113]

Viele Menschen im SED-Staat haben passiven Widerstand geleistet. Wenige leisteten aktiven Widerstand. Aber das war nicht die Normalität. Es gab nie eine einzige politische Kraft, einen freiheitlich-demokratischen Ansatz. Deshalb konnte sich das politische Spektrum der Bürgerbewegung nicht auseinander differenzieren, weil es zuvor nie vereint war. Dabei hätte es als wichtigsten Ansatz die Einhaltung der Menschenrechte gegeben, wie sie die tschechoslowakische „Charta 77“ als

111 Interview mit Ministerpräsident Hans Modrow. In: Nachrichtenmagazin DER SPIEGEL Nr.6/1990 S.29

112 R. Eckert, Widerstand und Opposition; ders. Die Widerstandsforschung über die NS-Zeit – ein methodisches Beispiel für die Erforschung widerständigen Verhaltens in der DDR. In: Geschichte in Wissenschaft und Unterricht 46. In: Materialien der Enquête-Kommission, 1998

113 H. v. Tresckow, Aufzeichnungen, vgl. TV-Magazin ‚Frontal21‘ vom 15.7.2008. In ihm wurden erstmals geheime Dokumente präsentiert, die von Tresckows Verwicklung in Kriegsverbrechen der Wehrmacht in Russland dokumentieren (IA/T). Das unterscheidet den Widerstand gegen den SED-Staat vom militärischen Widerstand des 20. Juli 1944: Er war zu keiner Zeit in Verbrechen des SED-Regimes verstrickt, während er den Widerstand organisierte und handelte.

Vermächtnis des Jahres 1968 forderte. Denn keine Tyrannenherrschaft hat jemals menschliche Freiheit so wirksam und gründlich negiert wie die Willkür. Unter den schlechten, nicht am Gemeinwohl orientierten Verfassungen hält Aristoteles die Tyrannis für die schlechteste, denn in ihr herrscht der Tyrann über das Volk im Sinne einer despotischen Alleinherrschaft wie der Herr über den Sklaven. Zum Wesen der Tyrannis gehört, hält er fest, *„dahin zu streben, dass ja nichts verborgen bleibe, was irgendein Untertan spricht oder tut, sondern überall Späher ihn belauschen [...] ferner alle Welt miteinander zu verhetzen und Freunde mit Freunden zu verfeinden und das Volk mit den Vornehmen und die Reichen unter sich. Sodann gehört es zu solchen tyrannischen Maßregeln, die Untertanen arm zu machen, damit die Leibwache besoldet werden kann, und sie, mit der Sorge um ihren täglichen Erwerb beschäftigt, keine Zeit und Muße haben, Verschwörungen anzustiften.“*[114]

Damit sind die Diktaturen stalinistischer Prägung und die Vorgehensweise ihrer Geheimpolizeien klassisch beschrieben. Ein reformierter, sogenannter „demokratischer Sozialismus“ hatte ebenso wenig mit den realen Gegebenheiten zu tun, wie der „wissenschaftliche Sozialismus“, mit dem die alles beherrschende Partei ihr Monopol auf die absolute Wahrheit sicherte. Beide Begriffe suggerieren, man könne zu einem ein für alle Mal richtigen System gelangen. Diese hübsche, gleichwohl irreführende Vorstellung, musste zwangsläufig an der Machtfrage scheitern. Darüber hinaus konnte sie auch die Fortsetzung irrelevanter Gesellschaftstheorien nicht verhindern. War für Oppositionelle anderer osteuropäischer Staaten die Einordnung des Ungarnaufstandes 1956 völlig klar, so verhinderten bei den Gruppen im SED-Staat nicht nur argumentative Tabus die Auseinandersetzung, sondern ebenso Unkenntnis von Ursachen und Zusammenhängen. Dies hatte zu einer eigenartigen Verleugnung der Wirklichkeit geführt, bis hin zur Übernahme der Rechtfertigung von Abgrenzung. Die verschiedenen Basisgruppen im SED-Staat lehnten deshalb einen Widerstand, wie er sich im Ungarnaufstand manifestierte, auf Grund verinnerlichter Propagandawirkung des Regimes, ab. Für sie war es keine Freiheitsbewegung, sondern Reaktion. Anpassung und Opportunismus waren Teil ihrer Überlebensstrategie. Sie gipfelte 1989/90 in dem Versuch, eine „erblühende, eigenständige DDR“ zu schaffen. Nicht einmal die Intellektuellen in der Bürgerbewegung reflektierten die Sichtweise des Regimes bezüglich der Ereignisse des 17. Juni 1953 oder des Ungarn-Aufstandes 1956. Sie übernahmen sie. Es sind die gleichen Menschen, die diese Verhaltensweisen heute mit anhaltender „Negativ-Sozialisation“ erklären wollen. Eines haben sie zumindest gelernt: dialektische Volten. Selbst der geniale Menschenaussauger und Frauengünstling Bertold Brecht teilte nach dem Arbeiteraufstand vom 17. Juni 1953 die anfängliche Begeisterung für das SED-Regime nicht mehr. Nach dem Volksaufstand schrieb er in sarkastischer Ironie, „dass das Volk das Vertrauen der Regierung verscherzt habe“, und schlug der SED vor: „Wäre es da nicht doch einfacher, die Regierung löste das Volk auf und wählte ein anderes?“

Es gibt zwei Hypothesen. Die eine sagt aus, dass die sogenannte „friedliche Revolution“ ein Unternehmen der Stasi war, um unblutig und ungestraft den drohen-

114 Aristoteles, Politik, Band 9.1, Berlin 1991, Pol. III 8, 1279b16

den Untergang des „real existierenden Sozialismus" in der DDR zu überleben und den Prozess der Transformation der Gesellschaft entscheidend mitbestimmen zu können, Einfluss und Macht der alten Kader und Apparate neu zu installieren.[115] Diese These besitzt nicht nur Plausibilität; vielfach nach der „Wende" bekannt gewordene Fakten und Ereignisse sprechen für sie, nicht nur, weil es keine angemessene juristische Abrechnung mit dem SED-Regime der DDR gab, nicht nur, weil die SED weiter bestehen konnte als PDS, nicht nur, weil alte Funktionsträger und Nomenklaturkader, wie inoffizielle und offizielle Mitarbeiter der Staatssicherheit heute im Bundestag sitzen, nicht nur einflussreiche Stellungen in allen Bereichen des öffentlichen Lebens einnehmen, sondern weil die politische Basis des Parteienstaats Bundesrepublik Deutschland nach der Vereinigung gekippt ist. Weder gilt heute der jahrzehntelang wirkende Konsens des „Antitotalitarismus", noch sind weiterhin liberale und soziale Werte gesellschaftskonstituierend, und dies im besonderen in den neuen Bundesländern, in denen fast überwiegend der alte SED/PDS-dominierte Verwaltungsapparat, sowie Täter und Helfershelfer der SED-Diktatur politischen und wirtschaftlichen Einfluss haben. Die SED regiert wieder mit.[116] Wenn wir wollen, dass alles bleibt, wie es ist, dann ist nötig, dass alles sich verändert.[117]

Die zweite These geht von der Kraft der „friedlichen Revolution" 1989 in der DDR aus und von einer durch sie bewirkten Implosion des Herrschaftssystems.[118] Diese These hat wenig Evidenz, da der Prozess der „Wende" anfangs nur regional betrieben wurde und kaum die Entmachtung von Sicherheitsorganen und SED forderte. An den Runden Tischen verhandelte die Bürgerbewegung mit der SED, nicht über sie. Die Entscheidungsprozesse in den Gremien der Runden Tische waren von Einflussnahmen der Stasi geprägt. Für eine über vierzigjährige Diktatur mit tausenden Toten und politischen Häftlingen war die „Wende" eine erstaunlich friedliche Revolution, was auf präzise Planung und Durchführung hindeutet, ein Prozess, der nicht durch Vernunft, sondern vermutlich vor allem durch dass Wirken des riesigen IM-Netzes der Stasi unterstützt und gewährleistet wurde – und durch einen NVA-General. Zwei Tage nach dem Mauerfall brüllte NVA-Generaloberst Goldbach seinen Minister und dessen Generalsgehilfen 20 Minuten so lautstark zusammen, dass die ihre Idee, mit NVA-Panzern die offene Grenze zu schließen, fallen ließen.

Die Parole dieser Tage bis zum 9. November 1989 hieß „keine Gewalt", sie wurde nicht nur vehement von vermutlich integren Bürgerrechtlern vertreten, sondern auch von Stasi-IM. Als die Konfrontation Volk gegen Staatsmacht drohte, in offenen

---

115 Vgl. R. G. Reuth/A. Bönte, Das Komplott-Wie es wirklich zur deutschen Einheit kam, München 1993, W. Süß, Staatssicherheit am Ende – Warum es den Mächtigen nicht gelang, 1989 eine Revolution zu verhindern, Berlin 1999

116 Vgl. J. Schmidt-Pohl: Christlich-Demokratische Union Deutschlands. Sichtbare und geheime Parteitransformation der CDUD in der SBZ und Mitverantwortungs-Diktatur DDR, Diss. Fachbereich Politik- und Sozialwissenschaften der Freien Universität Berlin 2002, 1. Aufl. Schwerin 2003, S. 376f

117 G. Tomasi di Lampedus, Der Leopard, München 2007

118 Vgl. G. Diederich, Verstrickung, Schuld und Widerstand – DDR – Vergangenheit und deutsche Zukunft, oder Ort 1994, S.6: „Das wichtigste an diesem Anfang war: wir haben ihn gemacht. Wir, das Volk. Und nicht etwa, wie besorgt von verunsicherten ehemaligen Bürgerrechtlern gefragt wird, die Stasi. Mag sein, dass die Stasi-Offiziere als erste erkannten, dass Veränderungen bevorstanden, dass die Zeit reif war. Den Anstoß dafür haben sie nicht gegeben."

Konflikt mit unabsehbaren Konsequenzen umzuschlagen, da geschah das „Wunder“ des 9. November: Schabowski, Sprecher des Politbüros der SED, erfahrener Parteistratege und ehemaliger Chefredakteur des „Neuen Deutschland“, unterlief ein entscheidender „Lapsus“ bei der Ankündigung eines Reisegesetzes für DDR-Bürger, mit der Konsequenz, dass die Mauer offen wurde und fiel, was wiederum die Konsequenz hatte, dass das Volk der DDR nicht mehr demonstrierte und politisiert war, denn jetzt galt es für die meisten nur noch, 28 Jahre nach dem Bau der Mauer, das bisher Vorenthaltene umgehend nachzuholen, durch westliches Konsumverhalten und Rückkehr ins Private. Den politisch selbstbewussten DDR-Bürger, als sich emanzipierender Citoyen, hatte es nur kurz, in den Tagen vor dem Mauerfall, gegeben. Doch selbst aus den Lagern der Unorganisierten hörte man keine Forderung nach Auflösung der Regierung und Neuwahlen. Die Implosion des SED-Staates riss keine Gräben oder Wunden in der DDR-Gesellschaft auf. Niemand fragte nach der Verantwortung für die über vierzig Jahre anhaltenden Verbrechen des Systems. Stattdessen begann das Verschweigen, Verharmlosen und die Abwehr der Vergangenheit, denn die Verstrickung aller in allem war zu groß. Dieser kommunistischen Vergangenheit müssen wir uns endlich stellen.

3. Vom Gewissen zum Widerstand

Jeder Mensch ist frei geboren. Freiheit ist ein natürliches Menschenrecht. Sie einzuschränken, oder aus Gründen eines allumfassenden, ideologisch motivierten Herrschaftsanspruchs abzuschaffen, ist menschenverachtend. Unterdrückung erdulden zu müssen ist ein Zustand tiefster Erniedrigung. Daraus kann man sich nur durch Widerstand befreien. Erst der Widerstand gegen die Abschaffung von Menschenrechten befreit von Schuld, von Mitschuld und ist deshalb ebenso legal wie notwendig. Schuld ist ein rechtlicher und ein moralischer Begriff. Im rechtlichen Sinn bedeutet er, dass man gegen geltendes Recht und Gesetz verstoßen hat und zu einer Bußleistung verpflichtet ist. Darauf berufen sich die Täter: auf das geltende Recht der DDR. Im moralischen Sinn spricht man von Schuld, wenn man gegen sein Gewissen und sittliche Normen handelt. Sittliche Normen sind Bestandteil des eigenen Gewissens, weniger des Wissens um die Recht- oder Unrechtmäßigkeit von Gesetzen. Indem man aus Eigennutz seine moralische Pflicht verletzt, macht man sich schuldig. Nicht jeder ist zum Held geboren oder fähig, Widerstand zu leisten. Aber jeder Mensch weiß, dass Denunziation und Verrat nicht richtig sein kann, um nur ein zigtausendfaches Beispiel zu nennen. Spätestens heute, in einer freiheitlich-demokratischen, sicheren gesellschaftlichen Umgebung müsste es den Menschen möglich sein, damals begangenes Unrecht zu bekennen, um sich zumindest so von moralischer Schuld zu befreien. Die goldene Regel heißt: „Was du nicht willst, dass man dir tu‘, das füg auch keinem andern zu.“ Diese Regel ist über die Jahrtausende und die verschiedensten Kulturen und Religionen hinweg immer formuliert worden und noch heute Grundlage menschlichen Zusammenlebens. Sie findet sich bei Konfuzius ebenso wie bei Philosophen der griechischen Antike, im

Alten und Neuen Testament.[119] Immanuel Kant formulierte: *„Handle so, dass du die Menschheit, sowohl in deiner Person als in der Person eines jeden anderen, jederzeit zugleich als Zweck, niemals als Mittel brauchest."* Er nennt das Gewissen den *„inneren Gerichtshof im Menschen, vor welchem sich seine Gedanken einander verklagen oder entschuldigen."*[120]

Mit dem Begriff „Gewissen" wird die Fähigkeit des Menschen bezeichnet, sich und das eigene Handeln zu beurteilen, sich selbst zu befragen, ob das, was man getan hat, gerade tut oder zu tun beabsichtigt, gut und richtig ist. Es ist eine Kontrollinstanz. Das Gewissen ist dem menschlichen Wesen von Geburt an einverleibt, er „macht" es sich nicht selbst. Die Ausbildung des Gewissens hängt allerdings wesentlich von den Umständen ab, unter denen der Einzelne in die Gesellschaft hineinwächst. Prägend sind die Erzieher und die Vorbilder des Einzelnen, aber auch das sittliche Bewusstsein der Gesamtgesellschaft, in der er lebt. Religion und Kultur spielen eine entscheidende Rolle. Das Gewissen wird von Kindheit an mit verschiedenen Werten und Normen „gefüllt", die das sittliche Bewusstsein des Einzelnen bilden. Das Gewissen bietet dem Menschen moralische Orientierung. Er kann sich nach ihm richten, wenn er sich frei für oder gegen eine von verschiedenen möglichen Handlungen entscheidet. Das Gewissen steht also in engem Zusammenhang mit der Freiheit des Menschen und seiner Verantwortung für sein Tun. Ein Gewissen zu haben bedeutet, die Pflicht zu haben, Pflichten anzuerkennen. Weil die Pflicht gegenüber der Menschlichkeit wichtiger war als die Autorität und das Recht des Staates, stellt der Widerstand das Naturrecht über das staatliche Recht.

Martin Luther beruft sich auf sein Gewissen, das „in Gottes Wort gefangen ist", als er auf dem Reichstag von Worms 1521 vor dem Kaiser seine Auffassung verteidigt, dass der Papst und die Konzilien irren können. Das Gewissen ist die höchste Instanz. Es stellt den Menschen unmittelbar vor Gott. Damit gibt Luther einen entscheidenden Anstoß für die neuzeitliche Auffassung von Gewissensfreiheit. Heute hat das Individuum größere Bedeutung und es müssen neue, moralische Grundsätze gefunden werden, die das Zusammenleben regeln. Im Namen der Menschlichkeit auf die Bereitschaft zum Kampf verzichten zu wollen, bedeutet jedoch, den Feind zur Aggression zu ermuntern (Safranski). Einen Beitrag zur Menschlichkeit leistet man vielmehr dadurch, dass man an einer Kultur der Disziplinierung arbeitet. Dazu gehört ein richtiges Verständnis der Freund-Feind-Unterscheidung. Dieser Gegensatz darf nicht verwechselt werden mit der nahe liegenden moralischen Unterscheidung zwischen »gut« und »böse«. Für den Katholiken Carl Schmitt erstreckt sich die Handlungsebene des autoritären Staates im Ernstfall über Tod und Leben. Damit wird die Grenze zwischen einem Staat und einem Gangstersyndikat, wo ebenfalls über Leben und Tod entschieden wird, verwischt. Diese Verwandtschaft macht deutlich, in welchem Zustand die menschliche Wirklichkeit noch immer ist. Er bietet eine überraschende Lösung an. Erstens: es steht schlecht um den Menschen, er ist in eine böse Geschichte verwickelt. Zweitens: das wird sich erst mit der Wiederkehr

119 AT, Lev. 19,18 „Du sollst deinen Nächsten lieben wie dich selbst."
120 I. Kant, Kategorischer Imperativ, Akademie Ausgabe Kant-Werke IV, S. 429, S. 10-12

des Herrn grundlegend ändern.[121] Dazu erklärt Christus im Lukas-Evangelium: „Ich bin gekommen, dass ich ein Feuer anzünde auf Erden...[Anm.: Das Feuer des hl. Geistes]. Meinet ihr, dass ich hergekommen bin, Frieden zu bringen auf Erden? Ich sage: Nein, sondern Zwietracht…"[122] Die Verfeindungen scheinen also zum Wesen der menschlichen Existenz zu gehören. Sie sind so elementar, dass die Träume, es möge doch einmal ein Ende mit ihnen nehmen, bodenlos und illusionär werden.

Mit dem Verlust des Freiheitsverlangens ging die Befähigung zur Sympathie und das Gefühl zum Mitleid verloren. Dieses Gefühl setzt dem Menschen Grenzen, sodass er es unterlässt, den anderen zu quälen oder ihm Hilfe zu verweigern. Erst durch die Art seiner Vergesellschaftung ist er in die Unwahrheit gefallen. Im Meinungspluralismus stellt sich die Frage: Wie sollen wir wissen, welchen Regeln wir folgen sollen? Es kommt also darauf an, möglichst verbindliche Grundsätze zu finden, an denen das Handeln überprüft werden kann. Als ethisches Minimum gelten, die Anerkennung des Willens zum Leben (Gleichheit der Menschen) und die Anerkennung der goldenen Regel (Grundregel der Ethik). Beide Regeln sind von den Autoritäten des SED-Staates weitgehend ignoriert und durch eigene ersetzt worden.[123] Hier war gut, was nützt. Der Zweck heiligte die Mittel. Der Mensch als Individuum galt nichts. Er hatte sich dem angeblichen Allwissen einer Partei zu beugen, die sich als „Vorhut" und „Avantgarde" bezeichnete und als herrschende Elite sowohl die moralische Deutungshoheit als auch unkontrollierte Macht ausübte. „Vom Ich zum Wir" hieß der Slogan. Die handlungsorierentierende und handlungsbeurteilende Gewissensinstanz störte dabei. Zwar war Nietzsche in der DDR verboten, seine Interpretation des Gewissens kam jedoch der sozialistischen Ideologie sehr nahe: „Das Gewissen ist die tiefste Erkrankung des Menschen; deshalb weg mit dem Wahn von Schuld und Gewissen." Er nannte es auch „Herdengewissen". Was alle machen kann nicht falsch sein. Und was für alle das Beste ist, bestimmte die Partei mit Slogans wie „Die Partei hat immer Recht", oder „die Partei ist das Gewissen des Volkes". Das eigene Gewissen, ergo eigenes Denken, sollte überflüssig werden. Hierzu stellt Nietzsche fest: *„[…] diese Partei richtet sich mit einem solchen Fehler zu Grunde. Meine höhere Politik sagt: eine Partei, die solche Fehler macht, ist am Ende – sie hat ihre Instinkt-Sicherheit nicht mehr. Jeder Fehler in jedem Sinne ist die Folge von Instinkt-Entartung, von Disgregation des Willens: man definiert beinahe damit das Schlechte."*[124]

Die Logik der Diktatur lautet: nicht nachzudenken verhilft zu einem guten Gewissen. Hitler, ein Bewunderer Nietzsches, meinte gar: *„Das Gewissen ist eine jüdische Erfindung. Es ist eine Verstümmelung des menschlichen Wesens. Die Vorsehung hat mich zu dem größten Befreier der Menschheit vorherbestimmt. Ich befreie die Menschen […] von den schmutzigen und erniedrigenden Selbstpeinigungen einer Gewissen und Moral genannten Chimäre und von den Ansprüchen einer Freiheit und Selbstständigkeit, denen immer nur ganz wenige gewachsen sein können."*[125]

121 Vgl. R. Safranski, Das Böse und das Drama der Freiheit, Frankfurt/.M. 1999, S. 152ff
122 NT, Luk. 12,49.51
123 Die 10 Gebote der sozialistischen Ethik und Moral, Ost-Berlin 1958
124 F. Nietzsche, Götzendämmerung, 1889
125 H. Rauschning, Gespräche mit Hitler, Zürich/New York 1940

Göring sekundierte: „Ich habe kein Gewissen; mein Gewissen ist Adolf Hitler." Ganz ähnlich funktionierte die Aufrichtung eines Über-Ichs durch das totalitäre System des SED-Staates. Aber nicht nachzudenken befreit nicht von der Verantwortung! Zu welchen Wahrnehmungsverschiebungen Schuld und Verstrickung in einer Diktatur führen können, hat einst Stasi-Chef Mielke erkennen lassen, als er vor der Volkskammer stammelte: „Ich liebe...na ich liebe doch alle." In diesem Satz gipfelte damals die Rechtfertigungsrede eines Mannes, der anders nicht mehr weiter wusste.

Widerstand wird häufig als Oberbegriff für Einstellungen, Haltungen und Handlungen gegen ein herrschendes Regime verwendet. Dies ist jedoch zu unklar in der Formulierung. Von Widerstand im Sinne des Untersuchungsgegenstandes ist dann die Rede, wenn bewusste Anstrengungen zur Änderung der bestehenden Verhältnisse durch persönlichen Einsatz stattfinden und sie trotz Gefährdung der eigenen Person durchgeführt werden. Widerstand findet also nur dann statt, wenn die kritische Haltung in eigenes Handeln übergeht. Widerstand und Opposition sind Verhaltensformen, die einen Herrschaftsanspruch in Frage stellen. Das daraus entstehende Verhalten trennt Widerstand von Opposition. Alexander Solschenizyn schreibt: „Je tiefer ich in den Morast der Unmenschlichkeit sinke, umso lauter vernehme ich mein Gewissen."[126]

Der Gedanke, grundsätzliche Reformen in einem spätstalinistischen System immanent erreichen zu können, schien sich 1968 im Prager Reformkommunismus zu erfüllen, fand aber sein bekannt jähes Ende unter den Panzerketten des Sowjetimperialismus. Allein die Vorstellung, für eine „sozialistisch-demokratische Reform" einzutreten, ist sowohl ein ideologischer als auch politisch naiver Ansatz. Die Protagonisten des Reformgedankens hätten es wissen können. Ihnen mangelte es an Geschichtsbewusstsein. Diktatur lässt sich weder kritisieren noch reformieren. Letztlich setzte sich fort, was Rosa Luxemburg schon bei ihrer Analyse der bolschewistischen Revolution von 1917 erkannt hatte: *„den Kommunisten ging es nicht um die Verbindung von Sozialismus und Demokratie, sondern sie traten – wenn es ihnen opportun erschien – demokratische Verhältnisse und Vorstellungen mit den Füßen."*[127] Walter Ulbricht bestätigte: *„Es muss demokratisch aussehen, aber wir müssen alles in der Hand haben."*[128]

So gab es unter anderem keinen Bezug zum Volksaufstand des 17. Juni 1953, oder zu Ereignissen analoger Art in anderen Ostblockstaaten, obwohl die Ursachen durchaus bekannt und auf eigene Verhältnisse übertragbar waren. Man kannte sogar Menschen, die Proteste artikulierten oder sich mit Flucht- und Abwanderungsgedanken trugen. Keineswegs ergab sich für die genannten Gruppen daraus das Bewusstsein, diesen Teil der vorhandenen Widerstandsbewegung zunächst zu akzeptieren oder in irgendeiner Form zu integrieren. Stattdessen optimierten sie ihre eigene Hilflosigkeit. Ihre Haltung war nicht Opposition, sondern innere Abneigung gekoppelt mit dem Wunsch, unbehelligt leben zu können. Wenn Teilnehmer der Runden Tische behaupten, weil die Frage zur staatlichen Einheit der deutschen

126 A. Solschenizyn, Der erste Kreis der Hölle, Frankfurt/M. 1970, S. 515
127 R. Luxemburg, Zur russischen Revolution 1905, in: Gesammelte Werke, Berlin 1974
128 W. Ulbricht, Ost-Berlin 1945

Nation tabuisiert war, auch die Frage einer Wiedervereinigung unmöglich sei, weil deren Verfechter als Kriegstreiber verfolgt wurden, dann übersehen sie, dass Widerstand sich nicht an dem dogmatischen Geschichtsbild einer Diktatur orientiert, sondern bewusst und widerständig dagegen handelt. Aufschlussreich ist Thaysens Resümee: *„Welche Souveränität, welches Genies bedurfte es, sich der Verinnerlichung aller Implikationen einer solchen (Anm. systemimmanenten) Sozialisation gänzlich zu entziehen!“*[129] Damit zollt er dem Widerstand seine Hochachtung und betrachtet die, die sich dieser Sozialisation gänzlich entzogen haben als genial und relativiert die Plausibilität der objektiven Wahrnehmung. Tatsächlich aber tat man so, als wären die, die den Widerstand vertreten haben, nicht vorhanden. Man ignoriert und grenzt sie aus. Bis heute. In der öffentlichen Wahrnehmung tauchen sie nur gelegentlich als lästige Bittsteller auf, die man mit pseudo-restitutiven Brosamen ruhig stellt.

Das Verständnis und die Empathie für die Überzeugungen Andersdenkender scheinen abhanden gekommen zu sein und damit eine wichtige Grundlage für moralisches Handeln. Kategorien wie richtig oder falsch, gut oder schlecht verlieren ihre Bedeutung. Das Gewissen wird instabil wenn das Mitgefühl, und damit die Menschlichkeit unterdrückt werden. An dieser Stelle erinnere ich den Zoologen de Waal der feststellte, dass der brutale Widerstreit zwischen unserer bösen animalischen Natur und dem zarten Anstrich der Zivilisation, der noch Sigmund Freuds Irrtümer beflügelte, eine Schimäre, eine bequeme Illusion abendländischen Denkens sei. In der Tiefe unseres Herzens mögen wir vielleicht nicht unbedingt ‚gut‘ sein, aber in unserer tierischen Natur steckt etwas von der Seele der Zwergschimpansin Kuni im englischen Twycross-Zoo, schreibt der Wissenschaftspublizist Richard Precht[130]: „Nachdem sie einen Vogel mit der Hand gefangen hatte, kletterte sie auf die Spitze des höchsten Baums, entfaltete die Flügel des Vogels und warf ihn in die Luft. Die Schimpansin konnte nicht fliegen, wie sollte sie wissen können, was Fliegen ist? Trotzdem versuchte sie, dem Vogel eine neue Chance zu geben, beschwingt von einer ganz natürlichen Regung: Mitgefühl.“

Warum haben so wenig Menschen Mitgefühl, warum haben so wenig Menschen ernsthaft überlegt, wie man wirksam Widerstand gegen das fühlbare, erlebbare, menschenverachtende System geistiger Nivellierung leisten kann? Aus Verantwortung und Gewissensnot gegen ein Gesetz zu verstoßen und die Folgen zu tragen? Mit der Macht des Mutes widerstehen! Daran kann auch der Einwand nichts ändern, dass sich die Marxisten unter den Dissidenten in der Minderheit befanden und sie selbst ihre Prinzipien aus den Bedürfnissen der Menschen und nicht aus Lehren ableiteten. Dann hatten sie die Bedürfnisse des Volkes entweder nicht wahrgenommen oder ignoriert. Schlimmer noch, sie hatten die jahrzehntelange Propaganda der Machthaber verinnerlicht, nach der das Volk der DDR „einmütig hinter Partei und Regierung des ersten Arbeiter- und Bauernstaates stehe“. Ihr konkretes Handeln, jedenfalls in den letzten Monaten der Honecker-Ära, des Krenz-Interregnums

129 Neubert/Eisenfeld in: Macht, Ohnmacht, Gegenmacht. Grundfragen z. polit. Gegnerschaft i. d. DDR, Bremen 2001, S. 40

130 R. Precht, Vom tierischen Mitgefühl, in: SPIEGEL Nr. 41 vom 6.10.2008, S. 187

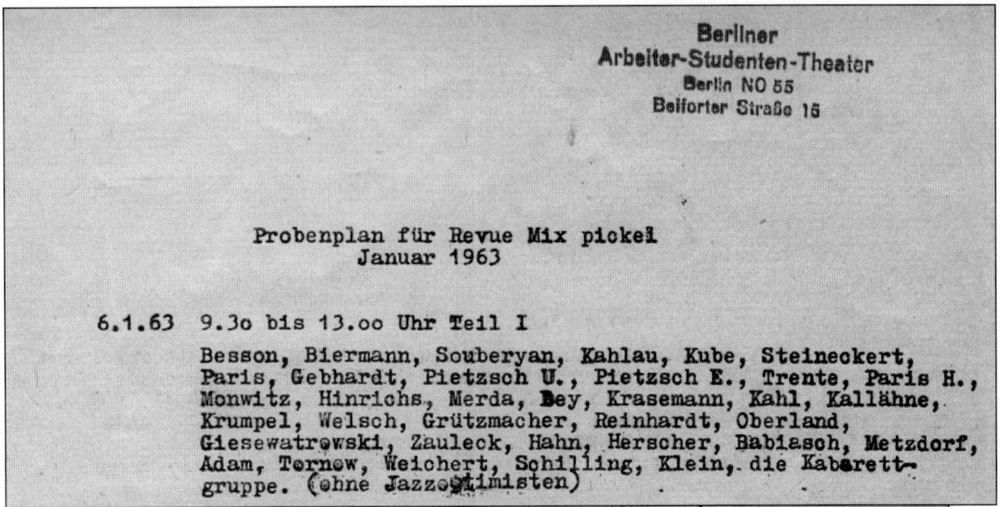

Berliner
Arbeiter-Studenten-Theater
Berlin NO 55
Belforter Straße 15

Probenplan für Revue Mix pickel
Januar 1963

6.1.63 9.3o bis 13.oo Uhr Teil I

Besson, Biermann, Souberyan, Kahlau, Kube, Steineckert, Paris, Gebhardt, Pietzsch U., Pietzsch E., Trente, Paris H., Monwitz, Hinrichs, Merda, Bey, Krasemann, Kahl, Kallähne, Krumpel, Welsch, Grützmacher, Reinhardt, Oberland, Giesewatrowski, Zauleck, Hahn, Herscher, Babiasch, Metzdorf, Adam, Tornow, Weichert, Schilling, Klein, die Kabarettgruppe. (ohne Jazzostimisten)

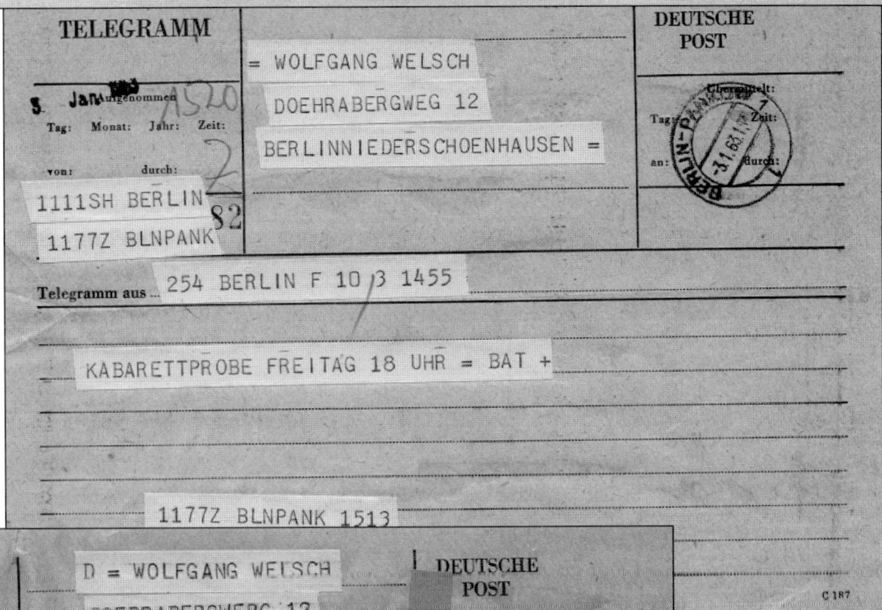

TELEGRAMM

DEUTSCHE POST

= WOLFGANG WELSCH
DOEHRABERGWEG 12
BERLINNIEDERSCHOENHAUSEN =

5 Jan Aufgenommen 1520
Tag: Monat: Jahr: Zeit:
von: durch:
1111SH BERLIN
1177Z BLNPANK

Übermittelt:
Tag: Zeit:
an: durch:

Telegramm aus 254 BERLIN F 10 3 1455

KABARETTPROBE FREITAG 18 UHR = BAT +

1177Z BLNPANK 1513

C 187

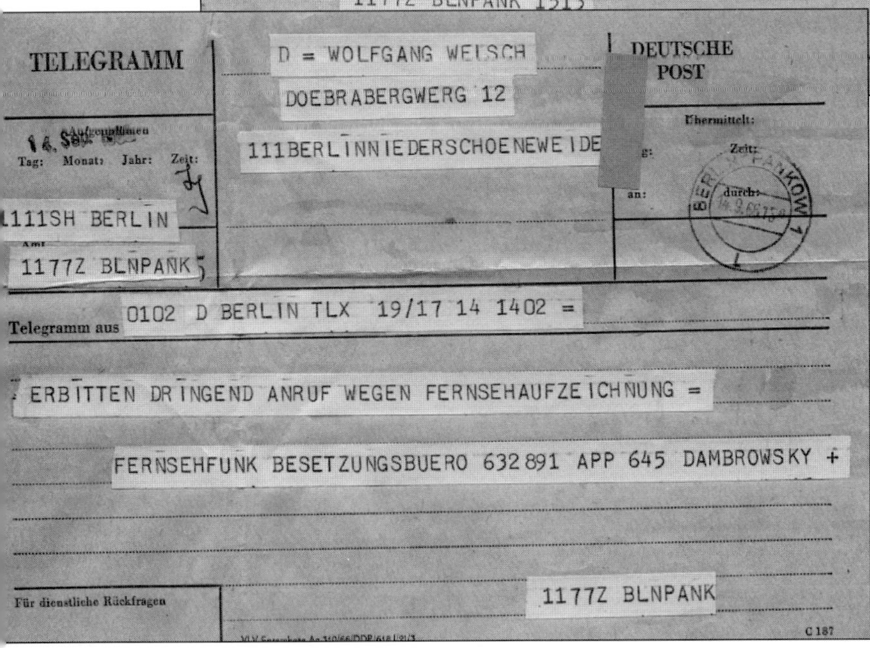

TELEGRAMM

DEUTSCHE POST

D = WOLFGANG WELSCH
DOEBRABERGWERG 12
111BERLINNIEDERSCHOENEWEIDE

Aufgenommen
Tag: Monat: Jahr: Zeit:
1111SH BERLIN
1177Z BLNPANK

Übermittelt:
Zeit:
an: durch:

Telegramm aus 0102 D BERLIN TLX 19/17 14 1402 =

ERBITTEN DRINGEND ANRUF WEGEN FERNSEHAUFZEICHNUNG =

FERNSEHFUNK BESETZUNGSBUERO 632891 APP 645 DAMBROWSKY +

Für dienstliche Rückfragen

1177Z BLNPANK

C 187

Ostberlin: Proben zum „bat“ und DFF

Aufruf zum „Picknick" in Soprón

Mock und Horn durchtrennen symbolisch den Eisernen Vorhang

Plakat der Paneuropa Union 1989

Zuchthaus Bautzen I / „Gelbes Elend“ (Luftbild Otto)

Freigangzellen im Stasi-Geheimgefängnis Bautzen II

Stasi-Schließer vor einer Zelle

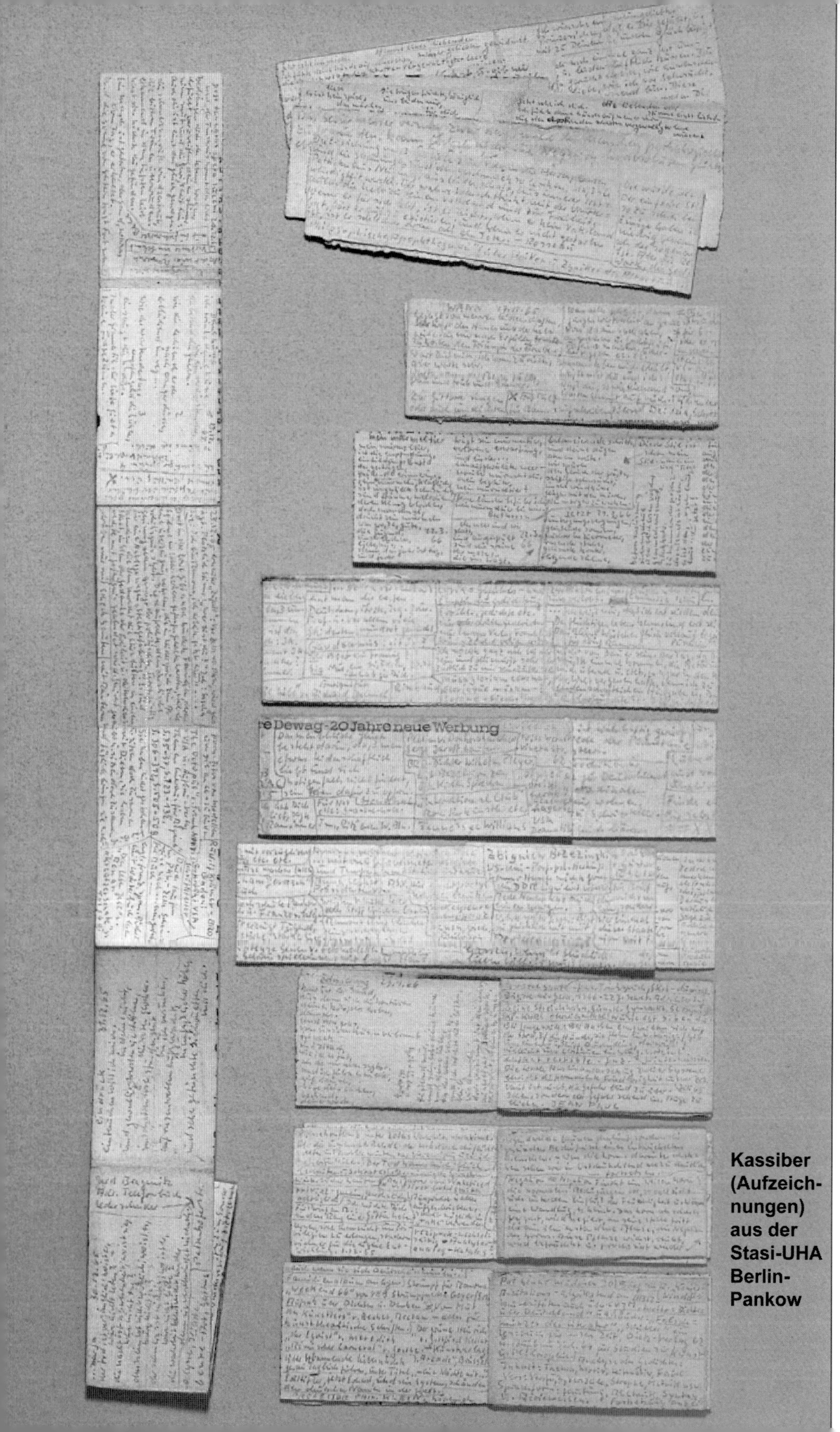

Kassiber (Aufzeichnungen) aus der Stasi-UHA Berlin-Pankow

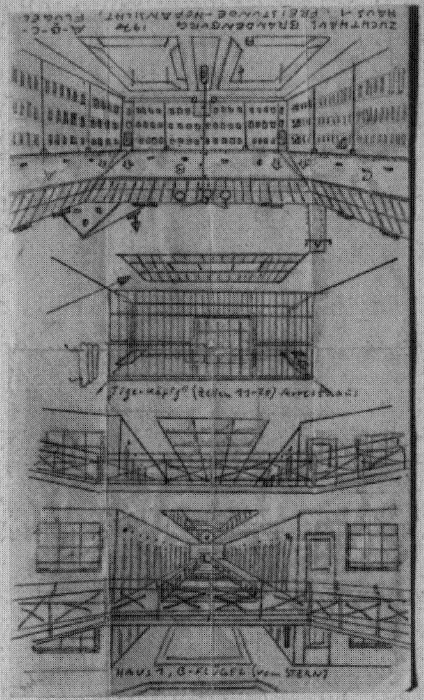

Kassiber-Zeichnung: Brandenburg mit „Tigerkäfig“

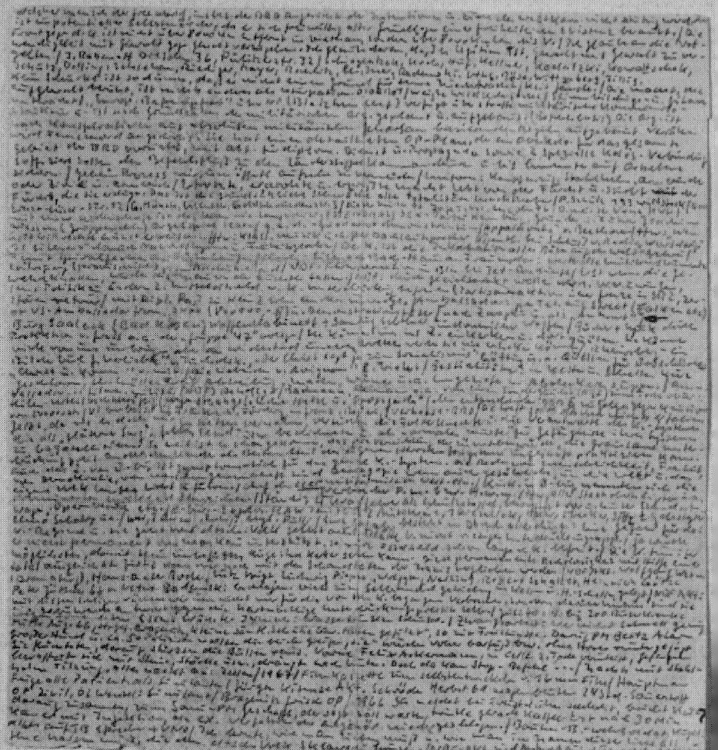

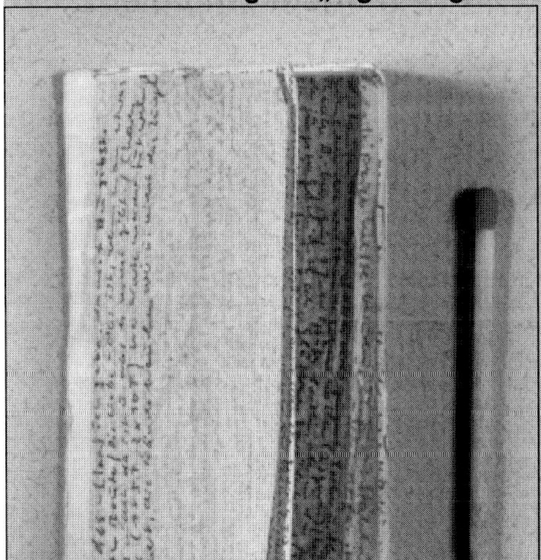

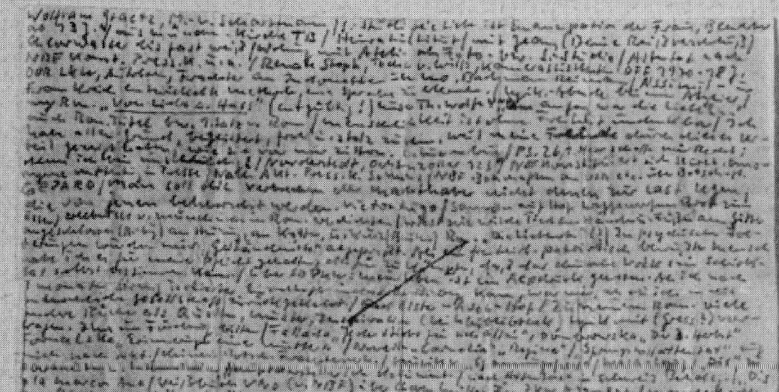

Kassiber-Buch aus Zigarettenpapier

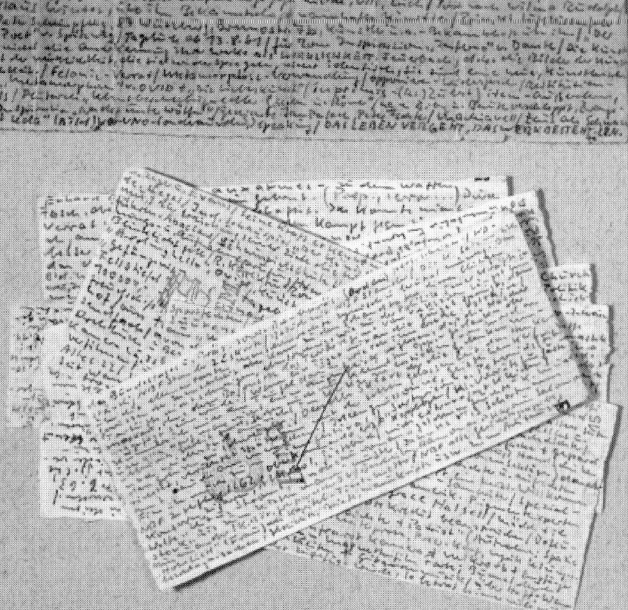

Kassiber (Aufzeichnungen) aus dem Zuchthaus Brandenburg

Cigarette paper starts Leeds bid to save prisoner

GRAHAM BARKER reports

A LETTER written on a cigarette paper and smuggled out of an East German jail has led to an effort by Leeds group of Amnesty International to gain the freedom of the writer, Herr Wolfgang Welsch.

Herr Welsch, a 26-year-old actor, was imprisoned by the East Germans in 1965 accused of incitement, defamation of the state and an attempt to leave the German Democratic Republic.

An Amnesty report says it appears that Herr Welsch tried to "express his political opinion publicly by artistic means, such as some poetry and a documentary film."

For this he received two jail sentences, one of three to four years and another of five years, the sentences to run consecutively.

The letter was smuggled out of an East Berlin prison by Herr Dieter Voigt, a former inmate and given to a West German member of Amnesty. The case was then passed on to the Leeds group.

Nightmare cell

The letter is a plea for freedom, Herr Welsch also stresses the inhuman conditions which he has to endure.

He claims that he is imprisoned in a "stinking death cell . . . . . in semi-darkness without sun and hardly any air . . . . ."

He continues: "I am surrounded exclusively by violent criminals and murderers of the most evil sort.

"I spit blood, faint and am at the end of my physical strength.

"The consequences of my long imprisonment and of the mental tortures inflicted by the State Security Service already resulted in two nervous break-downs and the present inhuman conditions seriously threaten my life.

'Save my life'

"I am supposed to give up my opinions and acknowledge as legal the political crime of justice carried out against me.

"I shall never do this, because, on account of my political convictions which I wanted to express publicly by artistic means, I have been imprisoned for altogether 9½ years against all international law."

He ends the letter: "Help!" Press for my immediate release into the free part of Germany, the Federal Republic! Save my life!"

A member of the Leeds Amnesty group, Mr. Josef Hochwald, of Moorway, Guiseley says letters have been written to an East German lawyer and the East German Minister of Justice, but they have not replied.

However, a West German lawyer, Dr. Wolf-Egbert Naumann, whom the Leeds group have also been in touch with, says he will take every chance to help Herr Welsch.

But, he adds, replies cannot be expected from East German officials.

Mother's letter

A letter from Herr Voigt says Herr Welsch's mother has been allowed to see her son for the first time and has been told she will be allowed to see him again.

Mr. Hochwald says. "Although we have received no reply from the East German officials, they are at least aware that Herr Welsch's imprisonment is known about outside East Germany."

Amnesty International is a non-political organisation, devoted to helping thousands of the quarter of a million political prisoners throughout the world.

The Leeds group is making plans for Prisoner of Conscience Week from November 14 to 21 when they hope to raise funds to help such unfortunates as Herr Welsch.

Getting things done

Man freed from Red jail—thanks to the EP

By GRAHAM BARKER

The Evening Post has helped to free a political prisoner from a jail in Communist East Germany.

Last October the E.P. told of the efforts of the Leeds group of Amnesty International to free Herr Wolfgang Welsch, a 26-year-old actor imprisoned in East Berlin in 1965

Cuttings of the article were sent to an East German lawyer as well as a West German lawyer, working for Herr Welsch.

Now, he has been released and has written from West Berlin thanking Amnesty International for its work and the "Leeds newspaper" for publicising his case

Herr Welsch was accused of incitement, defamation of the State and an attempt to leave the German Democratic Republic.

He received two jail sentences, one of three to four years, and another of five years, to run consecutively.

An Amnesty report says he had tried to express his political opinion publicly by artistic means, such as some poems and a documentary film.

Herr Welsch's plight first came to light when a letter he wrote on a cigarette paper was smuggled out of the jail and passed to Amnesty officials. His case was then handed on to the Leeds group.

The letter—a plea for freedom—referred to his "stinking death cell." He also wrote that he was at the end of his physical strength.

'VERY USEFUL'

Since he was freed on March 24 he has twice written to the Leeds Amnesty group thanking them for their efforts.

He added: "I have read the article in the Leeds paper. This proof of your help fills me with great pleasure.

"My mother also read it. It gave her great strength in her great sorrow. It has been a very useful article."

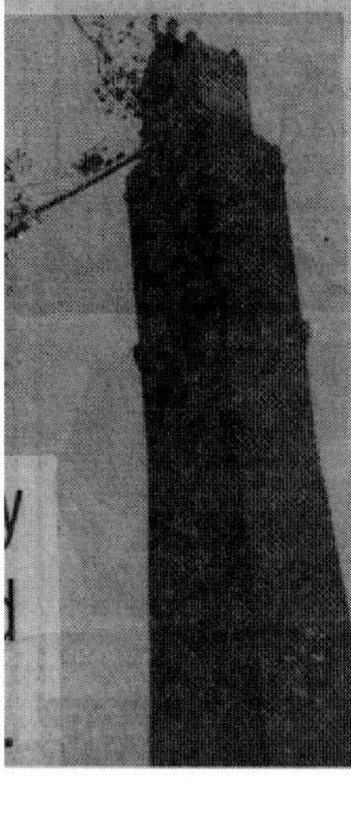

John Freeman and wife part

Übersetzung aus dem englischen:

„YORKSHIRE POST" / England, 1970

Ein Zigarettenpapier gibt in Leeds den Anstoß einen Gefangenen zu retten

Bericht von Graham Barker

Ein Brief, geschrieben auf Zigarettenpapier und herausgeschmuggelt aus einem ostdeutschen Gefängnis, wurde der Leed'ser Gruppe von Amnesty International zugeleitet um Anstrengungen einzuleiten, daß der Schreiber Herr Wolfgang Welsch die Freiheit erlangt.
Herr Welsch, ein 26jähriger Schauspieler wurde von den Ostdeutschen 1965 eingesperrt und der Anstiftung zur Staatsdiffamierung und des Fluchtversuches aus der Deutschen Demokratischen Republik angeklagt. Der Bericht besagt, daß Herr Welsch versuchte, seine politische Ansicht durch künstlerische Mittel wie Gedichte und einen Dokumentarfilm zu publizieren. Dafür wurde er zweimal verurteilt, einmal zu drei bis vier Jahren und ein weiteres mal zu fünf Jahren aufeinanderfolgend. Der Brief wurde von Herrn Dieter Voigt, einem ehemaligen Häftling aus einem Ostberliner Gefängnis geschmuggelt und einem Mitglied von Amnesty International in Westdeutschland übergeben. Der Fall wurde dann an die Gruppe Leeds weitergegeben.

ALPRAUMZELLE

Der Brief ist eine Bitte um Freiheit, Herr Welsch bringt darin die unmenschlichen Haftbedingungen zum Ausdruck, unter denen er zu leiden hat. Er schreibt, daß er in einer „stinkenden Todeszelle eingesperrt ist...fast dunkel, ohne Sonne und kaum Luft..." Er fährt fort: „ich bin fast ausschließlich von Kriminellen und Mördern der schlimmsten Sorte umgeben. Ich spucke Blut, werde ohnmächtig und bin am Ende meiner physischen Kräfte. Die Folgen meiner langen Haft und der psychischen Folter durch den Staatssicherheitsdienst haben bereits zu zwei Nervenzusammenbrüchen geführt und die gegenwärtigen unmenschlichen Haftbedingungen gefährden ernstlich mein Leben."

RETTET MEIN LEBEN

„Es wird von mir erwartet, daß ich meine Gesinnung aufgebe und das gegen mich begangene Justizverbrechen anerkenne. Ich werde das niemals tun, weil ich auf Grund meiner politischen Überzeugung die ich mit künstlerischen Mitteln ausdrücken wollte, entgegen allem internationalen Recht für insgesamt 9 ½ Jahre eingesperrt wurde." Er beendet den Brief: „Helft ! Erwirkt meine sofortige Freilassung in den freien Teil Deutschlands, in die Bundesrepublik! Rettet mein Leben!"
Ein Mitglied der Gruppe Leeds von Amnesty International , Herr Josef Hochwald aus Moorway, Guiseley sagt, daß Briefe an einen ostdeutschen Rechtsanwalt und dem ostdeutschen Justizminister geschrieben worden sind, die aber nicht beantwortet wurden. Wie dem auch sei, ein westdeutscher Rechtsanwalt, Dr. Wolf-Egbert Naumann mit dem die Gruppe Leeds ebenfalls in Verbindung steht sagte, er wolle jede Chance wahrnehmen, Herrn Welsch zu helfen. Aber, so fügt er hinzu, Antworten können von den offiziellen ostdeutschen Stellen nicht erwartet werden.

EIN BRIEF DER MUTTER

Ein Brief von Herrn Voigt besagt, daß Herr Welsch's Mutter zum ersten mal die Genehmigung bekommen hat, ihren Sohn zu sehen und man hat ihr gesagt, daß es ihr danach nochmals erlaubt wird. Herr Hochwald sagt: „Obwohl wir keine Antwort von Offiziellen aus Ostdeutschland erhalten haben, ist ihnen bewußt, daß Herr Welsch's Inhaftierung außerhalb Ostdeutschlands bekannt ist."
Amnesty International ist eine unpolitische Organisation, die sich der Hilfe für Tausende der dreiviertel Million politischer Gefangener in aller Welt widmet. Die Gruppe Leeds macht Pläne für eine Woche der Gefangenen des Gewissens vom 14. - 21. November und sie hofft einen Fonds errichten zu können, um solch Unglücklichen wie Herrn Welsch helfen zu können.

Hilferuf aus Brandenburg und Dank nach Freikauf in engl. Zeitungen

Amnesty International

A movement for freedom of opinion and religion
Deutsche Sektion

5 ~~Köln-Marienburg, Rondorfer Str. 5 Telefon 387038~~
Bankkonto: Dresdner Bank, Bergisch-Gladbach 67-77 1028 • Postscheckkonto Köln 2240 46
Ehrenpräsidium der Deutschen Sektion: Dr. Adolf Arndt MdB, Erik Blumenfeld MdB, William Borm MdB, Nobelpreisträger Professor Max Born, Probst D. h. c. Heinrich Grüber, Wolfgang Leonhard, Professor Dr. Alexander Mitscherlich, Weltkirchenratspräsident D. Martin Niemöller, Professor Dr. Josef Pieper, Gerd Ruge
Vorsitzende: Carola Stern, Dr. Hajo Wandschneider

Carola Stern

5 Köln 41, den 26. Mai 1971
Kempfelder Str. 22

Herrn
Wolfgang Welsch

3ooo Hannover
Stresemannallee 23
bei Rheim

Lieber Herr Welsch,

über Ihren Brief habe ich mich sehr gefreut, denn ich kannte Sie schon, als Sie noch in einem DDR-Zuchthaus saßen und heimlich eine Nachricht herausschmuggelten. Damals wollte ich nämlich Ihr Schicksal in einem Buch über Amnesty schildern, an dem ich immer noch arbeite.

Wie Sie sich denken können, gehört es zu den größten Freuden von Amnesty-Leuten, von entlassenen Häftlingen in der Freiheit zu hören, um deren Schicksal sie sich Sorgen gemacht haben.

Mit den allerherzlichsten Grüssen
und sehr guten Wünschen für Ihr Wohlergehen
Ihre

Carola Stern

(Carola Stern)

Patrons of "Fund for the Persecuted"
The Archbishop of Canterbury, Great Britain • Roger Baldwin, President of the International League for the Rights of Man, U.S.A.
Pablo Casals, Puerto Rico • Danilo Dolci, Sicily • Professor Erich Fromm, New York and Mexico • Lt.-Gen. Sir Brian Horrocks, Great Britain
J. F. Lalive, Switzerland • Professor Salvador de Madariaga, Spain • Yehudi Menuhin, Great Britain • Professor Gunnar Myrdal, Sweden
Pablo Neruda, Chile • Alan Paton, South Africa • Abbe Dominique Pire, Nobel Prize winner, Belgium
Walter Reuther, International President of the United Automobile Workers, U.S.A.
Sean MacBride, S.C., Secretary General of the International Commission of Jurists • Professor Z. K. Matthews, World Council of Churches
Philip Noel-Baker, Nobel Prize winner, Great Britain • Professor Giorgio La Pira, Mayor of Florence, Italy • Professor Julius Stone, Australia
Amnesty International hat Konsultativstatus beim Europarat und den Vereinten Nationen

Brief von Carola Stern, Amnesty International, dtsch. Sektion

und der semi-kommunistischen Modrow-Regierung, spricht nicht für eine Orientierung an diesen Bedürfnissen oder an moralischen Kategorien. Freiheit. Das war der lang ersehnte Zustand. Der Ostberliner Schriftsteller Stefan Heym nannte das zynisch den „Wunsch nach Bananen". Die Auffassung der Genannten mag nicht symptomatisch für alle Gruppen gewesen sein, eines spricht aus ihr: Die Angst vor dem Ungewissen, jahrzehntelang Verteufelten, Verdächtigen, die Angst vor der Eigenverantwortlichkeit des Einzelnen in einer freiheitlichen Gesellschaft. Vielen war eine freie, normale Gesellschaft nicht mehr vorstellbar. Zu sehr hatten sie sich mit dem alten Regime identifiziert. So schreibt Joachim Gauck, Rostocker Pfarrer und erster Bundesbeauftragte für die Unterlagen des Staatssicherheitsdienstes der ehemaligen DDR: *„Aber warum habe ich [...] Hannah Arendts Texte nicht gelesen? Warum so wenig Moralisches über Politik und so wenig Politikwissenschaft? Genügte es mir, eine Meinung über eine Realität zu haben, deren Fakten ich mir nicht bis zum Ende erschlossen hatte? Es ist bitter, heute auf derartige Fragen mit Ja antworten zu müssen."*[131]

Warum aber leistet jemand Widerstand? Weil er sich entscheidet! Menschen entscheiden ohne an Kant oder Arendt zu denken oder daran, welche Namen das eigene moralische Universum noch zu bieten hat. Sie entscheiden sich! Was die innere Sicht einzelner Kirchenmänner betrifft heißt das: Wir haben im Geiste Martin Luthers gelernt, dass Reden ohne Handeln Unrecht ist. Wo blieb das Handeln? Die Christin und antifaschistische Widerstandskämpferin Sophie Scholl postulierte fragend: *„Gibt es, so frage ich Dich, der Du ein Christ bist, gibt es in diesem Ringen um die Erhaltung Deiner höchsten Güter ein Zögern, ein Hinausschieben der Entscheidung in der Hoffnung, dass ein anderer die Waffen erhebt, um Dich zu verteidigen? Hat Dir nicht Gott selbst die Kraft und den Mut gegeben zu kämpfen? Wir müssen das Böse dort angreifen, wo es am mächtigsten ist [...]."*[132] Tatsächlich war das theoretische Wissen um die ethische Legitimierung von Widerstand nicht a priori erforderlich. Die Erforschung des eigenen Gewissens war ausreichend. Der Moraltheologe Eberhard Schockenhoff nennt es „die innere Stimme". Auch Zwangsregime können das Wissen um einen unantastbaren Kernbereich des Rechts und der Gerechtigkeit nicht ausrotten. Wenn schon der Freiheit beraubt, so doch nicht der Seele, der Moral, des Gewissens, der Überzeugung. Massenflucht brachte Freiheit. Grundsätzlicher Widerstand, aktiv oder passiv, gegen das Regime förderte dessen Zersetzung, nicht die Kirchendiskussion um mehr oder „demokratischen Sozialismus".

Die Selbstverbrennung des evangelischen Pfarrers Oskar Brüsewitz am 18. August 1976 im Stadtzentrum von Zeitz, war ein solches Fanal gegen die politische Unterdrückung, gegen Diskriminierung und Verfolgung junger Christen und gegen die atheistische Erziehung im SED-Staat. Gleichzeitig klagte er das Verhältnis der evangelischen Kirche zur SED-Kirchenpolitik an, die sich immer mehr dem kommunistischen System öffnete. Trotz allgemeiner Betroffenheit konnte sein Beispiel

131 St. Courtois/ Wert / Panné u. a., Schwarzbuch des Kommunismus, Nachwort, München 2004, S. 891

132 S. Scholl, im 4. Flugblatt der weißen Rose, München 1942

des Widerstands die angeführten Gruppierungen nicht solidarisieren. Walter Rathenau, Außenminister der Weimarer Republik, erkannte: „*Dieses Volk hat keinen entscheidenden Freiheitssinn. Es gibt sich hin und will gehorchen.*“[133] Thaysens Behauptung, dass bis zur Jahreswende 1989/90 die „*Widerständler/Oppositionellen nahezu ausschließlich vom vorgefundenen Sozialismus ausgingen, den sie in irgendeiner Form reformieren wollten, weil sie ‚Ausgelieferte einer SED-Sozialisation‘ waren*“[134], ist allerdings absurd. Ich halte sie für eine Geschichtslüge. Thaysen vermischt hier die Begriffe. Die Widerständler, von denen e r spricht, haben mit dem eigentlichen Begriff nichts zu tun. Zivilcourage war auch im SED-Staat möglich, trotz der beschworenen Negativ-Sozialisation. Sie erforderte allerdings ein Gewissen, Bewusstsein und Dissidenz. Dissidenten sind einsam, konstatierte der sowjetische Dissident Nathan Scharansky Am Ende war jedoch die Geschichte auf ihrer Seite.

Wohl die wenigsten, die im Widerstand waren, hatten Hannah Arendts Totalitarismus-Thesen gelesen. Trotzdem handelten sie mit menschlichem Ethos. Uwe Thaysen versucht hier etwas zu entschuldigen, was unentschuldbar bleibt: Die Unterwürfigkeit des angepassten Bürgers vor dem „Tartüff“ unter den Staaten, der DDR. Hier herrschte ein unglaublicher Byzantinismus, vermischt mit Korruption, Denunziation und brutaler Gewalt. Den meisten standen Nischendenken und Selbstverwirklichung näher als Zivilcourage und eigenes Gewissen. Sich dem Bösen zu überlassen, ist das Ergebnis einer systematischen Selbsterziehung, die schon Ludwig Wittgenstein zu der sarkastischen Feststellung veranlasste: „*Seltsamer Zufall, dass alle Menschen, deren Schädel man geöffnet hatte, ein Gehirn hatten.*“[135] Gewissenlosigkeit ist also nicht der Mangel an Gewissen, sondern der Hang, sich an dessen Urteil nicht zu halten. Das Nichtwissenwollen scheint eine deutsche Tradition zu sein, wie die Angst. Die Menschen haben nichts gewusst, weil sie nichts wissen wollten!

Klare Worte fand Sophie Scholl für die Angepassten im NS-Staat: „Nichts ist eines Kulturvolkes unwürdiger, als sich ohne Widerstand von einer verantwortungslosen und dunklen Trieben ergebenen Herrscherclique regieren zu lassen. Wenn das deutsche Volk schon so in seinem tiefsten Wesen korrumpiert und zerfallen ist, dass es, ohne eine Hand zu regen, im leichtsinnigen Vertrauen auf eine fragwürdige Gesetzmäßigkeit der Geschichte das Höchste, das ein Mensch besitzt und das ihn über jede andere Kreatur erhöht, nämlich den freien Willen, preisgibt, die Freiheit des Menschen preisgibt, selbst mit einzugreifen in das Rad der Geschichte und es seiner vernünftigen Entscheidung unterzuordnen – wenn die Deutschen, so jeder Individualität bar, schon so sehr zur geistlosen und feigen Masse geworden sind, dann, ja dann verdienen sie den Untergang. Goethe spricht von den Deutschen als einem tragischen Volke, gleich dem der Juden und Griechen, aber heute hat es eher den Anschein, als sei es eine seichte, willenlose Herde von Mitläufern,

133 W. Rathenau, 1922

134 U. Thaysen, Der runde Tisch, oder: Wo blieb das Volk? Der Weg der DDR in die Demokratie, Opladen 1990, S. 42

135 L. Wittgenstein, Logisch-philosophische Abhandlung, Kritische Edition. Suhrkamp, Frankfurt/M. 1998

denen das Mark aus dem Innersten gesogen und die nun ihres Kerns beraubt, bereit sind, sich in den Untergang hetzen zu lassen. Vergeßt nicht, daß ein jedes Volk diejenige Regierung verdient, die es erträgt!"[136] Deshalb muss die Frage nach dem Gewissen und Handeln des einzelnen gestellt werden. Wo war dieses Gewissen? Betrachtete man es als Vorurteil? Welches Handeln hatte es zur Folge? Welche Konsequenzen ergaben sich aus der Einsicht in staatliches Unrecht? Die 21jährige Studentin und NS-Widerstandskämpferin Sophie Scholl beantwortete sie verblüffend einfach: „Das eigene Gewissen steht über dem Gesetz des Landes." Von ihrem Gestapo-Vernehmer gefragt, warum sie ihre Haltung selbst angesichts drohender Todesstrafe nicht ändere, erklärte sie: *„wegen meines Gewissens."*[137]

4. Das Angepasstsein christlicher Kirchen

„Betrachtet man den Ausgang des kommunistischen Abenteuers", schreibt Alain Besançon 1998, „so hätte die christliche Welt eigentlich allen Grund, sich angesprochen, ja verantwortlich zu fühlen."[138] Aus der heutigen bequemen und ungefährlichen Couch-Perspektive wäre es aber ungerechtfertigt, sich abfällig über das Verhalten der Kirchen in den sehr schwierigen Zeiten beider Diktaturen zu äußern. Gleichwohl kommt man nicht umhin festzustellen, dass die drei großen christlichen Kirchen und Gemeinden in Deutschland insgesamt und jede für sich mangels Glaubensstärke versagt haben. Sie machten nichts anderes, als die Atheisten und Heiden: sie kollaborierten mit den Mächtigen. Sie gaben ihre christlichen Grundüberzeugungen von Gut und Böse auf. Nur einzelne, Christen wie Nichtchristen, haben es gewagt, gegen das Unrecht zu protestieren. Ein Umstand war sicher die Angst, aber wohl kaum der entscheidende Grund! Angst erklärt nicht alles. Ein weiterer Grund für die Affinität der Kirchen zum Nationalsozialismus und gleich danach zum Kommunismus/Sozialismus, dürfte die dem Christentum eigene Autorität sein. Dies vor allem dann, wenn die staatliche Autorität sich als Garant der Freiheit der Kirche, als Hüter von Ordnung und Sitte aufspielt. Hinzu kommt der latente Antisemitismus der Kirchen, von Martin Luther früh und blumig beschrieben.[139] Wie ein roter Faden zieht er sich durch die zweitausendjährige Christengeschichte. Nicht nur die Christen haben versagt, sondern vor allem die Kirchen als Institutionen. Letztere versuchten weithin Kritik auch an den unerhörtesten Vorgängen zu unterdrücken, da sie sich in vielem mit den Nazis und den Kommunisten einig sahen. Den Hierarchen ging es nicht um den Menschen, nicht um Recht und Unrecht, es ging allein um ihre eigene Position, um die Stellung und den Erhalt ihrer Institution.

Das wird deutlich, wenn man liest, mit welchen Worten der ranghöchste deutsche Bischof, Kardinal Bertram, im April 1940 Hitler zum 51. Geburtstag in kritikloser

---

136 S. Scholl, Aus dem 1. Flugblatt der Weißen Rose, München 1942
137 Geheime Staatspolizei, Vernehmungsprotokolle von Sophie Scholl, München 1943
138 A. Besançon, Über die Shoah, den Nationalsozialismus und den Stalinismus, Paris 1998, Stuttgart 2001, S.102
139 M. Luther, Von den Juden und ihren Lügen, Jena 1543

Untertänigkeit gratuliert[140], oder wie der ranghöchste neuapostolische Hauptleiter Bischoff sich 1933 in einem Brief den Nazis anbiedert.[141] Konrad Adenauer hat in einem leider wenig bekannten Brief vom 23.2.1946 an den Bonner Pastor Bernhard Custodis ein ebenso klares wie hartes Urteil über das Verhalten der Kirchen gefällt. Er schreibt: *„Ich glaube, wenn die Bischöfe alle miteinander an einem bestimmten Tag öffentlich von den Kanzeln aus dagegen Stellung genommen hätten, hätten sie vieles verhüten können. Das ist nicht geschehen und dafür gibt es keine Entschuldigung. Wenn die Bischöfe dadurch ins Gefängnis und ins Konzentrationslager gekommen wären, so wäre das kein Schaden, im Gegenteil. Alles das ist nicht geschehen und darum schweigt man am besten."* Und er führt weiter aus: *„wenn man wenigstens beim katholischen Sonntagsgottesdienst, wie in der Bekennenden Kirche, die Namen der abgesetzten, vertriebenen, verhafteten, mit Predigt- und Religionsunterrichtsverbot belegten Priester stellvertretend für Hunderttausende in ähnlichen Situationen verlesen hätte. Die Liturgie darf"*, so meinte er, *„auch eine Stätte lauten Protestes gegen Terror und Lüge sein. Auf diese Weise hätten ahnungslose Gläubige in eine heilsame Unruhe versetzt und zu Rettungsversuchen für jene, „die in Finsternis und Todesschatten sitzen", ermuntert werden können. Alles das ist nicht geschehen."* (Briefe 1945-1947)

Erst das historische Schuldbekenntnis im „Mea culpa" von Papst Johannes Paul II. vom 12. März 2000 beendete das Schweigen. Auch das Verhältnis der Kommunisten gegenüber Religion und den Kirchen war von Anfang an schwierig und voller Spannungen. Die atheistische Staatsideologie des SED-Staates postulierte ein Verschwinden von Religion auf dem Weg zum Kommunismus. Schon aus diesem Grund waren die Kirchen ideologische Gegner. Ihre bloße Existenz untergrub das Wahrheitsmonopol sowohl des NS- als auch des SED-Staats. Die Tradition der freien Gewissensentscheidung Martin Luthers lebte jedoch zumindest in einer Minderheit der Protestanten im Streben nach geistiger Unabhängigkeit, ethischen Prinzipien und Zivilcourage weiter. Dass das Problem der Schuldbewältigung eine immense Bedeutung für den weiteren Weg der Christen in einem vereinten Deutschland hat, macht der DDR-Psychologe Maaz deutlich, wenn er 1990 schreibt: *„Man bedenke nur, mit welcher Leichtigkeit, trotz der abgrundtiefen Schuld des deutschen Volkes, die faschistische Lebensweise in die sozialistische übergegangen war: der Führerkult, die Massenaufmärsche, die religionsartigen Rituale und Fetische, der Fremdenhass und die Feindbildmechanismen, der psychische Terror durch Bespitzelung, Ängstigung und Überwachung, das dummdreiste Spießertum und die Arroganz der Macht, die Verherrlichung von Stärke, Beherrschung, Disziplin und Ordnung, das verlogene Frauenbild, die falsche Mutterverehrung, die sexuelle Prüderie, die repressive Erziehung, die Gehirnwäsche – alles Charakteristika, die sowohl für die. 'faschistische' wie auch für die 'stalinistische' Gesellschaftsstruktur typisch waren. Die faschistische Lebensweise ist praktisch ohne Bruch übernommen und fortgeführt worden."* Maaz folgert: *„Ich traue keiner 'Wende', solange nicht glaubhafte*

140 Vgl. Sprachregelung der NAK in: „UF" vom 20.11.1938

141 Bischoff namens der Hauptleitung der NAK vom 2.8.1933 an das Preußische Kultusministerium, Abt. Kirchenwesen, Berlin

Zeugnisse des Versagens, der personalen Verantwortung und persönlichen Schuld zur Alltagskultur zählen. Ohne diese 'Trauerarbeit' werden unweigerlich alte psychische Strukturen ins neue Gewand gekleidet, die die Restauration der Verhältnisse erzwingen."[142]

Aus Buße und Umkehr wurde 1945 Selbstgerechtigkeit und eine Wende um 180 Grad. Die Kirchen konnten ihre mahnende Stimme über lange Zeit nicht erheben, denn der Knebel alter und neuer Schuld verstümmelte jeden Laut – in Ost wie in West. Auch die Christen im SED-Staat befanden sich auf dem Weg des Irrtums, als sie sich nach dem Mauerbau in der stalinistischen Diktatur einzurichten begannen und ihr Glaubensleben zugunsten von Autoritätshörigkeit und Untertanengeist verarmen ließen. Das psychische Elend, das sie in diesem Teil Deutschlands darauf befiel, ist eine Folge dieses Irrtums.

Der Bündnispartner „Evangelische Kirche" hatte in den achtziger Jahren für die SED moralpolitische und ordnungspolitische Aufgaben zu erfüllen. Die Partei benutzte die Kirche als kontrolliertes Auffangbecken für Menschen und Ideen. Wer den parteibürokratisch gesteuerten Politrummel nicht mitmachen wollte, der hatte damit die Gelegenheit, „alternativ" zu sein – im genau vorgegebenen Rahmen der evangelischen Landeskirche. Wo dieser Rahmen nicht eingehalten wurde, kam es nach wie vor zum Konflikt mit der Staatsmacht. Diese Konflikte ließen dann nach außen hin den Eindruck entstehen, dass die Kirche im SED-Staat eine von Partei und Staatsmacht verfolgte Opposition sei.[143]

Widerständigem Handeln in der Flüchtlings- und Ausreiseproblematik standen die Kirchen hilf- und konzeptionslos gegenüber. Zwar hatten sie seit den siebziger Jahren immer wieder einzelnen diskriminierten Antragstellern die Möglichkeit geboten, im kirchlichen Dienst Unterschlupf zu finden, jedoch konnten und wollten sie sich nicht mit dem politischen und soziologischen Phänomen Ausreise auseinandersetzen, weil dies das Gewissen und damit die Widerstandsproblematik berührte. Etwas, was die christlichen Kirchen aus einem tief verwurzelten Obrigkeitsdenken in langer Tradition unisono scheuten. Mit der belanglosen Formulierung „In der DDR werden alle Menschen gebraucht" ließen sie nicht nur die Flüchtlinge und Ausreisewilligen im Stich, sondern verhinderten darüber hinaus auch eine Auseinandersetzung mit den Ursachen, die zum millionenfachen Wunsch nach der Flucht aus dem SED-Staat führten.[144] Durch öffentliches Herunterspielen der Problematik und ständige Geduldsvermahnungen kollaborierten die Kirchen de facto mit der Diktatur. Darüber hinaus wurde der vermeintliche Schutz oppositioneller Kräfte als eine Chance verstanden *„um die 'Kirche im Sozialismus' durch ein ehrenwertes Protestmaterial zu stärken und an Inhalten aufzufüllen, was an religiöser Kraft verloren gegangen war, und auch um eine mögliche Kollaboration mit dem sozialistischen*

142 H.-J. Maaz, Der Gefühlsstau, Ein Psychogramm, Berlin 1990

143 R. Henrich, TVZ, Zürich 2004, S.236

144 Vgl. Leben und Bleiben in der DDR, Informationen und Texte der Theologischen Studienabteilung beim Bund d. ev. Kirchen i.d. DDR, Ref. Weltanschauungsfragen. Nr.14/Juli 1985, vgl. L. Dress, in: S. Bickhardt (Hrsg): Recht ströme wie Wasser, Christen in der DDR für Absage an Praxis und Prinzip der Abgrenzung, Berlin 1988, S.45

System zu verschleiern."[145] Altbischof Schönherr sprach hingegen wiederholt deutlich aus, dass die Kirche kein Sammelbecken der Opposition sei.[146]

Der Umgang mit der Schuldfrage wurde deshalb nicht leicht und geschah überwiegend nur halbherzig. Die Konferenz der evangelischen Kirchenleitungen ließ am 8.12.1989 verlauten: *„Niemand, auch wir nicht, können unsere Hände in Unschuld waschen. Das sagen wir als evangelische Kirche von uns selbst. Wir haben schon vor Jahren öffentlich geredet als viele noch schwiegen. Aber wir haben auch oft geschwiegen, wo wir hätten reden sollen."*[147]

Auf der Kirchenbundsynode Ende Februar 1990 war die Darstellung des zurückgelegten Weges unkritisch und selbstgefällig. Von Schuld war überhaupt nicht mehr die Rede. In einem Satz hieß es lediglich: *„Zu unserer Identität gehören aber auch die Versäumnisse und Fehler, die wir im Laufe unserer Geschichte begangen haben und die uns wohl nur zum Teil bewusst sind."*[148] Die Kirchenprovinz Sachsen nahm die Schuldfrage auf: *„Unser Versuch 'Kirche im Sozialismus' zu sein, bedarf unserer gründlichen Besinnung darauf, worin wir versagt und was wir aus den Erfahrungen dieses Weges zu lernen und weiterzuführen haben. Die Ehrlichkeit gegenüber unserer Geschichte zwingt uns, unsere eigene Verstrickung durch Tun und Unterlassen, durch unklares Reden oder ängstliches Schweigen, durch Gutgläubigkeit oder Vorteilsnahme einzugestehen. Wir alle bedürfen der Heilung von allem, was uns deformiert hat."*[149]

Die Verdrängung der Schuld wurde bewusst oder unbewusst unterstützt. Der Kirchenpolitiker Manfred Stolpe, der eine von der BStU nachgewiesene IM-Tätigkeit verschwieg, schaffte es nach dem Sturz der Diktatur innerhalb weniger Monate in seinen Reden aus dem „gewachsenen Vertrauensverhältnis zwischen Staat und Kirche" eine „Christenverfolgung" zu machen. Die Repräsentanten eines Staates, dem die Kirche noch im Juni 1989 eine gute Entwicklung wünschte, erniedrigte er umgehend zu Gefängnisaufsehern. Der Theologe Heino Falcke hatte bereits im November 1989 gewarnt: *„Es gibt keine Befreiung ohne Auseinandersetzung mit der Vergangenheit. Diese Befreiung zum offenen Umgang mit der Schuld sollte von uns Christen ausgehen. Wir sind ja nicht nur zur Anpassung, zur Heuchelei und zum Mitmachen gezwungen worden, w i r haben uns angepasst, geheuchelt und mitgemacht. Darin können wir uns selbst nicht leiden, und nun sind wir in der Gefahr, die Abscheu am eigenen Verhalten auf die zu werfen, die uns dazu gedrängt haben."*[150]

Einige Pfarrer, Superintendenten und Oberkirchenräte hatten einen Pakt mit der Geheimpolizei geschlossen. Sie hatten sich als geistliche Agenten verdingt. Die Folge war, dass wesentliche Beschlüsse der Kirchenleitungen und Synoden, zum Teil durch die Staatssicherheit manipuliert wurden. Der Einfluss linker Reform- und Ba-

145 H.-J. Maaz, a.a.0. S.50
146 DER TAGESSPIEGEL vom 13.6.89, S.9
147 Wort der KKL der DDR vom 8.12.1990. In: BERLINER SONNTAGSBLATT vom 17.12.1989, S.4.
148 Ebd. vom 4.3.1990, S. 2.
149 Beschluss der Synode der Kirchenprovinz Sachsen zum Abschluss ihrer Tagung vom 15.-17.3.1990 in Magdeburg, In: BERLINER SONNTAGSBLATT vom 25.3.1990, S.6
150 H. Falcke, Die Kirchen sind jetzt die Politik nicht los, in: G. Rein (Hrsg), S.218-229, hier S.223

sisgruppen auf die herkömmliche kirchliche Arbeit war dagegen gering. Sie hatten zumeist nichts mit christlichem Glauben zu tun. Vielmehr standen sie sich verständnislos und ablehnend gegenüber. Und die „evangelische Kerngemeinde", in die die Gruppen ihre Impulse hineintragen wollten, empfand diese neuen Bewegungen für ihr lutherisches und obrigkeitshöriges Selbstverständnis als eine Zumutung.[151]

Die Katholische Kirche verfügte nur im Eichsfeld, in der Oberlausitz und in einigen größeren Städten über einen traditionellen Anhang, der 6,1 Prozent der Gesamtbevölkerung ausmachte. 1988 umfasste er 834 Pfarr- und Seelsorgestellen. Sie befand sich zwischen Atheisten und Protestanten in einer Art doppelter Diaspora und spielte, anders als in Polen, in gesellschaftlichen Auseinandersetzungen kaum eine Rolle, wenngleich ihre Gemeinden mehr inneren Zusammenhalt gegenüber dem staatlich betriebenen Säkularisierungsdruck bewiesen. Auf katholischer Seite erklärt man sich diese Zurückhaltung weniger durch die zahlenmäßige Minderheit, als durch das katholische Selbstverständnis. Die Katholische Kirche sah sich als Bekenntnisgemeinschaft, die in ihrer Bindung an Rom die Distanz zum Staat wahrte. Dass dieses universalkirchliche Verständnis zuweilen mit pastoralen Notwendigkeiten in Konflikt geriet und sich die Distanz zur Gesellschaft vergrößerte, wurde in Kauf genommen. Die Rechtfertigungsbasis für die Kirche war das in der Verfassung verankerte Recht, zu allen Lebensfragen Stellung zu nehmen, sowie der Satz *„Man muss Gott mehr gehorchen als den Menschen."*[152] Bezüglich Widerstand und Konformismus der Katholischen Kirche gegenüber dem SED-Staat stellte der Kirchenhistoriker Josef Pilvousek fest, dass es kritisches und widerständiges Verhalten bei einzelnen Kirchenmitgliedern gegeben habe, wenngleich dies nicht immer religiös motiviert gewesen sei. Für die Gesamtkirche gelte das aber nicht. Konfliktvermeidung bei gleichzeitigem nonkonformen Verhalten sei der kleinste gemeinsame Nenner der Katholischen Kirche in der DDR beim Umgang mit Staat und Partei gewesen. Dies habe der Berliner Erzbischof Kardinal Alfred Bengsch, der diese Kirche wie kein anderer ihrer Bischöfe geprägt habe, immer wieder zum Ausdruck gebracht: „Der Christ sitzt in der Löwengrube. Er wird den Löwen aber weder streicheln noch am Schwanz ziehen." Mit dieser Metapher beschrieb Bengsch die Situation der Katholischen Kirche in der DDR.

Mit einem dritten Beispiel stelle ich das Taufgelübde auf den Prüfstand. Wie die vorgenannten, projizierte auch die Neuapostolische Kirche (NAK) ihr eigenes Denken zuerst auf den nationalsozialistischen, später auf den sozialistisch-kommunistischen Staat: ihren tiefsitzenden Antimodernismus, ihre Demokratiefeindlichkeit, ihre Obrigkeitsgläubigkeit und ihr Führerprinzip. Ursache war, wie bei den vorgenannten, eine falsche politische Analyse, zu der sie auf Grund ihres geschlossenen Denksystems nicht fähig war.

In Sorge, ihre Amtskirche könnte verboten werden, passte sich die Führung der NAK der kommunistischen Diktatur geradezu unterwürfig an und beförderte sie durch ihr Verhalten. Dabei hätte ein Verbot nicht das Ende der Religionsgemein-

151 Vgl. Beschluss der Synode des BEK vom September 1989 in Eisenach in: G. Rein (Hrsg), a.a.O. S. 215
152 NT/Apg. 5,29

schaft bedeutet, wie die Kirche auch in Bezug auf ihr Verhalten im NS-Staat argumentiert. Diese Argumentationslinie erstaunt, sieht sie sich in ihrem Selbstbild doch als „Gottes Werk", das darum nicht untergehen könne. Sie hatte außerhalb Deutschlands oder der DDR Mitglieder. Aber auch innerhalb hätte sie destrukturiert weiter existiert. Zwar profitierte sie von der verfassungsmäßig garantierten Glaubensfreiheit, jedoch wurde sie seitens des MfS rigide und diskriminierend überwacht. So musste der Inhalt jedes Gottesdienstes den Behörden schriftlich und zeitnah übermittelt werden. Trotzdem arbeiteten die hohen Amtsträger Kurt Kortüm (IM „Kurt Sigmund")[153] und Willy Adam (IM „Willy", MfS-Reg. Nr. 275/68), sowie eine Reihe weiterer Amtsträger nach Aktenlage und Verpflichtungserklärungen, als Spitzel und geistliche Agenten der Geheimpolizei zu und verrieten Kircheninternas, abgesehen davon, dass sie damit möglicherweise auch gegen das Beichtgeheimnis verstießen.[154] Das korrespondiert mit der Mitgliedschaft von dreizehn neuapostolischen Aposteln in der NSDAP.[155]

In einem Bericht der CDU Frankfurt/Oder heißt es *„Die größte Aufgeschlossenheit hinsichtlich der Politik unseres Staates finden wir bei den Amtsträgern und Gliedern der Neuapostolischen Kirche."*[156]

Das zufällige Zusammentreffen vordergründig gleicher moralischer Prinzipien im Ordnungssystem der Diktatur musste unter dem Anspruch der tatsächlichen, programmatischen Religionsbekämpfung der kommunistischen Ideologie aufweichen. Aus ihrem Verhalten im NS- wie im SED-Staat kann man eine Erkenntnis gewinnen: Das Böse hat mit unreflektiertem Gehorsam zu tun. Die massive Unterstützung des SED-Regimes bis zu dessen Untergang setzte die kirchenpolitisch erwünschte Form des unterwürfigen Gehorsams fort. Eine DDR-Tageszeitung berichtet: *„Zu einem freundschaftlichen Gespräch mit dem Staatssekretär für Kirchenfragen, Kurt Löffler, traf in Berlin der zu einem Besuch in der DDR weilende Kirchenpräsident Richard Fehr, erster Repräsentant der Neuapostolischen Kirche International, zusammen. Kirchenpräsident Fehr sagte, bei seinen Besuchen in der DDR sei er jedes Mal ‚in ein sicheres und geordnetes Land gekommen'. Der Gast dankte dem Staatssekretär und den Staatsorganen für die den neuapostolischen Kirchen in der DDR gewährte Unterstützung."*[157] Wie diese „Unterstützung" für den einzelnen Christen, der seinem Glauben treu blieb, in der Christen verfolgenden, kommunistischen Diktatur aussah, verdeutlicht ein Beispiel: Wer sich in der Kirche engagierte, wer nicht Mitglied der Staatsjugend oder der Partei war, wer zur Konfirmation statt Jugendweihe ging, wer sich als Christ bekannte und sich nicht der atheistischen Staatsideologie unterwarf, wurde weder zum Studium zugelassen,

153 Vgl. BStU, Bericht über die durchgeführte Werbung, K-Leipzig, 7.9.1971, KI, MfS BV Leipzig 1753/85, Bd. 1, 35

154 A. Ortt, Stasispitzel im Talar, in: Panorama, ARD-TV vom 6.11.1990, Seid untertan der Obrigkeit, Originaldokumente der Stasi-Kirchenabteilung, Hrsg.: T. Krone und R. Schult, Berlin 1992

155 Vgl. ‚Extrem streng' in: DER SPIEGEL vom 30.10.1995, NSDAP-Mitgliedschaft, vgl. Akten des Document Center Berlin

156 Archiv für Christlich-Demokratische Politik der Konrad-Adenauer-Stiftung St. Augustin, VII-011 Nr. 1557

157 In: DIE UNION, Tageszeitung der CDU im Bezirk Leipzig vom 8.2.1989, kolportiert von weiteren DDR-Tageszeitungen

noch hatte er berufliche Aufstiegschancen. Er wurde zum Paria. Wer flüchten wollte, wurde an der Grenze erschossen. Die Unterstützung war eine Schimäre, das konnte auch der belesene Richard Fehr wissen. In der DDR herrschte ein vage an Nietzsche angelehnter, von Marx bezeichneter und von der Diktatur verkündeter Hass auf das Christentum. Es gibt hier eine allgemeingültige Regel: Wenn man es mit einem ideologischen Regime zu tun hat, muss man von Anfang an diskussionslos zurückweisen, was das Regime an Realitätsbeschreibungen vorbringt.[158] Die beiden anderen christlichen Kirchen haben in den vergangenen sechzig Jahren durchaus glaubhafte Bekenntnisse ihres Versagens abgelegt. Immerhin befinden sich in deren Reihen Persönlichkeiten, die aus ihrer christlichen Grundeinstellung Widerstand leisteten und dafür in den Tod gingen. Dafür steht der evangelische Theologe und Pfarrer Dietrich Bonhoeffer. In Schuld, Rechtfertigung, Erneuerung nennt er als den einzigen Weg der Umkehr die „Erkenntnis der Schuld an Christus", und schreibt: *„Das freie Schuldbekenntnis ist ja nicht etwas, das man tun oder auch lassen könnte, sondern es ist der Durchbruch der Gestalt Jesu Christi in der Kirche, den die Kirche an sich geschehen lässt, oder sie hört auf, Kirche Christi zu sein. Wer das Schuldbekenntnis der Kirche erstickt oder verdirbt, der wird in hoffnungsloser Weise schuldig an Christus."*[159]

1992 änderte die NAK den zehnten Glaubensartikel, in dem das Verhältnis der neuapostolischen Christen zur weltlichen Obrigkeit neu definiert wird. Galt bis dato die Auffassung, dass jede Art weltlicher Obrigkeit von Gott gegeben und daher bedingungslos anzunehmen sei, relativiert man diese Einstellung: Nunmehr muss man Gott mehr gehorchen als der Obrigkeit. Ist dies die verschleierte Konsequenz aus dem Versagen der Kirche gegenüber totalitären, menschenverachtenden Regimen? Ein Blick in den Römerbrief hätte darüber längst Klarheit gebracht, heißt es doch dort: „Stellt euch nicht dieser Welt gleich"[160], in einer anderen Übersetzung heißt es: „Passt euch nicht so sehr an in dieser Welt", und eine weitere formuliert: „Gestaltet eure Lebensführung nicht nach der Weise dieser Weltzeit." Man hätte etwas über das Verhalten von Christen in atheistischen Diktaturen erfahren können, wenn man es denn wollte. Stattdessen hat man sich nicht nur angepasst, sondern mit den Gottesverächtern kollaboriert.

Ein kritischer Rückblick, ein Bekenntnis zur Mitschuld an der tatkräftigen Unterstützung beider menschenverachtenden Systeme seitens der Neuapostolischen Kirche ist bisher nicht erfolgt. Auch auf sie trifft Adornos Satz zu: Es gibt kein richtiges Leben im falschen. Der NAK-Apostel Walter Drave bestätigt: *„Man hat sich kaum Gedanken über historische Fragen gemacht. Das liegt in der Struktur unserer Kirche. Ein Zurückblicken auf historische Entwicklungen war nicht notwendig."*[161]

Die Unfähigkeit zur eigenen Erlösung im „mea culpa" weist auf die Folgen geschlossener Denksysteme. Mit Blick auf ihre progressiv-programmatischen Ökume-

---

158 Vgl. A. Besançon, Über die Shoah, den Nationalsozialismus und den Stalinismus, Paris 1998, Stuttgart 2001, S.125

159 D. Bonhoeffer, zit. aus dem Schuldbekenntnis von 1940

160 NT Römerbrief 12,2

161 O. Wieland:, Interview mit W. Drave in: Freikirchliche Perspektiven: Forschungsberichte, Münster 2007, S.253

nebemühungen bleibt dies eine erstaunliche Erklärung des Schweigens. Bis heute hat sie zu jenen aus ihrem Kreis, die um der Menschlichkeit und ihrer Christlichkeit willen Widerstand gegen das Unrecht des Nazi- oder SED-Regime leisteten, kaum ein Wort der Achtung gefunden. Sie gehören zu den Vergessenen und Verschwiegenen. Das „Werk Gottes“ sollte sich gerade dieser Menschen annehmen. Das Motiv für das Vergessen kann Faulheit sein, oder Mangel an Courage, angesichts der Ansprüche, die die Gerechtigkeit stellt. Eine Notwendigkeit erkenne ich darin nicht. Das Vergessen ist ein Verbündeter des Todes. Wo keine Erinnerung ist, fehlt auch die Grundlage der Menschlichkeit, der Glaube an ein Fortbestehen. Obwohl der Kommunismus mehr Märtyrer des Glaubens hervorgebracht hat als irgendeine andere Epoche der Kirchengeschichte, weiß man in einem Teil der christlichen Welt noch immer nicht recht, woran man sich eigentlich erinnern soll.

5. Widerstand als Imperativ

Widerstand gegen den SED-Staat war zugleich auch Kampf gegen die Ideologie des Kommunismus, passiv oder aktiv, in jedem Fall aber unter Einsatz von Eigentum, Gesundheit und Leben. Er war vom Gewissen geleitet, im patriotischen und christlichen Denken verwurzelt, und hatte die Einheit der Nation im Blick. Und dieser Widerstand begann mit den menschenverachtenden Postulaten Lenins: *„Gleichgültig ob 10 Millionen Russen verhungern, wenn nur die Idee der Revolution gerettet wird.“*[162] Deshalb muss explizit festgestellt werden, dass zwischen den Menschen, die einerseits aus einer klaren antikommunistischen Überzeugung heraus den SED-Staat bekämpften, um ihn zu stürzen, und andererseits Teilen der Basisgruppen, die auf eine Reform der DDR drängten, eine Distanz, wenn nicht gar Abneigung herrschte. Hier die Antikommunisten, die schon in den 50er Jahren politisch sozialisiert wurden – und dort die Alternativen, die in den 80er Jahren in Friedens- und Umweltkreisen die DDR verändern wollten. Der Mauerbau bildete gleichsam die Trennlinie zwischen beiden Generationen, da der offene, fundamentale Kampf gegen die SED-Diktatur danach kaum mehr Aussicht auf Erfolg zu haben schien. Manche der linken DDR-Reformer haben inzwischen einen Prozess durchlaufen müssen, um die Trugbilder einer sozialistisch geprägten Erziehung als solche erkennen zu können, zu deren Gewohnheiten Gehorsam gehörte. Zwar hatten sie damals die Politik des Regimes als falsch ausgemacht und deshalb auch kritisiert, nicht aber den SED-Staat selbst. Deshalb gab es von Anfang an zwischen Reformern und dem Widerstand keine Kette gleicher Überzeugung, deren erste Glieder die Widerständler in den unmittelbaren Nachkriegsjahren waren.

Die lange Zeit der Beeinflussung durch Schule, Organisationen und Beruf, oft auch im Elternhaus, haben tief greifende Spuren selbst bei denen hinterlassen, die mit der aktuellen Politik der SED nichts im Sinn hatten und zur Kritik, zum Widerspruch übergingen. Beides war jedoch nicht auf Systembeseitigung, sondern allenfalls auf Reformierung fokussiert. Nicht die, die den SED-Staat und seine

162 W.I. Lenin, Was tun, St. Petersburg 1921

ideologische Maxime reformieren wollten, intendierten seine Abschaffung, sondern jene, die eine Unvereinbarkeit kommunistischer Diktatur mit demokratischen Gesellschaftsformen erkannten und widerständig bekämpften. Das müsste bedeuten, dass der Widerstand im Mittelpunkt von Dankbarkeit und Ehrungen der Gesellschaft steht, nicht aber die DDR-Reformer, Sozialismus-Anhänger, und Kirchen-Seilschaften. Hubertus Knabe schreibt: *„Selbst die perfiden Methoden der Zersetzung verblassen vor diesem Hintergrund und sind jedenfalls weniger prägend als Jahre der Haft."*[163] Für den Widerstand gibt es grundsätzlich kein Problem, die Verdienste auch der systemkritischen Reformergruppen anzuerkennen und zu würdigen. Entscheidend bleibt aber die historische Sicht, die bis heute falsch und irreführend ist. In Wahrheit geht es auch nicht um das Verständnis der jeweils anderen Position, sondern um die Bewertung und Konsequenz für deren Behandlung. Hier bleibt festzustellen, dass die Reformgruppen der Bürgerbewegung sich die ethischen Werte des Widerstands angeeignet haben. Diesbezüglich haben die Politiker aller Bundesregierungen nach 1989 Erkenntnis- und Handlungsbedarf. Wenn bis in die jüngste Vergangenheit hohe und höchste Staatsämter im wiedervereinigten Deutschland mit ehemaligen DDR-Reformern, Mitläufern und Profiteuren besetzt sind, wenn ehemalige Sozialismusreformer und Linke die Art der Aufarbeitung des DDR-Staatssozialismus bestimmen, dann setzt dies ein falsches Zeichen. Die unübersehbare Bedeutung des Widerstands für den Sturz der Diktatur wird marginalisiert. Aus dieser Sicht wird verständlich, dass die Träger des Widerstands seit langem ein neues Klassement auf der gesellschaftlichen Werteskala reklamieren.

Was bleibt von der „Revolution" des Jahres 1989? Sie brachte keine eigenen, tragfähigen Visionen alternativer Wirtschafts-, Gesellschafts- oder Verfassungsordnungen hervor, sodass die Vision vom „Sozialismus mit menschlichem Antlitz" seltsam vage blieb. Jürgen Kocka bestätigt 1989, dass sich die Prinzipien der bürgerlichen Gesellschaft mit repräsentativen, pluralistischen, rechts- und verfassungsstaatlichen Regierungsformen durchsetzten.[164] Genau dafür hatte sich der Widerstand von Anfang an kompromisslos eingesetzt. Schon Havel kritisierte Dubček für seine Inkonsequenz, für sein Unvermögen, über den Horizont kommunistischen Denkens hinaus zu gehen und nicht einen irrationalen „Sozialismus mit menschlichen Antlitz", sondern generell die Einhaltung der Menschenrechte zu fordern und zu verwirklichen. So war die Existenz des Widerstands natürlich. Wo unterdrückt wird, gibt es Verfolgte und Widerstand. Widerstand ging a priori davon aus, dass der Sozialismus, den es außerhalb der Ideologie nirgends gibt, sich aber den Anschein einer wissenschaftlichen Weltanschauung gab, eine der schlimmsten Diktaturen des Jahrhunderts hervorbrachte und im Grunde ein imitierter provinzieller Faschismus war. Der frühere SPD-Vorsitzende Kurt Schumacher sprach 1946 von den „rotlackierten Nazis", wenn er die Kommunisten Ostdeutschlands meinte. Deren Umgang mit dem Nationalsozialismus war verlogen. So hielten die SED-Machthaber geheim, dass „selbst DDR-Ministerpräsident Willy Stoph ein Nazi gewesen war."[165]

163 H. Knabe in: DER STACHELDRAHT, Nr.7, 2002, S. 5
164 J. Kocka, Revolution und Nation 1989, Göttingen 1995, S. 11
165 Ch. Jung, Geschichte der Verlierer, Heidelberg 2007

Die Erfahrungen des Widerstands waren nicht theoretisch-abstrakt als Geschichts- und Gesellschaftsbild, sondern sie reflektierten das Erlebte im SED-Staat. Ihm war die verfassungsstaatliche Regierungsform der Bundesrepublik Deutschland, mit ihren Schwächen und Fehlern, die einzige Alternative zu einem Gesellschaftsmodell, das seine Bürger quasi als Leibeigene hielt. Um auf die vermutete Sozialismusfeindlichkeit, den Akt der Blasphemie, den Tabubruch, die Gotteslästerung, vulgo die Schwere der Kriminalität jederzeit und vollständig Zugriffsmöglichkeit zu haben, das Wirken des *„imperialistischen"* Klassen-Gegners früh erkennen und im Keim ersticken zu können, erschien es dem Ministerium für Staatssicherheit notwendig, das Leben fast jedes Einzelnen ständig zu kontrollieren. Über sechzigtausend IM sollten den Erfolg garantieren. Gleichwohl war Widerstand gegen das SED-Regime innen, und erst recht von außen, möglich.[166] Alle Deutschen waren und sind Deutsche im Sinne des Grundgesetzes. Darin werden sie aufgefordert, immer dann Widerstand zu leisten, wenn (Menschen-)Rechte und Freiheit in Gefahr sind.[167] Die wichtigste Voraussetzung dazu ist Zivilcourage und die Erkenntnis, dass die DDR von Beginn an ein Unrechtsstaat war, dessen Gründung nicht auf freien Wahlen beruhte, dessen spätere Wahlen gefälscht waren und zur Verurteilung des letzten Interim-Staatschefs Modrow führte. Klassischer Widerstand von außen drückte sich darin aus, dass man die Möglichkeit der freien Information im Westen dazu nutzen konnte, Folter und andere Verbrechen an wehrlosen politischen Häftlingen in den Medien anzuprangern.[168] In einem von mir verfassten „Memorandum" an die Vereinten Nationen, das 1973 das Generalsekretariat der UN in New York erreichte, bezeichnete ich den SED-Staat als menschenrechtsverletzend, die Repression gegen Andersdenkende als Verbrechen.[169] Durch Vermittlung des Vorsitzenden der CSU, Franz Josef Strauß, wurde das Dokument von einem Mitglied seiner Fraktion anlässlich des Beitritts der Bundesrepublik in die Vereinten Nationen, mitgenommen. Dort sollte es als eine „Stimme aus dem anderen Teil Deutschlands" übergeben werden. Eine, wenn auch unerwartete, Möglichkeit, international auf Unrecht und Willkür im SED-Staat aufmerksam zu machen. Zuvor hatten Sprecher von SPD FDP und CDU die Mitnahme und Übergabe des Memorandums mit Hinweis auf die „gutnachbarlichen" Beziehungen zur DDR abgelehnt. In die englische Sprache übersetzt, zirkulierte das Dokument am 18. September 1973 überraschend in der Hauptversammlung der Vereinten Nationen. Die DDR-Vertreter sahen ihre Verbrechen vor der Weltöffentlichkeit ausgebreitet. Das Memorandum wurde zum Zeichen des Widerstands von außen. So verstand es auch die SED. MfS-Minister Erich Mielke ließ den Zentralen Operativen Vorgang „Skorpion" anlegen, der mit meiner Liquidierung enden sollte.[170]

---

166 S. Mampel, Der Untergrundkampf des MfS gegen den UfJ in West-Berlin, 4. Aufl., Berlin 1999

167 Grundgesetz der Bundesrepublik Deutschland, Präambel, Art. 20, Ziffer 2+4

168 Der Verf. im ZDF-Magazin über die Zustände im Zuchthaus Brandenburg, polit. Verfolgung, 1973

169 W. Welsch, Memorandum. Gegen den Beitritt der DDR in die UNO. Offizielles Dokument der Vereinten Nationen, New York 1973, Ich war Staatsfeind Nr. 1, München 2006, S. 221f

170 MfS-ZOV „Skorpion", Reg. Nr. XV 3359/74, Ost-Berlin 1974

Um die Aufdeckung totalitärer Verbrechen macht sich der totale Machthaber verhältnismäßig wenig Sorge. Er weiß, dass der beste Schutz für ihn in der Normalität der normalen Welt liegt, die Dinge, wie sie sich in seinem Herrschaftsbereich ereignen, selbst dann für unmöglich hält, wenn ihr Dokumente, Filme und andere Beweise unleugbar vor Augen stehen. So wenig er an die Faktizität von unabänderlichen Fakten glaubt, so wenig glaubt er an die Überzeugungskraft des Indizienbeweises. Was bleibt, sind subjektive, niemals absolut zuverlässige und nachprüfbare Berichte.[171] Die Nazis haben hiervon guten Gebrauch zu machen gewusst, schon als sie die absolut wahrheitsgemäßen Berichte über die sadistischen Grausamkeiten in Konzentrationslagern und Gestapokellern zu Beginn des Regimes als Gräuelmärchenpropaganda diffamierten. In den Nürnberger Dokumenten befindet sich ein Geheimbericht aus dem Jahre 1943, der von einem Massenmord an 5000 Juden handelt und an Rosenberg gerichtet ist. Der Berichterstatter fragt sich, was wohl geschehen würde, wenn diese Tatsachen im feindlichen Ausland bekannt und von ihm ausgenutzt werden würden. Und antwortet: *„Vermutlich gar nichts, denn diese Propaganda würde schon darum nicht wirksam sein, weil die Leute sich einfach weigern würden, den Tatsachen zu glauben.“*[172]

Genauso war es mit dem Westen zu Zeiten des SED-Staates. Dort ankommende Berichte über Verbrechen im SED-Staat erschienen unglaubwürdig. 1973 wies ich als Referent in einem Seminar des Studienzentrums für Ost-West-Probleme in Ettal/Bayern auf die grausame Situation politischer Häftlinge im Zuchthaus Brandenburg hin. Als Beispiel nannte ich die so genannten „Tigerkäfige“. Ursprünglich bezog sich der Begriff auf eine besondere Art von Zellen, in denen gefasste Kombattanten des Südvietnam-Krieges, des Việt Cộng, auf der Gefängnisinsel Con Son misshandelt wurden. Die SED-Propaganda schlachtete damit die Unmenschlichkeit des Südvietnamesischen Regimes aus. Offensichtlich wussten die Propagandisten nicht, dass ihr eigener „Arbeiter- und Bauernstaat“ selbst solche entwürdigenden Zellen unterhielt, wie sie auch Rüdiger Knechtel beschreibt.[173] Einer meiner, 1970 von einer englischen Zeitung veröffentlichten Kassiber aus dem Zuchthaus Brandenburg, zeigt eine Zeichnung dieser „Tigerkäfig“ genannten Folterzellen.[174] Ein weiterer Referent dieses Seminars, der damalige Präsident des Gesamtdeutschen Instituts, Detlef Kühn, wies meine Behauptung als „Verleumdung der DDR“ zurück und drohte dem Präsidenten des Studienzentrums, Ludwig Riemer, die Fördergelder zu streichen, wenn er mich weiterhin als Referent beschäftige. Auch Kühn war ein Unwissender, Ungläubiger, der die Semantik des Parteiorgans der SED, „Neues Deutschland“, kritiklos übernahm. Die unverhüllte politische Erpressung misslang.[175] Riemer weigerte sich, der Erpressung nachzugeben. Kühns Unglaube überrascht nicht: Sein Stellvertreter in Berlin, Walter Rosenthal, arbeitete, wie Aktenfunde vermuten lassen, für den KGB. Noch ist nicht erforscht, ob auch Kühn

171 H. Arendt, Elemente und Ursprünge totaler Herrschaft, Frankfurt/M. 1955

172 Ebd. S. 110, Nazi Conspiracy, Band 1, S.1001

173 R. Knechtel [Hrsg.], Stalins DDR. Berichte politisch Verfolgter, 2. Aufl., Leipzig 1992, S. 53

174 Graham Barker, Yorkshire Post: Cigarette paper starts bid to save prisoner, Leeds, England 1970

175 R. Riemer, Bericht des Studienzentrums, München 2001

noch andere Auftraggeber hatte. Seine fortgesetzt verbale SED-Semantik ließe diesen Verdacht zumindest nicht unmöglich erscheinen. Die verächtliche Diktion mit der er die Protagonisten des Widerstands als ‚Selbstdarsteller' wie zu Zeiten des SED-Staates verleumdet, freilich ohne narrativen Zusammenhang, setzt er jedenfalls fort.[176] Damit gibt er sich als einer der klassischen Vertreter Bahr'scher Anbiederungspolitik an den SED-Staat zu erkennen. Sein Gesamtdeutsches Institut legte, wie die Stasi, verleumderische Akten über mich an. Darin wurde, so an das Zweite Deutsche Fernsehen, vor Kontakten mit mir gewarnt, also vor jemand, der selbst brutale Folter erlebt und überlebt hatte. Heute notiert Kühn: *„Hubertus Knabe ist der Ansicht, die vielen freien Mitarbeiter der BfgA seien für das MfS ein „Einfallstor" in die Bundesbehörde gewesen. Ganz falsch ist das nicht."*[177] Gerade seine Behörde war mit IMs durchsetzt. Klarheit der Worte, Tatsachenbeschreibungen oder gar Widerstand gegen eine Diktatur, der man sich nach den Absichten des SPD-Vordenkers Egon Bahr annähern wollte, waren unerwünscht.[178] Sie korrelieren in ihrer Niedertracht, in ihrem denunzierenden Duktus mit denen des MfS. Objektiv machte sich das Gesamtdeutsche Institut und dessen damaliger Präsident Kühn damit zu einem willigen Erfüllungsgehilfen der Geheimpolizei, indem es einen operativen Beitrag zur Zersetzung eines „negativ feindlichen Elements" leistete. In einer der zersetzenden Meldungen heißt es: *„Es fällt schwer, bei den Darlegungen des Herrn W. nur das Wort Übertreibungen zu gebrauchen; es würde wohl den Sachverhalt eher treffen, wenn man von bewussten Übertreibungen sprechen würde."*[179] Nach der Offenlegung der Stasi-Akten und den Berichten vieler ehemaliger politischer Häftlinge weiß der Leser: Es gab sie, die „Tigerkäfige". Und es gab Schlimmeres. Falsche Zeugnisse sind immer Schadenslügen, hier waren sie mehr als das, sie wollten die Ehre abschneiden, jemand als dubiose Person hinstellen. Im Großen und Ganzen ist das, was das Gebot als falsches Zeugnis verurteilt, identisch mit Verleumdung.[180]

Wie alle Täter, wäscht auch Kühn heute seine Hände in Unschuld. Gleichwohl entlarven ihn seine Erzählungen als kenntnisreichen Verleumder. Damit stellt er sich an die Seite von Tätern. Im Westen gab es viele Kühns und Rosenthals, die nicht glauben wollten, was der Wirklichkeit entsprach, die sich den Feinden des Rechtsstaates in dieser oder anderer Form andienten. Sie verleumdeten Träger von Informationen aus dem Schattenreich Mielkes und halfen so im operativen Sinn des MfS, Menschen zu „zersetzen". Lenin sprach in diesem Zusammenhang von den „nützlichen Idioten". Deren dissoziative Zustände sind deshalb gefährlich, weil sie das Bild der Verfolgten in der Gesellschaft herabwürdigen. Trotz überwältigender Berichte haftete das Odium der Unglaubwürdigkeit schon jenen an, die aus den

176 FAZ vom 21.5.2001, S.13

177 Vgl. D. Kühn, Das Gesamtdeutsche Institut im Visier der Staatssicherheit, in: Schriftenreihe des Berliner Landesbeauftragten für die Unterlagen des Staatssicherheitsdienstes der ehemaligen DDR, Bd. 13, S. 22f, BA Berlin, Welsch

178 Gesamtdeutsches Institut – Bundesanstalt für gesamtdeutsche Aufgaben (BfgA) in: BA Berlin

179 Ebd., W. Rosenthal an den BM für innerdeutsche Beziehungen, Berlin, 5.8.1974, Az. BA 8017061

180 G. Zehm, Das Böse und die Gerechten. Auf der Suche nach dem ethischen Minimum, Schnellroda 2005, S. 224f.

NS-Konzentrationslagern in die Welt der Lebenden zurückkehrten. Heute bestätigt sich, was schon die Nazis gewusst haben: Wenn man Verbrechen im allergrößten, allerunwahrscheinlichsten Maßstab inszeniert, werden alle Strafen, die ein Rechtssystem vorsieht, inadäquat und lächerlich. Die Ungeheuerlichkeit der begangenen Untaten schafft automatisch eine Garantie dafür, dass den Tyrannen, die mit Lügen ihre Unschuld beteuern, eher Glauben geschenkt wird als ihren Opfern, deren Wahrheit den gesunden Menschenverstand beleidigt. Zwar haben wir genug Berichte über den Terror des SED-Regimes, die überzeugender sind als alle Gegenpropaganda. Bis zu welchem Ausmaß aber eine wirkliche Veränderung der menschlichen Natur und eine effektive Veränderung des individuellen Charakters möglich sind, wissen wir nicht.[181] Es liegt im Sinne unserer philosophischen Tradition, dass wir uns von dem radikal Bösen keinen Begriff machen können. Aufklärung beginnt also schon dort, wo er das Denken normaler Menschen aufbricht und sie veranlasst, über das Unnormale nachzudenken, es als Möglichkeit, Wahrscheinlichkeit, bis hin zur Tatsächlichkeit erscheinen zu lassen. Die Aufklärung ist eine legitime Tochter des Widerstands, weil sie, zunächst passiv, auf die verletzten Normen des Rechts, auf die Verletzung der Menschen allgemein hinweist, sie erklärt und in einen politischen Kontext stellt. Aufklärung weckt Bewusstsein und bildet Gesinnung.

Die Anomalität der Macht, in der Menschen nur Funktionsträger des Machtwillens der Machtträger sind, wird von den letzteren weder als unmoralisch noch als Unrecht verstanden. Für sie zählt nur, dass Recht ist, was ihnen nützt. Weil sich die Kommunisten aber gleichsam als die emporgehobenen Menschen, als Avantgarde der ansonsten unverständigen Masse verstanden, definierten sie das System und die Geschichte zugleich. So erklärte Honecker nach seinem Sturz zum Mordvorwurf im Zusammenhang mit dem Schießbefehl an der innerdeutschen Grenze: *„Ich möchte sagen, dass die Grenzsicherungen zwischen der sozialistischen und der kapitalistischen Welt damals von der Ostsee bis zum Schwarzen Meer die gleichen waren. [...] Im Übrigen ist es interessant, dass über die Grenzsicherungsanlagen zum Beispiel zwischen den USA und Mexiko weniger gesprochen wird als über die Grenzsicherungsanlagen, wie sie damals üblich waren zwischen der sozialistischen Welt und der kapitalistischen, das heißt, zwischen Warschauer Pakt und der NATO.“*[182] Honecker lebte in einer Welt politischer Illusionen, indem er hier gleichsetzt, was nicht gleichzusetzen ist. Kein Wort über die unschuldig Gemordeten an der Mauer, deren Tod einer Hinrichtung glich. Sein Realitätsverlust war aber nur scheinbar. In Wahrheit war es die Realität der banalen Macht, die nicht nur keine anderen, sondern gar keine Werte gelten ließ, die nicht von ihr selbst aufgestellt waren! Das eigene Volk war ihm nur wert, wenn es dem Repressionsapparat akklamierte: *„Mir tun unsere 27 Genossen leid, die meuchlings an der Grenze ermordet wurden.“*[183] War Honecker ein Paradefall von Anosognosie, von pathologischer Uneinsichtigkeit? Auch den Schießbefehl setzt er mit einem vermeintlichen des Bundesgrenzschutzes gleich. Er trägt aber Verantwortung für die Verbrechen, die er

181 Vgl. H. Arendt, Elemente und Ursprünge totaler Herrschaft, München 1986
182 Andert/Herzberg, Der Sturz. Berlin, Weimar 1990, S. 261
183 Ebd., S. 263

verschweigt oder wissentlich leugnet. Vielmehr unterscheidet er sich nicht von den nationalsozialistischen Tätern. Er war wie sie: dumm und rechtsverachtend. Und die Legende vom vormals „unbeugsamen Kämpfer Honecker gegen den Nationalsozialismus" wurde durch belastende Geheimakten widerlegt, die Erich Mielke in einem Koffer aufbewahrte. Als Lebensversicherung sozusagen.

In einem dieser Schriftstücke, gerichtet an den Oberreichsanwalt des Volksgerichtshof, schrieb der Anstaltsleiter des Zuchthauses Brandenburg, in dem Honecker wegen seiner Tätigkeit für den KJVD einsaß, dass dieser *„seine Jugendideale im jetzigen Staat verwirklicht sehe."*[184] Gemeint war der NS-Staat. Honecker hatte überdies seine mitangeklagten Genossen verraten und war damit womöglich der Todesstrafe entgangen. Der Chef des „Arbeiter- und Bauernstaates": Ein banaler Verräter. Der Sozialismus machte in seiner finstersten Konsequenz nichts anderes als alle anderen Diktaturen und Menschheitsbeglücker vor ihm: Er verhaftete, folterte und tötete seine Kritiker, die, die fliehen wollten und besonders jene, die ihren Widerstand forcierten. Und er tat das mit fanatisch-brutaler Konsequenz.

Die Menschen wollten 1989/90 keinen reformierten Sozialismus. Die Mehrzahl wollte weg, wollte endlich frei sein. Frei von Repression und Terror. Deshalb gab es konsequenterweise den Volkskammerbeschluss von 1990, der Bundesrepublik nach Art. 23 Grundgesetz beizutreten. Auch der Widerstand wollte keinen wie auch immer gearteten Sozialismus. Er wollte dessen ersatzlose Beseitigung. Die Menschen erhoben genau diese Forderung. Aus diesem Grund war der Widerstand seit mindestens 1949 legitim, weil er von der Mehrheit der Menschen getragen, weil sein Ziel von dieser Mehrheit geteilt wurde. Er war auch ohne Abstimmungsmodus demokratisch legitimiert. *„Wir haben damals die Fundamente für das gelegt, was jetzt passiert"*, erklärte Wolfgang Bruns 1995. Er rief am 17. Juni 1953 den Generalstreik in Ostberlin aus. Angesichts der Kräfteverhältnisse und der Tatsache, dass die Rote Armee als Besatzungstruppe in der DDR stationiert war, bereit zum Einsatz, war dies eine konsequente, mutige und beeindruckende Widerstandshandlung, getragen von einem Freiheitsstreben, das 1848 begann und zu 1989 führte. In einer Erklärung der CDU von 1990 heißt es: „Wir möchten lernen von denen, die in diesen dunklen Zeiten politischen Widerstand gewagt und geleistet haben. Diese Menschen sind der Stolz und ihre Leistung ist der moralische Schatz unseres Volkes." Die Basisgruppen der „Kirche im Sozialismus", Bürgerrechtler und Reformsozialisten konnten damit nicht gemeint sein, wurden aber nach der Novemberrevolution von höchsten Politikern mit Aufmerksamkeit geehrt, wenig später mit Ämtern und Pfründen über ihre eigentliche Bedeutung hinaus belohnt. Es waren eben jene Bürgerrechtler aus den von Neubert beschriebenen kirchlichen Kreisen, die lange nach dem politischen Umsturz an runden Tischen von einem reformierten Sozialismus und einer eigenständigen DDR träumten. Heute sitzen sie als Abgeordnete, Leiter politischer Bildungs- und Aufarbeitungsinstitutionen, als Staatssekretäre oder Minister in hohen Ämtern. Es waren die ängstlichen Pfarrer, Friedensforscher und Alternativen, die noch bis kurz vor dem Ende des SED-Staates Manifeste zu sei-

184 BStU-Archiv, Verfahren gegen Honecker 17 J.28/36, 10 Gns. 107/42

nem Erhalt unterschrieben. Gleichwohl ist *„die DDR an Ablehnung und Widerstand der Menschen zugrunde gegangen“*, bekräftigt Günter Schabowski 1996.[185]

Es ist nicht nur ein qualitativer Unterschied, ob man einzelne Systemschwächen kritisiert oder ob man sich aktiv für Freiheit und für die Befreiung politisch Gefährdeter einsetzt. Dieser Widerstand, im Westen heimlich und verhalten gefördert, bleibt bis heute ausgegrenzt, wird verdrängt. Ihre Träger warten auf die ihnen gebührende Anerkennung und Würdigung. Die, die Widerstand leisteten, haben ihr persönliches und berufliches Fortkommen, ihr Leben aufs Spiel gesetzt, um für die Ideale von Freiheit und Demokratie einzutreten. Sie haben die Hauptlast getragen. Die mangelnde Beteiligung Intellektueller daran sehen Bürgerrechtler wie Wolfgang Templin in der konsequenteren Verinnerlichung kommunistischen Gedankenguts im SED-Staat. Damit wird gewissermaßen die geistige Paralyse auf banale Weise erklärt, besser entschuldigt. Alle Entschuldigungen sind indes das Papier nicht wert, auf dem sie verfasst werden. Schließlich hatte man zumindest bis zum 13. August 1961 das Schaufenster Westberlin vor Augen. Alle Radio- und TV-Kanäle des Westens standen der freien Information zur Verfügung, nicht zu vergessen Bücher und andere Informationen, die privat in die DDR kamen. Man hätte sich letztlich auch über das Wesen des Kommunismus informieren können. Allerdings fehlte das integrierende, positive Element, die patriotisch gesinnte Freiheitsliebe, die in Polen, der Tschechoslowakei und in Ungarn die Menschen verband. Patriotismus war den Deutschen nach 1945 ausgetrieben. Zwar freuten sie sich westlich der Elbe über die unverhofften Segnungen der Demokratie und der Freiheit. Und bei dem Gedanken an den SED-Staat rieselte es ihnen kalt über den Rücken. Kaum jemand wollte aber sein Leben aus patriotischen Gründen einsetzen. Der Widerstand konnte und musste sich zu seinen Idealen bekennen und tat das überzeugend und in hoffnungsloser Position. Unter Auswertung der Zahlen über Ermittlungsverfahren des MfS, Operative Vorgänge und operative Personenkontrollen kommt Bernd Eisenfeld 1997 auf jährlich 20.000 bis 25.000 DDR-Bürger, die sich aktiv widerständig verhalten haben.[186]

Was zählte war nicht die Angst um uns selbst, sondern die Sorge um unser Land. Ohne Zugang zu den Medien konnte der Widerstand keine größere Basis erlangen. Dennoch ließ er sich immer wieder, auch in teilweise lebensgefährlichen Einzelaktionen vernehmen. Unter den erschwerten Bedingungen politischer Haft gelang es, Zeichen persönlichen Mutes zu setzen. Beispielsweise wurde dem militärisch-industriellen Rüstungskomplex der DDR, der in den schlimmsten Haftanstalten wie Bautzen und Brandenburg politische Häftlinge als Arbeitssklaven hielt und ausbeutete, nachhaltiger Schaden zugefügt. Hier gelangen Stör- und Sabotageaktionen an Rüstungsgütern: *„Hunderte Elektromotoren, die für den militärischen Einsatz auf Kriegsschiffen der sowjetischen Kriegsmarine bestimmt waren, wurden so beschädigt, dass sie unbrauchbar waren. Der Schaden war gravierend. Die Stasi ermittelte [...] insgeheim im Zuchthaus Brandenburg. Freilich ohne Ergebnis.“*[187] In

185 Vgl. G. Schabowski, am 26.2.1996 vor Gericht, zit. bei Grafe, S. 112

186 B. Eisenfeld, Widerständiges Verhalten im Spiegel von MfS-Statistiken und Analysen, Berlin 1997

187 Vgl. W. Welsch, Ich war Staatsfeind Nr.1, München 2006, S. 159f

der Schneiderei, der Brandenburger Bekleidungswerke (BBW), wurden Uniformen für NVA und „Bruderarmeen" durch falsche Zuschnitte unbrauchbar gemacht. Diese Beispiele ließen sich fortsetzen. In einem Flugblatt stellte Sophie Scholl 1942 die Frage: *„Jetzt muss sich ein jeder entschiedene Gegner des Nationalsozialismus die Frage vorlegen: Wie kann er gegen den gegenwärtigen „Staat" am wirksamsten ankämpfen, wie ihm die empfindlichsten Schläge beibringen?"* Und antwortet: *„Sabotage in Rüstungs- und kriegswichtigen Betrieben [...] Sabotage auf allen wissenschaftlichen und geistigen Gebieten, sei es in Universitäten, Hochschulen, Laboratorien, Forschungsanstalten, technischen Büros [...] Sabotage in allen Zweigen der bildenden Künste [...] Sabotage in allem Schrifttum, allen Zeitungen, die im Solde der „Regierung" stehen, für ihre Ideen, für die Verbreitung der braunen Lüge kämpfen."*[188] Das musste auch für den Widerstand in sozialistischen Gefängnissen gelten. Es bedurfte keiner Hoffnung um etwas zu unternehmen, keines Gelingens, um zu beharren. Widerstand ist die ultima Ratio des Gewissens. Widerstand gegen Unrecht ist kein naiver Idealismus, sondern ein unabdingbarer ethischer Imperativ. Und da es im SED-Staat nicht nur Opfer, sondern auch Widerstand gab, ist seine Darstellung und die Erinnerung an ihn von gleichrangiger Bedeutung. Der Historiker und Stauffenberg-Experte Peter Hoffmann schreibt 1998 *„In dem Opfer gegen das Unrecht und in dem höchsten Opfer für die Gemeinschaft liegt eine existentielle Herausforderung an die Zeitgenossen und Nachlebenden, die sie nie loslässt."*[189] Dieser Herausforderung begegnen die Bürgerrechtler heute mit einer Verdrehung der Geschichte. Ich glaube, Zivilcourage entsteht aus „Herzensbildung". Die große Geschichte des Widerstands ist eine kleine Geschichte des Mutes und des Entschlusses. Politik wird oft mit Ideologie verwechselt. Weder der Historiker noch der Zeitzeuge sollten sich politische Fesseln anlegen, Propagandisten politischer Systeme sein. Ihre Freiheit ist das Recht auf den Zweifel, Zweifel auch an der schönen neuen Geschichtsschreibung über die Opposition in der DDR.

6. Widerstand und Definition

Wenn Opposition in parlamentarischen Systemen kritische Partizipation meint, dann hat Widerstand in eben solchem System vor allem Negierung und Obstruktion zum Ziel, meint der Historiker Ilko-Sascha Kowalczuk.[190] Allgemein, so formuliert er 2001, bezeichnet Opposition eine politische Gegnerschaft, die dann in Widerstand umschlägt, wenn sie keine Möglichkeiten zur legalen Entfaltung besitzt, oder wenn ihr diese genommen wird. Weil jedoch die vornehmlich auf westliche Demokratien eingeengten Begriffe nur schwerlich auf totalitäre Gesellschaftsordnungen angewendet werden können, will er die Begriffe Widerstand und Opposition in Abgrenzung zur traditionellen, auf das westliche Demokratiesystem ausgerichte-

188 S. Scholl, Aus ihrem 3. Flugblatt, München 1942
189 P. Hoffmann, Stauffenberg und der 20. Juli 1944, München 1998
190 I.-S. Kowalczuk, Verschiedene Welten. Zum Verhältnis von Opposition und „SED-Reformern" in den achtziger Jahren. In: Macht Ohnmacht Gegenmacht, Neubert/Eisenfeld [Hrsg.] Bremen 2001, S. 54

ten, Begriffsdefinition ausdrücklich synonym verwendet wissen. Dieser begrifflichen Einengung kann ich nicht folgen. Widerstand lässt sich nicht nur in der konkreten Situation bewerten oder synonym verwenden, sondern ist als Synapse zwischen Unterdrückern und Unterdrückten ein Wert an sich. Widerstand erwächst zunächst aus der Unzufriedenheit gegen die alltäglichen und die herrschenden Verhältnisse. Er ist ein kollektiver Prozess und entsteht dann, wenn die Konkurrenzkämpfe überwunden werden zugunsten von Kämpfen, die die herrschende Ordnung in Frage stellen: durch reale, effektiv mobilisierte Kräfte, die kollektiv und öffentlich zu agieren beginnen. Als Widerstand wird die Verweigerung des Gehorsams (passiver Widerstand) oder das aktive oppositionelle Handeln gegenüber der Obrigkeit oder der Regierung (aktiver Widerstand) bezeichnet. Dabei ist es zunächst von nachgeordneter Bedeutung, ob die Machthaber, gegen die Widerstand geleistet wird, die Herrschaft legal, legitim oder aber illegal ausüben. Der Widerständige wird den Widerstand immer anders bewerten als der, gegen den sich der Widerstand richtet. Letzterer aber ist in der Regel die „Obrigkeit", die gleichzeitig die Definitionsmacht über Recht und Gesetz innehat. Widerstand befindet sich entsprechend außerhalb der gesetzten Ordnung. Immerhin macht Kowalczuk klar, dass der Begriff „Opposition" mit Blick auf die Bürgerrechtler unzutreffend ist.

Widerständiges Verhalten befindet sich zu den drei Feldern Widerstehen, Widerspruch und Widerstand in einem Kontinuum. Auch die von ihm ausgemachten vier Grundtypen des Widerstands in der DDR-Geschichte gehen an der Obstruktionsrealität weit vorbei: 1. gesellschaftliche Verweigerung, 2. sozialer Protest, 3. politische Dissidenz, 4. Massenprotest. *„Diese vier Grundtypen des Widerstands sind miteinander verwoben."*[191] Das sind sie wohl, haben aber mit konkretem Widerstand, insbesondere einem gegen den SED-Staat gerichteten, nichts zu tun. Eine aristotelische Klassifikation kann den Widerstand nicht erklären und muss als Versuch erscheinen, die zunächst zaghaften Proteste der Bürgerrechtler nach den Massenfluchten des Sommers 1989 zu Widerstandsformen zu erhöhen. Widerstand lehnt eine totalitäre Herrschaftsform aus prinzipiellen Erwägungen ab. Die vier Grundtypen dagegen handelten im SED-Staat sämtlich systemimmanent. Selbst die Bezeichnung „Dissidenz" wird von „anders denken" zu einer Widerstandsform umdefiniert. Dabei ist sie ihr Ausgang. Der Begriff Widerstand wird seiner eigentlichen Bedeutung entkleidet und retardiert zu einer willkürlichen Begriffsdefinition. Das ist wie Pazifismus mit militärischer Abteilung. Es ist der wiederholte Versuch, reformsozialistische Kritik zum Träger eines Widerstands zu machen. Das ist eine Verfälschung der Geschichte!

Detlef Pollack betont hingegen die politische Bedeutungslosigkeit und die soziale Außenseiterrolle der Basisgruppierungen in der Bürgerbewegung und stellt sie in einen extremen Gegensatz zur Gesellschaft, beziehungsweise Bevölkerung.[192] Dies ist per definitionem unbestritten. Man kann hoffen, dass einem Leben in der Lüge nicht die Kultivierung der Lüge und ihre intellektuelle Subsumierung folgt, durch semantische Selbstverwirrung der Begriffe im se non é vero, é ben trovato,

191 Ders.
192 Vgl. D. Pollack, Politischer Protest. Politisch alternative Gruppen in der DDR, Berlin 2000, S. 205

wenn es nicht wahr ist, so ist es doch gut erfunden.[193] Widerstand wurde mit hohen und höchsten Zuchthausstrafen, sogar mit dem Tode bedroht. Widerständler waren Staatsfeinde. Sie wurden gefoltert und getötet, sogar im Ausland. Dissidenten wurden auch verfolgt. Ihre Bestrafung sollte abschrecken, aber nicht vernichten. Der BStU-Rechercheur Reinhard Buthmann bestätigt 2001: *„Widerstand leisteten jene, die Willkürentscheidungen des Staatsapparates nicht unwidersprochen hinnahmen, hinterfragten, ablehnten, ihre in der Verfassung der DDR zumindest schwammig formulierten Rechte einforderten, oder sich gänzlich verweigerten, die Widerstandkreise bildeten, Sabotage übten, sich widersetzten, flüchteten oder Fluchthilfe leisteten."*[194] Das galt gleichermaßen mit Hinweis auf die verschiedenen internationalen Pakte, insbesondere mit denen der Vereinten Nationen, wie auch der Schlussakte der Konferenz von Helsinki (KSZE) vom 1.8.1975. Bei konsequenter Haltung zog dies Repressionsmaßnahmen des Staates nach sich. Die Massenflucht vor Errichtung der Mauer und die anhaltende Fluchtbewegung danach waren Ausdruck aktiven Widerstands, der als „Abstimmung mit den Füßen" begriffen wurde. Ausreiseanträge bedeuteten eine öffentliche Totalabsage an die DDR.[195] Passiver Widerstand zeigte sich im Verborgenen, durch Verweigerung, Missachtung ideologisch motivierter Vorgaben und Betonung der eigenen Individualität. Oft genug hatte das Folgen im persönlichen oder beruflichen Leben. Kurt Tucholsky schreibt 1921: *„Nichts ist schwerer und nichts erfordert mehr Charakter, als sich im offenen Gegensatz zu seiner Zeit zu befinden und laut zu sagen: Nein."*[196]

Widerstand leistete auch mancher, der nicht oder nicht mehr im SED-Staat lebte. Geflüchtete und Freigekaufte bedienten sich der freien Medien, um ihre Stimme gegen die Unterdrücker zu erheben. Besonders die Fluchthilfe war der SED ein Stachel im Fleisch, traf sie doch mit ihr auf einen entschlossenen Gegner, dessen aktive Maßnahmen das SED-Regime destabilisierten. Das MfS beobachtete diese Art des Widerstandes sehr genau und traf wohl vorbereitete Gegenmaßnahmen bis hin zu „operativen Kampfmaßnahmen", deren Ziel die Zersetzung und Liquidierung von Widerständlern war. Tausende inoffizielle Mitarbeiter wurden im Westen auf Fluchthelfer angesetzt. Die Bildung einer Zentralen Koordinierungsgruppe unter der Leitung des stellvertretenden MfS-Ministers Gerhard Niebling unterstreicht, welche zentrale Bedeutung die SED gerade der Fluchthilfe als genuiner Widerstandshandlung beimaß. Konkrete „Kampfmaßnahmen" innerhalb und außerhalb der DDR gegen diese erklärten Staatsfeinde waren Ministervorlagen (Mielke). Sie wurden verfolgt, verschleppt, liquidiert und, sofern sie überlebten, traumatisiert und dauerhaft geschädigt. Durch angemessene finanzielle Entschädigung können die Folgen zwar gemindert, nicht aber beseitigt werden.

Heute gibt es im Rechtsbewusstsein zwei Klassen von Verfolgten: Das sind zum einen die, die Widerstand gegen Hitler und dessen nationalsozialistisches Regime

193 E. Neubert, Macht Ohnmacht Gegenmacht, Grundfragen zur politischen Gegnerschaft in der DDR, Bremen 2001, S. 388

194 Kontinuum widerständigen Verhaltens in: R. Buthmann, Widerständiges Verhalten und Feldtheorie, Bremen 2001 in: Neubert/Eisenfeld [Hrsg.] Macht Ohnmacht Gegenmacht, 2001, S. 117f

195 Ders., S. 382

196 K. Tucholsky in der WELTBÜHNE, 1921

standen. Stellvertretend seien hier Oberst Claus Schenk Graf von Stauffenberg, die Mitglieder der „Weißen Rose", der „Kreisauer Kreis", der Diplomat Fritz Kolbe und der Pfarrer Dietrich Bonhoeffer genannt, vor deren Mut ich mich verbeuge. Ihr Widerstand geschah aus Verantwortung und „brennendem Gewissen" für ein freies, gerechtes Deutschland. Im Bewusstsein der Deutschen hatte sich noch viele Jahre nach Kriegsende die Nazipropaganda von Stauffenberg als Verräter eingebrannt. Zwanzig Jahre nach dem Zweiten Weltkrieg wurde Stauffenberg, der in Wahrheit von der Wehrmacht verraten wurde, von der Politik als Mann des Gewissens und des Widerstands instrumentalisiert, um die Rückkehr der Bundesrepublik in die Völkergemeinschaft zu beschleunigen, und um die Bundeswehr in dieser neuen Tradition zu legitimieren. Der Name Stauffenberg sollte zeigen: Deutschland hat auch ein Gewissen. Erst ab 1984 wurde der Widerstand gegen den NS-Staat geehrt. Zum anderen sind es die Verfolgten der SED-Diktatur. Zwanzig Jahre nach dem Ende der DDR sind sie aus dem Blickfeld der Gesellschaft verschwunden. Ihren Widerstand, ihr Gewissen eigneten sich jene an, die bis zum Schluss an die Idee des Sozialismus glaubten.

7. Die Verfolgten der SED

Der Widerstand gegen die kommunistische Gewaltherrschaft unter Ulbricht und Honecker rettete ein zweites Mal die Ehre von 17 Millionen Deutschen. Die Erfahrung aus der Geschichte lehrt, dass die Erinnerung an sie ebenfalls Jahrzehnte dauern wird. Dabei bildeten bereits in der Frühzeit der DDR antitotalitäre Haltungen und der Mut zur Wahrheit ein wichtiges Motiv für den Widerstand gegen die SED. Erinnert sei an die zwanzig Schüler der Oberschule in Pößneck, die 1952/54 nicht aus der Jungen Gemeinde austreten wollten, der Schule verwiesen und fünf Lehrer entlassen worden waren. Ein Zeugnis dafür, wie die damals gerade zu Ende gegangenen „braunen" Gleichschaltungsmethoden auf Schüler angewandt wurden, um sie für das nächste System gefügig zu machen. Zwei der bekanntesten Gruppen wie der „Eisenberger Kreis"[197] und die vier Schüler aus Altenburg,[198] die unmittelbar an die Tradition des Widerstands gegen das NS-Regime anknüpften, will ich nennen.

Am Abend des 20. Dezember 1949 versammeln sich in Altenburg die vier Oberschüler Ulrich Brodel, Ulf Uhlig, Joachim Näther und Gerhard Schmale. Sie gehören einem oppositionellen Zirkel in ihrer Schule an. Für diesen Abend planen sie eine wagemutige Aktion – eine illegale Radiosendung aus Anlass des 70. Geburtstages von Josef Stalin. Pünktlich zur Festansprache von DDR-Präsident Wilhelm Pieck beginnen die vier Schüler mit ihrem selbst gebastelten Sender ein eigenes Programm: im Gegensatz zu den öffentlichen Lobpreisungen bezeichnen sie Stalin als „Massenmörder" und „Diktator" und beschuldigen ihn, Millionen Unschuldige im

---

197 P. von zur Mühlen, Der „Eisenberger Kreis". Jugendwiderstand und Verfolgung in der DDR 1953-1958, 1995, S. 63

198 4 Schüler gegen Stalin – Eine Nachkriegsgeschichte aus Altenburg, Buch zum Film, Düsseldorf 2007

GULAG umgebracht zu haben. Auch in der DDR, so ihre Botschaft, säßen zehntausende Unschuldige in den vom russischen Geheimdienst NKWD wieder genutzten ehemaligen Konzentrationslagern ein. Im März 1950, drei Monate nach der Radiosendung, kommt die Staatssicherheit auf die Spur der vier Schüler. Sie werden verhaftet und erhalten in einem Geheimprozess in Weimar von einem russischen Militärgericht langjährige Haftstrafen. Joachim Näther, der intellektuelle Kopf der Gruppe, wird zum Tod durch Erschießen verurteilt. Erst 1997 konnte sein Schicksal geklärt werden. Er war 1950 in Moskau hingerichtet und auf dem Donskoje-Friedhof verscharrt worden.

„Wir fordern Freiheit“ – mit dieser heimlich in der Nacht angebrachten Losung auf Mauern und Hauswänden protestieren Oberschüler aus dem thüringischen Eisenberg gegen die Unterdrückung in der DDR. Die Jugendlichen finden sich 1953 nach dem Schulausschluss von Mitgliedern der Jungen Gemeinde – der Jugendorganisation der evangelischen Kirchen – zusammen, um über Aktionen gegen die SED-Willkür an ihrer Schule nachzudenken. Dies ist die Geburtsstunde einer Widerstandsgruppe. Die „Eisenberger“, denen sich Lehrlinge und Studenten aus dem nahe gelegenen Jena anschließen, entfernen rote Fahnen und SED-Transparente, verteilen antikommunistische Plakate und Flugblätter – immer in der Gefahr, entdeckt und hart bestraft zu werden. 1954 protestieren sie mit einem Boykottaufruf gegen die Volkskammerwahl. Ihre spektakulärste Tat ist ein Brandanschlag gegen den Schießstand der Gesellschaft für Sport und Technik (GST) im Januar 1956, mit dem sie gegen die bevorstehende Bildung der Nationalen Volksarmee (NVA) und die wachsende Militarisierung der Gesellschaft ein Zeichen setzen wollen. 1957 verrät ein Spitzel des MfS die Widerstandsgruppe. Im Herbst 1958 verurteilt das Bezirksgericht Gera 24 Angeklagte zu insgesamt 114 Jahren Zuchthaus. Nach der Haftentlassung gelingt einigen die Flucht in den Westen, andere bleiben in der DDR und sind dort bis zum Zusammenbruch des Staates Bespitzelungen und Schikanen ausgesetzt. Die drei Hauptangeklagten mit den längsten Freiheitsstrafen werden von der Bundesrepublik freigekauft.

Im Juni 1953 hatte das SED-Regime die Normen für die zu erbringenden Arbeitsleistungen der Bauarbeiter erhöht und damit den Bogen überspannt. Nach ersten Arbeitsniederlegungen am 15. Juni brach am 17. Juni 1953 der Volksaufstand aus. Zuerst in Berlin, ehe er auf die Bezirke der DDR übergriff. Parteihäuser gingen in Flammen auf. Haftanstalten wurden gestürmt und politische Gefangene befreit. Einige Volkspolizisten warfen demonstrativ ihre Uniformjacken weg und mischten sich unter die tausenden Demonstranten. Die verhasste rote Fahne wurde in einer spektakulären Aktion unter Lebensgefahr vom Brandenburger Tor herunter geholt.

Noch am gleichen Tag, um 13.00 Uhr, verhängte die sowjetische Militärkommandantur den Ausnahmezustand und das Standrecht über Ost-Berlin und 167 der 217 Stadt- und Landkreise der DDR. Innerhalb weniger Stunden schlug die sowjetische Besatzungsarmee mit Panzern und brutaler Gewalt den Volksaufstand nieder. Mindestens 125 Menschen wurden erschossen oder hingerichtet, darunter 41 Sowjetsoldaten, die sich weigerten, auf Deutsche zu schießen. Nach dem 17. Juni wurden rund 25.000 Deutsche aus Ost und West verhaftet und zu teils hohen Haftstrafen verurteilt. Die wirkungsvollste Abwehr gegen Gegner und Staatsfeinde war

Mord. Am Ausmaß der operativen und logistischen Teilhabe wird der Umfang der Mittäterschaft der HVA, am Beispiel des Mordkomplotts im ZOV ‚Skorpion' gegen mich sichtbar. Der im „Operationsgebiet Bundesrepublik" tätige Haack, alias IMF „Alfons", platzierte 1979 in meinem, für ihn zugänglichen Fahrzeug einen Sprengsatz, dessen Zündmechanismus so eingestellt war, dass dieser erst bei einer höheren Geschwindigkeit explodierte. Der Sprengsatz sollte nicht töten, sondern das Fahrzeug außer Kontrolle bringen. Ich sollte an den Folgen eines „Unfalls" sterben. Tatsächlich überlebte ich diesen ersten Mordanschlag, wenn auch verletzt.[199] 1980 wurde ich durch den IM „Alfons" nach England gelockt. In der Nähe Londons wartete ein Scharfschütze auf mich. Die Ankunft und das zeitlich vermutete Passieren des geplanten Tatortes teilte der IM seinem Führungsoffizier in Ostberlin verschlüsselt mit. Als das von mir gesteuerte Fahrzeug auf der englischen Autobahn M5 in Schussweite geriet, feuerte ein Scharfschütze auf mich. Er verfehlte sein Ziel. Dieser Auslandseinsatz des MfS in einem NATO-Land wie Großbritannien konnte nicht ohne Wissen der HVA, sondern nur mit deren operativer, logistischer und personeller Unterstützung stattfinden.[200]

In England, wie in anderen NATO-Staaten, waren etliche Agenten für die HVA tätig. Robin Pearson, heute Dozent an der University of Hull, spionierte 1980 als IM „Armin" in England für die HVA. Er wurde anlässlich eines Gaststudiums an der Karl-Marx-Universität Leipzig von der HVA durch Bernhard Kartheus, seinem späteren FO, angeworben, und bis November 1989 für das MfS tätig.[201] Unklar ist, ob und wie er in dieses oder andere Attentate involviert war. Nach Lage der Dinge überschritten die Vorbereitungen dieses Anschlages das Ausmaß sonst üblicher Vorgehensweisen im „Operationsgebiet" erheblich. Aussagen der Führungsoffiziere im Prozess gegen den gedungenen Mörder Haack bestätigen diese Annahme.

Weder die beiden britischen Dienste MI5 und MI6, auf dessen Staatsgebiet sich Vorbereitung und Anschlag abspielten, noch die beiden französischen Dienste DGSE und DST, durch deren Staatsgebiet die Attentäter reisten und sich telefonisch in Ostberlin (!) meldeten, hatten etwas bemerkt. Handvermittelte Gespräche nach Ostberlin mussten angemeldet werden. Im Juli 2005 versagte der MI6 ein weiteres Mal, als er einen mutmaßlichen Drahtzieher und Al Kaida-Aktivisten nach England einreisen ließ, ohne ihn zu observieren. Nur Stunden vor dem Selbstmord-Anschlag von London verließ der Mann eilends das Königreich.[202]

Bei der Durchsetzung seiner Ziele unter konspirativen Umständen konnte sich das MfS auf die logistische Sachkompetenz seiner Außenabteilung HVA und deren sorgfältige Vorbereitung stets verlassen. Doch die Mörder gaben nach dem gescheiterten Anschlag nicht auf. Von Hass getrieben, wollten sie Rache üben.[203] Für das MfS war Rache ein starkes Motiv. Im darauf folgenden Jahr wurde ich vom IM „Alfons" nach Israel gelockt. Dort vergiftete er mich und meine Familie. Auch diesen Anschlag überlebte ich, schwer verletzt. Dieter Voigt schreibt: *„In den streng*

199 P. Haack, ZERV, UHA Berlin 1997, Welsch 2006
200 D. Voigt, 1996, Haack, Aussagen bei ZERV 1996
201 BBC-TV, 2005
202 WamS vom 17.7.2005
203 Bearbeitungskonzeption zum ZOV „Skorpion" XV/3359/74, Welsch 2006

geheimen A- und B-Dissertationen der Juristischen Hochschule des MfS nimmt die Bekämpfung der DDR-Flucht – und in diesem Rahmen auch die Ermordung von Fluchthelfern breiten Raum ein. Den erfolgreichen Fluchthelfer Wolfgang Welsch lockte man durch einen IMF des MfS in der ‚Operation Skorpion' nach Israel, wo ihm eine mehrfach tödliche Dosis Thallium in eine Speise gemischt wurde, ohne Rücksicht auf andere Teilnehmer des Essens, weil die SED-Geheimpolizei ihn hasste und es ihnen nicht gelang, Welsch aus der Bundesrepublik zu entführen."[204] Diese Operation war die bislang längste und rigideste, bei der auch meine damals siebenjährige Tochter vergiftet wurde. Nie zuvor wurde ein derartiger Aufwand an operativer Planung, Logistik und Mitarbeitern betrieben. Israel war, in Absprache mit dem Chef der HVA, Wolf, der persönliche Kontakte aus früherer Zeit zu seinen Agenten in Israel hatte und diese pflegte, ein wohlüberlegter Tatort. Das Krisengebiet im Nahen Osten schien zur Tarnung einer Mordoperation ideal. Nach dem Fall der Diktatur reiste Wolf 1996 auf Einladung der Zeitung „Maariv" nach Israel, wo er alte Verbindungen wieder aufnahm. Sein Wissen um dieses und andere Attentate bestritt er bis zu seinem Tod 2006. Nicht ganz frei nach Villon, dichtete der große Plagiator Brecht passend: „Man schlage ihnen ihre Fressen/mit schweren Eisenhämmern ein./Im Übrigen will ich vergessen/und bitte Sie mir zu verzeih'n!"[205] Der Mordanschlag in Israel geschah nur drei Monate nach dem, vermutlich von Breschnew befohlenen und vom KGB inszenierten Mordanschlag gegen Papst Johannes Paul II., im Mai 1981. Moskau ahnte die tödliche Gefahr durch den Polen in Rom.[206] Die Tschekisten des MfS hatten sich nicht nur geschworen, ihre Feinde und Gegner zu vernichten, sondern auch die SED-Herrschaft unter Einsatz ihres Lebens zu verteidigen. Doch statt eine, in Partei-Kampfliedern oft besungene, letzte Schlacht zu schlagen, versagte die gefürchtete Geheimpolizei kläglich. Die Waffen fielen ihnen schon vorher aus der Hand. Ihr Versuch, die Flucht tausender DDR-Bürger im Sommer 1989 über Ungarn, Polen und die Tschechoslowakei aufzuhalten, misslang ebenso, wie das Aufhalten der darauf folgenden Erosion im Innern. Selbstbestimmung und Freiheit ließen sich auf Dauer nicht aufhalten. In diesem Fall stimmten die groß-politischen Koordinaten mit dem erwachten Selbstbewusstsein der Menschen überein. Im gesamten Ostblock gärte ein Prozess, an dessen Spitze sich ausgerechnet die Sowjetunion mit Michail Gorbatschow gestellt hatte. So bekam die Formel „von der Sowjetunion lernen heißt siegen lernen" eine besonders ironische Bedeutung. Gorbatschow war Mitte der 80er Jahre angetreten, um die technologisch und militärisch vom Westen weit abgeschlagene Sowjetunion über die Zeiten hinwegzuretten. Anstelle der apparativen und planwirtschaftlichen Erstarrung sollten Glasnost und Perestroika treten. Er glaubte, den Sozialismus „vermenschlichen" zu können.[207] Doch die damit freigesetzten Kräfte, die nach Verwirklichung der Menschenrechte und nationaler Selbstbestimmung strebten, brachen sich nun Bahn. Nirgends manifestierte sich das eindrucksvoller als im geteil-

204 D. Voigt 1996, Sandmeyer, Lambrecht, Müller 1993
205 B. Brecht nach François Villon in der ‚Dreigroschenoper'
206 Paolo Guzzanti, Rom 2006
207 Vgl. A. Jakowlew, Ein Jahrhundert der Gewalt, Berlin 2004

ten Berlin, wo Abertausende die Mauer niederrissen. Mielke hätte nur zu gerne auf das Volk schießen lassen um die Macht zu erhalten, die ihn hochspülte. So sind seine Worte zu verstehen: „Hätte die Partei mir den Auftrag gegeben, dann gäbe es die DDR vielleicht noch heute. Darauf können sie sich verlassen." Das Ende des MfS spielte sich dann aber auf den Treppen seiner Verwaltungsgebäude ab, wo im Winter 1989 die Mitarbeiter stundenlang auf ihre Entlassungspapiere warten mussten. Die Verfolgten werden die Schreckensherrschaft niemals vergessen. Schon die menschenverachtende Sprache des MfS erzeugt Ekel. Deshalb plädiere ich gegen ein kollektives Verdrängen der Vergangenheit und für ein Erkennen des Gewesenen. Dazu gehört, die hinterlassenen Akten aufzublättern und offen zu halten. Der Finger muss auf der Wunde bleiben. Vor der Heilbehandlung steht die Diagnose. Und davor die Anamnese. Ihr sollte die Restitution folgen. Die ist bisher nichts anderes als die Verlagerung von Unterstützungsleistungen für sozial Schwache von der einen auf eine andere Behörde. Eine Anerkennung für die Verfolgten ist das definitiv nicht. Schlimmer noch, ein darin enthaltenes Junktim zwischen sozialer Bedürftigkeit und Anspruch, macht das gesamte Vorhaben zu einer Beleidigung der Widerständler und Gewaltopfer. Verfolgte wollen nicht über Armut oder Einkommensgrenzen definiert werden, sondern über die Anerkennung ihres Eintretens für Recht und Demokratie. Abgesehen von der Missachtung all jener, die aufgrund ihres Einkommens von dieser „Ehrung" ausgeschlossen sind oder das „Pech" hatten, weniger als sechs Monate inhaftiert gewesen zu sein, oder „nur" schulisch, beruflich oder psychisch drangsaliert worden zu sein. Im Gegensatz dazu wurden für die sogenannte „Zusatz- und Sonderversorgung" aus SED-Zeiten für die SED-Nomenklatura und Feinde der Demokratie (Parteisekretäre, Direktoren, Ministeriumsmitarbeiter, Professoren, Volkspolizei, Zoll, MfS und andere) Milliarden-Euro-Zahlungen durch bundesdeutsche Behörden getätigt. Das sind summa summarum über 20 Milliarden Euro für Täter und Mitläufer des SED-Staates.[208]

Der demonstrative Geiz, die Hinhaltetaktik, die Geschichtsvergessenheit mit Blick auf die Verfolgten sind beschämend. Fortgesetztes Unrecht ist, wenn die Politik sich nicht auf eine angemessene Opferpension einigt. Hier wiederholt sich die Geschichte. Auch die Täter und Mitläufer des NS-Staates bekamen vom gerade gegründeten Rechtsstaat Bundesrepublik anstandslos Renten und Pensionen. „Deutschland behandelt die Verfolgten als Störenfriede. So war es, als man KZ-Überlebende ermahnte, ihre Ansprüche auf Entschädigung dem Wiederaufbau unterzuordnen. So war es nach dem Mauerfall, als man politisch Verfolgte bezichtigte, durch ihre Forderung einer Ehrenpension den Aufbau Ost zu gefährden."[209]

Diese Analogie erhellt die Unfähigkeit der Demokratie, mit dem Unrecht von Diktaturen angemessen umzugehen. Selbst auf die von allen Sachverständigen geforderte Vermutungsregelung bei Gesundheitsschäden in Folge einer Inhaftierung hatte die Koalition verzichtet. Die geringschätzigen Reaktionen der Politiker auf den Protest der Betroffenen geben Letzteren Recht. Wir betrügen uns selbst, wenn

208 Schreiben des parlamentarischen Staatssekretärs des BMA, Fritz Thönnes, an das Bautzen-Forum vom 27.2.2007).

209 DIE ZEIT, vom 24.5.2007, S. 45

wir meinen, der Lauf der Geschichte würde alles regeln. Gutgläubiges Abwarten kann verhängnisvoll werden. Das friedliche Ende der Geschichte kommt nicht von selbst. Auch wenn jetzt noch eine Ungleichbehandlung der Opfer beider Terrorsysteme auf deutschem Boden erkennbar ist, muss dennoch mit Nachdruck auf Gleichbehandlung der Verfolgten gedrängt werden. Denn Wirkung von Terror und Haft hinterlassen bei Opfern beider Diktaturen die gleichen, verheerenden Spuren. Eine Form der Gleichbehandlung beschreibt Rolf Lamprecht in der Süddeutschen Zeitung: *„Ebenso wie in einigen Fällen des Widerstands gegen das NS-Regime, hat der BGH in Fällen des Widerstands gegen das SED-Regime argumentiert, dass man sich gefälligst, weil man ja die Verhältnisse in der DDR gekannt habe, so zu verhalten habe, dass man nicht bestraft werde. Diese Form der Aufarbeitung des Unrechts kann so oder so nur von dissoziativen Juristen exekutiert worden sein. Sie kommt aus der Sicht des angepassten Untertanen, der auch im demokratischen Rechtsstaat nicht ausgestorben ist.“*[210] Diese Juristen, deren Ausbildung in der Bundesrepublik erfolgte, kennen nur deren politische Wirklichkeit und deren Recht. Artikel 20 Grundgesetz scheint nicht zum Instrumentarium ihrer Rechtswirklichkeit zu gehören. Was nutzen die Bücher von Hannah Arendt über den Totalitarismus, was nutzen die klassischen Schilderungen der Unterdrückung George Orwells und Milovan Djilas, wenn sie von Juristen nicht zur Kenntnis genommen werden. Der frühere Bundespräsident Roman Herzog hat dagegen in einer Ansprache am 23. Juni 1998 vor verschiedenen Opferverbänden und Bürgerrechtsgruppen erklärt: *„Wer in der Zeit der Diktatur dem Ruf des Gewissens folgte und dem Unrecht widerstand, ist heute moralisch in besonderer Weise legitimiert, sich in unsere Gesellschaft einzubringen.“*[211] Die politischen Voraussetzungen hierzu sind allerdings gleich Null. Tatsächlich besteht kein oder nur ein geringes Interesse, den Widerstand in das Bewusstsein der Öffentlichkeit zu rücken und angemessen zu würdigen. Damit wird er seiner eigentlichen Verdienste für das Land beraubt. Stattdessen hört man von den Tätern, die nur das Beste wollten. Vergessen wird dabei, dass gute Absicht in der Politik nicht ausreicht.

8. Widerstand in der historischen Betrachtung

Während der Widerstand gegen das NS-Regime breit gefächert war, getragen von Männern und Frauen aus allen sozialen Schichten und politischen Lagern, von passiver Resistenz und non-konformen Verhalten bis zu Emigration und Attentats- bzw. Umsturzversuchen reichte, wird der Begriff der DDR-Opposition heute in verschiedener Weise irreführend benutzt. Sehr heterogene Strömungen werden darunter zusammengefasst, zuweilen unter dem schwammigen, nicht näher definierten Oberbegriff „Widerstand“. Die Ziele dieser Gruppen waren sehr unterschiedlich. Meist wurde ein demokratischer Sozialismus angestrebt. Eine Staatsform, die es

210 R. Lamprecht, „Was die Robe verhüllt“ in: SÜDDEUTSCHE ZEITUNG vom 8.1.2000

211 Zit. aus der Rede Roman Herzogs: „Wer über sich nachdenkt, muss eine ausgestreckte Hand vorfinden“, in: FRANKFURTER RUNDSCHAU Nr.151 vom 3.7.1998, S. 22

nie gab und nicht gibt. Tatsächlich handelte es sich dabei überwiegend um kosmetische Systemkritik, Kritik an einigen, als negativ empfundenen Begleitumständen einer generell sozialistischen Staatsform. Unter Widerstand kann dagegen alles Tun und Lassen verstanden werden, das den Aufbau, die Konsolidierung und die Aufrechterhaltung der SED-Diktatur behinderte. Die Bürgerrechtler traten für eine Reformierung der DDR ein und mussten dafür Überwachung, Zersetzung und Repressionen wie Haft und Ausbürgerung durch das Ministerium für Staatssicherheit in Kauf nehmen. Die Träger des Widerstands setzten ihre Existenz, oftmals ihr Leben, in den meisten Fällen Gesundheit und langjährigen Verlust ihrer Freiheit ein.

Nationalsozialismus und Kommunismus gleichen sich zumindest in dem Punkt, als beide einen neuen Menschen wollten und zu diesem Zwecke gewalttätig wurden. Ob braun oder rot: Es galt das „Führerwort". Die Priester an der Spitze der braunen und roten Bataillone bestimmten, was Recht und Unrecht, Gut und Böse war. Recht hatte, wer die Macht hatte – vor 1945 und danach im SED-Staat. Daher ist durchaus gerechtfertigt, beider Untaten miteinander zu vergleichen, wobei ausschließliche Zahlenvergleiche wenig hilfreich sind. Das ist keineswegs eine Relativierung des Nationalsozialismus. Darauf komme ich noch zurück. Die Linke und darüber hinaus jene, die bislang die Augen vor den kommunistischen Verbrechen verschlossen haben, hätten die Wahrheit über den SED-Staat erfahren können, ohne zu den verbotenen Büchern von Bloch, Adorno, Jaspers, Heidegger, Weber, Leonhardt, Arendt, Orwell, Huxley und andere greifen zu müssen. Ganz im Gegenteil, denn die kommunistischen Verbrechen wurden als revolutionäre Taten im Kampf gegen den weltweiten Klassenfeind durchaus öffentlich propagiert und als Vorbild einer breiten Leserschaft angepriesen. Lenin hatte sich 1901 in der Schrift „Womit beginnen?" zum Terror bekannt, den er als „Kampfhandlung" bezeichnete, der nicht nur angebracht, sondern „sogar notwendig sein kann."[212] Aus diesem Bekenntnis, von Stalin zur Normalität erhoben, entwickelte sich der stalinistische Massenmord. Ungeachtet dessen zählt Lenins makabres Moskauer Leichenschauhaus heute zum Unesco-Weltkulturerbe!

Die Untaten, die auf das Konto Ulbrichts und Honeckers gehen, richteten sich fast ausschließlich gegen die eigenen Bürger und erreichten nie dieselbe historische Tatschwere wie Millionen Kriegstoter und Ermordeter in über zwanzig Ländern. Die Abermillionen Toten des sowjet-kommunistischen Systems ausgenommen. Einem Opfer ist es egal, im Namen welcher Ideologie es leiden oder sterben müsse. Sie unterscheiden nicht zwischen persönlicher Diktatur-Erfahrung und wissenschaftlicher Diktaturanalyse. Sie lehnen eine Hierarchisierung ab. Kommunismus war immer mit Terror verbunden, und der richtete sich auch gegen die eigenen Anhänger. Im gesamten Herrschaftsgebiet schreckte man nicht vor physischer und psychischer Folter zurück. Stalin ließ ganze Menschengruppen wegen ihrer sozialen Zugehörigkeit ermorden. Ein Vergleich zum Rassenmord drängt sich unwillkürlich auf. Die Probleme der Linken bei der selektiven Wahrnehmung dieser Vergangenheit sind darum Ausdruck ihrer eigenen ideologischen Gefangenschaft. Die Geschichte der DDR ist eine Geschichte der Repression. Es ist legitim, sie vor allem

212 W.I. Lenin, Werke; St. Petersburg 1901, S. 7

unter dem Gesichtspunkt der von der SED verübten Verbrechen abzubilden. Im Westen konnte sich kaum jemand den Zerfall des kommunistischen Lagers vorstellen. Im Gegenteil. Man tat alles, dieses Lager zu erhalten. Egon Bahr und die Apologeten der „Neuen Ostpolitik" sind auf ihre Leistungen stolz, die nichts anderes darstellten, als einen Kniefall vor dem stalinistischen Terror. Sie hätten sich über die Wechselwirkung von Macht und Gewalt, über das Wesen totaler Herrschaft kundig machen können. Aus dem Nichtwissenwollen erwuchs ihre Appeasement-Politk. In den achtziger Jahren gehörte es zum guten Ton bundesdeutscher Linker, respektvoll in die DDR hinüberzuschauen, wo man eine wahre Friedenspolitik, einen konsequenten Antifaschismus und die Einheit von Wirtschafts- und Sozialpolitik verwirklicht zu haben schien. Die ernüchternde DDR-Wirklichkeit auszusprechen galt unter linken SPD-Genossen als reaktionär und schädlich für die Entspannungspolitik, seitdem Egon Bahrs Prinzip des „Wandel durch Annäherung" beider deutscher Staaten zur bloßen Anbiederung an die SED verkommen war.[213] Inzwischen räumt Bahr ein, man habe wohl zu sehr auf die Staatsführungen des Warschauer Paktes gesetzt statt auf die osteuropäischen Oppositionsbewegungen. Seine vorgedachte „Friedenspolitik" war mitverantwortlich für die Aufrechterhaltung der Teilung Deutschlands. Zahlreich sind auch die Zeugnisse Lafontainescher Wertschätzung für seinen saarländischen Landsmann Honecker. Mitte der achtziger Jahre machte er sich ohne Wenn und Aber Honeckers Forderung nach Anerkennung der DDR-Staatsbürgerschaft zu eigen. Als konsequenten Vollstrecker des damaligen Zeitgeistes kümmerte es ihn wenig, dass er sich damit nicht nur über das Grundgesetz hinwegsetzte, sondern auch über die freie Entscheidungsmöglichkeit von 17 Millionen Deutschen in der DDR. Dass er mit seiner Separatpolitik, zu der neben der Staatsbürgerschaftsfrage auch Propaganda für eine einseitige Abrüstung des Westens gehörte, zum Kollaborateur Honeckers wurde, schien er nicht zu bemerken oder es war ihm gleichgültig.

Der geostrategische Analyst der „Zeit", zugleich deren Chefredakteur, Theo Sommer, schrieb 1986, wenige Jahre vor dem Fall der Mauer, in völliger Verkennung der Lage, auf seiner ZEIT-Reise durch den SED-Staat, dass die Menschen in der DDR ihren Frieden mit dem Regime gemacht hätten. *„Darauf führe ich auch die gewachsene Souveränität der DDR-Bürger zurück."*[214] Sommers Veröffentlichung lässt den Schluss zu, dass er in die Rolle eines SED-Agitators geschlüpft ist. Ein Ergebnis „aktiver Maßnahmen" des MfS.

Was sich seit den Augusttagen 1989 eruptiv in der Prager Botschaft und auf den Straßen der DDR entlud, hatte sich ja unter der Oberfläche jahrelang angestaut.[215] Der Hauptabteilungsleiter Presse im DDR-Außenministerium, Wolfgang Meyer, fertigte dazu eine detaillierte Analyse für das Politbüromitglied Joachim Herrmann. Unter dem Strich wertete er den Sommer-Text als „einen gelungenen Beitrag zur Beeinflussung der öffentlichen Meinung in der Bundesrepublik im Sinne der SED." Dem kann ich nicht widersprechen. Aus Theo, dem Hitlerjungen, war ein Konsens-

213 R. Reuth, Das Komplott, München 1993
214 Th. Sommer in: DIE ZEIT, 1986
215 FRANKFURTER RUNDSCHAU vom 31.5.1990

Journalist im Leninschen Sinn geworden. Ein anderer politischer „Kenner" der DDR, der PDS/Linke-Chef Oskar Lafontaine, diagnostizierte nur ein Jahr später: „Die DDR ist unter Erich Honecker ein wirtschaftlich leistungsfähiger, innenpolitisch stabiler und außenpolitisch selbstbewusster Staat geworden [...]. Der relative Wohlstand, den die DDR in der Ära Honecker erreichte, hat es ihren Bewohnern leichter gemacht, sich mit ihrem Staat zu arrangieren." Und im August 1990 befand er: „Die DDR war, bis die Mauer fiel, ein führendes Industrieland." Da hätte es der Experte von der Saar durch die Autopsie des Verblichenen besser wissen können. Auch die systemimmanent recherchierenden westdeutschen DDR-Spezialisten, denen das heute wieder gängige Adjektiv „totalitär" in Verbindung mit dem SED-Regime als Sakrileg und Rückfall in die Sprache des Kalten Krieges vorkam, hatten keinen geringen Anteil an der beschwichtigenden und verschweigenden DDR-Berichterstattung.[216] Diese offenkundige Unkenntnis von Mechanismen und Wirkungen einer Diktatur, ihr Leugnen und ihre politische Fehleinschätzung teilte Sommer mit vielen Politikern und politischen Auguren. Ausgerechnet in Deutschland war man blind und gehörlos gegenüber und wollte das Zusammenbrechen des Systems nicht wahrnehmen, das sich unter der scheinbar ruhigen Oberfläche längst vollzog. Als die Marxismusforscherin Gesine Schwan dem damaligen SPD-Vorsitzenden Willy Brandt vorwarf, die Ostblock-Diktatoren zu hofieren, verbannte sie die SPD 1984 aus der Grundwertekommission. „Der Spiegel" schrieb: „Einmalig in der SPD-Geschichte."[217]

In einer zukünftigen Diskussion wird die Auseinandersetzung über die Sozialismushoffnungen der Bürgerbewegung kaum bedeutsam sein. Entscheidend für die Ausgestaltung der Demokratie ist die grundlegende Bedeutung von Widerstand für das politische Bewusstsein der Deutschen. Hier sollten das Gefühl für die Gefährdung des Rechtsstaates und die Erkenntnis bleiben, dass jedes Volk bei Verletzung elementarer Menschenrechte zum Widerstand aufgerufen ist.[218] Der geschichtspolitische Ausnahmezustand nach dem historischen Ausnahmezustand des „Dritten Reiches" geht zu Ende. Warum beobachten wir schon jetzt die Entdramatisierung der Vergangenheitsbewältigung bei der Aufarbeitung der SED-Diktatur? Der Staats- und Gesellschaftsumbruch von 1989/90 brachte für die ostdeutsche Bevölkerung die Erkenntnis, jahrzehntelang belogen worden zu sein. Die Auseinandersetzung mit dem überwundenen System, die im Westen nach 1945 Jahrzehnte dauerte, lief im Zeitraffer ab: Halbherzige Strafverfolgung der SED-Verbrechen; folgenlose Enttarnung der ärgsten Stasi-Funktionäre, Enthüllungen über Staatsdoping oder die Zersetzung und Liquidierung von Staatsfeinden – all das und noch viel mehr wurde jahrelang von zwei Enquête-Kommissionen des Deutschen Bundestages öffentlich ausgebreitet und in 32 Bänden festgeschrieben. Für die Allgemeinheit scheint der sowjetisch-deutsche Sozialismus-Versuch genügend ausgeleuchtet. Für die Verfolgten ist dies keineswegs der Fall. Die SED-Nachfolgepartei „Die Linke" verfügt

216 Vgl. G. Holzweißig, Die schärfste Waffe der Partei. Eine Mediengeschichte der DDR, Köln 2002
217 DER SPIEGEL 11/2004
218 R. Eckert, Widerstand und Opposition; ders.: Die Widerstandsforschung über die NS-Zeit – ein methodisches Beispiel für die Erforschung widerständigen Verhaltens in der DDR, in: Geschichte in Wissenschaft und Unterricht 46. In: Materialien der Enquête-Kommission

über ein Wählerpotential das es gestattet, als Volksvertreter in die Parlamente des demokratischen Staates einzuziehen und die Systemfrage zu stellen. Eine solche Entwicklung löst nur noch bescheidenen Aufruhr in den Medien aus.

Die Auseinandersetzung mit dem Staatssozialismus war nur theoretisch eine gesamtdeutsche Aufgabe. Die westdeutsche Friedensbewegung, vormals von SED-Propagandisten, ihrer alimentierten DKP, und Linken aller Couleur unterwandert, agierte höchst einseitig unter Ausnutzung der Friedenssehnsucht der Menschen. Pazifismus als Deckmantel.[219] Zu keiner Zeit hat sie die Sowjetunion mit einer auch nur annähernd vergleichbaren Leidenschaft kritisiert und verurteilt, wie die USA. Schon deshalb konnte sie der zugespitzten Äußerung Heiner Geißlers außer Empörung nichts entgegensetzen als der postulierte: „Der Pazifismus der dreißiger Jahre unterscheidet sich in seiner gesinnungsethischen Begründung nur wenig von dem, was wir in der Begründung des heutigen Pazifismus zur Kenntnis zu nehmen haben. Dieser Pazifismus der dreißiger Jahre hat Auschwitz erst möglich gemacht." Heute dämmert es manchem Ex-Pazifisten, Teilnehmern von Schriftstellerkongressen und Friedenskonferenzen, dass Geißler so unrecht nicht hatte. Es gibt historische Situationen, in denen Imperative des Friedens und der Menschenrechte, der Gewaltfreiheit und des Kampfes für die Freiheit nicht gleichzeitig zu erfüllen sind. Widerstand gegen Totalitarismus und Staatsterror ist ein elementares Recht für alle Menschen. Warum die Gleichgültigkeit der Betroffenen, die Lügen der Täter? Lipson diagnostiziert: Die Verdrehungen der Wirklichkeit dienen dem Schutz des eigenen Ichs, des eigenen Selbstgefühls, vor schroffen Entwertungen.[220] Die Täter können ihren Opfern nicht verzeihen, was sie ihnen antaten.

---

219 J. Maruhn, M. Wilke[Hrsg.], Die verführte Friedensbewegung: der Einfluss des Ostens auf die Nachrüstungsdebatte, 2002

220 Ch. Lipson, Denial and Mourning, in: Int. J. of Psycho-Analysis, 1963, S. 104, S. Freud: Trauer und Melancholie, Werke X, 430

III. MARXISMUS – EINE ERSATZRELIGION

Mit einem Wort, ganz hass' ich all' und jeden Gott.
Bekenntnis des Prometheus, zit. bei K. Marx,
letzte Seite seiner Dissertation von 1841

1. Die neue Kirche des Hasses

Wer nach den Grundlagen der „sozialistischen DDR" sucht, nach den Wurzeln seiner rigiden Unversöhnlichkeit forscht, findet sie in der marxistischen Ideologie des Klassenkampfes. Die neuen Heiligen der marxistisch-leninistischen Theokratie, Lenin und Stalin, gewährten Ablass dem, der an sie glaubte, sich ihnen hingab. Sie versprachen das Paradies auf Erden. Der „wissenschaftliche Sozialismus" wurde zum Heilsversprechen. Hegel vollendete die Verwesung der Religion und Kant erhob die „Aufklärung als den Ausgang des Menschen aus seiner selbstverschuldeten Unmündigkeit" zur bekanntesten Befreiungsbewegung der Neuzeit. Geist wurde vor Glauben, Wissenschaft vor Theologie gestellt. Die Sozialisten, besonders aber die Kommunisten, die sich der im März 1919 von Lenin gegründeten III. Internationale angeschlossen hatten, beriefen sich auf das Wort von Karl Marx: „Die Welt verändern" heißt die Forderung, auf der Grundlage des dialektischen Materialismus in einem monokausalen Denksystem die sozialen ökonomischen Verhältnisse zu verändern. Nietzsche lehnte das geschlossene Denksystem des Marxismus als Totalitarismus ab.[221] Karl Popper spürt in seinem gesellschaftstheoretischen Werk den geistigen Wurzeln des Totalitarismus nach, entlarvt Marx als falschen Propheten und begründet sein Misstrauen in geschlossene Denksysteme und Ideologien, die er bereits in den philosophischen Schriften von Platon und Hegel sieht. Stattdessen plädiert er für eine offene, demokratische und pluralistische Gesellschaft, die größtmögliche Freiheiten zulasse und für beständige Kritik offen sei.[222]

Das Ideal der Marxisten bestand und besteht aus einer Menschheit ohne Kapitalisten und Besitzer von Produktionsmitteln. Seien diese beseitigt, umerzogen oder liquidiert, dann käme gleichsam gesetzmäßig die klassenlose Gesellschaft als das Ende der Geschichte, wo nicht nur der Staat abstirbt und mit ihm seine Organe wie Justiz und Polizei, sondern auch jeder Mensch nach seinen Bedürfnissen aus der Fülle des Produzierten sich ohne Geld bedienen dürfe. Keine bürgerliche Arbeitsteilung schränke dann die „allseitig entfaltete Persönlichkeit" mehr ein, denn nun ist es endlich so weit, dass sich gleichberechtigt jede Frau und jeder Mann „in jedem beliebigen Zweig ausbilden kann, die Gesellschaft die allgemeine Produktion regelt und mir eben dadurch möglich macht, heute dies, morgen jenes zu tun, morgens

221 F. Nietzsche, Götzendämmerung, 1889

222 K. R. Popper, The Open Society and Its Enemies (dt. 1957 Die offene Gesellschaft und ihre Feinde), Stuttgart 1992

zu jagen, nachmittags zu fischen, abends Viehzucht zu betreiben, nach dem Essen zu kritisieren, wie ich gerade Lust habe, ohne je Jäger, Fischer, Hirt oder Kritiker zu werden."[223] Wer konnte oder kann derartigen Blödsinn nur glauben?

Erstaunlich bleibt, dass die Soziologie bisher kaum erklärte, wie durch die beiden Diktaturen in Deutschland den traditionellen Religionen und ihren Kirchen faktisch der Garaus gemacht werden konnte. Religionen können pervertieren, man spricht dann von Ersatzreligionen oder Ideologien.[224] Nie wurde die Entchristlichung einer Nation raffinierter und nie fanatischer betrieben als in den sozialistischen Diktaturen: mit eigenen Sakramenten, Riten, Orden und einem komplexen Credo, ganz abgesehen von immer neuen Gottesdiensten. „Die ganze DDR glich einem Riesentempel pseudoreligiösen Kults: gottgleiche Führerverehrung, ‚Heiligenbilder' und Zitate ihrer Lehrer, Prozessionen, Massenrituale, Gelöbnisse, strenge moralische Forderungen und Gebote, verwaltet von Propagandisten und Parteisekretären mit priesterlicher Würde."[225] Die Form ihrer liturgischen Sprache drückte die Zustimmung des Sprechenden zum System aus. *„Nichts am Kommunismus und am Nationalsozialismus erinnert so deutlich an die Bibel wie ihr gemeinsamer Wille, die Welt zu retten, wenngleich sie das angestrebte Heil nur durch die Auslöschung jeder Erinnerung an die Bibel erreichen konnten"*, schreibt Alain Besançon.[226] Das Christentum wäre einmal mehr als Emanzipationsbewegung gut geeignet. Eine Religion, die sich partout weigerte, vor Kaiserbildern zu opfern, müsste einige gute Ratschläge bereithalten, wie man gegen die Vergötterung des „wissenschaftlichen Sozialismus" vorgeht. Von der Erkenntnis ausgehend, dass Gott Liebe sei, kennt der Marxismus keine Liebe, weil er Gott verneint. Die extremsten Gegensätze von Liebe, wie Hass, Verachtung, Spott, Rache bis hin zu Terror und Mord werden von Marx ausdrücklich bejaht. Die Ethik des Glaubens wird ersetzt durch die Ethik einer Ideologie. Diese marxistische Ideologie war und ist ebenso simpel wie effizient. Tocqueville erkannte: „Der Despotismus kommt ohne Glauben aus, die Freiheit nicht." Jederzeit und allerorts begegnete der Mensch ihrer Allmacht: der Gewalt. Die Ideologie (Partei) wusste alles, erklärte alles, regelte alles. Eigenes Denken wurde zur Todsünde, eigenes Handeln für Ketzerei erklärt. Ablass gab es nur bei totaler Unterwerfung. Die Kommunisten erscheinen als Gefangene ihrer Vorstellungen, abgedichtet gegen jede Realität. Diese künstlichen Geisteskrankheiten, wie Besançon den Zustand beschreibt, wirken ansteckend und verbreiten sich wie eine Seuche. Das Denken emanzipiert sich mit der Zeit von jeder Erfahrung und von allen Tatsachen. Weil der Mensch, dem jeder gesunde Menschenverstand und jede Unabhängigkeit abhanden gekommen sind, zwischen Wirklichkeit und Schein nicht mehr unterscheiden kann, wird auch die Differenz zwischen Wahrheit und Lüge irrelevant.[227]

Der Kommunismus war wie eine universale Weltkirche, in der KGB, Securitate, MfS und die anderen Wächter der neuen Heilslehre zu deren Inquisition wurden.

---

223 K. Marx, F. Engels, Die deutsche Ideologie, in MEW, Band 3, Berlin Ost 1981, S. 33
224 R. Safranski, Gott ist doch nicht tot, zit. aus: Cicero, Weltbühne online, 1997
225 H.-J. Maaz, Der Gefühlsstau. Ein Psychogramm. Berlin 1990, S. 11
226 A. Besançon, Über die Shoah, den Nationalsozialismus und den Stalinismus, Stuttgart 2001, S. 85
227 H. Arendt, Elemente und Ursprünge totaler Herrschaft. München 1996

Statt „peinlicher Befragung" mit glühenden Eisen, Herausreißen von Fleischstücken und brennender Scheiterhaufen gab es nun Tag und Nacht-Verhöre, physische und psychische Folter, jahrelange Isolationshaft und „Liquidierung". Ihr Monopol auf Wahrheit erwies sich als Hybris des 20. Jahrhunderts.[228] Maos pseudoreligiöse Interpretation des Marxismus fand sogar in einer eigenen Bibel weltweite Verbreitung, der „Mao-Bibel".

Der Kulturbruch der Nationalsozialisten, zuvor schon durch die Kommunisten begangen und nach dem Zweiten Weltkrieg skrupellos fortgeführt, war eine rabenschwarze und eiskalt berechnete Satansmesse, der in nur zwölf Jahren Millionen von Juden und Christen zum Opfer fielen. Die religiöse Entwurzelung unter den Kommunisten war effizient und folgenreich. Was die Jakobiner in der Moderne grausam begannen, Karl Marx mit seinem Hass gegen die Religion geistig begründete, suchte Hitler mit den Worten umzusetzen: „Wir beenden einen Irrweg der Menschheit. Die Tafeln vom Sinai haben ihre Gültigkeit verloren. Das Gewissen ist eine jüdische Erfindung..." Das, was am meisten verwundern müsste, ist die von der Soziologie vernachlässigte Tatsache, dass der Siegeszug dieser grauenvollen Überzeugung erst nach 1968 so richtig in Schwung kam.

Während Millionen den Klängen der neuen Rattenfänger bis zu den Klippen der Selbstaufgabe nachliefen, verharrte mancher im Widerstand. Dieser erduldete den geifernden Hass der neuen Freislers, wie einst Adam von Trott zu Solz, Planer des 20. Juli 1944. Hingerichtet. Leiden als Preis für Freiheit. Liebesbereitschaft durch Leidensbereitschaft. Raymond Aron, der französische Soziologe und bedeutender Gegenspieler von Jean-Paul Sartre, bezeichnete Hitlerismus und Marxismus als säkulare Religionen. Die fortschreitende Intellektualisierung und Individualisierung bringt ohne Verankerung in einer echten Religion nur eine zumeist fanatische Hinwendung zu den „Sozialreligionen" (Alfred Weber) zustande, wie sie Sozialismus, Kommunismus, Nationalismus, Islamismus und andere Utopismen verkörpern. Auf den wissenschaftlichen Fortschritt des 19. Jahrhunderts antworteten Marx und andere, indem sie soziologische und ökonomische Gesetzmäßigkeiten konstruierten, die allerdings vollständig im deterministischen Denken des Jahrhunderts verharrten. Das Gesetzmäßigkeitsdenken der Physik übertrugen sie in ein Gesetzmäßigkeitsdenken der Klassenkämpfe bis zur Weltrevolution. Die Crux bei allen Gesetzmäßigkeiten war und ist aber die Freiheit des Menschen. Der Ersatzreligion des 19. Jahrhunderts, der Determinismus, war nur ein kurzes Leben beschieden. Allerdings ein dämonisches. Millionen an Menschenopfern waren die Folge. Dem Zusammenbruch des naturwissenschaftlichen Weltbilds des 19. Jahrhunderts, folgte der Zusammenbruch des real existierenden Sozialismus am Ende des letzten Jahrhunderts. Alle Versuche einer Demokratisierung, Liberalisierung oder Humanisierung des Kommunismus schlugen fehl.

Ernst Haeckel wähnte sich in seiner populären Version „wissenschaftlicher Weltanschauung" mit großem Optimismus kurz vor dem Ziel, vor der Auflösung aller Rätsel.[229] Und sogar mehr als das: Der Determinismus war seine Pseudoreligion.

---

228 SED-Parteihymne, *„Die Partei, die Partei, die hat immer Recht..."*

229 E. Haeckel, Die Welträtsel. Gemeinverständliche Studien über monistische Philosophie, Bonn 1899

Und Gott, den man so pathetisch verabschiedet und durch den Determinismus ersetzt hatte, wurde wieder zum Thema.[230]

Vor dem Hintergrund einer resignativ motivierten Anpassung und Entwurzelung der Bevölkerung aus ihrer rituellen Glaubenstradition, kreierte die SED einen konträren Glauben, gefangen in einer kollektiven Willkür. In diesem Zusammenhang ist auch die Verkündigung Ulbrichts von den „Zehn Geboten der sozialistischen Ethik und Moral" zu sehen, die er auf dem V. Parteitag der SED 1958 als ideologischen Ersatz aufstellte, und denen sogleich die „Gebote der Jungpioniere" folgten.

Das System eignete sich Positionen an, die es von den Kirchen besetzt sah. Dort gab es ebenso Versuche, der ideologischen Herausforderung zu begegnen und die pseudowissenschaftliche Propaganda der SED abzuwehren, wie auch Bemühungen der Landeskirchen, sich dem ideologischen Druck anzupassen und eine „Kirche im Sozialismus" zu postulieren, was letztlich eher kollaborieren meint. Tatsächlich befanden sich die offiziellen Landeskirchen noch nicht einmal in Opposition zum Regime, viel weniger im Widerstand. Auch die verwirrende Vielzahl von Basisgruppen, Friedens-, Umwelt-, Menschenrechts-, Arbeits- und Seminarkreise innerhalb der Kirchen, die verhaltene Kritik äußerten, waren dem System zwar lästig, letztlich aber nicht wirklich gefährlich. Honecker erwähnte diese Gruppen als denkbare Ursache für den Zusammenbruch des SED-Staates in einem Interview 1990 nach seinem Sturz mit keinem Wort.[231] Und die waren mit inoffiziellen Mitarbeitern der Stasi geradezu metastasiert und damit kontrolliert.

Die Opposition der dem Fortbestand der DDR wohl gesonnenen Kräfte war auf eine non fertile Ventilfunktion beschränkt. Ihre Ansätze stellten das SED-Regime und deren führende Rolle per se nicht in Frage, sondern beschränkten sich auf einzelne, kritikwürdige Punkte, wie z.B. Zivildienst, Friedensarbeit oder Hilfe für das sandinistische Regime in Nicaragua, von dem sie sich eine Vorbildrolle im Zusammenleben von Christen und Sozialisten versprach, wie es sich in der Person des sandinistischen Kulturministers und jesuitischen Theologen Ernesto Cardenál scheinbar positiv darstellte. Letztendlich war allen kirchlich geprägten, verhalten kritisierenden, halblegalen Gruppen im SED-Staat eines gemeinsam: Sie stellten die Existenz der DDR und ihres Sozialismus nicht in Frage. Sie lehnten das System weder ab, noch bekämpften sie es, sondern suchten naiv nach Verbesserung und vermeintlicher Demokratisierung der kommunistischen Diktatur.[232]

Ursachen und Charakter des Despotismus wurden nicht hinterfragt. In Wirklichkeit versteckt sich dahinter nichts anderes als eine andere Sklavenmentalität. Dabei hatten Mahner im Westen, wie Johannes Gross, den Finger in der Wunde, der schrieb: „Der Niedergang des Abendlandes liegt im Verlust des christlichen Kanon." Selbst im Osten sah man, dass Sozialismus immer Krieg gegen das eigene Volk ist.[233] Zumindest in einem Land erwies sich die christliche Religion als entscheidende Kraft bei der Entmachtung des kommunistischen Regimes: In Polen verband

230 Losung der SED-Agrarfunktionäre: *„Wir bringen unsre Ernte ein / auch ohne Gott und Sonnenschein."*

231 R. Andert/ W. Herzberg, Der Sturz. Honecker im Kreuzverhör. Berlin und Weimar 1990, S. 75

232 E. Neubert, Geschichte der Opposition in der DDR 1949-1989, 1998, S. 463f

233 Vgl. V. Falin, Politische Erinnerungen, München 1993

sich Religion offen mit Widerstand in der unabhängigen Gewerkschaftsbewegung Solidarność. Deren Millionen Mitglieder, zugleich und überwiegend Katholiken, konnten nicht mehr isoliert und einzeln verfolgt werden. Ihr gemeinsames, integrierendes Element war der christliche Glaube, der sich letztlich im Widerstand als stärker erwies.

Wo eine humane Politik kein Fundament hat, sind dem Hass Tür und Tor geöffnet. Das lässt sich eindrucksvoll auf den „Killing Fields" Kambodschas besichtigen. Dort liegen 2 Millionen Menschen, von den Steinzeitkommunisten der Roten Khmer mit Knüppeln und Hacken erschlagen, weil sie nicht in deren unmenschliche Ideologie passten. Diese Kainsideologie Marxismus/Kommunismus, entstanden in der Reflexion Marx'scher Philosophie, weiterentwickelt im Leninismus und Stalinismus, kehrte das christliche Prinzip der Nächstenliebe konsequent in Nächstenhass um, als tyrannisches Vehikel der Macht. Auch im SED-Staat wurde dieser Hass Antrieb für Verbrechen, Terror und Mord. Vorbeugend schrieb Karl Marx: *„Es ist möglich, dass ich mich blamiere. Indes ist dann immer mit einiger Dialektik zu helfen. Ich habe meine Aufstellungen so gehalten, dass ich im umgekehrten Fall auch Recht habe."*[234]

Die so oft gepriesene Objektivität in der historischen Aufarbeitung ist nicht mehr als Camouflage. Wer die verheerenden Folgen des zweiten deutschen totalitären Systems ohne Zorn und Empörung betrachtet und beschreibt, wer den Widerstand verschweigt oder marginalisiert, der ist nicht objektiv, sondern im Begriff, zu entschuldigen. Schon Hannah Arendt scheute sich im Wagnis ihres Buches „Elemente und Ursprünge totalitärer Herrschaft" nicht, den Totalitarismus der Nazis und des sowjetischen Systems zusammen zu behandeln, freilich ohne gleichzusetzen. Im Gegensatz zum obligaten „Differenzieren". Im Vorwort zur deutschen Ausgabe erläutert sie ihren Denkansatz: *„Das Buch handelt von den Ursprüngen und Elementen der totalen Herrschaft, wie wir sie als eine, wie ich glaube, neue ‚Staatsform' im Dritten Reich und in dem bolschewistischen Regime kennen gelernt haben. Die Ursprünge liegen in dem Niedergang und Zerfall des Nationalstaates und dem anarchischen Aufstieg der modernen Massengesellschaft [...]."*[235] Es ist ein einziger Appell an das Gewissen, den Anstand und die Widerständigkeit, denn das furchtbare an einer Diktatur sind ihre Mitläufer. Auch der islamische Fundamentalismus ist eine Form der Säkularisierung der Religion, eine politische Benutzung und Instrumentalisierung. Der radikale Bruch mit dem vergangenen Gültigen, diese Vorstellung, dass nunmehr alles erlaubt sei, hat den modernen Nihilismus hervorgebracht. Es ist mehr als das Gesetz des Stärkeren, es ist das Gesetz der Begierde nach Macht und Reichtum.

Die Wende. Ein seltsames Tarnwort für die unblutige „Revolution", die den Erdkreis zwischen Weimar und Wladiwostok von Grund auf verändert hat. Eine Art verbaler Tarnung für den Abschied von einer Ersatzreligion, die fast ein Dreiviertel-

234 Marx/Engels, Werke, Ost-Berlin 1968
235 H. Arendt, Elemente und Ursprünge totalitärer Herrschaft. Frankfurt/M. 1955

jahrhundert lang Millionen von Menschen ihrer Erlösungsgier und ihren Glücksversprechen geopfert hat.[236]

Kommunismus und Demokratie: Hier stehen sich zwei Weltanschauungen unversöhnlich gegenüber. Die eine beruft sich auf die belegte Realität der Selbstbestimmung und ihrer systemimmanenten Achtung der Menschenrechte als unabdingbare Voraussetzung gesellschaftspolitischen Handelns, die andere hängt von der Überzeugung ihrer Gläubigen ab. Günter Zehm hat in seinem Ethik-Buch den Kommunismus auf brillante und kürzeste Weise niedergemacht.[237] Diese Unterscheidung zwischen Tatsachen und Glauben bildet das Fundament westlichen Denkens. Schon Aristoteles trennt einerseits den indikativen Diskurs, der diskutiert, um zu einer Behauptung oder Verneinung zu gelangen, und andererseits die Vermutung und Hoffnung, die verheißen, beschwören, bestimmen. Dies ist kein informativer, sondern ein performativer Akt. Wenn der Kommunist behauptet, die bessere Gesellschaft, ja die Zukunft der Menschheit liege im Kommunismus, dann hebt er die Unterschiede zwischen Fakten und Glauben auf. Der Diskurs analysiert und umschreibt wissenschaftliche Tatsachen, die nicht auf Glauben, sondern auf Wissen beruhen. Hier befinden wir uns im Kampf zwischen zwei Denkweisen. Auf der einen Seite jene, für die es keine Fakten gibt, sondern nur Interpretationen, die bloße Glaubensakte sind.[238] Sie tendieren entweder zum Fanatismus (wissenschaftlicher Kommunismus gleich Wahrheit) oder zum Nihilismus (Nichts ist wahr, nichts ist falsch). Auf der anderen Seite jene, für die eine freie Diskussion mit dem Ziel der Trennung des Wahren vom Falschen einen Sinn hat. Totalitäres Denken erträgt keinen Widerspruch. Es ist dogmatisch und gestikuliert mit einem Buch. Es ist obskurantistisch und verschmilzt (Ersatz-)Religion und Politik. Antitotalitäres Denken hingegen hält Fakten für Fakten, selbst solche, die unpassend sind. Die Enthüllungen über das stalinistische System der Massenvernichtung, der Ausrottungsversuche christlichen Glaubens haben zum Sturz des „realen Sozialismus" geführt, der ein trauriges Erbe zerstörter Erde und zerstörter Seelen hinterließ.[239] Wer erwartet hatte, dass nun die Stunde der christlichen Botschaft neu geschlagen habe, sah sich getäuscht. Man braucht nur zu bedenken, wie wenig von den Schrecken kommunistischer Gulags die Rede, wie verloren die Stimme Solschenizyns geblieben ist: Über all das spricht man nicht.[240]

Die Unmoral im Osten Deutschlands hat sich verfestigt, da die Mehrzahl der Wähler der SED/PDS/Linke mit der marxistisch-leninistischen Ideologie aufgewachsene Atheisten sind. Welche Ignoranz, welche Gewissenlosigkeit in den Köpfen. Wohl deshalb hieß es einst auf einem Transparent zu einer Dresdner Montags-Demo: „Die Wurzel der Misere – Man raubte Gott die Ehre!" Schon Sophie Scholl wies darauf hin: *„Hinter dem Konkreten, hinter dem sinnlich Wahrnehmbaren, hinter*

---

236 F. Raddatz, zit. aus: LITERATUREN

237 G. Zehm, Das Böse und die Gerechten. Auf der Suche nach dem ethischen Minimum, Schnellroda 2005, S. 224 f.

238 K. Marx, Werke, Ost-Berlin 1968

239 W. Uljanow [Lenin] in: A. Jakowlew: „Je mehr Vertreter der reaktionären Geistlichkeit wir erschießen können, desto besser." Berlin 2004

240 J. Ratzinger, zit. aus Interview 2005

allen sachlichen, logischen Überlegungen steht das Irrationale, der Kampf wider den Dämon, wider den Boten des Antichrists. Wohl ist der Mensch frei, aber er ist wehrlos wider das Böse ohne den wahren Gott, er ist wie ein Schiff ohne Ruder, dem Sturme preisgegeben, wie ein Säugling ohne Mutter, wie eine Wolke, die sich auflöst."[241]

Die Aufarbeitung der Nazi-Verbrechen hat Deutschland zur Demokratie geführt. Die Leugnung von Geschichte mit ihren grausamen Wahrheiten führt zur Rückkehr der Grausamkeit. Der Respekt vor dem Individuum beginnt mit der universalen Anerkennung und der gemeinsamen Zurückweisung der schlimmsten Unmenschlichkeit.[242] Darüber zu sprechen und zu schreiben ist die letzte Konsequenz zur Enthüllung der Fama vom „wissenschaftlichen Sozialismus", dessen „Errungenschaften" und den verschleiernden Bemühungen einer Restauration durch Spätreformer und Geschichtsleugner. Otto Wels bekannte: *„Wer wegsieht oder nur die Achseln zuckt, schwächt die Demokratie. Wer widerspricht und sich einbringt, stärkt sie."*[243] Darf man die Gewissensentscheidung anderen überlassen? Darf man auf eigene Vorstellungen von Gut und Böse verzichten? *„Nach 16 Jahren Einheit sind sich die Deutschen in Ost und West noch weitgehend fremd"*, schreibt Klaus Schroeder 2006. *„Die ostdeutsche Gesellschaft ist im Kern noch postsozialistisch. Bei größeren Teilen der ostdeutschen Bevölkerung gehe eine grundsätzliche Kritik an Vereinigung und politischer Ordnung mit einer Aufwertung und Verharmlosung der SED-Diktatur einher."*[244] Das ist der unveränderte Stand der Dinge seit der „Revolution" von 1989, einhergehend mit dem Verweis auf „gelebte Biografien" und einer um sich greifenden Schlussstrichmentalität. Durch neue Gesetze entfällt zwar das Vorhalteverbot, an der Fama einer zwar unanständigen, optional gleichwohl sicheren Unterwerfungsgesellschaft wird unverdrossen auch von jenen weiter gearbeitet, deren Aufgabe es ist, den Opfern Gerechtigkeit zu verschaffen, den Nachgeborenen Aufklärung über die zweiten Menschheitsverbrechen des vergangenen Jahrhunderts. Für die, die sich die Atmosphäre jener Jahre nicht einmal ansatzweise vorstellen können: Deutschland-West wie Ost war noch in den 50er, 60er Jahren eine Art wilhelminischer Obrigkeitsstaat, mit ständig drohenden Strafen.

Die fehlende Empathie in der Gesellschaft ist entwicklungspsychologisch erklärbar. Es besteht ein empirisch nachgewiesener Kausalzusammenhang: Strikt autoritäre, auf bedingungslosen Gehorsam abzielende und dabei körperliche und psychische Gewalt einsetzende Erziehung führt zu einem Empathiedefizit bei den derart Erzogenen. Diese oft auch als schwarze Pädagogik bezeichnete Art der Erziehung war lange vor 1933 in Deutschland verbreitet und hat die Generation der Täter geprägt. Es war normal, dass jede Autoritätsperson zuschlagen durfte, die Eltern, die Lehrer, die Polizei, die Nachbarn und andere mit allem was zur Hand war. Es gab Faustschläge, Ohrfeigen, Kopfnüsse wenn man nicht spurte. Schneid' die Haare! Putz' deine Schuhe! Sitz' gerade! Sei nicht so frech! Von jenen, die im autoritären

241 S. Scholl, aus dem 4. Flugblatt der Weißen Rose, München 1942
242 A. Glucksman, Hass. Die Rückkehr einer elementaren Gewalt, Zürich 2005
243 O. Wels, Rede gegen das Ermächtigungsgesetz am 23. Mai 1933 im Deutschen Reichstag
244 K. Schroeder, Die veränderte Republik, München 2006

NS-Staat sozialisiert waren, die die halbe Welt in Scherben geschlagen und eine Blutspur durch Europa gezogen hatten, im Osten wie im Westen.

Das Wort der Väter war Gesetz. Sie setzten auch die neuen alten moralischen Vorgaben einer neuen, allwissenden Partei der Arbeiterklasse autoritär durch. Verboten war alles: Haare über den Ohren, Petticoats, Jeans, Westfilme, Popkonzerte oder andere „Negermusik", Henry Millers „Stille Tage in Clichy", Nietzsche, Bloch und Sartre, auch Karl May und „Micky Mouse". Den wenigen Unangepassten rief man zu: „Gammler" oder: „Ihr gehört ins Arbeitslager!" Im privaten Bereich wurde man deutlicher: „Euch hat man vergessen zu vergasen!" Oder einfach: „Rübe runter!" Hass in den Gesichtern selbst mancher Sonntagschristen in einem Land, das auf Leichen gebaut war, in dem vertuscht und verschwiegen wurde. Die Täter waren unter uns. Und sie sind es wieder. Kaum hatten die sich der neuen Autokratie angepasst, sich den neuen Führern und Weltverbesserern dienstverpflichtet, begannen sie damit, neue Täter in neuer Untertanenmentalität zu erziehen, neues Unrecht zu zeugen. Jetzt himmelten sie kommunistische Tyrannen an. Sollten wir uns bei der zunehmenden Reglementierung aller Regungen, zeitgleich mit dem fortschreitenden Verlust moralischer, christlicher Werte, zufällig in die gleiche Situation einer medialen Gleichschaltung manövrieren, halte ich ähnliche Verbrechen auch heute für möglich.

2. Die Erziehung zum neuen Menschen

Die folgende Betrachtung halte ich für notwendig, damit die Gründe für den Widerstand deutlich werden. In keiner historischen und gegenwärtig bekannten Gesellschaftsordnung wurden unter dem Postulat der Humanität so viele Menschen ermordet und zu Tode gequält, körperlich und seelisch verkrüppelt, versklavt und um ihr Lebensglück betrogen wie in jenen Staaten, deren Maxime die marxistisch-kommunistische Ideologie war. Nirgendwo wurden auch Natur und Umwelt so umfassend und rücksichtslos ausgebeutet, vergiftet und zerstört wie in den Ländern des „real existierenden Sozialismus". Die geistige Grundlage für diese Handlungen der Kommunisten, die in China, Nordkorea und Kuba weitergehen, bildet die Ideologie des Marxismus-Leninismus.[245] Die Vertreter dieses Dogmas, im Verständnis der Kommunisten „die einzig wahre und einzig wissenschaftliche Weltanschauung" mit Religionscharakter, sind bewusste und kenntnisreiche Täter, letztendlich verantwortlich für das, was geschah, und das, was immer noch geschieht. Dabei „war das rote Imperium Sowjetunion *„ein Konzentrationslager mit dem Namen Sozialismus"*, stellt das frühere Politbüromitglied der sowjetischen Staatspartei KPdSU und ausgewiesener Kenner des Systems, Alexander Jakowlew, fest.[246] In ihr wurde der „Massencharakter des Terrors" lange vor Hitler zum Prinzip – ein Prinzip, das tradierte zivilisatorische Normen außer Kraft setzte. Lenin war der erste der blutigen

245 W. Bukowski 1996, Löw 1996, Rüthers 1995

246 A. Jakowlew, ehem. Mitglied des Politbüros der KPdSU in: Ein Jahrhundert der Gewalt, Berlin 2004

Diktatoren im Europa des 20. Jahrhunderts. Nach der Machtübernahme durch die Bolschewiki im Oktober 1917 erhob er den „Roten Terror“ zum Prinzip und zur Praxis bei der Durchsetzung der Macht: Massenhafte Erschießungen und Folterungen, Konzentrationslager, Verbannungen, Repressionen aller Art und die militärische Unterdrückung von Volksaufständen gehörten von Anfang an zum Repertoire der Macht. Lenin war Inspirator und Organisator des Terrors, dem bis zu seinem Tode etwa 13 Millionen Menschen zum Opfer fielen. Sein Nachfolger Stalin perfektionierte den Terror mit noch größeren Opferzahlen nach den Anweisungen Lenins. *„Für die Feinde des Volkes darf es keine Schonung geben. Kampf auf Leben und Tod gegen die Reichen und ihre Kostgänger, die bürgerlichen Intellektuellen.“*[247]

„Der Kulakenaufstand muss gnadenlos niedergeschlagen werden [...] man muss ein Exempel statuieren. Nicht weniger als 100 bekannte Kulaken, Reiche und Blutsauger aufhängen [...] Geiseln sind zu benennen [...] die Erschießung ist anzuordnen.“[248] Die Autoren Jung Chan und Jon Halliday beschreiben einen noch blutrünstigeren Tyrannen: *„Das war zweifellos der chinesische Diktator Mao Tse-tung, dessen selbsternannte Erben noch heute die Macht in China haben. Ein Sadist, der das Töten sogar genoss. Er ist verantwortlich für den Tod von 70 Millionen Menschen und war damit ein größerer Mörder als Hitler und Stalin zusammen. Er verachtete Menschen, deren Leben und jegliche Moral.“*[249] Das hinderte die Mitglieder einer Delegation des Deutschen Bundestages unter dessen Präsident Thierse nicht, im Frühjahr 2005 das Mausoleum in Peking zu besuchen, um dem Diktator ihre Reverenz zu erweisen.[250]

Die Geschichte lehrt, dass egal wo, kommunistische Indoktrination bedingungslose Befehlsempfänger der Parteiführer und somit Täter auf Abruf hervorbringt. Dem Volk wurde erklärt, dass Kommunismus der vollendete Humanismus sei, die erkannte Balance zwischen Freiheit und Notwendigkeit, zwischen Individuum und Gesellschaft. Der Hass ersetzte die sachliche Auseinandersetzung mit dem Gegner. Statt auf Argumente, wurde auf Gefühle gebaut. *„Der moralische Inhalt des Hasses ist unabhängig vom Gegenstand, auf den er gerichtet ist, und kann daher wertvoll und erhaben oder kleinlich und niedrig sein. Hass zielt immer auf die aktive Auseinandersetzung mit dem gehassten Gegner, begnügt sich nicht mit Abscheu und Meidung, sondern ist oft mit dem Bedürfnis verbunden, ihn zu vernichten oder zu schädigen.“*[251]

Die Umsetzung dessen mussten wir erfahren. Im SED-Staat begann sie mit der Erziehung zum Hass bereits im Kindergarten. Schon die Kleinsten lernten:

„Böse Menschen/sind Faschisten;/wollen Krieg;/sind habgierig und reich;/sind Grafen;/überfallen ein anderes Land;/rauben, zerstören Häuser, töten;/wollen nicht lernen gut zu werden;/sind aus unserem Land vertrieben und gewinnen nicht/aber sie gibt es noch.“[252]

---

247 W. I. Lenin, Wie soll man den Wettbewerb führen?, Januar 1918, in: Lenin, Ausgew. Werke, Bd. IV
248 Ders., Rede vor dem 11. Parteitag der RKP[B], März 1922
249 C. Jung, J. Halliday, Mao, München 2005
250 DER SPIEGEL Nr. 40 vom 1.10.2005
251 Ebd., S. 163; Stichwort ‚Hass‘
252 BUMMI, Sterngeschichten, Ost-Berlin 1986

Das sozialistische Projekt ist deshalb gefährlich, weil es böse Ansichten und Taten tarnt und als gut ausgibt, weil der Bruch mit der allgemeingültigen Moral vollkommen ist und doch unsichtbar bleibt. In den „Aufgabenstellungen des Ministeriums für Volksbildung und des Zentralrates der FDJ" von 1969 heißt es: Die Schuljugend sei mit glühendem Hass gegen die imperialistischen Feinde unseres Volkes und der Menschheit zu erfüllen; die Erziehung der Schüler zum Hass auf den imperialistischen Klassenfeind wurde von der SED zur wichtigsten Aufgabe des Lehrers erhoben. Im Jahre 1971 mahnte das Ministerium für Volksbildung der DDR: *„Alle Pädagogen haben die Schüler zu lehren, den Imperialismus, vor allem die westdeutschen Imperialisten – unter welcher Maske sie ihre Absichten auch immer verbergen mögen – zu durchschauen und leidenschaftlich zu hassen, die Mädchen und Jungen so zu erziehen, dass sie bereit und fähig sind, den Sozialismus gegen alle Anschläge zu schützen. Das Freund-Feind-Bild des sozialistischen Staatsbürgers ist von fester Freundschaft zu unseren Klassenbrüdern und von Abscheu gegenüber den Klassenfeinden, den Feinden unseres sozialistischen Vaterlandes und allen Feinden des Sozialismus geprägt."*[253]

Eva-Maria Neumann zeigt 2007 auf, welche Auswirkungen diese Erziehung hatte: *„Wir wurden* [Anm. in der Schule] *zum Hass erzogen. Wir lernten, […] dass es das Endziel der sozialistischen Verbündeten sei, alle Menschen auf der Welt – wenn nötig, auch mit Gewalt – vom Joch des Kapitalismus zu befreien. Die Worte ‚Kampf' und ‚Krieg' wurden so oft gebraucht, dass mir eine gewaltsame Auseinandersetzung zum Greifen nahe schien. Ich träumte nachts von Panzern und Bomben, und vor lauter Angst konnte ich oft nicht schlafen."*[254] In einem Ost-Berliner Lehrbuch wird 1957 festgehalten: *„Hass ist in unserer Zeit als politisch-moralisches Gefühl ein ebenso hoher sittlicher Wert wie die Liebe."*[255]

Der so herbei beschworene Hass verbreitete sich wie die Pest, steckte alle an, Freund und Feind. Wer von diesem Gift des Hasses infiziert war, trug es weiter. Im Lehrbuch für Staatbürgerkunde der 7. Klassen hieß es: *„Es kommt nicht primär auf die Erkenntnis der bestehenden Gesellschaftsordnung in der Bundesrepublik an, sondern Ziel des Unterrichts ist Hass auf den volksfeindlichen Charakter der in Westdeutschland bestehenden Gesellschaftsordnung."*[256] Treue zur Partei der Arbeiterklasse und unversöhnlicher Hass gegen die Feinde des Volkes und des Sozialismus, waren die wichtigsten Ziele der Wehrerziehung in den Schulen.[257] Sozialistische Persönlichkeiten sollten heranreifen. Zwar misslang deren massenhafte Produktion und mehr als vier Millionen Menschen flohen aus der DDR. Gleichwohl ist der Schaden für die, die blieben, unermesslich. Die schlimmste Folge aus vier Jahrzehnten Diktatur ist, dass sie die Menschen tief zeichnete, ihre Persönlichkeit verbog, verkrüppelte und zerstörte. Ganze Generationen wurden um Lebensglück

---

253 H. Adam, Philosophisch-pädagogische Probleme des Freund-Feind-Bildes, Ost-Berlin, zit. bei Schirrmeister, 1987, S. 22+39f

254 E.-M. Neumann, Sie nahmen mir nicht nur die Freiheit, München/Zürich 2007

255 Pädagogik, Ost-Berlin 1957, H.4, S. 264/269; zit. bei Sauer/Plumeyer 1991, S.51; vgl. Gries/Meck, 1993

256 E. Sauermann et al., Unterrichtshilfen. Staatsbürgerkunde 9. Klasse, Ost-Berlin 1967, S.134

257 Handreichung zur sozialistischen Wehrerziehung, Ost-Berlin 1974, S. 29

und Freiheit betrogen, wurden der Arbeit entfremdet und jeder demokratischen Tradition und Erfahrung beraubt. Grundlagen der marxistischen Diktatur waren die Feindschaft zu Andersdenkenden – und ein kollektiver Hass. Hass setzt einen Zorn frei, der ihn nährt. Der französische Philosoph André Glucksman schrieb 2005: *„Feindschaft und Hass muss man sorgfältig unterscheiden. Feindschaft zielt auf einen anderen als anderen, den man ablehnen, verachten, bekämpfen, züchtigen oder unterwerfen kann. Das Objekt des Hasses ist nicht einfach der andere, sondern ein anderes Selbst, also ein anderer, der mich selbst in Frage stellt. Das erklärt die mörderischen Regungen des Hasses. Die Feindschaft will den anderen auf den ihm angeblich zukommenden, niederrangigen Platz verweisen. Der Hass hat immer den Tod als Horizont im Auge."*[258] Wann kann Feindschaft in Hass umschlagen? Braucht es dazu die Kombination mit einer Ideologie? Um seine Zerstörungskraft zu entfalten, muss der Hass kollektiviert werden. Der Einzelne, der in seiner Ecke hasst, bleibt ein armseliger Wicht oder wird zum Mörder. Hass entsteht weder durch Zufall noch durch Irrtum. Es handelt sich um zerstörerischen Rachedurst. Ideologien können der Kollektivierung des Hasses dienen, aber sie sind nicht dessen Ursache. Ideologien sind das Alibi des Hasses. „Der Hass ist ein Glaube, der für Argumente und Erfahrungen unzugänglich ist", stellt Sartre fest. Deshalb konnten die Kommunisten ihn zu einem kämpferischen Humanismus verbiegen. Deshalb wurde zum Hass erzogen: *„Hass auf den imperialistischen Feind. Wie sollte er hässlich sein und abstoßend, wo er doch geboren ist aus der Liebe zu unserem sozialistischen Vaterland, zum Frieden, zur Gerechtigkeit unseres Kampfes. Hass auf den imperialistischen Feind ist nichts Hässliches. Er ist aus der Liebe zu unserem sozialistischen Vaterland geboren und gibt uns Kraft, alles für seinen Schutz und seine Verteidigung zu tun. Die Erziehung zum Hass ist notwendig, sie muss Bestandteil unserer Erziehung zu einem kämpferischen Humanismus und zum sozialistischen Patriotismus sein."*[259]

Das Wörterbuch der Staatssicherheit war Geheime Verschlusssache (GVS). In ihm findet sich unter dem Stichwort „Hass" eine Definition, die für das Selbstbildnis und das Feindbild des MfS bezeichnend und entlarvend ist: *„Hass, wesentlicher Bestandteil der tschekistischen Gefühle H. zielt immer auf die aktive Auseinandersetzung mit dem Gegner und ist oft mit dem Bedürfnis verbunden, ihn zu vernichten. Seine Stärkung in der Praxis des Klassenkampfes ist Aufgabe und Ziel der klassenmäßigen Erziehung."*[260] Wird Hass durch Erziehung ausgelöst, dann dient er zur Zerstörung um seiner selbst willen. Denn Hass klagt an ohne Kenntnis der Fakten und urteilt ohne begreifen zu wollen. Der Hass verurteilt willkürlich. Die Hass-Erziehung geschah ganz im Sinn der Volksbildungsministerin Margot Honecker. Unbeeindruckt von alledem schrieb der Chef der neuen „Linken" und enger Freund der DDR, Lafontaine, im Vorwort zum geschichtsrevisionistischen Buch des

258 A. Glucksman, Hass. Die Rückkehr einer elementaren Gewalt, Zürich 2005
259 K.-H. Freitag, zit. bei Schirrmeister, 1987, S.229 f
260 Wörterbuch für die politisch-operative Arbeit, ebd.

letzten SED-Ministerpräsidenten Modrow: *„Die DDR hat Beachtliches zur Volksbildung geleistet“.*[261]

Die Indoktrination des Hasses setzte sich in der NVA fort und lässt sich für die aufkommenden Schönredner und Leugner an diese Beispielen belegen: *„Es gilt nun endlich Schluss zu machen mit diesem von den Kriegstreibern organisierten Geschwätz, wir werden nicht auf unsere Brüder schießen. Alle Angehörigen der NVA müssen so erzogen werden, dass sie einen Krieg zwischen der DDR und der Bundesrepublik nicht etwa als einen Bruderkrieg auffassen.“*[262]

„Die Soldaten der NVA müssen wissen, dass jeder, der die Errungenschaften der DDR antastet, als Klassenfeind zu behandeln ist, auch wenn es der eigene Vater, Bruder, Schwager oder sonst wer ist.“[263]

„Jeder, der den Sozialismus angreift, ihn gefährdet oder zu gefährden droht – gleich in welcher Erscheinung er auftritt, welcher Klasse er angehört, in wessen Namen zu handeln er vorgibt, ein bewusster oder unbewusster, ein direkter oder indirekter Interessenvertreter des Imperialismus, ist ein Feind des Sozialismus und damit mein persönlicher Feind.“[264] Hassgedichte sollten konditionieren:

„Hass!
Schreit doch den Hass in jede Wohnung,
lernt doch zu hassen ohne Schonung.
Hass!
Tragt ihn hinein in die stillen Gassen,
lehrt auch die Blumen, heiß zu hassen.
Hass!
Allerorts und zu jeder Stunde,
Hass auch in trauter Kaffeerunde.
Hass!
Sei jetzt mein Freund, sei mein Gefährte,
führe die Hand an meinem Schwerte.
Hass!
Kehre in meine Feder wieder,
werde das Lied jetzt aller Lieder.
Hass!
Und keine Liebe? Keine Liebe!
Hass nur übt die Vergeltung! ‚Übe!“[265]

Das Gedicht gleicht den ozeanischen Hassgesängen Georges Orwells in „1984“.

Zu den hassenswerten Feinden zählten insbesondere jene, die sich dem Terror durch Flucht entziehen wollten. In einem Politbürobeschluss von 1957 heißt es:

261 H. Modrow, In historischer Mission, Berlin 2007, Spiegel Nr. 8 v. 12.2.2008
262 SED-Bezirkssekretär Fröhlich in: LEIPZIGER VOLKSZEITUNG vom 10. April 1955
263 W. Ulbricht vor Kommandeuren und Politoffizieren der NVA am 29. Juni 1957; zit. bei Sauer/Plumeyer, 1991, S. 50
264 A. Bendrat/K. Freudenreich, Politische Schulung, Ost-Berlin 1977
265 In: FREIHEIT aus Halle/Saale vom 6.11.1959, S. 2; zit. bei Sauer/Plumeyer, 1991, S. 51

„Die Politoffiziere haben die Angehörigen der Grenztruppen zu unversöhnlichem Hass gegen die Feinde des Staates zu erziehen." Damit waren sie zur Hinrichtung freigegeben. Aus den „Hinweisen zur Klärung politisch-ideologischer Probleme des Schusswaffengebrauchs im Grenzdienst" vom März 1983 findet man das Feindbild und den unversöhnlichen Hass wieder.[266] Die für das Töten von Flüchtlingen maßgeblichen Beschlüsse des Politbüros fanden sich auch in den Befehlen des Grenzregimes 101, 80, 40 und 20 wieder und wurden darin teilweise ausdrücklich erwähnt.

Die Herausbildung von Feindbildern, die Erziehung zu strenger Parteilichkeit für die SED-Führer und die Erziehung zum Hass bildeten eine Einheit und waren oberster Parteiauftrag. Diese fortgesetzte Indoktrination betrieb die SED, skrupellos an die Persönlichkeitsmerkmale der Betroffenen angepasst, von den Kindergärten bis zu den Alten- und Behindertenheimen, von den Schulen bis zu den psychiatrischen Anstalten und den Zuchthäusern. In allen Sozialisationsinstanzen der DDR waren die Vermittlung von Feindbildern und die Erziehung zum Hass vorrangiges Ziel. Niemand konnte der geistig verstümmelnden Lügenpädagogik entkommen. Die gesamte Bevölkerung war der Umerziehung unterworfen. Zurück blieb nicht der neue, sondern der beschädigte Mensch mit einem zerstörten Bewusstsein.

3. Wie die Saat aufging

Die Hauptrolle bei der Durchsetzung der Ziele der Parteiführer und dabei vor allem des Erhalts deren Machtmonopols spielte die Geheimpolizei. Das MfS war das wichtigste Machtinstrument der SED-Führer. Es scheute vor keinem Verbrechen zurück, wenn es im Interesse der Parteiführer lag. Grundsätzlich hatte das MfS *„alle Maßnahmen im Kampf gegen äußere und innere Feinde so zu gestalten und umzusetzen, dass sie dem Schutz und der Durchsetzung der Politik der SED maximal entsprachen."*[267]

Als Feinde definierte das MfS: *„Personen, die in Gruppen oder individuell dem Sozialismus wesensfremde politisch-ideologische Haltungen und Anschauungen absichtsvoll entwickeln und in ihrem praktischen Verhalten durch gezieltes Hervorrufen von Ereignissen oder Bedingungen, die die sozialistische Staats- und Gesellschaftsordnung generell oder in einzelnen Seiten gefährden oder schädigen, eine Verwirklichung dieser Haltungen und Anschauungen anstreben."*[268]

„Als immanenter Bestandteil der Ideologie und des moralischen Wertsystems gehört das wissenschaftlich begründete, reale und aktuelle Feindbild zu den wesentlichen charakterlichen Merkmalen der tschekistischen Persönlichkeit."[269] Da die SED und ihre Geheimpolizei nicht wagten, Verbrechen offen zu benennen, wurden Tatbestand verschleiernde Wort-Surrogate verwandt. „Tschekistische Kampfaktionen",

266 Befehl 40/85 vom 11. Juni 1985
267 Grabsch et al., 1988, S. 254
268 MfS-Wörterbuch, Ost-Berlin 1993, S. 110, Stichwort „Feind"
269 Ebd., S. 111; Stichwort „Feindbild, tschekistisches"

„spezifische Mittel und Methoden", „operativ behandeln", „liquidieren" waren Bezeichnungen des MfS, auch für Mord. Alle dies geschah letztendlich im Auftrag der SED-Führung; es waren ihre Institutionen, von ihr beauftragt, angeleitet und kontrolliert. In einem offenen Brief schrieb der für Spionage und „aktive Maßnahmen" in der HVA zuständige Ex-Generaloberst Großmann 1993 an Wolfgang Schäuble: *„Es ist einfach unwahr, dass es in unserer Tätigkeit Entführungen, Anschläge und Morde gegeben hat. Sie gehörten weder zu theoretischen Szenarien noch zum praktischen Instrumentarium."*[270] Dabei kannte er die Einsatzgrundsätze für tschekistische Kampfmaßnahmen im Operativgebiet Ost-West. In seinem geschichtsrevisionistischen Buch gesteht er: *„Ja, wir gehören zum MfS und unterliegen allen Befehlen und Weisungen, auch denen zur Bekämpfung von Fluchthilfe."*[271] Auch kannte er die Anleitung zur Ausbildung und Unterstützung von Terroristen ebenso, wie die „spezifischen Mittel und Methoden" seiner Diensteinheit.[272] Ebenso daran beteiligt waren die Grenztruppen, einschließlich des MfS-Wachregiments „Felix Dzierzynski", deren Sondereinheiten, die Volksmarine der NVA mit dem Grenzbereich Ostsee, die ‚Volkspolizei', die Strafvollzugsorgane, Teile der medizinischen Dienste, die Sektion Kriminalistik an der Humboldt-Universität, die Kriminalisten, Staatsanwälte, Richter und so fort.

Das Mitglied des SED-Politbüros und Chefideologe der Partei, Albert Norden, besuchte 1963 Berliner Grenztruppen und stellte dabei klar: *„Ich sage, jeder Schuss aus der Maschinenpistole eines unserer Grenzsicherungsposten zur Abwehr solcher Verbrechen rettet in der Konsequenz Hunderten von Kameraden, rettet Tausenden Bürgern der DDR das Leben und sichert Millionenwerte an Volksvermögen. Ihr schießt nicht auf Bruder und Schwester, wenn ihr mit der Waffe den Grenzverletzer zum Halten bringt. Wie kann der euer Bruder sein, der die Republik verrät, der die Macht des Volkes verrät, der die Macht des Volkes antastet! Auch der ist nicht unser Bruder, der zum Feinde desertieren will."*[273] Dieser Schießbefehl von 1961 wurde erst im Frühjahr 1989 aufgehoben. 2008 wurde in der Außenstelle Magdeburg der BStU zufällig ein siebenseitiger Schießbefehl in der verschleiernden Form eines „Auftrags" der Stasi entdeckt.[274] Darin war vermerkt: Wer über die innerdeutsche Grenze fliehen wollte, war zum Töten freigegeben! Männer, Frauen, Kinder! Der Auftrag musste Anfang der 70er Jahre von den Angehörigen einer speziellen Einheit der Stasi zur Kenntnis genommen und per Unterschrift quittiert werden.

Die Einsatzkompanie der Stasi-Hauptabteilung I bildete hauptamtliche inoffizielle Mitarbeiter im besonderen Einsatz (HIME) aus. Sie leisteten wie normale NVA-Soldaten an der Grenze Dienst. Sie sollten verhindern, dass Grenzsoldaten selbst flüchteten. 1985 wurde die Truppe aufgelöst. Ein Dokument gleichen Inhalts war 1997 in einer wissenschaftlichen Publikation veröffentlicht worden, war aber weitgehend unbekannt geblieben.

---

270 Zit. bei K.-W. Fricke, 1994, S. 258

271 W. Großmann, Bonn im Blick, Berlin 2001, S. 130

272 W. Großmann, „Verbrechen gehörten nicht zu unseren Szenarien", in: ND vom 7.10.1993; zit. bei Fricke 1994, S. 258; vgl. Hitler, Mein Kampf, 1933, 16. Aufl., S. 772

273 In: VOLKSARMEE Nr. 41/1963; zit. bei Sauer/Plumeyer, 1991, S. 53

274 In: BILD vom 17.3.2008

Es ist nicht zu erkennen, wer diesen Auftrag gegeben hat. Er könnte von Generalleutnant Karl Kleinjung stammen, dem Chef der Hauptabteilung I des MfS. Der Minister für Nationale Verteidigung, Armeegeneral Heinz Keßler bestätigt den de facto Schiessbefehl zynisch: *„Zwölftausend Schurken zur rechten Zeit beseitigt, hätte vielleicht eine Million ordentlicher, für die Zukunft wertvoller Deutschen das Leben gerettet.“*[275] 1990 erklärte er dann: *„Es hat nie! – nie! – einen Schießbefehl gegeben. Den gibt es auch jetzt nicht, das bitte ich mir so abzunehmen – in der Lesart, wie er von bestimmten Seiten verbreitet wurde und zum Teil verbreitet wird.“*[276] Fast könnte man sie verstehen, haben sie doch von ihrer allwissenden Partei nichts anderes gelernt,[277] als die Wahrheit tschekistisch zu verdrehen.

Erich Honecker wurde über jeden Mord, den seine Grenzwächter verübten, ausführlich und schriftlich informiert. Die Täter konnten sich seiner Zustimmung und der des Politbüros stets sicher sein.[278] Das MfS war bereit, die Sicherung der DDR sowohl im Innern gegen vorhandene Feinde als auch an der Staatsgrenze zur BRD und gegenüber West-Berlin zu garantieren. Das stellte höchste Anforderungen an die Angehörigen des MfS, erforderte einen hohen physischen Einsatz und auch die Bereitschaft von versuchten und vollendeten Tötungshandlungen, um Flucht zu verhindern. Das Ziel der Erziehung zum Hass ist erreicht, die Saat ging auf: Die Bereitschaft zu töten war entstanden. Diktatur will siegen, nicht überzeugen. Terror zahlt sich aus, weil er das Denken verhindert. Mord wird notwendig, weil er gesellschaftlich nützt. *„Nicht der Mord an sich ist die Besonderheit sondern der Impetus des Tötens“*, schreibt Anna Lundholm 2007.[279]

Mord, (Justizmord eingeschlossen), Entführung, Terror, Attentat, Folter, Erpressung, Lüge, Verleumdung, Zersetzung, Zwangsabtreibung, Misshandlung, Vergiften, Verstrahlen, Zwangsbehandlung in psychiatrischen Anstalten, Zerstörung der bürgerlichen Existenz, Unterstützung und Ausbildung von Terroristen und anderen Gewaltverbrechern, Zwangsmedikation mit Psychopharmaka, Kindesraub/Zwangsadoption, Zwangsscheidung, Freiheitsberaubung, Abschiebung, Diebstahl, Raub, Verleumdung, Fälschung, Verkauf inhaftierter Regimegegner, gehörten immerfort zum praktischen Instrumentarium der SED, ihres Geheimdienstes und seiner Helfer.[280] Edgar Dusdal schreibt 1992: *„Diese Ideologie, diese ‚Wirklichkeit‘, verpackt in unförmiger Begrifflichkeit und aneinander gereihten Kürzeln, verdeutlicht noch einmal, dass es sich bei MfS-Unternehmungen nicht um Zufallsprodukte oder spontane Entgleisungen verwirrter, es ansonsten gut meinender Machthaber handelte,*

---

275 Sauer/Plumeyer, 1991, S. 53, dort auch Fußnote

276 In: DIE ZEIT vom 30.9.1988; zit. bei Sauer/Plumeyer, 1991, S. 80

277 Text und Musik der anmaßenden SED-Lobeshymne „Lied der Partei“ wurde 1950 von dem deutschsprachigen tschechoslowakischen Kommunisten Louis Fürnberg verfasst, „Die Partei, die Partei, die hat immer Recht! Und, Genossen, es bleibe dabei […] So, aus Leninschem Geist, wächst, von Stalin geschweißt, die Partei – die Partei – die Partei.“

278 Filmer/Schwan, 1991

279 A. Lundholm, Höllentor, München 2007, S. 313, 319ff

280 W. Suckut, [Hrsg], Das Wörterbuch der Staatssicherheit. Definitionen zur „politisch-operativen Arbeit“, 1996

sondern um wohldurchdachte Praktiken, die man an einer eigenen Hochschule vermittelte und ständig perfektionierte."[281]

Zur Tötung von Staatsfeinden gab es im SED-Staat viele Möglichkeiten, wie sich aus aufgefundenen Dokumenten ableiten lässt:[282] Erschießen, Grenzminen, Beibringung von Gift, inszenierte Unfälle, erschlagen oder erstechen und geheime Beibringung radioaktiver Strahlen. Letztere, noch nicht ausreichend erforschte Methode, ruft beim Delinquenten erst Jahre später tödlich verlaufende Krebserkrankungen hervor.[283] Die Grenztruppen dürften bis 1989 weit mehr als 900 Personen umgebracht haben.[284] Bis 1990 ermittelte die Zentrale Erfassungsstelle Salzgitter, die die SPD auf Druck der SED schließen wollte, 4.444 Fälle.

Die Sprache des MfS bedarf noch der wissenschaftlichen Untersuchung. Sie ist der Code, der Schlüssel zum Denken dieser Organisation. Aufschluss geben die am häufigsten gebrauchten Begriffen: liquidieren, feindlich-negativ, Unschädlichmachung, operativ behandeln, lähmen, aufweichen, zersetzen, Zersetzungsmaßnahmen, Beibringung, Zuführung, Gewinnung (heißt Erpressung), Hass auf den Feind, geheim, konspirativ, zersplittern, geheime Verschlusssache, ausgrenzen, Vorbeugung, Aufklärung, Verhinderung, ausschalten, vernichten, Operationsgebiet, zerschlagen, staatliche Sicherheit, tschekistische Einzelkämpfer, Feindobjekt, zerstören, Desorganisation, Behinderung, Sicherstellung, Beschädigung, Inbesitznahme, Verunsicherung, Demoralisierung, Störung, Planorientierung, Durchsetzung politisch-operativer Ziel- und Aufgabenstellungen, IM, spezifische Mittel und Methoden, diskriminieren, Widersprüche schüren, ihre bürgerliche Existenzgrundlage vernichten, diskreditieren, ihre Eingliederung in diese Gesellschaft erschweren, Staatsgeheimnis, Verräter, kriminelle Menschenhändlerbanden, Distrikttelefon, analytische Tätigkeit, aktive Maßnahmen, Bearbeitung, Befehl, Eindringen, Objekte, Territorien, ungesetzlich, Rückverbindungen, Stützpunkt, Kontakte, politisch-ideologische Diversion (PID), Kontrolle, Bekämpfung, Desinformation, Kompromat (heißt kompromittierender Sachverhalt), aufdecken, einschränken, beseitigen, Lücken in der Grenzsicherung, differenzierte Wahrnehmung; Bandenbekämpfung, zentrale Koordinierungsgruppe, Diensteinheit, Verdichtung, wichtige Erkenntnisse, Zielgruppen, Angriffsrichtung.[285]

In vierzig Jahren hat sich die Sprache des MfS zu einem eigenen Stasi-Rotwelsch entwickelt, das mühselig zu verstehen ist, weil es Eindeutigkeiten meidet. Sie bedient sich der Begriffe der Gauner und des Militärs, sie strotzt vor Kürzeln. Wortschöpfungen in Verbindung mit dem Adjektiv „operativ" dominieren. Es ist der Ganovenjargon von Einbrechern aus einer 30er Jahre Klamotte. Die Stasi-Sprache hat fast die

281 E. Dusdal, in Stasi intern, Macht und Banalität, Leipzig 1992, S. 7f.

282 So u.a. die Fälle Eylert, Geißler, Höppner, Hübner, Krüger, Seum, Welsch

283 mutmaßlicher Krebstod des Schriftstellers Jürgen Fuchs

284 Filmer/Schwan, 1991, Sauer/Plumeyer, 1991

285 Richtlinien und Dienstanweisungen des MfS, die A- und B- Dissertationen sowie Diplomarbeiten der Juristischen Hochschule des MfS in Potsdam/Eiche, Wörterbuch der Staatssicherheit 1993, Einsatzgrundsätze und Dienstanweisungen/Befehle. Vgl.: Der Staatssicherheitsdienst[...] Felber, 1970, Filmer/Schwan, 1991, Fricke, 1979 ff., Fricke/Marquardt, 1995, Gill/Schröter, 1991, Held et al., 1987, Hohenecker Protokolle, 1984, Hummitzsch et al., 1975, Lambrecht/Müller/Sandmeyer 1993, Müller 1995, Welsch 2001, Opitz et al. 1976, Sauer/Plumeyer 1991, Schmidt/Wolf/Krause 1985, Seifert/Kopf 1971, Stasi intern, 1991

Qualitäten des „Neusprech" erlangt, die George Orwell als Amtssprache in seiner Vision von „1984" so definiert: *„Neusprech war zur Deckung der ideologischen Bedürfnisse erfunden worden. Sie hatte nicht nur den Zweck, ein Ausdrucksmittel für die Weltanschauung und geistige Haltung zu sein, sondern auch darüber hinaus, jede Art anderen Denkens auszuschalten. Der Wortschatz der Neusprache war so konstruiert, dass jeder Mitteilung, die ein Parteimitglied berechtigterweise machen wollte, eine genaue und oft sehr differenzierte Form verliehen werden konnte. Das wurde teils durch die Erfindung neuer, hauptsächlich aber durch die Ausmerzung unerwünschter Worte erreicht. Der Wortschatz bestand aus Worten die dazu bestimmt waren, den Benutzer in die gewünschte Geistesverfassung zu versetzen. Es war also in der Neusprech so gut wie unmöglich, verbotenen Ansichten Ausdruck zu verleihen."*[286] Insgesamt ist die Anatomie der kommunistischen Rhetorik so menschenverachtend wie aufschlussreich. Wie Faschisten denken auch Kommunisten in binären Gegensätzen: Licht-Dunkel, Freund-Feind, hart-weich. Daraus folgte mit brutaler Logik: Und willst Du nicht mein Bruder sein…

286 G. Orwell, 1984, London 1949

IV. WIE BEKÄMPFE ICH EINE DIKTATUR?

*Die Machthaber können zu allen Zeiten getrost davon ausgehen,
dass es der allergrößten Mehrheit der Menschen vor der Freiheit graut
und dass sie keinen tieferen Antrieb kennt als den, ihre Freiheit aufzugeben,
Gefängnisse zu errichten, um sich vor alten und neuen Götzen niederzuwerfen.*
Peter Sloterdijk

1. Das Ende der Freiheit

Wie bekämpfe ich eine Diktatur? Diese Frage stellte ich mir zum ersten Mal am Sonntag, den 13. August 1961, vor der gerade geschlossenen Grenze nach Westberlin. Ich war siebzehn, und von der martialischen Abriegelung der Straßen zu Beginn des Mauerbaus geschockt. Ein intensives Gefühl von Unfreiheit und Ohnmacht befiel mich. Es dauerte zwei Jahre, ehe ich in der Lage war, Flugblätter zu verbreiten, die diese Unfreiheit und Brutalität der Diktatur anprangerten und dazu aufforderten, sich zu wehren. Nachts verteilte ich sie in der Innenstadt von Ostberlin, in S-Bahn, U-Bahn, Straßenbahn, in Telefonzellen, vor dem Haupteingang der Humboldt-Universität, in Bahnhöfen, Kinos, selbst in einer angesagten Nachtbar in der Schönhauser Allee und überall dort, wo Menschen zusammen kamen. Zum zweiten Jahrestag des Mauerbaus rief ich darin zu einer Demonstration gegen die Mauer und für die Einheit Deutschlands auf. Die Stasi hatte meinen Aufruf wahrgenommen und reagiert. Ein klandestin zusammengezogenes Aufgebot von Uniformierten verhinderte jegliche Gruppierung.[287] Doch der Zweck meiner Aktion war erreicht: Das Regime stieß auf Gegenwehr.

Die Besorgnisse, auch der Sowjetunion, über den ständig steigenden Flüchtlingsstrom und die damit verbundene Gefährdung der politischen Stabilität des SED-Staates führten spätestens nach der Begegnung zwischen dem Präsidenten der Vereinigten Staaten, John F. Kennedy, und dem sowjetischen Partei- und Regierungschef, Nikita S. Chruschtschow, am 3./4. Juni 1961 in Wien zu Überlegungen, die Möglichkeit zur Flucht zu unterbinden. Den Gedanken, eine Mauer durch die seit Ende des Zweiten Weltkrieges unter Vier-Mächte-Verwaltung stehenden ehemaligen Reichshauptstadt zu ziehen, leugnete Walter Ulbricht am 15. Juni 1961 in einer internationalen Pressekonferenz in Ostberlin. Im Juli stieg der Flüchtlingsstrom weiter an. Er wurde auch in den Augusttagen nicht kleiner, sondern größer. Am 2. August meldeten sich im Notaufnahmelager Berlin-Marienfelde 1322, am 3. August 1100, am 4. August 1115, am 5. August 1283, am 6./7. August 3268, am 8. August 1741, am 9. August 1926, am 10. August 1709, am 11. August 1532 und am 12. August 2400 Bewohner des SED-Staates.[288] Von 1949 bis zum Mauerbau

287 Vgl. W. Welsch, Ich war Staatfeind Nr.1., München 2006, S. 91

288 Bundesministerium für gesamtdeutsche Fragen [Hrsg.], Die Flucht aus der Sowjetzone und die Sperrmaßnahmen des kommunistischen Regimes vom 13. August 1961, Bonn-Berlin 1961, S. 32

flüchteten 2,7 Millionen Ostdeutsche. Bis 1988 folgten ihnen trotz der weitgehenden Grenzabriegelung 626.000 Menschen, von denen 210.000 den schwierigen Weg der Flucht auf sich genommen hatten. 343.000 kamen im Jahr der Maueröffnung, zusammen rund 3,6 Millionen oder 20 Prozent der Gesamtbevölkerung, die widerständiges Verhalten zeigten.[289] In den vierzig Jahren bis zur „leisen Revolution" 1989/90 verließen etwa fünf Millionen Menschen den SED-Staat.[290] Nach neuesten Erkenntnissen starben bis Ende 1989 wohl 600 bis 800 Flüchtlinge an der Berliner Mauer und der deutsch-deutschen Grenze. Diese exorbitante Fluchtbewegung, deren politische und wirtschaftliche Auswirkungen spürbar wurden, veranlasste den Ministerrat der DDR am 12. August 1961 unter Bezugnahme auf eine Erklärung der Mitgliedsstaaten des Warschauer Pakts und eine Entschließung der Volkskammer, einen Beschluss zu verabschieden, der eine Verschärfung der Bewachung der Grenze und die Errichtung einer Mauer an der Grenze zwischen den Westberliner Sektoren und Ostberlin und den westlichen und östlichen Sektoren von Berlin und den westlichen Sektoren und dem Gebiet der DDR vorsah. Für den Besuch des Ostsektors von Berlin wurde Ausweiszwang eingeführt. Die angekündigten Maßnahmen wurden in den ersten Stunden des 13. August 1961, einem Sonntag, eingeleitet. Sie hoben die Freizügigkeit innerhalb Berlins auf. Bei der Durchführung wirkten Volkspolizei, Nationale Volksarmee und paramilitärische Verbände der Kampfgruppen zusammen. Der Übergang am Brandenburger Tor wurde geschlossen. Kampfgruppenverbände standen mit Maschinenpistolen im Halbkreis vor dem Symbol der Zusammengehörigkeit nicht nur der Bevölkerung von Berlin, sondern des ganzen deutschen Volkes. Etliche Ostberliner und andere DDR-Bürger, die zufällig am 13. August 1961 im Westen waren, lehnten eine Rückkehr in die DDR ab. Die prominenteste Persönlichkeit war der Philosoph Ernst Bloch, der in einem Schreiben an den Präsidenten der Akademie der Wissenschaften seiner Befürchtung Ausdruck verlieh, die Ereignisse des 13. August ließen erwarten, dass für selbstständig denkende Menschen in der DDR kein Lebens- und Wirkungsraum mehr bleibe. Genau das traf zu. Trotzdem gelang nach dem Mauerbau noch 8500 Menschen die Flucht. Wegen der Perfektionierung der Grenzsicherungsanlagen in den Folgejahren sank die Zahl der Flüchtlinge rasch. Der Bau der Mauer wurde von der SED-Führung als „antifaschistischer Schutzwall" gerechtfertigt. Der Begriff sagte alles, Schutz vor einem imaginären Angriff der Bundeswehr, Schutz vor angeblich faschistisch-restaurativen Kräften in der Bundesrepublik. Dies war, nach einer Bemerkung von Václav Havel, die übermächtige „Realität der Lüge". In Wahrheit diente sie eindeutig dazu, dem *„Ausbluten der DDR durch einen fortgesetzten Flüchtlingsstrom in den Westen zu stoppen."*[291]

Dem Zwang zu bleiben, folgte das Aufbegehren. Noch im gleichen Jahr fielen die ersten tödlichen Schüsse auf Flüchtlinge. Der Tod des jungen Peter Fechter wurde zum Symbol für die mörderische Entschlossenheit des SED-Staates, Flucht mit allen Mitteln zu verhindern. Die Sehnsucht nach Freiheit wurde zum Verbrechen.

289 H. Knabe, Opposition in einem halben Land, in: Macht Ohnmacht Gegenmacht, 2001
290 Statistisches Jahrbuch der Bundesrepublik 1991
291 M. Wolf, Ex-Generaloberst des MfS und Chef der HVA, in: MDR lexi-tv, 7.5.2003

Die DDR missachtete die UNO-Menschenrechtserklärung, in der es heißt: „Jeder Mensch hat das Recht, jedes Land, einschließlich seines eigenen, zu verlassen sowie in sein Land zurückzukehren.“[292]

Am 24. Januar 1962 führten die SED per Gesetz die allgemeine Wehrpflicht unter Einbeziehung des Ostteils von Berlin ein. Das war zwar gegen den entmilitarisierten Status der Stadt und verletzte zudem das nach wie vor gültige Potsdamer Viermächte-Abkommen. Doch die Parteiführer der Sowjetunion, mit denen dieser Schritt abgesprochen war, gaben dazu den politisch-ideologischen Rückhalt. Die Einführung der Wehrpflicht war die logische Konsequenz einer zunehmend aggressiven Militarisierung, die sich nicht nur in erster Linie gegen die verhasste Bundesrepublik richtete, sondern zugleich das Potential an Widerspruch und Widerstand in der Jugend ausdünnte. Die war nunmehr in den Kasernen und unterstand der militärischen Gerichtsbarkeit.

Wie schon erwähnt, waren aktiver und passiver Widerstand Verhaltensformen, die den allumfassenden Herrschaftsanspruch der SED in Frage stellten. Schon früh entstanden antistalinistische Widerstandsorganisationen, wie die Ostbüros der im Bundestag vertretenen Parteien, die die gesellschaftliche Entwicklung kritisch beobachtete, der Untersuchungsausschuss freiheitlicher Juristen (UfJ), die Kampfgruppe gegen Unmenschlichkeit (KgU), als Konsequenz der politischen Verfolgung. Ihre Tätigkeit war eine Folge des Gleichschaltungsprozesses in der SBZ/DDR, der schon ab 1946 einen anhaltenden Strom politischer Flüchtlinge auslöste. Der vorläufige Höhepunkt in der ersten Phase des Widerstands war der Aufstand am 17. Juni 1953. Er war zugleich Zäsur, machte er doch angesichts des bevorstehenden Zusammenbruchs des SED-Regimes deutlich, dass Bundesregierung und Alliierte sich weitgehend zurückhielten. Die Enttäuschung über die passive westliche Haltung hat Aufständische und Sympathisanten desillusioniert. Der stellvertretende Vorsitzende des FDP-Ostbüros schrieb bitter: *„Westmächte und Bundesregierung hielten sich betont zurück. Nur nicht den Eindruck erwecken, als stünde man den tapferen Menschen bei. In dieser Stunde zeigte sich, was von den Beteuerungen bundesdeutscher Politiker zu halten ist, die >Brüder und Schwestern im Osten< niemals vergessen zu wollen.“*[293] Dabei waren es die Ostbüros der SPD, CDU und der FDP die zum Widerstand gegen die sich anbahnende Diktatur der SED aufriefen, nachdem politische Persönlichkeiten wie Ernst Reuter, Konrad Adenauer, Kurt Schumacher und Theodor Heuß dazu aufgerufen hatten. Wenn als wesentliches Kriterium einer Widerstandshandlung das Ziel der „Schwächung oder Beseitigung der SED-Macht und deren öffentliche Diskreditierung“ definiert wird, stellte sie sich am deutlichsten durch Flucht oder Fluchthilfe dar. Durch sie konnte der einzelne seine persönliche Situation aktiv verändern und zugleich das System destabilisieren. Die von außen agierenden Fluchthelfer, deren Tätigkeit zumeist nach dem Mauerbau begann, machten die Repressionsinstrumente des Staates wirkungslos und stellten sie bloß. Damit wurde die externe Fluchthilfe zu einer realen Bedrohung für den SED-Staat. Der reagierte mit der Einrichtung der Hauptabteilung VI beim Minis-

292 UN-Menschenrechtserklärung, New York 1948, Art. 13
293 W. Schollwer, Das Ostbüro der FDP, Berlin 1952

terium für Staatssicherheit, die sich mit der Bekämpfung von Flucht und Fluchthilfe befasste, und der ZKG, die die eingeleiteten „Kampfmaßnahmen“ koordinierte.

Die Historikern Marion Detjen schreibt 2005: *„Für die historische Analyse ist es jedoch wichtig, auch den Widerstandsbegriff erst einmal wertneutral einzusetzen und von seinen politisch-legitimierten Bezügen und moralischen Implikationen zu lösen. Die Frage, ob Fluchthilfe überhaupt Widerstand war, lässt sich sofort mit Ja beantworten.“*[294] Die Begriffsdefinition des Resistenzbegriffes unter den Bedingungen einer Diktatur ist ungeachtet verschiedener Interpretationen eindeutig. Bis zum Ende der DDR im Jahre 1989 gab es Fluchtversuche, sowohl erfolgreiche, als auch tragisch gescheiterte. Willy Brandt sagte 1952 dazu in einer Rede vor dem Deutschen Bundestag: *„Wer der Bevölkerung in der Sowjetzone Hilfe zu bringen, wer dem Recht Geltung zu schaffen sucht, macht sich um das Wohl von Volk und Staat verdient, so wie sich um das Wohl von Volk und Staat verdient gemacht hat, wer der nationalsozialistischen Gewaltherrschaft Widerstand leistete oder ihren Opfern Hilfe erwies.“*[295]

Eingedenk der Worte Brandts boten nun Fluchthelfer im Westen ihre Hilfe bei der Überwindung einer zunehmend undurchlässigen Grenze an. Zugleich nahm auch die Phantasie der Flüchtlinge bei der Überwindung der Sperranlagen zu. Der Begriff „Fluchthilfe“ wurde in den 60er Jahren von den drei Fluchthelfern Detlev Girrmann, Dieter Thieme und Bodo Köhler geprägt. Das Regime erklärt Flucht und Fluchthilfe zu Staatsverbrechen. Einige Beispiele mögen die Verfolgung verdeutlichen:

- Der Maat Bodo Strehlow versucht mit einem Küstenwachboot der DDR-„Volksmarine“ über die Ostsee zu flüchten. Die Übernahme des Wachbootes scheitert. Die eingesperrten Offiziere befreien sich mit einer Handgranate und eröffnen das Feuer auf Strehlow. Er wird schwer verletzt und zu lebenslänglichem Zuchthaus verurteilt.[296]
- Hartmut Richter ist Westberliner Fluchthelfer. Bei dem Versuch, seiner Schwester zur Flucht zu verhelfen, wird er verhaftet und zu 15 Jahren Freiheitsentzug verurteilt.
- Der Sohn einer chinesischen Familie aus Batavia (Djakarta), Xing-Hu Kuo, arbeitet als Übersetzer an der chinesischen Botschaft in Ostberlin und kann ungehindert zwischen Ost- und Westberlin reisen. Er nutzt diese Möglichkeit, um fluchtwillige DDR-Bürger nach Westberlin zu bringen. Seine Tätigkeit wird entdeckt, er wird verhaftet und wegen „fortgesetzter Verleitung von Personen zum Verlassen der DDR“ zu 7 ½ Jahren Zuchthaus verurteilt.
- Dieter Hötger gräbt mit Freunden einen Tunnel zwischen West- und Ostberlin, um mehreren DDR-Bürgern zur Flucht zu verhelfen. Die Aktion wird von einem MfS-Spitzel verraten. Hötger wird auf der Ostseite des Tunnels niedergeschossen, sein Freund tödlich getroffen. Er wird wegen „staatsgefährdender Gewaltakte und Verleitung zur Republikflucht“ zu neun Jahren Zuchthaus verurteilt.

294 M. Detjen, Ein Loch in der Mauer, München 2005, S. 347
295 Willy Brandt, am 16.7.1952, 223. u. 224. Sitzung des Deutschen Bundestages
296 S. Klewin, K. Wenzel, Wege nach Bautzen II, Dresden 1998, S. 180

- Winfried Christen unterstützt fluchtwillige CSSR- und DDR-Bürger nach der Niederschlagung des „Prager Frühlings". Er wird in der Nähe von Prag von einem MfS-Kommando überwältigt und in die DDR verschleppt. Dort wird er wegen „Tätigkeit gegen das sozialistische Weltsystem und staatsfeindlichem Menschenhandel" zu vier Jahren Freiheitsentzug verurteilt.
- Heinz-Peter Wetzig wird bei dem Versuch zu flüchten, im Kofferraum des Fluchtfahrzeuges entdeckt und festgenommen. Er wird durch den 1a-Strafsenat des Stadtgerichts Berlin wegen „landesverräterischer Agententätigkeit in Tateinheit mit versuchtem ungesetzlichen Grenzübertritt in schwerem Fall" zu vier Jahren Haft verurteilt.
- Die Brüder Hossein und Feridoun Yazdi, gebürtige Iraner, studieren in der DDR. Sie wollen flüchten und werden am Berliner Grenzübergang Checkpoint Charly verhaftet. Hossein Yazdi wird wegen „Verbrechen gegen das Gesetz zum Schutz des Friedens und wegen Fluchthilfe" zu lebenslanger Zuchthausstrafe verurteilt. Sein Bruder mit derselben Begründung zu acht Jahren.[297]

Diese Beispiele stehen für unzählige andere, tragisch gescheiterte Fluchtvorhaben und Fluchthilfeaktionen. Ungleich mehr Aktionen, vorbereitet von westdeutschen Fluchthelfern, gelangen, und die Flüchtlinge erreichten ihr Ziel.[298]

Fluchthilfe

Fluchthilfe war der ehrenwerte und widerständige Versuch, DDR-Bürgern bei der unlösbaren Aufgabe zu helfen, den SED-Staat zu verlassen und selbstbestimmt leben zu können.[299] Fluchthelfer begaben sich dabei in Gefahr für Leib und Leben, selbst wenn sie sich nicht unmittelbar an den Aktionen beteiligten und diese nur organisierten. Ihre Tätigkeit destabilisierte die Diktatur empfindlich. Doch trotz der klaren Worte Willy Brandts distanzierte sich die SPD-Bundesregierung immer mehr von diesen Helfern und ihrer widerständigen Aufgabe. Die SED-Semantik von der „kommerziellen Fluchthilfe" und den „kriminellen Menschenhändlern" wurde als Argumentationshilfe dankbar aufgegriffen. Dem SPD-Vordenker Egon Bahr war sie gar ein Hindernis in seiner „visionären Politik des Wandels durch Annäherung."[300] Dabei stand völlig außer Frage, dass Fluchthilfe per se eine politische Widerstandshandlung war, die zu allen Zeiten und in allen Diktaturen Menschen zur Freiheit verhalf und vor Verfolgung schützte. Nach dem konterrevolutionären Staatsstreich von 1917 verhalf Wladimir Taganzew politischen Flüchtlingen die Grenze nach Finnland zu überqueren.[301] Erinnert sei an die NS-Widerstandskämpferin Lisa Fittko,

297 Alle ebd. S. 158-190

298 W. Welsch, Ich war Staatsfeind Nr. 1, München 2006

299 BGH-Entscheidung v. September 1977 zu Fluchthelferverträgen: „Wenn ein Flüchtling einem Fluchthelfer einen Schuldschein unterschreiben muss, verstößt dies nicht gegen die guten Sitten und nicht gegen gesetzliche Vorschriften. Entscheidend ist die Motivation. Wenn ein Helfer anderen Menschen aus politischen Gründen hilft, ist das ehrenhaft. Dieses Verhalten kann man mit den Widerstandskämpfern im Dritten Reich vergleichen", AZ III ZR164/75

300 H. Schmidt, „Wer Visionen hat sollte zum Arzt gehen"

301 A. Jakowlew, Ein Jahrhundert der Gewalt in Sowjetrussland, Berlin 2004, S.168

die durch ihre Fluchthilfe vielen Verfolgten des NS-Staates über die „F-Route“ zur Freiheit führte, in Sicherheit vor nationalsozialistischer Verfolgung. Walter Benjamin war 1940 der Erste, den sie auf einem alten Schmugglerpfad mit Unterstützung des „Emergency Rescue Commitee“ über die Berge von Frankreich nach Spanien brachte. Erinnert sei auch an die französische Widerstandskämpferin und Fluchthelferin Germaine Tillon, eine der Mitbegründerin der ersten Résistance-Gruppen nach dem Einmarsch der Deutschen. Nicht zuletzt Marlene Dietrich, die seit ihrer Zeit in Paris aktiv und finanziell Fluchthelfer und emigrierende Künstler unterstützte. 1947 erhielt sie dafür den höchsten Orden der USA für Zivilisten, die Medal of Freedom. 1950 folgte der »Chevalier de la Légion d'Honneur« (Ritter der Ehrenlegion) durch die französische Regierung.

In Israel werden nichtjüdische Fluchthelfer, die in der NS-Zeit ihr Leben einsetzten, um Juden vor dem Holocaust zu retten als „Gerechte unter den Völkern“[302] geehrt. Diesen Ehrentitel gibt es seit dem Ende des Zweiten Weltkrieges. So wurden zum Beispiel die Obergefreiten Friedrich Rath und Friedrich Winking zum Tode verurteilt. Im Mai 1944 hatten sie dreizehn Juden von Ungarn nach Rumänen zur Flucht verholfen, um sie vor der Vernichtung zu bewahren. Auch sie „Gerechte unter den Völkern“. Die Gedenkstätte Deutscher Widerstand erinnert, wie sich einzelne Menschen und Gruppen in den Jahren 1933 bis 1945 gegen die nationalsozialistische Diktatur gewehrt und ihre Handlungsspielräume genutzt haben. Dazu gehört die Berliner Widerstandsgruppe Harnack/Schulze-Boysen. Sie leistete humanitäre Hilfe für Verfolgte, indem sie Lebensmittelkarten sammelte, Unterkunft gewährte oder Fluchthilfe organisierte. Heute bringen Fluchthelfer tibetische Kinder und Jugendliche aus dem vom kommunistischen China okkupierten Tibet über die Berge des Himalaya nach Indien in die Freiheit.

Früh erkannte die SED, dass sich aus dem ungebrochenen Drang ihrer eingesperrten „Staatsbürger“ nach Freiheit Kapital schlagen ließ. Deshalb begann 1964, auf Grund einer Initiative von Rainer Barzel und Axel Springer, der Verkauf von politischen Häftlingen in die Bundesrepublik. Namentlich aufgelistet wickelte der Ostberliner Rechtsanwalt und Honecker-Vertraute Wolfgang Vogel unter Federführung des MfS die Geschäfte ab. Die DDR profitierte anfangs durch Valuta-Mark, später durch dringend benötigte Rohstoffe und andere Mangelwaren.[303] Die Zahl der im Jahre 1973 aus dem SED-Staat geflüchteten Personen wird auf 6450 beziffert, 16% mehr als 1972. Der Anteil der so genannten „Sperrbrecher“, die unter Gefahr für Leib und Leben die Grenzsperren überwanden, erhöhte sich im gleichen Zeitraum um fast 50 %.[304] Zugleich stieg die Zahl der wegen Flucht und Fluchthilfe Verhafteten in diesem Zeitraum auf ähnliche Höhe. So befanden sich 1975 etwa 6500 Personen aus diesen, und aus begleitenden Gründen in politischer Haft.[305] Diese Zahl blieb in den siebziger Jahren konstant, veränderte sich auch in den

302 Hebräisch: Chassid Umot ha-Olam, nach dem Talmud – Die Gerechten aus den Völkern haben einen Platz in der kommenden Welt
303 W. Welsch, 2006, C. R. Whitney: Advocatus Diaboli, Berlin 1993
304 DIE WELT vom 2.1.1974
305 Ebd. vom 3./4.5.1975

achtziger Jahren trotz einer erhöhten Zahl von Freikäufen politisch Inhaftierter nur unwesentlich.[306]

Flüchtlinge und Fluchthelfer wurden zu besonders hohen Haftstrafen verurteilt. Die Gefängnisse und Zuchthäuser im SED-Staat füllten sich. Und der lange Arm des MfS reichte bis in die „Bruderländer“, jene Ostblockstaaten, in die DDR-Bürger reisen durften und von dort ihre Flucht organisierten. Von dort, so hofften viele, wäre eine Flucht einfacher und ungefährlicher. In Absprache mit den Geheimpolizeien jener Länder wurden Verbindungsoffiziere des MfS in den Hauptstädten der „Bruderländer“ stationiert, um Flucht vorzubeugen, zu verhindern oder koordiniert zu verfolgen. Trotzdem gelangten viele über Drittländer in den Westen. Als nach dem Abschluss der KSZE-Vereinbarungen die Ausreisewelle und parallel dazu der Flüchtlingsstrom sowie die Fluchthilfe zu nahm, erließ MfS-Minister Mielke am 15. Dezember 1975 den Befehl zur Gründung der „Zentralen Koordinierungsgruppe“ (ZKG).[307]

Wer aber ging? Wer blieb? Wer dem endlosen Glück des wissenschaftlichen Sozialismus glaubte, blieb. Wer nichts wusste und alles glaubte, blieb. Es gingen diejenigen, die keinen gewaltsamen Versprechungen glaubten. Es gingen die, die Freiheit liebten. Um die Freiheit zu lieben, muss man sie kennen. Wenn man sie kennt, muss man handeln. Tucholsky schreibt treffend: „Wer die Freiheit nicht im Blut hat, wer nicht fühlt, was das ist: Freiheit – der wird sie nie erringen.“[308]

2. Fluchthilfe und deren operative Bekämpfung

MfS-Generalmajor Gerhard Niebling wurde Leiter der ZKG und kommandierte bis zum Ende der DDR den Einsatz von 407 Offizieren, von denen 190 in der Zentrale des MfS in Berlin arbeiteten sowie weit über 100 IM. Damit reagierte das MfS auf die neue Sicherheitslage, die nach ihrer Einschätzung die Zahl der „Ausreiser“ und Flüchtlinge steigen sah. Ausreiser wurden jene genannt, die Anträge auf Ausreise stellten und sich bei der Begründung auf die Schlussakte der Konferenz von Helsinki beriefen. *„Der Ausreiseantrag war stets eine Totalabsage an die DDR und eine Option für die demokratische Bundesrepublik“*,[309] räumt Neubert ein, und Bernd Eisenfeld ergänzt, „dass dies eine Bewegung war, *die die SED-Diktatur auf Dauer hochgradig destabilisierte und schließlich zu Fall brachte.*[310] Die Fluchtbewegung, die der „systemimmanenten Opposition Grenzen setzte“, handelt Neubert in seiner Zusammenschau der Jahre ‘89/‘90 auf weniger als zwei Seiten ab. Nicht nur an dieser Stelle macht er neuerlich deutlich, wie gerne er die Bürgerrechtler zur Opposition erhöhen möchte. Damit wird Geschichte verdreht. Nachdem sich schnell herumgesprochen hatte, dass sich die DDR keinesfalls an die Vereinbarungen und

306 Ebd. vom 24.11.1977
307 Ministerbefehl MfS/GVS Nr. 1/75 v. 15.5.1975 betr. Gründung ZKG
308 Aus einem Brief Kurt Tucholskys an Arnold Zweig vom 15. Dezember 1935
309 E. Neubert, Unsere Revolution. Die Geschichte der Jahre 1989/90, München 2008, S. 52f
310 B. Eisenfeld in: D. Riemann, Laufzettel. Tagebuch einer Ausreise, Göttingen 2005, S. 9

Erklärungen, insbesondere hinsichtlich einer freien Wahl des Wohnortes, halten werde, nahm die Zahl der Versuche, das Land illegal zu verlassen, erneut zu.

Schon unmittelbar nach dem Bau der Mauer wurde Fluchthilfe von Westberlin aus durch idealistisch motivierte Studenten initiiert, die unter den scharf bewachten Grenzanlagen hindurch Tunnel nach Ostberlin gruben. Mit zunehmender Überwachung und spektakulären Feuergefechten zwischen Fluchthelfern und Grenzwächtern erhöhte sich das Risiko für Flüchtlinge und Fluchthelfer erheblich. Neue Wege und Lösungen mussten geschaffen und neue Sicherheiten erdacht werden. Der finanzielle Aufwand erfolgreicher Fluchthilfe erhöhte sich gegenüber den selbstlosen Nulltarifen der ersten Nach-Mauerjahre. Der Leidensdruck der Menschen im SED-Staat wuchs überproportional zu den realisierbaren, auch finanziell realisierbaren, Fluchthilfeaktionen. Umso intensiver wurden die wenigen gangbaren Wege genutzt. Fluchthilfe gab Schutz vor Repressalien des Regimes. Hubertus Knabe stellt fest: *„Die Wirksamkeit gerade dieser Aktivitäten ist vielfach belegt. Sie trug dazu bei, die Gewalt der Repression einzudämmen, den Widerstandswillen zu stärken und zahllosen Menschen ein Leben in Freiheit zu eröffnen; indirekt förderte sie das Anschwellen des Ausreisestroms und die Radikalisierung der Ausreisewilligen in den achtziger Jahren."*[311] Fluchthilfe war ein ständiger und schmerzender Stachel im Fleisch der DDR. Weil es sich mehr nicht anders zu helfen wusste, organisierte das MfS gezielt Mordaktionen gegen Fluchthelfer.[312]

Die Bezirksverwaltungen des MfS bildeten analoge Einheiten unter der Bezeichnung „Bezirkskoordinierungsgruppen"(BKG). Aufgabe dieser Diensteinheiten war, die Vorbeugung, Aufklärung und Verhinderung des ungesetzlichen Verlassens der DDR zu organisieren und die notwendigen Maßnahmen zur Bekämpfung des „staatsfeindlichen Menschenhandels" zu treffen. Eine Dienstanweisung definierte das Tätigkeitsfeld der ZKG. In ihr legte Mielke fest, dass: *„zur Unterbindung und Zurückdrängung von Versuchen von Bürgern der DDR, die Übersiedlung nach nichtsozialistischen Staaten und Westberlin zu erreichen, sowie für die vorbeugende Verhinderung, Aufklärung und wirksame Bekämpfung damit im Zusammenhang stehender feindlich-negativer Handlungen alle operativen Diensteinheiten des MfS ihren Teil beitragen müssen."*[313] Die eigentlichen Tätigkeiten zur Durchführung einer effektiven Bekämpfung von Flucht und Fluchthilfe wurde den Hauptabteilungen der Bezirksverwaltungen übertragen. Für Berlin-Ost war dafür die Hauptabteilung VI des MfS unter Leitung des Generalmajors Heinz Fiedler zuständig. Sein „Stellvertreter Operativ", Oberst Herfurth (OPD), leitete die Verfolgung und Bekämpfung von Flucht und Fluchthilfe. Er war das Führungsorgan aller IM für deren Tätigkeit im Operationsgebiet. Fluchthilfeorganisationen erzielten schnell erhebliche Erfolge, denn eine eigenverantwortlich durchgeführte Flucht scheiterte zunehmend an der hermetisch abgeriegelten Grenze und den modernisierten Sicherheitsvorkehrungen. Auf Veranlassung des MfS veröffentlichten die DDR-Medien nunmehr Urteile gegen gefasste Flüchtlinge. Damit wollte man einen hohen Abschreckungseffekt

311 H. Knabe, Opposition in einem halben Land, in: Neubert/Eisenfeld [Hrsg.], Macht Ohnmacht Gegenmacht, 2001, S. 166

312 D. Voigt, Mord. Eine Arbeitsmethode des Ministeriums für Staatssicherheit, München 1996

313 MfS-Dienstanweisung, Nur für den Dienstgebrauch (NfD), vom 13.10.1983

erreichen. Der Abschreckungseffekt ging aber gegen null. Etliche Fluchtversuche endeten im Kugelhagel der Grenzsoldaten oder unter der Wirkung tödlicher Selbstschussautomaten vom Typ SM 70 entlang der innerdeutschen Grenze. Es ist das Verdienst des ehemaligen politischen Häftlings und widerständigen Regime-Gegners Michael Gartenschläger, zwei dieser geächteten Mordwerkzeuge des SED-Staates dort demontiert und der Weltöffentlichkeit vorgestellt zu haben. Ein selbstloser Akt des Widerstands. Bei dem Versuch, einen dritten Todesautomaten abzubauen, wurde er von einem Stasi-Sonderkommando hinterrücks erschossen. Die Stasi ermordete den Mann, der die Schimäre des „friedliebenden Arbeiter- und Bauernstaates" entlarvte. Das MfS notierte: *„Bevor er die Tat ausführen konnte, wurde Gartenschläger durch Sicherungskräfte der DDR liquidiert."*[314]

Immer mehr Menschen wandten sich über ihre im Bundesgebiet lebenden Verwandten an Fluchthilfeorganisationen. Der Druck des Regimes auf die, die ihre Politik nicht mittragen wollten, sich verweigerten, und deshalb keine Perspektiven in ihrer Ausbildung und beruflichen Weiterentwicklung, insbesondere auch der ihrer Kinder sahen, verschärfte sich. Der in den West-Medien herausgestellte Erfolg mancher Fluchthelfer gab einen zusätzlichen Anschub für die Flucht mit Hilfe westlicher Organisationen. Die Risiken nahm man in Kauf. Das Gewinnstreben einiger Organisationen, dass oft zur Vernachlässigung der Sicherheit für die Flüchtlinge führte, sowie der massive Einsatz von IM zur Ausforschung von Fluchthelfern und deren Aktionen, bescherten dem MfS einige Erfolge bei der Verhinderung geplanter Fluchten. Doch einige Fluchthelfer verzichteten im Interesse eigener Sicherheit und der ihrer Probanden auf Öffentlichkeit. Sie wollten den SED-Staat destabilisieren, indem sie ihm einen möglichst hohen Schaden durch den Abzug hochqualifizierter Personen zufügten. In einer Stasi-Akte über mich wird die „Organisation Welsch" als *„eine der gefährlichsten, höchst effizient arbeitende Menschenhändlerorganisation"* beschrieben.[315]

„Besonders intensive Bestrebungen wurden durch den kriminellen Menschenhändler Welsch unternommen Er realisiert seit längerer Zeit Ausschleusungen von der VR Bulgarien über die SR Rumänien, die SFR Jugoslawien nach der BRD. Dieser Gegner konzentriert sich vor allem auf Ärzte und Angehörige der wissenschaftlich-technischen Intelligenz. Der Schaden für die DDR ist beträchtlich. Darüber hinaus veranlasst er Bürger der DDR, rechtswidrige Ersuche auf Übersiedlung nach nichtsozialistischen Staaten zu stellen. Er verfolgt damit unverändert das Ziel, die DDR zu schädigen, sie politisch zu diffamieren, der Missachtung der Menschenrechte zu bezichtigen und eine sogenannte innere Opposition bei uns zu schaffen und eine politische Untergrundtätigkeit zu organisieren", [316] heißt es darin. Diese Erkenntnis ist nicht neu. Jede erfolgreiche Flucht delegitimierte das SED-System.

314 HA I: Maßnahmeplan v. 26.4.1976, Analyse über Delikte […] v. 31.10.1977, dokumentiert in: Bludau /Lienicke, Todesautomatik. Die Staatssicherheit und der Tod des Michael Gartenschläger, Hamburg 2001, S. 409, 442f

315 Wörterbuch des MfS: KMHB, MfS-HA VI/1, Abwehr, Oberst Teschner, Ministerrat der Deutschen Demokratischen Republik, Ministerium für Staatssicherheit, Der Minister, Generaloberst Erich Mielke, VVS MfS 0008-7/79, Bearbeitungskonzeption zum ZOV „Skorpion", Reg.Nr.: XV/3359/74 vom 22. Mai 1980, Welsch, 2001

316 BStU-Akte VVS MfS Mielke 008 – 7/79

102374 30/79

Ministerrat
der Deutschen Demokratischen Republik
Ministerium für Staatssicherheit
Der Minister

VVS MfS 0008-7/7
Ex.-Nr.: 519

Die in Durchsetzung meiner Befehle Nr. 1/75 und Nr. 6/77 sowi der dazu gegebenen zentralen Weisungen und Orientierungen era beiteten Erkenntnisse bestätigen, daß der staatsfeindliche Menschenhandel und die Inspirierung zum ungesetzlichen Verlassen der DDR nach wie vor ein fester Bestandteil des subver siven Vorgehens gegen die DDR sind.

Untrennbar damit verbunden sind die verstärkten Versuche des Gegners

Bürger der DDR zu veranlassen, rechtswidrige Ersuchen auf Übersiedlung nach nichtsozialistischen Staaten und Westberlin, auf Familienzusammenführung und Eheschließung mit Bürgern nichtsozialistischer Staaten sowie auf Entlassung aus der Staatsbürgerschaft zu stellen und

Bürger der DDR aufzufordern, mit rechtswidrigen Forderungen gegenüber staatlichen Organen der DDR, durch Zusammenschluß zur Begehung von Straftaten und anderen Rechtsverletzungen, durch die Verübung von Provokationen und demonstrativen Aktionen gegen die sozialistische Staats- und Rechtsordnung, eine Übersiedlung in die BRD durchzusetzen.

Der Gegner verfolgt damit unverändert das Ziel, die DDR zu schädigen, sie politisch zu diffamieren und der Mißachtung der Menschenrechte zu bezichtigen.
Zugleich sind alle diese Aktivitäten fester Bestandteil seiner Versuche, eine sogenannte innere Opposition bei uns zu schaffen und eine politische Untergrundtätigkeit zu organisieren.

KOPIE BStU

Mielke
Generaloberst

MfS/VVS/79: Ausreise und Fluchthilfe schädigen DDR politisch

Sitz der HA VI/MfS zur Bekämpfung der Fluchthilfe

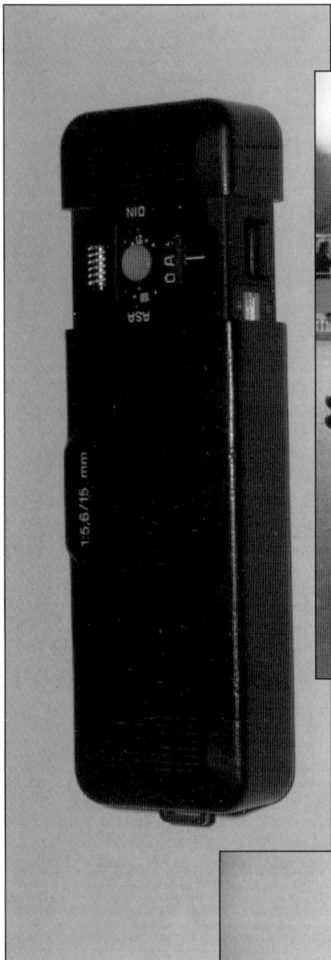

Minox B-Spionagekamera vom IM „Alfons“ (P. Haack)

IM „Alfons“ operativ in London mit dem Autor

Tel Aviv/Airport: Der tödlich vergiftete Autor mit Tochter

Stempelvorlage für Fluchthilfe über Bulgarien

Fluchtflugzeug Sofia-Bukarest, am Set der „Skorpion"-Produktion

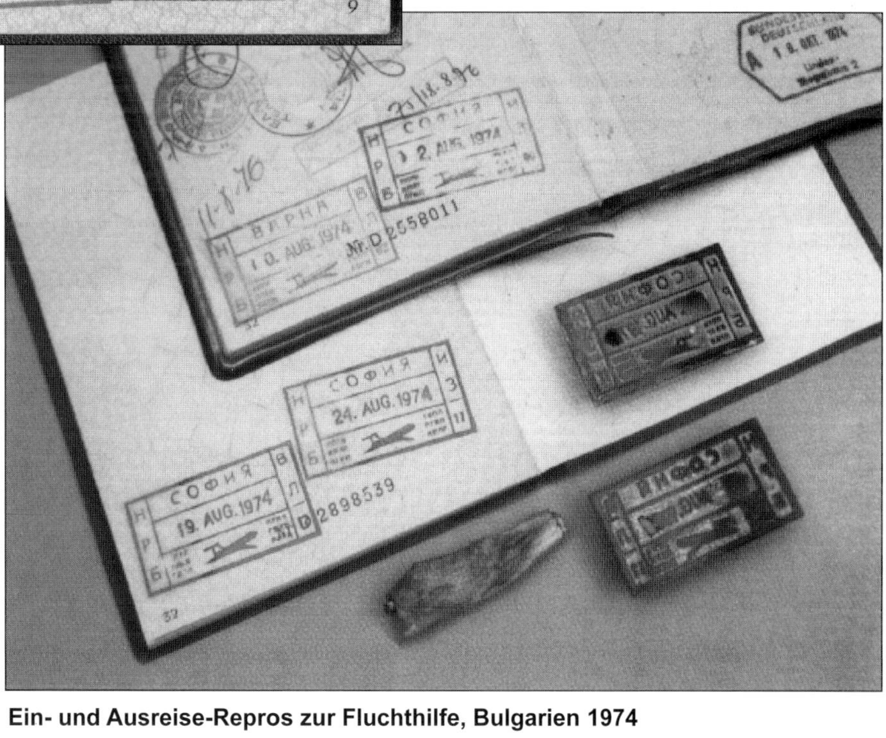

Ein- und Ausreise-Repros zur Fluchthilfe, Bulgarien 1974

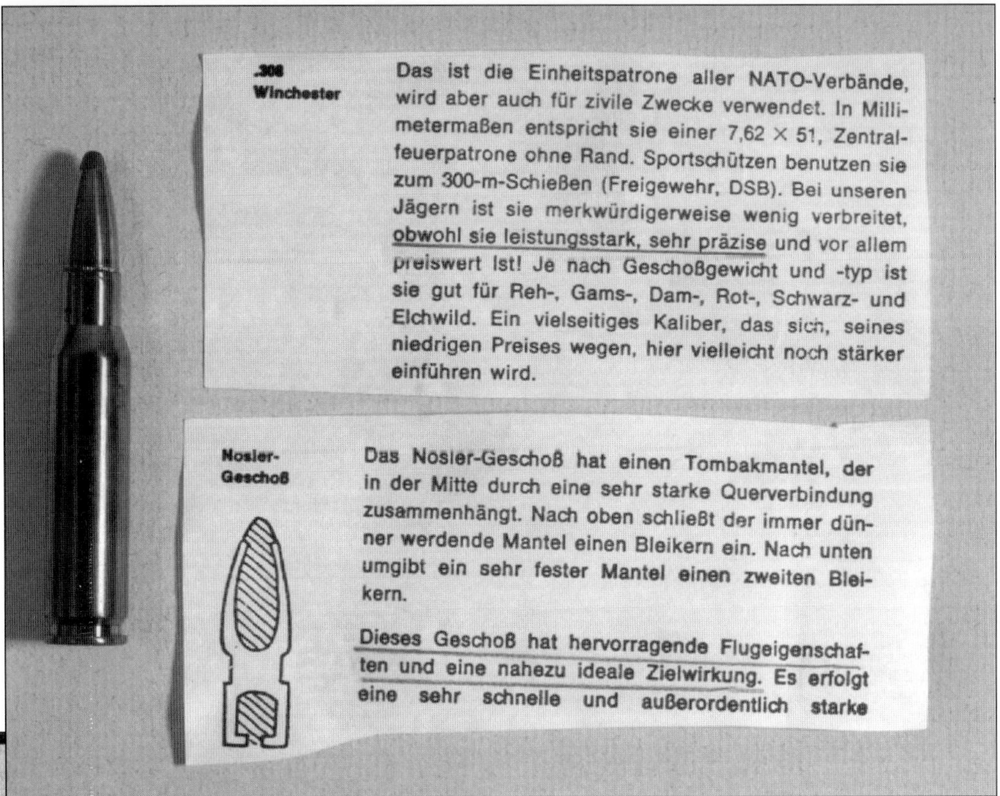

.308 Winchester

Das ist die Einheitspatrone aller NATO-Verbände, wird aber auch für zivile Zwecke verwendet. In Millimetermaßen entspricht sie einer 7,62 × 51, Zentralfeuerpatrone ohne Rand. Sportschützen benutzen sie zum 300-m-Schießen (Freigewehr, DSB). Bei unseren Jägern ist sie merkwürdigerweise wenig verbreitet, obwohl sie leistungsstark, sehr präzise und vor allem preiswert ist! Je nach Geschoßgewicht und -typ ist sie gut für Reh-, Gams-, Dam-, Rot-, Schwarz- und Elchwild. Ein vielseitiges Kaliber, das sich, seines niedrigen Preises wegen, hier vielleicht noch stärker einführen wird.

Nosler-Geschoß

Das Nosler-Geschoß hat einen Tombakmantel, der in der Mitte durch eine sehr starke Querverbindung zusammenhängt. Nach oben schließt der immer dünner werdende Mantel einen Bleikern ein. Nach unten umgibt ein sehr fester Mantel einen zweiten Bleikern.

Dieses Geschoß hat hervorragende Flugeigenschaften und eine nahezu ideale Zielwirkung. Es erfolgt eine sehr schnelle und außerordentlich starke

Morddrohung in den 80er Jahren per Post

Sichtvermerke — Visas — Visas

1. DEUTSCHE DEMOKRATISCHE REPUBLIK (DDR)
2. SOWJETUNION (UDSSR)
3. TSCHECHOSLOWAKISCHE SOZ. REPUBLIK (CSSR)
4. SOZIALISTISCHE REPUBLIK RUMÄNIEN
5. SOZIALISTISCHE FÖD.REPUBLIK JUGOSLAWIEN
6. VOLKSREPUBLIK ALBANIEN
7. VOLKSREPUBLIK BULGARIEN
8. VOLKSREPUBLIK POLEN
9. VOLKSREPUBLIK UNGARN

Lahn-Gießen, 04. APR. 1977

Stadt Lahn
Der Oberbürgermeister
Im Auftrag

Nr. D 2221410

13

Bild links: Fluchthelfer-Pass, von BRD-Behörde für die Einreise in soz. Länder gesperrt

Telefon-Scrambler zur Info-Übermittlung nach Westberlin

Getragen von Rachegedanken wurde der OPD die Aufgabe übertragen, mich, den resistenten Fluchthelfer, aufzuspüren und mit Hilfe von IM zu liquidieren, das heißt, mich zu töten. Denn Fluchthelfer führten nach Auffassung des MfS *„in erster Linie einen politischen Kampf gegen die DDR und den Sozialismus.“*[317]

Unter dem Decknamen ‚Claus Wolf‘ ließ ein MfS-Autorenkollektiv 1982 verbreiten: *„Intensiv strebt die Fluchthilfe eine nach außen, also direkt gegen die sozialistischen Staaten zielende Wirkung an. Die Initiatoren und Organisatoren wollen den sozialistischen Volkswirtschaften empfindliche Schläge versetzen. Die ökonomischen Destabilisierungsversuche sind untrennbar mit dem Ziel ideologischer Diversion verbunden. Der staatsfeindliche Menschenhandel zielt darauf ab, in möglichst großem Umfang Bevölkerungsgruppen zu antisozialistischen Denk- und Verhaltensweisen zu bringen.“*[318] Das allerdings war genau meine Zielstellung: Die Diktatur zu destabilisieren und mithelfen, sie zu stürzen.

Der volkswirtschaftliche Nutzen besonders der akademisch ausgebildeten Flüchtlinge, für die der Staat erhebliche finanzielle Aufwendungen geleistet hatte, ging verloren. Neben meiner „stillen“ Fluchthilfe, die der Diktatur die Kraft und Möglichkeiten des Widerstands von außen vorführte, gehörte, seine fortdauernden Verbrechen öffentlich anzuprangern.

Fluchthilfe, sollte sie erfolgreich sein, hatte dafür mehrere Bedingungen zu erfüllen. Möglichst umfassend mussten im Vorfeld sicherheitsrelevante Fragen geklärt und organisatorische Abläufe koordiniert werden. Die Sicherheit eingeleiteter Aktionen konnte nur unter konspirativen Umständen gewahrt bleiben. Die Beteiligten, Flüchtlinge und Fluchthelfer, waren sich dessen ungeachtet eines bestehenden Restrisikos bewusst. In der Regel vergrößerte sich das Potenzial der um Hilfe Suchenden durch vorangegangene erfolgreiche Aktionen. Mund-zu-Mund-Propaganda entging zuverlässig dem Verrat durch eingeschleuste IM. Die zehn wichtigsten Fragen dieser Vorbereitung lauteten:

- Wer wollte flüchten und warum?
- Wie kam der Kontakt mit dem Flüchtling zustande?
- Waren die Kontaktpersonen in der Bundesrepublik zuverlässig?
- Wurde oder wird der Flüchtling vom MfS bearbeitet?
- Wie stabil war die Psyche des Flüchtlings?
- Wie erfolgte die Finanzierung der Flucht durch Westangehörige?
- War Aufklärung des Flüchtlings vor Ort (DDR, Ostberlin) möglich?
- Wie viele Kontaktpersonen im Osten und im Westen waren informiert?
- Wie hoch war das Restrisiko im konkreten Fall?
- War der Flüchtling vertrauenswürdig oder ein getarnter IM?

Erst wenn diese Fragen nach bestem Wissen und Gewissen beantwortet, ausgewertet und koordiniert waren, konnten konkrete Maßnahmen getroffen werden. Die gewählten Fluchtwege waren in der Regel so sicher wie die vorausgegangene Planung. Nichts konnte und nichts durfte dem Zufall überlassen bleiben. Schließlich

317 MfS, BStU-Reg. Nr. 4444/87,HA I/1, Abwehr, Naa, Kr, 24.12.1976, S. 6f

318 C. Wolf, Bosse, Gangster, Kopfgeldjäger. Flüchtlingskampagnen und Menschenhandel, Ost-Berlin 1982, S. 9f

ging es um Menschen und deren Schicksal. Entscheidend war das Verantwortungsbewusstsein des Fluchthelfers wie auch seine Motivation. Er musste sich in die Konteraktionen der gegnerischen Geheimpolizei hineinversetzen können. Selbst durfte man dem Gegner keine Ansätze zu Konteroperationen geben. Meine Erfahrungen mit dem MfS in vorangegangener politischer Haft, das intensive Studium der individuellen Situation, sowie vorangegangene Aktionen versetzten mich in die komfortable Lage, Schritte und Maßnahmen des Gegners abzuschätzen und in die eigenen Planungen und Operationen einzubeziehen. Eine überdurchschnittlich hohe Erfolgsquote, wie auch der Hass des Gegners waren die Folge.

Der Gegner, das waren die ZKG-Operativ-Mitarbeiter, arbeitete getreu der MfS-Devise, dass die Sicherheit der DDR ein Problem des Ministeriums und seiner Mitarbeiter sei und von ihnen gewährleistet wird. Hinter dem Terminus „Operationsgebiet" verbarg sich nichts anderes als das durch Spionage und Subversion zu bearbeitende westliche Ausland. Im „Operationsgebiet" wurden Fluchthelfer verfolgt und liquidiert. MfS-Generäle und Oberste promovierten mit diesem Thema an der Juristischen Hochschule des MfS.[319] Die „Arbeitsgruppe beim Minister" (AGM/S) verfasste dazu Richtlinien und Anleitungen. Zuständig für die Bearbeitung des imperialistischen Auslands war nach eigener Darstellung die HVA. Insofern also für die Bearbeitung der zumeist vom Territorium der Bundesrepublik und Westberlin ausgehenden Fluchthilfe. Neben Generaloberst Wolf koordinierte Generalleutnant Neiber, Stellvertreter des Ministers, die Auslandsaktionen mit der HVA, der ZKG und der Hauptabteilung VI des MfS. Die Stasi-Terminologie mag einem spleenig vorkommen, indes reflektiert sie, freilich unbeabsichtigt, einen guten Teil der Parteinähe, der Hohlheit und Verklemmtheit jenes scheinbar so machtvollkommenen und selbstherrlich agierenden Apparates.[320] Bei der Auswertung der Stasi-Akten ließ sich eine enge Zusammenarbeit zwischen ZKG, HVA und den operierenden Diensteinheiten erkennen.[321] Für eine Reihe „aktiver Maßnahmen", insbesondere begleitender Desinformationsoperationen, war die Abteilung X der HVA zuständig. Grundlage für die operative Arbeit war eine geheime Dienstanweisung zur Entwicklung und Bearbeitung Operativer Vorgänge. Ein Operativer Vorgang (OV) war die höchste Form Personen gebundener Überwachungstätigkeit. Darin finden sich Anweisungen von zentraler Bedeutung für die offensive Bekämpfung, Zerschlagung und Zersetzung feindlicher Stellen und Kräfte, von denen eine hohe Gesellschaftsgefährdung ausgeht. Zersetzung war die „leise" Form des Terrors. Sie wurde zu einer der zentralen operativen Aufgaben in der Verfolgung und Bekämpfung insbesondere widerständigen Verhaltens wie Fluchthilfe. Art und Umfang dieser Maßnahmen lassen die Bedeutung von Widerstand mit Blick auf die angenommene Gefährdung des SED-Staates durch Fluchthilfe erkennen. Fluchthilfe erfüllte den Anspruch der Deutschen auf ihre Grundrechte, wie sie in Artikel 2 (2), Artikel 3 (3), Artikel 4 (1), Artikel 5 pp Grundgesetz, sowie Korb 1 der KSZE-Vereinbarung pos-

319 D. Voigt, Die Promotionen des MfS, Bochum 1997

320 P. Siebenmorgen, Staatssicherheit der DDR. Bonn, 1993, S. IX

321 Löwenthal, Kamphausen, Clausen, Feindzentrale Hilferufe von drüben, 2.Aufl., Lippstadt 1994, S. 250

tuliert worden sind.[322] Auch deshalb wurde der Kampf gegen den Klassenfeind im Westen vom MfS von Anfang an als Hauptaufgabe betrachtet. Beteiligt daran war nicht nur die jahrzehntelang von Wolf geleitete HVA mit ihren zuletzt knapp 4000 hauptamtlichen Mitarbeitern, sondern fast das gesamte Ministerium.[323] Zusammenfassend stelle ich fest, dass mit einer erfolgreichen Fluchthilfe eine kontinuierliche Aufweichung des Machtapparates der Diktatur einherging, weshalb sie sich zum größten Sicherheitsproblem der DDR entwickeln konnte. Dies beweist eindrucksvoll die Wirksamkeit der deutschen Résistance gegen das SED-Regime. Die Rache dafür waren Mordanschläge auf Fluchthelfer. Mord wurde so zum Mittel der Politik erklärt.

Erich Honecker, der kommunistische Diktator in Ostberlin, *„weinte denen“*, die das Land verließen, es waren Hunderttausende, derweil *„keine Träne nach.“*[324] Die Verachtung des eigenen Volkes hatte er mit Adolf Hitler gemeinsam, der kurz vor dem Kriegsende resümierte: „Wenn das deutsche Volk einmal nicht mehr stark genug ist, sein Blut für die Existenz einzusetzen, wenn es in diesem unerbittlichen Ringen verliert, versagt, dann soll das deutsche Volk vergehen und von einer stärkeren Macht vernichtet werden“. Er wolle ihm dann „keine Träne nachweinen“.

3. Operative Zersetzung und Liquidierung

In geheimen Dienstanweisungen wurden die zu erfolgenden Maßnahmen gegen „feindlich-negative“ Kräfte detailliert beschrieben, die gelähmt, isoliert, desorganisiert und zersplittert werden sollten. Auch hier erkennt man die MfS-typische Semantik: *„Zersetzungsmaßnahmen sind insbesondere anzuwenden: Im Zusammenhang mit der Durchführung strafrechtlicher Maßnahmen, insbesondere zur Zerschlagung feindlicher Gruppen sowie zur Einschränkung bzw. Unterbindung der Massenwirksamkeit feindlich-negativer Handlungen, zur wirksamen und vorbeugenden Bekämpfung staatsfeindlicher Tätigkeit und anderer feindlich-negativer Handlungen, wie z. B: zur Verhinderung des staatsfeindlichen Wirksamwerdens negativer Gruppierungen, zur Einschränkung der Wirksamkeit politisch zersetzender Auffassungen bzw. von Schaden verursachenden Handlungen, gegen Personen, Personengruppen und Organisationen, von denen Aktivitäten und andere subversive Maßnahmen gegen die DDR ausgehen. Schwerpunkt bilden dabei die kriminellen Menschenhändlerbanden (KMHB), deren Helfer und Auftraggeber. Diese Mittel und Methoden sind entsprechend den konkreten Bedingungen des jeweiligen Operativen Vorganges schöpferisch und differenziert anzuwenden, auszubauen und weiterzuentwickeln. Pläne zur Durchführung von Zersetzungsmaßnahmen gegen Organisationen, Gruppen, Gruppierungen oder einzelner Personen im Operationsgebiet sind mir bzw. meinem jeweils zuständigen Stellvertreter zur Bestätigung*

322 Grundgesetz der Bundesrepublik Deutschland ff., Schlussakte der KSZE vom 1.8.1975

323 H. Knabe, Die Westarbeit des MfS. Das Zusammenspiel von Aufklärung und Abwehr, Berlin 1999

324 Andert, Herzberg, Der Sturz. Honecker im Kreuzverhör, Berlin 1990

vorzulegen.“[325] Flucht oder Fluchthilfe zählten nicht ohne Grund zu den größten Sicherheitsproblemen des SED-Staates. *„Das schwerste Delikt in den Augen der DDR-Justiz ist heimliche Fluchthilfe. Hierfür wurden Gefängnisstrafen bis fünfzehn Jahre verhängt.“*[326]

Nach der Wende gestanden selbst die Angepassten und Regimetreuen, welche Auswirkungen widerständiges Verhalten durch Flucht und Fluchthilfe für den SED-Staat hatte.[327] Damit waren Abertausende Flüchtlinge gemeint, die dem SED-Staat letztendlich den Todesstoß gaben, weil sie ihn an seiner empfindlichsten Stelle trafen: der Existenzberechtigung. Obwohl sich die politischen und finanziellen Handlungsbedingungen in der Bundesrepublik für einen externen Widerstand gegen die SED-Herrschaft zunehmend verschlechterten, blieb er bis zum Ende der DDR von Bedeutung.[328] Gleichzeitig erhöhten sich die „operativen Kampfmaßnahmen“ des MfS in der Bundesrepublik qualitativ und quantitativ. Mit dem Fortschreiten der Terroroperationen gestand das MfS das eigene Unvermögen ein. Und dies trotz eines gigantischen Apparates und trotz verfeinerter, perfider Methoden. Doch damit nicht genug. Die Täter promovierten sogar an der juristischen Hochschule des MfS in Potsdam/Eiche über ihr kriminelles Handeln. So forderte ihr Rektor, Oberstleutnant Willi Opitz et al. (1976), die Liquidierung des Feindes: *„Besonders zu beachten sind dabei Personen aus diesen Zielgruppen mit feindlich-negativer, labiler oder schwankender Einstellung zur DDR in guter Vermögenslage oder mit zahlungskräftigen Verwandten/Bekannten im nichtsozialistischen Ausland und Westberlin. Von besonders politisch-operativer Bedeutung sind solche von den IM beschafften Informationen, Beweise und authentische Dokumente zur Zersetzung und Liquidierung der kriminellen Menschenhändlerbanden und zur Unterstützung der offensiven Politik unserer Partei- und Staatsführung.“*[329]

Und als weitere klare Handlungsanweisung formuliert Opitz: *„Auf vorangegangenen Dienstkonferenzen wurde mehrfach und in umfassender Weise zu inhaltlichen Fragen der weiteren Qualifizierung der Bearbeitung verdächtiger und feindlich tätiger Personen in Operativen Vorgängen Stellung genommen. Es wurde eine klare und eindeutige Orientierung darauf gegeben, dass die offensive und Tatstandsbezogene Bearbeitung der erkannten Feindtätigkeit die Liquidierung des Feindes, die vorbeugende Verhinderung weiterer subversiver Angriffe eine politische Aufgabe ersten Ranges für alle operativen Diensteinheiten und Linien, für alle Leiter und operativen Mitarbeiter ist.“*[330] Alle Dienstanweisungen, Befehle und Einsatzgrundsätze blieben immer streng geheim. Bei allen Verbrechen, die das SED-Politbüro beschloss, und die das MfS und seine Handlanger planten und begingen, galt: *„In allen Phasen der Planung, Vorbereitung und Durchführung muss die Konspiration und Geheimhaltung gewährleistet werden. Auf die DDR oder andere sozialistische*

325 MfS, Geheime Verschlusssache GVS 0008 Nr.100-76 Richtlinie Nr.1/76, S. 46

326 M. Meyer, Freikauf, Wien /Hamburg 1978, S. 47

327 *„Die Wende ist erzwungen worden auf Wegen, die aus dem Land hinausführten.“* H.D. Raspe, LDPD, am 13.11.1989 in der DDR-Volkskammer

328 H. Knabe, ebd.

329 D. Voigt, Die Promotionen des MfS, 1997, S. 63

330 Ders., S. 73

Länder darf nie der Verdacht fallen, dass sie Ausgangspunkte der durchgeführten aktiven Maßnahmen sind."[331]

Das MfS verhielt sich bei der Planung und Vorbereitung ihrer Mord- und Terror-Operationen wie eine mafiose Verbindung: Es tarnte, verschleierte, täuschte und verdeckte Verbrechen, deren theoretische Grundlagen den Verfassern akademische Grade einbrachten. Ihre Titel nahmen sie mit in das wiedervereinigte Deutschland, profitieren noch heute von ihnen und verwenden sie gegen die einstigen Verfolgten. Der Einigungsvertrag schaffte die Vorraussetzung dafür, dass sie später nicht verfolgt werden konnten. Generalmajor Manfred Hummitzsch et al. (1975), darunter Generalmajor mit Stasi-Doktortitel, Heinz Fiedler, der die Liquidierungsoperation des ZOV „Skorpion" leitete und sich 1994 in Berliner Untersuchungshaft deswegen das Leben nahm, schreiben: *„Ein wichtiges Anliegen besteht darin, jene Bürger, die die DDR ungesetzlich verlassen haben, in Widersprüche zu Staat und Gesellschaft der BRD und West-Berlin, besonders zur Bevölkerung zu bringen, sie zu diskreditieren, um ihre Eingliederung in diese Gesellschaft zu erschweren sowie andere operative Handlungen unter bzw. mit solchen Personen durchzuführen, auch gegen Menschenhändlerbanden."*[332]

„Die Bekämpfung der kriminellen Menschenhändlerbanden ist darauf auszurichten, ihre Wirkungsmöglichkeiten systematisch einzuengen und zu verschließen, zu desinformieren und zu zersetzen, sie in Widersprüche untereinander, zu ihren Auftraggebern und ihrer Umwelt zu bringen, ihnen damit die Fortsetzung ihrer verbrecherischen Tätigkeit zunehmend zu erschweren und letztendlich ihre Liquidierung zu erreichen. Erkennen der Möglichkeiten für das Eindringen in die kriminellen Menschenhändlerbanden sowie die Aufdeckung der Hintermänner, Inspiratoren und Organisationen zwecks Zersetzung, Lähmung, Diskriminierung und Unschädlichmachung."[333]

Die Wortwahl lässt keinen Zweifel an den Mordplänen des MfS. Drei Mordanschläge auf mich, in Deutschland, England und Israel unterstreichen, dass es nicht bei theoretischen Handlungsanweisungen blieb, sondern mit logistischer und anderer Hilfe der HVA zur jeweils geplanten Tatausführung kam.[334] Mord, diese Arbeitsmethode des MfS, konnte aber nichts an der Absicht der Fluchthelfer ändern, so viele Menschen so sicher wie möglich aus dem SED-Staat herauszuholen. Die SED/MfS-gelenkten Täter empfanden und empfinden keine Schuld. Sie machen die Umstände verantwortlich, die Befehlslage, nicht etwa sich selbst. Das würde erklären, warum sie von einem Tag auf den anderen ihr kriminelles Handeln beendeten und fortan ein Leben führen, als wäre nichts geschehen. Man könnte daraus den Schluss ziehen, dass sie ihre Schuld verdrängten. Möglich wäre aber auch, dass die Täter eine Schuld gar nicht erst empfanden. Daher zeigten vor Gericht so wenige von ihnen Reue. Damit sind die SED-Verbrechen nicht exkulpiert, aber die Mechanismen der Gewalt erklärt. Der Sozialpsychologe Harald Welzer geht davon

331 MfS-Oberstleutnant Erich Falz et al., 1979, S. 759, Welsch, 2001

332 N. Robers, Weshalb der Stasi-Generalmajor Fiedler sich in seiner Gefängniszelle das Leben nehmen konnte, in: Welt am Sonntag, Nr.1, 2.1.1994, S. 5 + 28

333 D. Voigt, Die Promotionen des MfS, Bochum 1997

334 Sandmeyer, Lambrecht, Müller, Auftrag Mord, in: Stern Nr. 49/50, 1993, Welsch, 2001

aus, dass Menschen in einer konstruierten Welt leben. Sie deuten das Geschehen gemäß eines normativen Referenzrahmens, der ihnen hilft, Entscheidungen zu treffen.[335] Es gab keinen gesetzlich fixierten Schießbefehl an der innerdeutschen Grenze, der es erlaubte, Männer, Frauen und Kinder auf der Flucht in den Rücken zu schießen.

Über Jahre wurde zur Norm, Gegner des Systems als Staatsfeinde, Abfall, Ungeziefer oder Dreck zu bezeichnen. Weil der Widerstand stigmatisiert war, wurde er als abnorm wahrgenommen. Das erzeugte zwar noch keine Bereitschaft zum foltern oder töten, senkte aber deutlich die Hemmschwelle. Die Täter erklären eine Gruppe von Menschen für unwert. So findet eine Täter-Opfer-Umkehr statt, nach der nicht die Anhänger der Ideologie die Schuldigen sind, sondern die, die ihr entgegenstehen. Zersetzung und Vernichtung werden notwendig zur Selbstverteidigung. Mitleid und Menschlichkeit spielen keine Rolle. Gewaltbereitschaft ist eine anthropologische Konstante. Wenn die Bedingungen stimmen, kann es zu extremer Entgrenzung von Gewalt kommen. Auch beim Wachpersonal in den MfS-Gefängnissen handelte es sich meist um einfache Menschen, die ihr Handeln nicht reflektierten. Doch der Kampf gegen das Böse, gegen den unwerten, widerständigen Gegner wurde dort ausgebrütet, wo die Führung über Bildung verfügte. Dort wurde das zu Zersetzende, zu Liquidierende benannt. Dem arbeiteten die Täter vor Ort initiativ entgegen.

4. Einsatz und Charakteristik von IM am Fall „de la Rosa"

Am 28. Mai 2008 widersprach Gregor Gysi im Deutschen Bundestag dem Vorwurf, er sei IM gewesen, indem er unter anderem erklärte: *„Es gibt Leute, die wollen die Wahrheit nicht wahrhaben. Die wollen hören, dass ich sage, was ich für eine Sau gewesen bin."*[336] Dieser Satz eines Kenners der Materie beschreibt zutreffend den Charakter eines IM.

Gegen die meisten Fluchthelfer wurde in den 70er und 80er Jahren eine große Anzahl inoffizieller Mitarbeiter mit dem Auftrag aufzuklären, zu denunzieren, zu behindern, zu zersetzen oder zu liquidieren eingesetzt. Auch in meinem Fall. 2002 machte ich in den Akten der damaligen „Gauckbehörde" eine überraschende Entdeckung.[337] Neben den mich betreffenden Akten der Hauptabteilung VI gab es eine weitere Hauptabteilung, die mich im Visier hatte. Nach Aktenlage operierten zu diesem Zeitpunkt 19 IM gegen mich. Einer davon, mein Trauzeuge und Kommilitone aus Gießen, hatte mich für die Hauptabteilung I/Abteilung „Äußere Abwehr" ausgespäht: Michael Manuel Sievert alias IM „Alexander", ein Mann mit schillerndem Lebenslauf.

Sieverts Vater war ein spanischer Faschist, der als Oberstarzt mit der „Blauen Division", Francos Dank für Hitlers „Legion Condor", im Zweiten Weltkrieg an der Sei-

335 H. Welzer, Täter. Wie aus ganz normalen Menschen Massenmörder werden, Frankfurt/M. 2005
336 G. Gysi, Rede im Deutschen Bundestag über seine IM-Tätigkeit am 28.5.2008
337 In: DER TAGESSPIEGEL vom 10.4.2005

te der Wehrmacht gegen die Sowjetunion zog. In der Berliner Etappe lernte er eine deutsche Frau kennen und lieben, Sieverts Mutter. Die starb kurz nach Kriegsende. Das Kind, 1944 unehelich geboren, wuchs bei der Großmutter im späteren Ost-Berlin auf, ohne Kontakt zum Vater. Viele Jahre danach scheiterte seine Flucht, als er zu seinem Vater nach Spanien wollte. Sievert wurde freigekauft und ließ sich als Buch-Antiquar in Westberlin nieder. Dort begann seine verhängnisvolle Affäre mit der Stasi. In seiner Stasi-Akte heißt es, er habe sich selbst angeboten, und als Motiv des Anbieters werden „Abenteuerlust“ und „materielles Interesse“ genannt.“[338]

An meinem Studienort Gießen legendierte er sich als Student und Mitglied der Vereinigung der Opfer des Stalinismus (VOS), um einen unauffälligen Kontakt zu mir herzustellen.[339] Um mein Vertrauen zu gewinnen, berief er sich auf das gemeinsame Erlebnis politischer Haft als vordergründiges Mittel der Verbundenheit. In Wahrheit ein falscher Freund, dessen einziges Ziel darin bestand, meine stille und effiziente Fluchthilfe für das MfS transparent zu machen und für sich zu kapitalisieren. Pro Bericht kassierte er 500,- DM. So fotografierte er beispielsweise Seiten aus meinem Notizbuch ab, „während W. unter der Dusche stand“, wie ich schockiert in der Stasi-Akte lesen konnte.

Mittlerweile hat er seinen spanischen Vater wiedergefunden. Michael Sievert heißt jetzt Manuel Leria de la Rosa. 1979 hat er dessen Namen angenommen und inzwischen auch sein Erbe angetreten. Bis zu seinem Tod im Sommer 2002, erfuhr der Vater nie, dass sein Sohn für die kommunistische Geheimpolizei der DDR tätig war. Wie alle entdeckten Täter bestreitet auch er jede Schuld. In den Stasi-Akten ist von „siebenjähriger Zusammenarbeit“ die Rede, von „48 Treffs“ und „wertvollen Informationen“. Der IM wird unter anderem dafür gelobt, dass „auf der Grundlage seiner Informationen zahlreiche Schleusungen verhindert und über 20 Personen inhaftiert werden konnten.“ Doch das ist ihm nicht genug. De la Rosa drängt: „ich würde bei entsprechenden Möglichkeiten Welsch so schnell wie möglich liquidieren“, erklärt er seinem Führungsoffizier. Der notiert: *„Es zeigt sich insgesamt bei dem IM die Tendenz, bei entsprechenden Möglichkeiten, Welsch so schnell wie möglich zu liquidieren.“* Wenig später präzisiert de la Rosa: *„ich würde den Welsch selbst liquidieren.“*[340]

In einem Interview mit Peter Sandmeyer vom Magazin „Stern“ beteuert de la Rosa 2004 zu diesem Vorhalt: „Das Wort Liquidieren ist von mir niemals verwendet worden, es entspricht weder meinem Denken noch meinem Sprachstil.“ Wie sich doch die Ausreden gleichen. Fast wortgleich verteidigte sich Gregor Gysi im Deutschen Bundestag: *„Ich brauchte keine Kontakte zur Staatssicherheit. Sie entsprachen weder meinem Stil noch meiner Würde.“*[341]

Doch genau daran hat „IM Alexander“ zweifellos kräftig mitgewirkt, vor allem durch eine Aktion, deren Brisanz er selbst womöglich nicht ahnte. Anfang der 80er Jahre kam, angeblich durch den Verfassungsschutz, ein Kontakt zwischen ihm und

338 FO-Vorlaufbericht Michael Manuel Sievert, MfS-Archiv IMA 4444/87
339 VOS-Bezirksgruppe Gießen, Mitgliederliste Stand 8.2.1974, Nr. 19
340 Bericht des FO Major Naake vom 6. Juli 1977, MfS Archiv Nr. 4444/87 IMA Bd. 2, BStU 005-007, S. 2
341 G. Gysi, Rede vor dem Deutschen Bundestag am 28.5.2008

einem Mitarbeiter des südafrikanischen Geheimdienstes zustande. Angeblich zeigte man höchstes Interesse an Art und Umfang der Unterstützung afrikanischer Befreiungsbewegungen durch die DDR, besonders an deren Ausbildungslagern für die schwarzen Freiheitskämpfer. Sievert berichtete das umgehend seinen neuen Stasi-Verbündeten in Ost-Berlin, nannte aber, angeblich um seine Kontakte zum Verfassungsschutz nicht preiszugeben, mich als Verbindungsmann zum südafrikanischen Apartheidregimes. Ein Produkt seiner Phantasie, aber eine Information, die bei der Stasi einschlug wie eine Bombe.

Sein Führungsoffizier, Major Naake, entwirft einen „Plan zur Entwicklung einer Feindverbindung", der an den „Genossen Minister Mielke persönlich" weitergeleitet wird. Darin heißt es: *„An der Objektivität der Information des IM ‚Alexander' besteht kein Zweifel. Den Berichten des IM ist zu entnehmen, dass die Feind-Tätigkeit des KMH Welsch weit über dem hinausgeht, was bisher ermittelt werden konnte. Es dürfte als sicher gelten, dass er über eine geheimdienstliche Tätigkeit für das südafrikanische Apartheid-Regime die Militärpolitik der DDR in Afrika ausspioniert."*[342]

Explizit wurde in der Ministervorlage darauf verwiesen, dass es jetzt nicht mehr n u r um Fluchthilfe, sondern um das Ausspähen der Militärpolitik der DDR in Afrika ging. Der ZOV „Skorpion" wird Chefsache, die ZKG erhält Anweisung zur „operativen Bearbeitung". Alarmiert schreibt de la Rosas Führungsoffizier: *„Daraus wird ersichtlich, dass das Interesse dieses Geheimdienstes viel umfassender als bisher angegeben ist."*[343] In einer MfS-Geheimakte vom Mai 1980 mit dem Titel: „Bearbeitungskonzeption zum ZOV „Skorpion", findet sich ein kaum verschlüsselter Hinweis auf den nächsten geplanten Mordanschlag gegen mich.[344] Diesmal wegen meiner angeblichen Geheimdiensttätigkeit für das Apartheidregime. Zur Tarnung des MfS sollte die südwestafrikanische Terrororganisation SWAPO den Auftrag ausführen. Mit dem, in der „Bearbeitungskonzeption" lapidar bemerkten „gedeckten Vorgehen", konnte nach drei gescheiterten Anschlägen auf mein Leben nur eines gemeint sein: Mord. Dem MfS kamen die Geheimdienst-Verdächtigungen de la Rosas gerade recht, stand doch die Suche nach vermeintlich geheimdienstlichen Hintermännern jedweder Couleur in der operativen Arbeit auf der Prioritätenliste ganz weit oben. Generalverdächtigungen machen es überflüssig, sich mit den Ursachen des Widerstands auseinanderzusetzen.

Peter Haack, der andere auf mich angesetzte IM mit dem Decknamen „Alfons", wurde von dem Plan eines Giftanschlags erst kurz vor einer gemeinsamen Reise nach Israel 1981 überrascht. Einen Zusammenhang zwischen de la Rosas Südafri-

---

342 MfS-Reg. Nr. XVII 3556/76, IMA Bd 4, S.1, gesperrte Ablage, vom 20. 5. 1981, und vom 23.6. 1981, *Gen. Minister Mielke persönlich, streng geheim*, von Leiter der HA I, Generalleutnant Kleinjung

343 Ebd.

344 Bearbeitungskonzeption zum ZOV ‚Skorpion', Reg.-Nr. XV/3359/74, HA VI, Abt.1 / Abwehr, Oberst Teschner, v. 22. Mai 1980, S. 261, vgl. W. Welsch, Ich war Staatsfeind Nr. 1, München 2006, S. 388ff: *„Die vorliegenden Hinweise über angebliche Kontakte des WELSCH nach Südafrika sind unter anderem zu diesem Zweck weiter zu präzisieren und auszunutzen. Es ist zu prüfen, inwieweit der offiziellen Vertretung der SWAPO in der DDR Hinweise übergeben werden, die den Welsch als politischen Provokateur und Waffenhändler im Dienste der südafrikanischen Rassisten abstempeln. Angestrebt wird ein gedecktes Vorgehen der SWAPO gegen die Person WELSCH."*

ka-Lüge, der Reaktion Mielkes und dem schnellen Handeln des MfS, mich töten zu wollen, konnte er aus konspirativen Gründen nicht erkennen. Wohl deshalb wurde er als Mörder ausgesucht.

Das Thallium-Attentat fand am 25. Juli 1981 statt, zwei Monate, nachdem ich als angeblich gefährlicher Agent Südafrikas durch Sievert, alias de la Rosa, alias IM „Alexander" identifiziert' worden war. Der wirkt 22 Jahre später dann doch betroffen, als ihm dämmert, dass seine Falschinformation womöglich der entscheidende Anstoß für das Attentat auf den vorgeblichen Freund war, schreibt Peter Sandmeyer 2005.[345] Ein Spiel auf Leben und Tod. Strafrechtlich will man ihn nicht verfolgen, aber moralisch ist der Denunziant zwischen Ost und West in einen Abgrund gestürzt.

Vierzehn Monate nach de la Rosas brisanter Enthüllung über meine angebliche Südafrika-Connection und höheren Geldforderungen an das MfS, begreift die Stasi, dass auf ihren IM „Alexander" wenig Verlass ist. Im September 1983 notiert FO Naake: *„Es verdichtete sich der Verdacht, dass ‚Alexander' unehrlich ist und von sich aus, aus finanziellem Vorteilsstreben, dem MfS eine fiktive Feindverbindung anbot. Das Hauptmotiv für seine Zusammenarbeit bleibt seine materielle Interessiertheit."*[346] Dennoch griff das das Mielke-Ministerium sie begierig auf, weil sie genau in das Raster ihrer Erwartungen passte. FO Naake indes profitiert von de la Rosas Lügen und wird zum Oberstleutnant befördert. Ein doppeltes Lehrstück, wie aus einem Schelm ein Schurke, und wie das MfS zum Opfer seiner eigenen Verschwörungsfantasien wurde. Peter Haack, alias IMF „Alfons", bekam letztlich den „Zuschlag" mich zu töten.[347] Eine Entscheidung, die als taktisch zu werten ist.

Dagegen behauptet Ex-MfS-Generaloberst Großmann, letzter Chef der HVA und stellvertretender MfS-Minister noch heute: *„An den Händen meiner Mitarbeiter klebt kein Blut"*, und weiter: *„töten gehört nicht zu unseren Szenarien, mit Mördern machen wir uns nicht gemein."*[348] Otto Friedrich Bollnow erklärt 1958 das Phänomen des Lügens: *„Die Unwahrhaftigkeit aber setzt da ein, wo der Mensch sich selbst etwas vormacht, wo er auch sich selbst gegenüber nicht zugibt, dass er lügt, wo er sich die Verhältnisse vielmehr so zurecht legt, dass er sich selbst gegenüber den Schein der Ehrlichkeit wahrt. Viel gefährlicher aber wird es, wenn er sich die Verhältnisse so zurecht legt, dass er seine Aussage und sein Verhalten verantworten zu können glaubt."*[349] Mord sah das MfS als eine nützliche Arbeitsmethode an.

De la Rosa war kein Täter aus irregeleitetem Idealismus. Er war ein Täter aus Geldgier. charakter- und skrupellos und damit ein ideales Werkzeug für die Geheimpolizei. Für „besondere Leistungen", wie den Verrat von elf Flüchtlingen, erhielt de la Rosa 1500 DM. Das MfS lobte ihn dafür 1981 aktenkundig. Die 2. Mordkommission beim Landeskriminalamt Berlin ermittelte 2002 gegen de la Rosa wegen des Versuchs der Verabredung zu und der Beteiligung an einem Mord.[350] Nach sieben

345 In: DER TAGESSPIEGEL vom 10. 4. 2005
346 MfS-Archiv 4444/87, Reg. Nr. XVIII 3556/76, IMA Band Nr. 5
347 MfS-Archiv Nr. 4444/87 Bd. 2, IM ‚Alexander' / LG Berlin Az. 527-15/94, BGH Az. 5 StR 347/95, IM Peter Haack
348 W. Großmann, Bonn im Blick, Berlin 2001, S. 68, 259 f
349 O. F. Bollnow, Wesen und Wandel der Tugenden, Berlin 1958, zit. in: U. Wickert, Das Buch der Tugenden, S. 229ff
350 LKA Berlin, 020808/5587-6, 2002, 35 Js 2496/02

Monaten Ermittlung stellte der Berliner Staatsanwalt Dietmar Reichelt das Verfahren im Januar 2003 mit der Begründung ein: *„Im Ergebnis* (Anm. der Ermittlung) *ließ sich aber nicht eindeutig klären, in welchem Sinne der Begriff ‚liquidieren' in den genannten Berichten* (Anm. des MfS.) *verwendet wurde. Denn dieser Begriff wird zwar im allgemeinen Sprachgebrauch durchaus mit einer Tötung in Zusammenhang gebracht, findet aber auch als Umschreibung eines Ausschaltens auch durch andere Mittel durchaus Verwendung."* Eine, aus meiner Sicht mehr als eigenwillige Interpretation, denn der Staatsanwaltschaft dürfte die eindeutige Begriffsdefinition aus dem Auftrag der Hauptabteilung I des MfS von 1974 bekannt gewesen sein. In ihm heißt es: „Es ist ihre Pflicht Grenzverletzer zu stellen bzw. liquidieren". „Das Ergebnis der Ermittlungen ist", schloss sich Justizsprecher Björn Retzlaff der ermittlungsunwilligen Staatsanwaltschaft an, „dass das Wort ‚Liquidieren' in diesem Kontext nicht zwangsläufig ‚Töten' bedeutet." Im Zusammenhang mit den zuvor verübten Mordversuchen des MfS auf mich eine absurde Fehlinterpretation.

Bei dieser Schlussfolgerung handelt es sich offenbar um eine „Sachverhaltsquetsche". (Juristen verstehen darunter, dass bei der Bewertung eines Vorgangs wesentliche Umstände ignoriert und durch eigene Interpretationen ersetzt werden). Solche Fehler unterlaufen häufig Jurastudenten im Prüfungsstress.

Ausschalten durch andere Mittel? Dem bekannten Versuch von Kadern des Ex-MfS durch Wortverdrehung und Interpretation die Wahrheit zu verfälschen, schließt sich am Ende die Justiz des Rechtsstaates an. Ihr zynischer Bescheid stellt einen Systemwechsel vom Legalitätsprinzip zum Opportunitätsprinzip dar, durch Rechtsverdrehende Grundsatzentscheidungen des BGH in hunderten ähnlichen Fällen praktiziert. Die politische Opportunität siegt über Recht und Gesetz. Der rechtsstaatliche Offenbarungseid ist auch und gerade eine Parabel für das Versagen der Politik bei der Unterzeichnung des Einigungsvertrages. Unter dem Strich heißt das: Verabredung zum Mord muss strafrechtlich nicht mehr verfolgt werden, obwohl der Gesetzgeber klare Regeln aufgestellt hat: Wenn etwas strafbar ist, dann muss es auch verfolgt werden. Ein Staat, der diese Regel nicht durchsetzt, wird nicht ernst genommen. Dabei hätten die Denunzianten und Spitzel, ja alle IM des MfS ausnahmslos vor Gericht gestellt und verurteilt werden müssen. Schließlich wurde bereits 1951 der Paragraf 241a deshalb in das Strafgesetzbuch der Bundesrepublik eingefügt, um eine juristische Handhabe gegen Stasi-Spitzel zu haben. Dort heißt es unmissverständlich: „(1) Wer einen anderen durch eine Anzeige oder eine Verdächtigung der Gefahr aussetzt, aus politischen Gründen verfolgt zu werden und hierbei im Widerspruch zu rechtsstaatlichen Grundsätzen durch Gewalt- oder Willkürmaßnahmen Schaden an Leib und Leben zu erleiden, der Freiheit beraubt oder in seiner beruflichen oder wirtschaftlichen Stellung empfindlich beeinträchtigt zu werden, wird mit Freiheitsstrafe bis zu fünf Jahren oder mit Geldstrafe bestraft.

(2) Ebenso wird bestraft, wer eine Mitteilung über einen anderen macht oder übermittelt und ihn dadurch der in Absatz 1 bezeichneten Gefahr einer politischen Verfolgung aussetzt." Hubertus Knabe beschreibt 2007, dass allein die Rechtspre-

chung des BGH eine Verfolgung dieser Tätergruppe mit abstrusen Begründungen bisher verhindert hat.[351]

Dieter Voigt stellt 1996 fest: *„Wie auch immer man sonst den Begriff ‚Liquidieren' interpretieren mag, wenn es sich um eine Gruppe oder Organisation handelt – im Zusammenhang mit Einzelpersonen kann es nur die Bedeutung ‚vernichten', und das meint ‚töten' haben; denn ein Individuum kann nicht ‚aufgelöst' werden und anschließend in anderer Form weiter existieren.“*[352]

In einer Geheimen Verschlusssache der Hauptabteilung XXII des MfS aus 1973 findet sich unter dem Titel „Die Zielstellungen der tschekistischen Aktionen und Operationen“ die MfS-Begriffsdefinition von „Liquidieren“. Darin heißt es: *„Das Liquidieren beinhaltet die physische Vernichtung von Einzelpersonen und Personengruppen. Erreichbar durch: Erschießen, Erstechen, Verbrennen, Zersprengen, Strangulieren, Erschlagen, Vergiften, Ersticken.“*[353]

Marion Detjen schreibt in ihrer Dissertation 2005: *„Nachdem im Frühjahr 1980 Erich Mielke seine Zustimmung zu einer ‚tschekistischen Operation im imperialistischen Ausland' und zur Liquidierung Welschs gegeben hatte, organisierte die HA VI des MfS in Zusammenarbeit mit anderen Abteilungen, insbesondere der ZKG und der HVA, zunächst einen Scharfschützenanschlag auf Welsch in England.“*[354]

An anderer Stelle lässt das MfS selbst und unzweifelhaft erkennen, was es unter „Liquidieren“ versteht. In einer „Analyse über Delikte und politisch-operative Sachverhalte“ ist zu lesen: *„In der Nacht vom 30.4.1976 zum 1. Mai 1976 betrat im Abschnitt 6 Schönberg, auf Höhe der Grenzsäule 231, der Gartenschläger das Territorium der DDR mit dem Ziel, eine weitere SM 70 abzubauen. Seine Komplicen Lienicke und Uebe sicherten ihn von der Grenzlinie aus. Bevor er die Tat ausführen konnte, wurde Gartenschläger durch Sicherungskräfte der DDR liquidiert.“*[355]

Ins Deutliche übertragen: Er wurde erschossen. Der Historiker Knabe spricht von einem „Liquidierungsplan.“[356] Der Tod des DDR-Regimegegners und Widerstandskämpfers Michael Gartenschläger blieb ungesühnt. Auch dieser Fall ist symptomatisch für die strafrechtliche Aufarbeitung von Stasi-Verbrechen und dem Versagen der Justiz. Im NS-Wortschatz gab es den Begriff „ausmerzen“. Auch ein, das Töten von Menschen verschleierndes Verb. Ebenso wie das stalinistische „säubern“. Es bedeutet, radikal beseitigen, gründlich wegmachen, und meint im Zusammenhang mit Menschen immer töten. Der Sinnzusammenhang dieser Worte ist in der Forschung unbestritten. Teile der Berliner Justiz scheinen dagegen Definitionsdefizite zu haben, wenn sie die Bedeutung des Wortes in Bezug auf Maßnahmen gegen eine Person interpretieren, auf die tatsächlich Mordanschläge verübt wurden, wes-

351 H. Knabe, Die Täter sind unter uns, 2007, S. 116f

352 D. Voigt, Mord. Eine Arbeitsweise des Ministeriums für Staatssicherheit. Politische Studien, München 1996, S. 24

353 Die Einsatz- und Kampfgrundsätze tschekistischer Einsatzkader bei der Durchführung offensiver tschekistischer Kampfmaßnahmen im Operationsgebiet“, HA XXII, GVS/MfS 005-389/73, 00201, BStU 000134, 00211, 000151, Einsatzgrundsätze und Hauptaufgaben der Einsatzgruppen im Operationsgebiet, GVS,/MfS 046-9/81/L, Berlin Ost, 15.4.1981, S. 2 [jährl. verl. bis 1988]

354 M. Detjen, Ein Loch in der Mauer, München 2005, S. 328

355 Hauptabteilung I des MfS/Bericht vom 31.10.1977, Lienicke/ Bludau, Todesautomatik – Die Staatssicherheit und der Tod des Michael Gartenschlägers an der Grenzsäule 231, 2001

356 H. Knabe, Die Täter sind unter uns, Berlin 2007, S. 80

halb die Definition von „liquidieren" ebenso unmissverständlich bleibt, wie eine justizielle Unterlassungshandlung als Tatbestand.

So ist die Einstellungsverfügung der Staatsanwaltschaft mit Blick auf deren Begründung nicht nur rechtsirrtümlich sondern falsch. Sie ist ein Rechtsbruch und macht das Dilemma rechtlicher Aufarbeitung staatlichen Unrechts in einer politisch desinteressierten Gesellschaft deutlich. Schließlich hat die erklärte Mordabsicht de la Rosas und dessen falsche Anschuldigung geheimdienstlicher Tätigkeit für das potenzielle Opfer zu einer latenten Lebensgefahr über einen längeren Zeitraum geführt.

Mit der erfundenen Beschuldigung einer Geheimdiensttätigkeit dynamisierte de la Rosa die Planung und Vorbereitung eines Mordanschlages auf mich in Israel. Im Sommer 1981 vergiftete Haack alias IMF „Alfons" auf einer gemeinsamen, von ihm im Auftrag des MfS in die Wege geleiteten Israelreise eine Frikadellen-Mahlzeit mit Thallium, einem Schwermetall, das seine Wirkung erst nach längerer Inkubationszeit entfaltet. Der Tod meiner Familie war billigend einkalkuliert.

Auch im Fall der Beihilfe zum Mord wurde das Ermittlungsverfahren gegen de la Rosa von der Generalstaatsanwaltschaft mit der Bemerkung eingestellt, dass *„sich keine Anhaltspunkte dafür ergeben, dass der Beschuldigte mit seinen Berichten die Durchführung dieses Anschlages herbeiführen wollte. Gleiches gilt für die Möglichkeit eines Anschlages durch die SWAPO".*[357] Warum hat die Staatsanwaltschaft nicht die berühmteste aller Kriminalistenfragen nach dem „cui bono" gestellt? Nutznießer waren eindeutig das MfS und de la Rosa, der im Falle meiner Ermordung mit einer namhaften Erfolgsprämie rechnen konnte. Der sah sich durch die Einstellung des Ermittlungsverfahrens in toto exkulpiert und ging nun seinerseits zum Angriff über, indem er sich bei der Staatsanwaltschaft über die Presseberichterstattung, die ihn als Täter bezeichnete, beschwerte. Darauf teilte ihm der zuständige Berliner Staatsanwalt Reichelt in einem persönlich gehaltenen Schreiben mit: *„Allerdings lässt sich aus dem Einstellungsbescheid dann doch nicht ableiten, dass Sie gegen Geld Fluchthilfeunternehmen verraten hätten. Inwieweit Sie für andere Dienste gegen das MfS gearbeitet haben, kann von hier aus – wie Sie sich sicher denken können – nicht überprüft werden. Ich hoffe, dass Ihnen dieses Schreiben bei der Abwehr unberechtigter Vorwürfe helfen kann. Sollten durch Herrn Welsch strafrechtlich relevante Angriffe gegen Sie erfolgen, bitte ich um eine entsprechende Strafanzeige."*[358]

So „objektiv" kann Justiz sein, so „hilfreich" und „rechtstreu" ein Staatsanwalt gegenüber einem potenziellen Mordhelfer. So niederträchtig und rechtsverachtend gegenüber einem Verfolgten des SED-Regimes. Auch Juristen sind Produkte der Gesellschaft. Wer das System kritisiert, kommt nicht nach oben. Schon als Jura-Student lernt man, Autorität zu zitieren und zu respektieren. Und es ist nicht erstaunlich, dass man als Mensch kein Rückgrat haben kann, wenn man das Gesetz bedingungslos als letzte Autorität anerkennt. Bei Eintritt in den Justizdienst hat man an der Garderobe sein Herz abzuliefern und gefälligst mit den Wölfen zu heulen.

357 Az. 1 Zs 965/03, Schreiben der Generalstaatsanwaltschaft Berlin, vom 22.4.2003
358 Schreiben des Staatsanwalts Reichelt an de la Rosa, vom 29.7.2003, Az. 35 Js 2496/02

Der unvergleichliche Shakespeare („Maß für Maß") war es, der der obszönen Praxis des unkritischen juristischen Positivismus eine sarkastische Ohrfeige verpasste. Wie sollte ausgerechnet der durchschnittliche Jurist ein Held sein? Hinzu kommen die subalternen Typen, die der große Goethe, selbst Jurist, mit bösem Augenzwinkern anleitet: „Im Auslegen seid frisch und munter! Legt Ihr's nicht aus, so legt was unter!"

Der ehemaliger Richter Frank Fahsel, schreibt 2008 über dieses System von Rechtsbeugung und Rechtsbruch in der Justiz: *„Ich war von 1973 bis 2004 Richter am Landgericht Stuttgart und habe in dieser Zeit ebenso unglaubliche wie unzählige, vom ‚System organisierte Rechtsbrüche und Rechtsbeugungen' erlebt, gegen die nicht anzukommen war/ist, weil sie systemkonform sind. Ich habe unzählige Richterinnen und Richter, Staatsanwältinnen und Staatsanwälte erleben müssen, die man schlicht „kriminell" nennen kann. Sie waren/sind aber sakrosankt, weil sie per Ordre de Mufti gehandelt haben oder vom System gedeckt wurden, um der Reputation willen. In der Justiz gegen solche Kollegen vorzugehen, ist nicht möglich, denn das System schützt sich vor einem Outing selbst – durch konsequente Manipulation. Wenn ich an meinen Beruf zurückdenke, dann überkommt mich ein tiefer Ekel vor ‚meinesgleichen'."*[359]

Der Rechtsbruch der Justiz von 1990/91 setzt sich fort. Der Leser erinnert sich: Damals hatte ich bei der Berliner Staatsanwaltschaft und der Bundesanwaltschaft in Karlsruhe insgesamt drei Strafanzeigen wegen versuchten Mordes und Verabredung zum Mord gegen Erich Mielke, Peter Haack und andere, vorläufig unbekannte Mörder und deren Helfer erstattet. In allen drei (!) Fällen, in denen ich ein politisches Kapitalverbrechen anzeigte, gab es keine Ermittlungen. Erst nachdem es mir gelang, die Presse einzuschalten, die beim Chefermittler der ZERV, Christoph Schaefgen, intervenierte, bequemte sich die Berliner Justiz, ein Ermittlungsverfahren einzuleiten, das mit der Verurteilung eines der gefassten Täter endete.

1999 hatte sich Schaefgens „internationaler Blick" geschärft. In einer Zeitung erklärte er: *„Diktatoren und ihre Gehilfen sollten immer verfolgt werden und überall. Es ist noch lange nicht alles aufgearbeitet – weder bei den Schreibtischtätern noch den Mitläufern. Kinkel* (Anm. damaliger Bundesjustizminister) *hatte es für meine Begriffe unglücklich formuliert, dass wir Ankläger zur „Delegitimierung" der DDR beitragen müssten. Juristisch sieht das Ergebnis so aus: 106 Anklagen gab es wegen Gewalttaten an der Grenze, 69 wegen Justizunrechts, 55 wegen Wirtschaftsdelikten, 44 wegen Stasi-Straftaten, zehn Vermögensstraftaten, und 13 „sonstige" (Wahlfälschung, Doping). Vier Mitglieder der politischen Führung wurden rechtskräftig verurteilt, 20 Mitglieder der militärischen Führung und 71 Angehörige der Grenztruppen. 22102 Verfahren wurden eingestellt. 149 sind noch offen. Es gibt ja Unbehagen in zweierlei Richtung: Das eine war der Blick in die deutsche Vergangenheit: Wenn man gesehen hat, wie die deutsche Justiz mit ihren Richtern und Staatsanwälten nach 1945 umgegangen ist."*[360] Ein Unbehagen darüber, was

359 F. Fahsel, Ein Richter im Ruhestand gesteht...tiefer Ekel, SÜDDEUTSCHE ZEITUNG vom 2.4.2008

360 C. Schaefgen in: DER TAGESSPIEGEL vom 8.9.1999, K. Kinkel auf einem Forum im Juni 1991

die Justiz zu den wenigen Strafverfahren gegen die Täter des SED-Regimes beitrug, zum Beispiel durch Ignoranz, Unglaube, mangelnde Vorstellungskraft oder strafvereitelnde Absicht, kam darin nicht zum Ausdruck. Die Verantwortlichen dreier Staatsanwaltschaften wurden – wer hätte anderes erwartet? – niemals wegen Strafvereitelung im Amt zur Rechenschaft gezogen. Die antikommunistische Widerstandskämpferin Elisabeth Graul erkennt: *„Eher glaube ich an die Unschuld einer Hure, als an die Gerechtigkeit der deutschen Justiz".*[361]

Der bayerische Jurist und Publizist Otto Gritschneder bewertet grundsätzlich: *„Wenn die Justiz nicht so dumm und arrogant gewesen wäre, den zu 5 Jahren Festungshaft verurteilten Hitler nach 9 Monaten laufen zulassen, wären der Welt Millionen Toter erspart geblieben."*[362] Dem ist nichts hinzuzufügen.

Die Grenzmarken einer rechtlich relevanten Befangenheit sind unübersehbar. Doch der ermittelnde Staatsanwalt hat nicht zu entscheiden. Das ist Sache des politischen Beamten, des Generalstaatsanwaltes, der in Berlin den Willen seines Justizsenators zu vollstrecken hat. Damit ist nicht nur ein Problem der Rechtspflege in Berlin angesprochen, sondern ein generelles deutsches Rechtsstaatsproblem. Denn seit Gründung der Bundesrepublik befinden sich die Staatsanwaltschaften in einem permanenten Dilemma.[363] Unbestritten sind Staatsanwälte Teil der „Dritten Gewalt". Die Judikative ergänzt im Rahmen der in Deutschland grundgesetzlich garantierten Gewaltenteilung Legislative und Exekutive. Diese Dritte Gewalt hat nach allgemeinem Demokratieverständnis unabhängig zu sein. Rechtsgrundlage für den Beruf des Staatsanwalts ist das „Gerichtsverfassungsgesetz" (GVG), und das bestimmt im Paragrafen 146: „Die Beamten der Staatsanwaltanwaltschaft haben den dienstlichen Anweisungen ihres Vorgesetzten nachzukommen." Staatsanwälte sind also, anders als die Richter, Befehlsempfänger. Der nächste Paragraf bestimmt, wem sie zu gehorchen haben: „Aufsicht und Leitung" gegenüber den einzelnen Staatsanwälten einer Behörde steht dem Leitenden Oberstaatsanwalt zu. Der nutzt sein „internes Weisungsrecht". Ein solches Weisungsrecht haben auch die Generalstaatsanwälte gegenüber den Leitenden Oberstaatsanwälten in ihrem jeweiligen Oberlandesgerichtsbezirk. Der Generalstaatsanwalt hat seinerseits den dienstlichen Anweisungen des Landesjustizministers nachzukommen.

„In keinem Fall", heißt es im Kommentar zur Strafprozessordnung (StPO), „darf sich der Weisungsberechtigte von justizfremden Zwecken, von rechts- oder sachwidrigen Erwägungen leiten lassen. Dabei ist Richtschnur, dass die Staatsanwaltschaft nur den Rechtswillen, nicht den politischen Machtwillen des Staates zu vertreten hat." Das Problem der deutschen Justiz besteht nun darin, dass zwischen dem rechtsstaatlichen Anspruch, den die beiden Sätze markieren, und der alltäglichen Praxis eine ziemlich große Lücke klafft. Tatsächlich ist die Praxis im Umgang mit Staatsanwälten von rechtsstaatlichem Verhalten weit entfernt. Aber nicht nur die Praxis. Auch das Amtsrecht der Staatsanwälte ist mit den Grundsätzen der Demokratie eigentlich unvereinbar. Die Ministerialbürokratie hat einen großen Einfluss

---

361 E. Graul., Die Farce, Magdeburg 1991
362 O. Gritschneder, Der Hitler-Prozess und sein Richter Georg Neithardt, München 2001
363 W. Baentsch, Der Doppelmord an Uwe Barschel, München 2006

74

- 2 -

BStU
000082

Aus Ergebnissen eingeleiteter Maßnahmen der Abt. 26 Berlin konnte jedoch geschlußfolgert werden, daß der Kandidat den FF möglicherweise mit einer kriminellen Menschenhändlerbande in Verbindung gebracht hat. Desweiteren ergab sich die Vermutung, daß der Kandidat evtl. mit der Organisatioh "Amnesty International" in Verbindung steht.

Beide Vermutungen konnten bisher weder bewiesen noch entscheidend entkräftet werden.

Nach einer Teilrealisierung der Vorgangsbearbeitung des FF [redacted] wurde mit Hilfe des IMV "Friedel" die Aufklärung des Kandidaten verstärkt fortgesetzt, um seine Kontaktierung und spätere Werbung vorzubereiten und bis Ende 1976 zu realisieren. Im Ergebnis der geplanten Kontaktierung und späteren Werbung sollte der Kandidat zur operativen Bearbeitung des FF [redacted] und der Organisation "Amnesty International" eingesetzt werden. Bei seiner Zuführung sollte der IMV "Friedel" eine entscheidende Rolle spielen. Kurz vor der geplanten und vorbereiteten Kontaktierung erschien der Kandidat jedoch am 19. 11. 1976 auf dem GÜST Bhf. Friedrichstraße und bat um eine Aussprache mit einem operativen Mitarbeiter des MfS. Bei dieser Aussprache, die durch den Leiter der Abt., Oberstleutnant Heckel und den Leiter der UA, Major Schulz, durchgeführt wurde, bot sich der Kandidat freiwillig zur Zusammenarbeit mit dem MfS an und orientierte auf folgende Informationskomplexe:

1. Den kriminellen Menschenhändler Welsch/Gießen
2. Den fahnenflüchtigen [redacted], [redacted]/Westberlin.

Zu beiden Personen unterhält er persönlichen Kontakt.

KOPIE BStU

Ein unmittelbarer Zusammenhang zwischen der geplanten Kontaktierung und seiner Selbstanbietung, der möglicherweise auf eine Dekonspiration des IMV "Friedel" zurückzuführen sein könnte, ist nicht auszuschließen, konnte aber bisher nicht nachgewiesen werden.

Seit der Kontaktaufnahme wurden mit dem Kandidaten bisher 3 Treffs durchgeführt, bei denen er umfassend über Welsch und [redacted] berichtete.

Die Informationen zu Welsch wurden von der ZKG als operativ sehr interessant und den Tatsachen entsprechend eingeschätzt. Gleichzeitig wurde starkes Interesse an weiteren Informationen zu Welsch bekundet und darum gebeten, den Kandidaten in dieser Richtung weiter einzusetzen.

Die gelieferten Informationen zum FF [redacted] decken sich ebenfalls mit den bei uns aus der Vorgangsbearbeitung vorliegenden umfangreichen Informationen.

Selbstanbietung Sievert/de la Rosa als IM, Einschätzung der ZKG
(Punkte = relevante Textstellen)

BStU
000081

73

Hauptabteilung I
Abt. Äußere Abwehr
Unterabteilung 1

Berlin, den 15. Dezember 1976
Naa/Kr

Bestätigt: ....
Leiter Abt. Äußere Abwehr
Heckel - Oberstleutnant -

Vorschlag

zur Werbung des

Name: Sievert
Vorname: Michael-Manuel
geb. am/in: 18.4.44 Sonnenburg
wohnhaft: [redacted] Berlin [redacted]
[redacted]
Beruf/Tätigkeit: Student
Arbeitsstelle: Universität Gießen
politisch organisiert: nein

als IMS zur politisch-operativen Bearbeitung des Fahnenflüchtigen [redacted], [redacted] und der kriminellen Menschenhändlerbande Welsch/Gießen.

1. Wann und wodurch wurde der Kandidat bekannt?

Der Kandidat wurde im Zusammenhang mit der operativen Bearbeitung des FF [redacted] und dessen Ehefrau im September 1975 erstmalig bekannt. Durch seinen in der DDR-Hauptstadt wohnenden Stiefbruder (IMV "Friedel") wurde der Kandidat mit dem FF und dessen Ehefrau bekannt und von diesen in der Folgezeit als Kurier, jedoch ausschließlich zur Überbringung persönlicher Bekleidungsgegenstände und Genußmittel, eingesetzt.

Strafrechtlich relevante Handlungen konnten ihm im Rahmen dieser Kuriertätigkeit nicht nachgewiessen werden.

Anwerbungsvorlauf für Sievert/de la Rosa alias IM „Alexander“
(Punkte = relevante Textstellen)

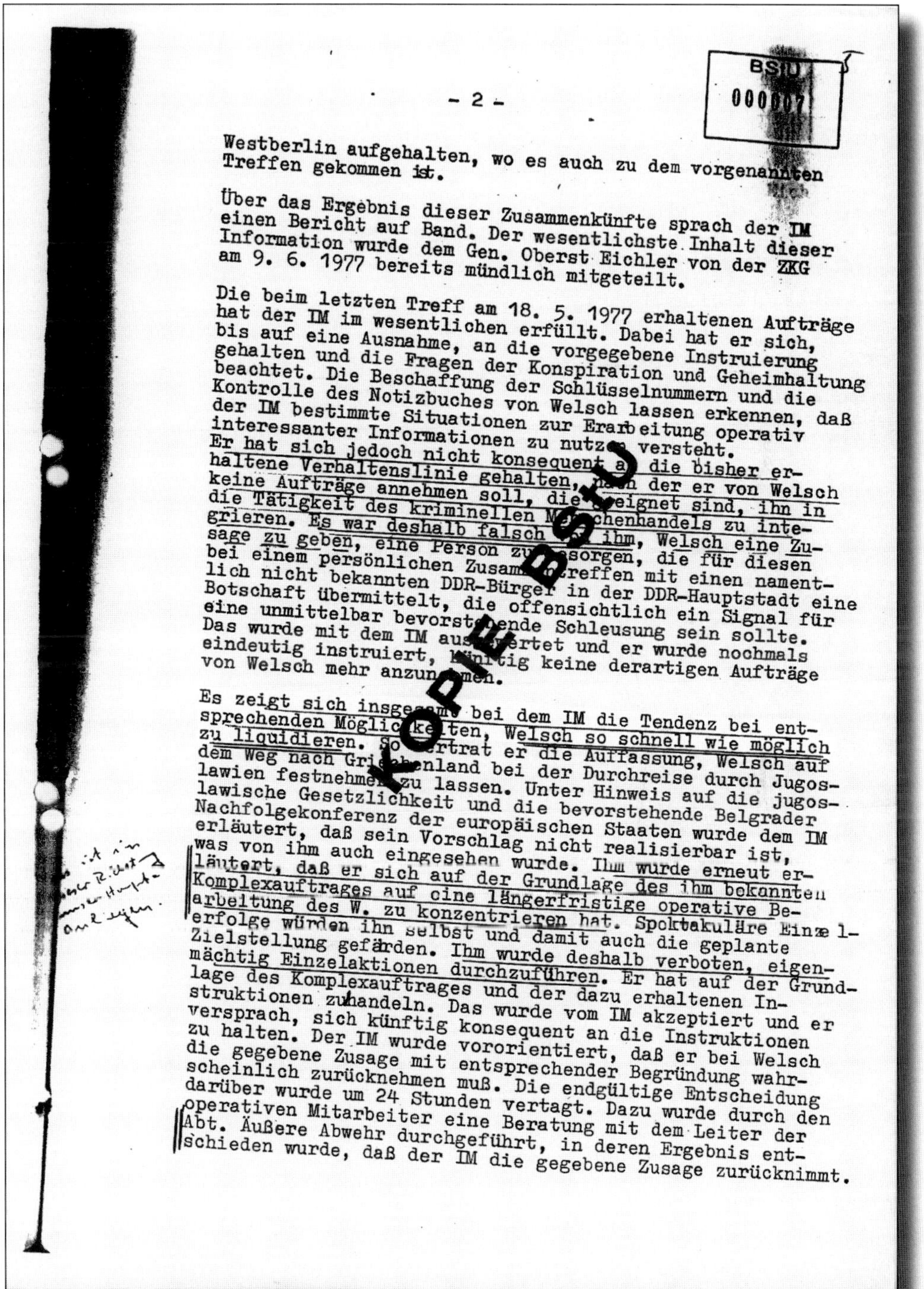

BStU
000007

\- 2 -

Westberlin aufgehalten, wo es auch zu dem vorgenannten
Treffen gekommen ist.

Über das Ergebnis dieser Zusammenkünfte sprach der IM
einen Bericht auf Band. Der wesentlichste Inhalt dieser
Information wurde dem Gen. Oberst Eichler von der ZKG
am 9. 6. 1977 bereits mündlich mitgeteilt.

Die beim letzten Treff am 18. 5. 1977 erhaltenen Aufträge
hat der IM im wesentlichen erfüllt. Dabei hat er sich,
bis auf eine Ausnahme, an die vorgegebene Instruierung
gehalten und die Fragen der Konspiration und Geheimhaltung
beachtet. Die Beschaffung der Schlüsselnummern und die
Kontrolle des Notizbuches von Welsch lassen erkennen, daß
der IM bestimmte Situationen zur Erarbeitung operativ
interessanter Informationen zu nutzen versteht.
Er hat sich jedoch nicht konsequent an die bisher er-
haltene Verhaltenslinie gehalten, nach der er von Welsch
keine Aufträge annehmen soll, die geeignet sind, ihn in
die Tätigkeit des kriminellen Menschenhandels zu inte-
grieren. Es war deshalb falsch von ihm, Welsch eine Zu-
sage zu geben, eine Person zu besorgen, die für diesen
bei einem persönlichen Zusammentreffen mit einen nament-
lich nicht bekannten DDR-Bürger in der DDR-Hauptstadt eine
Botschaft übermittelt, die offensichtlich ein Signal für
eine unmittelbar bevorstehende Schleusung sein sollte.
Das wurde mit dem IM ausgewertet und er wurde nochmals
eindeutig instruiert, künftig keine derartigen Aufträge
von Welsch mehr anzunehmen.

Es zeigt sich insgesamt bei dem IM die Tendenz bei ent-
sprechenden Möglichkeiten, Welsch so schnell wie möglich
zu liquidieren. So vertrat er die Auffassung, Welsch auf
dem Weg nach Griechenland bei der Durchreise durch Jugos-
lawien festnehmen zu lassen. Unter Hinweis auf die jugos-
lawische Gesetzlichkeit und die bevorstehende Belgrader
Nachfolgekonferenz der europäischen Staaten wurde dem IM
erläutert, daß sein Vorschlag nicht realisierbar ist,
was von ihm auch eingesehen wurde. Ihm wurde erneut er-
läutert, daß er sich auf der Grundlage des ihm bekannten
Komplexauftrages auf eine längerfristige operative Be-
arbeitung des W. zu konzentrieren hat. Spektakuläre Einzel-
erfolge würden ihn selbst und damit auch die geplante
Zielstellung gefährden. Ihm wurde deshalb verboten, eigen-
mächtig Einzelaktionen durchzuführen. Er hat auf der Grund-
lage des Komplexauftrages und der dazu erhaltenen In-
struktionen zu handeln. Das wurde vom IM akzeptiert und er
versprach, sich künftig konsequent an die Instruktionen
zu halten. Der IM wurde vororientiert, daß er bei Welsch
die gegebene Zusage mit entsprechender Begründung wahr-
scheinlich zurücknehmen muß. Die endgültige Entscheidung
darüber wurde um 24 Stunden vertagt. Dazu wurde durch den
operativen Mitarbeiter eine Beratung mit dem Leiter der
Abt. Äußere Abwehr durchgeführt, in deren Ergebnis ent-
schieden wurde, daß der IM die gegebene Zusage zurücknimmt.

KOPIE BStU

Treffpunktprotokoll: IM zeigt „Tendenz zum Töten“
(Punkte = relevante Textstelle)

- 3 - -3

Zu 3.:

- Vertiefung und Festigung der Kenntnisse zum bisher vereinbarten Verbindungssystem. Eine Erweiterung ist z. Z. nicht erforderlich.
- Übergabe des Aufbewahrungscontainers und Erläuterung seiner Handhabung (abhängig von der Fertigstellung des Containers).

Zu 4.:

Ausgehend vom Angebot des IM nach der Liquidierung von Welsch auch andere Aufträge für das MfS erfüllen zu wollen, wird er umfassend über seine Verbindungen in der BRD und in Westberlin befragt. Das wird verbunden mit der Klärung seiner weiteren persönlichen und beruflichen Pläne. Die Klärung dieser Fragen wird mit den aktuell-politischen Tagesereignissen verbunden. Im Mittelpunkt sollen dabei folgende Probleme stehen.

- Die Vorbereitung der Belgrader Konferenz
- Die Absichten der NATO in der Abrüstungsfrage

Materielle Sicherstellung des Treffs:

1. Vorbereitung der IMK/KW "Helmut"
2. Bereitstellung der finanziellen Mittel

500,-- DM/DBB
100,-- M

Naake
Major

6.6.77

Angebot zu Liquidierung
(Punkte = relevante Textstelle)

Hauptabteilung I
Abt. Äußere Abwehr
Unterabteilung 1

Berlin, den 27. Januar 1977
Naa/Kr

B e r i c h t

über die durchgeführte Werbung des IMS "Alexander"

Mit dem IMS besteht seit dem 19. 11. 1976 operativer Kontakt. Seit dieser Zeit wurden mit ihm mehrere Treffs durchgeführt, bei denen er umfassend über den fahnenflüchtigen ehemaligen Angehörigen der NVA-Grenztruppen [redacted] und den kriminellen Menschenhändler Welsch berichtete, zu denen er persönliche Kontakte unterhält.

Die von ihm bisher gelieferten Informationen erwiesen sich als operativ sehr wertvoll und standen nicht im Widerspruch zu den bereits bekannten Fakten über [redacted] und Welsch.

Aufgrund der objektiven Voraussetzungen zur weiteren zielgerichteten operativen Bearbeitung dieser Personen wurde beim planmäßigen Treff am 23. 12. 1976, der in einem vorbestellten Tageszimmer des Interhotels "Stadt Berlin" durchgeführt wurde, seine Werbung durchgeführt.

Der Inhalt des Werbungsgespräches wurde durch die im Vorschlag vom 15. 12. 1976 als Werbegrundlage herausgearbeiteten Motive des Kandidaten für dessen Bereitschaft zur Zusammenarbeit mit dem MfS bestimmt.

Nach seiner Berichterstattung über die Erfüllung seines Auftrages vom 3. 12. 1976 (siehe Treffbericht) wurde zur eigentlichen Werbung übergegangen.

Dazu wurde zunächst eine Bilanz über die Ergebnisse der bisherigen Zusammenarbeit gezogen. Dabei wurde deutlich gemacht, daß er dem MfS wertvolle Informationen übergeben hat, die geeignet sind, weiterführende operative Maßnahmen zur Sicherung der DDR, insbesondere zur Bekämpfung des kriminellen Menschenhandels einzuleiten. Das wurde in entsprechender Form gewürdigt, indem ihm neben der großzügigen Erstattung seiner Unkosten und der Vergütung seiner Informationen eine Buchkassette des Inselverlages überreicht wurde, da bekannt ist, daß er sich für solche Bücher interessiert.

Der IMS war darüber sehr erfreut und überrascht, daß unsererseits auch seine persönlichen Interessen und Wünsche immer wieder beachtet werden.

Bericht über Werbung IM „Alexander“
(Punkte = relevante Textstelle)

14

BStU
000092

– 2 –

Er fühlte sich deshalb veranlaßt, zu betonen, daß sein Angebot zur Zusammenarbeit mit dem MfS ehrlich gemeint ist und er sich bemühen wird, die uns interessierenden Fragen unter Beachtung der erhaltenen Instruktionen weiterhin zu klären. In diesem Zusammenhang brachte er zum Ausdruck, daß er in der nachrichtendienstlichen Tätigkeit über keine Erfahrungen verfügt und deshalb bereit ist, unsere Instruktionen strikt einzuhalten.

Von seiner erneuten Bereitschaftserklärung zur Zusammenarbeit mit dem MfS ausgehend, wurde ihm erläutert, daß wir aus den verschiedensten Gründen u. a. seine Sicherheit, die Konspiration und einen kontinuierlichen Informationsfluß betreffend an einer höheren Qualität der Zusammenarbeit als an einer reinen Ware-Geld-Beziehung interessiert sind. Das wurde von ihm verstanden und akzeptiert, wobei er selbst zum Ausdruck brachte, daß insbesondere die zielgerichtete Bearbeitung von Welsch eine enge Zusammenarbeit erforderlich macht.

Er ist neben der Erfüllung von Aufträgen zu Welsch und [redacted] bereit, künftig auch andere Aufgaben für das MfS zu lösen, falls er dazu die erforderlichen Voraussetzungen und Möglichkeiten hat.

Im Zusammenhang mit der Bearbeitung von Welsch betonte er noch einmal, daß er die Praktiken solcher kriminellen Menschenhändler entschieden verurteilt.und diese Haltung seine Bereitschaft dem MfS Informationen zu liefern mit bestimmt.

Anschließend wurde dem IMS die Notwendigkeit der Festlegung eines Decknamens und alle anderen Probleme der Verpflichtung, besonders hinsichtlich der Schweigepflicht und Einhaltung der Konspiration einschließlich der Folgen bei einer Mißachtung dieser Fragen, erläutert. Diese Probleme wurden von ihm sofort verstanden und akzeptiert.

Nach kurzer Beratung mit dem operativen Mitarbeiter wählte er sich den Decknamen "Alexander" selbst.

Der IMS ist bereit, künftig in schriftlicher und mündlicher Form auf Tontechnik zu berichten.

Bezüglich des Verbindungssystems wurden folgende Vereinbarungen getroffen:

1. Dem IMS wurde die öffentliche Telefon-Nr. der Unterabteilung 48 27 863 übergeben, die er bei Bedarf (kurzfristige Verbindungsaufnahme, Abriß der Verbindung etc.), jedoch nur vom Gebiet der DDR aus, anrufen soll.

   Diese Telefon-Nr. hat er verschlüsselt in seinem Notizbuch vermerkt.

KOPIE BStU

IM „Alexander" will alle Aufgaben lösen
(Punkte = relevante Textstellen)

BStU
000093

2. Es wurden ein Haupt-, ein Reserve- und ein konstanter Treff festgelegt, deren Bedeutung dem IMS erläutert wurden.

   Konstant bleiben der Vortreffort, S-Bhf. Alexanderplatz und die Vortreffzeit 13.00 Uhr.

3. Die Übergabe einer IMK/DA ist gegenwärtig noch nicht erforderlich, da der IMS zeitlich und beruflich nicht gebunden ist und bei Notwendigkeit sofort in die DDR-Hauptstadt einreisen kann. Auf diesem Weg kann die Verbindung z. Z. schneller und sicherer hergestellt werden.

   Eine IMK/DA wird jedoch zur Übergabe bereitgehalten.

4. Nach dem Umzug nach Westberlin sollen Vereinbarungen getroffen werden, die eine schnelle Verbindung von der Zentrale zum IMS gewährleisten.

Weitere Maßnahmen zum Verbindungswesen sind gegenwärtig noch nicht erforderlich.

Wesentliche Teile der Verpflichtung befaßten sich mit der Instruktion über das Wie der Auftragserfüllung zu Welsch und [redacted] Siehe dazu auch Treffbericht vom 23. 12. 1976. Dabei wurde besonders auf die Gefährlichkeit und Brutalität des Welsch verwiesen und eine grundsätzliche Verhaltenslinie ihm gegenüber festgelegt.

Gemeinsam mit dem IMS wurde beraten und festgelegt, wie er seine Kontakte zu Welsch und [redacted] auf der Grundlage bereits vorhandener oder künftig vorzutäuschender Gemeinsamkeiten ausbauen kann.

Großer Wert wurde auch auf die Legendierung und Abdeckung seiner häufigen Einreisen in die DDR gegenüber Welsch, [redacted] und seinem Bekanntenkreis gelegt.

Angesprochen wurden auch Fragen seiner Selbstabsicherung im Operationsgebiet bzw. bei seinen Einreisen in die DDR. Er hat verstanden, daß ein gewisses Maß an Selbstabsicherung notwendig ist und wird über Hinweise auf diesem Gebiet berichten und sich mit dem operativen Mitarbeiter beraten.

Bei den nächsten Treffs soll unter diesem Gesichtspunkt über seinen Bekanntenkreis, insbesondere aber im Hinblick auf Welsch, gesprochen werden.

Der nächste Treff soll am 24. 1. 1977, Reservetreff 31. 1. 1977, durchgeführt werden.

Naake
Major

IM wird instruiert
(Punkte = relevante Textstellen)

Hauptabteilung
Leiter

Berlin, 23. 6. 1981

Gen. Minister Mielke
- persönlich -

In der Anlage übersende ich eine Information zu einer neuen Feindverbindung zu Ihrer Kenntnisnahme.

Kleinjung
Generalleutnant

Anlage

Generalleutnant Kleinjung an MfS-Minister Mielke

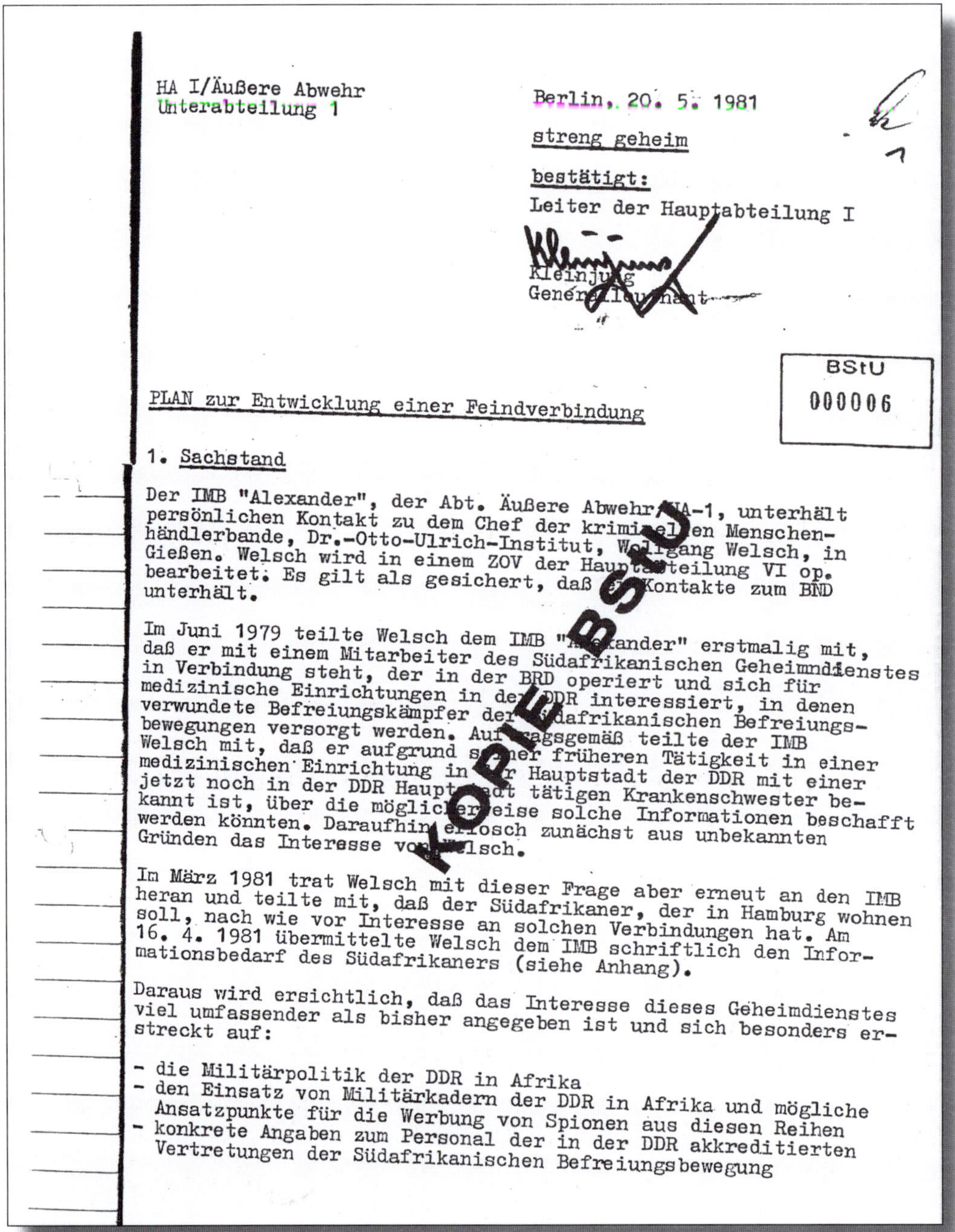

HA I/Äußere Abwehr
Unterabteilung 1

Berlin, 20. 5. 1981

streng geheim

bestätigt:
Leiter der Hauptabteilung I

Kleinjung
Generalleutnant

BStU
000006

PLAN zur Entwicklung einer Feindverbindung

1. Sachstand

Der IMB "Alexander", der Abt. Äußere Abwehr/UA-1, unterhält persönlichen Kontakt zu dem Chef der kriminellen Menschenhändlerbande, Dr.-Otto-Ulrich-Institut, Wolfgang Welsch, in Gießen. Welsch wird in einem ZOV der Hauptabteilung VI op. bearbeitet. Es gilt als gesichert, daß er Kontakte zum BND unterhält.

Im Juni 1979 teilte Welsch dem IMB "Alexander" erstmalig mit, daß er mit einem Mitarbeiter des Südafrikanischen Geheimdienstes in Verbindung steht, der in der BRD operiert und sich für medizinische Einrichtungen in der DDR interessiert, in denen verwundete Befreiungskämpfer der südafrikanischen Befreiungsbewegungen versorgt werden. Auftragsgemäß teilte der IMB Welsch mit, daß er aufgrund seiner früheren Tätigkeit in einer medizinischen Einrichtung in der Hauptstadt der DDR mit einer jetzt noch in der DDR Hauptstadt tätigen Krankenschwester bekannt ist, über die möglicherweise solche Informationen beschafft werden könnten. Daraufhin erlosch zunächst aus unbekannten Gründen das Interesse von Welsch.

Im März 1981 trat Welsch mit dieser Frage aber erneut an den IMB heran und teilte mit, daß der Südafrikaner, der in Hamburg wohnen soll, nach wie vor Interesse an solchen Verbindungen hat. Am 16. 4. 1981 übermittelte Welsch dem IMB schriftlich den Informationsbedarf des Südafrikaners (siehe Anhang).

Daraus wird ersichtlich, daß das Interesse dieses Geheimdienstes viel umfassender als bisher angegeben ist und sich besonders erstreckt auf:

- die Militärpolitik der DDR in Afrika
- den Einsatz von Militärkadern der DDR in Afrika und mögliche Ansatzpunkte für die Werbung von Spionen aus diesen Reihen
- konkrete Angaben zum Personal der in der DDR akkreditierten Vertretungen der Südafrikanischen Befreiungsbewegung

MfS greift IM-Lüge von Spionagetätigkeit auf
(Punkte = relevante Textstellen)

BStU
000026

2 21

Als Schwerpunkt des Int[redacted] des Geheimdienstes wurde von [redacted]...... alias [redacted]......... eindeutig die NVA-Dienststelle Naumburg bezeichnet, weil zur Beantwortung der globalen Fragen bereits eine kompetente Quelle zur Verfügung stehen würde.

Die Quelle wurde aufgefordert über eine Bekannte in der DDR nach ihrer Überprüfung und Motivierung Detailinformationen insbesondere über die NVA-Dienststelle Naumburg und möglicherweise ansprechbares Militärpersonal der DDR zu beschaffen.

Eingehende Informationen würden alle 14 Tage bis 3 Wochen von der BRD aus mit Kurier an eine Dienststelle in Windhuk/Namibia übermittelt.

Im Falle von Hinweisen über ansprechbares Personal würden diese Personen an ihren Einsatzorten in Angola und Mocambique angesprochen werden.

Im gleichen Zusammenhang wurde auch Interesse an Personen bekundet, die im Rahmen der FDJ-Freundschaftsbrigaden in diesen Ländern eingesetzt sind.

KOPIE BStU

Verteiler

1. Exemplar Minister für Staatssicherheit
2. Exemplar Leiter der Hauptabteilung I

Darauf zu ergreifende Maßnahmen der Stasi
(Punkte = relevante Textstelle)

Wohnobjekt des WELSCH, Wolfgang
Rödgen (Lahn), Rosengasse 43

Auftragsfoto von IM „Alexander" für HA VI/MfS

BStU
000025

70

Information über geplante Angriffe eines imperialistischen Geheimdienstes gegen Militärverbindungen der DDR in und nach Angola und Mocambique

Eine überprüfte und zuverlässige Quelle der Hauptabteilung I aus dem Operationsgebiet, die bisher u. a. erfolgreich zur Bekämpfung des kriminellen Menschenhandels eingesetzt war, unterhält persönlichen Kontakt zum Chef der KMHB Dr. Otto-Ullrich-Institut Gießen, ...Wolfgang Welsch.............
Durch ....Welsch..... wurde die Quelle mit dem angeb[redacted] Mitarbeite[redacted]afrikanischen Geheimdienstes ..[redacted].. alias ..[redacted]........ bekannt gemacht.

Dieser ..[redacted]...... wohnt nach eigenen Angaben in der Nähe von Hamburg/BRD und arbeitet für eine Dienststelle in Windhuk/Namibia, die relativ selbständig ist, jedoch vom südafrikanischen Regime mitfinanziert wird.
Sowohl dur[redacted] Welsch....... als auch bei einem 1. Gespräch mit ....[redacted]..... alias ..[redacted]... wurde der Quelle folgender Informationsbedarf mitgeteilt:

- Alle Auslandsflugrouten der Interflug nach Afrika. Evtl. ansprechbares Personal - Name, Anschrift?
- Hat die DDR ein selbständiges Aufgabengebiet in Afrika, unabhängig von der Sowjetunion?
- Wer sind die Koordinatoren der militärischen Aktivitäten der DDR in Afrika insbesondere in Angola und Mocambique?
- Wird der militärische Beraterbestand der DDR in den genannten afrikanischen Ländern auf- oder abgebaut?
- Genaue Angaben über die NVA-Dienststelle Naumburg, in der nach ihren Erkenntnissen Kader aus der DDR und Afrika für einen militärischen Einsatz in Angola und Mocambieque ausgebildet werden.
- Namen von Militärpersonal der DDR und der betreffenden Länder einschließlich ihrer Einsatzorte und ob sie ansprechbar sind.
- Angaben über Repräsentanten der in der DDR akkreditierten Befreiungsbewegungen, insbesondere Namen, Anschriften und welche Bewegungen sie vertreten.
- Hinweise über medizinische Einrichtungen in der DDR in denen verwundete Befreiungskämpfer aus afrikanischen Ländern betreut werden.

Aus dem Verhalten und verschiedenen Andeutungen des ..[redacted].. alias ..[redacted]......... gegenüber der Quelle kann die Vermutung abgeleitet werden, daß der betreffende bisher nicht eindeutig zu identifizierende Geheimdienst bereits über Teilinformationen zu diesem Bereich verfügt, für deren Ausgangspunkt es bisher keine konkreten Hinweise gibt.

KOPIE BStU

Neue Feindverbindung
(Punkte = relevante Textstelle)

BStU
000009 4

4

3. Der IMB "Alexander" wird beauftragt, über Welsch einen persönlichen Kontakt zum Mitarbeiter des Südafrikanischen Geheimdienstes herzustellen, um über diesen weitere Informationen im Sinne der vorgenannten Zielstellung zu erarbeiten. Der IMB hat dem Mitarbeiter des Geheimdienstes nach der Kontaktaufnahme mitzuteilen, daß er die ihm bekannte Krankenschwester in der DDR Hauptstadt hinsichtlich ihrer Bereitschaft zur Informationsbeschaffung getestet hat und übergibt dazu erste allgemeine Ergebnisse über die Betreuung von verwundeten Befreiungskämpfern aus Afrika und Lateinamerika, die im Oskar-Ziethen-Krankenhaus behandelt wurden, dem Geheimdienstmitarbeiter. Aus Sicherheitsgründen müßte er jedoch die betreffende Person noch weiter überprüfen. Besteht der Geheimdienstmitarbeiter auf Benennung des Namens der Krankenschwester, muß dieser genannt werden.

verantw.: OSL Naake
Termin: 30. 5. 1981

4. Weitere Aufklärung festgestellter Verbindungen südafrikanischer Bürger aus Hamburg in die DDR mit dem Ziel festzustellen, ob Zusammenhänge zur Information des IMB "Alexander" bestehen.

verantw.: OSL Naake
Termin: laufend

Leiter der Unterabteilung

Naake
Oberstleutnant

gesehen: Leiter der Abteilung

Hummitzsch
Oberstleutnant

Auftrag an IM „Alexander“
(Punkte = relevante Textstelle)

Hauptabteilung I
Abteilung LSK/LV
Leiter

Strausberg, 08. 09. 1983
na-bz

BStU
000251

bestätigt:

....

K o n z e p t i o n
zur weiteren Überprüfung des IMB "Alexander" und Klärung des Verdachtes einer möglichen Feindtätigkeit

Ausgehend von den Unsicherheitsmerkmalen, die in der im Dezember 1982 erarbeiteten Sicherheitsanalyse zum Vorgang "Alexander" nachgewiesen wurden und den daraufhin eingeleiteten Überprüfungsmaßnahmen verdichtete sich der Verdacht, daß "Alexander" unehrlich ist und von sich aus, aus finanziellem Vorteilsstreben, dem MfS eine fiktive Feindverbindung anbot.
Die gegenwärtig erreichten Bearbeitungsergebnisse und bestimmte Verhaltensweisen von "Alexander" begründen jedoch auch den Verdacht, daß er möglicherweise nach der Schaffung einer operativ interessanten Verbindung in der DDR von sich aus, ebenfalls aus finanziellem Vorteilsstreben tatsächlich einen Feindkontakt gesucht hat und das MfS davon nicht informierte.
Begründet wird das besonders durch seine ungewöhnlichen Aktivitäten zum weiteren Ausbau der Verbindung zu einem für den Gegner bedeutsamen Zivilbeschäftigten der NVA (IMS "Kai"), wofür er vom MfS keinen direkten Auftrag hat.

Im Zusammenhang mit dem geplanten Abbruch der Verbindung zu "Alexander" wird deshalb vorgeschlagen zielgerichtet operative Maßnahmen durchzuführen, die geeignet sind, eine mögliche Feindtätigkeit zu erkennen.
Das Ziel aller Maßnahmen soll darin bestehen, nachzuweisen, ob "Alexander" nach den im "beiderseitigen Interesse" vereinbarten Abbruch der Verbindung seine weiteren Einreisen in die DDR für

- den weiteren Angriff auf den ZB der NVA (IMS "Kai"),
- die Unterstützung der kirchlichen Friedensbewegung in der DDR,
- andere feindliche Handlungen im Rahmen möglicher Verbindungen zu GHD und KMHB,
- kriminelle Handlungen

nutzt.

KOPIE BStU

Überprüfung von IM „Alexander“
(Punkte = relevante Textstelle)

BStU
000252

194

2

Maßnahmen

1. Bei dem am 13.09.83 geplanten Treff mit "Alexander" wird dieser durch OSL Naake schriftlich von der Zusammenarbeit mit dem MfS entpflichtet.
Durch die schriftliche Verpflichtung muß sich "Alexander" festlegen, daß er

- dem MfS im Rahmen seiner 7-jährigen Zusammenarbeit bedeutsame Informationen übergeben hat, für die er eine entsprechende Vergütung erhielt,
- die Verbindung zur Person aus Naumburg (IMS "Kai") abbricht und in dieser Richtung keine Aktivitäten mehr unternimmt,
- seine Reisetätigkeit in die DDR aus Sicherheitsgründen stark einschränkt und nicht mehr zum Kauf von Büchern zur Stützung seines Buchhandels in Westberlin nutzt,
- keine Forderungen mehr an das MfS hat.

Der Abbruch der Verbindung wird damit begründet, daß

- nach der Übersiedlung seines Bruders nach Westberlin objektiv die Gefahr besteht, daß er dadurch in das Blickfeld gegnerischer Überprüfungs- und Untersuchungsorgane geraten ist,
- häufige Einreisen in die DDR durch die Übersiedlung des Bruders nicht mehr begründet werden können.

Vom Treff ist eine konspirative Schallaufzeichnung zu fertigen. Durch die Auflistung der relevanten Arbeitsergebnisse des IM, insbesondere zur Bekämpfung des kriminellen Menschenhandels und seiner vom MfS erhaltenen finanziellen Vergütung sind zur Blockierung möglicher späterer Feindangriffe gegen das MfS, wirksame Faustpfänder zu schaffen.

Termin: 15.09.1983

2. Die Zusammenarbeit mit dem IMS "Kai" wird in Erwartung weiterer möglicher Kontaktbestrebungen durch "Alexander" unverändert fortgesetzt.
Für "Kai" bleibt gegenüber "Alexander" die bisher festgelegte Verhaltenslinie bestimmend. Ziel ist es, festzustellen, ob "Alexander" nach dem Abbruch der Verbindung durch das MfS weitere Aktivitäten in Richtung "Kai" entwickelt, welche Mittel und Methoden dabei angewandt und welche Ziele verfolgt werden. (Nachweis eines auftragsgemäßen Vorgehens von "Alexander" im Interesse einer feindlichen Dienststelle oder Organisation)
Das Verhalten und Vorgehen des IMS "Kai" wird entsprechend der op. Lage und zur Klärung der Gesamtzielstellung entsprechend modifiziert.
In Erwartung eines möglichen Angriffs gegen "Kai" durch eine dritte Person bzw. andere Werbemethoden (briefliche Aufforderung) ist dieser umfassend vorzubereiten und zu instruieren. Er erhält dazu eine konkrete Verhaltenslinie, auf deren Grundlage die Schaffung einer ausbaufähigen Verbindung zur Aufklärung der Ziele und

KOPIE BStU

IM „Alexander" wird „entpflichtet"
(Punkte = relevante Textstelle)

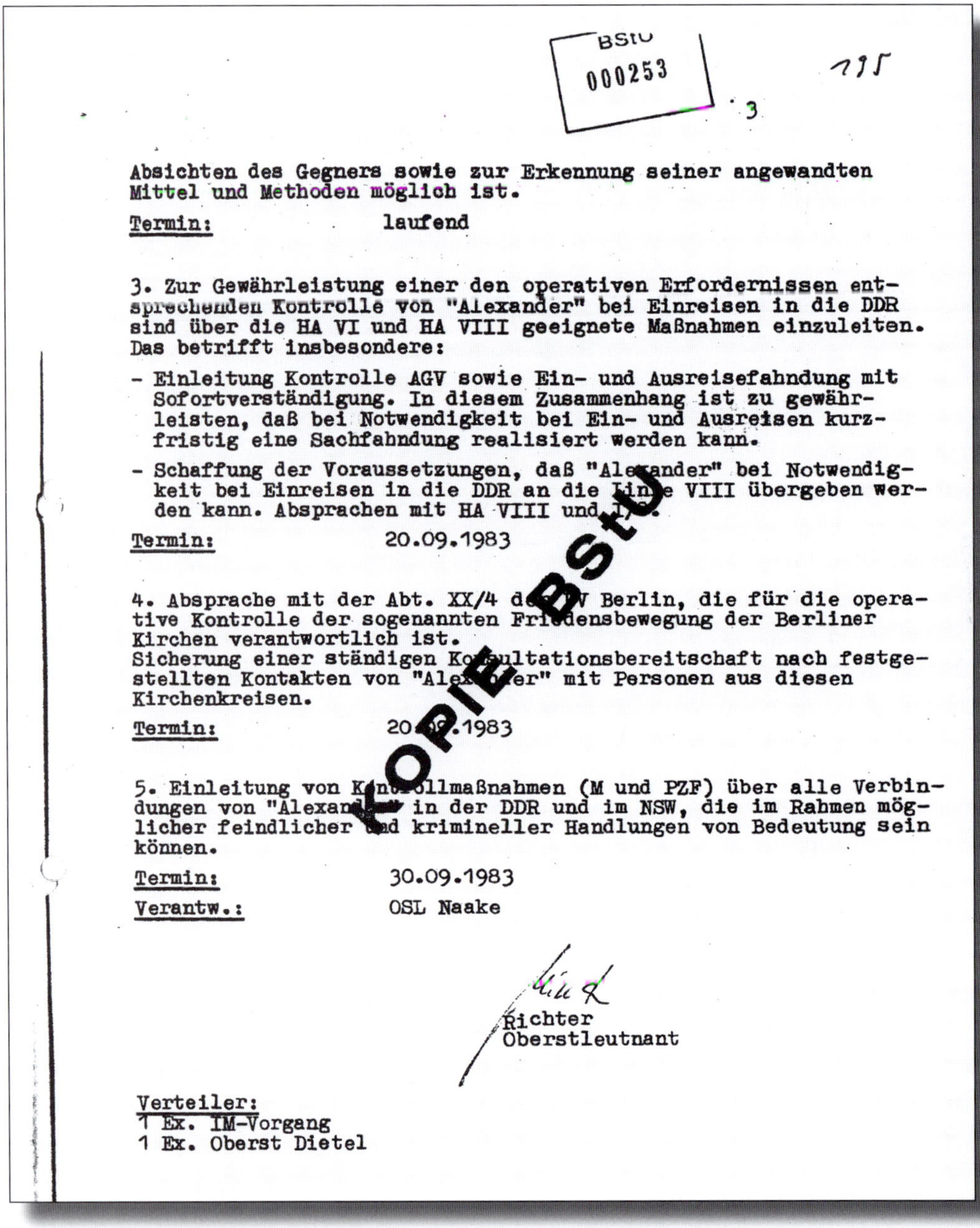

BStU
000253

195

3

Absichten des Gegners sowie zur Erkennung seiner angewandten Mittel und Methoden möglich ist.

Termin: laufend

3. Zur Gewährleistung einer den operativen Erfordernissen entsprechenden Kontrolle von "Alexander" bei Einreisen in die DDR sind über die HA VI und HA VIII geeignete Maßnahmen einzuleiten. Das betrifft insbesondere:

- Einleitung Kontrolle AGV sowie Ein- und Ausreisefahndung mit Sofortverständigung. In diesem Zusammenhang ist zu gewährleisten, daß bei Notwendigkeit bei Ein- und Ausreisen kurzfristig eine Sachfahndung realisiert werden kann.
- Schaffung der Voraussetzungen, daß "Alexander" bei Notwendigkeit bei Einreisen in die DDR an die Linie VIII übergeben werden kann. Absprachen mit HA VIII und I/...

Termin: 20.09.1983

4. Absprache mit der Abt. XX/4 der BV Berlin, die für die operative Kontrolle der sogenannten Friedensbewegung der Berliner Kirchen verantwortlich ist.
Sicherung einer ständigen Konsultationsbereitschaft nach festgestellten Kontakten von "Alexander" mit Personen aus diesen Kirchenkreisen.

Termin: 20.09.1983

5. Einleitung von Kontrollmaßnahmen (M und PZF) über alle Verbindungen von "Alexander" in der DDR und im NSW, die im Rahmen möglicher feindlicher und krimineller Handlungen von Bedeutung sein können.

Termin: 30.09.1983
Verantw.: OSL Naake

Richter
Oberstleutnant

Verteiler:
1 Ex. IM-Vorgang
1 Ex. Oberst Dietel

KOPIE BStU

Einleitung von Kontrollmaßnahmen

Entpflichtung

Mir, Michael, Manuel de la Rosa - geb. am 18.04.44 - wurde am 16.9.83 mitgeteilt, daß meine im Dezember 1976 auf der Grundlage der Selbstanbietung begonnene Zusammenarbeit mit dem MfS mit sofortiger Wirkung beendet ist. Ich bin mit diesem sofortigen Abbruch meiner Verbindung zum MfS einverstanden, weil das im Zusammenhang mit der Übersiedlung meines Bruders, [redacted], aus der DDR nach Westberlin zur Gewährleistung meiner Sicherheit gegenüber zu erwartenden Überprüfungen durch Untersuchungsorgane Westberlins oder der BRD erforderlich ist.
Mit dem Abbruch der Verbindung erkläre ich gleichzeitig, keinerlei materielle und rechtliche Forderungen mehr an das MfS zu haben.
Meine in der Zusammenarbeit dem MfS übergebenen Informationen über die Pläne und Absichten krimineller Menschenhändler in Westberlin und in der BRD, über die Organisation "Vereinigung der Opfer des Stalinismus", die Verbindung zu einem Mitarbeiter eines vermutlich südafrikanischen Geheimdienstes und über den fahnenflüchtigen ehemaligen Angehörigen der DDR-Grenztruppen, [redacted], wurden mir regelmäßig und in gebührender Höhe in Währung der BRD vergütet.
Im Zusammenhang mit meiner Entpflichtung von der Zusammenarbeit werde ich folgende Forderungen des MfS konsequent erfüllen:

1. Einhaltung der Schweigepflicht über meine Zusammenarbeit mit dem MfS und die mir dabei zugänglich gewordenen Kenntnisse über operative Mitarbeiter des MfS, meine Auftragsstruktur angewandte Mittel und Methoden wie konspirative Wohnungen, Deckadressen, Decktelefone, Geheimschreibmittel, Aufbewahrungs- und Transportcontainer, pol. Kennzeichen und Fahrzeugtypen von Kfz. des op. Mitarbeiters.
Mir ist bekannt, daß ich bei Verletzung der Schweigepflicht entsprechend den Gesetzen der DDR mit strafrechtlichen Sanktionen zu rechnen habe.

Entpflichtung

BStU
000242

2

2. Einstellung meiner Verbindung zu dem Zivilbeschäftigten der NVA-Dienststelle Naumburg, [redacted].

3. Einschränkung meiner Einreisen in die DDR und in die Hauptstadt der DDR, Berlin, sowie sofortige Einstellung des Aufkaufs bzw. des Handels mit Büchern in der DDR zum Zwecke der Unterstützung meines Buchhandels in Westberlin. Das bezieht sich auch auf Personen, die in meinem Auftrag in der DDR Bücher aufgekauft und zu mir nach Westberlin verschickt haben.

4. Unterlassung jeglicher Handlungen zur Unterstützung der sogenannten Friedensbewegung der Kirchen und anderer außerhalb der staatlichen Friedenspolitik stehender Kreise in der DDR. Das bezieht sich auch auf Personen und Institutionen außerhalb der DDR, die die vorgenannten Kreise in der DDR inspirieren und unterstützen.

IM „Alexander" unterschreibt

IM „Alexander"/de la Rosa in Ardales/E

Ererbte Finca de la Rosas in Ardales

auf die Karriere von Staatsanwälten und Richtern. Dieses Relikt aus obrigkeitsstaatlichen Zeiten züchtet staatstreue, willfährige Leute mit der uneingeschränkten Verpflichtung zum Gehorsam, die dem einzelnen Staatsanwalt keine andere Wahl lässt, als jede Anweisung zu befolgen, selbst wenn ihm die Anweisung rechtswidrig erscheint. Mit dem Grundgesetz des demokratischen Rechtsstaats ist das alles nicht zu vereinbaren. Zwar sind die Staatsanwälte dem Legalitätsprinzip verpflichtet, aber das ist bekanntlich dehnbar. Als Rechtsuchende sollen die Menschen offenbar in der Illusion von der Unabhängigkeit der Staatsanwälte befangen bleiben. Schon die französische Untersuchungsrichterin Eva Joly, die die Untätigkeit deutscher Staatsanwälte in der Leuna-Affäre kritisierte, ärgerte sich in einem Interview: *„Das Problem in Deutschland ist, dass die Staatsanwälte nicht unabhängig sind.“*[364] Über ihre fortbestehende Abhängigkeit soll der Durchgriff der Politik in den Rechtsraum bei Bedarf stets möglich sein. Deshalb vertritt der Generalstaatsanwalt in aller Regel die Politik seiner Regierung. Und die ist in Berlin tiefrot. Diesen Maulkorb sollte jeder auf seiner Rechnung haben, der sich mit den Leistungen der Berliner Staatsanwälte befasst. 2004 hatte noch der Deutsche Richterbund in einem Positionspapier zur geplanten Justizreform tollkühn behauptet: *„Die Justiz sichert den Rechtsfrieden, gewährleistet den Rechtsschutz des einzelnen Bürgers und Rechtssicherheit für alle und setzt so letztlich die rechtsstaatliche Ordnung durch. Die Gesellschaft erwartet zu Recht ein Maximum an Gründlichkeit und Einzelfallgerechtigkeit.“*[365]

Der Ökonom und Nobelpreisträger Friedrich-August von Hayek weist 1960 darauf hin: *„Die heute praktizierte Form der Demokratie ist zunehmend ein Synonym für den Prozess des Stimmenkaufs und für das Schmieren und Belohnen von unlauteren Sonderinteressen, ein durch das Erpressungs- und Korruptionssystem der Politik hervorgebrachtes System mit einer einzigen allmächtigen Versammlung, mit dem Wortfetisch Demokratie belegt.“*[366]

Eine politische Justiz gibt es in Deutschland nicht, wohl aber eine politisierte. 2007 wurde ein spezieller Schießbefehl für IM des MfS in ihrer operativen Eigenschaft als Angehörige der Grenztruppe aufgefunden. Darin heißt es: *„Zögern Sie nicht mit der Anwendung der Schusswaffe, auch dann nicht, wenn die Grenzdurchbrüche mit Frauen und Kindern gemacht werden.“*[367] In Politik und Öffentlichkeit brach Empörung aus, verbunden mit der Forderung, das MfS zur kriminellen Organisation zu erklären. Diese Erkenntnis, 46 Jahre nach dem Mauerbau und 19 Jahre nach dem Ende des SED-Staates, kommt zu spät. Die Chance einer Beweisumkehr krimineller SED-Staatsverbrechen à la Nürnberg und damit einer angemessenen strafrechtlichen Verfolgung Staatsverstärkter Kriminalität, wurde mit dem dilettantischen Einigungsvertrag vertan. Der Schießbefehl auf Menschen war in den Köpfen des ZK und des MfS zur Vernichtung ihrer Gegner präsent, dessen Auswirkungen im

364 STERN vom 28.9.2006
365 Roth, Nübel, Fromm, Anklage unerwünscht, Frankfurt/M. 2007, S.14
366 F. A. von Hayek, The Constitution of Liberty, 1960, Bd. 1, S. 75
367 MfS Dienstanweisung, BStU

Westen bekannt. Er bedurfte letztlich keiner generellen Ausformulierung, denn der Auftrag der Partei an das MfS ließ an Deutlichkeit nichts zu wünschen übrig.

Wenn seriöse Journalisten fünfzehn Jahre nach dem Ende der SED-Diktatur, mit aberwitziger Verspätung und erstaunlichem Erkenntnisdefizit den Widerstand gegen das SED-Regime „Widerspenstigkeit" statt Widerstand attestieren, dann muss die Frage gestellt werden, ob die Träger des NS-Widerstands letztlich auch nur ‚widerspenstig' waren?[368] Soll diese Wortwahl den Widerstand im SED-Staat auf das widerspenstige, vulgo „ungezogene" Moment reduzieren und damit verneinen? Bestenfalls wäre sie naiv. Schlimmstenfalls übernähme sie die Täter-Interpretation.

Das Unrecht durch den willigen Stasi-Helfer de la Rosa bleibt weiter ungesühnt. Mehr noch: Der Täter wird exkulpiert, gegen Vorwürfe in Schutz genommen und von einem Staatsanwalt ermuntert, gegen sein früheres Opfer vorzugehen. Kleists Dorfrichter Adam grüßt aus Berlin. Als die Ermittlungen gegen de la Rosa aufgenommen wurden, kehrte der Deutschland den Rücken und lebt seitdem unbeeindruckt in Ardales bei Malaga.

Über mich schreiben die Autoren des Berliner „Tagesspiegel": *„Gefunden aber hat er die Ruhe bis heute nicht. Ein Rastloser, der nicht begreifen kann, dass seine Todfeinde von gestern heute einfach zum Alltag zurückgekehrt sind und damit anscheinend besser klar kommen als er selbst."*[369]

Sie übersehen, dass die Verfolgten traumatisiert wurden und allein deshalb nicht so „gut klarkommen" wie die Täter, die bis heute ohne moralische Skrupel, ohne Reue und Unrechtsbewusstsein ihr Handeln verdrängen und leugnen. Verfolgte schreiben nicht „ruhelos am düsteren Roman ihres Lebens weiter", wie die Autoren mutmaßen, sondern schreiben, weil der Schoß noch fruchtbar ist, aus dem das kroch, damit sich die Tragödie deutscher Gewaltherrschaft nicht ein drittes Mal wiederholt. Verfolgte und Opfer sind zu Recht sensibilisiert. Wenn Täter leugnen, müssen Verfolgte erinnern.

Am Beispiel des Falles ‚de la Rosa' zeigt sich explizit, wie durch eine desinteressierte und bagatellisierende Politik und Justiz die Aufarbeitung des Unrechts gescheitert ist. Wenn wir, sei es aus Versehen – gegen Normen und Wertvorstellungen verstoßen haben, erröten wir. Wir schämen uns. Wir schämen uns, wenn wir einem Freund Unrecht zugefügt haben. Wir rufen ihn an, entschuldigen uns. Ganz anders im öffentlichen Raum. Die Justiz kennt keine Scham. Da gibt es ein Verhalten, das kriminelle Züge trägt. Das hat mit der ethischen Bewusstseinslage zu tun.

5. Der Fall „Lenzlinger"

Auch in einem weiteren, Aufsehen erregenden Mordfall, wird der Name de la Rosa genannt. In diesem Fall wird nicht in Deutschland ermittelt. Die Schweizer Behörden überprüfen, ob und welche Rolle de la Rosa bei dem Mord an dem

368 In: DER TAGESSPIEGEL vom 10.4.2005
369 Ebd.

Schweizer Fluchthelfer Hans Ulrich Lenzlinger spielte, der am 5. Februar 1979 in seiner Villa in Zürich-Höngg erschossen wurde. Lenzlinger war mir bereits aus verschiedenen Presseberichten bekannt, als ich ihn 1977 im Wartezimmer eines Münchner Anwalts traf. Dieser war selbst aus Ostberlin geflüchtet und engagierte sich neben seiner offiziellen Anwaltstätigkeit als Fluchthelfer. Seine Fluchthilfe wickelte er ebenso verschwiegen ab wie ich. Dagegen eilte Lenzlinger der Ruf voraus, zwar ein sicherer, aber auch smarter Fluchthelfer zu sein, der seine erfolgreichen Aktionen in der Presse vermarktete. Er glaubte, in seinem Zürcher Refugium sicher zu sein. Aus diesem zufälligen Treffen entwickelte sich ein lockerer Kontakt, in dem Lenzlinger mir anbot, bei organisatorischen Engpässen die eine oder andere Fluchthilfeaktion übernehmen zu wollen.

Die DDR-Zeitungen berichteten über Lenzlingers Fluchthilfe, indem sie sein luxuriöses Umfeld als „verkommenes Rotlichtmilieu" und „Agentenzentrale imperialistischer Geheimdienste" anprangerten. Auch die westdeutschen Gazetten waren eher an seinem exotischen Lebensstil interessiert, als an der unbestreitbaren Tatsache, dass er vielen Flüchtlingen zur Freiheit verhalf. Die Dimension seiner Hilfe und deren Auswirkung auf die Geheimpolizei in Ostberlin, denen der Schweizer auf der sprichwörtlichen Nase herum zu tanzen schien, wurden dagegen unterschätzt. Jemand, der sich mit einem totalitären Staat anlegt und ihn bekämpft, muss Format haben. Darin unterscheidet er sich vom angepassten Rest der Gesellschaft.

De la Rosa, der von meiner Verbindung zu Lenzlinger wusste, bat mich im Spätsommer 1978, einen Kontakt mit diesem herzustellen. Er wollte ihn unbedingt kennen lernen, weil er durch ihn angeblich Personen aus der DDR herausholen lassen wollte. Ich nahm mit Lenzlinger Verbindung auf. De la Rosa und ich reisten gemeinsam nach Zürich. Dort waren wir im Restaurant „Chiesa Rustica" am Limmat-Quai verabredet. Lenzlinger traf ein, begrüßte uns kurz und eilte zum Tresen, wo er sofort telefonierte. „Aus Sicherheitsgründen", wie er uns erklärte. Alle zehn Minuten verließ er erneut den Tisch, um sich telefonisch zu melden. Seine Sicherheitsvorkehrungen fand ich bemerkenswert. Nach etwa einer Stunde, in der er meinen Begleiter und mich wohl ausgiebig geprüft hatte, bat er uns zur Fortsetzung des Gespräches in sein Büro nach Hönng. In seinem Haus in der Ackersteinstraße befand sich der offizielle Sitz seines Fluchthilfeunternehmens „Aramco AG". Die Sicherheitsmaßnahmen waren beeindruckend: Langwaffen an der Wand, auf dem Schreibtisch griffbereit, ein 38iger Smith & Wesson–Revolver. Nun klingelte umgekehrt in gewissen Zeitabständen s e i n Telefon. Sicherheitsleute überprüften auch hier seine Unversehrtheit. Wie erwähnt, gab de la Rosa vor, Auftragnehmer für die Fluchthilfe von Bekannten aus Ostberlin zu sein. Er schmeichelte Lenzlinger, das der im Ruf stehe, äußerst erfolgreich und verlässlich zu sein.

Sehr viel später manifestierten die Stasi-Akten nicht nur de la Rosas Hass auf Fluchthelfer, sondern auch die Tatsache, dass er als IM seit einige Jahre lang für die Stasi arbeitete und zwei Dutzend Fluchtwillige verraten hatte. Aus Hass auf alle Fluchthelfer hatte er mich töten wollen, wie er seinem Führungsoffizier erklärte. Sein Angebot an Lenzlinger war also ein Täuschungsmanöver. Doch wofür? Sollte er ihn und seine Wohnverhältnisse ausspionieren? Oder mehr?

Wenige Tage vor Weihnachten 1978 telefonierte Lenzlinger ein letztes Mal mit mir. Dabei erwähnte er eher beiläufig die häufigen Besuche de la Rosas in der Zürcher Ackersteinstraße. Zu einem konkreten Auftrag war es bis dahin aber nicht gekommen. Wohl deshalb stellte sich nunmehr die Frage: Warum reiste de la Rosa mehrmals nach Zürich?

Lenzlingers Mitarbeiter in der Bundesrepublik, Rainer Schubert, war 1975 in Ostberlin verhaftet worden und hatte über seinen Schweizer Chef umfassend ausgesagt.[370] Seitdem dürfte das MfS konkrete Vorstellungen über den Umfang von Lenzlingers Fluchthilfe gehabt haben. Nach den Einsatzplänen für Kampfoperationen der Stasi ist es daher mehr als nur vorstellbar, dass das MfS dessen Liquidierung als gefährlichen Gegner der DDR beschloss. Intensivierte de la Rosa den Kontakt zu Lenzlinger nach unserem gemeinsamen Besuch vielleicht deshalb? Handelte er auch dabei im Auftrag des MfS?

Am 5. Februar 1979 wurde Lenzlinger in seinem Haus erschossen. In einem nur wenige Minuten offenen, das heißt ungesicherten Zeitfenster seiner umfangreichen Sicherheitsmaßnahmen. Von einem bis heute unbekannten Täter, der über detaillierte Kenntnisse verfügen musste. Nach dem Mord und Jahre danach mutmaßten die Schweizer Behörden, Strafverfolger und Medien, Lenzlingers schillernde Persönlichkeit, sein exzentrischer Lebensstil der ihm viele Feinde einbrachte, hätten den Hintergrund für den Mordanschlag abgegeben. Für wahrscheinlicher halte ich, dass es sich um ein minutiös geplantes Attentat des MfS handelte. Zu diesem Ergebnis kommen auch die Geheimdienst-Experten vom KK3, dem Nachrichtendienst der Schweiz. [371] Sie sind die einzigen, die Mord-Motiv und Täter dezidiert beim MfS sehen und deshalb klar für die Ansicht votieren, dass Lenzlinger von der Stasi umgebracht wurde.

Laut Stasi-Akten hasste de la Rosa Fluchthelfer. Nach Aktenlage war er bereit, einen von ihnen, mich, höchstpersönlich zu liquidieren. Kurz vor seinem Tod bestätigte mir Lenzlinger weitere Besuche von de la Rosa, von denen ich nichts wusste. Das wirft eine Reihe von Fragen auf.

2002 hatte ich überraschend Gelegenheit, eine Stasi-Beiakte zu de la Rosa einzusehen. Mein ganzes Interesse galt zunächst seiner erklärten Absicht, mich zu ermorden. De la Rosas Bekanntschaft mit Lenzlinger war für mich in Vergessenheit geraten. Erst als das Schweizer Fernsehen im Juli 2006 über den Fall Lenzlinger berichtete, erinnerte ich die suspekte Verbindung de la Rosas zu Lenzlinger. Auf Grund der Akten von 2002 konnte ich die damaligen Ereignisse neu einordnen. Bleibt die Frage, warum IM „Alexander“ mehrmals nach Zürich fuhr. Ohne Ergebnis.

Die Kantonspolizei der Schweiz sucht den Mörder Lenzlingers noch immer. Vor dem Hintergrund dreier Mordversuche auf mich und vieler anderer, unaufgeklärter Attentate auf Gegner des SED-Staates, ist die Frage nach Mörder und Motiv dringend geboten.

370 P. Pfütze, Besuchszeit, Westdiplomaten in besonderer Mission, Berlin 2006, S. 92
371 SF1- DOKU, Der Mord an Fluchthelfer Hans Ulrich Lenzlinger am 10.7.2006

2007 reiste ich auf Einladung der Schweizer Kantonspolizei nach Zürich. Dort übergab ich Kopien der 2002 von mir eingesehen BStU-Akten, aus denen de la Rosas Stasi-Verpflichtung als IM, sein erklärter Hass auf Fluchthelfer, als auch sein mich betreffender Tötungswille hervorgeht und referierte zeugenschaftlich die genannten Ereignisse und Hintergründe. Weil de la Rosa in Spanien lebt, gingen die Erkenntnisse auch an das spanische Innenministerium und, nicht ohne Grund, an den CNI. Karl Wilhelm Fricke schreibt 1995: *„Hoch dürfte der Anteil ehemaliger MfS-Agenten sein, der nunmehr Spionage für die russischen Geheimdienste treibt."*[372]

Der zuständige Zürcher Staatsanwalt aktivierte das ruhende Ermittlungsverfahren gegen Unbekannt wegen Mordes an Hans Ulrich Lenzlinger. Es bleibt zu wünschen, dass die Ermittlungen zum Täter und damit zur Aufklärung führen. Sühnen wird auch sie das Verbrechen nicht können. In der Schweiz verjähren Mord oder Vorbereitung zum Mord nach 30 Jahren. Zum Tatzeitpunkt betrug die Verjährungsfrist indes nur 25 Jahre. Wegen des geltenden Rückwirkungsverbotes kann ein Täter mithin nicht mehr bestraft werden. Ein deutscher Täter wohl auch nicht, obwohl der gleiche Tatbestand in Deutschland nicht verjährt. In der strafrechtlichen Aufarbeitung des SED-Unrechts ist dies mithin eine Bankrotterklärung der Justiz und des Rechtsstaates.

6. Spezielle Kampfmaßnahmen

Neben den beschriebenen „Kampfmaßnahmen", waren andere IM bemüht, mich zu verschleppen, zu zersetzen oder in anderer Form zu schädigen. Wie in tausenden ähnlich dokumentierter Fälle. Das MfS hatte hierfür „Spezielle Kampfmaßnahmen" entwickelt. Einige möchte ich wegen ihrer exemplarischen Bedeutung anführen:

„Im Mittelpunkt der Kampfmaßnahmen stehen die materielle Schädigung des Ehepaares Welsch und die Herbeischaffung von Unterlagen, die Aufschluss über die staatsfeindliche Tätigkeit des Welsch und seiner Bande geben. Zur Realisierung dieser Aufgabe sind folgende Maßnahmen vorgesehen: Nach weitestgehender Aufklärung der Wohnung und des Wohnobjektes des Welsch in Weinheim (Anm. hunderte Kilometer von der innerdeutschen Grenze entfernt)*, und nach konkreter Ermittlung des Zeitpunktes und des Zieles der Urlaubsreise der Familie Welsch im Sommer dieses Jahres werden Vorschläge erarbeitet über das Eindringen in die Wohnung des Welsch bei dessen Abwesenheit zur Beschaffung der erwähnten Unterlagen; oder über Maßnahmen der materiellen Schädigung der Familie Welsch (Grundstück, Wohnung, Pkw). Es werden Maßnahmen zur Schädigung des Ehepaares Welsch während ihres Urlaubsaufenthaltes in Griechenland geprüft und vorgeschlagen. Unter Beachtung aller operativen Aspekte (unter anderem Ausschaltung von Gefährdungsmomenten für den IM) ist gründlich zu prüfen und*

372 Fricke/Marquardt 1995, Bukowski 1996; Hacker, 1994

zu entscheiden, inwieweit beide oder nur eine von den angeführten Maßnahmen durchgeführt werden."[373]

Das vorbeschriebene Verhalten gleicht dem von Einbrechern und Dieben und stellt zudem eine Verletzung der staatlichen Souveränität der Bundesrepublik Deutschland dar. Als mein Vater auf Grund medizinischer Diagnosen eine Ausreisegenehmigung in die Bundesrepublik erhielt, bezog das MfS ihn ohne dessen Wissen in seine Planungen ein. *„Unmittelbar vor oder nach der Übersiedlung des Vaters des Welsch sind dem gegnerischen Abwehrorgan bzw. Geheimdienst Informationen zuzuspielen, wonach mit der Übersiedlung der Gegner damit verbundene Maßnahmen des MfS erkennen sollte. Es ist zu prüfen, inwieweit der Vater des Welsch vor dessen Übersiedlung in geeigneter Form mit dem MfS konfrontiert wird. Das Ziel dieser Maßnahme besteht darin, Unsicherheit zwischen Welsch und dessen Vater zu erzeugen und gegnerische Organe zu veranlassen, Maßnahmen zur Überwachung von Welsch einzuleiten.*

IM-Einsätze im Operationsgebiet, unter anderem im Raum Sinsheim.

Im jetzigen Wohnort Weinheim lebt er auffallend zurückgezogen. Innerhalb des Wohngrundstückes sichert er sich durch die ständige Anwesenheit eines Hundes ab. Die weitestgehende Kontrolle und Überwachung sowie die systematische Aufklärung der Familie Welsch kann perspektivisch nur durch die Existenz von IM in Weinheim gewährleistet werden. Der bereits geschaffene Kontakt zu einem Kandidaten aus dieser Stadt ist tschekistisch klug so weiter zu entwickeln, dass die Person geworben und 1981 zur Lösung der vorgesehenen Aufgabe eingesetzt werden kann.

Im Zusammenhang mit dem Bruderorgan der UVR und der CSSR konnte nachgewiesen werden, dass Welsch bis1976 erfolgreich 20 bis 25 Bürger der DDR über das sozialistische Ausland ausschleusen ließ.

Die Ergebnisse des Einsatzes des IM „Alfons" bilden die Voraussetzung für die Einleitung von Kampfmaßnahmen gegen die Familie Welsch."[374]

Als alle Versuche fehlschlugen und ich die durch IM „Alfons" verübten Mordanschläge überlebte, wollte das MfS mich durch Killer der südwestafrikanischen Terrororganisation SWAPO töten lassen. Die SWAPO wurde in gut abgeschirmten, hoch geheimen Lagern der Hauptverwaltung Aufklärung in Waffentechnik und Terroroperationen unterwiesen. Eines dieser Lager befand sich sechzig Kilometer von Berlin entfernt, in Briesen/Mark.[375] Dort war das streng geheime NVA-„Objekt 74", ein militärisches Trainingslager für Terrorkommandos aus befreundeten Ländern oder Parteien, die von einer Spezial-Einheit der MfS-Hauptabteilung XXII 8 geschult wurden, wie man Menschen ermordet und Bomben legt. Auf dem Boden der DDR trainierten Spezialisten solche Kommandos in allen Varianten des Tötens, schreibt Ronnie Kasrils 1997.[376]

Teilnehmer waren die Organisationen und Geheimdienste:

---

373 Bearbeitungskonzeption zum ZOV „Skorpion", GVS, HA VI, Abt.1/Abwehr, Oberst Teschner, Reg.-Nr. XV/3359/74, S.261f

374 Bearbeitungskonzeption zum ZOV „Skorpion" ff bis S. 106

375 M. Schaffelke, Bruchsal 2005

376 R. Kasrils, Steckbrieflich gesucht. Undercover gegen Apartheid, Essen 1997

PLO-El-Fatah/Sicherheit
PLO-PLFP
PLO-DLFP (alles Fraktionen der PLO, hier Habasch und Hawatmeh)
ANC (African National Congress, heute Regierungspartei)
ZAPU (Zimbabwe African People's Union, heute Regierungspartei)
SWAPO (South West Africa People's Organization, heute Regierungspartei)
Ministerium für Sicherheit der Volksrepublik Mocambique
Departamento für Staatssicherheit Nicaragua
Kommunistische Partei Kolumbiens
Komitee für Staatssicherheit der Volksdemokratischen Republik Jemen
Ministerium für Sicherheit der Volksrepublik Kongo
Kommunistische Partei von Honduras
Kommunistische Partei und Sozialistische Partei Chiles
Geheimdienst der Demokratische Republik Vietnam und andere

Wahrscheinlich entschied sich das MfS aus Nützlichkeitserwägungen für die SWAPO. Die erfundenen Berichte de la Rosas alias IM „Alexander" über meine angebliche geheimdienstliche Tätigkeit schienen dem MfS geeignet, der SWAPO einen „Vertreter des Apartheid-Regimes" unterzuschieben, um sie für seine Zwecke zu instrumentalisieren. Im Rahmen von „Solidaritätsaufgaben" waren in den vorgenannten Camps zwischen 1970 und 1989 in 164 Lehrgängen insgesamt 1895 Personen aus 15 Staaten ausgebildet worden. Unterrichtsfächer waren: Marxismus-Leninismus, Sabotage, Fälschen von Papieren, Geständniserpressung, lautloses Töten, Bomben bauen. Außerdem standen klassische Geheimdienstbereiche wie Abhören, Observieren, Nachrichtenübermittlung, Ausbildung an verschiedenen Waffen sowie deren Einsatz unter Guerilla-Bedingungen und Hinrichtungen von „Zielen" in Städten auf dem Lehrplan. Einer MfS-Ausbildungs-Anleitung für „Liquidierungs-Operationen" zufolge, die von der neapolitanischen Camorra stammen könnte, feuern eine oder zwei Personen mit Schnellfeuerwaffen auf das „Ziel" und flüchten, eine dritte Person tritt an den Tatort und vollendet die Hinrichtung mit einem „finalen Kopfschuss".[377]

In einer Analyse zur Ausbildung von Mitgliedern ausländischer „Befreiungsorganisationen" und Sicherheitsdiensten findet sich 1989 die Feststellung, dass in der zurückliegenden Zeit jährlich durchschnittlich 120 Kursanten die Lehrgänge absolvierten. Weiter heißt es: *„Die bisher durchgeführte Ausbildung fand große Resonanz und hohe Wertschätzung bei den Führungen der Partner und Funktionäre der Abteilung Internationale Verbindungen des ZK."*[378] Die einschlägigen Aktivitäten blieben jedoch nicht ohne Probleme für das MfS. Offensichtlich waren im Ausland trotz aller Konspiration Informationen über den Charakter der Schulungen durchgesickert. Tausende wurden allein durch die SWAPO liquidiert. Erst 2007 forderte die Nationale Gesellschaft für Menschrechte Namibias den Internationalen Straf-

377 MfS-Ausbildungsanweisung, Ost-Berlin 1982
378 Schreiben des Leiters der Abteilung Internationale Verbindungen des ZK der SED an den Genossen Minister [Mielke] vom März 1989, aufgefunden im Dienstgebäude der HVA

gerichtshof in Den Haag auf, zu untersuchen, inwieweit der ehemalige Chef der SWAPO und langjährige Präsident von Namibia, Sam Nujoma, an Menschenrechtsverletzungen beteiligt war. Die Anzeige bezieht sich auf das Verschwinden von bis zu 4200 Menschen während des Unabhängigkeitskrieges gegen Südafrika 1966-1989.[379] Thomas Auerbach bemerkt zur Terrorausbildung afrikanischer Kader 1992: *„Die Hervorhebung bzw. das weltweite Streben, Konflikte friedlich zu lösen und die Ausbildung von Gruppenführern des ANC auf militärischem Gebiet in der Größenordnung von bis zu 40 Kadern im Durchschnitt im Gästehaus Teterow, stehen im Widerspruch und werden der DDR seit Jahren außenpolitisch angelastet. Da diese Ausbildung selbst von Führungskadern des ANC als unaktuell und uneffektiv eingeschätzt wird, ist ein neues Herangehen erforderlich.“*[380]

Doch nicht nur Terroristen wurden ausgebildet, auch Folterer im Dienste der kommunistischen Sache. Berater der HVA wurden in den siebziger Jahren nach Addis Abeba geschickt, um die DERG-Folterer des kommunistischen Mengistu-Regimes in modernen Foltertechniken auszubilden. Kein einziger dieser Stasi-Ausbilder wurde nach der Wiedervereinigung je vor Gericht gestellt.[381] Statt nun die Einmischung in die inneren Angelegenheiten anderer Staaten aufzugeben und sich nicht weiter an der Ausbildung von Terroristen und Folterern zu beteiligen, ordnete die Abteilung Internationale Verbindungen des ZK der SED im genannten Schreiben an, die Ausbildung von Gruppenführern für den illegalen bewaffneten Kampf fortzusetzen. Es sollte lediglich noch geheimer geschehen, wie Ulrich Schmid 2006 feststellt: *„Durch konsequente Durchsetzung der Prinzipien und Regeln der Konspiration und Geheimhaltung sowie die Arbeit mit Legenden, ist die operative Sicherheit der Kader während ihres Aufenthaltes in der DDR zu garantieren und Voraussetzungen für den illegalen Einsatz im vorgesehenen Einsatzland zu schaffen.“*[382] Die Papiere weisen aus, dass das ZK der SED, sowie die HVA, über alle Aktivitäten der Kursanten umfassend unterrichtet waren. Der nächste Mordversuch auf mich war beschlossene Sache der Staatsführung und ihrer Geheimpolizei. Dass es dazu letztlich nicht kam, hing wohl mit Nützlichkeitserwägungen höchster politischer und geheimpolizeilicher Stellen zusammen. Trotz aller taktischen und strategischen Anstrengungen, des Einsatzes von erheblichen Valuta-Mengen, IM, Technik, Sprengstoff, Waffen, Gift und dem konzentrierten, geheimdienstlichen Know-how eines aufgeblähten Geheimdienstapparates, versagte das MfS am Ende. Soviel, zu den „edlen“ und „friedenserhaltenen“ Aufgaben der SED-Geheimpolizei.

Die Protagonisten dieser Ideologie des Hasses sind 1989 weder ausgewandert noch ausgestorben. Sie leben mitten unter uns. In deutschen Landesparlamenten wird bereits offen mit „demokratisierten“ Vertretern der Rest-SED unter der heutigen Bezeichnung „Die Linke“ als Formel des Absurden koaliert. Wieder entwickeln sich Kräfte demokratischer Negation. Offen stellen sie die Systemfrage (Bisky). Aus Gründen des eigenen Machterhalts wird ihnen nicht entschieden begegnet. Die

379 In: SÜDDEUTSCHE ZEITUNG vom 1.8.2007
380 Th. Auerbach, Einsatzkommandos an der unsichtbaren Front, Berlin 1999
381 U. Schmid, Aschemenschen, Frankfurt/M. 2006
382 Ders.

Macht scheint so schwer zu korrumpieren, das, wie in Hessen, Wahlversprechen gebrochen werden, um endlich selbst an die Macht zu gelangen. Dass damit auch die Vertreter der Systemfrage salonfähig gemacht werden, interessiert nicht. Mehr noch, kommunistische Biografien werden als anerkennenswert bezeichnet.[383] Der Versuch der Bundesbeauftragten für die Unterlagen der Staatssicherheitdienstes, Marianne Birthler, die PDS/Linke-Bundestagsabgeordneten auf eine mögliche Stasi-Tätigkeit zu überprüfen, findet bis heute in der deutschen Öffentlichkeit kaum Beachtung.

7. Opfer, Widerstand und Vergleich

Wer war Opfer, wer Verfolgter der SED-Diktatur?

Opfer wurde jeder, der von Maßnahmen des MfS betroffen war. Dazu zählte, wer von IM bearbeitet, bespitzelt und denunziert wurde.

Opfer wurde, wer das Land verlassen wollte und einen Ausreiseantrag stellte.

Opfer wurde, wer die Ideologie der Staatspartei SED und die gesellschaftlichen Zustände ablehnte.

Opfer wurde, wer diktatorischer Willkür ausgesetzt war, wer Behördenentscheidungen kritisch hinterfragte und dadurch berufliche und persönliche Nachteile hinnehmen musste.

Opfer wurde, wem aus politischen oder religiösen Gründen die Aus- oder Weiterbildung versagt wurde, wer seinen Beruf nicht ausüben durfte. Zu dieser Gruppe gehörten kritische Lehrer, Schriftsteller, Wissenschaftler, Musiker und jene, die von der jeweils gültigen Parteilinie abwichen.

Opfer wurde, wem der Besitzerwerb streitig gemacht wurde. Dazu gehörte der Erhalt oder Erwerb von Eigentum, mit dem der Lebensunterhalt bestritten wurde. Betroffen waren kleine und mittlere Betriebe des Einzelhandels und der Produktion.

Opfer wurde auch, wer Besitzverlust nicht einklagen konnte. Nicht jedes Opfer wurde verfolgt. Aber jedes Opfer war bereits Repressalien ausgesetzt, die die Lebensqualität einschränkten. Dass aus einem Opfer ein Verfolgter wurde, war häufig wahrscheinlich. Verfolgte wussten in der Regel nichts über die Art und Intensität ihrer Verfolgung.

Opfer und Verfolgter zugleich war, wer aktiv und somit widerständig gegen das Regime handelte und dadurch verletzt, inhaftiert, gesundheitlich, materiell oder sozial geschädigt wurde, oder sein Leben verlor.

Wer hat nun Widerstand geleistet?

Widerstand konnte leisten, wer auf Grund seines Gewissens ein politisches Bewusstsein entwickelte. Es gab zum Beispiel Menschen, die sich weigerten, als IM tätig zu werden, die Partei- oder Behördenentscheidungen nichts widerspruchslos hinnahmen, die ihre vorgeblich verfassungsmäßigen Rechte in Anspruch nehmen wollten.

383 O-Ton Bundeskanzler G. Schröder

Widerstand konnte leisten, wer ein System ablehnendes Rechtsbewusstsein entwickelte. Wenn jemand durch eine Verwaltungsentscheidung sich ungerecht behandelt fühlte, konnte er rechtlich dagegen nicht vorgehen. Es gab keine zivile Gerichtsbarkeit. Beispiel: Die Verwandtschaft aus dem Westen schickte ein Geburtstagspäckchen, das den Empfänger in der DDR nie erreichte. Bei den Behörden die es beschlagnahmt hatten, zu protestieren, konnte als widerständiges Verhalten ausgelegt werden. Dagegen zu klagen war unmöglich.

Widerstand konnte leisten, wer sich in seinen Freiheitsrechten eingeschränkt sah und seinem Freiheitsdrang nachgeben wollte. Es gab keine Freizügigkeit und keine Reisefreiheit.

Widerstand konnte leisten, wer Zivilcourage zeigte. So haben nicht wenige Grenzsoldaten an Flüchtlingen absichtlich vorbeigeschossen, weil sie den Schießbefehl als unmoralisch ansahen.

Widerstand konnte leisten, wer als politischer Häftling Terror individuell erfahren hatte. So gab es in DDR-Gefängnissen immer wieder Aktionen gegen Hunger, Misshandlungen und Isolation. Ein politischer Häftling hatte keine Rechte. Es gab nicht einmal den Status des politischen Häftlings.

Widerstand konnte leisten, wer individuell Hilfe für Flüchtlinge und Verfolgte leistete, indem ihnen aktiv oder passiv bei den Vorbereitungen zur Flucht half, oder Verfolgten Unterkunft und materielle Mittel zur Verfügung stellte.

Widerstand konnte leisten, wer sich der Diktatur verweigerte. Verweigern hieß, die Kinder nicht zu den „Jungen Pioniere“ zu schicken, nicht in die FDJ oder andere regimetreue Organisationen einzutreten, keine Fahnen aus dem Fenster zu hängen, keine Aufmärsche mitzumachen und so fort.

Widerstand konnte leisten, wer absichtlich und aktiv dem System Schaden zufügte, es sabotierte und bekämpfte, weil es keine andere Möglichkeit gab die Lebenssituation zu verändern. Der Widerstand unternahm die wirksamsten Anstrengungen, dem System zu schaden, es zu boykottieren und anzuprangern. Dafür brachte er auch die größten Opfer.

Der Widerstand traf auf eine Diktatur, die mit den Mitteln des Terrors gegen die vorging, die die Sicherheit und Machtgrundlagen der SED-Herrschaftselite angriffen. Wer nicht selbst in einer Diktatur gelebt hat, ahnt nicht, wie viel Mut, Selbstkritik, Idealismus und Todesverachtung zu einzelnen Widerstandshandlungen gehörten. Er überschätzt auch seine eigenen Fähigkeiten zum Widerstand.

Der Widerstand unterschied sich von den Basisgruppen deutlich durch den Willen zur Tat. Obwohl die DDR-Regierung am 1. August 1975 die KSZE-Schlussakte unterzeichnete und später ratifizierte, dachte sie nicht entfernt daran, die darin enthaltenen menschenrechtlichen Postulate auf ihrem Staatsgebiet anzuwenden.[384] Stattdessen intensivierte sie ihren gnadenlosen Feldzug gegen jeden, der sich auf die in der Schlussakte postulierten Grundrechte berief. Das Strafrecht wurde verschärft, die Unterdrückung noch brutaler. Ähnlichkeiten zur NS-Diktatur findet man im vorgeblichen „Nichtwissen“ der Funktionsweisen von Repression und Terror im SED-Staat. Selbst eine verhaltene Kritik am System war Teil der Gesellschaft ge-

384 Schlussakte der Konferenz von Helsinki

worden, die, nach Hannah Arendt, infolge totalitärer Herrschaft selbst einen Verlust von Wirklichkeit erlitten hatte. Dieses Wissensdefizit begünstigte ein Haltungs- und Handlungsdefizit. Ein stärkeres Bewusstsein von der Gewalt nicht legitimierter Macht hätte eine stärkere Abgrenzung gegenüber den Ansprüchen der SED-Machthaber und einen anderen Umgang mit dem Widerstand nach sich gezogen. [385] Nach den kruden Vorstellungen Mielkes, waren Widerstand und widerständiges Verhalten immer außen gesteuert und nicht Reaktion auf Repression. Damit entfiel die Ursachenforschung der wirklichen Gründe des Widerstands.

Der politische Grad der Entfremdung wird umso deutlicher, je gewalttätiger das Grenzregime wurde. Mielkes cholerisch-autoritärer Führungsstil ließ selbst in den 80er Jahren immer noch einmal übernommene, stalinistische Methoden erkennen. Mehr Flüchtlinge waren die Folge, aber auch mehr politische Häftlinge, die der Bundesrepublik vom „Advocatus Diaboli", Wolfgang Vogel, zum Freikauf angeboten wurden. Ein nicht ganz beispielloser Fall von Menschenhandel.[386] Die DDR machte nichts anderes, was die Nazis nicht schon vorgemacht hätten: Gegen Ende des kostspieligen Zweiten Weltkrieges brauchte das Reich Geld. Nach einer geheimen Vereinbarung mit Schweizer Rabbinern, entließ Reichsführer SS, Himmler, 1944 über tausend Juden aus dem Lager Theresienstadt in die Freiheit. Gegen Devisen. Auch der SED-Staat versuchte, sich mit den Gewinnen aus Menschenverkäufen über Wasser zu halten, kriminalisierte aber mit unverhohlener Chuzpe Flüchtlinge und ihre Helfer.

Der SPD geführten Bundesregierung unter Helmut Schmidt waren die widerständigen Fluchthelfer ein Dorn im Auge, insbesondere seinem FDP-Außenminister im Kabinett, Hans-Dietrich Genscher, störten sie doch immer wieder die nach außen beschworenen „gutnachbarlichen" Beziehungen mit den Diktaturen des Ostens. Ausdruck der Neuen Ostpolitik. Das nahm mitunter groteske, aber auch beschämende Ausmaße an. Meiner 1976 in Sofia/Bulgarien festgenommenen Frau und Fluchthelferin wurde die konsularische Hilfe und Obhutspflicht der deutschen Botschaft unter Leitung von Fritz Menne mit dem Hinweis auf die „guten deutsch-bulgarischen Beziehungen" schlichtweg verweigert. Sie musste deshalb in der US-Botschaft Sofia um Asyl bitten.[387] Die bulgarische Geheimpolizei DS hatte ihr nach der Festnahme mit sechs Jahren Haft gedroht.

Die Antwort auf die Frage, wie sich die „guten deutsch-bulgarischen Beziehungen", also Beziehungen zwischen einer stalinistisch-kommunistischen Diktatur und einer parlamentarischen Demokratie manifestieren, blieb das Auswärtige Amt damals auf Anfrage schuldig. Stattdessen wurde meiner Frau nach ihrer Rückkehr in Deutschland der Reisepass entzogen. Auf Grund einer sofortigen Rechtsbeschwerde erhielt sie ihn zwar zurück, jedoch mit einem wohl einmaligen, diskriminierenden Vermerk: Der Pass wurde für die meisten Staaten des Ostblocks für ungültig erklärt! Das Einknicken des damaligen bundesdeutschen Außenminister Genscher vor rechten wie linken Diktaturen, macht das Ausmaß der instinktlosen Appease-

385 J. Gauck in: Schwarzbuch des Kommunismus, München 1998
386 M. Meyer, Freikauf. Menschenhandel in Deutschland, München 1978
387 Auswärtiges Amt, BVA Az V3 a-53860/10 604 d-, VG Köln Az. 8 K 2177/89, Gießener Anzeiger Nr.4 vom 6.1.1977, S. 10, W. Welsch, Ich war Staatsfeind Nr.1, München 2006, S. 262f

mentpolitik jener Jahre deutlich. Bis heute hat noch kein Apologet der Ostpolitik eingestanden, dass die damalige Bundesregierung die Fürsorgepflicht für in Not geratene deutsche Staatsbürger eklatant vernachlässigte.

Am Abend des 30. September 1989 traf Genscher, von Verhandlungen mit dem damaligen sowjetischen Außenminister der Sowjetunion, Eduard Schewardnadse, aus New York kommend im Palais Lobkowicz, der Deutschen Botschaft in Prag, ein. Um 18.58 Uhr gab er vom Balkon des Palais bekannt: *„Liebe Landsleute, wir sind zu Ihnen gekommen, um Ihnen mitzuteilen, dass heute Ihre Ausreise…* (Tausendfacher Aufschrei und Jubel)…*in die Bundesrepublik Deutschland möglich geworden ist."* Das Satzende ging auf das Stichwort „Ausreise" im Aufschrei Tausender im Hof kampierender DDR-Flüchtlinge unter. Zwar hatte er die Ausreise der Flüchtlinge in den Westen erreicht, doch war deren Flucht nach den immer noch geltenden Gesetzen der ČSSR und der DDR illegal. Nunmehr trat Genscher selbst als legaler Fluchthelfer auf. Diesen Moment befand er in seinen Memoiren als den „größten Erfolg seiner politischen Karriere".[388] Momente wie diesen hatte ich in vielen Einzelfällen. Nur passten sie damals nicht in Genschers Vorstellungen.

In einem Gespräch im Mai 2008 berichtete mir Stefan Appelius, dass das MfS nicht nur an Mauer und innerdeutscher Grenze, sondern auch an den Grenzen der sozialistischen „Bruderländer" Jagd auf Republikflüchtlinge machen ließ. Nach Aussagen ehemaliger bulgarischer Grenzoffiziere, die die bulgarische Zeitschrift „Anti" schon Anfang 1993 veröffentlichte, zahlte das Ostberliner Regime bulgarischen Grenzsoldaten eine Kopfprämie in Höhe von 2000 Lewa, etwa 1000 D-Mark, für jeden erschossenen DDR-Bürger. Im armen Bulgarien ein kleines Vermögen. Die Leichen wurden oft noch im Grenzstreifen verscharrt. Ehemalige bulgarische Mitarbeiter der DDR-Botschaft in Sofia bestätigten der Zeitschrift seinerzeit, dass bulgarische Grenzer bei vereitelten Grenzdurchbrüchen Kopfgelder aus der DDR erhalten hätten. In Deutschland blieb der Bericht weitgehend unbeachtet.[389] Wie viele DDR-Flüchtlinge bei Fluchtversuchen in Bulgarien ums Leben kamen, wird wohl niemals genau herauszufinden sein. Nach Angaben bulgarischer Grenzer wurden ganze Familien mit Frauen und Kindern ausgelöscht. Aus MfS-Akten ist bekannt, dass es mindestens 2000 Fluchtversuche von DDR-Bürgern über die bulgarische Grenze gab. Bisher sind erst 17 ostdeutsche Opfer des bulgarischen Grenzregimes namentlich bekannt.[390]

Etwa zur gleichen Zeit, in der meine Frau in den Händen der bulgarischen Geheimpolizei war, befanden sich die bundesdeutschen Studenten Elisabeth Käsemann und Klaus Zieschank in der Gewalt des argentinischen Putschgenerals Massera, und wurden von Geheimpolizisten der Junta schwer gefoltert. Die deutsche Botschaft in Buenos Aires hätte sie retten können, tat aber auf Anweisung Genschers nichts, um die „guten" deutsch-argentinischen Beziehungen nicht zu gefährden. Diese Diplomatensprache, die Leid und Repression verharmlost, schüttelt

388 Vgl. H.-D. Genscher, Erinnerungen, München 1997
389 Vgl. DER SPIEGEL Nr. 27 vom 30.6.2008 S. 56f
390 Vgl. S. Appelius, Forschungsprojekt «Tod in Bulgarien», Mitteldeutsche Zeitung v. 25.3.2008, Flucht aus der DDR, ein Tausender pro Todesschuss, in: ‚einestages', DER SPIEGEL Nr. 27 vom 30.6.2008 S.56f

mich. Genscher behauptete noch öffentlich, nichts über den Verbleib von Käsemann und Zieschank zu wissen, als er intern bereits verbreiteten ließ, dass sie inzwischen getötet waren. Sein Stillhalten wurde von der Junta belohnt. Die Firma Siemens konnte, trotz entgegenstehender Waffenausfuhrgesetze, umfangreiche Waffengeschäfte mit der Militärjunta des Generals Videla machen.[391] Die lapidare Begründung des Außenministers lautete: die Werftarbeiter in Emden sollten ihren Job nicht verlieren. In Wahrheit opferte Genscher das Eintreten für Freiheit und Demokratie seinen außenpolitischen Zielen. Dabei hat die Bundesregierung nach dem Grundgesetz die Aufgabe, deutsche Bürger zu schützen; und Ehrlichkeit sollte die Haupttugend der Diplomatie sein. Auch die Bundesregierung sollte ihr Handeln in vielen Bereichen reflektieren und korrigieren. Indem sie deutschen Fluchthelfern konsularischen Rechtschutz im Ausland verweigerte, besorgte sie objektiv das Geschäft der kommunistischen Diktatur. Die Feststellung der Enquête-Kommission des Deutschen Bundestages, *„[...] es stellt sich das Problem, welche Lehren aus der Vergangenheit, aus der Auseinandersetzung über Systemstabilität und Menschenrechte, zu ziehen sind, wenn heute und künftig das Verhältnis zu diktatorischen Systemen betrachtet wird. So darf das Eintreten für Freiheit und Demokratie nicht anderen außenpolitischen Zielen geopfert werden“*,[392] müsste auf den ehemaligen Außenminister Genscher wie eine schallende Ohrfeige wirken.

Widerstand passte zur damaligen Zeit nicht in das Konzept der westdeutschen Politik. Dabei war Widerstand immer Ausdruck der Ablehnung und Bekämpfung der marxistisch-leninistischen Staatsideologie des SED-Staates und dessen ersatzloser Beseitigung. Sein Vorbild sah er national im Aufstand des 17. Juni 1953 und international im Freiheitskampf des ungarischen Volkes von 1956, sowie der polnischen Solidarność-Bewegung. Der Gedanke der nationalen Einheit war eines seiner Ziele. Volker Schlöndorff schreibt 2007 im Spiegel: *„Es wird heute so dargestellt, als sei der Kommunismus gefallen, weil in Leipzig ein paar Leute in die Kirche gegangen sind. Die Polen haben den Feind trotz Hunderttausender Soldaten und Panzer offen herausgefordert. Aus einem Traum haben sie einen Glauben gewonnen, und der hat dann Berge versetzt.“*[393] Auch Erhard Neubert und Bernd Eisenfeld stellen fest: *„Jedenfalls ist auffällig, dass die Gefangenen offenbar stärker an dem Gedanken der Wiedervereinigung Deutschlands festhielten, als dies im oppositionellen Lager außerhalb der Haftanstalten der Fall war. Die Wiedervereinigung war für sie dabei gleichbedeutend mit der Beseitigung des verhassten SED-Regimes.“*[394] Dieser Gedanke war auch deshalb manifest, weil das Grundgesetz des „gegenüber liegenden Deutschland“ den Willen eines befreiten Volkes verkörperte, in dem die unantastbare Würde des Menschen zum Grundprinzip erhoben wurde und die rechtsstaatlichen Elemente vor den demokratischen bewusst verstärkt wa-

391 P. Struck in: DER SPIEGEL Nr. 31 vom 1.8.2005, „Verschwörung des Schweigens“, WDR-Doku, Ochoa Wagner-Production, Köln

392 Enquête-Kommission „Aufarbeitung von Geschichte und Folgen der SED-Diktatur in Deutschland“ [12. Wahlperiode des Deutschen Bundestages], Hrsg.: Deutscher Bundestag, 9 Bde. In 18 Teil-Bde., 1995, Bd. I, S. 470f.

393 V. Schlöndorff in: DER SPIEGEL vom 5.3.2007, S.176

394 Neubert/Eisenfeld, S. 272

ren. Die Grundrechte werden an den Anfang der Verfassung gestellt. Der Gedanke an ein wiedervereinigtes Deutschlands war die Vision von der Einheit in Freiheit.

Die Prinzipien des gewaltfreien Widerstands haben nichts mit Pazifismus zu tun. Sie basieren auf der Analyse der Macht in einer Diktatur und wie sie gebrochen werden kann – nämlich dadurch, dass die Bürger auf allen Ebenen der Staatsmacht und ihren Institutionen den Gehorsam verweigern. In der Realität sind die Menschen aber weitgehend indifferent. Diese Indifferenz stellt moralisch und politisch die größte Gefahr dar, auch wenn sie weit verbreitet ist. Damit verbunden und nur wenig gefährlicher ist eine andere gängige moderne Erscheinung: die häufig anzutreffende Tendenz, das Urteilen zu verweigern. Man nimmt das Böse, das man duldet oder sogar mit verursacht, nicht wahr, weil man nicht darüber nachdenkt, was man tut.

Durch die Konsequenz widerständigen Handelns haben deren Träger und Protagonisten Anspruch auf Würdigung ihrer Haltung und ihres Leidens in der Öffentlichkeit, denn sie haben sich unter Gefahr von Leib und Leben für die freiheitliche Werteordnung eingesetzt. Die körperlichen und psychosomatischen Langzeitschäden von Repression und Folter an ehemaligen politischen Häftlingen sind unabsehbar. Nichts ist danach mehr wie es einmal war. Partnerschaften zerbrechen, Biografien werden zerstört. Denkblockaden, Menschenscheu und Todessehnsucht verbinden sich mit jahrzehntelangen Schmerzgefühlen.

Die terroristische Dimension der Konsequenzen muss wach gehalten werden. Ihr müssen gesellschaftliche Verpflichtungen und Taten erwachsen. Lernen heißt in diesem Fall auch lernen, dass Verfolgte eine im Einigungsvertrag postulierte, angemessene Entschädigung erhalten, ohne dies mit billigen Erklärungen auf aktuelle Haushaltslagen oder ähnlich irrationalen Begründungen abzuwehren. Der Widerstand für ein freies Deutschland muss gesellschaftlich anerkannt und gewürdigt werden. Moralische Entschädigung bedeutet nichts, wenn sie folgenlos bleibt. Nur eine angemessene, finanzielle Entschädigung ist dagegen Ausdruck wirklicher Restitution. Verfolgte und Opfer wollen keine einkommensabhängige Sozial-Zuwendung, sie wollen Gerechtigkeit. Die Bürokratie hat nichts zu gewähren, sondern zu zahlen, und der Gesetzgeber die notwendigen Voraussetzungen dafür zu schaffen. Die bisherigen Entschädigungsleistungen aller Bundesregierungen sind jedoch schamlos unzureichend. Haftzwangsarbeit ist bis heute nicht einmal ansatzweise als entschädigungswürdig anerkannt. Dazu kommt, dass Verfolgte den vormaligen Tätern oft in ihren alten Funktionen wieder begegnen.[395]

Wie wichtig und wirksam Restitution ist, zeigt sich am Beispiel anderer Länder. Zwar ist mit dem politisch überflüssigen und schädlichen Einigungsvertrag die juristische Aufarbeitung kommunistischer Verbrechen weitgehend gescheitert und der Art. 103 Abs.1 des Rückwirkungsverbotes allgemeines Völkerrecht. Dennoch kann internationales und auch nationales Recht, wie in einer Entscheidung des BGH zu den Morden an der Mauer, dieses anachronistische Element in der Aufarbeitung von Staatsverbrechen relativieren. Der nächste Diktator könnte erneut mit Blick auf

395 Ex-Stasi-Oberstleutnant berät Stasi-Opfer, SoVD beschäftigt Ex-MfS-Abteilungsleiter, TAGESSPIEGEL v. 10.2.2008

das Rückwirkungsverbot schlimmste Verbrechen verüben, ohne sich um spätere Ahndung sorgen zu müssen. Er wäre dazu nachgerade eingeladen.

Der Staat als Täter überfordert die Möglichkeiten des Rechtsstaates. Dem mussten auch die Rechtsgrundsätze des Nürnberger IMT Rechnung tragen. Sie bieten gute Anhaltspunkte im Umgang mit Staatsverbrechen. Mit dem Kontrollratsgesetz Nr. 10 wurde das von den Nazis begangene Humanitätsverbrechen rückwirkend unter Strafe gestellt und war damit ein wirksames Instrument, das in tausenden von Fällen angewendet wurde. Schließlich hätte es ohne Missachtung des klassischen Rückwirkungsverbots durch US-Hauptankläger Robert Jackson in Nürnberg, bis heute keinen Fortschritt gegeben.[396] So konnten immerhin die SS, das Korps der politischen Leiter sowie Gestapo und SD für verbrecherisch erklärt und deren schuldige Exekutoren verurteilt werden. Zur Aburteilung genügte die Mitgliedschaft in einer der vorgenannten Organisationen, mit Ausnahme niederer Tätigkeiten und Funktionen. Die vorgesehene Folge war, dass im Entnazifizierungs- oder Strafverfahren der Einzelne den Charakter seiner Organisation nicht mehr bestreiten, sondern nur persönliche Milderungs- oder Strafausschließungsgründe geltend machen konnte.[397] Das hätte Vorbildfunktion für die rechtliche Würdigung von SED-Verbrechen haben können. Wie die deutsche Justiz Unrecht bewertet, sah man nur wenige Jahre nach den Urteilen des IMT. Nach der Aufhebung des Rückwirkungsverbots musste Jodl 1946 hängen. 1953 wurde er aber von einem bundesdeutschen Gericht posthum freigesprochen. Es war der Beginn einer Epoche deutscher Rechthaberei. Mit dem Ex-post-facto-Argument weigert sich die Bundesregierung bis heute, das Nürnberger Urteil als Recht anzuerkennen.[398]

Ist es der Rechtsstaat, der uns die Hände bindet, oder Interessengeleitete Urteile, um eine jahrzehntelange Verharmlosung des Unrechts der DDR nicht zugeben zu müssen? NS-Unrecht und SED-Unrecht unterscheiden sich, lassen sich aber vergleichen. Sozialismus und Nationalsozialismus waren gar nicht so weit auseinander. In ihren wirtschaftlichen Vorstellungen unterschieden sie sich zwar wie Tag und Nacht, aber die Wirtschaft war beiden nicht alles. Beide Sozialismen enteigneten und verstaatlichten den Menschen. Sein Selbst, seine Persönlichkeit und Individualität gehörten ihm nicht mehr. Beide Sozialismen eliminierten das Ich und verabsolutierten das Wir, im Jahrbuch der DDR 1960 festgehalten: *„Wir stehen mitten in einer Zeit des Umbruchs vom Ich zum Wir.“*[399]

Schon Goebbels erklärte 1933: *„Das Wesentliche dieser revolutionären Entwicklung ist, dass der Individualismus zerschlagen wird und an die Stelle des Einzelmenschen und seiner Vergottung das Volk tritt.“*[400] Beide Sozialismen setzten die ganze Macht ihres totalitären Staates ein. Eine vergleichende Betrachtung zielt daher weder auf eine Relativierung der NS-Verbrechen ab, noch *„wird dabei das Dritte Reich*

396 H. Kelsen, Im internationalen Recht hat das Rückwirkungsverbot keine Gültigkeit.
397 Im Urteil des IMT vom 1.10.1946, ebd. Bd. I, S. 189-414, sind die ausgenommenen Personengruppen genannt; vgl. dort die Entscheidungen über die angeklagten Organisationen, S. 286-314
398 In: DER SPIEGEL Nr. 43 vom 23.10.2006, S. 170
399 Jahrbuch der Deutschen Demokratischen Republik 1960, S. 10
400 W. Michalka, Das Dritte Reich, S. 124

verharmlost", wie Ralph Giordano 1990 bemerkt.[401] Das wird an einem weiteren Beispiel erkennbar. So bezeichnete sich Freisler als „politischen Soldaten" Hitlers und beteuerte, der Volksgerichtshof sei bemüht, *„so zu urteilen, wie er glaubt, dass Sie, mein Führer, den Fall beurteilen würden."*[402] Ein ähnlich „politischer Soldat", Erich Mielke, äußerte sich gegenüber Walter Ulbricht in einem Schreiben, in welchem er über ein Ermittlungsverfahren des MfS berichtete, abschließend: *„Ich bitte hier um Mitteilung, in welcher Höhe die Strafe ausgesprochen werden soll, oder ob die Stellung der Strafanträge und die Verurteilung dem Staatsanwalt und dem Gericht überlassen werden sollte."*[403] Zu vergleichen ist, dass sowohl Freisler als auch Mielke durch ihre Äußerungen belegen, dass sich beide über das Recht ihres jeweiligen Systems stellten und politische Verurteilungen von den Vorgaben des jeweils entscheidenden Diktators abhängig machten. Wer nach den Maßstäben der Quantität den Vergleich exkommuniziert, hat die Methodik von vergleichenden Untersuchungen nicht verstanden. Im Übrigen scheint das IMT den Beweis geliefert zu haben, dass sich die Geschichte des „Dritten Reiches" in einem Strafurteil aufarbeiten lässt, wenn zumindest das Instrumentarium eines Staates für verbrecherisch erklärt wird.

Aber das bedeutet nichts für die deutsche Strafjustiz. Mit dem gewöhnlichen Strafverfahren lässt sich Geschichte nicht aufarbeiten. Wer das gegenüber dem SED-Staat und dessen Ministerium für Staatssicherheit für ungerecht hält, muss sich keineswegs Abrechnungsmentalität vorhalten lassen. Das den Opfern gewöhnlicher krimineller Gewalttaten vorzuhalten, würde nicht nur auf Unverständnis stoßen, sondern generell die Frage nach Rache, Sühne und Strafe für Verbrechen stellen und bedeuten, je nach Gusto verwerfen oder fordern zu können. Der Opportunität und Beliebigkeit wären Tür und Tor geöffnet. Die meisten Rechtswissenschaftler halten es für eine Errungenschaft, dass der Rachegedanke in unserer Rechtsprechung eine immer geringere Rolle spielt. Ich halte das insoweit für falsch, als der Staat sich nicht um die Gefühle schert, die das Opfer für den Rest des Lebens plagen. Zur Entschädigung gehört, dass die Gefühle des Opfers anerkannt werden. In Wahrheit sind sie nicht auf das Geld aus, sondern wollen ihre Gefühle anerkannt haben.

Wenn ein Staat die in der Völkerrechtsgemeinschaft allgemein anerkannten Menschenrechte in schwerwiegender Weise missachtet, kann das Rückwirkungsverbot nicht unumstößlich sein. Es erstreckt sich nicht auf *„extremes staatliches Unrecht, das sich nur solange behaupten kann, wie die dafür verantwortliche Staatsmacht faktisch besteht"*, wie Karl-Wilhelm Fricke betont.[404]

Weil SED/MfS nicht als verbrecherische Organisationen eingestuft wurden, sind der juristischen Aufarbeitung durch die positive Unterstellungsvermutung deutliche

---

401 R. Giordano, Die Zweite Schuld, 1990, oder dazu die Gegenposition bei Kittel: Die Legende von der zweiten Schuld, 1993, vgl auch R. Giordano in: Phoenix-TV: *„NS- und SED-Aufarbeitung sind fehlgeschlagen"*, 2006

402 Brief Freislers an Hitler vom 15.10.1942, zit. aus Ortner: Der Hinrichter. Roland Freisler – Mörder im Dienste Hitlers, 2. Aufl., 1995, S. 123

403 K.-W. Fricke, Kein Recht gebrochen? Das MfS und die politische Strafjustiz der DDR, aus Politik und Zeitgeschichte B 40/1994, S. 24-33, hier S. 30

404 K.-W. Fricke, Grundrechtsgarantie und DDR-Grenzregime zit. in: DA Jan./Feb. 1997, S. 5

Grenzen gesetzt. Die DDR verstieß ebenso gegen die Schlussakte der Konferenz von Helsinki, gegen unterschiedliche Menschenrechtspakte, gegen die Charta der Menschenrechtsdeklaration der Vereinten Nationen, gegen die Anti-Folter Konvention der Vereinten Nationen, wie gegen eigene gesetzliche und strafrechtliche Bestimmungen.[405] Wo das Recht zur Beliebigkeit wurde, war Widerstand Pflicht. Wir Deutschen haben Anlass zu grundsätzlicherer Aufarbeitung kommunistischen Terrors als unsere östlichen Nachbarn, gerade weil unsere Vergangenheit das Bewusstsein für Unrecht und Menschenverachtung geschärft hat.

Was waren die Folgen des mit großer krimineller Energie durch das Ministerium für Staatssicherheit vorgetragenen Terrors gegen die Gegner kommunistisch-totalitärer Machtpolitik und dessen Hauptträger, den Widerstand? Eine Folge für die belasteten Richter des Regimes bestand darin, dass sie ihre Personalakten auf Grund des „Modrow-Erlasses“ vom 22. Februar 1990 selbstständig von störenden biografischen Daten reinigen konnten. Angesichts einer sich abzeichnenden Rechtsangleichung hofften sie, wie ihre Schicksalsgenossen von der Staatsanwaltschaft, auf eine neue dienstrechtliche Regelung im Sinne einer Verbeamtung und eine damit verbundene Existenzsicherung über den Tag der Wiedervereinigung hinaus.

Insgesamt wurden nur eine Handvoll Verfahren wegen Justizunrecht eingeleitet. Symptomatisch für die taktische Vorgehensweise der DDR-Juristen ist die Argumentation der DDR-Generalstaatsanwaltschaft in einer Verfügung von Ende August 1990, mit der die Einstellung des Verfahrens gegen den 1. GStA-Stellvertreter Borchert im Zusammenhang mit der Nichtbearbeitung von Wahlfälschungsanzeigen begründet wurde. Nach ihrer Auffassung könnten die Einlassungen des Beschuldigten nicht widerlegt werden, nach denen er im Vertrauen auf die Gesetzmäßigkeit aller „zentralen Festlegungen“ der Partei- und Staatsführung, das heißt in blindem Rechtsglauben, eine objektiv falsche Weisung weitergeleitet habe. *„Zu beachten ist in diesem Zusammenhang auch die Verstrickung des ehemaligen Partei- und Staatsapparates, die Allmacht der damaligen Führung der SED und des ehemaligen Ministeriums für Staatssicherheit. Befehle, Weisungen oder Empfehlungen von diesem Absenderkreis ließen jeden Verdacht über eventuelle Unkorrektheiten auch beim Beschuldigten überhaupt nicht aufkommen.“*[406] Diese Begründung war schon deshalb grotesk, weil es sich bei Borchert um einen Justizfunktionär handelte, der als engster Verbindungsmann zum MfS den hinter der Fassade operierenden Verfolgungsapparat während einer langen Dienstzeit maßgeblich mitbestimmt hatte. Mit dem Argument der angeblich „ideologischen Verblendung“ griffen die DDR-Juristen außerdem genau auf das Rechtfertigungsmuster zurück, mit dem die bundesdeutsche Justiz zuvor die Straflosigkeit von NS-Richtern begründet und damit den Protest der östlichen Seite herausgefordert hatte.[407] Ein Vergleich der furchtbaren SED-Juristen mit der NS-Justiz ist auch hier geradezu zwingend geboten. Die willfährigen Angehörigen einer Unrechts-Justiz blendeten ihre frühere Rolle als

405 Art. 95 StGB der DDR: „Niemand darf sich auf Gesetze oder Befehle die gegen Menschenrechte verstoßen, berufen.“

406 Einstellungsverfügung des GStA/DDR vom 27.8.1990, zit. aus den Verfahrensakten 2 Js 225/90 der Staatsanwaltschaft II, Landgericht Berlin

407 Bei A. Weinke

Funktionselite und Mittäter eines untergegangenen Repressivsystems völlig aus. Stattdessen stilisierten sie sich in bekannter Einmütigkeit mit den MfS-Tätern, und in unerträglicher Larmoyanz, aber erfolgreich, zu Opfern. Die Aufarbeitung dieses Kapitels von Repression und Unrecht im SED-Staat wird noch lange Zeit Betroffene und Historiker beschäftigen. Die Langzeitwirkungen der fehlenden Selbstreflexion unter den SED-Juristen traten auch in der Auseinandersetzung um die SED-Juristin Rosemarie Will zu Tage, als die umstrittene Kandidatin für das Brandenburger Verfassungsgericht ihren Kritikern den Satz entgegen hielt: *„Ein Jurist bleibt ein Jurist, egal in welchem System."*[408]

Viele Ostdeutsche haben die politisch gebotene Sezierung ihrer untergegangenen Welt als persönliche Entwertung erfahren; jetzt soll erst mal genug sein mit dramatischer Aufklärung, soll die Vergangenheit sich in Studierstuben und Gedenkstätten zurückziehen. Freilich werden Terror und Lager, wie Hannah Arendt sie beschreibt, inzwischen nicht mehr als zentrale Merkmale eines entfalteten Weltanschauungsstaates angesehen. Heute charakterisiert man totalitär verfasste Gesellschaften analytisch, vor allem durch die Auseinandersetzung zwischen Aufhebung und Behauptung von Autonomie. Totalitäre Herrschaft bestimmt sich dann weniger nach ihrer Verbrechensfrequenz, sondern nach der Kontrolldichte sowie dem gesellschaftlichen und individuellen Autonomieverlust. Nach diesen Kriterien war das SED-Regime sogar totalitärer als die NS-Diktatur. Die Kommandozentrale des Ministeriums für Staatssicherheit der DDR ist ein ebenso eindringliches Symbol der SED-Diktatur, wie dessen ehemaliges Zentralgefängnis in Berlin- Hohenschönhausen. Die Geheimpolizei war in allen Systemen sowjetischen Typs deren Existenzvoraussetzung. An den historischen Orten in Berlin lässt sich die innige Verbindung von SED und MfS wie nirgendwo sonst vor Augen führen.

So groß die Verdienste der Basisgruppen auch gewesen sein mögen, sie waren Kosmetik am System des Totalitarismus. Ihnen fehlte die letzte Erkenntnis über den inhumanen Charakter des sozialistisch-kommunistischen SED-Regimes und daraus resultierend die Logik des Handelns. Widerstand wollte keinen reformierten oder demokratischen Sozialismus. Beides sind unbrauchbare, semantisch vernebelnde Begriffe. Man mag sich an Finkelsteins Theorien reiben, eine Analogie zur Ausbeutung des Leidens der Verfolgten des SED-Staates, derer, die sich im Widerstand befanden und durch widerständiges Verhalten dazu wurden, durch jene, die sich eine Reform des Sozialismus wünschten und daraus eine Opposition kreierten, ist gleichwohl nicht zu übersehen. Angestrengt mutet der Versuch Neuberts an, die gescheiterte Beschlagnahme der Druckerei eines lokalen Samisdatblattes durch die Stasi in Ostberlin, als ein „Erstarken der Opposition" darzustellen.[409] Damit soll den systemimmanenten Kritikern weiterhin jene gesellschaftliche Anerkennung zuteil werden, die dem Widerstand bis heute vorenthalten bleibt. Und solange das nicht geschieht, solange muss jede Aufarbeitung skeptisch betrachtet werden. Vor der Aufarbeitung steht die Aufklärung. Zwanzig Jahre nach dem Ende des SED-Staates herrscht an den Schulen ein erschreckendes Unwissen über das Wesen

408 In. DER TAGESSPIEGEL vom 26.9.1996
409 Vgl. E. Neubert, Unsere Revolution. Die Geschichte der Jahre 1989/90, München 2008, S. 42f

der DDR als Diktatur. Dabei lesen wir schon in einer antiken Quelle: „Die Welt bleibt erhalten durch den Atem von Schulkindern.“ Die Aufarbeitung des Unrechts ist erst dann gelungen, wenn den Deutschen die kommunistische Diktatur so präsent ist, wie das verbrecherische Regime der Nationalsozialisten.

8. Die Intellektuellen in Ost und West

Der weltweite Kommunismus war nicht nur Diktatur plus Terror. Seine unvorstellbaren Verbrechen waren mit denen des Nationalsozialismus ein Quantensprung ins Negative. Widerstand war die einzig mögliche Form des geistigen Überlebens. Der allerdings war nicht Sache der Intellektuellen. Weder in Ost noch in West. Sie waren im NS-Staat ebenso passiv wie im SED-Staat. Diese prototypische Haltung kann man den Intellektuellen Ost vorwerfen. Ein Grund kann vorweg festgestellt werden: Die Ausschaltung der Empathie und des sittlichen Empfindens durch die Ideologie. Folgerichtig im Verlust des Wertekanons. Joseph Schumpeter stellt in seiner Soziologie des Intellektuellen von 1942 heraus, dass Intellektuelle sich vor allem durch zwei Eigenschaften von anderen Leuten unterscheiden, die sich von Berufs wegen des geschriebenen oder gesprochenen Wortes bedienen: Sie zeigen sich ziemlich unbekümmert, was die Verantwortlichkeit für praktische Dinge betrifft, und sie legen eine ärgerliche Kenntnislosigkeit in Bezug auf Erfahrungen aus erster Hand an den Tag.[410] Lenin schrieb 1907 in einem Brief an Gorki: *„Die Rolle der Intelligenzija in unserer Partei verringert sich, sie läuft der Partei davon. Gut, dass wir das Gesindel los sind.“*[411] Die DDR-Intellektuellen hielten dagegen in ihrer Mehrzahl den SED-Staat auch nach dem Mauerbau mit seinen mörderischen Selbstschussanlagen für einen „achtbaren“ Staat.

Viele waren nicht nur kenntnislos und passiv, sondern dienten sich der neuen Diktatur an. Von den neunzehn Präsidiumsmitgliedern des DDR-Schriftstellerverbandes wirkten im Jahre 1987 zwölf als IM für die Stasi.[412] Die Namensliste derjenigen, die aus den unterschiedlichsten Gründen mit der Stasi kooperierten, ist beachtlich. Sie reicht von Hermann Kant, Paul Wiens, Fritz Rudolf Fries, Peter Edel, Bernhard Seeger, Fred Wander, Benito Wogatzki, Günter Görlich, Uwe Kant, den Kinderbuchautor Gerhard Holtz-Baumert, den Theatermann Manfred Wekwerth bis Klaus Höpcke, und setzt sich bei zahlreichen Mitarbeitern der Verlage und Hochschulen fort. Kein Bereich war mit den Stasi-Metastasen der IMs so durchsetzt, wie der kulturelle. Ob Theater, Oper oder die schreibende Zunft, die Stasi war dabei. Sogar prominente Autoren wie Heiner Müller und Christa Wolf mussten einräumen, Kontakte zur Staatssicherheit unterhalten zu haben. Selbst Erwin Strittmatter, einer der bedeutendsten Schriftsteller der DDR, hatte der Stasi zugearbeitet. 2008 fanden Historiker heraus, dass er im Zweiten Weltkrieg Mitglied der berüchtigten Polizeibataillone war. Nicht zu vergessen den Havemann-Anwalt und als IM „Gregor“

410 H. Bude in TAZ vom 2.4.1998, S. 17

411 W. I. Lenin in: „Polnoje sobranije“, Bd. 47, S. 133, zit. bei A. Jakowlew, Ein Jahrhundert der Gewalt in Sowjetrussland

412 J. Walter, Sicherungsbereich Literatur. Schriftsteller und Staatssicherheit in der DDR, 1996

bezeichneten Gregor Gysi, der mit der alten SED/PDS-Resttruppe und den neuen SPD-Abweichlern unter der Bezeichnung „Die Linke" wieder im Deutschen Bundestag sitzt. Der Immunitätsausschuss des Deutschen Bundestages stellte jedenfalls 1998 fest: *„Zur Überzeugung des 1. Ausschusses steht fest: Dr. Gregor Gysi hat in der Zeit seiner inoffiziellen Tätigkeit Anweisungen seiner Führungsoffiziere über die Beeinflussung seiner Mandanten ausgeführt und über die Erfüllung seiner Arbeitsaufträge berichtet."*[413]

Bei den Intellektuellen West war es vor allem die „Gruppe 47", eine Gruppierung von Schriftstellern und Publizisten, denen die demokratische Entwicklung im Nachkriegsdeutschland nicht ausreichte. Trotz ihrer Erfahrungen mit dem totalitären System der NS-Diktatur und ihrer nationalen Spielart des Sozialismus, wirkten sie für ein Deutschland, dem die DDR-Variante näher stand als die parlamentarische Demokratie der Bundesrepublik. Für diese Gruppe stehen Namen wie Günther Eich, Alfred Anders, Heinrich Böll, Günter Grass, Ingeborg Bachmann und viele andere. Zu dieser Strömung zählten nicht nur Schriftsteller, sondern auch andere Intellektuelle Westdeutschlands. Wie viel Spaß der Kommunismus ihnen in der „Friedensunion" und anderen KPD-Föten machte, kann man bei Bettina Röhl besichtigen.[414] Es gab zwar nur wenige, die offen Partei für den SED-Staat oder die Sowjetunion ergriffen. Gleichwohl existierte eine Art Verschonungsstrategie. Den endlich gestürzten SED-Staat eine „kommode Diktatur" zu nennen, hat Grass ebenso wenig geschadet, wie seine flankierenden Äußerungen zur Einheit der Nation, wenn er den Hochsitz des Schriftstellers verließ.

Ich finde es grotesk, wie viele linke Intellektuelle, die als „68er" auf der Straße „Ho ho ho Tschi Minh" skandierten und die dummen Sprüche des Massenmörders Mao auf „Teach-ins" rezitierten, zum „Vietnam" der Sowjetunion in Afganisthan aber schwiegen. Sie reagierten sensibel auf autoritäre Strukturen in der westdeutschen Gesellschaft, waren jedoch unfähig, mit den gleichen Maßstäben die repressiven Strukturen der DDR annähernd realistisch einzuschätzen oder zu kritisieren. Die 68er-Bewegung war eine tückische Kombination von klarsichtiger Kritik, legitimen Befreiungswünschen und Elementen scharfrichterlicher Arroganz und gefährlicher ideologischer Verblendung. *„Von heute aus betrachtet, erscheint die marxistische, trotzkistische, maoistische oder anarcholiberalistische Rhetorik von 1968 weitgehend lächerlich und moralisch verantwortungslos"*[415], schreibt der britische Historiker und Schriftsteller Timothy Garton Ash 2008. Es handelte sich um eine Art Spiel mit dem Feuer, gespielt von Leuten, die nicht einmal wussten, dass Feuer heiß ist.

Während man an Analysen der Lage in verschiedenen Militärdiktaturen rund um den Globus interessiert war, wollte man es mit Blick auf den SED-Staat lieber nicht so genau wissen. Die Untaten des Regimes wurden ausgeblendet. Gerade sie scheinen nicht bemerkt zu haben, dass die sozialistischen Vorstellungen von Demokratie pervertiert waren. Unausgesprochen verinnerlichte und akzeptierte die Linke, dass demokratische Ideale sich auch in mörderische Säuberungsbewegun-

413 Immunitätsausschuss des Deutschen Bundestages 13. Wahlperiode, Drucksache 13/10893 vom 29.5.1998. Zu dem Überprüfungsverfahren des Abgeordneten Dr. Gregor Gysi, S. 50f

414 B. Röhl, So macht Kommunismus Spaß, Hamburg 2006

415 T.G. Ash, zit. aus: DIE ZEIT vom 15.5.2008, S. 13

gen verwandeln konnten. Mehr noch: Für die einst unter der roten Fahne vereinigten Intellektuellen aller Länder wie Louis Aragon, Henri Barbusse, Simone de Beauvoir, Ernesto Cardenál, Theodore Dreiser, Paul Eluard, Max Frisch, André Gide, Oskar Maria Graf, Graham Greene, Nicolás Guillén, Ernest Hemingway, Abbie Hoffmann, Haldór Laxness, Sinclair Lewis, Gabriel Garcia Márquez, Jan Myrdal, Pablo Neruda, Luise Rinser, Romain Rolland, Jean-Paul Sartre oder Elsa Triolet, war der Kommunismus eine erstrebenswerte, gesellschaftliche Alternative. Viele von ihnen glühten vor Begeisterung für Stalin. Seinen Terror blendeten sie aus. Hier lässt sich mit dem Blochschüler Günter Zehm nur noch sarkastisch hinzufügen: Alle Glücks-Utopien sind Todesvisionen. Sie münden unweigerlich im Totalitarismus. Die amerikanische Publizistin Anna Applebaum stellt Sartre in einem gewagten Vergleich bloß: „So nahm der Ruf des deutschen Philosophen Martin Heidegger schweren Schaden, weil er den Nationalsozialismus kurze Zeit offen unterstützt hatte, und dies bevor Hitler seine großen Verbrechen beging. Dagegen litt der französische Philosoph Jean-Paul Sartre überhaupt nicht darunter, dass er in der Nachkriegszeit, als jeder, der sich dafür interessierte, bereits genügend über Stalins Grausamkeiten wissen konnte, die Sowjetunion lautstark verteidigte." Trotz solcher und anderer peinlichen Irrtümer bleibt Sartre, als unvollkommenes Geschöpf, wie wir alle, eine der Lichtgestalten im 20. Jahrhundert, vor allem durch seine existenzialistische Freiheitsphilosophie.

Die intellektuellen Eliten reagierten auf die Bedrohung hilflos, deren Ausmaß sie zu erkennen nicht bereit oder nicht imstande waren. Für die konkrete Lebenswirklichkeit in der Diktatur, für die Erfahrungen von insgesamt 3,5 Millionen Menschen, die die DDR seit 1949 verlassen hatten, haben sich die Intellektuellen nicht interessiert. Diese Art von Desinteresse und Ignoranz war nicht etwa einer Identifikation mit der DDR geschuldet, sondern entsprang eher der Nichtidentifikation mit der ungeliebten „kapitalistischen Bundesrepublik", dem „Schweinesystem."[416] Wohl nicht ohne Grund bemerkte Willy Brandt einmal, dass man „die masochistischen Neigungen der Linken im Zaum halten muss." Sie hatten ganz offensichtlich Defizite in der Wahrnehmung des Tatsächlichen.

Der amerikanische Publizist John Wareham kategorisiert die häufigsten Defizitphänomene in der Wahrnehmung. Sie tauchen bei jenen Menschen auf, die unfähig sind, ihre Prinzipien und Denkweisen zu hinterfragen. Sie tauchen ferner bei jenen auf, die wegen ihrer Abhängigkeit von elterlichen Werten nicht in der Lage sind ein authentisches Leben zu führen. Und schließlich kann ein verletztes Selbstwertgefühl zu einer starren, unzutreffenden Sicht auf die Realität führen.[417] Um dieses Defizit, egal aus welchen Ursachen es entstanden ist, zu überwinden, muss man erwachen und erkennen, dass man Illusionen nachgehangen ist.

Was aber löst dieses Erwachen aus? Allein der Wunsch zu sehen. Wer glaubt, bereits wach zu sein, wie soll der begreifen, dass er in Wirklichkeit schläft? Der erst Schritt aus dem Gefängnis des Nicht-sehen-Könnens besteht in einem bewussten Wandel der eigenen Ansichten. Nichts anderes macht die Würde des Menschen

416 Parolen der Rote Armee Fraktion (RAF)
417 J. Wareham, Wie man aus einem Gefängnis ausbricht, München 2003

aus, als dass er sein Gewissen zu hören vermag und ihm folgt, und dass er sich nicht in Unverbindlichkeit flüchtet. Wir halten uns für autonom ohne es zu sein. Deshalb müssen wir die Illusion von der Autonomie zerreißen. So können wir erkennen, dass wir in einem Denkgefängnis gelebt haben. Von nun an können wir unsere Aktionen nicht mehr auf die Illusion stützen, dass etwas wahr ist, nur weil wir es bewusst glauben. Doch der Wunsch, sich auf diese andere Bewusstseinebene zu begeben um zu sehen, war bei vielen Intellektuellen entweder verdrängt, oder nicht vorhanden.

Die deutsche Einheit wurde von einer Reihe Intellektuellen wenn nicht mit offener Ablehnung, dann doch mit großer Skepsis, aufgenommen. Als dann eine Debatte über die Rolle der Staatssicherheit ausbrach, befürchteten nicht wenige, dass damit erneut die Verbrechen des Nationalsozialismus aus dem öffentlichen Gedächtnis der Deutschen verdrängt werden sollten. Die Befürchtungen gipfelten in der Feststellung, dass das berechtigte Anliegen der Verfolgten, die Repressionsgeschichte des SED-Staates aufzuarbeiten, eine Allianz mit der deutschnationalen Entschuldigungsstrategie eingehen würde.[418] Die Hartnäckigkeit, mit welcher der historische Vergleich zwischen beiden Systemen in den Verdacht einer Verharmlosung des Nationalsozialismus gerückt wird, hat mit einem Paradigmenwechsel zu tun, der bereits in den 60er und 70er Jahren stattgefunden hat. Ein großer Teil der linken Öffentlichkeit lehnte den Totalitarismusbegriff zunehmend als antikommunistischen Kampfbegriff ab und machte sich dafür stark, die Bundesrepublik und den SED-Staat unter rein funktionalen, quasi objektiven Gesichtspunkten, ohne normative Wertungen, miteinander zu vergleichen. Im Übrigen ein Beispiel dafür, dass die Methode des Vergleichens auch denjenigen gar nicht so fremd ist, die sich heute so vehement dagegen wehren. Antikommunismus als politisch-ideologische Einstellung war verpönt. So galt die Forderung „Die Mauer muss weg“, die 20 Jahre später zu einer der Parolen der Leipziger Montagsdemonstrationen wurde, als revanchistisch und reaktionär.

Es kann in Zukunft nicht darum gehen, einfach einen Schlussstrich unter die DDR-Geschichte und die Verbrechen des Kommunismus zu ziehen, wie paradoxerweise viele derjenigen Intellektuellen fordern, die die Defizite der Bundesrepublik bei der Aufarbeitung der nationalsozialistischen Vergangenheit beklagt haben, sondern durch differenzierten Vergleich die spezifischen Strukturen dieser zweiten deutschen Diktatur zu erforschen.

Zusammenfassend lässt sich feststellen, dass die Beschäftigung mit den historischen Verbrechen des Kommunismus und den diktatorischen Strukturen des SED-Staates vielen Linksintellektuellen nicht gerade eine Herzensangelegenheit war. Sie brachten weder dem Widerstand, noch den Opfern Verständnis entgegen. Ein Erkenntnis geleitetes Interesse an der Historie hatten auch sie nicht. Die Krise der Intellektuellen geht über die Weigerung, eine bestimmte Rolle anzunehmen, hinaus. Der Intellektuellenstatus hat an Bedeutung verloren, oder, wie Bruno Preisen-

418 J. Elsässer, Wiedervereinigung mit der Vergangenheit, in: Blätter für deutsche und internationale Politik 1, 1993, S. 18

dörfer feststellt: *„Der Intellektuelle liegt am Ende des 20. Jahrhunderts im Koma"*.[419] Er ist weniger gefragt denn je, um der Gesellschaft Ratschläge zu erteilen und ihr ins Gewissen zu reden. Es ist immer dasselbe. Auch nach dem Ende der zweiten deutschen Diktatur heißt es unisono: „Wir haben von nichts gewusst!" Oder auch: „Es war nicht alles schlecht!" Die 68er sind eben auch Kinder ihrer Eltern: moralische Feiglinge. Da sie sich für Weise hielten, sind sie zu Narren geworden.[420] Verblendet von der Ideologie und den angeblich guten Taten hielten viele Intellektuelle die DDR für den besseren deutschen Staat, vergötterten auch in Deutschland viele den blutrünstigen primitiven Mao Tse-tung. Wie ihre Elterngeneration wollten sie ihrem Führer folgen, der nun nicht mehr Hitler hieß, sondern wahlweise Lenin, Stalin oder eben Mao Tse-tung. Noch sind die Bilder nicht vergessen, wo Teile unserer intellektuellen Elite mit Mao-Spruchbändern durch die Republik marschierten und gleichzeitig und mit machiavellistischer Intelligenz vorgaben, die NS-Verbrechen zu bewältigen. Sie ließen sich lieber von Utopien und falschen Propheten faszinieren und gefangen nehmen, die das Paradies auf Erden versprachen. Allein schon an ihren „großen Gesängen"[421], die sie oft mit pathetischer Inbrunst Massenmördern widmeten, lässt sich die große Untreue gegenüber dem Gefühl und dem eigenen Verstand, sowie die fehlende Ehrfurcht gegenüber religiöser und kultureller Tradition belegen. Gottfried Benn schreibt: *„Das Abendland geht nicht zugrunde an den totalitären Systemen, auch nicht an seiner geistigen Verarmung, sondern an dem hündischen Kriechen seiner Intelligenz vor den politischen Zweckmäßigkeiten."*[422]

Bemerkenswert ist, dass die historische Forschung den Grund für das Versagen der Intellektuellen weder beschrieben noch erklärt hat. Am 9. November 1989 zwang deutscher Mut zum ersten Mal in der Geschichte eine Diktatur in die Knie. Alles wartete auf ein Blutbad, denn die Machthaber hatten öffentlich bekannt, den Sozialismus „wenn es sein muss, mit der Waffe in der Hand" zu verteidigen. Doch dann zeigten die ungewählten Usurpatoren der Macht größere Angst vor den Menschen, als die vor ihnen. Ein Umstand vor allem lähmte sie: Die Sowjetarmee blieb auf Anweisung Gorbatschows in den Kasernen. Ein erstaunlicher Tag für Deutschland. Ein unverhoffter Tag für Europa. Das Volk hatte die Macht ergriffen, weil es widerstand. Weil es gegen Unrecht protestierte und die Angst bezwang. Das Geheimnis der Freiheit ist Mut!

Doch ich wiederhole aus gutem Grund: Wer in diesem Zusammenhang von einer „erfolgreichen Opposition" spricht oder schreibt, womit eine winzige Minderheit intellektueller Sozialismusreformer gemeint war, die nach dem Fall der Mauer ein neues „Staatsvolk der DDR" entstehen sehen wollte, sollte wissen, dass er damit die Geschichte anhaltend verfälscht. Die Bürgerrechtlerin Bärbel Bohley brachte es auf den Punkt: *„40 Jahre haben diese Leute in der DDR geschlafen. Vor acht Wochen haben wir alle noch geschlafen, und heute ist alles anders."*[423] Damit brachte

419 B. Preisendörfer, Frankfurt/M. 2007
420 NT, Röm. 1, 22.
421 G. Koenen, Die großen Gesänge. Lenin, Stalin, Mao Tse-tung: Führerkulte und Heldenmythen des 20. Jh., Frankfurt/M. 1992
422 G. Benn, Brief an den Herausgeber einer süddeutschen Monatsschrift, Berlin 1948
423 B. Bohley in Berliner Zeitung vom 13.11.1989, zit. in: E. Neubert, Unsere Revolution. Die Ge-

sie kurz und bündig den Wert der sich vermessen „Opposition" nennenden Bürgerbewegung auf den Punkt. Die war bis zu diesem Tag *„davon ausgegangen, dass die Grenze lange Bestand haben würde."*[424] Neubert hält an diesem Begriff unverdrossen fest, kommt aber nicht umhin dialektisch festzustellen, dass *„das Vertrauen der Bevölkerung in die Opposition schwand"*[425], was impliziert, dass es zuvor da gewesen sei. Es ist der ebenso anhaltende Versuch der Verleugnung von Wahrheit, sowie die Realitätsferne und geistige Nähe der Sozialismusreformer zum Geist der DDR, die mit einer präokkupierten Worthülse und weitschweifigen Erklärungen versucht, sich selbst Bedeutung zu verschaffen. Die Geschichte ging darüber hinweg. Gorbatschow erklärte dazu wiederholt: „Sie schreiben sich mehr zu, als ihnen gebührt."

Ohne die widerständige Fluchtbewegung im Sommer '89 hätte es keine Montagsdemonstrationen gegeben, keine Volksbewegung, ohne Gorbatschow kein Sturz des SED-Regimes, denn jene, die mit NVA-Panzern und Ausnahmezustand die Straßen räumen wollten, standen bereit. Bei Carl Schmitt steht der Satz: „Souverän ist, wer über den Ausnahmezustand entscheidet." Ein solcher Zustand tritt ein, wenn die latenten Schreckensmittel in aktuelle umgewandelt werden. Das blieb uns erspart. Der Eskapismus der Intellektuellen hatte sich vom Widerstand weg gelebt. Widerstand bedeutet ein klares Nein, wenn alle Ja sagen. Widerstand bedeutet Entscheidung. Und – kein Widerstand ist zwecklos. Nichts ist schwerer und nichts erfordert mehr Charakter, als sich im offenen Gegensatz zu seiner Zeit zu befinden und laut zu sagen: Nein.[426]

---

schichte der Jahre 89/90, München 2008, S. 234f

424 E. Neubert, Unsere Revolution. Die Geschichte der Jahre 89/90, München 2008, S. 233f

425 Ebd., S. 236

426 K. Tucholsky, 1921 in der WELTBÜHNE

V. WIDERSTAND UND MEDIEN

Tyrannis ist immer besser organisiert als Freiheit
Charles Péguy

1. Legitimation von Zersetzung und Liquidierung durch DDR-Medien am Beispiel der Zeitschrift „horizont"

Zu den klassischen Merkmalen eines totalitären Staates zählen unter anderem das Vorhandensein einer allgemeinverbindlichen Ideologie, die Alleinherrschaft einer Partei und das Nachrichtenmonopol.[427] Die Kontrolle der Medien ist für den Einparteienstaat als Herrschaftsinstrument ebenso wichtig wie seine Geheimpolizei oder die politische Strafjustiz. Folgerichtig setzen totalitäre Regime sofort nach ihrem Machtantritt die Grundrechte der Presse- und Meinungsfreiheit außer Kraft.[428] Die erwähnten Merkmale eines totalitären Regimes kennzeichneten sowohl den NS- als auch den SED-Staat. Damit ist ein Vergleich beider deutscher Diktaturen des letzten Jahrhunderts, der unter Beachtung der hinlänglich bekannten Unterschiede keine Gleichsetzung bedeutet, nicht nur zulässig, sondern zwingend erforderlich. Wenn es auch weder im Dritten Reich, abgesehen von den Kriegsjahren, noch im SED-Staat einen im klassischen Sinne für die Medien zuständigen institutionalisierten Zensor gab, glichen sich in der Tat die Methoden der Medienlenkung in beiden Systemen aufs Haar. Lässt man den unterschiedlichen ideologischen und historischen Kontext unberücksichtigt, gleichen sich die Sprachregelungen der SED und der NSDAP in ihrer Substanz auf frappierende Weise. Sowohl Ulbricht als auch Honecker mischten sich nachhaltig, wie seinerzeit Goebbels und Hitler, in die Medienlenkung ein. Diese Erkenntnisse vorausgesetzt, wird die Handhabe der Medien durch deren Usurpatoren, gegen Gegner und Feinde des Regimes transparenter.

Der spätere Chefredakteur der Monatszeitung „horizont", Ernst-Otto Schwabe, dem berüchtigten Medienfunktionär Joachim Herrmann verbunden, erhielt am 11.9.1968 vom Sekretariat des Ständeparlaments, dem SED-Zentralkomitee, den Auftrag zur Gründung und Leitung des dem Außenministerium der DDR nahe stehenden Blattes. Es erschien zunächst als „Sozialistische Wochenzeitung für Internationale Politik und Wirtschaft" im SED eigenen Berliner Verlag. Bis 1989 hielt sich Schwabe strikt an die ihm seinerzeit erteilte Vorgabe, „die Triebkräfte, Ursachen und Zusammenhänge des internationalen Klassenkampfes" zu analysieren.[429] Schwabe war zuvor Sektorenleiter in der ZK-Abteilung Internationale Verbindungen und von 1965 bis 1968 Leiter der Presseabteilung im Außenministerium. Seine enge Anbindung an die Hauptverwaltung Aufklärung des MfS war ein offenes Geheimnis.[430] Auch ohne Insiderwissen hätte die aufmerksame, im Vergleich zu anderen

427 S. Mampel, Totalitäres Herrschaftssystem, Berlin 2001
428 Vgl. G. Holzweißig, Die schärfste Waffe der Partei, Eine Mediengeschichte der DDR, Köln 2002
429 SAPMO-B Archiv, DY 30/J IV 2/3/1445
430 G. Holzweißig, West-Medien im Fadenkreuz von SED und MfS, Berlin 1995

DDR-Zeitungen durchaus aufschlussreiche Lektüre von „horizont" zu außen- und deutschlandpolitischen Themen, bei den Mitarbeitern der Ständigen Vertretung der Bundesrepublik Deutschland in der DDR zu der Erkenntnis führen müssen, dass Mielkes und Herrmanns Presseoffiziere und Desinformationsspezialisten hier wie bei keiner anderen DDR-Publikation die Feder führten und sie auch als „wissenschaftliches Dach" ihres Vernichtungsfeldzuges gegen die „Gegner der sozialistischen Gesellschaftsordnung" nutzten.[431]

Dessen ungeachtet verband den Leiter der Ständigen Vertretung der Bundesrepublik Deutschland bei der DDR, Hans-Otto Bräutigam, mit Schwabe ein besonderes Vertrauensverhältnis, wodurch dieser in seiner Appeasement- Haltung gegenüber der DDR bestärkt wurde. [432] Johannes Rieger, der Pressesprecher von Günter Gaus, dem erste Leiter der Ständigen Vertretung, sah die DDR, im Gegensatz zu Presseberichten in der Bundesrepublik, als stabil an. Sein Chef war selbst in die DDR verliebt, wie er feststellte, obwohl der es hätte besser wissen sollen und können.[433] Es war sogar eine „amour fou".

Diese Haltung bestärkte die SED-Spitze in ihrer Vogel-Strauß-Politik. 1980 erschien im „horizont" eine Artikelserie in neun Folgen unter dem Titel: „Keine Chance für Menschenschmuggler". Sie befasste sich in allen Ausgaben mit westdeutschen Fluchthelfern und berichtete mit überraschend detaillierter Kenntnis vor allem von misslungenen Fluchthilfeaktionen, unter Vermischung von erfundenen oder verfälschten Tatsachenbehauptungen. Der Name des Autors „Claus Wolf" war fiktiv. Dahinter verbarg sich ein Autorenkollektiv des MfS, das sich aus den Operativ-Akten der ZKG über Fluchthilfe und ihre Organisatoren in der Bundesrepublik und Westberlin bediente. Chefredakteur Schwabe stellte gerne Platz zur Verfügung. In dieser Serie wurde ich, neben anderen, als besonders effizienter Fluchthelfer und gefährlicher Gegner der DDR bezeichnet und hervorgehoben. In demagogischer Weise wurde über mich und meine Tätigkeit hergezogen. Wie man erkennen konnte, lagen der Serie Aktenvorgänge aus den Ermittlungs- und Untersuchungsberichten des MfS zugrunde, mit gezielten Desinformationen angereichert und als Tatsachen präsentiert: *„W. trägt ebenfalls eine schussbereite Pistole bei sich, ergänzt durch eine Maschinenpistole, die, wie der Wagenheber, zur Standardausrüstung seines Pkw gehört. Anzumerken wäre hier, dass W. Rückendeckung und Einnahmen nicht zuletzt auch erhält von den diversen NATO-Geheimdiensten, die am Gießener Sitz seiner ‚Firma', nämlich im so genannten Notaufnahmelager, die nachrichtendienstliche Abschöpfung der von ihm gelieferten ‚Ware' vornahm."*[434]

Die mit Halbwahrheit und Lüge vermischte Informations-Gemengelage entsprach der Absicht des MfS, Unsicherheit, Verwirrung und Misstrauen beim Gegner hervorzurufen und zugleich westdeutsche Behörden in denunziatorischer Absicht zur Überprüfung, mindestens aber zur Störung meiner Tätigkeit zu veranlassen. Die Wortwahl der Stasi (Waffen, Geheimdienste) projizierte ihre eigene Arbeitsweise.

431 Vgl. Bohnsack/Brehmer 1992, S. 194, Holzweißig, Klassenfeinde und Entspannungsfreunde, 1995, Bd. 2, S. 47

432 Ebd.

433 SAPMO-B Archiv, DY 30/IV 2/2.037/51

434 C. Wolf, Keine Chance für Menschenschmuggler. Nr. VI/80, Ost-Berlin 1980

Der Tenor dieser „journalistischen Arbeit“ bestand einerseits darin, die „aufklärende Wirksamkeit“ und „Wachsamkeit“ der „DDR-Organe“ in der BRD hervorzuheben und zu dokumentieren, zum anderen, potenziellen Flüchtlingen das angebliche Kriminalitätspotential der „skrupellosen Fluchthelfer“ vorzuführen, um sie von ihrer Absicht abzuhalten. Wie üblich, wurde dabei die Allwissenheit des MfS überhöht dargestellt und der Eindruck erweckt, dass Fluchthelfer und ihre Tätigkeit eher unsicher, und das Risiko eines Scheiterns nicht kalkulierbar seien. Schließlich wird der eigentliche Grund der Übung deutlich: Der Hass auf Fluchthelfer, gegen die alle Mittel der Vorgehensweise gerechtfertigt sind, um die SED-Parteielite zu schützen. Kausalität und Effizienz von Fluchthilfe wird vernebelt. Erfolg und Auswirkung wird zu Recht als politischer Widerstand erkannt und mit den Worten hervorgehoben, *„dass Menschenhandel in seiner politischen Wirkung allein auf die Schädigung der sozialistischen Staaten angelegt ist.“*[435]

Was hier weniger die „sozialistischen Staaten“, als vielmehr die DDR schädigte und von ihr in dieser Form beklagt wurde, war der für das MfS wohl untragbare Umstand, dass es einen Transfer von Menschen in den Westen gab, der sich der Kontrolle durch das allmächtige Ministerium für Staatssicherheit entzog. Dass es trotz 98prozentigen Wahlergebnissen in der DDR eine nicht unerhebliche Anzahl von Menschen geben musste, die mit den von der Propaganda paradiesisch beschriebenen gesellschaftlichen Zuständen unzufrieden waren. Sie scheuten kein Risiko, keinen finanziellen Aufwand, um dieses Land alsbald zu verlassen. Selbstverständlich wurde dem Leser verschwiegen, dass die DDR selbst der größte Menschenhändler war. Für horrende Summen verkaufte er politische Gefangene an die Bundesregierung. In diesem Fall natürlich zum Wohle des sozialistischen Staates.[436]

Nach dem Erscheinen des Artikels reagierte ich mit einem Fernschreiben an die Redaktion des „horizont“. Darin wandte ich mich an „Claus Wolf“, dem angeblichen Autor der Serie, in der Gewissheit, direkt mit dem MfS zu kommunizieren. Unter anderem ließ ich ihn wissen, dass ich der Überzeugung sei, dass das MfS beim Verfassen dieser Artikelserie über Fluchthilfe nicht nur hilfreich, sondern sogar federführend gewesen sein musste, denn die Serie beinhalte Details, die nur dem MfS bekannt sein konnten.[437] Meine Vermutung sollte sich bewahrheiten.

1993 las ich in meinen Stasi Akten einen Ermittlungsbericht der Hauptabteilung IX, in dem wortwörtlich das stand, was der fiktive Autor „Claus Wolf“ als seine „Erkenntnis“ ausgab. Leider zitierte die Stasi, denn das war „Claus Wolf“, den nächsten Absatz des Ermittlungsberichtes nicht. Darin stand: *„Welsch unternimmt über seinen staatsfeindlichen Menschenhandel hinaus eine Vielzahl politisch-provokativer Aktionen, z. B. gibt er des Öfteren Interviews und Kommentare in den imperialistischen Massenmedien, in welchen er in übler Weise den Sozialismus, die DDR und die mit ihr befreundeten Bruderstaaten und deren Sicherheitsorgane verleumdet. In provokatorischer Zielsetzung forderte Welsch im Juni 1975 unter Einbeziehung eines Rechtsanwaltes namens Schöttler, Wilhelm, wohnhaft 435 Recklinghausen,*

435 Ders.
436 M. Meyer, Freikauf. Menschenhandel in Deutschland, Wien/Hamburg 1978
437 W. Welsch, Telex an die Redaktion HORIZONT, Schmitten/Taunus 1980, vgl. Ich war Staatsfeind Nr.1, 2006, S. 312f

Königswall 26, durch einen Brief an die Ständige Vertretung der DDR in der BRD eine Summe von über 4, 5 Millionen DM sogenannter „Haftentschädigung" von der Regierung der DDR für die Jahre, die er auf Grund rechtskräftiger Verurteilungen wegen staatsfeindlicher Handlungen gegen die DDR in Strafvollzugseinrichtungen der DDR verbrachte."[438] Der DDR-Leser hätte sich wohl die Augen gerieben.

Der Vorgang dürfte einmalig sein, zumindest hat die DDR-Forschung bislang keinen vergleichbaren Vorgang eines Kontaktes zwischen Widerstand und MfS beschrieben. Chefredakteur Schwabe reichte den Text an das MfS weiter. Das war Chefsache. Ein westdeutscher „KMH" liest eine in Ostberlin erschienene Zeitung mit Berichten über ihn, die er als demagogisch und falsch bezeichnet. Darauf schickt er dem MfS eine Gegendarstellung per Telex ins Haus. Darin konterkariert er die bestrittenen Chancen von Fluchthelfern und erklärt die politische Kausalität seines Handelns. Mielke schäumte. Der Report und meine Reaktion darauf fanden statt, als gerade eine Attentatsserie des MfS auf mich stattfand, sodass die Annahme, der Hass des MfS entzündete sich daran erneut, eine gewisse Berechtigung hat.[439] Aus operativer Sicht des MfS und vom Rachegedanken getragen, war es logisch, dass man alle Mittel einzusetzen suchte, diesen Gegner zu los zu werden. Gunter Holzweißig bestätigt 2002, dass „horizont" unter MfS-Einfluss gestanden habe, wobei der Begriff „Einfluss" eine eher zurückhaltende Formulierung für die Durchsetzung der „horizont"-Redaktion durch das MfS ist.[440]

Für das sogenannte Sturmgeschütz der Demokratie, den „Spiegel", und dessen Westberliner Büroleiter, Axel Jeschke, war es allerdings unvorstellbar, wie er mich in einem Gespräch 1991 wissen ließ, dass das MfS in der Außenpolitischen Zeitschrift der DDR, „horizont", federführend war, oder dass es gegen seine politischen Gegner Mordanschläge plante und durchführte. Sein theoretisches Wissen über DDR-Medien war ebenso ahnungslos, wie sein angeblich fundiertes Spiegel-Wissen, wonach, jedenfalls zu jener Zeit, das *„MfS ein Geheimdienst wie jeder andere"* war.[441] Einige Jahre später wurde Jeschke als IM dekonspiriert und quittierte seinen Dienst.

So wurde der zeitgleich laufende ZOV „Skorpion", dessen erklärtes Ziel meine Ermordung war, publizistisch via „horizont" gerechtfertigt. Die Mordpläne wurden nach dem Telex wohl auch wegen des darin enthaltenden Hinweises intensiviert, dass *„der Report die gegenwärtige Lage nicht ändern könne, mag sich der Autor dies noch so sehr wünschen."*[442]

Was als intendierte Fortsetzung der Fluchthilfe, mithin als Kampfansage verstanden wurde, bestärkte das MfS in seinen Hass- und Rachegedanken. Mit keinem Wort waren die Menschen erwähnt, die mit konstruierten politischen Begründungen verhaftet und später an den Westen gegen Devisen verkauft wurden. Dabei nahm das Regime in der Zeit von 1964 bis 1978 über eine Milliarde DM für 14.000

438 MfS HA IX, Ermittlungsbericht vom 23.8.1976, S. 4, BStU 000036 S. 20
439 W. Welsch, Staatsfeind, München 2006, darin die Attentate 1979, 1980, 1981
440 G. Holzweißig, Die schärfste Waffe der Partei, Köln 2002, S. 62
441 A. Jeschke im Gespräch mit dem Autor, Berlin 1991
442 Lambrecht, Müller, Sandmeyer, Die Mörder vom Dienst, in: STERN Nr. 7 vom 11.2.1993, S. 10-19)

politische Häftlinge ein.[443] Allein dieser Menschenverkauf erfüllte im Wortsinn den Tatbestand des Menschenhandels. Einzig die SED und deren Erfüllungsgehilfe MfS verdienen die Bezeichnung Kriminelle Menschenhändlerbande. Einzig die SED und das MfS zogen aus dieser Handlungsweise materiellen Nutzen, betrieben mithin staatlich sanktionierten, planmäßig organisierten, kommerziellen Menschenhandel im großen Stil. Die Bundesregierung, um „gutnachbarliche Beziehungen" zur Diktatur bemüht, stellte die notwendigen Gelder aus dem Etat des auf westdeutscher Seite handelnden Bundesministeriums für innerdeutsche Beziehungen zur Verfügung.

In der bundesdeutschen Presse fand man indes wohlwollende Worte für Fluchthilfe, allerdings nicht für die vorbeschriebene, sondern für verfolgte Kommunisten und Sozialisten aus Pinochets Chile. Immerhin hatte Pinochet verstanden, was für ein Übel der Sozialismus ist. Er war bereit, gegen diese Narrenidee zu kämpfen. Das war positiv, nicht aber die grausame Unterdrückung Andersdenkender. Den Wert der neuen Sklaven im SED-Staat, der verhafteten und verurteilten Flüchtlinge, berechnete man mit Millionen Deutsche Mark. Das sagt alles aus über einen Staat, der Fluchthelfern Menschenhandel vorwarf. Auf der offiziellen, „staatsfreundlichen" Menschenhandels-Börse, an der politische Häftlinge gehandelt und an die Bundesrepublik via Rechtsanwalt Vogel verkauft wurden, verlangte man zwischen 40.000 bis 120.000 D-Mark pro Kopf. Ärzte und Akademiker des „Arbeiter- und Bauernstaates" standen im Wert an der Spitze, nicht umgekehrt.

Die halbe Wahrheit ist die gefährlichste Lüge. Wenn aus der Bundesrepublik 20 oder 200 Ärzte auswanderten, würde es niemandem einfallen, sie mit ihren Pflichten gegenüber der Gemeinschaft zu bedrohen oder die Kosten ihrer Ausbildung einzufordern. So rechnet man nur auf dem modernen Sklavenmarkt. Darüber berichtete „horizont" nie.

Der damaligen Bundesregierung, von der Bahr'schen Formel des „Wandel durch Annäherung" orientierungslos geworden, fehlte der Mut, offen zu sagen: Fluchthilfe passt nicht in unsere Politik der Anbiederung. Deshalb ist es uns peinlich, uns zu ihr zu bekennen. Denn das hieße, sich zur Präambel des Grundgesetzes und zum Widerstand gegen das SED-Regime zu bekennen. Dann hätte man zu den vielen Demütigungen durch das kommunistische System nicht noch eine weitere, die schlimmste, die Selbstentehrung hinzufügen müssen. Die anbiedernde Haltung der Bundesregierungen, manifestiert in der Entspannungspolitik, brachte einzig der SED einen enormen Prestigegewinn. Er traf sich mit der modischen Attitüde professioneller, linksliberaler Humanisten im Westen, die sich nicht für das Schicksal der Flüchtlinge, für die Gewissensnöte der betroffenen Menschen interessierten, die sich allenfalls für das Wohlergehen der abstrakten Menschheit erwärmen konnten.

Wie viele Emigranten aus Hitler-Deutschland lebten nicht mehr, wenn es nicht Helfer gegeben hätte, die sie vor Kerker oder dem sicheren Tod gerettet hätten. Unter vielen Zeugnissen aus jener Zeit sei nur an Alma Mahler-Werfel erinnert, die 1960 schrieb: „Nach der Rettung waren wir arm, aber frei", oder an Lisa Fittko: *„Ein erhebendes Gefühl, einen Menschen aus der Barbarei des Nazistaates retten zu*

443 deutscher depeschen dienst vom 29.3.1978

können",[444] die darüber 1985 berichtete, oder an alle anderen namenlosen Fluchthelfer. 1976 schrieb ich in der Zeitung „Die Welt": *„Der Zynismus der Bundesregierung und einiger Zeitungen in der Bundesrepublik bezüglich der Fluchthilfe für sogenannte ‚DDR-Bürger', die nie gefragt wurden, ob sie es auch werden wollten, ist kaum noch zu übertreffen. Umso notwendiger der klarstellende Hinweis: Menschenhändler ist die DDR. Diese moderne Sklavenhaltergesellschaft unterscheidet immer noch sehr feinsinnig zwischen staatsfeindlichem und staatsfreundlichem Menschenhandel. Dabei ist die erste Variante „verbrecherisch", weil die Flüchtlinge das Geld für die notwendige Organisation ihrer Ausreise an Helfer in der Bundesrepublik zahlen. Staatsfreundlich im Sinne der Devisenpolitik dieses Staates dagegen wird dieser Handel, wenn das Geld via Zuchthaus und Verurteilung in die eigenen Taschen fließt. Von der Bundesregierung gezahlt."*[445]

Da hatte das Stadtbezirksgericht Ost-Berlin-Mitte schon einen neuen Haftbefehl gegen mich erlassen, *„weil ein Staatsverbrechen den Gegenstand des Verfahrens bildet, der Beschuldigte seinen ständigen Wohnsitz außerhalb des Staatsgebietes der DDR inne hat und mit dem Anspruch einer mehrjährigen Freiheitsstrafe zu rechnen ist."*[446] Die Leiter der Hauptabteilungen IX und IX/9 des MfS, die damaligen Obersten Dr. Fister und Niebling, unterzeichneten vier Tage später einen Antrag zur Fahndung und Verhaftung im Transitverkehr.[447] Der ging von der absurden Idee aus, dass ich durch die DDR fahren würde.

Die Bezeichnung „Ware" für Flüchtlinge stellt zudem einmal mehr die Nähe sozialistischer Täuscher zu nationalsozialistischer Wortprägung her, und stellt dies unbeabsichtigt in einen semantischen Zusammenhang zum eigenen Handeln. Waffen und Geheimdienste waren in der Vorstellungskraft des MfS und somit des „horizont" notwendige Bestandteile einer Fluchthilfe-Tätigkeit. Das MfS-Autorenkollektiv „Claus Wolf" droht unverhohlen, Fluchthilfe und deren Organisatoren zu zersetzen und zu liquidieren indem es schreibt: *„Es versteht sich von selbst, dass die DDR ihrerseits die erforderlichen Maßnahmen gegen den Missbrauch der abgeschlossenen Verträge und zum Schutz ihrer legitimen Interessen ergreifen musste. Dazu gehört nicht zuletzt die wirkungsvolle Abwehrtätigkeit unserer Sicherheitsorgane, durch die den kriminellen Menschenhändlern zunehmend empfindlichere Schläge zugefügt wurden und werden."*[448]

Die Hysterie der SED nahm teils groteske Formen an. So durften DDR-Kirchenzeitungen bestimmte Zitate aus dem Alten Testament nicht veröffentlichen. Als Begründung gab die Staatsführung eine mögliche Anstiftung zur Republikflucht an. Deshalb fiel eine Kinderseite der „Mecklenburgischen Kirchenzeitung" der Zensur zum Opfer, weil darin die Geschichte des biblischen Stammvaters Abraham erzählt werden sollte. Darin fordert Gott Abraham auf: „Geh aus deinem Vaterland in ein Land, das ich dir zeigen will". Auch Psalm 18, Vers 30 stieß den Genossen sauer

444 A. Mahler-Werfel, Mein Leben, Frankfurt/M. 1960, Lisa Fittko, Mein Weg über die Pyrenäen, München 1985
445 W. Welsch in: DIE WELT vom 16.2.1976
446 Haftbefehl Az. Hs.C. 110/75 wg. Verbrechen gem. § 105 Ziff. 1 u. 2 StGB vom 21.8.1975
447 MfS HA IX/9 Antrag zur Realisierung einer Fahndung/Verhaftung vom 25.8.1975, Fister/Niebling
448 C. Wolf, I/80, Ost-Berlin 1982

auf: *„Mit meinem Gott kann ich über die Mauer springen"*. Kriminalisiert wurde auch das Bibelwort „Schwerter zu Pflugscharen". Träger und Verbreiter dieser Losung hatten mit einer Anklage wegen „staatsfeindlicher Hetze" zu rechnen.[449]

Als Ausgleich für unwerte feindlich-negative Kräfte nahm das MfS dagegen das Denunziationspotenzial einer Reihe belasteter Nazis in Anspruch, wie den vormaligen SD-Außenstellenleiter Schwarzwäller, die SS-Obersturmführer Rogalsky-Wedekind und Sommer, SS-Scharführer Mally, KZ-Arzt Horst Fischer und andere, wie Henry Leide 2005 feststellt.[450] Herausragend besetzte das Regime das einstige NSDAP- (seit 1931) und SS-Mitglied (seit 1932) Egbert Freiherr von Frankenberg und Proschlitz. Er reüssierte im SED-Staat als „militärpolitischer Kommentator" für Funk und Fernsehen. Der Freiherr hatte mit Hermann Görings „Legion Condor" im Spanischen Bürgerkrieg für Franco gebombt und es bis zum Kommodore des „Edelweißgeschwaders" gebracht, bevor die Sowjets den Major der Luftwaffe 1943 abschossen. Andere stiegen sogar in höchste Funktionen auf. Einer, Alfred Neumann, wurde gar Mitglied des Politbüros. Er war Angehöriger des „SS-Sonderkommandos Dirlewanger", das im August 1944 den Warschauer Aufstand niedermetzelte. Etwa zwanzig Angehörige dieses Mordkommandos sollen das Ministerium für Staatssicherheit mitaufgebaut haben, so der Zeithistoriker Hans-Peter Klausch.[451] Die Antifaschismuslegende, zugleich Gründungslegende der DDR, war als tschekistische Praxis nicht primär darauf gerichtet, Straftaten der Vergangenheit aufzuklären und NS-Verbrecher zu verfolgen, sondern die Bundesrepublik zu bekämpfen. Das entsprach dem Methodenarsenal der Geheimpolizei. Noch im Sommer 1988 wurden 134 SS-Führer auf dem Gebiet der DDR entdeckt.[452]

2. Flüchtlingsproblematik aus SED-Pressesicht

Medien sind meinungsbildend, indem sie gewünschte Aussagen transportieren. Zum Beispiel die von der unglaublichen Freiheit der vom Kapital Befreiten und nun einer glücklichen sozialistischen Menschengemeinschaft angehörenden Bürger der DDR. Die Sklaverei lässt sich eben bedeutend steigern, indem man ihr den Anschein der höchsten Freiheit gewährt. Die Zeithistorie hat mittlerweile die Aufarbeitung dieses Kapitels deutscher Geschichte soweit transparent gemacht, dass die Bedeutung der Medien, zum einen für den Bestand des SED-Staates und der Bekämpfung seiner Gegner offen liegt, zum anderen einem Millionenpublikum Aufklärung und Einsicht in die Mechanismen des Terrors verschafft. Vor allem deren enge Anbindung an das MfS. Dafür wurde das frühere NSDAP-Mitglied Kurt Blecha,[453] langjähriger Leiter des „Presseamtes beim Ministerpräsidenten der DDR-

449 In: DER TAGESSPIEGEL vom 31.10.1991

450 H. Leide, NS-Verbrecher und Staatssicherheit, Göttingen 2005, Chr. Dirks: Die Verbrechen der anderen, Paderborn 2006

451 Vgl. DER SPIEGEL Nr. 30 vom 21.7.2008, S.48f

452 H. Leide ebd. S. 124

453 Mitglied seit dem 1.9.1941

Regierung", von Mielke 1971 mit akademischen Ehren der „Juristischen Hochschule" in Potsdam-Eiche belohnt.

Die DDR-Medien waren Multiplikatoren für Gewalt und Terror. Sie waren gleichermaßen gespeist von der Abteilung „Agitation und Propaganda" beim ZK der SED, wie der Desinformationszentrale des MfS. Die Methode der Desinfomation gibt es, seit es Menschen gibt. Fredmund Malik wies 2002 darauf hin: *„Immer dort, wo divergierende Interessen aufeinander treffen, wo Macht mit allen Mitteln gesichert wird, ist die Desinformation ein probates Mittel, um den Gegner zu diffamieren und zu bekämpfen."*[454]

1982 erschien eine weitere publizistische Arbeit des MfS-Autorenkollektivs „Claus Wolf" zum Thema Fluchthilfe und speziell zu meiner Person. Diesmal in Buchform.[455] Darin wird versucht, die gescheiterten Mordpläne der Vorjahre zu rechtfertigen. Mit gezielten Desinformationen wird darin neuerlich meine Fluchthilfe als „verabscheuungswürdiges Verbrechen" gebrandmarkt, ich werde als quasi vogelfreier Staatsverbrecher bezeichnet, der „keine Chance" hätte, weil das MfS alle Feinde jederzeit vernichten kann.[456] Das Buch erschien ein Jahr nach dem letzten Attentat auf mich. Es hatte bereits im Erscheinungsjahr insgesamt drei neu gefasste Auflagen, jeweils angepasst an neueste politische Entwicklungen. Natürlich gab es keinerlei Hinweis auf die misslungenen Mordanschläge. Diese Methode wurde ungeachtet dessen weiter als „wirkungsvoll" propagiert.[457] Falsche und verleumderische Anschuldigungen aus der „horizont"-Serie zwei Jahre zuvor werden darin nahezu wörtlich wiederholt: *„Der von der imperialistischen BRD aus operierende Boss einer Menschenschmuggelorganisation, Wolfgang Welsch, alias Institut Dr. Ulrich Otto, trägt ebenfalls stets eine schussbereite Pistole bei sich, ergänzt durch eine Maschinenpistole."*[458]

Alle Ausgaben dieses Elaborates nehmen sich der Flüchtlingsproblematik aus SED-Sicht an. Dem DDR-Leser wird erklärt, dass eine Flucht aus einem sozialistischen Staat entweder immer von „feindlichen Ethnien", oder „asozialen und kriminellen Elementen" erfolgt. In einer Ausgabe wurde die südvietnamesische Flüchtlingssituation mit den „Boat-People" erklärt, in einer anderen definiert, warum es ein Flüchtlingsproblem auf Kuba gibt. In meinem Telex an „horizont" hatte ich die politische Situation in genau diesen zwei Staaten zur Begründung hoher Fluchthäufigkeit in den Ländern des Sozialismus als Beispiel angeführt. In der neuesten Buchauflage von „C. Wolf" erhielt ich die Antwort des MfS. Wie schwach muss der dialektische Selbstwert gewesen sein, wie herausgefordert muss man sich gefühlt haben, wenn man es für geboten hielt, seinem erklärten Gegner auf ein Telex in dieser höchst ungewöhnlichen Form zu antworten? Es sah nach Erklärung und Rechtfertigung der von mir aufgeworfenen Fragen aus. SED und MfS befanden sich in Erklärungsnot. Wohl deshalb nahmen sie die Auseinandersetzung über die Medien an. Ihre Erklärungsversuche der Flüchtlingsproblematik in anderen kom-

454 F. Malik, Meisterwerk der Desinformation, in: DER SPIEGEL Nr. 36, vom 2.9.2002, S. 132
455 C. Wolf, Bosse, Gangster, Kopfgeldjäger, Ost-Berlin 1982
456 Ders.
457 Ders.
458 1. Aufl. 1982, S. 169, 3. Aufl. 1982, S. 155

munistischen Staaten waren ebenso lächerlich wie die, die sich auf das eigene Land bezogen. Man beachte die SED/MfS-Definition des Exodus' tausender vietnamesischer Flüchtlinge, „Boat People", aus ihrer Heimat: *„Der Handel mit Reis, dem Grundnahrungsmittel der Vietnamesen, war nahezu ausschließlich – und das bereits seit der französischen Kolonialzeit – in den Händen der Großhändler von der Volkgruppe der Hoa konzentriert. Diese, der sozialistischen Staatsmacht aus Klassenbedingten Gründen feindlich gegenüberstehenden Hoa, also vietnamesischen Bürgern chinesischer Abstammung, machten immerhin 1,2 Millionen Menschen aus. Diese Flüchtlingsbewegung war generalstabsmäßig vorbereitet worden und dazu bestimmt, einen Höhepunkt in der auf Schwächung des sozialistischen Vietnam zielenden Offensive abzugeben, bei der Peking und Washington arbeitsteilig zusammenwirkten."*[459]

In einer anderen Ausgabe des gleichen Jahres wird der von mir angesprochene Flüchtlingsstrom aus Kuba erklärt: *„In diesem Zusammenhang muss man wissen, dass Kuba schon lange vor der Revolution als Auswandererland galt. Und wie in jedem Land der Erde gibt es eben auch in Kuba sowohl Menschen, die vor Schwierigkeiten lieber davonlaufen, statt sie gemeinsam mit ihren Landsleuten zu meistern, also auch Figuren, denen ehrliche Arbeit ohnehin ein Gräuel ist. Aus solchen Gruppen wird, so sie in sozialistischen Staaten beheimatet sind, durch westliche Medien flugs ein `Protestpotential`. Bei diesen Leuten handelt es sich jedoch überwiegend um Kriminelle und Asoziale. Der Hauptgrund für diese Provokation großen Stils ist darin zu suchen, dass der USA-Imperialismus durch fortschrittliche Entwicklungen in Mittelamerika in Bedrängnis geriet und sich durch eine massenwirksame propagandistische Offensive Entlastung verschaffen wollte."*[460]

Die Argumente glichen sich stets: Nicht die gesellschaftlichen Zustände sind schuld an den Flüchtlingsströmen aus der sozialistischen Geborgenheit, sondern die Flüchtlinge selbst, weil sie einer anderen Rasse angehören, kriminell oder asozial und somit Abfall der Gesellschaft sind. Auf keinen Fall sind sie Wesen, deren Menschenrecht auf Freizügigkeit man zu achten hat. Ein fataler, ihre Adressaten brutal erniedrigender Assoziationsraum, der den Feindbildern aus der NS-Zeit entspricht. Mit Recht gilt die Grenze dieser Sprachwelt als unüberschreitbar. Diese menschenverachtende Terminologie endete dort wie hier, in Kampfmaßnahmen gegen Flüchtlinge und ihre Helfer bis hin zu gezieltem Mord. Wohl auch deshalb, weil es eine rationale Begründung für die Lagerhaft eines ganzen Volkes nicht gibt. Wladimir Bukowski kommt 1996 zu dem Schluss: *„Die geistige Grundlage für diese Handlungen der Kommunisten – die in Rotchina, Nordkorea und Kuba unvermindert weitergehen – bildet die Ideologie des Marxismus-Leninismus."*[461] Woraus Dieter Voigt im gleichen Jahr folgert: *„Die Vertreter dieses menschenfeindlichen Dogmas – im Verständnis der Kommunisten: ‚die einzig wahre und einzig wissenschaftliche Weltanschauung' – sind bewusste und kenntnisreiche Täter, letztendlich verantwortlich für das, was geschah, und das, was immer noch geschieht."*[462]

459 C. Wolf, 1. Aufl., S. 15, Ost-Berlin, 1982

460 Gemeint ist die Besetzung der Botschaft Perus in Havanna von Flüchtlingen am 4. April 1980, die dort ihre Ausreise verlangten, ebd., 3. Aufl., S. 13, 17, 19, Ost-Berlin, 1982

461 W. Bukowski 1996, Löw 1996, Rüthers 1995

462 D. Voigt, München 1996

Mit diesen Rechtfertigungsversuchen und der damit einhergehenden publizistischen Vorbereitung zur Liquidierung des Schädlichen, Kriminellen, Asozialen, hoffte das MfS, das Gebiet der Gefühle plausibel zu erreichen. Anschauung und Gefühl hängen aufs engste zusammen. Wer intensiv etwas wünscht oder gereizt ist, neigt dazu, seinem Gefühl einen Grund, dem Gegner Kontur zu geben. Das Wort „Feindbild" ist ein treffenderer Ausdruck. Der Feind ist nur in Bildern zu fassen. Viele willige journalistische Helfer im Westen griffen diese Bilder auf, indem sie sich Teilen der vom MfS gesteuerten DDR-Presse bedienten. Die diskret gestreuten Desinformationen zur ideologischen Legitimierung des Regimes wurden als „harte Fakten" veröffentlicht. Hier haben sich der NDR und „Panorama" besonders hervorgetan, sowohl im vorauseilenden Gehorsam ihrer DDR-Korrespondenten, als auch in der politisch überwiegend linken Struktur des Senders mit etlichen IM.

Angepasste Journalisten wie Wolfgang Meisenkothen polierten das Image des SED-Staates im Westen. Ein Vergleich zu den publizistischen Rechtfertigungsversuchen nationalsozialistischer Vernichtungspolitik scheint angebracht. Zumindest darf eine Überhöhung der NS-Verbrechen die der Kommunisten im SED-Staat nicht marginalisieren. Der Vergleichspunkt, das tertium comparationis als gemeinsames Dritte, ist sowohl im „Wörterbuch des Unmenschen" als auch im „Wörterbuch des MfS" zu finden. Die gefährliche Bedeutung bestimmter Wörter hatte sowohl in der NS- als auch in der SED-Zeit das öffentliche Denken vergiftet. Wenn jemand ein Wort verwendete, das nach dem „Wörterbuch des Unmenschen" aussah oder in der NS-Zeit tatsächlich gebraucht worden war, hielt man ihn für entlarvt. Tatsächlich ist das Wort keine so selbstständige Größe, es erhält seine Bedeutung nicht nur aus seiner Geschichte, geschweige aus einer bestimmten epochalen Prägung, sondern ebenso sehr aus seinem aktuellen Gebrauch, durch den Sprecher, der es verwendet, und den Sinn, den er ihm in seinem konkreten Zusammenhang gibt.

Die vom MfS sehr häufig gebrauchten Worte: Asoziale, Kriminelle, Verbrecher, Dreck und andere für ihre Gegner, stehen in einem logisch erscheinenden Zusammenhang mit entfernen, einsperren, vernichten, liquidieren. Ebenso wie das Wort „Ungeziefer" im Zusammenhang mit Gegnern eine Art Nazi-Detektor war und das gleiche meinte. Das Wort, die Sprache, wurde durch Metaphern der Unmenschlichkeit ersetzt.

Der Umgang der Täter mit Worten, mit Medien, zeigt bis heute, dass sie Erfahrung, insbesondere mit Metaphern und Manipulationen hatten und noch haben. Sei es aus Mangel an Erfahrung, oder nur aus fehlender Vorstellungskraft, ist die Sprache der Täter bis heute nicht eindeutig im Zusammenhang mit ihren Absichten und Taten verglichen und katalogisiert worden. Die Täter spreizen sich mit vorgeblicher Unwissenheit und kultivieren eine vorgeschobene Unschuld, die sie unmerklich in eine selbst erzeugte Opferrolle gleiten lässt. Begleitet wird diese Verdrehung der geschichtlichen und semantischen Wahrheit durch Politiker demokratischer Parteien, die mittlerweile auch den Lebensläufen der Täter ihre Anerkennung zollen. Dem muss aus historischen und Gerechtigkeitsgründen gegengesteuert werden.

Bücher und Filme über den Widerstand gibt es nur sehr vereinzelt. Deshalb muss man fragen: Wann wird der Widerstand gegen den SED-Staat ein Thema für die Medien? Wo bleibt die gesellschaftliche Anerkennung der Träger des Widerstands?

Gerade dazu könnten die Medien, die ein nicht unerhebliches Maß an Fehlinformation über den SED-Staat verbreitet hatten, wiedergutmachend beitragen. Dann würde deutlich, wie sehr die deutsche Presse bis heute die Rolle der angeblichen Opposition in der DDR explizit überhöht.

Günter Gaus ist einer der prominentesten Vertreter dieser Sicht. Sein 1983 erschienenes Buch „Wo Deutschland liegt" enthält gravierende Fehldiagnosen über den SED-Staat. Und wer erinnert sich nicht an Theo Sommers lobhudelndes DDR-Buch? Ich kann es mir nicht versagen, daraus zwei Zitate wiederzugeben: „Drüben hat sich ein zweites deutsches Wunder vollzogen – ein gedämpftes Wunder, aber dennoch." Und: *„Leben unter Honecker. Die Bürger des anderen deutschen Staates bringen ihm fast so etwas wie stille Verehrung entgegen."*[463] Hört hört! Solche offenkundigen Fehleinschätzungen durch gebildete, weltkundige Menschen sind wohl nur erklärbar als unbewusste Rechtfertigung einer ideologischen zeitgeschichtlichen Deutung, die die Teilung Deutschlands als notwendige Folge seiner unauslöschlichen Schuld verstand. Man denke nur an manche der in der DDR akkreditierten West-Journalisten, die sich von den Desinformationsspezialisten des MfS als mediale Transmissionsriemen, deutlicher ausgedrückt, als „nützliche Idioten" (Lenin), jahrelang vor den Karren der SED-Propaganda spannen ließen. Ordnerweise wurde Material von Ost nach West geschleppt. Manche TV-Redaktion bereitete die Unterlagen anschließend für das Westpublikum auf, um konservative oder vordergründig NS-belastete westdeutsche Politiker zu stürzen. Sandra Pingel-Schliemann stellt 2005 fest, dass „Panorama" „die wichtigste Kontaktadresse der Desinformationsabteilung" der Stasi gewesen sei.[464] Für eine spannende Geschichte paktierte man schon mal mit dem Teufel. Auch Spiegel und Stern bemühten sich bei investigativen Recherchen gelegentlich nach Potsdam. Im dortigen Archiv lagerten meterweise Akten über Hitlers Reichssicherheitshauptamt.

Die Medien als „die schärfste Waffe der Partei", wurde schon früh von Lenin erkannt, zur Maxime formuliert und von Stalin übernommen. Indem die SED-Presse, arbeitsteilig mit dem MfS, ihre Angriffe auf Gegner und Staatsfeinde kolportierte, betrieb sie objektiv die publizistische Vorbereitung zum Mord. Nach dem Fall der Diktatur kamen nicht einmal die Bürgerrechtler auf die Idee, die SED-Medien zu entmachten. Bis in die jüngste Zeit werden im Osten Parolen verbreitet, die sich wirkungsvoll über die gesamtdeutsche Öffentlichkeit legen. Ein Beispiel dafür ist die Zeitschrift „Junge Welt", einst Zentralorgan der FDJ. Die Aufklärungsversuche über die DDR-Presse werden dagegen von Jahr zu Jahr weniger. Die Partei „Die Linke", hervorgegangen aus der SED/PDS, mag sich darüber freuen. Im linken Lager ist Demokratie etwas, das man flexibel nutzt oder über die man hinwegsteigt. Eine Eigenschaft der Demokratie ist, die Gefahr zu kennen, aber erst zu handeln, wenn es zu spät ist.

---

463 Th. Sommer, Reise in ein anderes Deutschland, Hamburg 1986
464 S. Pingel-Schliemann, Zersetzen. Strategie einer Diktatur, Berlin 2004

3. Die schöne ‚Junge Welt' der MfS-Veteranen

Der ehemalige RAF-Terrorist Christian Klar hat gute Beziehungen zur „Jungen Welt". Ein Blick hinter die Kulissen der Zeitung zeigt, dass sich dort ein Sammelbecken für Stasi-Kader gebildet hat. Es gelte, „die Niederlage der Pläne des Kapitals zu vollenden und die Tür für eine andere Zukunft aufzumachen", ließ der Ex-RAF-Terrorist Christian Klar die Zuhörer der Rosa-Luxemburg-Konferenz 2007 in Berlin wissen. Es war kein Zufall, dass er seine antikapitalistische Grußbotschaft aus dem Gefängnis ausgerechnet hier platzierte. Initiiert worden war diese Konferenz von der Tageszeitung „Junge Welt", in der Klars Text schon vorab zu lesen war. Zwischen der Redaktion des vermeintlich unabhängigen linken Blattes, ihrem politischen Umfeld und dem RAF-Veteranen bestehen aber alte Bande, die auf das Wirken des MfS zurückgehen. Mitten im Kalten Krieg, nämlich im Juli 1980, war Christian Klar zu Oberst Harry Dahl nach Ost-Berlin gereist, um kampfesmüde Kameraden in der von der Außenwelt gut abgeschirmten DDR in Sicherheit zu bringen. Die Bedingungen diktierte die Stasi: Die RAF-Leute sollten auf dem Gebiet der DDR dem Terrorismus abschwören und die Beteiligung des MfS an dem Deal ihr Leben lang verschweigen. Zehn RAF-Mitglieder fanden im SED-Staat eine neue Heimat, während die anderen, noch aktiven Kollegen vor den Augen der Staatssicherheit unbehelligt ein- und ausreisen und Waffen schmuggeln konnten. In der „Jungen Welt" laufen all diese Fäden zusammen.

Schon seit Längerem dient das einstige FDJ-Zentralorgan als Sammelbecken für ewig gestrige Linke, Verschwörungstheoretiker, offizielle und inoffizielle Mitarbeiter der Stasi sowie Ex-Spione aus allen Teilen Deutschlands. Die Zeitung gehört zu den merkwürdigsten Presseerzeugnissen des Landes, und das mit einer steigenden Auflage von derzeit 17000 Stück. Seit der Grußbotschaft des Ex-RAF-Terroristen Klar an das Rosa-Luxemburg-Forum geht es bei der „Jungen Welt" turbulenter zu als sonst. Die Verlagsleitung, ständig auf der Suche nach Argumenten, die die Existenz der Zeitung rechtfertigen, äußerte sich dazu in dem Artikel „Wir entscheiden selbst". „Junge Welt"-Verleger Dietmar Koschmieder kritisiert darin die breite Kritik an Klars Botschaft, mitten hinein in die Überlegungen des Bundespräsidenten Horst Köhler zu seinem Gnadengesuch. Den Niedergang des bürgerlich-demokratischen Systems inklusive seiner Medien findet er dadurch einmal mehr bestätigt. Klars Kritikern unterstellt er die Überzeugung, dass jeder, der links und antikapitalistisch denke, „hinter Gitter" gehöre, „in die Psychiatrie oder gleich aufgehängt". Koschmieder selbst ist Mitglied der DKP, des Überbleibsels der alten Moskau treuen Deutschen Kommunistischen Partei. Sein Chefredakteur Arnold Schölzel schrieb, nachdem er Ende der 60er Jahre aus der Bundesrepublik in die DDR gegangen war, bis 1989 meterweise Berichte als IM, die der Zeitung „Welt am Sonntag" in Auszügen vorliegen. Aus diesen Akten geht hervor, dass Schölzel alias IM „André Holzer" jahrelang eine studentische Oppositionsgruppe der Humboldt-Universität bespitzelte, der er zum Schein selbst angehörte, und über die er zeitweise täglich detaillierte Informationen an die Staatssicherheit weitergab. Der ausspionierten Studentengruppe gehörten unter anderen der Bürgerrechtler Wolfgang Templin, der heutige Chefredakteur der Zeitschrift „Sinn und Form", Sebastian

Kleinschmidt, und der „BasisDruck"-Verleger Klaus Wolfram an. Stefan Wolle nennt Schölzel einen IM aus wirklicher Begeisterung, der mit größter Perfidie die Menschen, mit denen er befreundet war, permanent hinterging. Günter Zehm stellt 2005 fest: *„Falsche Zeugnisse sind immer Schadenslügen (die sie ablegen, wollen einem anderen schaden), aber sie sind mehr als das, sie wollen den anderen nicht nur in seinem Haben, sondern vor allem in seinem Sein beschädigen, wollen ihn in der Polis unmöglich machen, ihm seine Ehre abschneiden, ihn als einen Schuft oder zumindest als dubiose Figur hinstellen, der man nicht trauen darf. Im Großen und Ganzen ist das, was das Gebot als falsches Zeugnis verurteilt, identisch mit Verleumdung. ‚Du sollst nicht verleumden', aber dies würde den Tatbestand nicht ganz umfassen. Es kommt noch etwas hinzu, die so genannte Denunziation."*[465] Auch andere Führungskräfte der „Jungen Welt" haben eine Vergangenheit als Spitzel. Der Ressortleiter Innenpolitik der „Jungen Welt", Peter Wolter, arbeitete als „Kundschafter des Friedens" und versorgte als Westjournalist die DDR mit Informationen. Er wurde dafür Mitte der 90er Jahre zu einer Bewährungsstrafe verurteilt. Der ebenfalls rechtskräftig verurteilte Rainer Rupp, Kommentator im Bereich Außenpolitik, war einer der Topspione der DDR in Westdeutschland, Deckname „Topas". Sie alle bestimmen die Linie eines Blattes, das sich selbst als „marxistisch" beschreibt: antiamerikanisch und antiisraelisch, für die Mullahkratie im Iran, für die Erben Maos, das kommunistische Kuba und für den venezolanischen Machthaber Hugo Chávez. Dessen Bestrebungen zur Bildung einer sozialistischen Einheitspartei landen als Spitzenmeldung schon mal auf Seite eins. Chávez wird dort in ähnlicher Weise gefeiert wie einst die Größen des SED-Staates. Die „Junge Welt" lässt kaum eine Gelegenheit aus, Deutschlands demokratische Institutionen zu diskreditieren.

Als der Bundestag über den Tornadoeinsatz in Afghanistan und die Erhöhung des Renteneintrittsalters auf 67 Jahre abstimmte, titelte man: „Krieg bis 67", und schrieb: „Selten wurde Politik so direkt am Volk vorbei gemacht." Pikanterweise gehört ausgerechnet die Rehabilitierung des real existierenden Sozialismus und der Staatssicherheit zum erklärten Ziel des Blattes. 2006 inszenierten ehemalige MfS-Angehörige in der Stasi-Gedenkstätte Hohenschönhausen, dem früheren zentralen MfS-Untersuchungsgefängnis, einen Auftritt, bei dem sie vormals Verfolgte verhöhnten. Die Ex-Schergen hatten ihren Schritt in die Öffentlichkeit jahrelang vorbereitet, mit Hilfe der „Jungen Welt". Immer wieder waren dort Interviews und Erklärungen ehemaliger Stasiverantwortlicher erschienen. Nachrufe auf verstorbene Kameraden überschrieb man mit zynischen Sprüchen wie: „Im MfS und Spaß dabei". Unisono bestreiten Ex-Stasigrößen wie Ex-SED-Funktionäre, dass es heute so etwas wie Netzwerke aus alten Tagen gäbe. Kein Wort von Insider-Komitee, ISOR, GMH und GBM. Sie verbreiten den Anschein, als hätte man sich nach 1989 kampflos ergeben und streiten heute für nichts anderes als linke Ideale. Auch MfS-Oberst Harry Dahl gehört zu den Unterzeichnern mindestens eines der Stasi-Appelle. 2001 fordert er in der Erklärung „Kameradschaftliche Beziehungen" ein Ende der Hexenjagd auf ehemalige MfS-Mitarbeiter. Das Ministerium solle endlich in seinem

---

465 G. Zehm, Das Böse und die Gerechten. Auf der Suche nach dem ethischen Minimum, Schnellroda 2005, S. 224 f.

historischen Kontext bewertet werden. Das dreiteilige Interview mit fünf ranghohen Ex-Generälen des Staatssicherheitsdienstes, das sich an die Erklärung anschloss, führte kein Geringerer als Arnold Schölzel, Chefredakteur der „Jungen Welt".

Bis zum heutigen Tag unterstützt die „Junge Welt" terroristische Organisationen. Die kolumbianische Terrororganisation „Farc", die seit Jahren durch Geiselnahmen und Drogenhandel von sich reden macht, hatte in den neunziger Jahren mehrere Kader nach Deutschland geschickt, die zumeist als Asylbewerber eingereist waren. Sie sollten die Beziehungen zu den PDS/Linken wieder beleben. Im Januar 2005 traf sich der Sohn (Deckname „Roberto") des 2008 getöteten Farc-Kommandanten Raúl Reyes insgeheim mit dem PDS-Politiker und Mitglied im Auswärtigen Ausschuss des Bundestages, Wolfgang Gehrcke. Das Ziel war, eine Streichung der Farc von der Terrorliste der EU zu erreichen. Die „Junge Welt" hat sich bereit erklärt, eine deutschsprachige Ausgabe der Farc-Zeitschrift „Resistencia" zu betreuen, um die „Solidarität mit dem Kampf des kolumbianischen Volkes zu reaktivieren". „Der Spiegel" bestätigt im Mai 2008, das gehe aus E-Mails auf den Laptops des 2008 getöteten Farc-Kommandeurs Reyes hervor, die von der kolumbianischen Staatsanwaltschaft sichergestellt wurden.[466] Der EU-Ministerrat setzte die Farc unter Punkt 25 am 15.7.2008 neuerlich auf die Liste terroristischer Organisationen.

Nach dem Ende der Tyrannei des NS-Staates flohen viele der Täter nach Argentinien, Chile, Paraguay und andere Länder, um sich einer Bestrafung zu entziehen. Nach dem Ende der Tyrannei des SED-Staates blieben die kommunistischen Täter in Deutschland. Sie hatten keine, oder nur vereinzelt geringe Bestrafung ihrer Verbrechen zu befürchten, da Wille und Instrumentarium des Rechtsstaates gleichermaßen nicht vorhanden waren, oder die Verbrechen aus Unkenntnis verharmlost und beschönigt wurden. Wie schon 1974, als die Bundesregierung sich weigerte, eine vom Bundesarchiv fertig gestellte Dokumentation der Vertreibungsverbrechen zu veröffentlichen, vor allem aus Rücksicht auf den damals aktuellen „Entspannungskurs" Richtung Sowjetblock, waren und sind die Zeichen der Zeit von der Politik wieder auf Verdrängung gestellt.[467] Dabei steht uns das Beispiel kommunistischer Willkür, Unterdrückung und Verbrechen andauernd aktuell vor Augen: Wer sich in den verbliebenen kommunistischen Staaten wie China und Nordkorea der kommunistischen Partei widersetzt, wird als Krimineller behandelt. Folter und Todesstrafen sind die immer noch „normalen" Folgen. Aus Peking berichtete noch kürzlich die Presse: Auf dem 17. Parteitag[468] wurde in China der Humanismus eingeführt (!). China wird das „wissenschaftliche Entwicklungskonzept der sozialistischen Demokratie" tiefgehend durchführen und das Denken weiter „befreien".[469] Was darunter zu verstehen ist, zeigt das Beispiel Tibet.

Die Täter sind unter uns. Bis heute finden sie Medien wie die „Junge Welt", deren Unterstützung sie gewiss sein können. Dass sie in beiden Diktaturen keine Schuld empfanden, ist möglicherweise nicht zu ändern. Dafür zu sorgen, dass sich

---

466 Solidarität mit der Guerilla, in: DER SPIEGEL Nr. 22 vom 26.5.2008, S.15
467 M. Kittel in: PANEUROPA Nr.3/S.28
468 der kommunistischen Partei Chinas am 15.10.2007
469 Der chinesische Botschafter Ma vor der Gesellschaft für Wehr- und Sicherheitspolitik in Kassel, 2007

ihre Sicht auf die Geschichte nicht durchsetzt, ist hingegen Aufgabe aller, denen die politische Kultur und die Menschenrechte in Deutschland am Herzen liegen. Viele ehemalige Stasi-Schergen beherrschen noch heute die Kunst der aufrichtigen Lüge. Deshalb plädiere ich mit einem Wort des Journalisten und Schriftstellers Egon Erwin Kisch für wissenschaftliche Redlichkeit beim Umgang mit diesem Kapitel deutscher Geschichte und deren Aufarbeitung: Nichts ist verblüffender als die einfache Wahrheit.

VI. IN DEN VERLIESEN DES MfS

Schockerfahrungen sind nicht erzählbar.
Der Autor muss aber sagen was er kennt.
Das ist sein Recht und seine einzige Pflicht.
Rolf Hochhuth

1. Die Banalität des Bösen als wiederkehrendes Element der Geschichte

Obwohl die Bilder der NS-Gräueltaten noch frisch waren, begingen erneut Deutsche die dem SED-Regime dienten, Verbrechen gegen die Menschlichkeit und Rechtsstaatlichkeit, folterten wehrlose Gefangene, erpressten falsche Geständnisse und sprachen im Namen des Volkes Unrecht, trieben Millionen Andersdenkender in die Flucht. Wie konnte dem braunen Terror so schnell der rote folgen? Wer könnte jetzt noch antworten auf die entsetzliche Hartnäckigkeit des Verbrechens, wenn nicht die Hartnäckigkeit des Zeugnisses, schreibt Albert Camus.

Das Jahr des Kriegsendes war zugleich der Beginn einer neuen Unterdrückung in Mittel- und Osteuropa. achtzig Millionen Tote, so wird geschätzt, hat die Vision der „klassenlosen Gesellschaft" gekostet.[470] Und in Mitteldeutschland, der selbsternannten DDR von Stalins Gnaden, war es das Ministerium für Staatssicherheit, das die Traditionen von Gestapo, Tscheka und deren Nachfolger NKWD/KGB in sich vereinte und perfektionierte. Sie haben sich nicht gescheut zu morden. Wie und warum funktionierte der Terror? In beiden Diktaturen begriff man Recht primär als Herrschaftsinstrument. Diesem Verständnis unterwarfen sich die Juristen bedingungslos. Wenn wir verstehen wollen, wie Gesellschaftsverbrechen funktionieren, müssen wir verstehen, welche Rolle die Gleichgültigkeit spielt, und dass Menschen besonders gut funktionieren, wenn sie nicht über den Horizont ihrer Arbeit hinausschauen. Das Böse zerfällt in Teilhandlungen, die für sich nicht böse, aber notwendig waren, damit die Gaskammertür geschlossen oder die Mauer gezogen und geschossen werden konnte. Hannah Arendt spricht von der „Banalität des Bösen".

Das Böse zeigt sich in so vielen Gestalten wie der Teufel im Alten Testament. Der Beginn der Repression gegen Andersdenkende in der DDR begann mit deren Rechtlosmachung. Schon 1755 stellte Rousseau fest: *„In der Beziehung zwischen den Menschen ist das Schlimmste, das einem passieren kann, der Willkür eines anderen ausgeliefert zu werden".*[471] Willkür haben im SED-Staat all jene erfahren, die sich dem System widersetzten. Sie waren totalem Terror unterworfen. Das Problem war nicht, was meine Feinde taten, sondern, was meine Mitmenschen, Mitunterdrückten taten.

Artikel 27 Ziff. 1 der Verfassung der DDR vom 6. April 1968 lautet: „Jeder Bürger der DDR hat das Recht, den Grundsätzen dieser Verfassung gemäß, seine Mei-

470 S. Courtois/N. Werth/J.-L. Panne, Schwarzbuch des Kommunismus, München 1998

471 Jean-Jacques Rousseau, Discours sur l'origine et les fondements de l'inégalité entre les hommes, Paris 1755

nung frei und öffentlich zu äußern. Niemand darf benachteiligt werden, wenn er von diesem Recht Gebrauch macht."[472] Dem Anschein nach genoss damit jeder Bürger der DDR Meinungsfreiheit, wie sie etwa auch im Grundgesetz der Bundesrepublik Deutschland verankert ist. Allerdings schränkte die Verfassung der DDR dieses Recht demagogisch geschickt im gleichen Satz wieder ein, indem der Nebensatz erklärt: „den Grundsätzen dieser Verfassung gemäß." Damit waren der Hauptsatz und die Hauptaussage, nämlich das Recht, seine Meinung frei und öffentlich zu äußern, zur Beliebigkeit relativiert. „Den Grundsätzen dieser Verfassung gemäß" bedeutete nichts anderes als: „unter Anerkennung der führenden Rolle der SED", die in Artikel 1 zementiert wurde. Das geschah in folgender Absicht: Zum einen sollte nach innen und auch nach außen Demokratie und Freiheit der Persönlichkeit in der DDR demonstrativ herausgestellt, zum anderen die (über)lebenswichtigen Belange einer klassischen Diktatur berücksichtigt und fixiert werden. Der SED-Staat sollte als Rechtsstaat erscheinen. Diese Manipulation bescherte der DDR entgegen eigener Erwartungen beachtliche Außenerfolge. Viele westliche Staaten bewerteten die Verfassung der DDR als liberal und die Grundrechte der DDR-Bürger als gesichert. Bei der DDR konnte indes auch dann nicht von einem Rechtsstaat die Rede sein, wenn man den Begriff relativ weit fasst. Das Recht diente einzig und allein dem Erhalt des Machtmonopols der SED, mit deren Hilfe jeder Widerstand oder Ansatz von Opposition bekämpft werden sollte. Die bürgerlichen Rechte des Einzelnen gingen darin unter. Scheinwahlen, deren Ergebnisse zudem gefälscht wurden, rundeten das im Ausland verbreitete Bild von einer „sozialistischen Demokratie" ab. Die Interpretation, was im Sinne der Verfassung rechtens ist, blieb den parteilichen handelnden Strafgerichten, oder dem Ministerium für Staatssicherheit überlassen.

Natürlich herrsche Meinungsfreiheit, sagte ein Witz, problematisch werde das mit der Freiheit nur, nachdem man seine Meinung gesagt hat. Da es im SED-Staat angeblich keinen Gegensatz zwischen den Interessen der einzelnen Bürger und denen des Staates und der Gesellschaft gab, sah die Verfassung der DDR keine Grundrechte im Sinne unseres Grundgesetzes vor. So durfte der DDR-Bürger seine Meinung nur den Grundsätzen der Verfassung gemäß frei und öffentlich äußern, er durfte also nur die vorherrschende Meinung der SED adaptieren. Eine objektive Meinungsfreiheit gab es nicht. Opponenten und Dissidenten, die sich regelmäßig auf diesen Passus der DDR-Verfassung bezogen um damit ihre abweichende Meinung zu legitimieren, wurde dies verwehrt. Bis zum Sturz der kommunistischen Diktatur gab es keinen Dialog zwischen der sich „Opposition" nennenden Bürgerbewegung und der Staatsmacht, weil dies nach dem Eigenverständnis jeder Diktatur a priori ausgeschlossen ist. Das Wahrheitsmonopol war dem Regime und der Deutungshoheit der ihm immanenten Ideologie des Marxismus-Leninismus überlassen. So konnte sich keine Opposition im klassischen Sinn entwickeln, weil sie dem Wesen des Wahrheitsmonopols widersprach. Kritik und Dissidenz wurden zwar wahrgenommen und abgestuft verfolgt, erzielten aber keine Wirkung. Widerstand dagegen gab es von Anfang an. Er wurde kompromisslos bekämpft.

---

472 Verfassung der DDR, Ost-Berlin 1968

Die Verfassung der DDR sanktionierte nach außen die Scheinlegitimität einer kommunistischen Diktatur und schützte deren Anspruch auf unbeschränkte, unkontrollierte Machtausübung. Sie war undemokratisch, menschenverachtend und Instrument eines gewalttätigen Staatsterrors. In den vierzig Jahren des Bestehens der DDR haben sich die juristischen Begründungen für politische Verfolgung und Inhaftierung oft geändert. Zur Anwendung kamen eine Vielzahl von strafrechtlichen Bestimmungen, wobei sich Verurteilungen aus politischen Gründen zunächst auf das Strafrechtsergänzungsgesetz (StEG) vom Dezember 1957 bezogen, dessen Strafvorschriften in das neue Strafgesetzbuch vom 12. Januar 1968 einbezogen wurden. Wer Briefe an Behörden oder Institutionen in den Westen schickte, machte sich der „landesverräterischen Nachrichtenübermittlung" schuldig. Nach Belieben des MfS konnte die Anklage auf „landesverräterische Agententätigkeit" ausgeweitet werden. Schon ein Brief an die Vereinten Nationen, wie ich ihn 1963 wegen der Einführung der Wehrpflicht in Ostberlin schrieb, galt als „ungesetzliche Verbindungsaufnahme" zu einer „verbrecherischen Organisation" und wurde bestraft. Bestraft wurde auch die Kritik an einer Behörde oder anderen Institutionen. Sie galt als „Beeinträchtigung staatlicher Tätigkeit". Für den Tatbestand der „öffentlichen Herabwürdigung" hatte sich zu verantworten, wer das Regime kritisierte. Wer sich gar erlaubte, der herrschenden Meinung in Wort und Schrift zu widersprechen, machte sich der „staatsfeindliche Hetze" schuldig. Ein Flüchtling beging „ungesetzlicher Grenzübertritt" und ein Fluchthelfer wurde wegen „staatsfeindlichen Menschenhandels" verurteilt.

Die meisten Strafvorschriften waren reine Gesinnungsparagrafen und damit Instrumente des Unrechts. Die politische Rechtsprechung in der DDR und die Haftbedingungen in DDR-Gefängnissen widersprachen eklatant den Grundsätzen einer rechtsstaatlichen Verfahrensweise und verletzten andauernd und nachhaltig die Menschenrechte. Hinzu kommt, dass durch Erlass des Staatsrates der DDR vom 4. April 1963 auch das MfS als ein Rechtspflegeorgan bezeichnet wurde.[473] Grundlegender Aspekt der SED-Politik war der in allen Rechtsbereichen, vor allem im Bereich der Strafjustiz erkennbare systematische Missbrauch von Rechtsnormen und rechtlichen Verfahren zu politischen Zwecken. Der Grund dafür erklärt sich aus dem Selbstverständnis der SED-Justiz als „Waffe im Klassenkampf". Nach dem strafrechtlichen Rehabilitierungsgesetz (StrRehaG) im vereinten Deutschland wurde eine Haft dann als rechtsstaatswidrig erklärt und aufgehoben, wenn sie mit „wesentlichen Grundsätzen einer freiheitlichen und rechtsstaatlichen Ordnung unvereinbar ist, insbesondere weil die Entscheidung politischer Verfolgung gedient hat, oder die angeordneten Rechtsfolgen in grobem Missverhältnis zu der zugrunde liegenden Tat stehen."[474]

473 amnesty international, Deutsche Demokratische Republik. Rechtsprechung hinter verschlossenen Türen, 1989, Fricke, Zur Menschen- und Grundrechtssituation politischer Gefangener in der DDR., 1986, Welsch, Repression und Folter an Untersuchungshäftlingen des MfS, Schriftenreihe der Gesellschaft für Deutschlandforschung, Band 58, Bochum 1998

474 Ebd.

2. Die Kriminalisierung von Widerstand

Die Justiz der DDR war parteilich im Sinne der kommunistischen Staatsideologie und deren Werkzeug zum Niederhalten potenzieller Kritik und Widerstand. Obwohl die Richter der Bezirks- und Kreisgerichte in einem scheindemokratischen Verfahren von den „Volksvertretungen“ gewählt wurden, war durch entsprechende Einflussnahme staatlicher Organisationen dafür gesorgt, dass nur Kandidaten zum Zuge kamen, die im Sinne der SED zuverlässig waren und dieser kriminellen Vereinigung selbst angehörten. Richter sprachen nicht nach objektiven Maßstäben Recht, sondern berücksichtigten bei der Urteilsfindung in politischen Prozessen in erster Linie den Willen der Machtelite, was durch besonders harte Urteile zum Ausdruck kam. Mehr noch: Die Vorgaben von Partei und Staat stellten das höchste Maß an Objektivität dar. Damit war auch die Justiz nur scheinlegitimiert und ihr Urteil beliebig.

In einem Schreiben des Stadtgerichtsdirektors Dr. Heinz Hugot an das Oberste Gericht der DDR vom Oktober 1989, bestätigte dieser die Gesetzesverletzungen der Gerichte.[475] Die Mehrheit der Richter sah gleichwohl bis zum Ende der DDR keine Veranlassung, rechtswidrige Eingriffe und ungesetzliche Rechtspraktiken einzugestehen. Auch nicht danach. So hatte der Präsident des Obersten Gerichts (OG), Dr. Günter Sarge, ein alt gedienter und besonders systemtreuer Militärjurist, noch am 3. November 1989 in einem Interview des Senders „Stimme der DDR“, in völliger Verkennung der politischen Agonie des Regimes erklärt, dass das Oberste Gericht keine Kritik an der eigenen Rechtsprechung zulassen werde. Sarge bekannte sich erneut zur Unverbrüchlichkeit der „sozialistischen Gesetzlichkeit“, ohne zu bemerken, wie hohl diese propagandistische Formel inzwischen selbst im SED-Staat klingen musste. Günter Sarge war seit 1948 Politoffizier bei der VP; seit 1954 Militärrichter, seit 1956 Militärstaatsanwalt; von 1963-1977 Vorsitzender des OG-Militärkollegiums; 1971-1977 OG-Vizepräsident; 1977-1986 1. OG-Vizepräsident; und von 1986 bis zum 15.1.1990 OG-Präsident. In diesen Positionen hatte er sich stets als untertäniger und treuer Vasall der Diktatur, als wichtiges Instrument des Terrors bestätigt. In einer vertraulichen „Einschätzung leitender Kader“ der HA I/MfNV vom April 1977 wurde Sarge ein exzellentes Verhältnis zum MfS-Untersuchungsorgan bescheinigt: *„Ein besonders gutes Verhältnis besteht seitens des Gen. Sarge zum Untersuchungsorgan des MfS. Häufig finden vor der Verhandlung über Staatsverbrechen, deren Vorsitz Generalmajor Sarge selbst übernahm, Absprachen mit den Gen. des Untersuchungsorgans statt. Die getroffenen Vereinbarungen wurden durch den Gen. Sarge stets eingehalten.“*[476] Dabei dürfte es sich um Vorgaben des „Untersuchungsorgans“ hinsichtlich der Höhe von Strafen in politischen Prozessen gehandelt haben, die das MfS vorab sondierte, vorgab und absegnen ließ. Wie Freisler, exekutierten Mielke, Sarge und Kollegen die Politik ihrer jeweiligen totalitären Staatsführungen. Die Bezirks- und Kreisgerichte unterstanden der Kontrolle des OG, dessen parteipolitische Stellungnahme und Verflechtung mit dem MfS keinen

---

475 Schreiben an das OG/DDR vom 30.10.1989, zit.: nach A. Gängel [Anm. 31], S. 43 1f
476 BStU Reg. Nr. MfS AP 34045/92

Zweifel an seiner Abhängigkeit von Ideologie und Geheimpolizei aufkommen ließ. Es erhielt unmittelbar Weisungen vom Staatsrat, die es an nachgeordnete Gerichte weiter gab. Das Oberste Gericht konnte selbstständig oder auf Veranlassung des Staatsrates den Gerichten verbindliche Weisungen für die Rechtsprechung erteilen und die Abberufung von Richtern verlangen. Es gab weder einen Rechtschutz des Bürgers gegen staatliche Akte durch ein Verwaltungsgericht, noch gab es eine Verfassungsgerichtsbarkeit als Korrektiv der Rechtsprechung.

Die Rechtlosigkeit des einzelnen Menschen war systemimmanente Politik und als Bestandteil der Staatsideologie Voraussetzung für die Durchsetzung von Machtanspruch und Unterdrückung. Dieser ideologisch determinierte Machtanspruch von Partei- und Staatsführung ließ keinen Dialog mit dem Volk zu und begründete eine Lage, die zu Gesetzen führte, in deren Ergebnis politische Konflikte kriminalisiert und die Grundrechte der Bürger massiv eingeschränkt wurden. Die Verfolgten dieses Un-Rechtssystems erinnern sich nur zu gut der variantenreichen Verächtlichmachung und Kriminalisierung ihrer widerständigen Haltung. Dabei wurde ihnen vorgehalten, dass zwei, oder drei, bei manchen waren es gleich zehn, Mörder dem MfS-Untersuchungsführer lieber (!) wären, als jemand, der die „wissenschaftliche, allumfassende Wahrheit der Partei" in Frage stellte oder sie gar rundweg bestritt. Es kann nicht verwundern, dass es dabei zu Beschlüssen des Politbüros des ZK der SED und des Ministerrates kam, die eine offene Einmischung in die richterliche Unabhängigkeit waren. Dabei war die richterliche Unabhängigkeit in der DDR laut Art. 96 der DDR-Verfassung in der Fassung von 1974 garantiert, worauf von der Partei- und Staatsführung gegenüber der internationalen Öffentlichkeit als Ausdruck der eigenen „Rechtsstaatlichkeit" gern verwiesen wurde.[477] Der Paragraf 238 StÄG, Beeinträchtigung richterlicher Unabhängigkeit, enthielt folgenden Wortlaut: *„Wer auf einen Richter, einen Schöffen oder ein Mitglied eines gesellschaftlichen Gerichtes Einfluss nimmt, um sie zu einer ihre Rechtspflichten verletzenden gerichtlichen Entscheidung zu veranlassen, wird mit Freiheitsstrafen bis zu zwei Jahren, Verurteilung auf Bewährung oder mit Geldstrafe bestraft. Ebenso wird bestraft, wer einen Richter, einen Schöffen oder ein Mitglied eines gesellschaftlichen Gerichtes wegen einer von ihm getroffenen, gerichtlichen Entscheidung beleidigt, verleumdet oder bedroht. Wer die Tat nach Absatz 1 unter Missbrauch seiner staatlichen Befugnisse, unter Anwendung von Gewalt oder Androhung von Gewalt oder eines anderen erheblichen Nachteils begeht, wird mit Freiheitsstrafe bis zu fünf Jahren bestraft. Der Versuch nach den Absätzen 1 und 3 ist strafbar."*[478]

Die rechtlichen Grundlagen einer Unabhängigkeit waren zumindest pro forma vorhanden. Dass sich weder die Justiz noch das MfS daran hielten, trägt eindeutig Züge des organisierten Verbrechens. Es macht zudem deutlich, wie unsicher die Marxisten der SED waren, welche Furcht sie vor dem freien Wort, vor der Gehorsamsverweigerung hatten. Deshalb fürchteten sie den Widerstand mehr als alles andere, weil er direkt ihre Existenz bedrohte.

---

477 Die Ausarbeitung des MDJ über die „Verwirklichung der Grundprinzipien über die Unabhängigkeit der Richter" in der DDR für die Vereinten Nationen vom 3.6.1988, in Barch, DP1/ SE, 1599

478 GBL I Nr. 39, S. 536

Jährlich gab es mehrere Tausend Prozesse. Karl-Wilhelm Fricke veranschlagte 1988 die Zahl der nach politischen Paragrafen in der DDR Abgeurteilten im jährlichen Durchschnitt der frühen achtziger Jahre auf vier bis fünf Tausend. Betrachtet man die Zahlen der politisch Inhaftierten die auch in diesen Zeiträumen regelmäßig zwischen sechs- und sechseinhalb Tausend lagen, so scheint die angegebene Zahl noch untersetzt. Sie wurden nicht als politisch Verurteilte bezeichnet, denn im Selbstverständnis des sozialistischen Rechts war jedes Zuwiderhandeln gegen Staat und Gesellschaft kriminell.Widerständiges Denken und Handeln waren daher kriminelle Straftaten von höchstem gesellschaftlichen Schädigungswert. So betrachtet, war diese Sicht nicht einmal falsch, denn genau gegen diese Gesellschaft der Lüge, der Willkür, des Unrechts, der Wahlfälschungen, des Betruges, der Gewalt, der Unfreiheit, der Heuchelei und der Ausplünderung ethischer, religiöser, menschlicher und ökonomischer Ressourcen richtete sich der Widerstand derer, die sich nicht anpassen, verbiegen, oder vereinnahmen lassen wollten. Triebfeder ihres Handelns war das Gewissen. Erst in diesem Handeln konnte man dem Terror entkommen.

Wir befinden uns hier auf dem archetypischen Schlachtfeld des ewigen Kampfes zwischen Gut und Böse,[479] zwischen hehren Lichtgestalten und den Dämonen der Finsternis. Die Lichtgestalt ist der MfS-Mann, der Dämon der Gegner des Sozialismus, wobei es von geringer Wichtigkeit ist, was dieser nun konkret zum Schaden des „Sozialismus" getan oder gelassen hat. Dieses Selbstbildnis vor Augen, konnte der MfS-Vernehmer in seinem Kampf nicht fehlgehen. Die pseudoreligiöse Weihe, die dem gesamten Vorgang zugeschrieben wurde, verlangte zwangsläufig nach einem wahrheitsgemäßen Geständnis im Sinne der Ohrenbeichte. Das allein versprach die Rettung, für die DDR, wie für den Delinquenten selbst. Da politische Delikte nahezu ausschließlich durch Freiheitsstrafen geahndet wurden, ist die Zahl der Verurteilten mit der Zahl der Häftlinge so gut wie identisch. In veröffentlichten Dokumenten der DDR und in der Praxis der Behandlung politischer Häftlinge in den Haftanstalten, war nie von politischen Häftlingen die Rede, mit zwei Ausnahmen: Am 6. Oktober 1972 verkündete der Staatsrat aus Anlass des Jahrestages der DDR eine umfassende Amnestie für politische und kriminelle Straftäter. Dass es weiterhin politische Gefangene gab, räumte 1981 sogar Honecker ein: *„Seit der letzten Amnestie im Jahre 1979 gibt es bei uns keinen einzigen politischen Gefangenen mehr."*[480] Mit dieser Äußerung gab er zu verstehen, dass es seit Gründung der DDR bis 1979 politische Gefangene gegeben hatte. Mit anderen Worten, alles was hierzu seit dem Bestehen des SED-Staates behauptet wurde, war gelogen. Natürlich gab es auch nach 1979 Menschen, die aus politischen Gründen inhaftiert und verurteilt wurden. Die politisch motivierten Inhaftierungen waren es auch, die der vollen internationalen Anerkennung der DDR im Wege standen. Aus diesem Grund musste es dem Regime darum gehen, die tatsächliche Anzahl politischer Häftlinge möglichst zu verschleiern, wenn sich ihre Existenz schon nicht verheimlichen ließ.

479 Vgl. Gries/Voigt, Bochum 1998

480 Honecker im Interview mit Robert Maxwell, Ost-Berlin 1981

Genaue Angaben über die Zahl politischer Gefangener in den Haftanstalten der DDR lassen das Ausmaß der politischen Repression erahnen. Seit Mitte der sechziger Jahre waren sie ein zunehmend wichtiger Posten im Haushalt der DDR. Man tauschte sie gegen Waren aus der Bundesrepublik. Später wurden sie gegen Milliarden an Devisen verkauft. Auf der Basis der seit 1990 zugänglichen zentralen Häftlingskartei der DDR kommt Brigitte Oleschinski, ähnlich wie Fricke, zu dem Ergebnis, im SED-Staat seien über die gesamte Dauer seines Bestehens bis zu 200.000 Personen aus politischen Gründen inhaftiert worden. Das bedeutet, dass im jährlichen Durchschnitt etwa 5000 Personen nach politischen Strafrechtsparagraphen verurteilt worden sind.

3. Wie aus Menschen Staatsverbrecher werden

Im ersten Morgengrauen, gegen fünf Uhr, klingelt es an der Haustür Sturm. Verschlafen blicke ich aus dem Fenster im ersten Stock. Vor dem Haus parken drei dunkle Limousinen. Das Klingeln hört nicht auf. Stasi. Mehrere Männer in Zivil stürzen in die Wohnung. Ohne sich auszuweisen fragen sie nach meinem Namen. Sie fordern mich auf, mich sofort anzuziehen und zur Klärung eines Sachverhalts mit zu kommen. Ich habe keine andere Wahl als zu tun, was von mir verlangt wird. Mir werden Handschellen angelegt. Ich werde aus der Wohnung gezerrt. An jedem Arm hält mich eine Stasifresse fest. Man stößt mich auf die Rückbank eines Autos. Rechts und links sitzen meine Häscher. Die Kolonne setzt sich in Bewegung. Keiner sagt etwas. Die Fahrt geht Richtung Innenstadt und endet vor dem Metalltor eines mir unbekannten Gebäudekomplexes. Das Tor öffnet sich, der Wagen fährt durch, das Tor schließt. Man zerrt mich aus dem Wagen. Vor einer Tür stehen Uniformierte. An den Handschellen werde ich ins Gebäude, in einen Büro ähnlichen Raum, gezogen. Die Fenster sind vergittert. Ich bin im Gefängnis der Stasi. Tage später sitze ich dem Haftstaatsanwalt gegenüber. Der erklärt, dass man mir Staatsverbrechen vorwirft und ich deswegen verhaftet wurde. Ich müsse den Haftbefehl unterschreiben. Danach werde ich in eine Zelle zurückgeführt. Ich bin allein.

So oder so ähnlich erging es täglich vielen Menschen, die nichts weiter getan hatten, als ihre in der Verfassung verbürgten Rechte wahrzunehmen. Innerhalb weniger Stunden wurde aus einem unbescholtenen Bürger ein Staatsverbrecher. MfS-Chef Mielke gab die Handlungsanweisung: *„Politisch Andersdenkende müssen wir kriminalisieren."*[481]

Die Häftlinge wurden in Untersuchungshaftanstalten des MfS mit eigenem Regime untergebracht, das sich jeder Kontrolle von außen entzog. Damit war deutlich, dass in der Konsequenz doch zwischen politischen und kriminellen Handlungen unterschieden wurde. Auf die Verhältnisse in der Bundesrepublik übertragen hieße das: Mitglieder der außerparlamentarischen Opposition, Teilnehmer an Demonstrationen, kritische Journalisten und Publizisten, Theatermacher, Kabarettisten und andere werden in Haftanstalten des BND verbracht, isoliert, gefoltert, schwerst

481 E. Mielke, Anleitung zur Bearbeitung Operativer Vorgänge, MfS-Studie, Ost-Berlin, 1/76

kriminalisiert und durch verdeckte politische Sondergesetze verurteilt. Das verdeutlicht, dass das Ministerium für Staatssicherheit eben nicht mit dem Bundesnachrichtendienst oder anderen Geheimdiensten verglichen werden kann, wie dies von ehemaligen Stasi-Offizieren gerne zur Rechtfertigung ihrer Tätigkeit behauptet wird. Abgesehen davon, dass der BND weder in judikative noch exekutive Entscheidungen einbezogen ist. Die Geheimpolizei der DDR mit westlichen Nachrichtendiensten wie dem BND gleich zu setzen verschweigt, dass der BND über keine eigenen Haftanstalten und andere Repressionsinstrumente verfügte, wie das MfS. Insbesondere aber, dass er nicht in einem rechtsfreien, unkontrollierten Raum agiert.

Ein rechtsstaatliches Ermittlungsverfahren gegen politische Delinquenten gab es umso weniger, als sich die Machtelite durch deren Handlungen direkt betroffen und in ihrem Machtanspruch gefährdet sah. Politische Häftlinge waren für das System Staatsverbrecher. Man behandelte sie entsprechend rücksichtslos, grausam und menschenverachtend. Der Tod wurde jederzeit als willkommene Erledigung des Problems gesehen. Nicht selten führten Folter und Misshandlungen ihn vorsätzlich herbei. Dann blieben die Täter unbestraft.

Für besonders schwere „Verbrechen", also Angriffe auf den Machtanspruch der SED, sah das Strafgesetzbuch die Todesstrafe vor. Die Tatsache, dass in den Zuchthäusern viele Mörder inhaftiert waren, lässt vermuten, dass sie bei nicht politischen Schwerverbrechen nicht oder nur selten angewandt wurde. An politischen Gefangenen dagegen sind viele Todesurteile vollstreckt worden.[482]

Erbarmungslos gingen die Kommunisten auch mit Abweichlern, Dissidenten, Renegaten oder Revisionisten um, man denke nur an den während der Entspannungspolitik 1981 hingerichteten Stasi-Offizier Werner Teske, der in den Westen überlaufen wollte, aber schließlich Abstand davon nahm und trotzdem das Todesurteil erhielt. Die Richter überredeten Teske, ein umfassendes Geständnis abzulegen. Ausführlich legte Teske seine verworfenen Fluchtpläne offen. Dann bat er: *„Ich bitte den hohen Senat bei seiner Urteilsfindung, mir die Chance einzuräumen, eben noch einmal die Möglichkeit zu geben, ein Leben mir einzurichten, in dem ich voll den gesellschaftlichen und gesetzlichen Normen der DDR entspreche."* In der MfS-Haftanstalt Leipzig wurde er mit nacktem Oberkörper, die Arme dabei mit einer Art Lederriemen über der Brust gefesselt, in den Hinrichtungsraum gebracht und hinterrücks mit einem Schuss in den Kopf getötet. Der anwesende MfS-Arzt vermerkte: „Tod durch Herzversagen" auf dem Totenschein. Die Leiche wurde anonym auf dem Leipziger Südfriedhof verscharrt. Die Angehörigen erfuhren davon nichts. Bei allen Hinrichtungen war dieses Prozedere die Regel. Eventuelle letzte Briefe erreichten die Angehörigen, falls welche aufzufinden waren, erst nach dem Zusammenbruch der Diktatur. Erst mit dem 4. Strafrechtsänderungsgesetz vom 18. Dezember 1987 wurde die Todesstrafe abgeschafft. Verdeckte Todesstrafen gab es hingegen bis 1989, denn auf Flüchtlinge an der innerdeutschen Grenze wurden

482 Bis 1967 wurde enthauptet, seitdem wurden 164 Delinquenten durch Genickschuss – einem „unerwarteten Nahschuss" in den Hinterkopf wie es offiziell hieß – in der zentralen Hinrichtungsstätte des Leipziger MfS-Hauptquartier „Alfred-Kästner Straße" getötet. Die Namen der Toten wurden durch die Worte „Anatomie" oder „Abfall" ersetzt.

weiter gezielte Todesschüsse abgegeben. Das waren Hinrichtungen ohne Anklagen. Hier sei an das letzte Opfer von 1989, den Berliner Flüchtling Chris Gueffroy erinnert.

Das MfS unterwarf die politischen Häftlinge vielfältigen Repressionen. Sie litten unter Übergriffen, Unterdrückung und Isolation. Sie hatten keinerlei Rechte, schon gar nicht auf einen Anwalt während der Ermittlungen in der Untersuchungshaft. Meist erst unmittelbar vor Prozessbeginn ließ das MfS einen Anwaltsbesuch zu, wohl nur deshalb, um den Schein eines Rechtsverfahrens zu wahren. Damit waren der Willkür Tür und Tor geöffnet, und alle Register der Einflussnahme auf die Geständnisbereitschaft des Gefangenen konnten gezogen werden, physische wie psychische. Um es offen zu benennen: Es wurde brutal geprügelt, Folter in Form von Wasser- oder Eiszellen ausgeübt.[483] Psychopharmaka wurden offen oder heimlich im Essen verabreicht, sensorische Deprivation wechselte mit Zellenspitzeln, medizinische Behandlung wurde verweigert und vieles mehr. Hans-Eberhard Zahn schreibt 2007: *„SS- und MfS-Schergen waren aus demselben Holz geschnitzt.“*[484] Einige authentische Beispiele mögen dies verdeutlichen:

Die Untersuchungsgefangene Waltraud Krüger zum MfS-Vernehmer: *„Ich bleibe bei meinen Ausreiseanträgen.“* MfS-Arzt: *„Wir müssen Ihnen Medikamente geben, weil wir vermuten, dass eine Fehlsteuerung des Gehirns vorliegt. […] Später erfuhr ich zufällig, dass es Luminal war.“*[485]

Waltraut Krüger ging in den Hungerstreik. Mit brutaler Gewalt wurde sie von einem „Pfleger“ und einem Wachtposten festgehalten, ehe ihr ein Arzt in beide Oberschenkel eine Nadel stach, durch die eine Infusionslösung lief. Mit den ersten Tropfen der Lösung durchzuckte mich ein furchtbarer Schmerz. Ich glaubte, mir würden die Beine abgerissen. Der Arzt griente: *„Wenn Sie etwas trinken und unterschreiben, dass sie in der DDR bleiben wollen, breche ich die Infusion ab.“ Trotz der unerträglichen Schmerzen lehnte ich die Unterschrift ab.“*[486]

Ein MfS-Vernehmer im Rang eines Majors bemerkte zum inhaftierten Journalisten Xing-Hu Kuo: *„Bevor Sie kein Geständnis ablegen, gibt es bei uns keine medizinische Behandlung!“*[487]

„Ich schlage Ihnen so lange ins Genick bis Sie kotzen“, drohte ein anderer Stasi-Vernehmer dem Häftling Erhard Göhl, weil er ein Geständnis durch Androhung körperlicher Gewalt und mit einer vorgehaltenen Pistole erzwingen wollte.[488]

---

483 Vgl. W. Welsch, Ich war Staatsfeind Nr.1, München 2006, S.100

484 E. Zahn, zit. aus: H. Knabe: Gefangen in Hohenschönhausen. Stasi-Häftlinge berichten, Berlin 2007, S. 203

485 W. Krüger, ebd., S. 306, Luminal: Medikament gegen Epilepsie, wird häufig im Zusammenhang mit den Euthanasieverbrechen während der NS-Zeit genannt. Durch Verabreichung einer Überdosis Luminal wurden Kranke damals aktiv getötet. Über die zwangsweise Verabreichung von Luminal und anderen Medikamenten durch Mitarbeiter der Staatssicherheit mit dem Ziel der Ruhigstellung bzw. Gefügigmachung von Häftlingen ist bisher wenig bekannt. Der MfS-Arzt Horst Böttger stand 2000 deswegen vor dem Landgericht Berlin. Weil die absichtliche Fehlbehandlung nicht nachweisbar war, wurde Böttger freigesprochen.

486 Ebd., S. 307f, BERLINER ZEITUNG vom 23.9.2000

487 *„Wer nicht ‚gesteht‘ darf nicht medizinisch behandelt werden“*, aus: Ein Chinese in Bautzen II, Berlin 1990

488 Aus: Feindzentrale HvD, 2. Aufl., Lippstadt 1994

„Wenn du noch nicht kapiert hast, wie es hier langgeht, dann werden wir dich endgültig fertig machen, Du Dreckschwein, ich werde dich kaputtmachen“, brüllte ein Vernehmer zum inhaftierten italienischen Häftling Zilli, bevor er losschlug.[489]

„Knüppeln Sie dieses Schwein nieder!“, schrie bei anderer Gelegenheit ein MfS-Offizier zum Wachtposten, der den Gefangenen Zilli schlagen sollte.

„Ich werde Ihnen mal zeigen, was ein Nazi-Genosse mit so einem Schwein macht“, kündigte ein Stasi-Leutnant dem Häftling Zilli an, bevor er ihn mit zusammengeklappten Handschellen halbtot schlug.[490]

Dem italienischen Staatsbürger Timo Zilli wurde darüber hinaus Kontakt zum italienischen Konsulat in Ost-Berlin verweigert. Aus Erlebnisberichten anderer politischer Häftlinge ließe sich die Reihe mit Zitaten fortführen. In einem gleichen sie sich alle: in der Beschreibung rücksichtsloser Brutalität.

Am 28. November 1974 wurde der zu fünf Jahren politischer Haft verurteilte, 36jährige Klaus Weng, von Offizieren und Wachmannschaften des Zuchthauses Bautzen I („Gelbes Elend“) derart geprügelt und misshandelt, dass er tags darauf seinen schweren Verletzungen erlag.[491]

Am 5. März 1975 wurde ein 26jähriger, namentlich unbekannter politischer Häftling, in Haus II, der MfS-Haftanstalt Bautzen II, erschlagen. Daran beteiligt waren MfS-Oberleutnant Brauner und ein Trupp von zwanzig Gefängniswärtern. Nach einer Auseinandersetzung fesselten sie den Häftling und erschlugen ihn mit Gummiknüppeln. Als Todesursache wurde „Herzinfarkt“ angegeben.[492]

Bei den Nazis lautete die medizinische Tarnbezeichnung für ihre Morde oft „kardiale Herzinsuffizienz“. In den Gefängnissen und Zuchthäusern des SED-Regimes lautete sie oft „Herzinfarkt“. Nur eine zufällige Gemeinsamkeit? Neben der physischen Folter gab es die „stille“ Methode der Folter: Leben in Isolationshaft. Die quälende Ungewissheit des Alleinseins, das Fehlen jeglicher sozialer Interaktion, das Abgeschnittensein von Zeit und Raum waren so grausam, dass sich ihre Spuren bei denen, die sie überlebten, unauslöschlich eingebrannt haben. Wer hier wieder rauskam, hatte schwerste gesundheitliche Schäden für sein Leben davongetragen.

Die sinkende Zahl der Ermittlungsverfahren wegen „Staatsverbrechen“ in den achtziger Jahren kennzeichnet nicht den Rückgang politischer Delikte, sondern einen Wandel in der Repressionspraxis des Regimes. Manche bisherige politische Anklage, beispielsweise staatsgefährdende Hetze, wurde in andere, unauffälligere Bereiche des Strafrechts übernommen. Danach wurde vermehrt wegen „Rowdytum“ und „Störung der öffentlichen Ordnung“ verurteilt. Dem trug die exorbitante Aufblähung des Staatssicherheitsapparates Rechnung, der während der Amtszeit Honeckers jene monströsen Ausmaße annahm, die während der letzten Jahrzehnte der DDR charakteristisch waren. Das MfS wurde sichtbar aufgewertet, indem erst Honecker den Minister für Staatssicherheit, Mielke, zum Mitglied des Politbüros

489 T. Zilli, Folterzelle 36 Berlin-Pankow, Berlin 1993, S. 117f

490 Ders., Alle S. 72-83

491 Zentrale Erfassungsstelle der Bundesländer für Gewalt- und Willkürakte in der DDR, Salzgitter, DIE WELT vom 22.10.1975, ASD Berlin

492 Ebd.

machte und ihn damit in das Machtzentrum der DDR aufrücken ließ. Zum anderen ist die Tätigkeit des MfS in den siebziger und achtziger Jahren dadurch gekennzeichnet, dass die Geheimpolizei nach außen hin in stärkerem Maße den Anschein rechtsstaatlichen Handelns zu erwecken suchte.

4. Kampfmaßnahmen gegen den Widerstand

Von 1949 bis 1989 gab es nicht nur mehr als 200.000 politische Urteile und an die 10.000 Hinrichtungen, sondern auch Ermordung nach Verschleppung aus dem „Operationsgebiet Bundesrepublik". Karl-Wilhelm Fricke schätzt die Zahl der vom SED-Sicherheitsdienst aus dem Bundesgebiet in die DDR Entführten auf 120 Überläufer aus dem MfS, und 700 andere Staatsfeinde. Von den Überläufern dürften etwa ein Dutzend hingerichtet worden sein. Zu den Staatsfeinden, die ihre Verschleppung nicht überlebt haben, gibt es noch keine Zahlen. Die, die überlebt haben, können bezeugen was geschah: Direkte Liquidierung im Operationsgebiet und in der DDR durch Erschießen, Erdrosseln, Ertränken, Vortäuschung eines Unfalls, eines Suizids oder eines „normalen" Verbrechens, Töten in Haftanstalten durch Totschlagen oder durch Verweigerung medizinischer Behandlung, Ermordung in Krankenhäusern. In der DDR wurden nicht nur früh geborene Kinder in Kliniken passiv und aktiv getötet, sondern auch Staatsfeinde in Krankenhäusern umgebracht, bei Operationen oder mittels anderer Methoden. Ferner gab es Tötung im Verlauf des Arbeitsprozesses, durch Zwangsarbeit, Strahlenexposition, Gesundheitsschädigende Tätigkeit, Arbeits-Unfälle wegen fehlender Sicherheit, Beauftragung westlicher Terroristen oder IM mit Mord, Attentaten, Sabotage- und Terrorakten sowie Verschleppungen.[493]

Wie vorbeschrieben, hielt Erich Mielke die Morde an Gegnern und Staatfeinden für legitim und nützlich. Und das schon seit 1931. Darin hatte er Erfahrung. Am 9. August 1931 erschoss er im Auftrag der KPD die Polizeioffiziere Paul Anlauf und Franz Lenk am Berliner Bülowplatz.[494] Seine asozialen und amoralen Überzeugungen und Absichten hatte er unbeschadet aus der NS- in die SED-Zeit hinüber gerettet. Mielke wollte abschrecken, weshalb auch die Verschleppungen und Tötungen von Verrätern im MfS stets bekannt gegeben und *„zum Gegenstand einer eingehenden Belehrung"* gemacht wurden.[495] Schon 1954/55 hatte der damalige MfS-Chef Ernst Wollweber deutlich gemacht: *„Es gibt nichts Schlechteres als Verrat an der Sache der Partei, der Arbeiterklasse und des Sozialismus."*[496] Die Macht der Arbeiterklasse ist so groß und reicht so weit, dass jeder Verräter zurückgeholt wird oder ihn in seinem vermeintlich sicheren Versteck die gerechte Strafe ereilt. *„Wie beschlossen und festgelegt, so wurden sie aus Westberlin zurückgeholt, festgenommen,*

493 Vgl. D. Voigt, Mord. Eine Arbeitsmethode des MfS, in: Politische Studien H. 349, München 1996
494 H. Schwan, Der Mann, der die Stasi war, München 1997, S. 55
495 Befehl Nr. 78/54 des Staatssekretärs für Staatssicherheit, Ernst Wollweber, vom 5.3.1954; zit. bei Fricke, 1994, S. 260
496 Ebd.

zum Tode verurteilt und hingerichtet."[497] Jürgen Strahl, einst Stasi-Hauptmann und heute rechtspflegender Anwalt, rechtfertigte noch 2007 vor rund 250 Teilnehmern einer Konferenz in Dänemark ebenfalls solche Hinrichtungen: *„Seit Stauffenberg wissen wir: Verräter erschießen sich selbst oder werden erschossen... Haben Sie den Stauffenberg-Film nicht gesehen? Wer Verräter ist, erschießt sich selbst oder wird erschossen."*

Die Verbrechen, unter anderem Mord, Verschleppung, Folter, erstreckten sich indes nicht nur auf die „Verräter" der SED-Geheimpolizei. Verräter an der „Sache der Arbeiterklasse und ihrer Partei" wurden vom Politbüro und vom MfS je nach der politischen Lage definiert. Zu einem Verräter, einem gefährlichen Klassenfeind, einem kriminellen Menschenhändler, einem subversiven Element, einem Spion oder zu einem gegen die DDR gerichteten Terroristen, konnten MfS und Politbüro praktisch jeden ihrer Gegner stempeln. Die in den Einsatzgrundsätzen des MfS für Zeiten der friedlichen Koexistenz befohlene „Liquidierung oder Beibringung von Verrätern" und die „Liquidierung oder Ausschaltung führender Personen von Terrororganisationen, deren Tätigkeit gegen die staatliche Sicherheit der DDR gerichtet ist", galt für alle Personen, die von der Geheimpolizei verschleppt oder umgebracht wurden. Zwei Beispiele von vielen verdeutlichen das: Der Journalist Karl-Wilhelm Fricke wurde 1955 vom MfS aus Westberlin verschleppt, weil er von Kontaktpersonen in der DDR Informationen über die Machthaber erhielt und für seine journalistische Arbeit verwertete. Man betäubte ihn, entführte ihn nach Ostberlin und verurteile ihn in einem Geheimprozess wegen Kriegs- und Boykotthetze zu vier Jahren Zuchthaus. Sein Leben und seine später wiedererlangte Freiheit verdankt Fricke Nützlichkeitserwägungen der SED-Führer. Der Westberliner Rechtsanwalt Walter Linse dokumentierte Menschenrechtsverletzungen in der DDR. Im Juli 1952 entführte man ihn. Vom MfS angeworbene Berufsverbrecher sprachen ihn auf der Straße an, schlugen auf ihn ein, schossen ihn an, zerrten ihn in ein Auto und entführten ihn nach Ostberlin. Ein halbes Jahr saß er im Stasi-Gefängnis Hohenschönhausen, bevor er dem sowjetischen Geheimdienst MGB, dem späteren KGB, übergeben wurde. Im September 1953 verurteilte ihn in Moskau ein sowjetisches Militärgericht wegen Spionage, antisowjetischer Propaganda und Bildung einer antisowjetischen Organisation zum Tode. Verschleppungen dieser Art aus Westberlin waren zur damaligen Zeit eine nicht ungewöhnliche Methode der Stasi.

Durch einen Agenten der Stasi lockte man mich nach Israel, wo mir eine zehnfach tödliche Dosis Thallium in ein Essen gemischt wurde. Den möglichen Tod meiner Familie oder zufällig am Tatort anwesender Touristen nahm man in Kauf. Weil es dem MfS nicht gelungen war, mich aus der Bundesrepublik zu entführen, wählte man diesen Weg, um mich ohne Gerichtsurteil zu töten. Mit Thallium liquidierte schon der KGB seine Gegner, weiß Hermann Bubke.[498]

Mit Thallium vergiftete mich das MfS aus Gründen, die jeder gewöhnliche Verbrecher beachtet: Um Spuren zu verwischen. Die tödliche Wirkung von Thallium

---

497 Ebd.

498 In: STERN Nr. 49 und 50/1993, Müller, 1995, Lambrecht/Müller/Sandmeyer, 1993, Welsch, 2006, Skorpion, 2004, H. Bubke: Der Einsatz des Stasi- und KGB-Spions Otto Freitag..., S. 114, Hamburg 2004

entfaltet sich erst nach einer Inkubationszeit von drei bis sechs Tagen. Eine Rückverfolgung auf Täter wird nahezu unmöglich. Die Handlungsanweisung zum Mord findet man bei MfS-Oberstleutnant Gerd Held et al: *„Das MfS leistete gegen den staatsfeindlichen Menschenhandel eine bedeutsame Arbeit. Die operative Bearbeitung und Liquidierung einer Vielzahl feindlicher Stellen und Kräfte führte zu Erkenntnissen über die Strategie des Feindes. In der Durchführungsanweisung wurden Schwerpunkte für die politisch-operative Sicherung der Staatsgrenze vorgegeben, die in ihrem Kern beinhalten, feindliche Erscheinungen zu bekämpfen und zu liquidieren.“*[499] Der „Kampf um eine erfolgreiche Zersetzung und Liquidierung der kriminellen Menschenhändlerbanden“, darunter namentlich ich, *„verlangte vom MfS besondere Anstrengungen.“*[500] Die MfS-Generalmajore Hummitzsch und Fiedler, letzterer Chef der Mordaktion „Skorpion“, schreiben: *„Ein wichtiges Anliegen besteht darin, jene Bürger, die die DDR ungesetzlich verlassen haben, in Widersprüche zu Staat und Gesellschaft der BRD und Westberlin, besonders zur Bevölkerung, zu bringen, sie zu diskreditieren, um ihre Eingliederung in diese Gesellschaft zu erschweren sowie andere operative Handlungen unter bzw. mit solchen Personen durchzuführen.“* Ferner heißt es: *„Die Bekämpfung der kriminellen Menschenhändlerbanden ist darauf auszurichten, ihre Wirkungsmöglichkeiten systematisch einzuengen und zu verschließen, sie zu verunsichern, zu desinformieren und zu zersetzen, sie in Widersprüche untereinander, zu ihren Auftraggebern und ihrer Umwelt zu bringen, ihnen damit die Fortsetzung ihrer verbrecherischen Tätigkeit zunehmend zu erschweren und letztendlich ihre Liquidierung zu erreichen.“*[501]

Auch der Rektor der MfS-Hochschule, Opitz, forderte die Liquidierung des Feindes: *„Von besonderer politisch-operativer Bedeutung sind solche von den IM beschafften Informationen, Beweise und authentische Dokumente zur Zersetzung und Liquidierung der kriminellen Menschenhändlerbanden und zur Unterstützung der offensiven Politik unserer Partei- und Staatsführung. Es wurde eine eindeutige Orientierung darauf gegeben, dass die offensive und Tatbestandsbezogene Bearbeitung der erkannten Feindtätigkeit die Liquidierung des Feindes, eine politische Aufgabe ersten Ranges für alle operativen Diensteinheiten und Linien, für alle Leiter und operativen Mitarbeiter ist.“*[502]

Die Beschlüsse des Politbüros, die Strafgesetze der DDR, die geheimen Befehle, Richtlinien und Einsatzgrundsätze manifestierten den gezüchteten Hass auf Andersdenkende. Die Umsetzung in die Endstufe des kriminellen Handelns, die praktische Ausführung der Verbrechen, war zwangsläufig die Konsequenz, zugleich ideologische Konsequenz. Damit rechtfertigte die SED auch einen „letzten, gerechten Krieg“, *„der“*, wie der vormalige Kriegsminister Hoffmann formulierte: *„auch ein Atomkrieg sein kann, wenn damit die Durchsetzung der einzig gerechten, sozialistischen Sache gewährleistet wird.“*[503]

499 G. Held, Ost-Berlin 1987, S. 63f
500 Ders., S. 164
501 Ders., S. 168
502 Ders., S. 63, 219 f
503 Vgl. ‚Volksarmee‘, Ost-Berlin 1981

Die Juristische Hochschule (JHS) in Potsdam/Eiche, Kaderschmiede des MfS, hatte den eigenen Lehrstuhl „Politisch-ideologische Diversionstätigkeit“ (PID) eingerichtet. Die Bekämpfung der PID gehörte zum obligatorischen Lehrstoff an der Juristischen Hochschule und wurde auch in Dissertationen thematisiert. Dabei war die politisch-ideologische Diversion eine Schimäre, weil der Westen sich auf deren Darstellung und Kommentierung beschränkte, nicht aber politisch-ideologische Diversion betrieb. 485 führende Geheimdienstler promovierten mit 174 Doktorarbeiten bis 1989 an der, Erich Mielke unterstellten JHS.[504] Deren Dissertationen waren in verschiedenen Abstufungen streng geheim. Bei einigen Arbeiten durften die Autoren, wie Hummitzsch, Falz und andere, nicht einmal auf dem Titel erscheinen. Bei anderen Dissertationen wurde das Thema nachträglich in ein harmlos klingendes umgeändert. Die so erworbenen juristischen akademischen Grade dürfen heute noch getragen werden. Sie fördern die berufliche Karriere, beispielsweise als Rechtsanwalt, und leisten den ehemaligen MfS-Führern gute Dienste beim Kampf gegen ihre Opfer.[505] Unrecht im Kommunismus ist nicht Entgleisung, das Produkt einzelner gut meinender kaum zurechnungsfähiger Machthaber. Unrecht im SED-Staat war System, perfekt, selbstregulierend, flächendeckend und menschenverachtend zur Aufrechterhaltung des Machtmonopols der marxistischen Partei. Dazu war ihnen jeder Terror recht und billig. Schon Lenin, die unangefochtene Autorität auf diesem Gebiet, verkündete: Das Wesen des Terrorismus besteht darin, Terror auszuüben. Seit 1945 sind dem Staatsterrorismus Millionen Menschen zum Opfer gefallen, mit Sicherheit mehr als bei allen Anschlägen von Terroristen zusammen. Der Krieg des Terrors kennt kein Ende. Er ersetzt die Demonstration der Stärke durch die Demonstration des Hasses.

5. Das Inquisitionsprinzip in MfS-Gefängnissen

Jede Bezirksstadt der DDR verfügte über ein geheimes MfS-Untersuchungsgefängnis. Die Transportfahrzeuge für Gefangene waren oft mit irreführenden Tarnbezeichnungen beschriftet, wie „Fisch auf jeden Tisch“, oder „Konsumbrot – immer frisch“. Damit sollte das MfS-Gefängnis getarnt, und die umliegende Bevölkerung über den tatsächlichen Zweck der Gebäude durch Vorspiegelung einer Großbäckerei oder einer Fischfabrik getäuscht werden. Auch ein verhafteter und in eines dieser geheimen Gefängnisse eingelieferter Delinquent wusste nicht, wo er sich befand. Wer hier ankam, hatte seine Unschuld bereits verloren. Anders als im Rechtsstaat, wo jeder unschuldig ist, bis seine Schuld bewiesen ist, galt im SED-Staat jeder als schuldig, der ins Gefängnis gebracht wurde. Allein das Geständnis fehlte noch. Dafür sorgte die Inquisition der MfS-Vernehmer. „Inquisition“ bedeutet „Nachforschung von Amts wegen“. Da bei Glaubens- und Ideologie-Angelegenheiten die Beweismittel nicht ausreichend sind, müssen Geständnisse durch Folter erzwungen werden. Das Geständnis galt auch dem MfS als Beweis für die von vornherein angenom-

---

504 Davon 98 B-Promotionen zum Dr. sc. jur., Förster, 1994, S. 40 f.
505 Gries/Meck 1993, Meck/Gries/Voigt, Bochum 1996

mene Schuld und ergänzte die vorliegenden Indizien. Grundlage für die Inquisition, die planmäßige Verfolgung von Ketzern seit dem 12./13. Jahrhundert, war die allgemeine Überzeugung, es gebe nur eine, vormals kirchliche, Wahrheit, und jede Abweichung von ihr, jeder Widerspruch gegen sie könne kein gleiches Recht haben, sondern nur Unrecht sein. In diesem Fall sollte daher solche „geisteskranke Unbotmäßigkeit" der Resistenz ausgerottet werden. Einmal in den Zellen des MfS verschwunden, waren Gefangene nicht nur recht- sondern auch wehrlos gegen jede Form von Einflussnahme, Repression und Inquisition durch die Geheimpolizei. Hans-Eberhard Zahn berichtet: *„Die politischen Gefangenen waren im SED-Staat vielfältigen Repressionen unterworfen."*[506] In den MfS-Gefängnissen sollte dem Untersuchungshäftling während seines gesamten Aufenthaltes eine ständige Allmacht und Allwissenheit seitens des MfS suggeriert werden. *„Die Haftbedingungen sind verletzend und demütigend. Ich kann mich nicht wehren. Ich muss einen inneren Widerstand aufbauen. Der Druck ist allgegenwärtig. Die Zelle ist mit Druck gefüllt, der Flur, das Vernehmerzimmer – jeder Platz, an dem ich mich aufhalte, überall, ständig. Gegen diesen Druck muss ich einen Gegendruck aufbauen, sonst werde ich erdrückt. Das Aufrechterhalten des Gegendrucks über Wochen, Monate, Jahre kostet ungeheure Kraft, raubt viel Lebensenergie, ohne dass diese erneuert werden kann"*, schreibt Amanda Bohlken 37 Jahre nach dem Beginn ihrer politischen Haft.[507]

Schon in der normalen Untersuchungshaft war der Gefangene Repressionen unterworfen. Unangemessene Strafandrohungen, totale Isolierung und fehlende Reizeinflüsse sollten den Häftling ängstigen und gefügig machen. Sie ergaben summarisch eine psychische Dauerbelastung, die nicht nur zu Depressionen führte. Physische Schäden, wie Magen-, Darm- und Lebererkrankungen waren die Folge. Unzureichende medizinische Behandlung wurde von der Geständniswilligkeit und Aussagebereitschaft abhängig gemacht. Auch sogenannte „Freihofzellen", eine perfide MfS-Erfindung, diente dazu den Widerstandswillen zu brechen. Mit ihren vier mal drei Metern waren sie so klein, dass körperliche Bewegung, die im Übrigen verboten war, kaum möglich gewesen wäre. Schlechte Lichtverhältnisse in den Zellen führten zu Lichtempfindlichkeit, Sehschwäche, tränenden Augen, Bindehautentzündungen und Depressionen. Die Aufhebung der Isolationshaft wurde von der Geständnis- und Aussagebereitschaft abhängig gemacht und der psychische Druck so verstärkt. Natürliche emotionale Bindungen zu Ehepartnern, Eltern und Kinder wurden gezielt missbraucht. Es gab falsche Hinweise auf deren schlechten Gesundheitszustand, oder man behauptete, der inhaftierte Partner hätte gestanden. Besonders perfide war die Mitteilung über eine vermeintliche Scheidungsabsicht des Ehepartners oder die angedrohte Inhaftierung anderer Familienangehöriger bei Aussageverweigerung. Außenkontakte zu Angehörigen und Rechtsanwälten wurden verweigert. Verhöre fanden auch in den Nachtstunden statt. Der Häftling wird

506 Vgl. H.-E. Zahn, Haftbedingungen und Geständnisproduktion in den UHA des MfS, in: Schriftenreihe des Landesbeauftragten Berlin für die Unterlagen des Staatssicherheitsdienstes der ehemaligen DDR, Bd. 5, Berlin 1997

507 A. Bohlken, Die dritte Dimension der Tränen. DDR-Flucht – Haft und Trauma – Heilungswege, Leipzig 2007, S. 132

mit erfundenen Aussagen konfrontiert. Protokolle wurden falsch aufgesetzt, der Häftling zur Unterschrift gezwungen. Die Ernährung war einseitig und minderwertig, zumeist aus überlagerten NVA-Militärbeständen. Die Anstaltsbekleidung war teils entwürdigend, teils mit Mängeln und als Kälteschutz im Winter untauglich. Heizung und Luftzufuhr in den Zellen waren völlig unzureichend. Die Fenster waren mit Glasbausteinen und Stahlblenden versehen. Bei besonders widerständigen Häftlingen kamen die Folterzellen im Keller zum Einsatz. Todesfälle wurden billigend in Kauf genommen.[508] Amanda Bohlken stellt fest: *„Einzelhaft, Schlafentzug in Verbindung mit Nachtverhören, gezielte Desinformation, Verunsicherung und Zermürbung. Genau so war es."*[509] Es gab nicht wenige politische Häftlinge, die trotz des Schocks der MfS-Untersuchungshaft, einen gefestigten Willen, Motivation zu Fragen und Gegenfragen hatten, und daraus resultierend ihre Meinung und ihr politisches Credo auch unter diesen Umständen definierten und verteidigten, die zum verbalen Gegenangriff übergingen und ihre Rechte einforderten. Derartiger Renitenz und offener Staatsfeindlichkeit, diesem Mangel an Unterordnung und unterentwickeltem Untertanenbewusstsein, setzte das MfS bewährte Mittel entgegen, die den Willen, die Würde und die Persönlichkeit des Gefangenen brechen sollten, die Folter.

Der politische Häftling Josef Kneifel, der seine Überzeugungen im Gefängnis standhaft verteidigte, erlebte sie:*„Ich werde am 2. Januar ,87 in einem kalten Keller auf einem aus Stahl geschweißten Rost, flach in einer höllisch verqueren Lage auf dem Rücken liegend, Hände über dem Kopf, mit einer halbstarren DDR-Handfessel festgeklemmt, Füße natürlich auch. Drei Tage und vier Nächte. Zwischen Haut und Stahl kein Faden mehr. Die teuflische Fesselung ohne Möglichkeit der Lageveränderung bewirkt Herz-Kreislauf-Beschwerden. Ich weiß wie das ist, wenn einem gesunden Menschen bei vollem Bewusstsein, in einem tagewährenden grauenhaften Prozess das Herz abgewürgt wird, wenn man bis an die Grenze des Todes gefoltert wird."*[510] Die Zufügung von Schmerzen zur Erzwingung eines Geständnisses ist eine klassische Art der Folter. Bereits die Androhung eines Übels oder Schmerzen ist Folter. Das wird im Völkerrecht nicht mehr bestritten. Misshandlung wird zum Selbstzweck, Folter zum staatlichen Terror. Der Arzt Siegfried Böhm berichtet 2006: *„In einer Kellerzelle musste ich einen ganzen, damals ungewöhnlich schweren Winter ausharren und an der Außenwand der Zelle „schlafen"– mein Nachtzeug fror an der Wand an! Folge: Lebenslanger Gesundheitsschaden."*[511]

Wichtig für den Umgang mit Häftlingen war vor allem das Feindbild der Mitarbeiter. So verlangt eine Dienstanweisung Anfang der fünfziger Jahre: *„Erfüllt mit einem hohen Klassenbewusstsein sind die Mitarbeiter in den Haftanstalten des Staatssekretariats für Staatssicherheit verpflichtet, in den Häftlingen Verbrecher und Feinde des Friedens und des Fortschritts zu sehen."*[512] Von der auch im DDR-Strafpro-

---

508 W. Welsch, 2006, Siegfried Pump, 8 Tage Eiszelle, MfS Frankfurt/O.

509 A. Bohlken, Die dritte Dimension der Tränen. DDR-Flucht – Haft und Trauma – Heilungswege, Leipzig 2007, S. 231

510 J. Kneifel in: Stalins DDR. Berichte politisch Verfolgter, Hrsg. R. Knechtel, Leipzig 1992, S. 111,112ff

511 Dr. Siegfried Böhm, in einem Gespräch mit dem Autor, 2006

512 Staatssekretariat für Staatssicherheit, Stellvertreter des Staatssekretärs: Dienstanweisung für den Dienst und die Ordnung in den Untersuchungshaftanstalten des SfS (GVS 2708/55) S. 3

zessrecht enthaltenen Präsumtion der Unschuld ließ sich das MfS nicht irritieren: *„Niemand darf als einer Straftat schuldig behandelt werden, bevor nicht in einem gesetzlich durchgeführten Verfahren von einem Gericht oder gesellschaftlichen Organ der Rechtspflege seine Schuld zweifelsfrei nachgewiesen und rechtskräftig festgestellt worden ist.“*[513]

Das Wachpersonal wurde vor den Häftlingen ausgiebig gewarnt, handele es sich doch bei ihnen um Terroristen, um Agenten des feindlichen Machtapparates.[514] Dabei wurde auch die letzte Zurückhaltung, der letzte noch gewahrte Schein einer korrekten Behandlung fallen gelassen. Die Berliner Hilfsorganisation „help“ schätzt, dass über hunderttausend Gefangene misshandelt wurden. Wie der Geheimpolizei der Sowjetunion gab man dem MfS repressive Befugnisse, allerdings ohne gesetzliche Grundlage. In der Praxis war das MfS strafprozessuales Untersuchungsorgan für politische Strafsachen. Es hatte polizeiliche Befugnisse und betrieb eigene Untersuchungshaftanstalten. Es war somit von Anfang an eine Geheimpolizei, Arm der Diktatur. Gefoltert wurde subtil, mit System, Akribie, Hass und grausamer Hemmungslosigkeit. Hauptziel der Folter war die Geständniserzwingung, die Demütigung und das Zerbrechen. Die Methoden variierten von Haftanstalt zu Haftanstalt, glichen sich aber in ihrer physischen Brutalität und deren Auswirkungen. In der Haft war alles möglich. Der Hass hat den Tod als Horizont im Auge.[515] Einige Beispiele aus der MfS-Untersuchungshaft mögen dies demonstrieren.

Die Einzelhaftbedingungen in allen Stasi-Gefängnissen dienten der Gehirnwäsche. Bei totaler Isolation setzt das Kurzzeitgedächtnis nach etwa sieben Tagen aus. Der Gefangene stumpft ab. Diese Methode wurde wegen der Manipulierbarkeit des Häftlings vom KGB übernommen.

Untersuchungshäftlinge wurden an Armen und Beinen gespreizt im so genannten „Kreuzhang“ mit Handschellen an Gittertüren so angeschlossen, dass die Füße ohne Bodenkontakt blieben. Diese Folter dauerte Stunden und wurde nach Belieben wiederholt. Schwächeanfälle, Kreislaufversagen bis hin zur Bewusstlosigkeit waren die Folge, außerdem schmerzhafte Haut- oder Fleischverletzungen an den Gelenken. Die Folter wurde durch gezielte Schläge mit dem Gummiknüppel in die Weichteile gesteigert. In den Kellern der MfS/UHA Berlin-Pankow („Grüne Hölle“) und dem MfS-Zentralgefängnis Berlin-Hohenschönhausen, wurden Eis- und Wasserzellen nachgewiesen. Nachts gab es Überfälle in den Zellen. Die Tür wurde geöffnet, dem aus dem Schlaf gerissenen Gefangenen wurde das Bettzeug über den Kopf gezogen und mehrere Stasileute schlugen mit Gummiknüppeln auf den Wehrlosen so lange ein, bis dieser reglos im Bett oder am Boden lag. Aus mehreren MfS-Haftanstalten, so Berlin-Pankow und Frankfurt/Oder, sind nächtliche Scheinhinrichtungen bekannt. Untersuchungshäftlinge wurden nachts aus den Zellen in den Hof oder anderen, nicht einsehbaren Orten innerhalb des Gefängnisses geführt. Der Häftling wurde an eine Wand gestellt, die Hände auf dem Rücken mit Handschellen

---

BstU, ZA, MfS SdM 1872, Bl. 281-320

513 Strafgesetzbuch der DDR/StGB vom 12.1.1968, GBl. I, S. 1, Art. 4

514 J. Beleites, Die Rolle des MfS im Bereich des Untersuchungshaft- und Strafvollzugs der DDR, Güstrow am 5.5.1998

515 A. Glucksman, Hass. Die Rückkehr einer elementaren Gewalt, München 2005

gefesselt und mit einer Decke, andernorts mit Augenbinden, orientierungsunfähig gemacht. Der Häftling hörte Kommandos, das Entsichern von Waffen. Er glaubte, erschossen zu werden.[516]

Beim zynisch genannten „Kurzschluss“ musste sich der Untersuchungshäftling zunächst entkleiden. Das Bettzeug wurde entfernt. Er wurde auf die Holzpritsche geworfen, der rechte Arm wurde auf dem Rücken an das rechte Bein, der linke Arm an das linke Bein mit Handschellen zusammengeschlossen, manchmal auch über Kreuz. In dieser äußerst schmerzhaften Position verblieb das Opfer mitunter mehrere Stunden. Sehr schmerzhafte Zerrungen waren die Folge. Bei Ordnungsverstößen hatte der Häftling mit Essen- und Wasserentzug zu rechnen.

Zwei Fälle aus der MfS-U-Haft Berlin-Pankow sind mir bekannt, wo an jungen, schwangeren Frauen Zwangsabtreibungen vorgenommen wurden.[517] Eine Berliner Studentin war im dritten Monat, eine andere im vollendeten vierten schwanger. Man mischte ein Betäubungsmittel in ihr Essen. Als sie in einem unbekannten Krankenhaus erwachte, teilte man beiden mit, dass sie ihr Kind durch eine plötzliche Fehlgeburt verloren hätten. Wenig später kamen sie in die Haftanstalt zurück. Das war, auch nach DDR-Recht, Mord. Eine Staatsanwältin (Jahnke) hatte in der UHA/ Berlin-Pankow einer Betroffenen erklärt, dass dies hinsichtlich der zu erwartenden Strafe rechtens und eine notwendige Präventivmaßnahme sei. Ich schließe nicht aus, dass diese, vom MfS sanktionierten, Verbrechen auch in anderen MfS-Haftanstalten verübt wurden. So berichtet Ellen Thiemann von einem Fall der Zwangsabtreibung: *„Ich wurde gefesselt man gab mir Narkose. Als ich erwachte, war alles vorbei.“*[518] Nicht selten wurden standhafte Häftlinge in die Psychiatrie verlegt, wo man ihnen Psychopharmaka wie Haloperidol als Mittel zur Willenlosigkeit verabreichte.[519] Die Methode der Einweisung in eine psychiatrische Klinik wurde vom KGB übernommen. Der betrieb die psychiatrische Zwangsbehandlung von Dissidenten exzessiv und mit geradezu mörderischer Logik: *„Antisowjetisches Verhalten kann nur ein ‚Verrückter‘ zeigen. Schließlich ist die Sowjetunion* (KPDSU) *im Besitz der einzigen und letzten Wahrheit.“*[520] Alle Einweisungen wurden vom Moskauer Serbskij-Institut vorgenommen. In allen Begründungen fehlen schizophrene oder andere pathologische Symptome. Die detaillierte Auflistung dieser Verbrechen sowohl des KGB, des MfS, aber auch der Geheimpolizeien von „Bruderländern“ ließe sich fortsetzen. Nahezu kein Mittel wurde von den Folterern des MfS verschmäht. Selbst die Schreie der Gefolterten stießen auf Gegenmaßnahmen. Auf den Innenhöfen verschiedener Haftanstalten befanden sich Dieselnotstromaggregate, die in solchen Fällen angeworfen wurden, um die Schreie der Misshandelten zu übertönen, damit sie nicht von der Außenwelt gehört werden konnten. Berichtet wird auch

516 W. Welsch, Ich war Staatsfeind Nr.1, München 2006, S. 143f

517 Ders.

518 E. Thiemann, Stell dich mit den Schergen gut, München 1990, S. 125

519 Politische Gefangene haben über deutlich längere Zeiträume Psychopharmaka bekommen als Häftlinge aus anderen Deliktgruppen (Hoheneck). T. Sterneberg, Intern. Bericht der VOPO, in: „Willige Helfer – DDR-Ärzte als Stasi-IM“, KLARTEXT, rbb online vom 1.10.2008, J. Staadt, SED-Forschungsverbund, *„Die ärztliche Schweigepflicht wurde gebrochen.“*

520 L. Pljuschtsch in: Die Welt v. 4.2.1976, Natalja Gorbanewskaja in: Die Welt v. 6.2.1976, Viktor Fainberg, Wladimir Bukowskij in: DIE WELT vom 29.8.1977

von Morddrohungen, Mordversuchen und vollendeten Morden. Dazu kam eine latent antisemitische Haltung der Folterer, die zu Recht Vergleiche mit den Nazis, der SS und der Gestapo zuließen. Jüdische Häftlinge bekamen vom MfS Beschimpfungen zu hören wie: *„Du Judenschwein machst so einen Zirkus, weil sie dich übrig gelassen haben, bei uns kriegst du Judenschwein den Rest."*[521] Im Vokabular des MfS war also die Shoah eine Maßnahme der Nationalsozialisten, der man mit Blick auf jüdische Staatsfeinde der DDR unverhohlen zustimmend gegenüberstand. Auch hier ist das Wort, die Metapher das Synonym für den Unwert, ohne Umweg aus dem „Wörterbuch des Unmenschen" entnommen. Die DDR war ein Staat, dessen Politik nach innen wie nach außen ein praktizierter Antisemitismus war. Offiziell war den Bürgern jeglicher Antisemitismus verboten, aber als Antizionismus umgetauft, war der Judenhass Staatsdoktrin.

6. Die Folter

Unter den beschriebenen Umständen zeigte die „humane" sozialistische Gesellschaftsordnung ihr wahres Gesicht. Anzahl und Art der Misshandlungen und Foltermethoden sind bislang unzureichend und erst in Einzelfällen erforscht. Die Anti-Folter-Konvention der UN definiert Folter als *„Handlung, durch die einer Person vorsätzlich große körperliche oder seelische Schmerzen oder Leiden zugefügt werden, zum Beispiel um von ihr oder einem Dritten eine Aussage oder ein Geständnis zu erlangen, um sie für eine tatsächlich oder mutmaßlich von ihr oder einem Dritten begangene Tat zu bestrafen, um sie oder einen Dritten einzuschüchtern oder zu nötigen oder aus einem anderen, auf irgendeine Art von Diskriminierung beruhenden Grund, wenn diese Schmerzen oder Leiden von einem Angehörigen des öffentlichen Dienstes oder einer anderen in amtlicher Eigenschaft handelnden Person, auf deren Veranlassung oder mit deren ausdrücklichem oder stillschweigendem Einverständnis verursacht werden."*[522] Im Mittelalter galt die Folter als rechtliches Beweisverfahren. Sie war Teil der Tortur in den Ketzer- und Hexenprozessen. In Preußen wurde die Folter 1754 aufgehoben, Frankreich und Russland folgten. Jedoch haben Interessengruppen in Bürgerkriegen, diktatorischen Regime bis in die Gegenwart die Folter angewandt, um Informationen zu erhalten, die Menschen in Angst und Schrecken zu versetzen, ganze Bevölkerungsgruppen von politischen Aktivitäten abzuhalten und Lebensgrundlagen zu zerstören. Allerdings wurden die Werkzeuge der Folter subtiler; nicht mehr allein der körperliche Schmerz stand im Mittelpunkt eines „hochnotpeinlichen Verhörs", vielmehr wurde der psychische Bereich immer mehr zum Ansatzpunkt einer Foltertechnik, deren Fortbestand auf dem kranken Boden von Diktaturen besonders zu wuchern scheint. Der in politische Haft ausgeübte Zwang, welcher den psychischen Zusammenbruch und damit die „Ich-Zerstörung" des politischen Gegners bezweckt, muss als Ursache von Persönlichkeits- und Verhaltensstörungen gelten. Die Ursächlichkeit von Haftfolgestörungen

521 T. Zilli, Folterzelle Ost-Berlin-Pankow, S. 107
522 Vereinte Nationen von 1984, Artikel I

liegt damit für den Personenkreis der politischen Häftlinge keinesfalls im Dunkeln! In der Sowjetunion seit 1917 und später in den Ländern des Ostblocks waren Terror und Folter ein integrierter und Konstituierender Bestandteil des repressiven Systems. In jedem Fall musste der mit Waffengewalt und geheim Entführte von Anfang an um sein Leben fürchten. Lang anhaltende nächtliche Verhöre, Schlafentzug, Dunkel- und Wasserzellen in Verbindung mit massiven verbalen Beleidigungen und Drohungen, ständig einhergehend mit körperlicher Gewalt, zuweilen mit Scheinhinrichtungen, trugen zur steten Vernichtung aller Selbstwertgefühle und der Persönlichkeit bei.[523]

Kein Zweifel kann daran bestehen, dass Folter die Menschenwürde schwer verletzt. Folter schürt das Verlangen nach Vergeltung. Deshalb ist der überwältigende Drang nach Vergeltung kennzeichnend für Menschen, die im Gefängnis misshandelt wurden. Der Aspekt der Demütigung, Kern jeder Folter, ist der Ausgangspunkt für den erbitterten Widerstand. Die äußeren Wunden durch Misshandlungen vernarben und bereiten keine Schmerzen mehr. Doch die inneren Schmerzen brennen sich tief ein und schmerzen lebenslang. Wer der Folter erlag, kann nicht mehr heimisch werden. Das Weltvertrauen wird nicht wiedergewonnen, schreibt Carl Améry, ehemaliger KZ-Insasse und Schriftsteller. Bereits die Androhung von Folter, wie auch die Angst vor der Folter foltert. Worte allein reichen nicht aus, um die Wirklichkeit von Folter-Haft zu beschreiben. Auch ich leide noch nach über vierzig Jahren unter den Gewaltmaßnahmen, denen ich fast sieben Jahre ausgesetzt war. Hier stellt sich die Frage, wie man einem an Freiheit gewöhnten Menschen die körperliche und seelische Tortur erklären kann. Das ist ebenso unmöglich, wie einem lebenslang Satten den Hunger erklären zu wollen. Ein anderer Überlebender des KZs, Heinz Brandt, später politischer Häftling des SED-Staates, bezeugt: *„Im Übrigen erscheint mir aus der Bautzener Zellenperspektive, so entsetzlich, so absurd es auch klingt, selbst Auschwitz noch in einem entscheidenden Punkt überlebenserträglicher als diese infame, verdammte strikte Isolierung hier. Bei nüchternem Vergleich lerne ich einen wesentlichen Umstand schätzen, der es mir erleichterte, selbst dem Tod von Auschwitz von der Schippe zu springen: die Gemeinschaft. In Bautzen kehrte die Todesnähe zurück."* Heinz Brandt erkennt: *„Allzu lange habe ich – teils durch unzureichende Informationen in den zehn Jahren der Nazi-Haft – das Wesen des Stalinismus verkannt, Kritik nur an Teilbereichen geübt. Es bedurfte eines bitteren Lernprozesses, um mich radikal von ihm zu lösen, mich vom kritischen Kommunisten zum Anti-Realkommunisten zu wandeln, der strikten Widerstand leistet."*[524] Andere Häftlinge, die das System immer abgelehnt hatten, waren von dessen grausamer Wirklichkeit überrascht. Allen gemeinsam war der Verlust jeglicher Illusion über die Ideologie des Marxismus-Leninismus. Nobelpreisträger Alexander Solschenizyn hat die Frage nach der Menschlichkeit von Geheimpolizis-

523 H. Hennig, Zwischen Bautzen und Workuta-Totalitäre Gewaltherrschaft und Haftfolgen, Leipzig 2004, zit. aus: Lebenslang gezeichnet. Folter in politischer Haft, in. STACHELDRAHT, 6/2004, S. 5f

524 Wege nach Bautzen II. Heinz Brandt in Selbstzeugnissen, v. Manfred Wilke, Heftreihe im Auftrag der Stiftung Sächsische Gedenkstätten zur Erinnerung an die Opfer politischer Gewaltherrschaft in Zusammenarbeit mit dem Hannah-Arendt-Institut für Totalitarismusforschung an der TU Dresden, 1998, S. 52-54, Welsch, 2006

ten so beantwortet: *„Stellen wir uns vor, ein Offizier des MGB wollte sich gegenüber Häftlingen (Verfolgten) menschlich zeigen. Er könnte das ja nur vor den Soldaten (Gleichgesinnten) machen. Das wäre in der allgemeinen Hassatmosphäre unmöglich – und auch ‚peinlich'. Außerdem würde ihn sofort jemand denunzieren. Das System ließ Menschlichkeit nicht zu."*[525]

Eine widerwärtige Besonderheit politischer Verfolgung war die Einstufung von Widerspruch als Geisteskrankheit. Unter dieser Bezeichnung wurden widerständige Intellektuelle und Gegner des stalinistischen Regimes weggesperrt. Viele dieser verkommenen Ärzte praktizieren noch heute.

Welche Auswirkungen hatten Misshandlungen und Folter bei den Verfolgten? Die psychischen Folgen von extrem belastenden, traumatischen Erlebnissen in politischer Haft werden von Medizinern und Psychologen erst seit einigen Jahren gezielt untersucht. Man weiß, dass die Folgen individuell verschieden sind. Die Forschung führte aber auch zu der Erkenntnis, dass Menschen, die unterschiedlichste traumatische Ereignisse erlebt haben, eine große Anzahl gemeinsamer Symptome aufweisen, die geprägt sind von Schlaflosigkeit und Alpträumen, von sozialem Rückzug und depressiver Interesselosigkeit, von extremer Reizbarkeit und übermäßiger Schreckhaftigkeit. Dieses Wissen führte zur Definition der Posttraumatischen Belastungsstörung (PTSD)[526], die 1980 in das Klassifikationssystem der WHO übernommen wurde. Die Thematik der psychischen Folgen von schweren und schwersten Lebensereignissen ist deshalb in den letzten Jahren verstärkt in den Blickpunkt der psychologischen und medizinischen Forschung gerückt. Dazu kam, dass es nur selten zu fachspezifischen Untersuchungen durch Psychotraumatologen kam, und Haftfolgeschäden selten als PTSD anerkannt wurden, obwohl geschulte Neurologen und Traumatologen noch Jahrzehnte nach den traumatisierenden Haftereignissen die schwerwiegenden Persönlichkeitsveränderungen erkennen. Ein weiteres, eklatantes Versäumnis der (Gesundheits-) Politik dieses Landes. Bislang führte die westdeutsche Unkenntnis des Alltags in der Diktatur, insbesondere des Leidens politischer Gefangener dazu, auch deren Folgen eher abstrakt und theoretisch abgehoben zu behandeln, wie das von manchen Totalitarismusforschern getan wird. Die Brutalität und zielgenaue Missachtung der Würde und Menschenrechte der Deutschen im SED-Staat war nicht das Werk einzelner Exzesstäter. Sie waren nur Teil eines Systems, dessen Menschenverachtung bereits mit Lenin und Stalin zum Ausdruck und zur Anwendung kam. Der SED-Staat stieg mit und mittels der siegreichen Besatzungsmacht Sowjetunion auf und ging auch durch sie wieder unter. Sein Bestand wurde buchstäblich durch sowjetische Bajonette gesichert und durch Millionen von Mitläufern und der marxistischen Ideologie Verfallenen mitgetragen. Durch sie wurden staatlich organisierte Verbrechen möglich, die zusammen mit sowjetischer Gewalt die so genannte DDR sicherten. Ursächlich für diese Entwicklung waren zweifellos der deutsche Nationalsozialismus und seine kriegerische Expansionspolitik, die es nach Kriegsende der Sowjetunion möglich machte, ihren Machtbereich in Europa bis zur Elbe auszudehnen. Es wäre aber ein Akt der

525 A. Solschenizyn, Das rote Rad, Bd. III Paris 1978

526 Post Traumatic Stress Disorder

Unmenschlichkeit, die Folter in den realsozialistischen Gefängnissen deshalb zu marginalisieren. Allen kommunistischen Spielarten ist eines gemeinsam: Der totale Anspruch auf Macht und Unterwerfung.

Die Vorgehensweise der Stasi war ohne regionale Unterschiede gleich brutal oder subtil. Ziel aller Vernehmungen war es, dem Gericht einen möglichst gefügigen Häftling zu präsentieren. Vom Prozess war die Öffentlichkeit ausgeschlossen. Stasi und Justiz waren unter sich, um keine Panne zu riskieren. Nichts durfte an die Öffentlichkeit. Geschah dies in seltenen Fällen dennoch, wurde alles bestritten. Die Verhandlung wurde in einem Stil durchgeführt, die dem nationalsozialistischer Prozesse Freisler'scher Prägung ähnlich war. Ein Rechtsanwalt, der kurz vor Prozessbeginn seinen Mandanten erstmals aufsuchen durfte, bekam in der Regel, wie der Gefangene selbst, erst unmittelbar vor Prozessbeginn die Anklageschrift zu lesen. Eine Verteidigung, sofern sie überhaupt intendiert war, wurde damit unmöglich. Zeugen oder Beweismittel seitens der Verteidigung waren nicht zugelassen oder wurden abgelehnt. Die einzigen prozessrelevanten Kriterien waren Staatsanwalt und MfS. *„Das MfS hatte das Land zunehmend fester im Griff."*[527] Das Urteil, vom MfS vorgeschlagen, stand bereits fest und wurde am Ende eines Scheinprozesses so verkündet. Daran änderte sich bis zum Ende der DDR dem Grunde nach nichts. MfS und SED-Justiz arbeiteten Hand in Hand. Verfahren und Urteil waren eine Farce. Das Ministerium für Staatssicherheit erteilte dem MfS-Untersuchungsorgan Weisungen über die Taktik der Ermittlung im Hinblick auf Aussageverhalten und Aussagebereitschaft des Häftlings und erarbeitete mit ihm gemeinsam die Höhe der Strafe. Im Untersuchungsbericht stand darüber: *„Als erforderlich wird eine Strafe nicht unter … gehalten."*[528]

7. Rehabilitierung und Freikauf

Der Leiter der örtlichen Untersuchungshaftanstalt (UHA) des MfS teilte seinerseits durch Zellenspitzel gewonnene Erkenntnisse mit. Sie wurden Gegenstand des Ermittlungsberichts und hatten die Wirkung feststehender Rechts-Tatsachen. Die Angeklagten wurden als Feinde der DDR bezeichnet und abgeurteilt. Damit verstieß die DDR-Justiz nach eigener Aussage gegen Recht und Gesetz des SED-Staates in hunderttausenden Fällen. Zum Beispiel im Fall des 1957 durchgeführten Politprozesses gegen die SED-Reformgruppe um Walter Janka und Wolfgang Harich. So stellte der Generalstaatsanwalt in seiner Begründung zu deren Rehabilitierung vom 4. Dezember 1989 fest, dass das Oberste Gericht die Handlungen der Beschuldigten seinerzeit fälschlicherweise unter den Artikel sechs der DDR-Verfassung, dem berüchtigten „Boykotthetzeparagrafen", subsumiert habe, während diese jedoch lediglich ihr im Artikel 27 der DDR-Verfassung verbrieftes Recht auf freie Meinungsäußerung wahrgenommen hatten und keinesfalls den *„Aufbau des Sozialismus in der DDR zu beeinträchtigen, geschweige denn zu verhindern oder*

527 C. R. Whitney, Advocatus Diaboli S. 74
528 Ders.

etwa gar einen gewaltsamen Umsturz zu betreiben und kapitalistische Verhältnisse zu restaurieren" beabsichtigten.[529] Damit wurde eingestanden, eigenes Recht den politischen Erfordernissen angepasst zu haben. Der GStA schloss seine Ausführungen mit der bedeutsamen Formulierung: *„Das Urteil vom 26. Juli 1957 beruht auf einer Verletzung des Gesetzes und ist daher aufzuheben."*[530] Trotz dieses Geständnisses wurde der Formulierung der alten Justizkader mit der Begründung widersprochen, dass *„das Urteil nicht etwa auf einem Justizfehler beruhe, sondern dass es sich hier um die Fehlentscheidung einer der Politik untergeordneten und sich als Instrument zu deren Verwirklichung verstehenden Rechtsprechung handolo."*[531] Während die politischen Häftlinge in den Gefängnissen des MfS einsaßen und auf ihre Aburteilung warteten, war ihnen nicht bewusst, welches Ausmaß die perfide Rechtsbeugung hatte und welchem exzessiven Prozessbetrug sie zum Opfer fallen würden. Viele zu Unrecht Verurteilte mussten lange auf ihre Rehabilitierung warten, da das OG lediglich ehemalige Genossen rehabilitierte, die im Zuge der stalinistischen Parteisäuberungen ausgeschlossen oder verfolgt wurden. Bis zum Juni 1990 stellten erst 600 von den etwa 40.000 DDR-Justizopfern Anträge auf Aufhebung ihrer Urteile, stellt Annette Weinke 2002 fest.[532] Das änderte sich erst, nachdem die Volkskammer das Rehabilitierungsgesetz am 6. September 1990 verabschiedete. Eine grundlegende Änderung trat jedoch erst mit dem Beitritt der DDR zur Bundesrepublik ein. Dabei muss erwähnt werden, dass die zu dieser Zeit von der de Maiziére-Regierung ausgeworfenen Entschädigungssummen für den vorgenannten Personenkreis im sechsstelligen Bereich lagen. Wenige Monate später konnte dieser Betrag im Verhältnis 1:1 in DM getauscht werden Im Gegensatz zu den späteren Entschädigungszahlungen für Regime-Gegner nach dem 1., 2. und 3. SED-Unrechtsbereinigungsgesetz durch die Bundesregierung, kann man hier von einer angemessenen Restitution sprechen.

Es spricht viel dafür, anzunehmen, dass mit dem Wert von 5500 bis 6000 Gefangenen pro Jahr, der sich aus den Statistiken der GStA ergab, die Obergrenze politischer Häftlinge genannt ist. Es kann daher von einer Zahl politischer Gefangener in der DDR gesprochen werden, die zwischen Mitte der siebziger Jahre und dem Sturz Honeckers bei rund 3000 pro Jahr lag.[533] Die Zahl der politischen Straftaten und die Höhe der verhängten Strafen sind erschreckend. Insgesamt gab es 800.000 Häftlinge, davon 200.000 politische.[534] Trotz regelmäßiger Freikäufe politischer Häftlinge seit Mitte 1964, blieb die Zahl von annähernd 4000 politischen Häftlingen pro Jahr konstant. Das MfS ging schon in den siebziger Jahren dazu über, politische Verhaftungen und Aburteilungen unter der Prämisse eines späteren Freikaufes durch die Bundesregierung zur Erlangung von dringend benötigten Devisen durchzuführen. Der Verkaufspreis eines politischen Häftlings wurde von

529 Pr OSK 4/89
530 Ebd.
531 Th. Ammer in: DA 5/1990, S. 658
532 A. Weinke, Die Verfolgung von NS-Tätern im geteilten Deutschland. Paderborn-München-Wien-Zürich 2002
533 Oleschinski /Fricke/Raschka
534 Zentrale Häftlingskartei bei dem Bundesbeauftragten für die Unterlagen des Staatssicherheitsdienstes der ehemaligen DDR, BStU, Berlin

der Höhe seines Strafmaßes, seiner Ausbildung oder seines sonstigen Wertes abhängig gemacht. Damit stellte sich die DDR in die erste Reihe moderner Sklavenhalterstaaten und betrieb, ab September 1973 als Mitglied der Vereinten Nationen, Menschenhandel.[535] Die Summen, die mit dem Gefangenenhandel erzielt wurden, waren gigantisch, und im Jahr 1988 waren es 232.096.191,43 DM.[536] In ihrer ausweglosen Situation war den politischen Häftlingen der Ostberliner Rechtsanwalt Wolfgang Vogel die einzige Institution, die wirksam im Hinblick auf eine Freilassung und damit auf eine Beendigung ihrer Vernichtungshaft helfen konnte.[537] Vogel arbeitete als Offizier im besonderen Einsatz (OibE) des MfS. Ohne seine Anbindung an die Geheimpolizei wären seine Erfolge nicht denkbar. Damit war er ein Werkzeug des MfS. Für einen politischen Häftling aber der einzige, der helfen konnte. Für den SED-Staat verkörperte er, ebenso wie Schalck, die zweite Ebene der Politik, die überall auf der Welt in den Händen von Mittelsmännern liegt. Craig Withney und Michel Meyer stellen fest: *„Mittlerweile hatte sich in der gesamten DDR, in den Gefängnissen von Bautzen, Hohenschönhausen oder der Berliner Magdalenenstraße herumgesprochen, dass der Anwalt wahre Wunder bewirken konnte. Allein durch den Gefangenenaustausch hatten 7379 Häftlinge und ihre Familien in den Westen ausreisen dürfen.“*[538] *„Bei der Beurteilung von Vogels Tätigkeit ist unbestritten, dass seine Bemühungen vielen tausenden politischen Häftlingen die Freiheit und ersehnte Ausreise in den Westen gebracht hat. Viele kannten ihn persönlich als ihren Anwalt, „dessen Name in allen DDR-Kerkern gleichbedeutend mit Hoffnung ist.“*[539] Allerdings, so muss man anfügen, nicht ohne Absprache und Zustimmung durch Vogels Führungsoffizier Volpert. Auf westlicher Seite verhandelten die Rechtsanwälte Stange und Näumann im Namen der Bundesregierung über den Freikauf der Häftlinge. Es ging hier um einen unbekannten, geheim gehaltenen Menschenhandel von großem Ausmaß.[540] Dagegen wurden Fluchthelfer, die ausreise- und fluchtwilligen Menschen aus der DDR bei der Realisierung ihres Anliegens halfen, mittels besonderer Einsatzkonzeptionen außerhalb des Staatsgebietes der DDR bis hin zum Mord bekämpft.[541] Ihre Tätigkeit desavouierte und destabilisierte das Machtmonopol der SED. Deshalb waren sie die wichtigsten und gefährlichen Gegner des SED-Staates.

---

535 M. Meyer, Freikauf, Menschenhandel in Deutschland, Wien, Hamburg 1978, S. 20f

536 L. Geissler, Vogels Büroakten, 1992, S. 475

537 Meyer, IV, ebd.

538 C. R. Whitney, Advocatus Diaboli, Berlin 1993

539 M. Meyer, Freikauf. Menschenhandel in Deutschland, Wien/Hamburg 1978, Vogel verhalf 215.019 Menschen zur Ausreise

540 Ders.

541 ZOV „Skorpion“, MfS Reg. Nr. XV 3359/74 Geheime Verschlusssache, GVS, Welsch, 2006, Voigt, 1996

8. Widerstand in Haftanstalten

Auch nach einer Verurteilung erlebten politische Gefangene den Strafvollzug als besonders repressiv. Anzeichen von Widerstand wurden mit Dunkelhaft, Arrest, Essensentzug und schweren Prügeln bestraft. Im Zuchthaus Brandenburg wurde darüber hinaus mit Elektroschock gefoltert. Parallel dazu wurde politischen Häftlingen die medizinische Hilfeleistung verweigert. Ein Verbindungsoffizier des MfS unterstützte oder leitete die entsprechenden Maßnahmen in allen Haftanstalten. So war das MfS auch während der Strafhaft politisch Inhaftierter ständig über deren Befinden und Geisteshaltung informiert. Mangelernährung, Misshandlung und fehlende medizinische Versorgung führten in etlichen Fällen zum Tode. Die Haftanstalten Brandenburg (Zuchthaus), Bautzen I (Zuchthaus) und II (MfS), Bützow-Dreibergen, Berlin-Hohenschönhausen/Lager X (MfS), Berlin-Magdalenenstrasse (MfS), Berlin-Pankow (MfS), Cottbus (Zuchthaus), Hoheneck (Frauen), Torgau (Festung), vormals NS-Haftanstalt „Fort Zinna“, und Waldheim haben hierbei einen herausragenden Platz eingenommen. Sie waren für die Inhaftierten besonders grausam. Genau dort gab es Widerstandshandlungen von Einzelnen oder kleinen Gruppen, in verschiedenen Arbeitskommandos und im Haftalltag. Durch hohen Ausschuss, wurde beispielsweise die Panzerkettenproduktion sabotiert. Derartige Betriebe waren wichtige Bausteine im militärisch-industriellen Rüstungskomplex der DDR.

In den Haftanstalten ließen sich Geheimhaltung und Produktion nahezu perfekt gestalten. Im „Lager X“ wurden westdeutsche Reisepässe, US-Dollar, D-Mark, Schweizer Franken, westliche Kfz-Kennzeichen und diverse andere Totalfälschungen hergestellt, auch Spionagekameras und andere sensible Nachrichtentechnik, außerdem toxische Materialien und spezielle Mordwerkzeuge, die beim Liquidieren von Staatsfeinden zum Einsatz kamen. Hier wurden politische Gefangene mit hoher Qualifikation zur Arbeit eingesetzt. Auch hier wurde durch bewusste Ungenauigkeiten widerständig gehandelt und manche hergestellten Mittel waren im Ergebnis unbrauchbar. Widerstand war möglich, setzt aber die von Otl Aicher beschriebenen charakterlichen Eigenschaften und Grundhaltungen voraus: *„Eine Gesinnung reicht nicht aus, die Logik des Handelns zu ersetzen. Erst im Handeln wird Denken manifest. Wer sich mit der Opposition im Kopf zufrieden gibt, zieht sich in die bürgerliche Unverbindlichkeit zurück. Und trocknet darin aus. Erst das Tun gibt Einsichten frei.“*[542] Folgenschwere Sabotageaktionen wurden im „Kommando Elmo“ der Haftanstalt Brandenburg als Widerstandshandlungen durchgeführt.[543] Durch Zwangsarbeit wurden unter anderen Elektromotoren für sowjetische Kriegsschiffe hergestellt. Nachdem diese die Endkontrolle passiert hatten, gelang es, vor dem Abtransport die Kupferdrahtwicklungen an vielen Motoren zu zerschneiden. So verwandelte sich die Produktion von Monaten unbemerkt in Schrott. Eine Ermittlungsgruppe des MfS tauchte Wochen nach der ersten Auslieferung in der Haftanstalt auf und suchte insgeheim nach den Urhebern der sabotierten Produktion, ohne Er-

---

542 O. Aicher, Innenseiten des Krieges, München 1984

543 Vgl. mit A. Bohlken, Die dritte Dimension der Tränen, Leipzig 2007, S. 172f

gebnis.[544] Sabotagehandlungen an militärischen Gütern waren nach DDR-Gesetz mit der Todesstrafe bedroht. Geheime Mitteilungen, so genannte „Kassiber“ wurden unter Gefahr, auch für den Empfänger, aus der Haftanstalt herausgeschmuggelt. In meinem Fall wurden sie im Westen veröffentlicht.[545] Darin waren die menschenverachtenden Haftbedingungen dokumentiert, die von der britische Zeitung „Yorkshire Post“ veröffentlicht wurden. Negative Konsequenzen gab es keine. Im Gegenteil. Nachdem die Gruppe Leeds/England von Amnesty International mich darauf zum Gefangenen des Jahres 1970 erklärt hatte, sowie nach Kontakten mit Carola Stern von AI Deutschland, wandte sie sich in regelmäßigen Briefen an die DDR-Staatsführung und forderte meine Freilassung. Die Auswirkungen bemerkte ich dadurch, indem das Wachpersonal die üblichen Misshandlungen wenig später einstellte. Widerstand wirkte und bewirkte. Bisher wurde diese Art von Widerstand in keiner wissenschaftlichen Forschungsarbeit untersucht und systematisiert. Politische Häftlinge standen und stehen nicht im Blickfeld der Öffentlichkeit. Tobias Wunschik bemerkt: *„Dies mag damit zusammenhängen, dass Aufbegehren in der Haft jenem nichtorganisierten ‚Widerstand der normalen Bevölkerung der DDR‘ zuzurechnen ist, der in der Forschung überhaupt so gut wie ausgeblendet worden ist.“*[546]

Wenn Macht wächst, wächst auch ihre Feindschaft gegen alles, was außerhalb ihrer selbst besteht. Deshalb sind diejenigen, die große Macht besitzen, zwanghaft bestrebt, jeden Widerstand, jede geistige Autonomie, jedes Anzeichen von Würde zu vernichten. Unsere Bewacher ließen sich alle möglichen Schikanen einfallen, uns unserer Würde zu entkleiden, uns abzuwerten, zu erniedrigen, um uns dann als Abschaum zu betrachten. Das erleichterte ihnen weitere Misshandlungen. Schmerz und Widerstand erschweren es dem Täter, sein Vorhaben ohne Schuldgefühl zu verwirklichen. Wer das erkannte, hatte als Alternative zur Selbstaufgabe nur den Widerstand. Für viele waren das die Momente, in denen sie begannen, sich zu wehren. Wahre Würde lässt sich als Widerstand gegen Fremdbestimmung begreifen, als ein Aufbegehren, das im tiefsten Innern des Menschen wurzelt und mit dem Gefühl der Unschuld und des Wertes an sich zu tun hat.

Die Mehrzahl der politischen Häftlinge verhielt sich latent widerständig. Manche passiv, viele aktiv. Angesichts schwerster Bestrafung war besonderer Mut gefordert. Trotzdem war offenes Aufbegehren in der Haft keine Ausnahme. Auflehnung erfolgte spontan oder organisiert, richtete sich gegen die Ungenießbarkeit des Essens, Hunger, Arbeitsnormen, gewaltbereite Behandlung und andere Umstände. Sie äußerte sich durch offene Arbeitsverweigerung, Hungerstreik, Sabotageaktionen oder andere Formen der Verweigerung. Zwar war der Anpassungsdruck in der Haft noch stärker als vor den Gefängnismauern, doch was draußen private oder gesellschaftliche Schutzräume kompensieren konnten, wurde in der Haft durch Solidarität unter den Politischen ausgeglichen. Widerstand war die einzige Möglichkeit, sich an diesem Ort der Verzweiflung und der Gewalt aufrechtzuerhalten. Wenn

---

544 Vgl. W. Welsch, Ich war Staatsfeind Nr. 1, München 2006, S. 157f

545 YORKSHIRE POST, England, 1970, W. Welsch, Stich des Skorpion, München 2004, S. 139, 162-165f

546 T. Wunschik, Selbstbehauptung und politischer Protest von Gefangenen im DDR-Strafvollzug, zit. aus: Neubert/Eisenfeld: Macht Ohnmacht Gegenmacht, Bremen 2001, S. 267

Häftlinge, zu deren Tagesration für besonders gesundheitsschädliche Arbeit eine Flasche Milch gehörte, diese zu einem kranken oder unterernährten Kameraden schmuggelten, dann war das Widerstand. Wenn die Zwangsarbeit in der Produktion vorsätzlich verlangsamt wurde, war es Widerstand. Wenn Kassiber heimlich hinaus- und Nachrichten hereingeschmuggelt wurden, war das Widerstand. Wenn Anordnungen oder Regeln nicht befolgt wurden, war das Widerstand. Indem wir den Gehorsam, verborgen unter vordergründiger Anpassung, verweigerten, indem wir unsere kochende Wut und die heimlichen Rachegedanken durch eiskalte Selbstkontrolle verbargen, bewahrten wir unser soziales Wesen und damit unsere Menschlichkeit. Als sich die Macht der SED 1990 unaufhaltsam auflöste, landete der Exekutor gegen den Widerstand, Mielke, selbst als Gefangener in „seinem" MfS-Zentralgefängnis Hohenschönhausen, dessen oberster Chef er eben noch war, und beschwerte sich prompt über die „unmenschlichen Haftbedingungen". Ohne zu merken, dass er sich damit selbst anklagte.

VII. GERECHTIGKEIT UND OHNMACHT

Sollte ich einmal einen Sohn haben, soll er etwas Prosaisches werden: Jurist oder Seeräuber.
Lord Byron

1. Historischer Rückblick

Eine demokratische und rechtsstaatliche Entwicklung war im SED-Staat weder vom theoretischen noch vom praktischen Ansatz her gegeben. Die Vorherrschaft der SED als „führende Rolle der Arbeiterklasse" war der Maßstab des spättotalitären Staates DDR. Durch deren Diktatur war sie umfassend und in allen Bereichen geprägt. Deshalb kann man nicht von einer Zivilgesellschaft sprechen. Ein differenzierter Totalitarismusbegriff, wie er zur Charakterisierung des SED-Staates gebraucht wird, dient nicht der Gleichsetzung von Realsozialismus und Nationalsozialismus, sondern er soll in Anknüpfung an die politischen Traditionen Hannah Arendts einen Typus politischer Herrschaft kennzeichnen. Die DDR war von Anfang an ein Staat, mit dem sich dessen Bürger in ihrer Mehrheit nicht identifizieren konnten. Beginnend mit der politisch glorifizierten Einheit der Arbeiterklasse vollzog sich die Vereinigung von KPD und SPD zur SED unter dem wechselseitigen Druck von KGB und KPD. Wahlen wurden gefälscht und manipuliert. Das importierte stalinistische System der Repression wurde Grundlage der kommunistischen Machtelite. Die allgemeinen Verhältnisse in den Strukturen des SED-Staates haben sich im Wirken der Repressionsorgane wie in einem Fokus dargestellt. Es ist ungewöhnlich, sogar für deutsche Verhältnisse, eine derart monströse Geheimpolizei zu haben. Über 90.000 hauptamtliche, überdurchschnittlich bezahlte Beschäftigte für eine Bevölkerung von weniger als 17 Millionen. Dazu kommen 170.000 inoffizielle Mitarbeiter. Das hat es in der Geschichte Deutschlands noch nicht gegeben. Die sehr viel grausamere Geheimpolizei der Nazis hatte nicht einmal die Hälfte an Mitarbeitern, und dies für 80 Millionen Deutsche im großdeutschen Reich. Dies soll nicht zur Relativierung der Nazischuld missbraucht werden, aber Anstoß sein, über den Wandel von Herrschaftstechnik nachzudenken. Aus politikwissenschaftlicher Sicht muss man sich fragen, welchen Sinn es macht, in einem ökonomisch eher schwachen System ein derartiges Potential an Ressourcen für ein Repressionsorgan bereitzustellen, wenn der Staat ohnehin alles in der Hand hat. Hierfür lässt sich ein einfaches Theorem aufstellen: Bei Verlust der normalen Stabilität in einer Gesellschaft muss es Stabilitätssurrogate geben, um das gesellschaftliche Gebäude stabil zu halten. Wodurch entsteht Stabilität in freien demokratischen Gesellschaften? Durch die Legitimation in freien, gleichen und geheimen Wahlen. Macht wird vom Souverän, dem Volk, auf Zeit gegeben. Zur Stabilität gehört ferner das Prinzip der Legalität. Wenn für alle Bürger gleiches Recht gilt, dann führt dies zu einer hohen Identifikation des Staatsvolkes mit seiner Führung. Als drittes Element für Stabilität hat sich das Prinzip der Gewaltenteilung bewährt, auch wenn es nicht immer ideal funktioniert. Wenn diese Elemente von politischer Stabilität fehlen, hierzu zählen auch eine freie Wirtschaft und die Gewährung von Menschen- und Bürgerrechten, dann entsteht ein Stabilitätsdefizit. Totalitäre Regime gleichen dieses Stabilitätsdefizit durch Ersatzstabilisatoren aus. Das tun sie auf verschiedene Weise. Aus Marktwirtschaft wird zentral gelenkte Planwirtschaft. Aus demokratischer Politik wird Personalpolitik. In den kommunistischen Ländern nannte man sie Kaderpolitik. Mit dem Instrument der Kadernomenklaturen entsteht eine Art neuer Adel, der die Eliten nur dann in ihre Funktion bringt, wenn sie gehorsam und von der Partei geformt waren. Ansonsten war es nicht möglich, führende Positionen im SED-Staat zu erringen. Die ostdeutschen Intellektuellen scheuen sich, viele der ehemaligen prägenden Faktoren nachträglich zu reflektieren. Historisch analog zum späten Absolutismus wurde die Wirklichkeit der Gesellschaft von „oben" definiert. Joachim Gauck schreibt *„Diese Arroganz der Macht, diese Mischung von Arroganz und Neurose, die sich automatisch einstellt, wenn ein Herrscher sich nicht vom Volk legitimieren lässt, ist es, die uns verstärkt wieder begegnet, wenn wir die Systeme des Kommunismus in diesem Jahrhundert betrachten."*[547] Die Tatsache, dass sich in den kommunistischen Gesellschaften weder freie Gewerkschaften noch Individualität des Einzelnen, freie Forschung, Menschen- und Bürgerrechte ausbreiten konnten und darüber hinaus das Recht ein Mittel der Macht war, hat zu einer elementaren Verunsicherung der Bürgerhaltungen geführt. Der Herrschaftskommunismus ist nicht nur anzuklagen, weil er in einem Maße, wie auch der Faschismus, Menschenopfer forderte, sondern er ist in besonderer Weise zu delegitimieren. Nach den Erfahrungen mit der Nazi-Diktatur ist in unserem Kulturkreis jede Diktatur per se delegitimiert, weil sie eine erneute Erzeugung von Untertanen zum gesellschaftlichen Programm erhebt. Die Einführung des Begriffs „Untertan" für den Bürger in totalitären Regimen ist möglicherweise ungenau, er ist jedoch gewiss kein „Citoyen". Man erinnere sich an meine Schilderungen, wie ich an der Universität Giessen von den Studenten ausgepfiffen wurde, als ich die wahren Verhältnisse in der DDR darstellen wollte.[548] Das führte mich zum Aufruf Solschenizyns an die „linken" Denker in seinem gerade (1976) erschienenen letzten Gulag-Band: *„Oh ihr freiheitsliebenden ‚linken' Denker! Oh ihr fortschrittlichen amerikanischen, deutschen und französischen Studenten! Euch genügt das alles noch nicht? Mein ganzes Buch wird an euch spurlos vorübergehen. Ihr werdet erst dann begreifen, wenn ihr, ‚Hände auf den Rücken!', selbst durch das Tor des Archipels marschiert."*[549]

Was in Deutschland in der politischen Debatte beschrieben wird, ist normalerweise der Untertan. Bis in die Kaiserzeit hielt dieser seine Existenz für normal, denn es war normal, ein Untertan Seiner Majestät zu sein. Es ist erschreckend, dass im intellektuellen Diskurs diese Rückverwandlung des mühsam entstandenen Typus Bürger zum neuerlichen Gehorsamsträger nicht ausreichend reflektiert wurde. DDR-freundliche Betrachter in Wissenschaft und Publizistik, wie der vorerwähnte Günter Gaus, beschrieben die DDR häufig als Staat der kleinen Leute. Staat der kleinen Leute, das hieße doch, dass die kleinen Leute bei ihrem Wunsch, politisch

547 J. Gauck, Angst – Anpassung – Unterwerfung, Reaktionen auf das Menschenbild totalitärer Herrschaft. In: R. Biskup, Das Menschenbild in Wirtschaft und Gesellschaft, 2000
548 W. Welsch, Staatsfeind, München 2006, S. 202
549 A. Solschenizyn, Der Archipel Gulag, Bern 1976, Schlussband S. 551

zu partizipieren, unterstützt und ihre Interessen wahrgenommen werden. Das Gegenteil war aber der Fall.

Kehren wir zurück zu dem Aspekt der Verwandlung der Staatsbürger in Untertanen. Es gibt eine breite Debatte darüber, wie der Deutsche strukturiert ist. Die Deutschen haben von je her eine besondere Neigung zu Gehorsam und Wohlverhalten, sie hatten auch ausreichend Gelegenheit, dies zu trainieren. In diesem Zusammenhang spricht man gar von einer Untertanenmentalität. Und das ist immer dann besonders fatal, wenn die Verhältnisse diktatorisch sind und dringlich einer Veränderung bedürfen. Die Geschichte lehrt, dass es immer Revolutionen gab, dass Revolutionen immer wieder gescheitert sind. Aber sie haben einen Grund. Und die Revolutionäre, die oft mit ihrem Leben für politische Ziele bezahlen, verdienen es nicht, als Narren verunglimpft zu werden, wie die gescheiterten badischen Revolutionäre, die nur in kleinen Kreisen das Heckerlied sangen und sich freuten, dass den Fürsten einmal widersprochen wurde. Darin heißt es: „Wenn die Leute fragen/Lebt der Hecker noch/Könnt ihr ihnen sagen/Ja, er lebet noch/Er hängt an keinem Baume/Er hängt an keinem Strick/Er hängt nur an dem Traume/Der deutschen Republik."

Wie wenig haben sie die Republik geliebt und verteidigt, und wie stark war ihre Erwartung, dass sich das Elend der Wirtschaftskrise der 30er Jahre wenden möge durch einen starken Mann. Wie romantisch hat sich erneut das deutsche Gemüt erhoben mit sehnsuchtsvollem Aufblick zu dem, der sie da retten und den besseren Zeiten zuführen möge. Den einzelnen Menschen als das Subjekt des Gemeinwesens zu verstehen, und nicht als dessen Objekt, ist in Deutschland immer wieder ein Problem, sodass sich die Frage aufdrängt, ob dies nicht ein Charakterdefizit darstellt. Das ist es sicher nicht, aber es ist ein politisches Defizit.

Die Fremdheit jener Systeme, die die Nordamerikaner, die Holländer und die Briten über Generationen geprägt haben, die Fremdheit zu Strukturen, die Selbstbestimmtheit belohnen und Unterwürfigkeit nachrangig behandeln, ist es, die die Deutschen geprägt hat. Und insofern lässt sich bei den DDR-Deutschen folgendes Phänomen beobachten: Die sehr alten unter ihnen hatten gerade einmal wenige Jahre eine Demokratie erlebt, die höchst fragil war – die Weimarer Republik der 20er Jahre. Die anderen waren geprägt von der Unterwerfung in der Nazizeit. Sie haben keinen Atemzug in politischer Freiheit getan, konnten den Citoyen nie trainieren, außer sie gehörten zur Minderheit des Widerstands. Ihr folgte eine neue Zeitspanne von über vierzig Jahren, in denen man sich neuen Welterlösern unterwarf. Man muss sich den Zeitfaktor vor Augen führen, um zu begreifen, was drei Generationen dieses alten Gehorsams, jetzt aber viel schärfer eingefordert von faschistischer oder kommunistischer Herrschaft als zu Zeiten Kaiser Wilhelms, bedeuten.

2. Die Kunst der Anpassung

Was ist das eigentlich, was sich in diesen politischen Strukturen autoritärer und totalitärer Regime dartut, welche Signale sind die Hauptbotschaften an die Unterdrückten? Es sind folgende: Fühle Angst, passe dich an, und du wirst Erfolg haben! Und wenn man diese Nützlichkeit von Angst und Anpassung, dieses Angstanpassungssyndrom als ein Handlungsleitendes Element über drei Generationen begreift, dann bleibt es nicht aus, dass man die Ideologien, die Haltungen der Unterwerfung internalisiert und die Intellektuellen diese Unterwerfung in ein positives sinnhaftes Verhalten umdeuten: „Ich bringe mich ein als Teil eines Ganzen." Der Verlust von Individualität wird kompensiert durch das Bewusstsein, Teilhaber einer großen Bewegung der Welt zu sein. Schon den DDR-Schülern wurde beigebracht, was die Universität befestigte: *„Gegenüber dem Kapitalismus, dem verfaulenden, ist der Sozialismus eine ganze historische Epoche weiter. Wir im Sozialismus sind dem Ziel der Geschichte nah."* Wer das glaubte, musste sich nicht ohnmächtig fühlen. Diesem neuen Glauben war die Zerstörung des alten Wertekanons vorangegangen, des christlichen Glaubens. Wir haben es hier mit einer Werteverschiebung zu tun, die bereits mit dem Aufstieg und Machtantritt Hitlers endgültig einsetzte. Natürlich gibt es ein Wissen um die Nichtwirksamkeit von Heilslehren. Aber dieses Wissen häuft sich mehr in den bildungsfernen Schichten und wird in Witzeleien artikuliert als bei denen, die am System teilhaben, die reüssiert sind, deren Karriereabsichten über die Erlangung des Doktortitels hinausgehen. Also erwähnt man Lenin in der Habilitationsschrift und verliert wiederum ein Stück Autonomie. Man spaltet die durchaus gewachsene Erkenntnis über den Gewaltcharakter des Systems ab, der SED-Staat befand sich ja nicht auf dem Mond, sondern existierte medial erfahrbar neben dem freien und demokratischen Rechtsstaat Bundesrepublik, und wird aus Karrieregründen Mitglied jener Partei, die das eigene Fortkommen zu garantieren scheint. Man sieht diesen Schritt nicht als Niederlage, sondern als notwendigen Kotau vor dem Zeitgeist, weil man weiß, Ohnmacht lohnt sich. Die Möglichkeit des frühen „Nein" als widerständige Haltung wurde nicht in Betracht gezogen. Teils aus internalisierter Unterwerfung, teils aus dem Glauben an die neuen Wertsurrogate. Unterwerfung, Gehorsam und Angst wurden damit zu Garanten des Erfolgs. Betrachtet man die brutale Verfolgung und Misshandlung politischer Gegner, stellt sich die Frage nach dem Warum.

Mit der ‚Milgram Studie'[550] bewies der Wissenschaftler Stanley Milgram 1965, wie leichtgläubig und gehorsam Menschen gegenüber angeblichen Autoritäten sind: Personen wurden von angeblichen Experten aufgefordert, für ein wichtiges wissenschaftliches Experiment den Versuchspersonen Elektroschocks zu verabreichen. Es war eine erstaunliche Bereitschaft vorhanden, nur aufgrund der Anordnung einer Autorität fast alles zu tun, auch, den Probanden schwere Schmerzen zu bereiten. Nach Milgram handeln Menschen verantwortungslos, ohne Mitgefühl, wenn sie die Verantwortung an eine höhere Autorität abgeben, der sie angeblichen Gehorsam schulden. Dann führt eine Grausamkeit zur nächsten. Dazu kommt der

550 S. Milgram, Im Film „Obedience", Pennsylvania University, 1965

Beeinflussungsfaktor Angst: man könnte Erworbenes verlieren, die Angst vor dem Ungewissen und die Angst vor der Realität. Es ist die Ausnahmepersönlichkeit, die sich widersetzt. Auf beiden Seiten. Die große Mehrheit passt sich an. Totalitäre Gesellschaften vergeben eine Gehorsamsprämie: Passe dich an, sei gehorsam, und du wirst Erfolg haben. So entsteht eine Bevölkerung, die eines überhaupt nicht kann oder wagt: die eigenen Interessen zu definieren und durchzusetzen. Anpassung brachte allemal mehr. Unterwerfung war überdies ungefährlicher und bequemer. Man gewöhnte sich an Unterwerfung und Ohnmacht, weil mit dem Verfall der Werte auch gleichwertige Charaktereigenschaften wie Mut, Prinzipientreue und Standhaftigkeit zunehmend verfielen. Die Unterschiede zwischen Ostdeutschen und Westdeutschen, die es noch in der nächsten Generation geben wird, sind also nicht im Charakter der einzelnen Volksgruppen zu sehen, sondern im Element der perpetuierten Ohnmacht. Dadurch kommt es zu fortwährender Entmündigung und Entmächtigung der Bevölkerung. Eine Analogie aus dem Privatleben ist hilfreich, um das Ausmaß dessen zu begreifen: Wenn ein Kind in einer Familie aufwächst, in der es geschlagen, gedemütigt und gebrochen wird, dann wird es in seinem Leben niemals eine souveräne, gefühlvolle, starke Persönlichkeit sein. Und so ähnlich verhält es sich mit dem Bürger. Der Bürger, der nicht hatte lernen können Bürger zu sein, verkümmert in seiner Möglichkeit, Bürger zu sein, und seine Ohnmacht wird zur Normalität. Man hat dabei nicht nur das Wirken der Geheimpolizei zu sehen, sondern ganz normale Lebenswelten, wie Schule, Ausbildung, Beruf.

Selten werden nach Zusammenbrüchen solcherart Erinnerungen dominant. Viel öfter neigen die Menschen zu selektivem Erinnern. Es gibt eine Trias des selektiven Erinnerns. Nach dem Krieg hieß es: “Beim Führer war auch nicht alles schlecht, es gab die Autobahnen, Vollbeschäftigung und keine Kriminalität“. Die Trias der DDR lautet: “Es war nicht alles schlecht im Sozialismus, wir hatten die Kindergärten, die Vollbeschäftigung und keine Kriminalität“. Zwei Elemente sind identisch: Diktatoren bemühen sich um Vollbeschäftigung, denn Arbeit gibt es genug, sei es, einen Krieg vorzubereiten oder die eigene Misswirtschaft zu kompensieren. Und Diktatoren können eine gewisse Grundsicherung des Sozialen bewerkstelligen. So erinnert sich eine Bevölkerung, nachdem sie mehrheitlich den Rücktritt der Kommunisten verlangt hat. Dies lässt sich sicher nicht auf die breite Mehrheit übertragen. Dennoch, ein Viertel etwa wählt ‚Die Linke‘, oder anders ausgedrückt, bei der Bewertung der Vergangenheit urteilen dreißig, vielleicht auch vierzig Prozent in dieser Weise. Wir haben eine gespaltene Öffentlichkeit. Aber weil in der Presse „bad news is good news“ gilt, definiert man die Ostdeutschen über diese dreißig Prozent. Was passiert hier? Sind diese Menschen ideologisch verwirrt?

Um diese Fragen zu beantworten, sind ein größerer historischer Abstand und eine Vergleichsgröße hilfreich. Betrachtet man beispielsweise die Haltung der Westdeutschen nach dem Kriege, dann lassen sich ähnliche Haltungen erkennen. Dies wird durch die Allensbachumfrage von 1948 belegt, als eine repräsentative Anzahl von Westdeutschen gefragt wurde: “Glauben Sie, dass der Nationalsozialismus eine gute Sache war, die nur schlecht gemacht worden ist?“ Drei Jahre nach dem Krieg, in Kenntnis der Bilder von Auschwitz, Dachau und Bergen-Belsen, bewerten 57 Prozent in aller Unschuld den Nationalsozialismus positiv, knapp 25 Prozent sind sich nicht sicher, und nur eine Minderheit von unter 20 Prozent verurteilt ihn. Es wird deutlich, wie ähnlich der Ostdeutsche dem Westdeutschen ist, nur mit einem gewissen Zeitverzug. Trotz dieser Ähnlichkeit ist es kein Geheimnis, dass die Ostdeutschen zunehmend unangenehm empfunden werden, macht man dieses Gefühl nun an ihrem Dialekt, ihrem Auftreten oder ihrem Geschmack fest. Der eigentliche Grund des Unbehagens liegt aber darin, dass sich der Westdeutsche im Ostdeutschen selber erkennt, er begegnet vergangenen eigenen Haltungen, und es ist ihm nun unangenehm, Fremdenfeindlichkeit, Fremdheit gegenüber der Demokratie und autoritäre Strukturen zu sehen, die er selber im Verlauf von Jahrzehnten der Demokratieentwicklung weitgehend abgelegt hat.

Geht man zurück in die westdeutsche Nachkriegsentwicklung, so wäre es falsch zu sagen, dass die Menschen damals mehrheitlich Nazianhänger waren. Das waren sie nicht, sondern sie waren im Grunde genommen in einem politischen, geistigen und kulturellen Niemandsland. Sie waren noch nicht zu Hause, in dem was die Alliierten als Demokratie gelehrt haben. Und sie konnten nicht zu Hause sein, weil sie so ungute, dürre Traditionen der Demokratie hatten. Weimar war kein großes Wort für sie. Und so irrten sie umher, während die Politiker oftmals noch ein altdeutsches Pathos pflegten und sich paternalistisch gebärdeten. Dann gab es eine interessante Änderung. Während das Wirtschaftswunder griff, spürten die Westdeutschen, der Politikdiskurs ist dabei nur für Minderheiten interessant, dass die Demokratie funktioniert. Und diese Demokratie, von der man dachte, sie sei ein Diktat der Sieger, funktionierte. Es ging aufwärts.

Dieses kollektive Erleben eines gemeinsamen Aufschwungs gibt es in Ostdeutschland noch immer nicht. Natürlich kann man nicht übersehen, dass sehr viele gewonnen haben, sogar die meisten Ostdeutschen fühlen sich wohl. Aber nicht alle spüren den Aufschwung, kein direktes Wirtschaftswunder und vor allem nicht das kollektive Lebensgefühl, das alle ergreift, das mitreißt und über die politischen Bedenken hinweg dauert. Die Ostdeutschen waren auch in ihrer Revolution mit reichlich romantischem Gut angefüllt. Demokratie war für viele so etwas wie das Paradies. Niemand hat es je gesehen, nur davon geträumt. Und wonach man sich sehnt, das sind das Große, das Vollkommene. Und wenn man das Ersehnte erreicht, sei es eine Idee oder ein Mensch, ist es eben nie vollkommen. Aber die Sehnsucht hat man verloren. Und so gibt es ein ganz starkes Verlustempfinden derer, die am Ziel ihrer Wünsche angekommen sind. Dynamik kommt aus Sehnsucht und Hoffnung. Diese sind mobilisierend und aktivierend. Aber die Angekommenen verlieren oft ihre Hoffnungsfähigkeit, die sie doch auch in diesen oft mangelhaften Verhältnissen immer noch brauchen, um etwas verändern oder verbessern zu können.

Im Gegensatz zu den Ostdeutschen lernte der Mensch im Westen nach dem Kriege: Ich werde gebraucht und beansprucht, und ich werde auch als Person ernst genommen. Der Demokrat wird etwa nach sechs Jahren sichtbar als politisch dominantes Phänomen. Zwölf Jahre nur hat die Nazidiktatur gedauert, und sie hat mit Blut und Zerstörung geendet. Die Menschen brauchen dennoch sechs Jahre etwa, um sich mehrheitlich innerlich davon zu verabschieden. Das ist nicht ideologische Prägung, es ist habituelle Prägung, denn die Änderung der Mentalität erfolgt signifikant langsamer als die Änderung von Intellekt und Wissen. Das kognitive Ich ist schnell, das habituelle Ich ist langsam. Dies kann man relativ einfach akzeptieren, besonders in privaten Bezügen. Aber es ist eben auch eine Politiktatsache. Wir müssen die westdeutsche Gesellschaft mit der Langsamkeit des eigenen Mentalitätswandels nach dem Kriege konfrontieren und für die Ostdeutschen Geduld einfordern. Wir müssen erkennen, drei Generationen lang Prägung zur Ohnmacht als Normalität bedürfen einer längeren Phase des Abschieds, als eine nur zwölfjährige Prägung durch totalitäre Herrscher. Es ist dabei nicht entscheidend, welcher Art die Ideologie ist. Das Tragische ist, dass diese Ansätze von Politik, insbesondere, wenn sie gute Motivschichten der Menschen mit einbeziehen, in einer besonderen Weise zur politischen Entfremdung führen. Würden sich die Herrschaftskommunisten nur auf die Verräter, Spitzel und Sadisten verlassen haben, sie hätten niemals so lange überlebt. Vielmehr geht es um die Indienstnahme des Positiven, unserer positiven Möglichkeiten. Das galt bei den Nazis genauso. Wie viele junge Achtzehnjährige sind 1944/45 mit ihrem Hölderlin im Kopf, mit glühenden Augen in den Endkampf gezogen, haben sich bei der SS gemeldet, nicht, weil sie Sadisten und Verbrecher waren, sondern weil sie Romantiker und Idealisten und Verführte waren. Und so gibt es kommunistisch geprägte Menschen, die mit guten Bestrebungen in diese Maschinerie geraten sind und ihre eigene Ohnmacht umgedeutet haben in eine Teilhabe an einem gesellschaftlichen Fortschritt. Diese Teilhabe hat sie allerdings der Entwicklung ihres Selbst, der Individuation, der Individualität und der politischen Partizipation beraubt. Die Bewältigung dieser Unterwerfung hat zwei Ebenen und Möglichkeiten. Die persönliche und die formale oder öffentliche, indem die schriftliche Hinterlassenschaft des SED-Staates, des MfS und vor allem der Widerstand derer be- und verarbeitet wird, die es wagten, sich der Schein-Partizipation zu entziehen, und nach dem Wertekanon der Würde des Menschen an sich handelten.

Existenziell wie zeitbezogen, auf den theoretischen Grundlagen des letzten Jahrhunderts, dem Marxismus, war die DDR als Produkt sowjetischer Vormachtstellung in Ostdeutschland und als unmittelbare Kriegsfolge nur so lange lebensfähig, wie dies die Vormacht war. Ihre Entwicklung hat sich daher als Untergang auf Raten vollzogen.[551] Die SED konnte diesen Umstand im ideologischen Nebel einer angeblich wissenschaftlichen Gesellschaftsordnung so lange aufrechterhalten, wie die Vormacht Sowjetunion ihr Schutz und Sicherheit gewährte. Mit deren Wegbrechen war die SED schutzlos dem Willen ihrer Staatsbürger ausgesetzt. Nur die völlig unzulänglich informierten, ahnungslosen, geradezu naiven Politiker des Westens konnten daher von der Rasanz der Entwicklung überrascht werden, wie sie sich seit dem Herbst 1989 schleichend vollzog.

551 Mitter/Wolle, Untergang auf Raten, München 1993

3. Die Bestrafung der Täter

Staatenfolge nennt man, wenn ein Gebietsteil eines Staates auf einen anderen übergeht. Vereinigen sich zwei Staaten und bleibt nur einer übrig, dann ist das eine Staatenfusion. Sie muss regeln, wie es mit den Rechten und Pflichten des aufgenommenen Staates werden soll: seine völkerrechtlichen Verträge, seine Schulden, sein Vermögen, seine innere Rechtsordnung, seine äußeren Pflichten. Das sind verschiedene Dinge. Hier geht es um die innere Seite. Die einfachere Form, dass ein Gebietsteil von einem Staat auf einen anderen übergeht, pflegte Deutschland einheitlich zu regeln. Im Ersten Weltkrieg kam sie in allen Friedensverträgen vor, die das Deutsche Reich mit den Gegnern schloss, die vor dem Ende ausschieden. In den Friedensverträgen mit Russland, mit der Ukraine und mit Finnland vom März 1918 sind jeweils allgemeine Amnestien enthalten. Straffrei gestellt wurden alle Handlungen, die Zivilpersonen in Wahrnehmung nationaler Interessen begangen hatten, auch wenn sie sich gegen die andere Kriegführende Partei oder deren Rechtsordnung richteten. *„Alle wurden freigestellt für Handlungen zugunsten des einen oder anderen Teils“*, schreibt der Jurist Johann-Georg Schätzler 1992.[552]

Die deutsche Geschichte dieses Jahrhunderts liefert also (generell) einen deutlichen Maßstab. Danach ist Straffreiheit ein übliches, immer wiederkehrendes Mittel, mit welchem Deutschland auf Gebietsveränderungen reagierte. Damit löste es die anders gar nicht lösbaren Fälle des Handelns und Eintretens für die eigene Seite, die nach dem Recht der anderen Seite bestraft werden müsste. Schmerzhafte und streitige Rechtsfragen stellten sich gar nicht erst. Das gilt für Spionage ebenso wie für die Frage, ob das Handeln eines Staatsorgans nicht der Staatsimmunität unterliege oder jedenfalls nicht entgegen dem verfassungskräftigen Verbot rückwirkender Strafgesetze bestraft werden könne. Sichtbarer Ausdruck dieses Rechts ist der Artikel 103 Absatz 2 Grundgesetz. Die Frage, die sich im besonderen Fall stellt, lautet: Kann auf den Untergang einer Diktatur von monströsem Ausmaß mit den gleichen Staats- und Völkerrechtsregularien reagiert werden, wie das im Normalfall vorgesehen ist? Zum Normalfall gehört, dass Staaten im Allgemeinen rechtlich und völkerrechtlich anerkannt waren. Dass ihre Regierungen vom Staatsvolk legitimiert waren. Das traf auf den SED-Staat nicht zu. Schon deshalb nicht, weil Deutschland im Ergebnis des Zweiten Weltkrieges geteilt wurde. Nach dem, von der Volkskammer der DDR beschlossenen, Zusammengehen beider deutscher Staaten war alles anders. Was früher ein staatsvertraglich vereinbartes Amnestiegesetz ein für allemal regelte, blieb diesmal offen. Fast vier Jahre nach der Vorlage des Kammergerichts entschied das Bundesverfassungsgericht über die Spionage der DDR gegen die Bundesrepublik Deutschland. Der Beschluss des 2. Senats vom 15. Mai 1995 mit fünf gegen drei Stimmen drückt zunächst aus: Eine allgemeine Regel des Völkerrechts könne nicht festgestellt werden, nach der die strafrechtliche Ahndung nachrichtendienstlicher Tätigkeiten ausgeschlossen sei, die im Auftrag und vom Territorium eines Staates aus begangen worden seien, der danach dem ausge-

552 J.-G. Schätzler, Handbuch des Gnadenrechts, München 1992

spähten Staat friedlich und einvernehmlich beigetreten sei.[553] Dann legte der Senat ausführlich dar, das Rückwirkungsverbot sei nicht verletzt, weil das deutsche Strafrecht hier auch für Auslandstaten gegolten habe, also Spionage im Dienst der DDR schon zur Tatzeit nach deutschem Recht strafbar gewesen sei. Aber, so der Senat, der Grundsatz der Verhältnismäßigkeit werde verletzt, wenn der Strafanspruch gegen ehemalige Bürger der DDR durchgesetzt werde, die dort ihren Lebensmittelpunkt gehabt und allein vom Boden der DDR oder von solchen Staaten aus gehandelt hätten, in denen sie vor Auslieferung oder Bestrafung sicher waren. Deshalb bestehe für solche Personen ein unmittelbar verfassungsrechtlich begründetes Verfolgungshindernis.

Die abweichende Meinung der Richter Klein, Kirchhof und Winter legt den Finger auf die Wunde.[554] Sie widerspricht der Annahme eines generellen Verfolgungshindernisses und meint, die Entscheidung der Mehrheit komme der Amnestierung einer ausgewählten Tätergruppe gleich. Eine Amnestie aber sei dem Gesetzgeber vorbehalten. Doch sei Fairness geboten gegenüber den Menschen, die ihr Verhalten in erster Linie nach den rechtlichen Verhältnissen der DDR ausrichten mussten und die Rechtsordnung der Bundesrepublik Deutschland als für sich mehr oder weniger belanglos ansahen. Das könne dazu führen, dass das Maß der individuellen Schuld erheblich hinter der Schwere des objektiven Unrechts zurückbleibe. In geeigneten Staatsschutzfällen, besonders bei Taten im Ausland, könne der Generalbundesanwalt von der Strafverfolgung absehen; dass der nach Paragrafen 153 c, d und e StPO zuständig sei, garantiere gleiche und gerechte Anwendung. Diese gespaltene Entscheidung des höchsten Gerichts offenbart die Schwierigkeiten mit dem Bundesverfassungsgericht.[555]

Die Begründung der Spionageentscheidung des BverfG ist zu Recht auf Kritik gestoßen. Der angesehene Frankfurter Strafrechtslehrer Wolfgang Naucke hat den Gedanken zurückgewiesen, der Verhältnismäßigkeitsgrundsatz stehe einer Bestrafung im Wege. Strafrechtstheoretisch sei das eine reine Erfindung des Gerichts, kein Mensch sei vorher auf solche Idee gekommen.[556] Das Gericht hatte nur zu prüfen, ob eine völkerrechtliche Regel Bestandteil des Bundesrechts ist. Doch für den Betrachter setzt an dieser Stelle das Unbehagen ein. Es ist zu fragen, ob politisches Handeln eine derartige Rechtsprechung nicht hätte abschneiden können und soll? Es ist ein Armutszeugnis für die Politik, dass sie in dieser Frage ihre Verantwortung nicht wahrgenommen und an die Justiz delegiert hat.

Die Justiz sollte ein Problem lösen, dessen allseits befriedigende Regelung nur auf politischem Wege möglich gewesen wäre.[557] Es geht ja nicht nur um Spionage, sondern um weitere DDR-typische Straftatbestände, welche die Rechtsprechung beschäftigen. Dazu gehören die Todesschüsse an der Grenze, die Rechtsbeugung durch Richter und Staatsanwälte, Erpressung und Nötigung gegen Ausreisewillige,

553 NJW 1995, 1811
554 Zum Beschluss des 2. Senats vom 15.5.1995
555 J. Isensee, P. Kirchhoff, Handbuch des Staatsrechts der Bundesrepublik Deutschland: Grundlagen von Staat und Verfassung. Historische Grundlagen, Bd. I, Heidelberg 2003
556 W. Naucke, Die strafjuristische Privilegierung Staatsverstärkter Kriminalität, Frankfurt/M. 1996
557 K. Behling, Kundschafter A. D. Das Ende der DDR-Spionage, Stuttgart, Leipzig 2003

das Entnehmen von Geld aus Westsendungen, die Wahlfälschung und anderes mehr.[558] An Nauckes Begriff der Staatsverstärkten Kriminalität ist sicher etwas dran. Er passt nur nicht immer. Eine Diensteinheit der Abteilung Post, Zoll, Fahndung (PZF) des MfS pflegte aus westlichen Postsendungen das Geld zu nehmen und weisungsgemäß an die Staatskasse weiterzuleiten. Was als SED-typisches Unrecht erschien, hat die Strafgerichte in allen Instanzen beschäftigt. Schließlich hat der große Senat für Strafsachen des BGH entschieden: keine Unterschlagung, weil die Stasi das Geld nicht selbst behalten hat.[559]

Nicht nur Naucke, auch die Gerichte hatten übersehen, dass es in der DDR verboten war, Devisen mit der Post zu versenden und Verstöße die Einziehung des Geldes zur Folge hatten. Es bleibt aber Nauckes Verdienst, die gegenwärtige Zerstrittenheit der Judikatur zu spiegeln. Er betont auch mit Recht, der Unrechtsausgleich durch Strafe müsse hier wieder in den Vordergrund treten, denn die MfS-Abteilung PZF entnahm den Paketen nicht nur Devisen, sondern eine Vielzahl anderer geldwerter Inhalte.[560] Die Politiker, die 1990 den Einigungsvertrag aushandelten, lehnten ein Amnestiegesetz ab. Wolfgang Schäuble, damals Innenminister und Leiter der Delegation West schrieb 1995: *„Jeder von uns im Westen hätte sich wohl im Zweifel nicht anders verhalten, wenn er in diesen vierzig Jahren in der DDR hätte leben müssen. Ich habe [...] öffentlich dafür geworben, nicht die Vergangenheit [...] in allen Einzelheiten aufarbeiten zu wollen, sondern sich auf die schweren Fälle von wirklicher Schuld zu konzentrieren und im Übrigen eher großzügig als selbstgerecht zu sein. [...] Wie schwer es aber [...] ist, Sachverhalte einigermaßen emotionsfrei zu diskutieren, zeigt das Beispiel der Debatte über eine Amnestie für die aus der DDR gegenüber der Bundesrepublik Deutschland ausgeübte Spionagetätigkeit.“*[561]

Seine Äußerungen sind in mehrfacher Hinsicht bemerkenswert. Schäuble steht es nicht zu, Großzügigkeit angesichts von vierzig Jahren brutalen Terrors zu zeigen. Selbstgerecht zu sein hat nichts mit Gerechtigkeit zu tun, die Hunderttausende Verfolgte der Diktatur zu Recht fordern. Es gibt einen Unterschied zwischen „legal“ und „gerecht“. Seine Bemerkung „Jeder von uns im Westen hätte sich wohl im Zweifel nicht anders verhalten, wenn er in diesen vierzig Jahren in der DDR hätte leben müssen“ mag auf ihn zutreffen, entlastet jedoch die Angehörigen des DDR-Staatsapparates keineswegs. Wer SED-Funktionär oder Kader im Staatsapparat der DDR war, wusste, worauf er sich einließ. Niemand wurde dazu gezwungen, Richter, MfS- oder NVA-Offizier zu werden. Bis zum Mauerbau konnte man sich dem Regime durch Flucht entziehen. Vor- und nachher gab es eine Fülle von Berufen, in denen man tätig sein konnte, ohne sich für das Unterdrückungssystem zu engagieren oder gar in Schuld zu verstricken.

Ich bezweifle nicht, dass Menschen wie Schäuble in einem totalitären System zu den angepassten Mitläufern gehört hätten, die das System trugen. Ohne Zivilcoura-

558 J. G. Schätzler, DA 1997

559 Dokument 7, BGH, Großer Senat für Strafsachen, Beschluss vom 25.7.1995 – GSSt 1/95, ergangen auf Vorlagebeschluss des 5. Strafsenats, der bestrafen wollte, während der 4. Senat freigesprach; Entscheidungen des BGH in Strafsachen (BGHSt) 41, 187

560 J. G. Schätzler, ebd.

561 W. Schäuble, Der Vertrag, Stuttgart 1991, S. 268

ge, vielleicht auch ohne Gewissen. Zwar braucht nicht jeder ein Held zu sein, aber man konnte sich heraushalten, passiven Widerstand üben, ohne in die Zuchthäuser des Systems zu wandern. Dazu genügte ein einfaches Gewissen. Die Willfährigkeit mancher, sich trotz der Erfahrungen mit der Nazidiktatur in die SED-Diktatur ohne Not einzuordnen und bei ihr „mitzumachen“, gehört zu den bedrückenden, ja abstoßenden Erscheinungen in den Jahren der zweiten Diktatur auf deutschem Boden. Dem schließt sich heute die Diktatur des Relativismus an.

Im Zuge der Wiedervereinigung tauchte alsbald der Gedanke der Amnestie für DDR-Verbrechen auf. Das hatte einmal den vorbeschriebenen historischen Grund, vor allem aber lag der Grund darin, dass den westdeutschen Politikern, die ganz überwiegend nicht im SED-Staat gelebt und sich lange Jahre um „Entspannung“, „Normalisierung“, Koexistenz“, „gutnachbarliche Beziehungen“, „Annäherung“, „Partnerschaft“ und dergleichen im Verhältnis zum SED-Regime bemüht hatten, ein irreales DDR-Bild vor Augen stand. Verdrängt waren Terror und Unterdrückung als Wesensmerkmale der SED-Diktatur. Stattdessen überwog ein DDR-Bild, welches das kommunistische System als normalen Staat mit einigen Schönheitsfehlern wertete, wenn nicht sogar als eine erwägenswerte Alternative zum kapitalistischen System der Bundesrepublik. Terror, Verfolgung und Todesschüsse galten als bedauerliche Erscheinungen der überwundenen Phase des Stalinismus.[562] Es ist vor allem den Abgeordneten aus den neuen Ländern und den sonstigen Kennern der DDR-Wirklichkeit zu danken, dass der Versuch, die Amnestie, oder wenigstens eine Teil-Amnestie für Stasi-Spione, durchzudrücken, misslang. Dass das Bundesverfassungsgericht 1994 unter Überschreitung der ihm gesetzten Grenzen „rechtsschöpferisch„ eben das dekretierte, woran der Gesetzgeber 1990 gescheitert war, zeigt allerdings, wie stark westdeutsche Funktionseliten in Verkennung des wahren Charakters kommunistischer Diktaturen heute noch im Banne jener Schlussstrich-Mentalität stehen, für die Schäubles Worte repräsentativ sind.[563] „Das Völkerrecht muss den Schutz der Menschenrechte übernehmen“, schreibt der italienische Völkerrechtler Antonio Cassese. Menschenrechte gehen vor staatlicher Souveränität!

Inzwischen mag auch Schäuble begriffen haben, worin genau die Schwierigkeiten liegen, die eine solche Debatte bis heute nicht emotionsfrei lassen können. Es ist der immense materielle und immaterielle Schaden an Millionen Menschen, Verfolgten, Opfern und Geschädigten des untergegangenen SED-Staates, der dies bis heute, 20 Jahre nach der Implosion der DDR, verhindert. Kohls Klage gegen das Stasi-Unterlagengesetz veranlasste die Bundesbeauftragte, Marianne Birthler, dazu, die Herausgabe weiterer Akten an die historische Forschung zu stoppen. Erst die Gesetzesvorlage zur Novellierung und der Beschluss zur Gesetzeskraft durch den Deutschen Bundestag im Juli 2002 machten die Stasi-Akten der interessierten Öffentlichkeit erneut zugänglich. Dies Beispiel mag verdeutlichen, dass eine sukzessive Schließung der Akten, wie sie von Kohl, Schäuble und anderen Politikern mehr oder weniger unverhüllt gefordert, und von den alten Kadern in

562 B. Bouvier, Ausgeschaltet! Sozialdemokraten i. d. sowjetischen Besatzungszone und in der DDR 1945-1953, Bonn 1996, S. 340

563 Beschluss des BVG vom 15.5.1995

der PDS begrüßt wurde, an den gesellschaftlichen Erfordernissen der historischen Aufarbeitung vorbei gehen. Im Übrigen auch den Anspruch der Verfolgten auf der Suche nach Tätern und Wahrheit ausschließen.

Von der Maueröffnung bis zur Vereinigung dauerte es weniger als elf Monate. Die Schnelligkeit überraschte alle. Vor allem die wirtschaftlichen und militärischen Verbündeten der alten Bundesrepublik, bei denen, namentlich in Frankreich und England, ganz plötzlich Misstrauen und Vorbehalte aufbrachen. Und dann wurde noch die Amnestiefrage gestellt. Valentin Falin hatte ihre Brisanz erkannt. In einem verzweifelten Versuch, Gorbatschow zu einer härteren Linie zu bringen, schrieb er ihm am Vorabend der letzten Verhandlungen mit Kanzler Kohl im Juli 1990. Falin präzisierte am Telefon: *„Man will uns den Anschluss aufhalsen. [...] Die Übertragung der Rechtsnormen eines Staates auf einen fremden macht alles illegal, was in der DDR sich im Laufe von vierzig Jahren vollzogen hat. Dadurch werden einige hunderttausend Menschen potenziell zu Angeklagten." Gorbatschow antwortete: „Ich werde tun, was ich kann. Nur fürchte ich, dass der Zug schon abgefahren ist."*[564]

Gorbatschow behielt Recht. Falin hatte allen Grund, die Kriminalisierung zu fürchten; nur seine Zahlenschätzung war weit übertrieben. Er erklärte seinen Rücktritt, nachdem er vom Arrangement zwischen Gorbatschow und Kohl erfahren hatte. In seinem Buch berichtet Falin weiter, Willy Brandt habe ihm bei der letzten Begegnung im Frühjahr 1992 folgendes erzählt: Als es um die Honecker-Strafverfolgung gegangen sei, habe er Kohl gefragt, ob das Thema der Nichtverfolgung ehemaliger Führer des souveränen Staates DDR zur Sprache gekommen sei. Darauf habe der Bundeskanzler gesagt, er habe Gorbatschow vorgeschlagen, den Personenkreis zu benennen, gegen den keine strafrechtlichen Verfahren eingeleitet werden sollen. Doch der sowjetische Präsident habe erwidert: *„die Deutschen werden schon selbst mit diesem Problem fertig."*[565]

Es scheint nur diese Gelegenheit im Kaukasus gegeben zu haben, die Frage einer Amnestie auf die internationale Tagesordnung zu setzen. Die Zwei-plus-Vier-Gespräche, die anderen mehrseitigen Verhandlungen sowie die internationalen Verträge, welche die äußeren Aspekte der deutschen Einigung regelten, enthielten nichts über das anzuwendende Strafrecht. Die Regierungen der beiden deutschen Staaten waren nicht gehindert, nach ihrem Ermessen zu vereinbaren, wie die Strafrechtspflege überzuleiten sei.[566]

4. Vergangen, Vergeben, Vergessen?

Die Bundesregierung hatte sich dazu schon sehr viel früher geäußert. In dem Memorandum vom 2. September 1956 an die Sowjetunion antwortete sie auf deren Deutschlandpolitik und legte ihren Standpunkt zur Wiedervereinigung dar. Im vorletzten, 14. Punkt hieß es: „Die Bundesregierung ist der Überzeugung, dass

564 V. Falin, Politische Erinnerungen, München 1993
565 Ders., S. 495
566 J. G. Schätzler, 1997

freie Wahlen in ganz Deutschland, wie sie auch immer ausgehen mögen, nur den Sinn haben dürfen, das deutsche Volk zu einen und nicht zu entzweien. Die Errichtung eines neuen Regierungssystems darf daher in keinem Teile Deutschlands zu einer politischen Verfolgung der Anhänger des alten Systems führen. Aus diesem Grunde soll nach Auffassung der Bundesregierung dafür Sorge getragen werden, dass nach der Wiedervereinigung Deutschlands niemand wegen seiner politischen Gesinnung oder nur, weil er in Behörden oder politischen Organisationen in einem anderen Teil Deutschlands tätig gewesen ist, verfolgt wird."[567]

Es gab natürlich Gründe, warum die Bundesregierung ihre damalige Selbstverpflichtung später nicht mehr hervorkehrte. Ihre innere Einstellung hatte sich gewandelt. Diese begann mit dem Mauerbau im August 1961. Damit wurde der Eiserne Vorhang geschlossen, ein ganzer Staat schottete sich ab, machte seine Bürger zu Gefangenen. Das Unerhörte dieses Vorgangs wurde in der ganzen Welt begriffen, auch in der Bundesrepublik. Als Konsequenz errichteten die Länder am 15.11.1961 in Salzgitter die Zentralstelle zur Erfassung von Gewalttaten in der „Zone" genannten DDR und in Berlin. Es ging um Beweissicherung, Beweise für spätere rechtsstaatliche Verfahren gegen staatliches Unrecht, begangen durch die Autoritäten des SED-Staates. Darin kam keine Abrechnungsmentalität zum Ausdruck, sondern vielmehr der Gerechtigkeitsgedanke im Hinblick auf Verfolgte und Geschädigte nach dem geltenden Völkerrecht. Nach ihrer eigenen Statistik erfasste die Zentralstelle bis zum 30.6.1990 insgesamt 4444 Tötungshandlungen, rund 3000 politische Verdächtigungen und etwa das Zehnfache davon als Verurteilungen aus politischen Gründen; nicht gerechnet die Misshandlungen und die Festnahmen im Grenzgebiet.[568]

Das staatliche Unrecht der DDR beseitigte keine „Rassen", sondern „Klassen" und dies nicht durch Tötung, sondern auf andere Weise. Und es gab Verbrechen, es gab eine staatsverstärkte Kriminalität, keine Regierungskriminalität, was man zunächst verfehlterweise so nannte. Den Dimensionen dieses Systemunrechts wäre es angemessen gewesen, im Zuge der Wiedervereinigung ein Sondergesetz mit rückwirkender Geltung für eben diese System- oder Staatsverstärkte Kriminalität zu beschließen. Stattdessen wurde entschieden, dass nur solches Unrecht strafrechtlich verfolgt werden dürfe, das nach den SED-Strafgesetzen strafbar gewesen sei.[569] Ein schwerer Fehler, wie sich herausstellen sollte.

Das engte die Strafverfolgung von vornherein ein. Warum gab es Salzgitter und wozu? War die Zentralstelle nicht viele Jahre ein Dorn im Auge der DDR? Hatte die DDR seit deren Installation nicht ständig mit einer möglichen strafrechtlichen Verfolgung wegen der Unrechtstaten zu rechnen, die selbst nach ihren eigenen Gesetzen mit Strafe bedroht, die aber angesichts eines totalitären Machtapparates und einer

567 Bulletin der Bundesregierung vom 8.9.1956, Nr. 169, S. 1630

568 Sauer/Plumeyer, Der Salzgitter-Report, München 1991

569 K.-D. Bracher: Vierzig Jahre Diktatur und SED-Unrecht – Herausforderung an den Rechtsstaat, Recht und Politik 1991, S. 137 f, R. Wassermann, Der Rechtsstaat als Prügelknabe, Neue Juristische Wochenschrift, 1996, S. 2070 f. – S. a. Blanke, Der Rechtshistorikerstreit um Amnestie: Politische Klugheit, moralische Richtigkeit und Gerechtigkeit bei der Aufarbeitung deutscher Vergangenheiten, Kritische Justiz 1995, S.131 ff, F. Werkentin, Damit das Leid der Opfer nicht sinnlos war, Recht und Politik, 1996, S.139, 141 f.

übermächtigen Geheimpolizei in der Form des Ministeriums für Staatssicherheit weitgehend relativiert und zur Beliebigkeit retardiert waren? Eine vergleichbar ähnliche Situation ergab sich 1990 in der Volkskammer der DDR. Sie war im März zum ersten Mal frei gewählt worden und bestand nur bis zum 2. Oktober des gleichen Jahres. In den wenigen Monaten erreichte sie jedoch einiges. Sie milderte gleich das ganze Strafrecht.[570] Und sie befasste sich mit den Stasi-Akten. Sie beschloss deren Erhaltung und Öffnung; aus ihrer Mitte beauftragte sie den Pfarrer Joachim Gauck. Die Bundesregierung übernahm und gestaltete aus.[571] Die Vergangenheit sollte offen gelegt, zwischen Tätern und Opfern unterschieden werden. Hier bekam der Sühnegedanke einen bedeutenden Schub.

Durch diese Akten drohte 1995 eine neue Verjährungsdebatte loszubrechen. Mit der Novellierung des Stasiunterlagengesetzes wurde zwar eine fünfjährige Verlängerung der Überprüfungsmöglichkeit zumindest von Beamten im öffentlichen Dienst erreicht. In Wirklichkeit sollte die Amnestiefrage erneut umgangen werden, für die sich keine Mehrheit im Bundestag finden würde. Eine Amnestie für systembedingte Straftaten wäre eine herabwürdigende Beleidigung und Verhöhnung der Verfolgten des Terrorregimes gewesen. Das versteht nur, wer selbst darunter gelitten oder im SED-Staat gelebt hat. Das waren immerhin Millionen. Sollte man, kann man einen solchen Teil der Deutschen ignorieren, nur weil es das politisch Zweckmäßige wäre, wie von der Bundesregierung 34 Jahre zuvor postuliert und von den Tätern aus Gründen der Verdeckung von Straftaten und Freistellung von Sühne heute gefordert? Geht Zweckmäßigkeit vor Gerechtigkeit? Die Antwort kann angesichts hunderttausendfachen Unrechts nur lauten: Nein!

Die kommunistische DDR war ein totalitärer Polizeistaat. Das MfS verübte im Innern und in den Operationsgebieten Straftaten bis hin zum Mord, die auch nach DDR-Recht strafbar waren. Seine sogenannte ‚Volksarmee' bereitete sich auf einen Angriffskrieg gegen den imperialistischen Feind Bundesrepublik vor.[572] Dass es dazu nicht kam, lag in der abschreckenden Verteidigungskonzeption des westlichen Bündnisses und nicht im Willen der NVA-Militär-Planer. Der SED-Staat war aggressiv nach außen, totalitär und verlogen nach innen. Ein weiteres Beispiel dafür ist die dunkle Kehrseite des DDR-Antifaschismus. Bis heute gilt die konsequente Verfolgung von NS-Tätern als »gute Seite« des SED-Staates. Doch hinter der Fassade des antifaschistischen Musterstaats wurde ein sorgsam verhülltes, doppeltes Spiel gespielt: SED und Staatssicherheit prangerten die Bundesrepublik an und lieferten Fälle für Vorzeigeprozesse, stellten aber zugleich Ermittlungen gegen NS-Täter ein, wenn sie dem Image der DDR zuwiderliefen. In der Praxis entpuppt sich der DDR-Antifaschismus als instrumentelles Kampfprogramm in der deutsch-deutschen Systemkonkurrenz. Wissentlich und über Jahrzehnte schützte das MfS Nazi-Täter, die in anderen Ländern bereits verurteilt waren, wie etwa den Leiter der SD-Außenstelle in Caen, Harald Heyns, verantwortlich unter anderem für das Mas-

570 6. Strafrechts Änderungsgesetz der DDR vom 29.6.1990. GBl. I Nr. 39 S. 526

571 Stasi-Unterlagen-Gesetz vom 20. 12. 1991, BGBl. I S. 2272, sowie Änderungsgesetz vom 22.2. und 26.7.1994, BGBl. I S. 334 und 1748

572 Vgl. K.-H. Rutsch, ehem. Leutnant der NVA, zit. bei HvD, Lippstadt 1994, S.215f, V. Koop: Zehn Jahre mit den gelben Streifen, K.-H. Rutsch, Vom Offizier der NVA zum Deserteur, Berlin 1996

saker im Gefängnis der nordfranzösischen Stadt am 6. Juni 1944. Heyns war unter falschem Namen im SED-Staat untergetaucht. Abgeurteilte NS-Täter kamen in der DDR meist schnell wieder frei; ehemalige KZ-Häftlinge, die sich an den gewendeten Nazis störten, gerieten dagegen in das Visier des MfS. Hinter der Fassade des DDR-Antifaschismus klaffte ein Abgrund von „bestürzenden Dimensionen", stellt Henry Leide 2005 fest.[573]

Angesichts dessen, was der SED-Staat und mit ihm das Ministerium für Staatssicherheit angerichtet haben, muss der Vertrauensschutz des Verbots rückwirkender Strafgesetze (Art. 103 Abs. 2 GG) zurücktreten, *„wenn der Träger der Staatsmacht für den Bereich schwersten kriminellen Unrechts die Strafbarkeit durch Rechtfertigungsgründe ausschließt, indem er über die geschriebenen Normen hinaus zu solchem Unrecht auffordert, es begünstigt und so die in der Völkerrechtsgemeinschaft allgemein anerkannten Menschenrechte in schwerwiegender Weise missachtet"*, beschließt das Bundesverfassungsgericht 1996.[574]

Damit ist, jedenfalls im Ergebnis, Klarheit geschaffen. An ihr fehlt es in einem anderen, sensiblen Bereich. Das ist die vielfache Rechtsbeugung durch Richter und Staatsanwälte der DDR. Hier ist mit Recht kritisiert worden, der BGH habe die Schwelle zu hoch gesetzt, so dass selbst Fälle von Justizterror strafrechtlich nicht mehr geahndet werden können.[575] Einer grundlegenden Strafverfolgung der einst Herrschenden im Staat der SED stehen grundsätzlich weder verfassungs- noch völkerrechtliche Hindernisse entgegen. Sie verstößt auch nicht speziell gegen das in Artikel 103 Absatz 2 Grundgesetz niedergelegte Verbot rückwirkender Strafgesetze. Das ist das Fazit der Entscheidung, die der 2. Senat des BVG durch Beschluss vom 24. Oktober 1996 einstimmig gefasst hat. Sie schließt auch Zweifel für laufende und künftige Strafverfahren in Sachen DDR-Staatskriminalität aus. Das gilt auch für das Verfahren gegen Egon Krenz und andere ehemalige Mitglieder des Politbüros der SED.

Es war jener spektakuläre Strafprozess, der am 12. November 1992 mit dem Hauptangeklagten Erich Honecker in Berlin begann. Mit ihm als ehemaligem Vorsitzenden des Nationalen Verteidigungsrates (NVR), saßen als Mitglieder noch der frühere Vorsitzende des Ministerrates, Willi Stoph, und Erich Mielke mit auf der Anklagebank im Kriminalgericht Moabit.

Gegen die drei Letztgenannten wurde das Verfahren aus Gesundheitsgründen abgetrennt oder eingestellt, so dass sich nur noch Keßler, Streletz und Albrecht (alle im NVR) in diesem Prozess zu verantworten hatten. Das in erster Instanz gegen sie ergangene Urteil hat der 5. Senat des BVG im Revisionsverfahren durch Urteil vom 26. Juli 1994 im wesentlichen bestätigt, jedoch insoweit verschärft, als er nicht mehr auf Anstiftung zum Totschlag, sondern auf Totschlag in mittelbarer Täterschaft erkannte. Ihrer Verfassungsbeschwerde hatte sich außerdem ein ehemaliger Grenzsoldat angeschlossen, der vom Landgericht Berlin am 17. Juni 1993 wegen

573 H. Leide, NS-Verbrecher und Staatssicherheit. Die geheime Vergangenheitspolitik der DDR. Göttingen 2005

574 Beschluss des 2. Senats des BVG vom 24.10.1996 Az. 2 BvR 1851/94; 1853/94; 1875/94; 1852/94, Karlsruhe 12.11.1996

575 Vgl. Wassermann in: DA 6/1996, S. 938

Totschlags, begangen durch Todesschüsse an der Mauer, zu einem Jahr und zehn Monaten Jugendstrafe auf Bewährung verurteilt worden war. Sie alle glaubten sich hauptsächlich wegen des Rückwirkungsverbots zu Unrecht bestraft. Dabei war der Richterspruch ein Akt der Gerechtigkeit. In ihrer ausführlichen, sorgfältig formulierten Begründung stellen die Richter juristisch überzeugend fest, dass die Grundrechte derer, die wegen der Todesschüsse an Mauer und Stacheldraht strafrechtlich zur Rechenschaft gezogen wurden, keineswegs missachtet worden sind. Nach ihrer Auffassung kann die in der DDR einst gültige Regelung zum Schusswaffengebrauch an der ehemaligen innerdeutschen Grenze kein Rechtfertigungsgrund sein, der die Verantwortlichen, vom Verteidigungsminister bis zum Grenzsoldaten, von Strafe freistellt. Im DDR-Grenzregime war *„die Gesetzeslage von Befehlen überlagert“*, so das Argument der Bundesverfassungsrichter, *„die für eine Eingrenzung des Schusswaffengebrauchs nach den Maßstäben des Verhältnismäßigkeitsgrundsatzes keinerlei Raum ließen und den Angehörigen der Grenztruppen vor Ort die Auffassung ihrer Vorgesetzten, letztlich des Nationalen Verteidigungsrates, vermittelten, Grenzverletzer seien zu ‚vernichten‘, wenn der Grenzübertritt mit anderen Mitteln nicht verhindert werden könne.“*[576] Eben diese rigorose Unterordnung des Lebensrechts des Einzelnen unter das staatliche Interesse an der Verhinderung unerwünschter Grenzübertritte ließ das geschriebene Recht gegenüber den Erfordernissen politischer Zweckmäßigkeit zurücktreten. „Sie war materiell schweres Unrecht“ und kann daher kein die Strafbarkeit ausschließender Rechtfertigungsgrund sein. Wenn ein Staat „die in der Völkerrechtsgemeinschaft allgemein anerkannten Menschenrechte in schwerwiegender Weise“ missachtet, kann das Rückwirkungsverbot nicht unumstößlich sein. Es erstreckt sich nicht auf *„extremes staatliches Unrecht, das sich nur solange behaupten kann, wie die dafür verantwortliche Staatsmacht faktisch besteht“*.[577]

Mit seiner Argumentation hat sich das Bundesverfassungsgericht unter Rückgriff auf die so genannte Radbruch'sche Formel zu der Auffassung durchgerungen, dass der Grundsatz der Rechtssicherheit bei einem unerträglichen Widerspruch des positiven Rechts zur Gerechtigkeit geringer zu werten ist, als das Prinzip der materiellen Gerechtigkeit. Dass die drei Angeklagten, die nach Verkündung des BVerfG-Beschlusses den Strafvollzug antraten, die Möglichkeit der Verfassungsbeschwerde genutzt haben, ist eine Garantie, die der bürgerliche Rechtsstaat auch seinen Verächtern gewährt. Zur Einsicht in die eigene Schuld oder gar zur Reue werden sie deshalb nicht gelangen, im Gegenteil! Wie Keßler in seinen Erinnerungen bekennt, galt ihm sein Gerichtsprozess von vornherein als *„ein rein politischer Prozess“*, bestimmt zu dem Zweck, *„Politik und Geschichte allein mit dem Maß des Strafrechts zu verurteilen.“*[578]

In der sozialistischen DDR war das Recht das Werkzeug der Machthaber, die sich als Avantgarde der Arbeiter fühlten, ohne es allerdings zu sein. In dem freiheitlich-sozialen Gemeinwesen, das mit dem Beitritt an die Stelle des untergegangenen

---

576 BVG vom 24.10.1996

577 Ebd.

578 K. W. Fricke in: DA 1997, H. Kessler, Zur Sache und zur Person, Berlin 1996

SED-Staates getreten ist, hat das Recht dagegen der Gerechtigkeit zu dienen. Diese aber fordert, dass das SED-Unrecht nicht ungeahndet bleibt. Nicht übersehen werden sollte auch, dass Amnestien zur Beschönigung und Verharmlosung des Unrechts führen. Der Verzicht darauf, strafbares Unrecht mit der Durchführung von Strafverfahren kenntlich zu machen, würde der Auffassung Vorschub leisten, wonach der SED-Staat so schlimm nicht gewesen sei, eben eine Herrschaftsordnung wie andere auch. Tatsächlich aber war die DDR ein Unrechtsstaat.

Einfacher wäre es, wenn die Akteure, die das System getragen und gestützt haben, sich des von ihnen begangenen Unrechts bewusst wären. Aber das ist nur ausnahmsweise der Fall. In der Regel fehlt ihnen das Unrechtsbewusstsein. Man findet keine Spur von innerer Auseinandersetzung mit dem Geschehen, keine Reue. Selbstgerecht erklären die Täter noch immer, rechtmäßig gehandelt zu haben. Käme die Amnestie, so würden sie die Straffreiheit nicht als Gnadenakt empfinden, sondern als Bestätigung ihrer falschen Auffassung. Sie würden noch dreister auftreten, ihre jahrzehntelangen Lügen kultivieren, noch unverschämter die ehemals Verfolgten verhöhnen.

Nicht das Vergessen, sondern die Erinnerung macht frei. Dazu gehört das sorgfältige Aufarbeiten der Vergangenheit, auch mit den Mitteln der Justiz. Die gegenwärtige Situation wird zudem vom Umstand geprägt, dass die Täter jahrzehntelang Partner der so genannten Entspannungspolitik waren, die jedoch nichts anderes als Appeasement Politik war, eine Politik des bemühten Verdrängens. Wer sich gegen diese Politik geäußert hatte, ist als „kalter Krieger" verteufelt worden. Trotz der „gutnachbarlichen Beziehungen" mit der DDR hatte das Bundesverfassungsgericht in verschiedenen Urteilen klargestellt, dass der Schießbefehl und andere Unrechtstaten nicht im Einklang mit dem so genannten Grundlagenvertrag standen. Sie waren ebenso wie die anderen Untaten des Systems Verbrechen gegen die Menschlichkeit. Diese unterscheiden sich von gewöhnlichen Straftaten durch den Umstand, dass sie systematisch, in großem Umfang und meist gedeckt von den staatlichen Behörden durchgeführt wurden; wegen ihres Ausmaßes und ihrer Brutalität fordern sie das Weltgewissen heraus.[579] Zudem hatte sich die DDR die Definition des internationalen Menschenrechtsstandards einschließlich der Strafbarkeit der Verbrechen gegen die Menschlichkeit zu Eigen gemacht. Er fand seinen gesetzlichen Niederschlag im Paragrafen 91 StGB der DDR und wurde als Weiterentwicklung der IMT-Statuten vom 8. August 1945 enthaltenen Tatbestände betrachtet. Der Konvention über die Nichtanwendbarkeit von Verjährungsbestimmungen auf Verbrechen gegen die Menschlichkeit vom 26.11.1968 ist die DDR 1973 ebenso beigetreten. Die Menschenrechtspakte der Vereinten Nationen, der internationale Pakt über bürgerliche und politische Rechte, der internationale Pakt über wirtschaftliche, soziale und kulturelle Rechte, jeweils vom 19.12.1966, waren Bestandteil des innerstaatlichen Rechts der ehemaligen DDR geworden. Die Konvention gegen Folter und andere grausame, unmenschliche oder erniedrigende Behandlung oder Bestrafung vom 10.12.1984 ist von der DDR gleichfalls am 7.4.1986

579 Vgl. D. Blumenwitz, Die Überwindung der deutschen Teilung und die vier Mächte, Berlin 1990

unterzeichnet, gemäß Artikel 27 am 9.10.1987 für die DDR in Kraft getreten, und damit geltendes Recht im SED-Staat geworden.

Alle unterzeichneten Pakte, Konventionen, Erklärungen, Verträge und Absichtserklärungen, die die DDR diesbezüglich unterzeichnet hat, zeigten keinerlei Auswirkungen auf die tatsächliche Rechts- und Verfolgungspraxis hinsichtlich politischer Gegner des Systems. Sie waren das Papier nicht wert, auf dem sie geschrieben standen. Der SED-Staat hat sich über geltendes Völkerrecht, selbst über sein eigenes Recht, in grenzenloser Verkennung der Realität und in der zynischen Absicht hinweggesetzt, sich damit als friedlicher, „gerechter" und „rechtmäßiger", „normaler" Staat zu tarnen. Das kann nicht ohne Folgen für die juristische Bewertung seiner Verbrechen bleiben, auch seiner Unterlassungen und Täuschungen.

So hat die Politik des instrumentellen Antifaschismus seit Ende der fünfziger Jahre zu einem erheblichen Bedeutungszuwachs der Staatssicherheit geführt, weil dort das Material für die inszenierten Kampagnen gegen Nazis in westdeutschen Spitzenpositionen gesammelt und passgerecht zusammengestellt wurde. Fast in jedem großen westdeutschen Ermittlungskomplex oder Prozess tauchten früher oder später solche Fälle auf, die sich zu einer Gefährdung der „antifaschistischen" Reputation der DDR auswachsen konnten, weil das MfS systematisch und wissentlich NS-Täter bis hin zu Massenmördern als Informanten und Agenten in Ost und West rekrutierte und zugleich vor strafrechtlichen Ermittlungen und dem gerechten Urteil unabhängiger Gerichte bewahrte. Das Verschweigen der SS-Zugehörigkeit wurde als Druckmittel eingesetzt. Die geheimdienstliche Indienstnahme von NS-Belasteten gehörte zur ständigen Übung sozialistischer Vergangenheitspolitik. Die Politiker, die nach der Wiedervereinigung unter anderem die Restitution für Verfolgte und Geschädigte des SED-Staates zu prüfen und entscheiden hatten, versagten kläglich.[580] Sie haben sich als unfähig erwiesen, deren Interessen angemessen wahrzunehmen. Selten oder nie befassten sie sich mit den Zuständen in den Zuchthäusern und Lagern des SED-Staates und besitzen mithin keine Vorstellung von dem dokumentierten Leiden ehemaliger politischer Häftlinge. Darin treffen sie sich mit der Forschung. Sie müssen sich vorwerfen lassen, in der Bewertung und Behandlung kommunistischen Unrechts versagt zu haben.

Die bundesdeutsche Verwaltungs-Medizin ignoriert die Spätfolgen erlittener Vernichtungshaft, weil sie dem Prinzip zu folgen scheint, den Staat vor Kosten zu bewahren, für die dieser keine Verantwortung trage. Nur in dokumentierten Einzelfällen wird eine Gleichheit zwischen nationalsozialistischer und realsozialistischer Verfolgung hergestellt und diagnostiziert.[581] Eine Ehrenpension von fünfhundert Euro monatlich für politisch Verfolgte, wie sie die Union als Oppositionspartei forderte, erschien den Sozialdemokraten und Grünen populistisch. Aber auch eine neue Koalition sprang mit einem dritten SED-Unrechtsbereinigungsgesetz (UBG) nicht über ihren Schatten. Die NS-Verfolgten, von den Angehörigen des Widerstands bis hin zu den Zwangsarbeitern, haben Jahre um eine sichtbare Anerkennung ringen müssen, während Großadmiräle und Generalfeldmarschälle ihre volle Pension

580 So z. B. bei Kinkel
581 Vgl. Rösner, BMA, 1996

bezogen. Dieser Fehlgriff wird im Fall der zweiten deutschen Diktatur wiederholt. „Auch sechzig Jahre nach Kriegsende erkennen wir die moralische Verantwortlichkeit der Bundesrepublik an", stellte die Staatsministerin für Kultur, Christa Weiss, klar. Damit meinte sie Entschädigung für das von den Nazis geraubte Kulturgut.

Man wünschte sich die Fortsetzung des Erkennens gegenüber den neuen Geschädigten. Die Behandlung von Verfolgten des SED-Staates und des Widerstands durch die deutsche Politik, die teilweise neuerliche Kriminalisierung und damit Zerstörung traumatisierten Lebens, die Ausgrenzung durch staatliche Institutionen, Gedankenlosigkeit und Zynismus im Umgang mit Verfolgten, ist jedenfalls ein Skandal, der die Betroffenen in neues Unrecht setzt.

Derweil gründeten die Täter mit geraubten MfS- und SED-Kassen sowie dem erlernten betrügerischen Know-how und umfangreichen Beziehungsgeflechten aus der Vorwendezeit Firmen und Firmenkonglomerate im In- und Ausland, schreibt Hans Schwenke.[582] Die Berliner Zentrale Ermittlungsstelle für Regierungs- und Vereinigungskriminalität (ZERV) dümpelte mangels ausreichenden Etats hilflos im Morast verdeckter Stasi-Finanztransaktionen. Längst hat auch sie ihre Arbeit beendet. Die Politik gibt sich ahnungslos und desinteressiert. Sie möchte das leidige Thema endlich vom Tisch und von der Tagesordnung haben. Diese Konsequenz aus der Wiedervereinigung beider deutscher Staaten befriedigt die am wenigsten, die dafür am meisten getan und gelitten haben. George Orwell war, wie Christoph Kleßmann zu Recht festgestellt hat, in der DDR der achtziger Jahre im Hinblick auf die Überwachungsdichte durch den Staatssicherheitsdienst viel eher realisiert als in der NS-Zeit.[583]

Die Linke, lange Zeit sprach- und orientierungslos, findet nichts ehrenrühriges dabei, die terroristische Dimension des SED-Regimes und seine Folgen zu verschweigen und führt eine Interessengeleitete Politik Hand in Hand mit den Tätern fort. Qui tacet consentire – wer schweigt, scheint zuzustimmen. Auch die Täter schweigen über ihre Untaten. Nadeschda Mandelstam schreibt: Schweigen ist das wahre Verbrechen an der Menschlichkeit.[584] Claude Lanzmann, der Verfilmer der Shoah, hielt es für unmöglich, den Tätern eine Sprache zu geben, weil Henker grundsätzlich schweigen. Die lassen sich unterdessen attestieren, dass auch ihre Biografien anerkannt und beachtenswert seien. Das sind sie in der Tat: beachtenswert, was das Ausmaß ihres Mangels an entwickeltem Unrechtsbewusstsein betrifft. Beachtenswert auch, was dieses Unrecht bei den Verfolgten angerichtet hat, und welche Folgen sich daraus bis heute für die Betroffenen ergeben. Analog dazu hat sich ein homogenes Forschungs- und Aufarbeitungsbiotop entwickelt, das den Widerstand konsequent ausblendet und an der Legende einer weit verzweigten und wirksamen DDR-Opposition strickt! Politiker und Verlage fördern und honorieren ihr manichäisches Weltbild.

Das Stasi-Unterlagengesetz (StUG) vom 20. Dezember 1991, in seiner Novellierung vom Juli 2002, verpflichtet die jeweiligen Bundesbeauftragten ausdrücklich zur „Unterrichtung der Öffentlichkeit über Struktur, Methoden und Wirkungsweise des

582 H. Schwenke, Wanderer zwischen den Welten in: HORCH UND GUCK 7. Jhrg. Heft 24, S. 70
583 Chr. Kleßmann, Das gespaltene Land. Leben in Deutschland 1945-1990, München 1998, S. 602
584 N. Mandelstam, Hope against Hope, New York 1970, S. 42f

Staatssicherheitsdienstes." Doch Dokumente und Urkunden werden unter Berufung auf die Persönlichkeitsrechte nicht herausgegeben. Angeblich stellt man sich auf die Seite der Verfolgten, verhindert damit aber die Wahrheit über die Täter, für die der Datenschutz gelte, wie man wortreich beteuert, was eine Auskunft über die deutsche Befindlichkeit ist. Aufklärung wird nicht erleichtert, sondern extrem erschwert. Vielleicht müsste man auch einmal nachsehen, womit sich die Mitarbeiter dieser und anderer Institutionen und Stiftungen unter der SED-Herrschaft beschäftigt haben. „Die Akten müssen für immer aufbewahrt bleiben", erklärte der russische Germanist und Schriftsteller Lew Kopelew mit Blick auf die Hinterlassenschaft des „wissenschaftlichen Sozialismus" in der Sowjetunion.

Gegen die Wiederkehr des Verdrängten, des Grauens der Zuchthäuser und Lager, gibt es kein Zaubermittel, trotz Negierung und Abwehr. Nach Freud ist das Weggedrückte „vogelfrei, ausgeschlossen aus der großen Organisation des Ichs". Doch es ist im psychischen Zustand dauernd präsent, lauert unkontrollierbar, kommt, wie es kommt, ist plötzlich da, schlägt zu. Der Psychoanalytiker Ernest A. Rappaport, der als Jude selbst in Buchenwald war und viele Jahre mit KZ-Überlebenden arbeitete, bezeichnet die Neurosenlehre als völlig ungeeignet, um mit seinen eigenen Erfahrungen und denen seiner Patienten umzugehen. Vielmehr sei ein großer Teil der Schwierigkeiten, mit denen Überlebende und Opfer zu kämpfen haben, auf den gesellschaftlichen Widerstand zurückzuführen, mit dem sie konfrontiert sind, wenn sie sich nicht der „bevorzugten Haltung des Vergessens" anschließen.[585] Damit ist die Situation treffend beschrieben, in der sich die Verfolgten und Opfer des SED-Staates heute befinden. Ihre Stimme lässt nämlich ahnen, dass wir uns Illusionen über die tatsächlichen Grausamkeiten eines Systems hingeben, das im Westen über die Jahre vielfach als eine diskutable alternative Gesellschaftsform galt. Nur wer wirklich weiß, was mit Menschen geschah, kann für ihr Schicksal Mitgefühl empfinden. Ein Mitgefühl, das die Grundlage für die solidarische Fürsorge bildet, die im wiedervereinigten Deutschland zu einer Entsolidarisierung mit den Verfolgten und Opfern geführt hat.

Letztlich muss man sich auch mit der Frage der andauernden Transferleistungen in die frühere DDR befassen. Weder die Regierung Kohl, noch die Regierung Schröder waren in der Lage, die wirtschaftliche Stagnation, ja den Niedergang des Ostens aufzuhalten und ihn zu stabilisieren und den ökonomischen Erfordernissen der Globalisierung anzupassen. Doch das ist nur eine Seite der insgesamt wirtschaftlich angespannten Situation in Deutschland. Sie wird durch einen weiteren Umstand gegenüber den Volkswirtschaften Frankreichs, Englands, Italiens und Spaniens entscheidend beeinträchtigt. Die Regierung Merkel hat in ihrem Regierungsprogramm darüber zwar weitschweifige Erklärungen abgegeben, doch steht zu befürchten, dass auch sie das Problem nicht lösen wird. Die immer noch hohe Arbeitslosigkeit in Deutschland hat (auch) damit zu tun, dass 4% des Bundeshaushalts jedes Jahr als Transferleistung im Osten ausgegeben werden. In der Hauptsache für Renten, Pensionen und Sozialleistungen, deren Empfänger nie in die Renten- und Pensionskassen eingezahlt haben. Ein überdurchschnittlich hoher

585 Zit aus T. Des Pres, The Suvivor. An Anatomy of Life in the Death Camps, New York 1976

Anteil daran entfällt auf die früheren Funktionsträger der SED-Elite und der ehemaligen Angehörigen des MfS.

Auch hier rächt sich, wie in der juristischen Aufarbeitung der SED/Stasi-Verbrechen, dass die gesamte politische Elite der DDR konsequenzlos und ausschließlich nach den vorhandenen bürokratischen Maßstäben der Bundesrepublik behandelt und berentet wird, ohne Berücksichtigung, ob unsere Volkswirtschaft diese ungeheuere Belastung auf Dauer und ohne ernsthaften Schaden tragen kann. Um sich ein Bild vom Ausmaß dieser Summe zu machen, kann man sie mit dem Militäretat der Vereinigten Staaten von Amerika vergleichen. Dieser gewaltige Etat, der die USA in die Lage versetzt, fast die ganze Welt zu beherrschen, beträgt 4% des gesamten amerikanischen Haushalts. Die angeführten europäischen Volkswirtschaften sind von vergleichbar schweren Belastungen wie sie Deutschland trägt, befreit. Das ist der Hauptgrund für die anhaltend schlechte wirtschaftliche Entwicklung, und deren Folge für die Lage auf dem Arbeitsmarkt, von dem die gesundheitlich schwer gezeichneten Verfolgten der SED-Repressionspolitik besonders betroffen sind.

Nach dem Ende der Nazi-Diktatur wechselten die NS-Bonzen ohne Unrechtsbewusstsein in die neue Gesellschaft hinüber. Ebenfalls ohne jedes Unrechtsbewusstsein wechselten die SED-Täter und Unterdrücker in das vereinigte Deutschland über, verharmlosen und verniedlichen die Verbrechen der SED-Diktatur und bedecken sie nach und nach mit einem verklärenden Schleier. „Dass die Täter in beiden Fällen keine Schuld empfanden, ist nicht zu ändern. Dafür zu sorgen, dass sich ihre Sicht auf die Geschichte nicht durchsetzt, ist hingegen Aufgabe aller, denen die politische Kultur in Deutschland am Herzen liegt. Dass es sich hierbei um eine Aufgabe handelt, die seit der Mitte der 90er Jahre ein immer größer werdendes Ausmaß annimmt, ist nicht zu übersehen“, schreibt der Historiker Hubertus Knabe 2007.[586] Wie schwer es ist, gegen die Schönredner und Verklärer des DDR-Sozialismus vorzugehen, erkennt man zum einen am hohen Organisiertheitsgrad ehemaliger SED-Funktionäre und Stasi-Offiziere: Ihre Vereinigungen ISOR, GRH und Insiderkomitee haben mehr als 24.000 Mitglieder. Sie geben monatliche Publikationen heraus, betreiben verschiedene Websites mit jährlich 400.000 Nutzern und treffen sich regelmäßig in 188 Ortsgruppen.[587] Zum anderen versuchen inoffizielle oder hauptamtliche Stasi-Mitarbeiter in jüngster Zeit mit Hilfe der Gerichte zu verhindern, dass ihre Rolle als Werkzeug der SED-Diktatur öffentlich benannt wird. Die Verfolgten sollen mundtot gemacht werden.

Nach den Paragrafen 32 und 34 des Stasi-Unterlagen-Gesetzes, also für Medien, Forschung und Aufarbeitung, müssen Namen von MfS-Mitgliedern nicht anonymisiert werden. Verfolgte und Opfer haben ein Recht zu erfahren, wer sie „operativ behandelt“ und über sie berichtet hat. Der Gesetzgeber hat die Aufarbeitung der Stasi-Strukturen und die Information darüber, wer die Stützen des MfS-Unterdrückungsapparats waren, als so wichtig eingestuft, dass dafür die allgemeinen Persönlichkeitsrechte von Stasi-Mitarbeitern teilweise eingeschränkt werden dürfen. Anstatt diese Rechtslage zu berücksichtigen, werden von den Stasi-Verbänden Beklagte zunehmend

586 H. Knabe, Die Täter sind unter uns, Berlin 2007
587 Ders.

verurteilt, deren Namen in Ausstellungen zu verschweigen. Wieder einmal zeigt sich die Unfähigkeit und Unwilligkeit der Justiz zur Aufklärung der Repressionsmechanismen des SED-Staates und der Verbrechen Einzelner. Diese Vereine sind bemüht, die DDR-Geschichte zu verklären und die Tätigkeit des MfS zu verharmlosen. *„Ich gehe nicht davon aus, dass sich das in den nächsten Jahren von selbst erledigt“*, schreibt Marianne Birthler.[588]

Da mag sie Recht haben. Hier sei der Fall des BGS-Beamten Hans Plüschke angeführt. Er wurde bekannt, weil er am 14. August 1962 den DDR-Grenzsoldaten Rudi Arnstadt erschossen haben soll. Der damals Dreiundzwanzigjährige gab an, in einer Notwehrsituation gehandelt zu haben. Diese Version wurde auch von den Behörden der Bundesrepublik Deutschland vertreten. In der DDR hingegen wurde er in Abwesenheit wegen Mordes zu 25 Jahren Zuchthaus verurteilt; das Urteil konnte jedoch nie vollstreckt werden. Bis zuletzt befürchtete Hans Plüschke Racheversuche aus der DDR. Erst 1997 legte er seine Identität in einem TV-Gespräch offen. Am 15. März 1998 wurde Plüschke, vermutlich von ehemaligen MfS-Tätern, ermordet. Knapp zehn Kilometer von Wiesental, dem Todesort von Rudi Arnstadt, wurde er erschossen aufgefunden. Die Art der Tötung war ähnlich wie im Falle Arnstadt: ein Einschuss über dem rechten Auge. Alles deutet auf eine Verbindung der beiden Vorfälle hin. Dennoch kam es nie zu einer Aufklärung des Falles.[589]

Im alten Preußischen Landtag, dem Berliner Abgeordnetenhaus, fand im Herbst des gleichen Jahres eine Veranstaltung von ‚Bündnis90/Grüne‘ unter dem Motto „Schlussstrich oder Auseinandersetzung“ statt, in der es auch um Flucht und Fluchthelfer ging. Im Laufe der erhitzten Diskussion drohte ein älterer Mann erregt: „…und den Welsch, der sich in Süddeutschland verkrochen hat, den kriegen wir auch noch.“ Wen meinte er mit „wir“ und was bedeutet „kriegen“? Man konnte ihn nicht mehr fragen. Nach diesem Zwischenfall erlitt er einen Herzinfarkt, an dessen Folgen er unmittelbar verstarb.

Bei allen Gruppierungen und Vereinen gibt es eine enge Zusammenarbeit mit der PDS, der heutigen „Linken“, in der auch die kommunistischen Hardliner der westdeutschen DKP Unterschlupf fanden. Nach außen hin wird so getan, als ob man nichts miteinander zu tun habe, doch die Vereine tagen in Büros der „Linke“, rufen zur Wahl der „Linke“-Kandidaten auf, und die Linkspartei vertritt im Bundestag Forderungen nach Amnestie, höheren Renten und gegen Stasi-Überprüfungen. Um sich dann doch gelegentlich selbst zu dekonspirieren: Im Februar 2008 erklärt die aus der DKP kommende „Linke“-Kommunistin Wegner, dass es in einer neuen Gesellschaftsordnung wieder der Geheimpolizei Stasi bedürfe, „um etwaige reaktionäre Kräfte zu bekämpfen.“ Diese Äußerung ist keine fehlgegangene Aussage einer „Linke“-Politikerin. Parallel dazu äußerte die Parlamentarische Geschäftsführerin der „Linke“-Bundestagsfraktion, Enkelmann, in einer öffentlichen Sitzung des Bernauer Stadtparlamentes, dass die Stasi zwar Unrecht begangen habe; die „Handlungen des Verfassungsschutzes und des Bundesnachrichtendienstes in heutiger Zeit seien aber genauso schlimm.“ Damit verharmloste sie die Tätig-

588 Vgl. M. Birthler in: netzeitung.de vom 21.3.2008
589 Fuldaer Zeitung vom 16.3.1998

keit der SED-Geheimpolizei und bezichtigte rechtsstaatliche Institutionen dem MfS gleich zu handeln. Ein Fall für den Verfassungsschutz? Mitnichten. Schon zuvor hatte ein anderer „Linke“-Bundestagsabgeordneter auf einer Veranstaltung in Anwesenheit Enkelmanns klare Worte gesprochen: *„Die Linkspartei ist die SED!“*[590] Auf dem letzten Parteitag der „Linken“ erklärte ihr Vorsitzender Bisky: „Die, die aus der PDS kommen, aus der Ex-SED, und auch die heutige Partei „Die Linke“ – wir stellen die Systemfrage.“ Sind das sinnentleerte Phrasen, lobbyistische Wahrheitsverdrehungen, taktisch verschwiegene Parteipolitik? Keinesfalls. Diese Partei will eine andere Gesellschaftsordnung.

Auch das beschämende Schauspiel um die mutmaßliche IM-Tätigkeit des Gregor Gysi ist nur möglich, weil der Weg zur deutschen Einheit von Vergeben vor Einsicht und Reue, von Vergessen vor Erinnern und Aufklären geprägt war. Nur so konnte es zu einem Einigungsvertrag kommen, der eine kriminelle Organisation wie die stalinistische SED ungehindert in unsere demokratische Parteienlandschaft entließ. Nur dieser Wendung der Geschichte verdanken die Schergen und Anwälte der SED-Diktatur das freie Geleit, schreibt Ulrich Claus.[591] Die DDR ist tot. Der Ungeist, der sie belebte, ist geblieben. Dem muss man entgegentreten. 2008 rief die europäische Seniorenunion der EVP das Europäische Parlament, die Europäische Kommission und die Regierungen der Mitgliedsstaaten der Europäischen Union dazu auf, ein Rahmendokument zu verabschieden, in dem das öffentliche Leugnen, die Rechtfertigung und grobe Verharmlosung der Verbrechen kommunistischer Regime als Straftaten qualifiziert würden, und das eine Empfehlung an die Mitgliedsstaaten enthielte, diese Straftaten in ihren Rechtsakten zu kriminalisieren.[592]

In den zurückliegenden Jahrzehnten wurde ich oft gefragt, wie ich die Jahre der politischen Haft, der Misshandlungen und Folter überlebt habe. Verstärkt wurde mir diese Frage auf meinen Lesereisen nach dem Erscheinen meiner Biografie 2001[593] gestellt. Darauf kann ich bis heute nur antworten: Nichts ist vergessen, der Schmerz ist geblieben, der sichtbare und der unsichtbare Schmerz. Verloren ging das Vertrauen in Menschen, in ihr Mitgefühl, ihre Verlässlichkeit und Gerechtigkeit. Verloren ist auch das Vertrauen in eine Gesellschaft, die ihre Unfähigkeit zu trauern, ihr Unvermögen, Solidarität mit den Verfolgten zu leisten, Unrecht als Verbrechen zu verfolgen, mit einer hastigen Amnesie und verlogenen Ehrungen kompensiert. Die Folge ist eine ständige Reproduktion des Schmerzes, begleitet von Rückzug und einem Gefühl der Leere und Hoffnungslosigkeit. Hebbel schrieb: Vertrauen ist die größte Selbstaufopferung. Seitdem weiß ich, was er darunter verstand.

Was ist Wahrheit, was Lüge? Mit Fragen dieser Art reiste Hannah Arendt 1950, fünf Jahre nach dem Ende des Nationalsozialismus, das erste Mal wieder nach Deutschland. Sechs Monate lang fuhr sie durch kaputte Städte, sah ein Land unter Schock, in dem die Menschen zugleich wie unter blindem Zwang standen, mit dem „gierigen Verlangen, den ganzen Tag pausenlos an etwas zu hantieren“. Was die

590 B. Ramelow, (PDS/Linke) vor 20 Teilnehmern im Dezember 2007 in Bernau bei Berlin
591 U. Claus in: weltonline vom 28.5.2008
592 Auf ihrer 3. Regionalkonferenz „Ost“ in Vilnius am 17.6.2008
593 W. Welsch, Ich war Staatsfeind Nr.1. Als Fluchthelfer auf der Todesliste der Stasi, Frankfurt/M. 2001

Philosophin aus dieser Aktionswut heraussah, war eine „tief verwurzelte, hartnäckige und gelegentlich brutale Weigerung, sich dem tatsächlich Geschehenen zu stellen.“ Wie sich doch die Bilder gleichen.

VIII. VOM VERKLÄREN DER GEWALTHERRSCHAFT

Nur was nicht aufhört weh zu tun, bleibt im Gedächtnis.
Friedrich Nietzsche (*Gene*alogie der Moral)

1. Bilanz deutscher Gerechtigkeit

Je länger der Abstand zu den Ereignissen des Herbst 1989 und der darauf folgenden Wiedervereinigung am 3. Oktober 1990, umso nachhaltiger werden die Diskussionen hinsichtlich der Ursachen einer abgebrochenen Revolution und umso deutlicher wird die psychologische Kluft zwischen den beiden Teilen Deutschlands. Zieht man heute Bilanz über die juristische Aufarbeitung der gestürzten SED-Diktatur, über eine angemessene Kapitalentschädigung und Ehrenpension für die politisch Verfolgten, stellt man auf beiden Seiten schnell fest, dass Aufbruchstimmung und idealistisch bestimmtes Gerechtigkeitsdenken einer tiefen Ernüchterung und Desillusionierung gewichen sind. Es sind dabei nicht so sehr Bärbel Bohleys Worte „Wir wollten Gerechtigkeit und haben den Rechtsstaat bekommen", als vielmehr die Erkenntnis, dass der politische Wille einer juristischen Aufarbeitung kommunistischen Unrechts fehlt, dass Sühne und Aufarbeitung am juristischen Minimalkonsens des Rechtstaates und seiner Gesetzgeber gescheitert sind. Trotz der im Einigungsvertrag postulierten angemessenen Entschädigung kann davon bis heute nicht gesprochen werden. Bertold Brecht schreibt in der Dreigroschenoper: „Die Welt ist arm, der Mensch ist schlecht. Wer wollt auf Erden nicht ein Paradies? Doch die Verhältnisse, gestatten sie's? Nein, die gestatten's eben nicht." Unsere Träume werden erst dann wahr, wenn wir aus ihnen erwachen. Warum, so muss man sich heute fragen, wurde widerständiges Verhalten in der vormaligen DDR in unzähligen Sonntagsreden verbal gestärkt, und warum wurden rechtspolitische Verfolgungsinstitutionen wie Salzgitter installiert, wenn das nach der Wiedervereinigung alles keine oder kaum juristische Folgen für die Täter mehr hat? Wenn Verfolgte und Geschädigte der SED-Diktatur ihr Eigentum nicht zurückerhalten und Entschädigung nur als fortschreitender Wahrnehmungsverlust verstanden werden kann? Der Zehn-Punkte-Katalog Helmut Kohls, der zu einer Föderation zwischen beiden deutschen Staaten führen sollte, ist der deutlichste Ausdruck dafür, dass auch die Regierungspartei der Wende- und Nachwendezeit, wie schon lange vor ihr die SPD, den Gedanken an die verpflichtende Präambel des Grundgesetzes, die den Willen postulierte, die nationale und staatliche Einheit zu wahren, aufgegeben hatte. Hier trat ein, was Goethe meinte: „Denn der Mensch, der zu schwankenden Zeiten noch schwankend gesinnt ist, der vermehret das Übel und breitet es weiter und weiter."

Die Politik der siebziger und achtziger Jahre war von der Aufweichung dieses Gedankens und Verfassungsgebotes gekennzeichnet und kann daher mit Recht als Appeasement Politik bezeichnet werden. Die Verfechter der Anpassung, des Wandels durch Annäherung, der friedlichen Koexistenz und wie immer die Fehlprognostiker und Verklärer die Aufgabe oder Aufweichung demokratischer Grundsätze nannten, haben nichts gelernt. Unverändert sitzen sie in ihren Positionen, als wäre nichts geschehen und beherrschen die Talkshows und Kommentarspalten der Medien. Schwelgen in Erinnerungsbüchern von ihren Verdiensten. Als Fazit bleibt, dass den Verfolgten des SED-Staates, dem Widerstand der Vorwendezeit, in der künftigen Forschung, vor allem in der Öffentlichkeit, vermehrt Aufmerksamkeit, vor allem Verständnis, geschenkt werden sollte. Das Unrecht des SED-Staates ist mit justiziellen Mitteln nicht zu bewältigen. Zum einen werden die durchaus vorhandenen rechtlichen Grundlagen nicht entschieden genutzt, zum anderen fehlen der politische Wille und das Interesse. Beides war und ist in Deutschland allenfalls unterentwickelt vorhanden. Letztlich kann man fragen, woher der schlechte Beiklang des Wortes "Siegerjustiz" rührt? Natürlich, der Nürnberger Prozess: Nur Sieger besetzten die Richterbank, nur Sieger vertraten die Anklage, nur Verlierer waren angeklagt, eigenwillige Verfahrensregeln prägten den Prozess. Was aber gilt für die Urteile? Jedermann, bis auf die Verurteilten, respektiert sie. Was kann man mehr wünschen? Deshalb muss in erster Linie denen Gerechtigkeit und Genugtuung widerfahren, die durch vielfältigen Widerstand zu politisch Verfolgten wurden. Das scheint jedoch mehr und mehr zu einem bloßen Wunschdenken, seitens der Politik zur Absichtserklärung zu verkommen. Was hier geschah, besser nicht geschah, ist bezeichnend für die Doppelzüngigkeit insbesondere jener Parteien, deren politischer Grundsatz es jahrzehntelang war, den Widerstand im SED-Staat verbal zu unterstützen und im Übrigen auf den Anbruch der Wiedervereinigung zu warten, an die sie längst nicht mehr glaubten.

Tatsächlich ist die gesamtdeutsche Amnesie nicht neu. Es bedurfte Jahrzehnte und der TV-Serie „Holocaust", ehe der nationalsozialistische Widerstand Ehrenhöfe, Namen und Ansehen erhielt. Lange galten Claus Schenk Graf von Stauffenberg, Fritz Kolbe und andere als Verräter. Adam von Trott zu Solz war weitgehend unbekannt, die Geschwister Scholl hielt man für naiv-idealistisch. Heute sind sie Vorbild und haben das deutsche Ansehen im In- und Ausland durch ihr mutiges Beispiel des Widerstands wiederhergestellt. Geschichte wiederholt sich. Das wird mit dem Widerstand gegen kommunistisches Unrecht im SED-Staat auch geschehen. Es wird dauern, weiterer Bücher und Filme bedürfen, vielleicht wieder aus Amerika, um den Deutschen vor Augen zu führen, dass es auch gegen den realsozialistischen Terror Widerstand gab.

Man wird die Widerständler ehren, Fluchthelfer, Publizisten, Helfer und Mahner, Menschen, die ohne Rücksicht auf die eigene Person in der Aufklärung die einzige Möglichkeit sahen, Freiheit und Recht als Anspruch einzufordern. Seltsam janusköpfig mutete dagegen die Rede des Bundestagspräsidenten Wolfgang Thierse zum 60. Jahrestag der Ermordung der Geschwister Scholl am 17. Februar 2003 in München an. In ihr hob er hervor, dass alle aufrechten Demokraten sich gegen jede Diktatur von „Anfang an wehren müssen", wie es Hans und Sophie Scholl taten. Während der SED-Diktatur wehrte Thierse sich jedenfalls nicht. Die Einheit Deutschlands war auch nicht sein brennenster Wunsch. Johannes Gross erkannte: „Je länger das Dritte Reich zurückliegt, umso mehr nimmt der Widerstand gegen Hitler und die Seinen zu." Das betrifft wohl auch die Nachwendezeit. Da darf es erlaubt sein zu fragen, wo diejenigen waren, die sich im SED-Staat gewehrt haben, die vergleichbar „resistent" waren, die verfolgt und in die Gefängnisse geworfen wurden? Es gibt sie. Sie sitzen im gesellschaftlichen Schatten und man sieht sie nicht. Keiner besitzt Ämter und Pfründe, oft nicht einmal eine ausreichende Existenz. Keiner wird geehrt wie der vorerwähnte Laudator. Die allermeisten sind durch traumatische Erfahrungen, durch Verfolgung und Haft lange schon berufsunfähig. Es waren die politisch Verfolgten, die Widerständigen, vom 17. Juni 1953 bis zu den Flüchtlingen in der Prager Botschaft im Sommer 1989, die sich gewehrt haben. Die Mitläufer, Angepassten und Teilnehmer der Runden Tische und die, die in den letzten Monaten des Bestehens der Diktatur politische Parteien gründeten, meldeten sich zu Wort, als dies ohne Gefahr für Leib und Leben möglich war. Und so wird seit 1990 die Geschichte schleichend manipuliert. Am Ende erklären sich alle, Täter, Mitläufer und Wendehälse, zu Opfern und nehmen ohne Scham jene Ehrungen für sich in Anspruch, die andere durch ihr Handeln verdienten.

Zuerst haben die Verfolgten der SED-Diktatur die hehren Worte der Politik, die Feiern und Mahnungen als Ehrung für sich angesehen, bis ihnen aufging, dass die Veranstalter und Redner das Erinnern zu einer Ehrung für sich selbst umfunktioniert hatten. Es geht ihnen nur darum, dass die Träger des Erinnerungskultes sich in den Mantel der Großartigkeit der Verfolgten einhüllen wollen.

Ob der Widerstand noch Platz im kollektiven Gedächtnis der Gesellschaft haben wird, hängt vielleicht mehr davon ab, ob ein Hollywoodregisseur sich ihrer demnächst annehmen wird. Wann wird man sich in Deutschland, einem Mitglied der Europäischen Union, an die Männer und Frauen erinnern, die mit ihrem Widerstand das geistige Überleben vieler Menschen in der Mitte Europas ermöglichten und so die Grundlagen für das geschaffen haben, was als europäischer Geist die Menschenrechte in allen Ländern Europas ausmacht? Noch behandelt die Politik die Verfolgten des SED-Staates wie lästige Anspruchssteller, denen man mit Hinweis auf leere Staatskassen ihre Illusionen nehmen muss, deren zunehmenden Groll man mit Almosen befriedigt, weil kein Geld da ist. Dabei ist diese Argumentation zynisch. Die Wahrheit sieht anders aus. Einige wenige Beispiele, stellvertretend für unzählige andere, verdeutlichen, wie die verarmte Bundesrepublik rund um den Erdball Gelder verschleudert: 150 Millionen Euro wurden für die Kampfstierzucht in Spanien ausgegeben. 60 Millionen Euro Entwicklungshilfe fließen jährlich an das kommunistische China.* 44 Millionen Euro gingen als Entwicklungshilfe in das totalitäre Syrien.* 20 Millionen Euro erhielt die terroristische Hamas im erputschten Gazastreifen.* Mit 9 Millionen Euro unterstützt man Fußballtrainer in Afrika. Der Stasi-Chor „Erich Weinert" ist der Bundesregierung 5 Millionen Euro Unterstützung wert. Auch kleine Summen, wie 400.000 Euro für die „Internationale Kaffeeorganisation" in London, oder nur 230.000 Euro an das „Asiatische Gemüseforschungsinstitut" in Taiwan werden verteilt. Die deutsche Presseagentur meldet an einem einzigen Tag: „Deutschland stellt 3,2 Mio Euro für Afganisthan- Hilfe zur Verfügung, Deutschland stellt 1,2 Mio Euro für Goma/Afrika zur Verfügung'.[594] Nach wie vor

594 dpa 21.1.2002, 2006, verfügte Mittel: 321,2 Mio Euro, 5% aller öffentlichen Ausgaben, 31 Milliarden Euro, werden jähr. verschwendet. dpa, BMF, Nov./Apr. 1999/03, 2006, SPIEGEL Nr. 16,/03, *SPIEGEL Nr. 36 + Spiegel-TV 2./3.9.2007

gehen zehn Prozent des Wehrhaushaltes nach Israel. Der deutsche Wehrhaushalt beträgt aktuell jährlich 29,5 Milliarden Euro. In den Jahren 1991 bis 1994 sind an die Nachfolgestaaten der früheren Sowjetunion zusammen etwa 64 Milliarden Euro an Aufbauhilfen geflossen.

Bislang erstellen Bundes- und Landesbehörden 350 verschiedene Statistiken, darunter beispielsweise eine über gefährdete Farne im niedersächsischen Flachland. Kosten der Datenflut: 500 Millionen Euro. Das gemeinsame Informationssystem „Genesis" befindet sich nach vierzehn Entwicklungsjahren immer noch im Probebetrieb. Statt der geplanten 700.000 Euro seien über 10 Millionen ausgegeben worden. Vernichtendes Urteil der Prüfer: *„Kein Ziel erreicht, keinen Termin eingehalten, keinen Kostenrahmen eingehalten, niemand für das Ergebnis verantwortlich."*[595] Auch diese Beispiele ließen sich fortsetzen. Sie sind das gemeinsame Kontinuum aller Bundesregierungen. Jedes Jahr stellt der Bundesrechnungshof fest, Milliarden Euro nutz- und sinnlos ausgegeben werden.

Wenn die Bundesregierung die verfassungskonformen Forderungen der Verfolgten und Opfer nach angemessener Kapitalentschädigung, Ehrenpension, Entschädigung von Haftzwangsarbeit und Rückgabe von Eigentum ablehnt und dabei von leeren Kassen spricht, ist das die beschämende Unwahrheit. Der Staat hat genug Geld. Er gibt es nur falsch aus. Man muss nicht alles sagen, was wahr ist, aber was man sagt, muss wahr sein. Die Bundeskanzler(in) und ihre Minister haben auf die Verfassung geschworen, alles zum Wohle des Volkes zu tun. Gehören Verfolgte nicht zum Volk? Die Feststellung Edward Abbeys: „Ein Patriot muss immer bereit sein, sein Land gegen seine Regierung zu verteidigen", gewinnt an aktueller Bedeutung, denn das *„Das Argument der „leeren Kassen" dient lediglich als Camouflage einer bestimmten Interessenlage der „politischen Klasse"."*[596]

Helmut Schmidt schreibt: *„Der Einfluss der politischen Klasse erfasst die gesamte Struktur der politischen Willensbildung und prägt die dafür relevanten Institutionen. Die politische Klasse hat die Einrichtungen, die das Denken prägen, insbesondere die gesamte politische Bildung, fest im Griff."*[597]

Einmal im Monat erntet Margot Honecker im fernen Santiago de Chile die Früchte ihres fast 50 Jahre währenden Einsatzes für die Sache der Partei. Dann überweist die BfA ihre Rente, rund 1500 Euro, inklusive einer speziellen Zusatzversorgung.[598] Dieser Betrag wird stets dynamisch angepasst, das heißt, erhöht. Die Staatsgelder gehen ausgerechnet an die Frau (des Diktators), die als SED-Volksbildungsministerin den Hass in die Seelen der Schulkinder legen ließ. Parallel dazu bekommen Tausende anderer Täter Bescheide über eine Anpassung ihrer Renten. Nutznießer waren und sind auch die MfS-Generalobristen Wolf und Großmann, außerdem Stasi-, Vopo-, und NVA-Offiziere. Mehr als 750.000 Ostdeutsche, vormals Sachwalter der Diktatur, gehören zum privilegierten Kreis der Bezugsberechtigten. Geschichte wiederholt sich.

595 In: DER SPIEGEL Nr.47 vom 18.11.2002, S. 18
596 H. Schmidt in: A. von Arnim, Vom schönen Schein der Demokratie, München 2000 S. 36f
597 Ders., S. 37f
598 In: DER SPIEGEL Nr. 16, 2003, S. 146

Die Extra-Zuwendungen kosten inzwischen soviel, dass die neuen Länder auf den finanziellen Kollaps zusteuern. Im Jahr 2005 mussten sie rund 3,1 Milliarden Euro für Sonder- und Zusatzrenten aufbringen, Tendenz steigend. Die einstigen Stützen des Regimes profitieren davon, dass die DDR ihren Eliten neben der normalen Rentenkasse über 60 so genannte Zusatz- und Sonderversorgungssysteme gönnte. 28 dieser lukrativen Systeme wurden per Einigungsvertrag und später per Gesetz in bundesdeutsches Recht übernommen. Zwar wurde versucht, mit politischen Mitteln gegen die Ansprüche vorzugehen, doch ohne Erfolg. Das Bundessozialgericht (BSG) kippte die pauschale Kürzung von Renten systemnaher Bediensteter und MfS-Angehöriger. Und es sorgte in Urteilen dafür, dass noch mehr Berufsgruppen in den Genuss der Zahlungen kommen. Die üppigen Sonderrenten der DDR-Eliten werden zu einer Milliardenlast. Das gleiche Bundessozialgericht verweigert ehemaligen, schwer traumatisierten politischen Häftlingen die Erhöhung der MdE auf fünfzig Prozent, wodurch sie einen Berufsschadensausgleich vornehmen könnten. Die immer gleiche Begründung dafür lautet: Es gibt keinen kausalen Zusammenhang zwischen Vernichtungshaft und Trauma! Die jedem System zu Diensten stehende Mehrheit schaute schon immer verständnislos auf jene, die sich einmischten, auflehnten oder Widerstand leisteten. In den Augen der Angepassten verhielten sie sich nicht normal, denn normal ist immer angepasst. Den Geist der Freiheit kann man aber nicht vollständig „normalisieren“.[599]

Nach der Rechtsprechung des Bundesverfassungsgerichts und der Praxis des Deutschen Bundestages waren die Deutschen der DDR deutsche Staatsbürger. Sie waren zwar nicht dienstrechtlich mit dem Staat Bundesrepublik verbunden, wohl aber verfassungsmäßig. Daraus ergibt sich zwingend eine Gleichbehandlung der Verfolgten mit den Tätern, deren Ansprüche nach dem Rentenrecht der ehemaligen DDR anerkannt wurden. Was eine Entschädigung von Haftzwangsarbeit betrifft, so klagen Betroffene derzeit vor dem Europäischen Gerichtshof für Menschenrechte (EGMR). Das Bundesverfassungsgericht hatte die Annahme der Klage verweigert. Zwar hatte auch die Kanzlerin versprochen, die Frage der Opferentschädigung politisch neu zu gewichten und in eine Gesetzesvorlage zu gießen, doch die peinliche Diskussion um eine Bedüftigkeitsklausel entlarvt auch diesen Ansatz als Kosmetik. Zudem führt der Vergleich mit den Entschädigungsgesetzen für nationalsozialistisches Unrecht in die Irre. Neben vergleichbaren Tagessätzen für Freiheitsentzug gibt es dort volle Schadensersatzansprüche, insbesondere hinsichtlich Zwangsarbeit in den Konzentrationslagern. Dies wird den Opfern der SED-Diktatur in Gänze versagt. Die Politik weigert sich stringent, Ansprüche aus Haftzwangsarbeit anzuerkennen, wie Jürgen Schmidt-Pohl an Hand von Rechtsgutachten nachweist.[600] Nicht wenige westdeutsche Firmen profitierten von der Arbeit politischer Häftlinge. Ein Gutachten für Klagen vor den Landgerichten Magdeburg, Rostock und Schwerin auf Entschädigung für Haftzwangsarbeit hat aufgedeckt: *„dass die Bundesregierung fehlerhaft in der Erarbeitung des Strafrechtlichen Rehabilitierungsgesetzes*

599 „Normalisierung“ war der sowjetkommunistische Ausdruck für die Erstickung der freiheitlichen Ansätze in der Tschechoslowakei nach Niederschlagung des Prager Frühlings.

600 J. Schmidt-Pohl, DDR-Haftzwangsarbeit politischer Gefangener, Schwerin 2003

für SED-Opfer vorging und, dass es dabei zu einer ,Gesetzeslücke kam, mit dem Ergebnis des Gesetzeswiderspruch'. Ehemalige politische Häftlinge wurden nur einmal rehabilitiert: für die Zeit des Strafurteils und für die reale Haftzeit, nicht aber für die damit ganz überwiegend verbundene und erpresste Haftzwangsarbeit. Da aber eine Entschädigung nur für die Haft, nicht aber für die nicht rehabilitierte Haftzwangsarbeit erfolgte, ist hier ein Mangel im Gesetz eklatant."[601]

Dabei kommt der Frage nach Umfang und Qualität der Entschädigung von Haftzwangsarbeit und einer Entschädigung für den Verdienstausfall politischer Häftlinge eine besondere Bedeutung zu. Wird es endlich nicht nur eine Entschädigung geben, sondern auch, wie im Fall der NS-Haftzwangsarbeitern, eine Stiftung für Forschungs- und Bildungsaufgaben? Catos ceterum censeo kann man so ergänzen: „dass den Opfern des SED-Staates eine Ehrenpension gezahlt werden muss." Dies umso mehr, weil Opfer kein zweites Mal zu Opfern werden dürfen.

2. Gleichstellung NS-/SED-Verfolgte?

Darf SED-Unrecht mit NS-Unrecht überhaupt verglichen werden? Die Frage ist oft gestellt worden. Wer einen solchen Vergleich anzustellen wagt, hat sich angesichts einer erhitzten öffentlichen wie wissenschaftlichen Debatte zunächst einmal zu rechtfertigen, als ob es sich dabei um eine Missachtung des 11. Gebotes handeln würde: Du sollst nicht vergleichen. Die Behauptung, ein Vergleich impliziere Gleichsetzung oder beinhalte eine Tendenz, ist falsch. Vergleich wird oft im Sinne von Gleichsetzung verwendet, obwohl der Begriff genau das Gegenteil meint, nämlich, die Herausarbeitung von Gemeinsamkeiten und Unterschieden zwischen den Vergleichsobjekten. Vergleich und Unterscheidung bedingen einander, schreibt Golo Mann 1989.[602] Die Aussage, zwei Phänomene unterscheiden sich in wesentlichen Punkten, setzt zwingend methodisch voraus, dass sie zuvor verglichen worden sind.[603] Wenn insoweit geäußert wird, der Vergleich könne zu einer Gleichsetzung verleiten, ist dies unbegründet. Vergleich bedeutet eben nicht Gleichsetzung. Ein Vergleich darf nicht dazu führen, über den Gemeinsamkeiten die Unterschiede zu vernachlässigen.[604] Der Hinweis lässt sich aber auch umkehren: Man kann über den Unterschieden auch die Gemeinsamkeiten übersehen.[605] Selbst die Feststellung völliger Gegensätzlichkeit kann immer nur das Ergebnis eines Vergleichs sein und führt die Behauptung von einer angeblichen Unvergleichbarkeit ad absurdum. Alfred Grosser hat erklärt, dass „unvergleichbar" eines der törichtsten Worte sei, die es gebe.[606]

601 BSV, STACHELDRAHT Nr. 1/2005, S. 9

602 Golo Mann in: BADISCHE ZEITUNG vom 23.8.1989

603 Heydemann/Beckmann, DA März/April 1997, S. 12

604 H. Mommsen, Nationalsozialismus und Stalinismus. Diktaturen im Vergleich, zit. bei Klaus Sühl (Hrsg.), Vergangenheitsbewältigung 1945-1989. Ein unmöglicher Vergleich?, Berlin 1994, S. 109

605 Schroeder/Staadt, Der diskrete Charme des Status quo. DDR-Forschung in der Ära der Entspannungspolitik, Opladen 1993, S. 24-63

606 Ders., Verbrechen und Erinnerung. Für eine Politik der Mitverantwortung, in: Brigitte Rauschenbach (Hrsg.), Erinnern, Wiederholen, Durcharbeiten. Zur Psychoanalyse deutscher Wenden,

Unbestreitbar bleibt, dass die Verbrechen des Nationalsozialismus unendlich größer waren als die der DDR. Unbestreitbar ist und bleibt deren Singularität. Die DDR hat keinen Genozid verübt und war auch nicht für die Entfesselung eines Weltkrieges mit Millionen Opfern und ihren unbeschreiblichen Leiden verantwortlich. Die NSDAP kam in einem Prozess zur Macht, der zwar keinesfalls dem Geist, durchaus aber dem Buchstaben der Weimarer Reichsverfassung entsprach.[607] Als weiteres Hindernis für eine komparatistische Analyse wird konstatiert, dass die NS-Diktatur ein Phänomen sui generis, der SED-Stalinismus hingegen ein abgeleitetes Phänomen gewesen sei, und der eigentliche Bezugspunkt für einen Vergleich mit Hitler-Deutschland daher die stalinistische Sowjetunion darstelle.[608] Der Historiker Horst Möller hat darauf hingewiesen, dass die in den letzten Jahren verstärkt auftretenden Forderungen nach einem alltagsgeschichtlichen Blickwinkel, der auch die Perspektive der Opfer einschließe, eine vergleichende Diktaturgeschichte „von unten" geradezu zwingend nahe lege.[609] Auch der Historiker Martin Broszat hatte bei der Erläuterung des Resistenz-Modells, das die „kleinen", oft auch unreflektierten Formen von Verweigerung und widerständigem Verhalten im Alltag des „Dritten Reiches" zu erfassen sucht, als Ergebnis eines solchen Ansatzes eine „zwar weniger spektakuläre, aber dafür um so leichter nachvollziehbare histoire humaine propagiert.[610] Schließlich wird die Befürchtung geäußert, eine vergleichende Betrachtung könne auf eine Relativierung der NS-Verbrechen abzielen. Umgekehrt lässt sich ins Feld führen, dass die Verbrechen der DDR im Vergleich mit jenen der Nazis bagatellisiert werden könnten, da sie in einem solchen Kontext betrachtet als viel geringer erscheinen.[611] Durch die Unterscheidung von konstanten und variablen Elementen totalitärer Herrschaftssysteme können diese gleichwohl vergleichbar gemacht werden, ohne sie gleichzusetzen.[612]

Lange vor dem deutschen Historikerstreit verglich Hannah Arendt Nationalsozialismus und Stalinismus. Sie zielte dabei auf die Systematik des Denkens: Jede Theorie, so ihr Argument, die aus Gegenwart und Zukunft Planerfüllung macht, ist ihrem Wesen nach totalitär. „Das Böse ist nicht Ausdruck individuellen Wollens", schreibt sie, „es ist ohne Dämonie; es geht im Funktionieren auf." Der Friedenspreisträger des Deutschen Buchhandels 1994, Jorge Sémprun, hat mit Recht betont, dass die

---

1992, S. 56-79, hier 64., vgl. auch ders.: Ermordung der Menschheit. Der Genozid im Gedächtnis der Völker, 1993, v. a. S. 45-96

607 H. A. Winkler, Requiem für eine Republik. Zum Problem der Verantwortung für das Scheitern der ersten deutschen Demokratie, in: Steinbach/Tuchel (Hrsg.), Widerstand gegen den Nationalsozialismus, Zürich 1994, S. 54-67

608 Schuller, Bericht der Enquête-Kommission „Aufarbeitung von Geschichte und Folgen der SED-Diktatur in Deutschland", GWU 46 (1995), S. 738-742, hier 742. Vgl. auch M. Vetter (Hrsg.), Terroristische Diktaturen im 20. Jahrhundert. Strukturmerkmale der nationalsozialistischen und stalinistischen Herrschaft, 1996, S. 34

609 H. Möller, Die Geschichte des Nationalsozialismus und der DDR: ein (un-)möglicher Vergleich?, in: K. Sühl S. 127-138, hier 129

610 M. Broszat, Résistance und Widerstand. Eine Zwischenbilanz des Forschungsprojekts, in: Bayern in der NS-Zeit, 6 Bde., 1977 f., Bd. IV, 1981, S. 691-709, das Zitat S. 693

611 So etwa bei Uwe Wiesel, in: DIE ZEIT vom 17.8.1990

612 S. Mampel, Totalitäres Herrschaftssystem, Berlin 2001

Deutschen das einzige Volk in Europa sind, *„das sich mit den beiden totalitären Erfahrungen des 20. Jahrhunderts auseinandersetzen kann und muss."*[613]

Erst in der Leere einer glaubenslos gewordenen Zeit konnte das Echo der beiden politischen Religionen des Kommunismus und des Nationalsozialismus so gewaltig werden. Und wir Deutschen waren in diesem Glaubenskampf ungeduldiger als andere. Hinterfragten rücksichtsloser, dachten konsequenter. Wir waren Fundamentalisten, nahmen die Sache ernst, todernst. Die SED-Herrschaft ist mit dem NS-Regime durchaus zu vergleichen, stellt auch die britische Historikerin Mary Fulbrook fest.[614] Hass predigten beide, die SED und die NSDAP. Hans Wilhelm Vahlefeld bemerkt: Industriell mordete die SED nicht, aber sie mordete auch.[615]

Sind Nationalsozialismus und Kommunismus gleichermaßen verbrecherisch? „Ja, gleichermaßen verbrecherisch"[616], beantwortet der französische Politikwissenschaftler Alain Besançon diese Frage. Vergleichbar sind auch die gesundheitlichen Schäden ihrer Opfer. Daraus folgte bislang keine Gleichbehandlung in der Entschädigung beider Gruppen. Wer könnte je das Grauen der Shoah vergessen, das sich in dem Brief eines Kindes an seinen Vater am berührendsten widerspiegelt. Es fährt in ein Vernichtungslager und weiß, dass es sterben wird: „Ich würde so gerne leben Papa. Ich fürchte mich vor dem Tod." Wer könnte je die Verzweiflung einer jungen Mutter ermessen, die die Stasi hinterrücks betäubte und ihr Baby im vierten Monat zwangsweise abtrieb, um sie nicht aus dem Gefängnis entlassen zu müssen, in das sie wegen eines Fluchtversuches gebracht worden war: *„Es war mein Kind, ein Teil meines Lebens. Ich habe es nie gesehen. Mein Kind hat die Welt nie gesehen."*[617]

Daraus lässt sich nur folgern, dass Leid nicht hierarchisiert werden kann. Es bleibt immer gleich. Damit sind wir bei Hannah Arendts These von der Banalität des Bösen. Ihre Überlegung war, dass wir es bei gesellschaftlichen Typen wie Eichmann und Himmler, Stalin und Ulbricht keineswegs mit blutrünstigen Ungeheuern zu tun haben, vielmehr mit niedrigstirnigen Spießern, die zu Mutti an den Gulaschtisch kamen. Beim linkischen, machtbesessenen Mielke, dessen infantile Lustbarkeiten („Prost Prost Prösterchen...") die versteinerten Spießer des Politbüros erheiterten, war der Begriff Schuld gar nicht vorhanden. Ich halte es für abwegig, den Marxismus aus einer speziellen deutschen Charakteranlage erklären zu wollen, dass er im Gegenteil die radikale Verneinung jeder Tradition war, ja den Untergang aller deutschen oder europäischen Tradition darstellte.

Die SED war eine politische Mafia. Mafia bedeutet „die Überheblichen", im Wortsinn, die Anmaßenden. Überheblich und anmaßend sind die Begriffe, mit denen sich die SED und ihr Anspruch am deutlichsten beschreiben lassen. Daraus kann man schließen, dass 17 Millionen Deutsche über 40 Jahre von einer politischen Mafia mit Gewalt botmäßig gehalten wurden.

---

613 Friedenspreis des deutschen Buchhandels 1994, Ansprachen aus Anlass der Verleihung, 1994, S. 32-52, hier S. 51

614 Mary Fulbrook, Anatomy of a Dictatorship. Inside the GDR 1949-1989, Oxford University Press, Oxford 1995

615 H. W. Vahlefeld, Deutschlands totalitäre Tradition, Stuttgart 2002

616 A. Besançon, S. 134

617 Studentin an der HU, politische Gefangene, im Gespräch mit dem Autor, MfS-UHA Berlin-Pankow 1965

„Aufklärung und Versöhnung bedingen einander“, so die vormalige Bundestagspräsidentin Rita Süßmuth.[618] Die Wahrheit über die schmerzliche Vergangenheit zu erkennen, habe befreiende Wirkung: Es befriede die Opfer und ermögliche den Tätern einen Neuanfang. Bislang ist das nur im Prinzip und der Vorstellung derer möglich, die nicht betroffen sind. Tatsächlich geht die Erwartung an den Realitäten vorbei. Eine Aufklärung kann nicht den Automatismus einer Versöhnung auslösen, denn allein dadurch ist kein Opfer befriedet. Insbesondere dann nicht, wenn der Neuanfang der Täter sich im Leugnen oder verklären ihrer Verbrechen erschöpft.[619] Versöhnung wird vielmehr dadurch erreicht, dass die Täter Scham und Reue zeigen, dass Verfolgte angemessen entschädigt und Täter bestraft werden. Stattdessen begegnen sich Opfer und Täter oft in den alten Rollen. Opfer werden verhöhnt und ausgegrenzt, Täter haben sich mit geraubten Kassen und alten Seilschaften einen Neubeginn ermöglicht, MfS-Juristen Anwaltspraxen eröffnet. Sie tragen überdies jene akademischen Titel zum persönlichen Nutzen weiter, die sie mit Handlungsanweisungen zur Liquidierung des politischen Gegners und Klassenfeindes erworben haben.[620] Auch hier stellen wir eine weitgehend identische Integration von Tätergruppen fest, wie sie nach dem Zusammenbruch des NS-Staates stattgefunden hat. Insgesamt wird man festhalten können, dass ein gewissermaßen undogmatisch verstandener und seiner tagespolitischen Implikationen entkleideter pragmatischer Totalitarismusbegriff nach wie vor von beträchtlichem Nutzen für Analyse, Beschreibung und den Vergleich moderner Diktaturen sein wird,[621] wenn man ihn im Sinne Max Webers als Idealtypus, als Mittel zur Annäherung an die historische Realität versteht und zudem durch Hinzuziehung anderer Komponenten zu ergänzen sucht, um dem komplexen Charakter der Diktaturen des 20. Jahrhunderts gerecht zu werden.

In der Repressions-Praxis des zu vergleichenden SED-Systems mussten die Häftlinge des DDR-GULags gleichermaßen Zwangsarbeit leisten, zumeist für den militärisch-industriellen Rüstungskomplex des SED-Staates, wie die Haftzwangsarbeiter in den KZ-Außenstellen der IG-Farben, Siemens und andere, ohne dass dafür eine materielle Entschädigung in Aussicht gestellt wurde. Bis heute wird dies nicht einmal als Anspruchsvoraussetzung wahrgenommen. Wenn aber die Leiden von Opfern des Sozialismus/Kommunismus in der Konsequenz sich von den Leiden der Opfer des Nationalsozialismus nicht unterscheiden, auch nicht in ihren posttraumatischen Spätfolgen, dann muss deren Bewertung und Entschädigung gleich sein.[622]

Als Zwangsarbeit wird all jene Arbeit verstanden, die während politischer Haft regelmäßig in Haftproduktionsbetrieben und in Arbeitskommandos als unvertragliches Beschäftigungsverhältnis geleistet wurde, und die das Kriterium der volks-

618 Am 15.11.1996 bei der Eröffnung einer Ausstellung im Foyer des Deutschen Bundestages in Bonn

619 Wie M. Wolf in: Spionagechef im geheimen Krieg, Berlin 1998

620 D. Voigt, Die Promotionen des MfS, Bochum 1997

621 M. Vetter, Terroristische Diktaturen im 20. Jahrhundert. Zum Vergleich zwischen nationalsozialistischen und stalinistischen Diktaturen, S. 13

622 Rösner, BMA, in: STACHELDRAHT Heft 1., Bund der Stalinistisch Verfolgten [Hrsg.], 1996

wirtschaftlichen Wertschöpfung erfüllte, also von volkswirtschaftlichem Nutzen war und die auch Bestandteil des Bruttosozialprodukts in der ehemaligen DDR war. Durch das Vorenthalten der ihnen gesetzlich zustehenden Vergütungen nach dem Arbeitsgesetzbuch der DDR waren die politischen Haftzwangsarbeiter schwerwiegend ausgebeutet. Ein Ausgleich dieser besonderen Form der Ausbeutung hat in den bisherigen Bestimmungen zur strafrechtlichen Rehabilitierung keine Berücksichtigung gefunden. Deshalb ist heute, im Zuge der Entschädigung von NS-Zwangsarbeit, auch die Haftzwangsarbeit des SED-Regimes ebenso zu entschädigen, wie der Verdienstausfall während der erlittenen Haftzeit auf Grundlage des Artikel 3 Grundgesetz und des politischen Willens, die Opfer und politisch Verfolgten beider Diktaturen des vergangenen Jahrhunderts gleich und angemessen zu behandeln.[623] Thomas Mann bemerkte zur Frage der Entschädigung: „Wer nach dem Sturz einer Diktatur die Opfer nicht großzügig entschädigt und die Täter nicht konsequent bestraft, begeht eine Form des Unrechts."

Diktatur ist nicht teilbar in eine schlimme nationalsozialistische und in eine weniger schlimme realsozialistische. In der Entschädigung von Opfern beider Systeme wird gleichwohl so unterschieden. Dabei bedeutete Sozialismus das Ende des Menschseins. Über die Gemeinsamkeiten faschistischer und kommunistischer Gewalttaten befragt, erklärte Alexander Jakowlew, einer der Berater Gorbatschows und früherer Leiter des Instituts für Weltwirtschaft und Internationale Beziehungen an der Moskauer Akademie der Wissenschaften: *„Eine solche Frage existiert für mich nicht. Ich sehe keinen Unterschied zwischen dem hitlerischen Faschismus und dem stalinschen Faschismus. Die Einstellung zum Menschen war dieselbe – Gewalt. Der Mensch als solcher existierte nicht."*[624] Wiederholt betonte auch Stalin, dass die Geschichte des Bolschewismus eine Geschichte des Kampfes gegen die Juden sei.[625] Die Frage, ob braun oder rot, ist dabei nur eine Frage des Designs. Es darf in der Bewertung von NS-Zwangsarbeit und SED-Haftzwangsarbeit ebenso wenig unterschieden werden, wie in der Bewertung gewalttätig Verfolgter, Andersdenkender und widerständig Handelnder beider Systeme. Bernd Faulenbach mahnt 1993: *„Die NS-Zeit darf mit ihren einzigartigen Verbrechen weder durch stalinistische bzw. poststalinistische Verbrechen der DDR relativiert, noch die Verbrechen in der DDR mit Hinweis auf die NS-Verbrechen bagatellisiert werden."*[626] Diese Formel entwickelte sich zum gesellschaftlichen Konsens für die Aufarbeitung beider Diktaturen des 20. Jahrhunderts, zumindest nach außen. Die Singularität eines Genozids der Shoah bleibt. Trotzdem beendete der Zentralrat der Juden in Deutschland im Januar 2004 seine Mitarbeit in der „Stiftung Sächsische Gedenkstätten zur Erinnerung an die Opfer politischer Gewaltherrschaft". Ihr Vizepräsident, Samuel Korn, warf der Stiftung und der Landesregierung eine „sich abzeichnende Analogisierung und Relativierung von NS-Verbrechen gegenüber denen des Stalinismus und der Staatssicherheit der DDR" vor. Die Behauptung, dass sich aus

623 J. Schmidt-Pohl, DDR-Haftzwangsarbeit, Schwerin 2003
624 Interview mit dem Regisseur Rainer Burmeister, 2005, A. Jakowlew, Ein Jahrhundert der Gewalt in Sowjetrussland, 2004
625 S. Allilujewa, ebd. S. 289
626 B. Faulenbach, 1993

einem Verbrechen der Nazis ableiten, festlegen, diktieren ließe, wie die Opfer leben, was sie denken, wie sie beten, aufwachsen und gedeihen sollen, ist eine Absurdität. Eine Blasphemie, schreibt Glucksman. Diese angebliche Marginalisierung der NS-Opfer, des NS-Unrechts, sah der Zeithistoriker Eberhard Jäckel schon in Bezug auf das Berliner Denkmal für die ermordeten Juden Europas: *„Es ist zu befürchten, dass jede Erweiterung der Bestimmung des Denkmals zu einer unspezifischen Nivellierung und damit Relativierung führt."*[627] Diese resignative, oder sollte ich sagen, ausgrenzende, Denk- und Handlungsweise, die sich keineswegs auf ein Mahnmal beschränkt, darf sich nicht durchsetzen. Vielleicht deshalb widersprach Rafael Seligman 2004: *„Die Opfer von einst erneut nach Kategorien, die ehemals von den braunen Häschern festgelegt worden waren, separat ehren zu wollen, wäre ein später Triumph der Nazis."*[628]

Es ist falsch und irreführend zu behaupten, man dürfe die Verbrechen des Kommunismus nicht mit denen des Nationalsozialismus vergleichen. Das hatte ich an anderer Stelle deutlich hervorgehoben. Indem man vergleicht, stellt man nicht gleich. Eine vergleichende Betrachtung ist nicht nur legitim sondern notwendig, um die Mechanismen des Terrors zu erkennen und das Unrecht zu benennen. Die lettische EU-Kommissarin Sandra Kalniete erkannte 2004: Der Kampf gegen den Faschismus könne *„nicht für alle Zeiten jenen als Sündenerlass dienen, die im Namen der Ideologie des Klassenkampfes in großem Maßstab unschuldige Menschen verfolgten."*[629] Auch Norman M. Naimark und Jorge Sémprun erklärten 2005 unwidersprochen, dass für Nationalsozialismus und Stalinismus die Völkermordabsicht gleichermaßen systemimmanent war.

Ein Vergleich verhindert geradezu, dass eine Gruppe von Opfern privilegiert wird. Genozid ist singulär, antisemitisch und antimenschlich. Kommunismus ist verbrecherisch und antimenschlich. Beider Opfer sind gleich traumatisiert. Gerade deshalb ist der Vergleich Faschismus-Kommunismus legitim, weil er der notwendigen Aufarbeitung der Mechanismen des Terrors und der deutschen Geschichte dient. An der Stelle sei mir die sehr persönliche Bemerkung gestattet, dass mein Großonkel, Max Richard Wiemer, am 10.2.1943 im KZ Neuengamme von den Nazis als widerständiger Halbjude ermordet wurde. Auch deshalb wird mir niemand unterstellen, die Singularität des nationalsozialistischen Genozids marginalisieren zu wollen. Gleichwohl darf das Geschichtsbewusstsein der Deutschen nicht auf Auschwitz verengt werden, die, wie Günter Grass und die Allerwelts-Westlinken, die Teilung Deutschlands als „Strafe für Auschwitz" sahen, zumal die Lasten der Teilung praktischerweise die andere Seite zu tragen hatte. Richard Schröder, Theologe und SPD-Vorsitzender der einzig frei gewählten DDR-Volkskammer schrieb: *„In der DDR durfte man über all dies (dass die KZs nach 1945 mit neuen unschuldigen Opfern gefüllt wurden) nicht sprechen. Dass wir nun schon wieder nicht über solche*

---

627 E. Jäckel, Argumentationshilfe, 1995
628 R. Seligman in: WamS, Nr.12, 2004
629 S. Kalniete, lettische EU-Kommissarin, in: WamS Nr. 13, vom 28.3.2004

Schicksale sprechen dürfen, empört mich. Die Unterscheidung von unschuldigen Opfern erster und zweiter Klasse ist inhuman.“[630]

Wer dem braunen Sozialismus auf seiner Spur folgt, kann zu der Einsicht gelangen, dass die von den Nationalsozialisten ermordeten Opfer „neben den Millionen und Abermillionen von Menschen aller Konfessionen und aller Nationen, Opfer desselben Hasses auf den anderen Menschen“ sind, wie der jüdische Philosoph Emmanuel Lévinas schrieb und hinzufügte: „desselben Antisemitismus“. Das ist eine überzeugende Antwort auf den tagespolitischen Missbrauch der Singularität der Shoah. Diese hat, so der Politikwissenschaftler Andreas Schneider, „zu einer Abstumpfung der Deutschen gegenüber den Taten anderer geführt und damit seines Sinnes beraubt. Die geistigen Klimmzüge, die inzwischen notwendig sind, um Stalins Massenmord als nachrangig gegenüber dem Völkermord der Nazis erscheinen zu lassen, werden zunehmend lächerlich, gegenüber den Opfern des Stalinismus menschenverachtend.“ Genauso idealistisch und aus geglaubter Einsicht in die Notwendigkeit der Geschichtsgesetze haben die Bolschewisten und Marxisten ihre Mordmaschine unter der Geheimdienstlosung „Kühler Kopf, heißes Herz, saubere Hände“ in Bewegung gesetzt. *„Im Jahr 1937, etliche Jahre vor Hitler, setzte Stalins NKWD Vergasung als Mittel der Massenhinrichtung ein. Lastwagen mit Werbeplakaten für ‚Brot' fuhren kreuz und quer durch Moskau und pumpten unterdessen die Auspuffgase in den Laderaum, wo nackte Häftlinge bündelweise zusammengebunden lagen, bis die Ladung bereit für die Sarggrube war“*, so der englische Historiker Donald Rayfield, der in die Archive des sowjetischen Politbüros Einsicht nehmen durfte.[631]

Alfred Grosser erklärte bei Erscheinen seines Buches 1989: „Ich verlange nur, dass man beim Abwägen der Verantwortlichkeiten für vergangene Verbrechen überall dieselben Kriterien anlegt.“[632] Die politische Linke lehnt dies ab, wie sie jeden Versuch eines Vergleiches beider Diktaturen in Deutschland ablehnt, zieht aber zur Begründung ihrerseits Zahlenvergleiche heran, die das menschenverachtende Geschehen in der SBZ/DDR zur außer Acht zu lassenden Größe machen sollen. Den Opfern des Kommunismus in Deutschland stellt man die weltweit zahlenmäßig viel größeren Opfer- und Verbrechenszahlen des nationalsozialistischen Regimes gegenüber. Die weltweiten Untaten der Kommunisten, oft verschämt als „Deformationen“ während der Stalin-Zeit umschrieben, lässt man außer Betracht. Diese Ablehnung ist durchsichtig, unwissenschaftlich und inhuman. Fünf Wochen vor Kriegsende waren die Verpflegungssätze[633] im KZ Buchenwald um vierzig Prozent höher, als fünf Jahre nach Kriegsende im „humanen Strafvollzug“ des DDR-Zuchthauses Bautzen. Im Konzentrationslager Sachsenhausen (1936-1945) und im (gleichen!) sowjetischen Speziallager Sachsenhausen Nr. 7/ Nr. 1 (1945-1950) sind prozentual dieselben Opferquoten zu verzeichnen.[634] Dies war bei der Wiedervereinigung nicht bekannt. Nunmehr ließ sich nicht leugnen, dass Sachsenhausen auch nach

630 In: DER TAGESSPIEGEL, 4/2006
631 Donald Rayfield, Stalin und seine Henker, München 2004, S. 375
632 A. Grosser, Verbrechen und Erinnerung, der Genozid im Gedächtnis der Völker, München 1993
633 Verpflegungssätze nach E. Kogon, Der SS-Staat, München 1974
634 In: STACHELDRAHT, Nr. 3/2005

dem Krieg bis Anfang 1950 in Betrieb war. Inzwischen bedauerte das frühere Kuratoriumsmitglied der Gedenkstätte, Lutz Niethammer, dass die Vorgänge unter der SED-Herrschaft in Sachsenhausen, adäquat zu den NS-Verbrechen, nicht ausreichend erforscht wurden. Die damals von der Historikerkommission empfohlene „deutliche Nachordnung des Nachkriegslagers“ war falsch, weil man menschliches Leid nicht hierarchisieren könne. Eine späte Einsicht.[635]

Die Haltung aller bisherigen Bundesregierungen gegenüber den Opfern kommunistischer Gewaltherrschaft ist schändlich und schamlos. Deren Widerstand wird abgewertet und damit zugleich dessen vollmundig propagierte Vorbildfunktion für die Gesellschaft. Die Politik der Bundesregierungen gegenüber den Opfern der SED-Diktatur ist geprägt von Gesinnungspolitik, von operativen Vorurteilen, von einer McCarthy-Politik. Der ausdrücklichen Forderung des Einigungsvertrages steht eine unangemessene Entschädigung für Verfolgten und Geschädigte des SED-Staates gegenüber. Die Rechts- und Gesetzordnung der Bundesrepublik Deutschland postuliert das demokratische Prinzip der Rechtsgleichheit aller Menschen, egal welchen Glaubens, Rasse und unter welcher Staatsgewalt sie Opfer wurden. Im Vertrauen auf diese demokratische Rechtsordnung muss die Frage einer bislang unbefriedigenden Restitution neu bewertet und für die Betroffenen positiv geklärt werden, ohne NS-Verbrechen zu relativieren oder zu marginalisieren. „Die Würde des Menschen ist unantastbar. Sie zu achten und zu schützen ist Verpflichtung aller staatlichen Gewalt.“[636] Politik und Gesellschaft Deutschlands müssen endlich den ganzen Umfang der am Widerstand und an den Opfern kommunistischer Gewaltherrschaft begangenen Verbrechen realisieren und deren Folgen angemessen entschädigen.

3. Macht vor Recht. Neues Unrecht?

Auch für andere Gruppe, der von der SBZ/DDR Enteigneten, ist altes Unrecht bislang unzureichend oder überhaupt nicht entschädigt und damit aufgearbeitet worden. Die so genannte Bodenreform in der sowjetisch besetzten Zone im Herbst 1945 war keine gewöhnliche. Es ging vielmehr darum, eine bestimmte Klasse zu entrechten, also eine Gruppe von Menschen wegen ihrer Herkunft und ihres Besitzes zu diskriminieren und außerhalb des Rechts zu stellen. Man kann das auch als Verbrechen gegen die Menschlichkeit nach den Maßstäben des Nürnberger Kriegsverbrechertribunals einstufen, schreibt Susanne Berzl in ihrer Dissertation 2001.[637] Die Reform lief schon damals dem höchstrangigen Menschenrecht des Ächtungsverbots zuwider und sprach minimalen rechtsstaatlichen Anforderungen Hohn. Der bundesdeutsche Gesetzgeber hat diesen krass rechtswidrigen Zustand indes nicht nur bestehen lassen, sondern sogar durch den neu eingeführten Artikel 143 Absatz 3 Grundgesetz zementieren wollen, der bestimmt, dass Eingriffe in das

635 Ebd.
636 Art. 1, GG
637 S. Berzl, Völkerrechtliche Beurteilung der Bodenkonfiskationen, Diss. Uni Regensburg, Aachen 2001

Eigentum nicht mehr rückgängig gemacht werden. Dadurch, schreibt Achim von Arnim 2006, hat er den materiellen Ausdruck der seinerzeitigen Ächtung perpetuiert und verfassungswidriges Verfassungsrecht geschaffen, denn Artikel 79 Absatz 3 Grundgesetz verbietet Verfassungsänderungen, die den in Artikel 1 GG niedergelegten Grundsätzen widersprechen.[638]

Die Bundesregierung hat ihr Festhalten an der Bodenreform damit begründet, dass die Sowjetunion dies für das sine qua non ihrer Zustimmung zur Wiedervereinigung gemacht hätte. Später stellte sich heraus, dass Gorbatschow dies keinesfalls verlangt hatte, wie er wiederholt einräumte, und die Forderung deshalb absurd sei. Mittlerweile ist bekannt, dass die gesamte Enteignungs-Problematik auf einer Lüge basiert. Die Enteigneten sind Opfer politischer Verfolgung.

Damit stellt sich die Frage, warum die Bundesregierung die angebliche Bedingung der Gegenseite vorgeschützt hat. Der Hauptgrund dürfte sein, dass im Oktober 1990 Wahlen zum Bundestag und den Parlamenten der fünf neuen Länder anstanden. Eine Rückgabe der entzogenen Güter und Ländereien an die früheren Großgrundbesitzer im Osten wäre unpopulär gewesen und hätte der zur PDS umbenannten SED ein wohlfeiles Wahlkampfthema geliefert. Sich gegen eine Rückgabe zu entscheiden war also Wahltaktik der CDU/CSU/FDP-Regierung, die sich gegen eine Rückgabe entschied und dies der Sowjetunion oder der DDR in die Schuhe schob. *„Macht ist eine Droge wie Alkohol, und ihr Besitz wie ihre Anwendung üben unzweifelhaft eine korrumpierende Wirkung aus"*, schätzt der Historiker Wolfgang Reinhard ein.[639] Dieses Unrechts belegt, wie sehr opportunistisches Verlangen nach Macht und Machterhalt das Recht aushebelt und zum größten Skandal der bundesdeutschen Justizgeschichte wird. Das sah selbst der frühere Bundesjustizminister Schmidt-Jortzig, indem er vom *„politischen Wind"* sprach, von *„juristischen Argumenten die ganz offensichtlich herhalten mussten, um das gewünschte Ergebnis zu erzielen. [...] Damit ist den Eigentümern und Alteigentümern von Grund und Boden in der ehemaligen DDR Unrecht angetan worden."*[640] Das Argument des Bundesverwaltungsgerichts, mit dem die Rückgabe oder eine angemessene Entschädigung verweigert wurde, war, dass es sich bei dem, schon nach DDR-Gesetzen, vorliegenden Rechtsbruch um eine „gelebte Rechtswirklichkeit" handle. Und also belasse man dies nun so. Man stelle sich einmal vor, die Bundesregierung hätte es gewagt, die Entschädigung enteigneter Juden nach 1945 mit Verweis auf die „gelebte Rechtswirklichkeit" der NS-Zeit abzulehnen. Gleichwohl erklärte der 3. Senat des Leipziger Bundesverwaltungsgerichts: *„Faktische Besitzentziehung führt zum Verlust des Eigentums."* Den gewöhnlichen Dieb wird's freuen.

Diese Formel muss man sich merken! Der Mechanismus ist klar: Um das Unrecht zu decken, muss es beständig erweitert werden, denn von der „gelebten Rechtswirklichkeit" zu einer „gefühlten Urteilsfindung" ist es nicht mehr weit. Die Opfer wurden schon 1992 belogen, als mit dem 2. Vermögensrechtsänderungsgesetz die widerrechtlichen Besitzentwendungen der Nachwendezeit weitgehend zu redlichen

---

638 A. v. Arnim, NF Nr.17/06

639 W. Reinhard in: Vortrag vor der Akademie der Wissenschaften, Heidelberg 2008, RNZ vom 11.4.2008

640 Ders., 2005, E. Schmidt-Jortzig in: WamS vom 7.7.2002

Geschäften erklärt wurden. Die Geschädigten konnten zwar Ersatzgrundstücke beantragen. Jedoch im September 2000 ersetzte die rot-grüne Bundesregierung diese Regelung durch lächerlich niedrige Entschädigungsbeträge, die überdies erst 2008 zur Auszahlung kommen sollten. Von Haus und Hof vertrieben, müssen diese Opfer mit ansehen, wie der Rechtsstaat ihren Besitz an Dritte verkauft und ihnen kaum zwei Prozent des Erlöses als Ausgleichsleistung zugesteht. Sie klagten gegen dieses Hehlerverhalten durch alle Instanzen. Der EuGH gab ihnen im Januar 2004 Recht. Doch schon 2005 wurde das Urteil von der Revisionsinstanz aufgehoben. Die Bundesregierung muss mit keinen Schadensforderungen in Milliardenhöhe mehr rechnen. Nachdem Politiker, Richter, Amtspersonen die Erfahrung machten, dass man diese Beugung des Rechts ungestraft vornehmen kann, führt das zu immer dreisterem Vorgehen, zu immer weniger Unrechtsbewusstsein. Das Problem ist die Rechtsprechung, nicht die Gesetzeslage. Einmal gesetztes Unrecht wird nicht dadurch Recht, dass es der Rechtsstaat weiter anwendet. Philipp Freiherr von Boeselager, einer der letzten überlebenden Hitler-Attentäter vom 20. Juli 1944, schrieb der früheren Bundesjustizministerin Herta Däubler-Gmelin, dass *„die Bundesregierung im Zuge der Wiedervereinigung einen schweren Rechtsbruch begangen hat, indem sie sich die von den Kommunisten enteigneten Ländereien, Häuser und Industriebetriebe einverleibt hat, anstatt sie den Alteigentümern zurückzugeben.“*[641]

Wer sich Hitlers Rachefeldzug entziehen konnte und das NS-Regime überlebte, ging bei der bundesdeutschen Restitution leer aus. Zum einen betont der Staat immer wieder, dass die Männer des 20. Juli ihr Leben für die Wiederherstellung des Rechts geopfert hätten. Mit ähnlichen Worten gedenkt der Staat auch der Verfolgten des SED-Staates. Zum anderen weigert er sich aber, das von früheren, als Unrechtsregime bezeichneten Machthabern konfiszierte Eigentum an die Erben dieser Männer des Widerstands zurückzugeben. Die heutige Bundesregierung macht sich damit zum späten Vollstrecker von Nazi- und kommunistischer Justiz. Dagegen urteilte das Bundesverfassungsgericht: *„Wer rehabilitiert ist, hat Anspruch auf Rückgabe enteigneten Besitzes.“*[642] Dieses Urteil ist inzwischen vom EuGH wie vorbeschrieben kassiert. Die katastrophalen Auswirkungen dieser Unrechtsgesetze der Bundesrepublik, sind besonders in den neuen Ländern unübersehbar und Teil der wirtschaftlichen– und Arbeitsmarktprobleme. Eine derart ignorante Politik kann den Menschen, insbesondere den Verfolgten der SED-Diktatur nicht vermittelt werden. Wer, wie Altbundespräsident Herzog forderte, dass: *„an die Leiden der Opfer erinnert werden muss und diese wo möglich gelindert werden müssen“*,[643] verkennt die reale Situation in Deutschland. Die sieht so aus, dass die Postkommunisten inzwischen freudig verkünden, *„der Umgang mit einer bestimmten Biografie in der DDR werde sich nun ändern. Für die SED-Mitgliedschaft muss man sich nicht entschuldigen.“*[644] Die alten Stasi-Kader kommen aus ihren Löchern und erklären sich

641 Brief v. Boeselagers an die Justizministerin Däubler-Gmelin, 2001
642 BVG, Urteil vom 25.9.2002
643 Rede von Bundespräsident Roman Herzog
644 Die damalige PDS-Vorsitzende Zimmer in: DIE WELT vom 20.7.2001

anlässlich der Vorstellung ihrer Geschichtsverfälschenden Bücher für unschuldig. Die Medien sorgen in der Öffentlichkeit kurz für Aufregung, doch die Politik schaut weg oder wiegelt ab. Wenn die vormaligen Täter sich öffentlich als honette Zeitzeugen vorstellen und die Wahrheit verdrehen, dann ist Schweigen kein Ausdruck von Pluralismus in der Demokratie, sondern zeugt vom Unvermögen der politischen Eliten, darauf adäquat zu reagieren. Dieser falsch verstandenen Toleranz muss man widerstehen. Voltaire definierte Toleranz mit den Worten: „Ich bekämpfe deine Meinung, aber ich kämpfe darum, dass du sie sagen darfst." Nach diesem Gebot der Toleranz dürfen auch Täter sagen können was sie sagen wollen, jedoch muss man diesem Gesagten mit dem Wahrhaftigen begegnen. Wie schön, wenn wir alles vergessen könnten. Den SED-Staat gibt es nicht mehr, warum weiter in seinen Eingeweiden wühlen? Der Wunsch zu vergessen, ist verständlich. Aber ist alles, was verständlich ist, auch richtig? Unsere moralischen Maßstäbe erhalten wir, indem wir uns mit der Vergangenheit auseinandersetzen. Wenn Mittäterschaft in einer Diktatur dadurch honoriert wird, dass sie vergessen werden kann, lässt das den Schluss zu, es sei das Beste, sich einfach bedingungslos jeder Situation anzupassen. Dies ist politisch-moralisch nicht vertretbar. Es ist geradezu ein Muss, dass die Täter nach dem Ende einer Diktatur geächtet und die Opfer geehrt werden.

Wann ist eine Person der Zeitgeschichte ein Betroffener, wann ein Opfer? Über diese grundsätzliche Frage streiten Juristen, Historiker und Politiker im Zusammenhang mit der Offenlegung der hinterlassenen Stasiakten, speziell über deren Interpretation. Aufklärung und Aufarbeitung, Recht und Versöhnung sind die Begriffe, auf die man in diesem Streit trifft. Helmut Kohl zum Beispiel gab vor, Stasi Opfer gewesen zu sein. Das veranlasste SPD-Innenminister Schily, mit einem selbst verliehenen Weisungsrecht die Herausgabe von Akten zu unterbinden. Keine zwei Jahre, nachdem Kohl das Gesetz unterzeichnet und dem Bundespräsidenten zugeleitet hatte, nannte er die MfS-Akten ein „Ärgernis" und präzisierte: „Wir haben keine Freude daran, und Historiker werden später auch keine daran haben." Egon Bahr sprang ihm bei, Friedrich Schorlemmer empfahl gar die „Einäscherung der MfS-Akten". Zu den rechtsstaatlichen Kuriositäten gehört sicher, dass Kohl ein Gesetz auf den Weg gebracht hatte, es dann aber gerichtlich anfocht, als es ihn selbst betraf. Ein Blick in den Einigungsvertrag vom 18. September 1990 und in die Protokolle der Enquête-Kommission hätten Schily genügen müssen um zu erkennen, wer als Opfer von SED-Unrecht gelten konnte. Die Schlussstrichmentalität der politischen Elite geht am eigentlichen gesamtdeutschen Konsens weit vorbei. Sie wirkt wie das Versteckenwollen einer politischen Metze. Zu sehr hatten sich die westdeutschen Politeliten mit denen des SED-Staates eingelassen, um nun vielleicht peinliche Enthüllungen befürchten zu müssen. Zu blauäugig sind sie in deren politisch offene Messer gerannt. Beide Seiten wollten gesetzliche Grundlagen schaffen.[645]

Opfer ist deshalb, wer durch Diktaturprägende Justiz- und Verwaltungsakte an Leib und Leben bedroht oder materieller Werte beraubt wurde. Angesichts dieser

645 Einigungsvertrag Art. 17-19: „*...dass alle Personen rehabilitiert werden können, die Opfer einer politisch motivierten Strafverfolgungsmaßnahme oder sonst einer rechtsstaats- oder verfassungswidrigen gerichtlichen Entscheidung geworden sind. Die Rehabilitierung dieser Opfer des SED-Staates ist mit einer angemessenen Entschädigung zu verbinden.*"

Tatsachen hat das Kohl-Urteil beträchtlichen Schaden angerichtet, vor allem deswegen, weil es im Namen des Opferschutzes gesprochen wurde. Das Urteil stellt jene, die in Bautzen, Brandenburg und anderen Haftanstalten zu Opfern wurden, jemandem gleich, der auf Grund seiner politischen Stellung Betroffener von Abhörmaßnahmen der Stasi wurde. Dieser Vergleich ist so grotesk, dass man von einer Verhöhnung der System-Opfer sprechen muss. Leider ist davon auszugehen, dass das Urteil von präjudizierender Wirkung ist, insofern es die Einsicht in Akten auch anderer Personen der Zeitgeschichte blockiert. Der postulierte Opferschutz wirkt sich als Täterschutz aus. Folgerichtig wird aus diesen Reihen seit langem die Forderung nach Amnestie für alle Hoheits-Täter des SED-Staates erhoben. Ebenso folgerichtig applaudierten die Genossen Kohl für sein gerichtliches Vorgehen und den Erfolg. Unter dem Titel „Wandel durch Anbiederung", schrieb Renate Oschlies 2002: *„Selbst im zwölften Jahr nach der so genannten ‚Wende' hatte Bundeskanzler Schröder vom Osten Deutschlands noch immer nichts verstanden, nicht wie er war, als er noch DDR war, noch wie er heute ist. Drei Tage, nachdem das Bundesverwaltungsgericht anhand der Stasi-Unterlagen über Helmut Kohl entschieden hatte, die Möglichkeiten zur Aufarbeitung der DDR-Diktatur drastisch einzuschränken und einen Teil der Akten wegzusperren, forderte Schröder ein „grundsätzliches Umdenken" im Umgang mit dem politischen Erbe der DDR. Die Ostdeutschen sollten nicht länger beweisen müssen, dass sie „keine Täter" der Stasi waren, während die Westdeutschen „immer mit weißer Weste" dastünden. Die „Personalfragebogen-Politik beim kleinen Mann" sollte ein Ende haben. Das war die Forderung nach dem Schlussstrich unter die DDR-Vergangenheit. Sie entbehrte jeder Sachkenntnis."*[646]

Der gleiche Gerhard Schröder hielt noch im Sommer 1989 den Gedanken an eine Wiedervereinigung für eine Illusion. Jahre später bestätigt der Völkerrechtler Wolfgang Seiffert, dass es in der rot-grünen Bundesregierung niemand gab, der ein Anhänger der Wiedervereinigung war. Es ist kein Wunder, dass die Zustimmung zum Kohl-Urteil vor allem aus den Reihen derer kam, die ihre eigene Stasi-Vergangenheit verbergen wollten. Schröder bekam für sein historisches Eigentor Beifall von der PDS. Sein Parteivorstand forderte, die Stasi-Überprüfungen im öffentlichen Dienst einzustellen, weil es nicht sein dürfe, dass Ostdeutsche weiterhin beweisen müssten, ob sie Opfer oder Täter seien.

Auch die so genannten „gelebten Biografien" der Täter versuchen einen Wahrheitsgehalt zu vermitteln, der das SED-Regime schönredet. Hier sei auch auf Egon Bahr und seine Einschätzung von SED-Politbüromitglied Hermann Axen hingewiesen. Axen, der jahrzehntelang eine maßgebliche Funktion im Macht- und Unterdrückungsapparat der SED innehatte, wird von Bahr als „feinfühliger, gebildeter und anständiger Mensch" bezeichnet. Zwar habe er als Mitglied des Politbüros Mitschuld und Mitverantwortung, jedoch keine persönliche Schuld, jedenfalls nicht mehr als alle anderen. Die Begründung, mit der Bahr einen der berüchtigtsten ideologischen Einpeitscher des Terrorregimes exkulpiert, lässt an seinem Demokratieverständnis, seiner Kenntnis der Funktionsweisen und Zielsetzungen einer totalitären Diktatur vom Schlage der DDR zweifeln. Mit dieser Begründung hätten auch viele Vertreter

646 B. Oschlies in: BERLINER ZEITUNG vom 12.3.2002

des NS-Regimes rein gewaschen werden können. Für Verfolgte und Opfer ist es unerträglich, dass Egon Bahr einen Täter im Vorwort zu dessen Buch einen deutschen Patrioten nennt! Bei soviel Verständnis der Politik-Eliten für ehemalige Täter kann das Unverständnis für die Verfolgten und Opfer nicht überraschen. Man kann verstehen, dass viele Ostdeutsche ungern in den Spiegel blicken möchten. Wenn aber mitgeholfen wird, einen solchen Blick zu verhindern, dann besteht die Gefahr, dass die Anbiederung an die „gelebten Biografien" von Tätern und Mitläufern einer Diktatur unsere heutige Politik bestimmt, und Wählerstimmen wichtiger sind als Wahrhaftigkeit. Heinrich Heines Vers gewänne wieder aktuelle Bedeutung: „Denk ich an Deutschland in der Nacht, dann bin ich um den Schlaf gebracht".

Die Schilys, Gysis, Schorlemmers, Finks und andere werden mit ihren ästhetischen Fantasien über die Stasi-Akten zwar neue alte Freunde gewinnen, aber die Aufklärung der Konspiration einer ganzen Gesellschaft werden auch sie nicht verhindern. Während die Bürgerbewegung in den Revolutionsjahren 89/90 versuchte, die Akten vor Vernichtung zu retten, bemühten sich die Politiker, die Kontrolle über die Ereignisse zu behalten. Es wäre interessant zu wissen, warum Teltschik, Schäuble oder Seiters täglich bei der Regierung in Ostberlin antichambrierten. Es wäre interessant zu wissen, was es damals zu besprechen gab. Forschung und Publizistik sind sich einig darüber, dass die historische Aufarbeitung der zweiten deutschen Diktatur nicht allein durch die Einsicht in Stasi-Akten geschehen kann. Ohne diese Einsicht wäre eine Aufarbeitung jedoch unzulänglich. Bestätigt wird das durch den Versuch einer Total-Exkulpierung der Staatssicherheit von zwanzig ehemaligen Nomenklaturkadern des MfS, in ihrem zweibändigen Sammelwerk.[647]. In zynisch-provokatorischer Weise verklären sie die unsägliche Überwachungs- und Unterdrückungsapparatur Mielkes, rechtfertigen ihr Tun und Treiben im Nachhinein, um es als rechtmäßig zu legitimieren und sich selbst als Opfer der Wiedervereinigung zu bezeichnen. Die Gesellschaft nimmt das hin. Wenige setzen sich damit auseinander. Gleichgültigkeit ist der Nährboden der Diktatur. Sie ist ihr erster und bewährtester Helfer. Und sie wirkt ebenso nachhaltig beim Vergessen.

Man erinnere sich an den gemeinsamen Auftritt des damaligen russischen Präsidenten Putin und dem damaligen Bundeskanzler Schröder in einer WDR-Talksendung mit Alfred Biolek: Putin äußerte den Wunsch, eine Familie besuchen zu wollen, die er aus seiner Zeit als KGB-Resident in Dresden kannte. Es handelte sich um einen früheren Mitarbeiter der Stasi, erklärte Putin, und er wolle Schröder und die Öffentlichkeit durch diesen Besuch nicht desavouieren, weshalb er das im Stillen erledigen wolle. Schröder entgegnete, dass ihm das überhaupt gleichgültig sei.[648] Gleichgültigkeit scheint eng verwandt mit Geschichtslosigkeit. Gleichgültig war diesem Bundeskanzler und seiner Partei wohl auch die Auseinandersetzung mit dem Thema „Stasi" und seinen Folgen. Der Trend ging und geht auch bei ihnen in Richtung Verdrängung und Verleugnung. Und dieses Verhalten offenbart ein bedenkliches Geschichts- und Gesellschaftsverständnis. Widerstand, Verfolgte, Opfer, sind für die Politik letztlich nur Marginalien. Dazu passt, was der PDS-Genosse

647 Grimmer/Irmler/Opitz/Schwanitz, Die Sicherheit, Zur Abwehrarbeit des MfS, Berlin 2002
648 Frankfurter Allgemeine Sonntagszeitung vom 21.4.2002

und Europaabgeordnete André Brie feststellte: *„Auch zwölf Jahre nach der Wende hat die PDS das SED-Erbe nicht überwunden."*[649] Diese Aussage behält ihre Gültigkeit bis heute. Die alten SED/MfS-Seilschaften haben sich in die neue Republik hinüber gerettet und basteln an ihrer Reputation. Und der letzte so genannte Staatsratsvorsitzende der DDR, Krenz, erklärte vor seinem vorläufig letzten weltlichen Richter, dass eigentlich der „große Bruder" gemeint ist, die Sowjetunion, die die Verantwortung für die Herrschaftsentscheidungen der SED-Diktatur getragen habe. Wenn nach dieser Diktion das SED-Regime also eine Fremdherrschaft war, warum werden die SED/PDS-Genossen nicht Kollaborateure genannt, oder Quislinge. In Frankreich, den Benelux-Ländern und Skandinavien galt Kollaboration nach dem Ende des Nationalsozialismus als Hoch- und Landesverrat.

Den Herrschaftsträgern der untergegangenen Diktatur ist kein Argument, kein verbales Versteck vor der eigenen Verantwortung zu klein oder zu billig. Es sind nie alle an allem Schuld, aber viele an etlichem. Den gesamtdeutschen Herrschaftsträgern ist keine Ausrede zu billig, dem Widerstand gegen den SED-Staat und ihren Opfern Genugtuung zu geben.

Die Frage muss erlaubt sein, inwieweit auch den Politikern und Machteliten der alten Bundesrepublik eine Mitschuld am 40jährigen Bestand des SED-Staates angelastet werden kann, und damit an den Verbrechen des Ministeriums für Staatssicherheit. Schließlich hat die Regierung der Bundesrepublik Deutschland mit der DDR auf verschiedenen Ebenen paktiert und mit Milliarden an Ausgleichssummen am (Über-) Leben erhalten, obwohl sie den Charakter des Systems kannte, und spätestens seit 1981 wusste, dass die DDR wirtschaftlich am Ende war. So erklärte der frühere Chef der KoKo und OibE des MfS, Alexander Schalck-Golodkowski, in einem Interview: *„Wenn uns der Westen nicht alimentiert hätte, wären wir schon 10 Jahre früher pleite gewesen."*[650] Tatsächlich war Schalck 1981 mit einem Ostberliner Stasi-Jet zu Kreditgesprächen mit Franz Josef Strauß nach München gereist. Auf dem Flughafen München-Riem begrüßte ihn der Vorsitzende der CSU und bayerische Ministerpräsident. Schalck erwiderte die Begrüßung und fügte hinzu: *„Herr Ministerpräsident, wir sind pleite."*[651] Das „wir" war kein pluralis majestatis, sondern meinte vielmehr die DDR, als deren offizieller Vertreter er angereist war. Strauß hatte die Aussage Schalcks nicht für sich behalten und in das Bonner Machtzentrum weitergeleitet. Reaktionen darauf gab es keine.

Schon bald nach seinem Amtsantritt war dem neuen Staats- und Parteichef Gorbatschow klar geworden, dass die Sowjetunion am wirtschaftlichen Abgrund stand. Anfangs dachte er nicht darin, das „Filetstück" DDR aufzugeben. Doch kurz vor Ostern 1987 machte er auf einem Wirtschaftstreffen in Moskau der Bundesregierung ein diskretes Angebot: Er sei bereit, die DDR aus dem Warschauer Pakt zu entlassen. Er hoffte auf eine Milliardenschwere Gegenleistung der Bundesregierung, die ihm aus seiner wirtschaftlichen Misere heraushelfen sollte. Der Sturz der SED-Diktatur der zur Wiedervereinigung führte, war letztlich weder dem Zufall noch den

649 STERN Nr. 30. vom 18.7.2002, S. 38
650 Schalck-Interview von 1995
651 Ders.

Montagsdemonstrationen in Leipzig zu verdanken! Daran sollten sich die Oppositionsverklärer gelegentlich erinnern. Gorbatschow wollte die drückende wirtschaftliche Last der DDR loswerden und unterbreitete dem Westen über Mittelsmänner ein brisantes Angebot zur deutschen Wiedervereinigung als Bestandteil der sowjetischen Abrüstungsgespräche. Honecker schreibt später darüber: *„Wir erhielten schon 1987 gewisse Informationen aus Washington, aus dem Weißen Haus. Wir konnten und wollten solchen Warnungen nicht glauben, sie nicht zur Grundlage unserer Politik machen. Dies, obwohl unser Botschafter in Moskau schon im Jahre 1987 feststellte, dass sowjetische Persönlichkeiten in den verschiedenen Medien ‚die Überwindung der deutschen Zweistaatlichkeit' als ‚politische Tagesaufgabe', als eine Voraussetzung zur ‚Herausbildung des Europäischen Hauses' betrachteten. Dies konnte nach Lage der Dinge nur durch die Liquidierung der DDR erreicht werden. Der Zug, auf dessen Gleis die DDR gestellt wurde, ging in die Richtung des Verkaufs der DDR an die BRD ab. 80 Milliarden D-Mark war der Preis."*[652] Kohls Reaktion auf dieses Angebot blieb unbekannt. Alles lässt darauf schließen, dass er es ignorierte. Vielmehr prahlte er geradezu mit seiner Stabilisierungspolitik gegenüber der DDR, die er nicht abschaffen, sondern durch Kredite erhalten und reformieren wollte. Eine operative Deutschlandpolitik lehnte er ab.[653] Offiziell behaupteten führende westdeutsche Politiker unverdrossen, von einer Pleitesituation der DDR nichts zu wissen. Doch spätestens nach dem Strauß'schen Milliardenkredit war der weitere Kreditbedarf des SED-Staates bekannt. Strauß war darüber von Schalck detailliert informiert. Auch deshalb wollte Modrow ihn später zum Sündenbock machen.

Die letzten Wochen des Wendejahres 1989 waren bewegte Zeiten im SED-Staat. Die Mauer war gefallen, die Macht der SED zerfiel. In dieser Phase kam es am 3. Dezember 1989 zu einem Krisentreffen beim Ministerpräsidenten Hans Modrow. Einer der Teilnehmer, der damalige Dresdner Oberbürgermeister Wolfgang Berghofer, gab über die Zusammenkunft detailliert Auskunft. Wenn stimmt, was Berghofer berichtet, dann hat Modrow mit einem geschickten Schachzug die Schuld für die DDR-Misere der Staatssicherheit und dem Devisenbeschaffer Alexander Schalck-Golodkowski in die Schuhe geschoben. Modrow wies Berghofers Darstellung allerdings vehement zurück. In einem Interview, das der Historiker Manfred Wilke für das „Jahrbuch für Historische Kommunismusforschung" führte, behauptet Berghofer, zu dem Treffen im Ministerrat seien der Anwalt Gregor Gysi, der Chef der Auslandsspionage, Markus Wolf, der Magdeburger Parteichef Wolfgang Pohl und er geladen gewesen. Berghofer wörtlich: *„Modrow sagte: Genossen, wenn wir die Partei retten wollen, brauchen wir Schuldige!"* Ich fragte: *„Wie stellst du dir das vor? Die Schuldigen sind wir." „Nein, das kann man so nicht sehen, wir brauchen Verantwortliche, zu denen es in der Gesellschaft schnell einen Konsens gibt und die Massen sagen, jawohl, das sind die Schuldigen. Das kann nicht die SED sein." „Wer soll das sein?" „Das Ministerium für Staatssicherheit",* sagte er. Daraufhin, so

652 E. Honecker, Moabiter Notizen, Berlin 1994, S. 89f

653 F. Kroh, Wendemanöver. S. 157ff, Pruys: Helmut Kohl – Der Mythos vom Kanzler der Einheit, Berlin 2004, S. 39ff

Berghofer, sei Markus Wolf aufgesprungen und habe gesagt: *„Hans, wir – Schild und Schwert der Partei – haben doch nie etwas ohne Befehle von euch gemacht."* Modrow habe Wolf beruhigt und versprochen: *„Die Aufklärung des MfS halten wir selbstverständlich aus dieser Angelegenheit heraus."* Dann habe Modrow gesagt, man brauche *„eine hauptverantwortliche Person"*. Das solle nicht Honecker sein, *„denn er steht für die Partei"*, sondern eben Schalck-Golodkowski, Stasi-Oberst und KoKo-Chef.[654] Berghofer wurde noch im Dezember 1989 Vize-Chef der SED/PDS. Einen Monat später kehrte er der Partei den Rücken. Später wurde er Leiter einer kommunalen Beratungsfirma in Berlin. Hans Modrow, Ehrenvorsitzender der Linkspartei, erklärte, die ihm von Berghofer unterstellten Zitate seien frei erfunden. Es sei damals nur darum gegangen, den wirtschaftlichen Schaden abzuwenden, der aus Schalcks Handeln zu entstehen drohte. Gysi ließ mitteilen, er sei bei einem Treffen im Ministerrat gar nicht dabei gewesen. Er habe Modrow an jenem 3. Dezember das erste Mal persönlich getroffen – im Gebäude des Zentralkomitees. Pohl und Wolf können von dem Treffen nicht mehr berichten. Beide sind bereits gestorben. Kohl stand damals keineswegs allein, wenn man von den Appeasement-Politikern um Bahr einmal absieht. Auch Späth und Leisler-Kiep meinten, dass „ein grundlegendes Interesse bei den meisten Politkern der BRD an der Stabilisierung der Lage in der DDR" bestehe. Für Wiedervereinigungsfragen würde man sich nicht interessieren.[655]

Ungeachtet dieser ignoranten Bestrebungen, forderte der amerikanische Präsident Bush sen. bei seinem Besuch in Deutschland am 31. Mai 1989 eine radikale Lösung: *„Der kalte Krieg begann mit der Teilung Europas. Er kann nur beendet werden, wenn die Teilung Europas aufgehoben ist [...] Wir streben das Selbstbestimmungsrecht für ganz Deutschland und alle Länder Osteuropas an [...] Diese Mauer ist ein Momentum des Versagens des Kommunismus. Sie muss fallen."*[656] Ebenso deutlich äußerte sich der amerikanische Botschafter Vernon Walter in Bonn. Er forderte die Wiedervereinigung beider deutscher Staaten „in Frieden und in freier Wahl". Die Existenz zweier deutscher Staaten sei „nicht normal".[657] Nur einen Tag später erklärte Kanzler Kohl: *„Das Verhältnis der beiden deutschen Staaten in Deutschland zueinander ist ein wesentliches Element der Stabilität in Europa. Wer diese Stabilität gefährdet, muss wissen, welche Folgen dies für alle Beteiligten hätte."*[658] Der Politologe Ferdinand Kroh fragt: „Spricht so ein Kanzler der Einheit?"[659] In seltener Einmütigkeit pflichtete der damalige SPD-Vorsitzende Jochen Vogel bei: *„Wir respektieren unverändert die Staatlichkeit der DDR."*[660] Alle diese Politiker, und das war die Mehrzahl, verrieten den Widerstand. Darin liegt eine der Ursachen für dessen Ignoranz auf der gesellschaftlichen Werteskala bis heute.

654 M. Wilke, Jahrbuch für Historische Kommunismusforschung, Berlin 2006
655 J. A. Baker, Drei Jahre, die die Welt veränderten, Berlin 1996, S. 150
656 Ders. S. 191, Plato, Die Vereinigung Deutschlands – ein weltpolitisches Machtspiel, S. 22
657 Vernon Walter, am 4.9.1989 im Deutschlandfunk
658 H. Kohl im Deutschen Bundestag am 5.9.1989
659 F. Kroh, Wendemanöver, München 2005, S. 208
660 Zit. aus: J. Nitz, Länderspiel, Berlin 1995, S. 65

Die Regierung der Bundesrepublik ging zur deutsch-deutschen Tagesordnung über. Sie postulierte gut nachbarliche Beziehungen und hoffte auf einen Wandel durch Annäherung. Krönender Abschluss war der Staatsempfang Erich Honeckers in Bonn. Man tat so, als gäbe es kein mörderisches Ministerium für Staatssicherheit, keine aggressive Nationale Volksarmee, die in realistischen Planspielen den Überfall auf die Bundesrepublik plante, keine Flüchtlinge, keine tausende politische Häftlinge, keine Morde an politischen Gegnern im „Operationsgebiet Bundesrepublik", keine Schüsse an der „Friedensgrenze", keine Zwangsadoptionen, keine Zwangsabtreibungen, keinen Eigentumsraub und keinen ideologisch motivierten Hass auf den imperialistischen Klassenfeind. Aus dieser vorgeschobenen oder tatsächlichen Ahnungslosigkeit, mit der damals wie heute das Geschehen verklärt wird, erwuchs 1990/91 die anfängliche Absicht der Justiz, wegen versuchten Mordes an meiner Person und anderen nicht zu ermitteln.

Es war die Zeit, in der der SPD-Ministerpräsident von Niedersachsen, Schröder, dem „Lieben Egon Krenz", damals Mitglied des Politbüros der SED, schrieb: *„für Deinen freundlichen Willkommensgruß bedanke ich mich sehr herzlich. Es war schade, dass wir uns nicht persönlich treffen konnten. Aber das lässt sich sicher bei einer anderen Gelegenheit nachholen. Die Gespräche in der DDR waren offen(!) und informativ. Besonders war ich von Erich Honecker beeindruckt."*[661] Dass Krenz nach seiner Verurteilung die Welt nicht mehr verstand und Schröder seinen lieben Brief am liebsten vergessen mochte, ändert nichts an der politischen Naivität Schröders und seinem grenzenlosen Opportunismus, den er sich auch als Bundeskanzler bewahrte. Die Opfer sehen das so: *„Kann man den einfachen Mann wegen seines mangelnden Rechtsempfindens verurteilen, wenn unsere Regierungen mit den Herrschern der totalitär regierten östlichen Staaten zusammentreffen und Trinksprüche mit ihnen austauschen? Hier sollte man doch wohl ansetzen und sagen, mit so einem Diktator haben wir nichts gemein."*[662]

Da nimmt es nicht wunder, wenn die Gruppe der Täter nach einer angemessenen Phase scheinbarer Betroffenheit, von Politikern beider großer Parteien in Deutschland neuerdings „Funktions-Elite" genannt wird. Die beteuert, dass selbst SED-Mitglieder stolz auf ihre Lebensleistungen sein könnten. Im Koalitionsvertrag von Schwerin wurde der Schlussstrich schon vor Jahren beschlossene Sache. In diesem Klima ließ sich der wegen seiner früheren Tätigkeit für das MfS abgesetzte Rektor der Berliner Humboldt-Universität, Heinrich Fink, IM „Heiner", von einer Kandidatur zum Deutschen Bundestag nicht abhalten. Erst im Mai 2005 wurden Akten der BStU gefunden, die sicher beweisen, dass Fink, der von den Studenten der Humboldt-Universität in seinem hartnäckigen Bestreiten des Tatbestands der Kollaboration mit dem MfS unterstützt wurde, nicht nur IM „Heiner" war, sondern auch viele der ihm anvertrauten Studenten der HU gnadenlos dem Repressionsapparat des MfS auslieferte. Die profunde Ahnungslosigkeit des Westens, die Schwierigkeit, etwas von dem zu verstehen, was man nicht selbst erlebt hat, bereitet den Boden für die Mischung aus leugnen, lügen, täuschen und versteckten Drohungen. Solan-

661 Brief G. Schröder an E. Krenz vom 31. Januar 1986

662 K. Tappenbeck, Jenseits von Recht und Menschlichkeit, Schwerin 1999, S. 137f

ge es „diese gesellschaftliche Akzeptanz des Kommunismus“ gibt, wird die Sammlungsbewegung alter Genossen weiter versuchen, den Rechtsstaat Stück für Stück vorzuführen. Der Widerstand wird bewusst aus der neuen deutschen Gesellschaft herausgehalten, erinnert er doch durch sein patriotisches Verhalten zu sehr an das Versagen der bundesdeutschen Polit-Eliten. Kohl wurde durch die Ereignisse zur Einheit getrieben, nicht etwa durch die Präambel zum Grundgesetz.

Auch der Widerstand hat bewusst und überwiegend auf Gewalt verzichtet, eingedenk der Worte Mahatma Gandhis „der Leidenschaften Herr zu werden, scheint mir ungleich schwieriger, als die Welt mit Waffengewalt zu erobern.“ Verfolgte wollen keine Rache an ihren Peinigern, keine Siegerjustiz. Sie wollen eine Politik der Gerechtigkeit, die in ihrer höchsten Form Rache überwindet und an deren Stelle Wiedergutmachung setzt. Die Geschichte der letzten Diktatur auf deutschem Boden in diesem Jahrhundert erfordert ein notwendiges Maß an Einsicht, ideologisch geschürten Hass schon im Ansatz zu verhindern, in dessen politischer Folge sich Diktaturen jedweder Couleur bilden und agieren können. Das Vorbild des Widerstands dient, auch und gerade, im Europa der Nationen der Identifizierung mit den Menschenrechten. Der tschechische Regimegegner Luděk Pachmann postulierte: „Wichtiger als historische Betrachtungen wäre es, über mutige Menschen zu schreiben, die sich der Diktatur entgegensetzten“.

4. Aufarbeitung: Bewältigen, Erledigen, Beenden?

Die strafrechtliche Aufarbeitung der SED-Verbrechen, soweit man den kläglichen Versuch der Herstellung von Gerechtigkeit überhaupt so nennen kann, ist im Wesentlichen abgeschlossen. Ende 2000 verjährten alle Straftaten, mit Ausnahme der Kapitalverbrechen. Über 22.000 Ermittlungsverfahren haben stattgefunden. 880 Menschen wurden angeklagt, 211 Täter wurden verurteilt. Nur 21 waren kurze Zeit in Haft. Die Zahlen belegen, dass die Verbrechen der SED-Diktatur juristisch nicht aufzuarbeiten sind. Stattdessen forderte die SED-Nachfolgepartei PDS/Linke eine Amnestie, für die es im Bundestag keine Mehrheit gab. Ihr geht es in der Hauptsache um Rechtfertigung und konsequenzlosen Umgang mit der DDR-Geschichte. Sie will nicht Amnestie, sondern Amnesie. Wenn die, aus wahltaktischen Gründen zur Linkspartei mutierte SED von einem differenzierten Umgang mit der DDR-Vergangenheit spricht, meint sie, dass diese folgenlos bleiben soll. Der Verlust der Erinnerung jedoch birgt in sich die Gefahr einer Wiederholung. Zum Wesen der Freiheit gehört die Feststellung, dass Schweigen immer Mitschuld bedeutet.

Der späte Triumph der Stasi-Täter

Knapp zwei Jahrzehnte nach dem Ende des SED-Regimes gelingt es Tätern von damals mit Hilfe der Gerichte häufiger, dass ihre Vergehen nicht mehr thematisiert werden dürfen. So wie im Fall eines Stasi-Spitzels, der sich auf den Datenschutz berief und eine Ausstellung über IM-Tätigkeit zur Schließung zwang. Auch der Fall Gregor Gysi ist ein immer wiederkehrendes Beispiel. Im Umgang mit dem

Stasi-Unrecht ist die deutsche Justiz gründlich überfordert. Laut einer Erhebung der Berliner Humboldt-Universität wurden nach 1989 lediglich 234 Anklagen erhoben und nur 79 Beschuldigte verurteilt. Zu mehr als sechs Jahren Gefängnis verurteilten die Richter nur einen einzigen Täter, einen West-Berliner IM, der im Auftrag des MfS einen Giftmordanschlag auf mich und meine Familie verübt hatte.[663] Diese Bilanz, die nicht weniger als eine kalte Amnestie für die Stasi-Schergen bedeutet, ist weitgehend unbekannt. Dabei stehen erhebliche Mittel zur Erforschung der zweiten deutschen Diktatur und ihren Folgen zur Verfügung. Doch das Unvermögen des Rechtsstaates, der nach dem Mauerfall die Machenschaften von Mielkes Ministerium, Bruch des Postgeheimnisses, illegale Überwachung von Wohnungen, Denunziation, Verrat, Freiheitsberaubung, Verschleppung und Totschlag tausendfach ungesühnt ließ, wird ganz offenkundig verdrängt. Nun, fast zwanzig Jahre später, deutet sich eine Tendenz an, die sich als zweites Versagen der Justiz bezeichnen lässt. Mit Hilfe der Gerichte gelingt es den Tätern von gestern immer häufiger, dass ihre Vergehen heute nicht mehr öffentlich thematisiert werden dürfen. Dabei messen Richter dem Persönlichkeitsschutz regelmäßig eine höhere Bedeutung bei als der grundgesetzlich verbürgten Informationsfreiheit und dem gesamtgesellschaftlichen Interesse an Aufklärung über die Mechanismen totalitärer Herrschaft.

In einem Rechtsstreit in Halle an der Saale waren die ehemaligen Stasi-Offiziere Jürgen Stenker und Michael Kommol bis 1989 in dem Stasi-Gefängnis „Roter Ochse“ in leitender Funktion für die berüchtigte Untersuchungsabteilung IX tätig. Mitarbeiter dieser speziell geschulten Truppe wendeten oft physische und psychische Gewalt an, um Gefangenen in stundenlangen Verhören Geständnisse abzupressen. Stenker und Kommol waren als Vorgesetzte zumindest mit dieser Praxis vertraut. Sie behaupten, im Einklang mit der Verfassung und Strafprozessordnung der DDR gehandelt zu haben. Deshalb wollen sie eine Hinweistafel, auf der ihre Namen vermerkt sind, aus der Gedenkstätte entfernen lassen. Man sei nicht länger gewillt, sich diskriminieren und kriminalisieren zu lassen, heißt es in einem gemeinsamen Manifest, das auch von der Linkspartei verbreitet wird. Gut möglich, dass sich Richter von solchen Argumenten beeindrucken lassen. Unabhängig davon prüft auch Sachsen-Anhalts oberster Datenschützer, ob der Hinweis auf die früheren hauptamtlichen MfS-Mitarbeiter in der Gedenkstätte bleiben darf.

Erst am 8. April 2008 hatte das Kammergericht Berlin ein bezeichnendes Urteil gefällt. Ein Gespräch, das das Magazin „Focus“ mit dem Schauspieler Ulrich Mühe über die Stasi-Verstrickung seiner früheren Ehefrau Jenny Gröllmann geführt hatte, darf nicht mehr verbreitet werden. Nach Auffassung des 10. Zivilsenats überschreitet die Veröffentlichung den Rahmen einer zulässigen Verdachtsberichterstattung. Einem unbefangenen Leser erschließt sich diese Interpretation nicht ohne weiteres. Überhaupt fragt sich, weshalb hier, wie im Fall Gysi, nur in Form eines Verdachts berichtet werden darf. Der Forschungsverbund SED-Staat der Freien Universität Berlin kommt in einem Sachverständigengutachten zum Ergebnis, Gröllmann habe zweifelsfrei einen Bund mit der Stasi geschlossen. In einer mehrseitigen Stellung-

663 5. Str.-Senat des BGH Az. 5 StR 347/95, Beschluss vom 22.8.1995 gegen P. Haack wg. vers. Mordes

nahme der Birthler-Behörde heißt es, die Schauspielerin habe „wissentlich und willentlich" mit dem Geheimdienst kooperiert. Doch solche Darstellungen dürfen sich Journalisten nicht zu Eigen machen. Nach herrschender Rechtsprechung bestehen letzte Zweifel an der IM-Tätigkeit, zumal Gröllmann die Vorwürfe trotz einer 500 Seiten umfassenden Akte bestritten hatte. Die Kosten solcher Prozesse, die ohne teure Fachanwälte kaum mit Aussicht auf Erfolg geführt werden können, erreichen rasch fünfstellige Summen. Solche Beträge überfordern kleinere Verlage und klamme Aufarbeitungsinitiativen. Einstweilige Verfügungen werden deshalb meist widerstandslos hingenommen. Mehr noch, angesichts der finanziellen Risiken wird häufig von vorneherein darauf verzichtet, das zu veröffentlichen, was in den Stasi-Akten steht.

So unterstützt die Justiz zumindest indirekt die Strategie der Täter, die ihr kompromittierendes Treiben in der Diktatur mit einem Tabu belegen und damit zugleich die historische Darstellung der DDR-Geschichte verklären wollen. Eine solche Geschichtsfälschung entsteht unter unseren Augen! Selbst wenn die Fakten eindeutig eine Verstrickung belegen, weil persönliche Verpflichtungserklärungen, handgeschriebene Spitzelberichte oder aussagekräftige Kaderakten vorliegen, stellt die Offenlegung von Stasi-Biografien ein kaum überschaubares juristisches Wagnis dar. Der jüngst beurlaubte Magazinchef der „Berliner Zeitung" drohte Unterlassungs-, Gegendarstellungs-, Widerrufs-, Schmerzensgeld- und Schadenersatzansprüche an, um zu verhindern, dass seine IM-Karriere publik wird. Der Personalchef von Gazprom Germania, der sich gleich zwei Mal als Stasi-Spitzel verpflichtet hatte, versucht mittlerweile in zweiter Instanz, die Berichterstattung über seine Person zu unterbinden. Jene, die in der Diktatur rechtsstaatliche Prinzipien mit Füßen getreten hatten, bemühen in der Demokratie vehement den Rechtsstaat. Das dürfen sie ohne Zweifel. Dass sie sich dabei allerdings zu angeblichen Opfern stilisieren, empört die tatsächlichen Opfer ebenso, wie eine Rechtsprechung, die zunehmend ehemalige Täter begünstigt. Weil Aufarbeitung in der Anonymität nicht funktioniert, dürfe der Verrat nicht geschützt werden, betonte Marianne Birthler. Wie wahr, denn Verrat verjährt nicht.[664] Diese Auffassung hat im Februar 2000 auch das Bundesverfassungsgericht vertreten. Deutschlands oberste Richter berieten damals über eine Beschwerde des „Neuen Forum", das in seinen Büroräumen in Halle eine IM-Liste mit Klarnamen ausgelegt hatte. Dies war vom BGH verboten worden. Zwar nahmen die Verfassungsrichter den Fall nicht zur Entscheidung an. Doch sie formulierten interessante Leitsätze und rügten den BGH-Spruch als „verfassungsrechtlich nicht unbedenklich."[665] Damals stellte das Bundesverfassungsgericht fest: „Es ist nicht die Aufgabe staatlicher Gerichte, einen Schlussstrich unter eine Diskussion zu ziehen oder eine Debatte für beendet zu erklären." Diese Feststellung bezogen die Richter nicht nur auf den Inhalt einer Äußerung, sondern auch auf ihre Form. Der DDR-Geheimdienst wurde als „besonders abstoßendes Herrschaftsinstrument des Einparteiensystems" bezeichnet. Allein daraus begründe sich ein besonderes Aufklärungsinteresse.

664 Chr. Läpple, Verrat verjährt nicht, Hamburg 2008
665 BVG Az.: BvR 1582/94

Über die damals formulierten Grundsätze setzen sich Richter in den unteren Instanzen regelmäßig hinweg. Schon deshalb wäre es wünschenswert, dass einer der strittigen Fälle der Nennung von Klarnamen ehemaliger Stasi-Mitarbeiter auf dem Tisch des Bundesverfassungsgerichts landet.[666] Man möchte an Sophie Scholl erinnern, die in einem Flugblatt schrieb: *„Vergeßt auch nicht die kleinen Schurken dieses Systems, merkt Euch die Namen, auf daß keiner entkomme! Es soll ihnen nicht gelingen, in letzter Minute noch nach diesen Scheußlichkeiten die Fahne zu wechseln und so zu tun, als ob nichts gewesen wäre!“*[667]

Die Bundesrepublik der neunziger Jahre befand sich zur ehemaligen SED-Diktatur in einem eigentümlich gespannten Verhältnis. Sie pflegte den Gestus moralischen Abscheus, der Verachtung des Politisch-Kriminellen, und war diesem System dennoch durch vielfältige Beziehungen auf politischer Ebene verbunden, zuletzt durch dessen staatliche Anerkennung, die ihren sichtbaren Ausdruck im Staatsbesuch Honeckers in der Bundesrepublik fand. Die Dämonisierung des SED-Staates bildet so gleichsam den Schutzschild, welcher das Fortdauernde und Fortwirkende verdeckt: die politische Wiedergeburt der kriminellen SED in der PDS/Linkspartei und deren formale Anpassung an die Spielregeln einer parlamentarischen Demokratie. Es waren die unerschrockenen Worte Alexander Solschenizyns nach seiner Freilassung aus dem GULag, die auch die Menschen im SED-Staat verstanden. Er erinnerte an menschliche und christliche Traditionen: *„Wir, die Dissidenten in der UdSSR, wir haben keine Panzer, wir haben keine Waffen, wir haben keine Organisation, wir haben nichts, unsere Hände sind leer. Wir haben nur das Herz und die Kraft, die daraus wächst, dass wir für ein halbes Jahrhundert in diesem System durchgehalten haben. Und als wir in uns die Festigkeit fanden, zu stehen und standzuhalten, hielten wir auch stand. Wir hielten stand nur durch die Festigkeit des Geistes. Und wenn ich heute hier vor Ihnen stehe, dann nicht durch die Gnade des Kommunismus, nicht dank der Güte des Kommunismus, nicht dank der Entspannung, sondern nur dank der eigenen Festigkeit und ihrer festen Unterstützung. Die Sittlichkeit steht über dem Recht! Und diesen Standpunkt darf man nicht aufgeben. Man muss ihn mit der Seele und mit dem Herzen anerkennen. [...] Das Weltübel – der Kommunismus – sammelt sich mit ungeheurem Hass und ungeheurer Kraft. Es breitet sich über die Erde aus, man muss ihm Widerstand leisten, anstatt ihm eilfertig alles zu geben und ihm immer wieder zu geben, was es fressen will.“* Unter Anspielung auf die Forderung der sowjetischen Kommunisten, der Westen solle sich nicht in die inneren Angelegenheiten der Sowjetunion und des Ostblocks einmischen, erklärte Solschenizyn: *„Die kommunistischen Führer warnen Sie: Mischt euch nicht in unsere inneren Angelegenheiten ein, lasst uns unsere Bürger in Ruhe unterdrücken. [...] Ich aber sage Ihnen: Bitte, mischt euch soviel ihr könnt in unsere inneren Angelegenheiten ein. [...] Wir bitten euch, mischt euch ein, denn wer vom Stalinismus nicht reden will, sollte auch vom Faschismus schweigen.“*[668] Mancher

---

666 U. Müller in: DIE WELT vom 21.4.2008

667 Aus dem 4. Flugblatt der Weißen Rose, München 1942

668 Aus der ersten Rede Alexander Solschenizyns, die er nach seiner Ausweisung aus der Sowjetunion vor dem amerikanischen Gewerkschaftsverband AFL/CIO am 30.6.1975 in Washington hielt

hat sich eingemischt, sich nicht gefürchtet vor dem Hass des Systems und der Rache des MfS im „Operationsgebiet“. Das geschah unspektakulär, still und dennoch effektiv, indem es vielen Menschen half, ihre Freiheit zu gewinnen und die Regeln des Schweigens in Ost wie West zu durchbrechen. Indem daran erinnert wird, soll dem Geist der zweiten deutschen Diktatur die Grundlage einer ideologischen Reinkarnation entzogen werden. Erinnerung ist das Gewissen eines Volkes. Jede drittklassige Demonstration in Deutschland richtet sich gegen das Vergessen, wirklich ernst gemacht mit diesem Leitspruch hat aber hierzulande niemand, beschreibt Walter Kempowski die deutsche Situation.[669] Wiedergutmachung ist ein Aspekt der Erinnerung, denn Angst und Schmerz lassen sich nicht aus der Biografie von Verfolgten der Diktatur entfernen. Potenzielle Akteneinäscherer möchten die Vergangenheit ruhen lassen. Sie wollen vergeben und versöhnen, noch ehe die Täter ihre Schuld bekannt und bereut haben. Das funktioniert deshalb nicht, weil die Beteiligten weder Reue noch Schuldbewusstsein haben. Nur wer Schuld spürt, will sich von ihr befreien. Auf der ethischen Werteskala würde das bedeuten: Der Täter bereut sein Tun aus freiem Willen. Er bekennt seine Schuld. Er verspürt den Wunsch, geschehenes Unrecht wieder gut zu machen. Dazu gehört, dass er sich je nach Sachlage bei Opfern entschuldigt oder Strafe akzeptiert. So wird seine Schuld gesühnt. Das sind die Voraussetzungen für Vergebung. Bis heute sieht es indes so aus, dass Täter verdrängen, sich auf Befehle oder Gesetze berufen und dabei außer Acht lassen, dass diese nicht legitimiert und somit Unrecht waren. Die Verschweiger und Versöhner sprechen nicht namens der Verfolgten. Sie haben deshalb das Maul zu halten!

Die Geschichtslosigkeit der Deutschen, für die sich die eigene Historie zunehmend auf den Holocaust verengt, ist sprichwörtlich. Doch genau so, wie die Nazis alles Lebendige im Menschen hassten, wie sie ihre Rache gegen jede Individualität richteten, die sie selbst nicht hatten, löschten auch die Kommunisten jede Individualität aus, machten ihre Opfer zu Unpersonen, ersetzten die Namen von Häftlingen durch Nummern. Die Kohorten ehemaliger DDR-Staatsjournalisten schauen nicht gerne auf diese Zeit körperlicher und seelischer Qualen zurück. Die westdeutsche Befindlichkeit in Verbindung mit den Vertuschungsinteressen der Täter hat es möglich gemacht, dass im vereinten Deutschland eine Stasi-Registratur als Inoffizieller Mitarbeiter durchaus vereinbar geworden ist mit hohen und höchsten Staatsämtern, wie der prominente Fall Stolpe zeigt.[670] Angesichts einer weit verbreiteten Akzeptanz gegenüber den von den Stasi-Registrierten vielfach vorgetragenen Behauptungen, dass die Akten lügen, ist die schriftliche Hinterlassenschaft des Staatssicherheitsdienstes als Quelle für die Aufarbeitung des Unrechts geächtet. Vor einer solchen Wirklichkeit verzerrt sich dann auch das Bild von der zweiten Diktatur in Deutschland, mithin das von der Stasi und den von ihr Verfolgten. Wer da in moralischen Kategorien argumentiert oder gar von Vergangenheitsbewältigung spricht, ist zumindest suspekt. Marianne Birthler erklärt zutreffend: *„Das Wort*

669 DER SPIEGEL, Nr. 19, 2007

670 *„In der DDR waren vermutlich viele Inoffizielle Mitarbeiter (IM) des MfS zuvor als Mitarbeiter der Geheimdienste oder der Polizeibehörden des NS-Machtapparates tätig.“* Antwort der Bundesregierung (16/7919) auf die Kleine Anfrage der FDP-Fraktion (16/7566), 2008

Vergangenheitsbewältigung hört sich für mich an wie ein Kraftakt, wie eine Anstrengung, die man unternimmt, um etwas zu besiegen, um etwas gewaltsam zu entsorgen. Wer oder was bewältigt ist, ist erledigt. Ich habe eine Aufgabe bewältigt, das heißt, ich habe sie erledigt, nun ist sie weg. Entsorgt, bewältigt, aus, vorbei. Das ist das, was manche Leute gern mit der Vergangenheit tun würden. Mit diesem Begriff Vergangenheitsbewältigung wird Vergangenheit zu einer Art Feind, mit dem man es aufnehmen und gegen den man siegen muss, damit er endlich klein und unbedeutend wird. Was bewältigt wurde, das landet im besten Fall als Trophäe in der Vitrine, meistens aber im Mülleimer der Geschichte, und manche meinen, da gehört es auch hin. Ich setze dagegen: Es ist schade darum. Wir müssen uns nämlich vorstellen, dass, wenn wir die Vergangenheit in den Mülleimer tun, wir uns selbst entsorgen. Woraus sind wir schließlich gemacht? Wir sind umgeben, durchsetzt und durchtränkt mit Geschichten, mit Geschichte. Wir bestehen im Grunde aus einer Vielzahl jeweils eigener Geschichten. Jeder von uns, jede von uns. Wir selbst sind Geschichte. Wir sind es, weil wir davon erzählen. Erst was erzählbar ist, kann zur Geschichte gedeihen. Deswegen ist es Unsinn zu sagen, was vergangen ist, sei nicht wichtig. Die Vergangenheit verleugnen heißt auch, sich selbst zu verleugnen. Und wer die Vergangenheit verachtet oder gering schätzt, diffamiert und verachtet immer auch sich selbst. Worum geht es also beim Umgang mit der Vergangenheit? Guter Umgang mit Vergangenheit heißt, dass die Wahrheit Schritt für Schritt an die Stelle von Lügen, von Schweigen und von Legenden tritt. Schritt für Schritt.“[671]

5. Die Ausgrenzung des Widerstands

Diesem Anspruch sollte die bundesunmittelbare „Stiftung Aufarbeitung der SED-Diktatur“ unter ihrem Vorstandsvorsitzenden Rainer Eppelmann nachkommen. 2007 erhoben viele ehemals politisch Verfolgte, Opfer der Diktatur, Historiker, Politiker und selbst Bürgerrechtler schwere Vorwürfe gegen diese Stiftung und den seit 2004 dort amtierenden Ex-Bürgerrechtler Eppelmann.[672] Die Stiftung hatte vor, im Rahmen eines Stipendienprogramms mit der Linkspartei nahen Rosa-Luxemburg-Stiftung (RLS) zusammen zu arbeiten. Die Malerin und Dissidentin Vera Lengsfeld wandte sich mit einem Protest-Aufruf gegen dieses Vorhaben. Dem Protest, von zahlreichen Opferverbänden unterstützt, schlossen sich Arnulf Baring, Michael Wolffsohn, Ralph Giordano, Lea Rosh, Hubertus Knabe und viele andere an. Sie alle sind überzeugt, dass die Zusammenarbeit ein Verstoß gegen den gesetzlichen Auftrag der Stiftung zur Aufarbeitung der SED-Diktatur ist, die Erinnerung an das geschehene Unrecht und die Opfer wachzuhalten. Der Schriftsteller Erich Loest wirft der RLS vor, „wie keine andere Stiftung in Deutschland in den vergangenen Jahren das SED-Regime verharmlost und den Geschichtsrevisionismus ehemaliger Stasi- und SED-Funktionäre unterstützt“ zu haben. In zahlreichen Veranstaltungen der Stiftung hätten ehemalige hauptamtliche und inoffizielle Mitarbeiter des Staats-

671 Marianne Birthler, BStU, 2007
672 W. Templin über F. Havemann, zit. in: TAGESSPIEGEL vom 3.12.2007

sicherheitsdienstes ihre menschenverachtenden Aktivitäten leugnen oder verklären können. Eppelmann focht das nicht an. Die Kooperation der Stiftung Aufarbeitung mit der kommunistischen Rosa-Luxemburg-Stiftung verteidigt er mit einem demokratischen Entscheidungsprozess. Was andere gedankenlos eingefädelt haben, wird vom Vorstand und Beirat solidarisch sanktioniert.

Schon 1989 schwang das Ex-DA-Mitglied in bester Linksaußen-Rhetorik die Faschismus-Keule und biederte sich bei der FDJ/PDS Zeitung an: *„Um die Inaktiven nicht den Rechten in die Arme zu treiben, müssen wir uns ihren Wünschen, Empfindungen, Erwartungen stellen […] Es kann uns Linken nicht gleichgültig sein, was 70 Prozent der DDR-Bevölkerung bewegt. Sonst sorgen sich die anderen um sie. Wenn es die ersten freien Wahlen gibt, und wir machen nichts, dann haben plötzlich die Braunen 50 Prozent und stellen die Regierung."*[673] Das hielt ihn aber nicht ab, in den 90er Jahren auch in der nationalrevolutionären Schrift des rechtskonservativen Intellektuellen Jürgen Graalfs „Deutsche Fragen – europäische Antworten" über den Umgang mit der *„Deutschen Frage"* zu schreiben. 2005 wurde Eppelmann die zukünftige Rente aus seiner Tätigkeit als Minister der letzten DDR-Regierung wegen Systemnähe gekürzt. Bürgerrechtler und Systemnähe? Honni soit qui mal y pense![674] Die Stiftung wird indes weiterhin von der Bundesregierung bezuschusst. Letztere glaubt wohl nicht ganz zu Unrecht, Eppelmann & Co. würden die SED-Diktatur im bewältigenden Sinne aufarbeiten. *Das würden manche gern mit der Vergangenheit tun.* Schon vor dem Zusammenbruch des SED-Staates betrachtete Eppelmann den Wunsch der Menschen nach Einheit mit bemerkenswerter Naivität: *„Die Wiedervereinigung werde, falls sie überhaupt komme, noch Jahre auf sich warten lassen."*[675]

Außer auf die Blauäugigkeit der Presse, konnte die Stasi sich stets auf die Naivität der Bürgerrechtler verlassen. Als Abrüstungsminister war Eppelmann verantwortlich für die Militärspionage der NVA. Seine Unkenntnis der Strukturen der NVA nutzten die Genossen in bewährter Manier aus, um ihn zu hintergehen und brisante Unterlagen des „Mil-ND" zu vernichten. Wohl deshalb gab er den Befehl dazu. *„Die Akten sind auf meinem Befehl vernichtet worden, um einer strafrechtlichen Verfolgung der Mitarbeiter dieser Behörde entgegenzuwirken"*, teilte er als MdB später der Bundesjustizministerin (FDP) mit, und merkte im SED-Jargon an, dass die Militärabwehr der NVA *„wie in jeder Armee der Welt üblich ist. Dies erscheint mir auch im Nachhinein aus meiner heutigen Sicht durchaus noch ein richtiger Standpunkt zu sein."* Hierzu erbat er eine *„klärende Auskunft"*.[676] Dabei ist zweifellos erwiesen, dass die als Angriffsarmee aufgestellte, hochaggressive NVA den von der SED-Politelite durch gefälschte Wahlen annektierten Teil Ostdeutschlands gegen das Volk schützen sollte. Ganz bewusst wird unterschlagen, dass es zwischen der NVA und den Armeen demokratischer Staaten grundsätzlich verschiedene Wertmaßstäbe gab. NVA-Grenzsoldaten erschossen über 800 Männer, Frauen und Kinder an

673 R. Eppelmann in: JUNGE WELT vom 9.12.1989
674 frz.: Verabscheut sei, der schlecht darüber denkt
675 H. J. Tiedge, Der Überläufer, Berlin 2000, S. 453
676 Brief von R. Eppelmann an S. Leutheusser-Schnarrenberger vom 8.9.1992

Rainer Eppelmann
Mitglied des Deutschen Bundestages

5300 Bonn 1
Bundeshaus
Telefon (0228) 163475
Telefax (0228) 1666636

Wahlkreisbüro
Friedrich-Ebert-Straße 2
O-1260 Strausberg
Telefon 22185

Bonn, den 8. September 1992

Bundesministerin der Justiz
Frau Sabine Leutheusser-Schnarrenberger
Heinemannstr. 6
Postfach 20 03 65

W-5300 Bonn 2

Sehr geehrte Frau Ministerin, liebe Frau Leutheusser-Schnarrenberger,

in der Anlage übersende ich die Kopie eines Schreibens von Herrn [redacted] *zu deren Beantwortung ich leider erst jetzt komme. Ich bitte Sie, in Ihrem Hause prüfen zu lassen, unter welchen rechtlichen Gesichtspunkten eine Strafverfolgung stattfindet. In Absprache mit dem Bundesinnenminister Herrn Dr. Schäuble und mit dem Verteidigungminister Herrn Dr. Stoltenberg ist seinerzeit die Militäraufklärung und das Informationszentrum der ehemaligen DDR, der Nationalen Volksarmee, aufgelöst worden. Die Akten sind auf meinen Befehl hin vernichtet worden, um einer strafrechtliche Verfolgung der Mitarbeiter dieser Behörden entgegenzuwirken.*

Es erschien uns seinerzeit absurd, daß diejenigen, die in der Militärabwehr und zum Schutz der Geheimnisse einer Armee arbeiteten, wie es in jeder Armee der Welt üblich ist, der Strafverfolgung einer ehemals als feindlich eingestuften Justiz überantwortet werden könnten. Dies erscheint mir auch im nachhinein aus meiner heutigen Sicht durchaus noch ein richtiger Standpunkt zu sein. Ich meine, daß gerade auf die betroffene Gruppe, falls gegen sie wegen geheimdienstlicher Agententätigkeit ermittelt wird, nur unter rückwirkender Anwendung von bundesdeutschen Gesetzen strafrechtlich verfolgt werden kann. Dies widerspräche aber meiner Rechtsauffassung und wie immer wieder betont wurde, wohl auch der der Bundesregierung. Über eine klärende Auskunft wäre ich Ihnen sehr dankbar.

Mit freundlichen Grüßen

Rainer Eppelmann

Anlage

Brief des MdB Rainer Eppelmann an Justizministerin

SABINE LEUTHEUSSER-SCHNARRENBERGER MdB
BUNDESMINISTERIN DER JUSTIZ

5300 BONN 1, DEN 24.09.1992
HEINEMANNSTRASSE 6
TELEFON (02 28) 58-40 00
58 40 01
TELEFAX (02 28) 58 46 44

An das
Mitglied des Deutschen Bundestages
Herrn Rainer Eppelmann
Bundeshaus

5300 Bonn

EINGEGANGEN
24. Sep. 1992
Erl.

Sehr geehrter Herr Kollege Eppelmann,

zu der in Ihrem Schreiben vom 8. September 1992 angesprochenen Frage der Strafverfolgung wegen Spionage möchte ich folgendes mitteilen: Die hauptamtlichen und inoffiziellen Angehörigen sowohl des Ministeriums für Staatssicherheit als auch der Verwaltung Aufklärung des Verteidigungsministeriums der ehemaligen DDR, die Spionage gegen die Bundesrepublik Deutschland betrieben haben, sind nach den Vorschriften über Landesverrat und Gefährdung der äußeren Sicherheit (§§ 94 bis 100 a StGB) strafbar. Der Anwendung der Landesverratsvorschriften stehen nach Auffassung des Bundesgerichtshofs und der überwiegenden Zahl der Oberlandesgerichte sowie des Generalbundesanwalts völkerrechtliche oder verfassungsrechtliche Bedenken nicht entgegen. Diese Auffassung teile ich. Sie wird auch in der von meinem Haus namens der Bundesregierung abgegebenen Stellungnahme gegenüber dem Bundesverfassungsgericht vertreten, das gegenwärtig die verfassungsrechtliche Zulässigkeit der Strafverfolgung auf eine Vorlage des Kammergerichts in Berlin hin überprüft. Die von Anfang an begründete Strafbarkeit ist durch den Beitritt der DDR zur Bundesrepublik Deutschland nicht entfallen. Auch ist dadurch kein Strafverfahrenshindernis begründet worden. Der Beitritt hat den Strafverfolgungsbehörden lediglich den Zugriff auf die Straftäter ermöglicht.

- 2 -

Da mit dem Zusammenwachsen der beiden deutschen Staaten die gegenseitige nachrichtendienstliche Aufklärung aufgehört hat, ist auch mit Rücksicht u. a. auf die von Ihnen angesprochene ambivalente Natur der Auslandsaufklärung in der letzten Legislaturperiode eine Amnestie erörtert worden. Von ihr ist dann abgesehen worden, u. a. mit der Begründung, sie habe insbesondere in der Bevölkerung der neuen Bundesländer nicht die erforderliche Akzeptanz gefunden.

Mit freundlichen Grüßen

Antwort Leutheusser-Schnarrenberg an Eppelmann

der sogenannten „Staatsgrenze der DDR."[677] Der altersstarrsinnige Rotfrontkämpfer, Stalinist und Diktator Honecker sah das anders: „Die Grenze der DDR ist eine Staatsgrenze wie jede andere in der Welt". Eben, die DDR und ihre Volksarmee waren in den Augen Honeckers und Eppelmanns ganz „normal".

Die Bundesjustizministerin Sabine Leutheusser-Schnarrenberger gab dem Kollegen Eppelmann die gewünschte Auskunft: *„Die hauptamtlichen und inoffiziellen Angehörigen sowohl des Ministeriums für Staatssicherheit als auch der Verwaltung Aufklärung des Verteidigungsministeriums der ehemaligen DDR* [Anm. Mil-ND], *die Spionage gegen die Bundesrepublik Deutschland betrieben haben, sind nach den Vorschriften über Landesverrat und Gefährdung der äußeren Sicherheit (Paragraphen 94 bis 100a StGB) strafbar [...]. Die von Anfang an begründete Strafbarkeit ist durch den Beitritt der DDR zur Bundesrepublik Deutschland nicht entfallen."*[678] Für Eppelmann hatte das keine Konsequenzen. Bis zur Bundestagswahl 2005 blieb er MdB, weshalb das Verfolgungshindernis der Abgeordneten-Immunität bestand. Dieses ist zwar seit 2005 entfallen, die Straftat aber verjährt, wie die Staatsanwaltschaft Berlin 2007 bestätigt. Dies angeblich deshalb, weil *„gemäß § 78b Abs.2 des Strafgesetzbuches die Verjährung bei Mitgliedern des Bundestages erst dann ruht, wenn die Strafverfolgungsbehörden von der Tat und dem Täter Kenntnis erlangen oder eine Strafanzeige erstattet worden ist."*[679] Die Justizministerin hatte wohl vergessen, gegen ihren Kollegen Anzeige zu erstatten, als er bei ihr anfragte, ob sein Aktenvernichten strafbar wäre. Das alles hinderte die Stiftung nicht daran, den Aktenvernichter Eppelmann als Aufarbeiter in den Vorstand zu bestellen. Das Wort vom „Bock zum Gärtner machen" gewinnt hier seine sprichwörtliche Bedeutung.

Zehn Jahre nach der Akten-Vernichtungsaktion unter Eppelmann vermerkt der letzte HVA-Chef Großmann: *„Vorwürfe vom späteren Bundesbeauftragten für die Stasi-Unterlagen, Joachim Gauck, und einigen Bürgerrechtlern, dass wir sie getäuscht und über den Tisch gezogen hätten, sind so unberechtigt nicht."*[680] Einmal mehr wird die verhängnisvolle Rolle ahnungsloser Bürgerrechtler und Sozialismusreformer bei der Abwicklung der Diktatur deutlich.

Niemand hätte sich damals vorstellen können, in welchem Ausmaß die DDR, nicht mal zwanzig Jahre nach ihrem Fall, als Schimäre wieder aufersteht. Daran haben viele Anteil: Westlinke, die ihre Illusionen vom demokratischen Sozialismus bewahren wollten, SED-Kader, die ihre verkommenen Biografien dadurch zu retten suchten, dass sie ihre gewalttätigen Irrtümer zu denen aller Ostdeutschen erklärten und das Scheitern ihrer Partei-Elite als Angriff auf ostdeutsche Lebensentwürfe uminterpretierten. Seit 1994 üben sich der SPD nahe stehende Historiker, Theologen und Publizisten verstärkt im Verklären der Diktatur, nachdem sich Sachsen-Anhalts SPD erstmals von der SED, die nun PDS hieß, an die Macht helfen ließ. Im Gegenzug machten die Sozialdemokraten die geächteten Altkader politisch salonfähig. Spätestens dann durften SED und DDR nicht mehr als das erscheinen, was sie

677 NVA-Befehl Nr. 101/83 vom 3.10.1983, gez. Hoffmann, Armeegeneral, zit. bei R. Grafe

678 Schreiben S. Leutheusser-Schnarrenberger an R. Eppelmann vom 24.9.1992

679 Ermittlungsverfahren gegen Rainer Eppelmann, Az. 35 Js 5242/07, Sta. Berlin, O.-Sta Heisig vom 9.11.2007

680 W. Großmann, Bonn im Blick, Berlin 2001, S.210

waren: eine skrupellose, machtversessene Partei der Willkür und Unterdrückung. Ab jetzt waren sie Partner im demokratischen Spiel um die Macht. Der Kampf um die Deutungshoheit über die Geschichte des SED-Staates begann.

Die zweite Enquête-Kommission zur Aufarbeitung der Geschichte und der Folgen der SED-Diktatur, 1995 vom Deutschen Bundestag eingesetzt, empfahl die Gründung einer Stiftung zu Aufarbeitung der SED-Diktatur, was im Juni 1998 geschah. Schon der Name macht zweifelsfrei deutlich, um welches System es sich handelte. Der Auftrag der mit Millionenbeträgen ausgestatteten Stiftung lautet, die Erinnerung an das geschehene Unrecht und die Opfer wach zu halten, sowie den antitotalitären Konsens in der Gesellschaft, die Demokratie und die innere Einheit Deutschlands zu fördern und zu festigen. Außerdem gibt es die Bundesbehörde für die Unterlagen des Staatssicherheitsdienstes, die die historische, politische und juristische Aufarbeitung der Tätigkeit des MfS zu gewährleisten und zu fördern hatte. Man sollte meinen, dass mit zwei solchen Institutionen die historischen Fakten über alle Legendenbildung siegen würden. Es kam jedoch anders. Schon bald sorgte die Gauck-Behörde[681] für Irritationen bei den Verfolgten des SED-Staates, als bekannt wurde, dass dort ehemalige Stasi-Offiziere arbeiteten, ohne deren Hilfe man den Aktenbestand angeblich nicht erschließen könne. Der Autor und Dissident Jürgen Fuchs beschreibt die Atmosphäre des Amtes, in dem Dissidenten wie Eindringlinge behandelt wurden, während Ex-Stasi-Offiziere im Auftrag der Leitung mit Sonderausweisen unkontrolliert in die Archive gelangten. [682] Auch Gaucks Nachfolgerin, Marianne Birthler, trennte sich nicht von den belasteten Mitarbeitern, als sie die Behörde 2000 übernahm. Ein ehemaliger IM durfte weiter, und darf bis heute, nicht nur ein ganzes Referat leiten, sondern genau jenes, das für die Überprüfung der eigenen Mitarbeiter auf Stasi-Tätigkeit zuständig ist.

Die BStU ist nur das extremste, keineswegs aber einzige Beispiel für die Präsenz ehemaliger MfS-Offiziere an sensiblen Stellen. Nicht einmal unsere Parlamente sind stasifrei. Das heißt, dort sind ehemalige Geheimpolizisten, Mitglieder einer verbrecherischen Organisation des verurteilten Mörders Mielke in ihrem neuen linken Sammelbecken parlamentarisch tätig. Niemand nimmt daran mehr Anstoß. Die traditionsreiche SPD erklärt sogar, mit den „Linken" von Fall zu Fall koalieren zu wollen. Die hessische SPD ließ letzte Skrupel fallen, um an die Macht zu gelangen. Sie brach ihr Wahlversprechen und wollte mit der „Linken" paktieren. Das scheiterte zwar am Einspruch der eigenen Abgeordneten, doch die Tendenz bleibt unübersehbar. Allein in Brandenburg waren der Parteichef, die Fraktionschefin und der innenpolitische Sprecher der „Linken" für das MfS tätig.

Man muss in Deutschland seine Stasiverstrickung nur hartnäckig genug leugnen oder interpretieren, um für höchste politische Ämter geeignet zu sein. Die meist folgenlosen Stasidiskussionen und das unzureichende juristische Instrumentarium bei der Verfolgung haben das Interesse der Öffentlichkeit erlahmen lassen. Als die PDS 2005 erstmals einen hauptamtlichen MfS-Angehörigen in den Bundestag schickte, gab es darüber nur eine kleine „Spiegel"-Notiz. Der Mann sitzt dort

681 Nach ihrem ersten Leiter, den Rostocker Pfarrer und Bürgerrechtler Joachim Gauck so genannt
682 J. Fuchs, Magdalena, Berlin 1998

bis heute für die Partei „Die Linke". Wer dagegen protestiert, sieht sich heftigen Attacken ausgesetzt. Mit den Jahren wurde der Blick der veröffentlichten Meinung auf die Zustände der untergegangenen Diktatur immer milder. Die Berufskader der SED/PDS/Linke lancierten in gewohnter Manier Begriffe, die den tristen Zuständen im real existierenden Sozialismus den Schrecken nehmen sollten. „Es war nicht alles schlecht" stand am Anfang dieser Verklärung. Heute erscheint der SED-Staat in den Reden der Linken geradezu als Sozialparadies. Da wird von den Kinderkrippen geschwärmt, das kostenlose Gesundheitssystem bejubelt, in dem Zähne ohne Betäubung gebohrt wurden und künstliche Nieren für kaum ein Zehntel der Patienten reichten. Dass für die Herrschenden damals spezielle Krankenhäuser und Medikamente aus dem Westen bereit standen, von denen die Bevölkerung nur träumen konnte, fällt ebenso unter den Tisch, wie die Sonderversorgungssysteme für die Systemstützen. Diese wollten sich die von ihnen erzeugte Mangelwirtschaft nicht zumuten. Dass es keine Arbeitslosigkeit gab, beruhte auf dem Gehorsam der Angepassten. Es gab Hunderttausende Menschen, die sich als Hilfspfleger oder Friedhofsgärtner durchschlagen mussten, weil sie mit dem System in Konflikt kamen, einen Ausreiseantrag gestellt hatten, dem Regime kritisch oder gar widerständig gegenüberstanden, schreibt Vera Lengsfeld. Trotzdem preisen DDR-Nostalgiker die angebliche Arbeitsplatzsicherheit als Vorzug gegenüber der kalten Marktwirtschaft. Seit einiger Zeit gibt es Bestrebungen, der Verklärung des SED-Staates eine wissenschaftliche Grundlage zu geben. Was als schleichende Trendwende in der Forschung weg von der Diktatur hin zum Alltag begann, beherrscht inzwischen weite Teile der historischen Wissenschaft. Das aus der DDR-Akademie der Wissenschaften hervorgegangene Potsdamer Zentrum für zeithistorische Forschungen, wo man die DDR gerne als „Konsensdiktatur" bezeichnet, wird zunehmend zum Leitinstitut, während der diktaturkritische „Forschungsverbund SED-Staat" an der FU Berlin gegen seine Abwicklung kämpft. Die wissenschaftlichen Gremien der Aufarbeitung werden von Aufarbeitern dominiert, die den SED-Staat nicht nur auf ihre Diktatur-Geschichte reduzieren wollen. Dass es eine „nicht nur Diktatur" ebenso wenig gibt, wie man nur „ein bisschen schwanger" sein kann, stört diese Wissenschaftler nicht.

Von diesen Gleichschaltungsbemühungen ist nicht nur die Forschung betroffen. Längst sind auch die Gedenkstätten und Erinnerungsorte in den Blick der Leugner geraten. Hier, wo sich jährlich Hunderttausende über die DDR-Vergangenheit informieren, soll vermittelt werden, dass die DDR im Grunde halb so schlimm war. Zu diesem Zweck setzte die rot-grüne Bundesregierung eine Kommission ein, die Vorschläge für einen Geschichtsverbund SED-Diktatur machen sollte. Die Experten erklärten, die Zeit sei reif für einen Akzentwechsel und eine Perspektivendifferenzierung. Statt staatlicher Repression, wollten sie in einem neuen Museum den Alltag in der DDR behandelt wissen, der in den Gedenkstätten zu kurz käme. Zwar verschwanden die Vorschläge in der Schublade. Doch der Kampf um die Deutungshoheit über die Geschichte ist damit keineswegs abgeblasen. Schritt für Schritt hat sich auch die „Stiftung zur Aufarbeitung der SED-Diktatur" von ihrem gesetzlichen Auftrag entfernt. Vorläufig ist der strategische Wandel nur an Kleinigkeiten erkennbar. So hat die Stiftung anlässlich des bevorstehenden 20. Jahrestages des Mauerfalls ein Stipendienprogramm „Aufbruch 89" ins Leben gerufen, an dem sie die vorerwähnte „Rosa-Luxemburg-Stiftung" beteiligt. Gerade diese verklärt den SED-Staat in unerträglicher Weise. In ihren Veranstaltungen und Publikationen bietet sie hochrangigen Ex-MfS-Offizieren regelmäßig ein willkommenes Podium. Frühzeitig hat sich die Linkspartei mit der Zauberformel „Antistalinismus" aus der Verantwortung für ihre Vergangenheit als beherrschende Partei der Diktatur gezogen. Die Schuld an den begangenen Verbrechen schob sie kurzerhand Stalin zu, während die Absichten der vielen Parteifunktionäre moralisch angeblich gut waren. Sogar von unschuldigen Opfern ist zuweilen die Rede. Allerdings handelt es sich dabei nur um „sozialistische", während die „widerständigen" des Gedenkens nicht für würdig befunden werden. Auch vom SED-Politbüro distanziert man sich schon mal, weil es die Demokratie in der Partei außer Kraft gesetzt hätte. Die Komintern lässt grüßen. Doch es bleibt dabei, dass die DDR der Versuch war, eine „gerechtere" Gesellschaft zu verwirklichen. Die PDS versuchte sogar, sich als „Partei des Herbstes 89" zu verkaufen, als hätte die SED-Führung nie befohlen, die Demonstrationen in Dresden und Berlin zusammenzuknüppeln. Stattdessen soll der Eindruck entstehen, Gysi, Bisky und Modrow hätten die friedliche Revolution initiiert.

Die Wahrheit ist von der Linken und ihrer Stiftung nicht zu erwarten. Eppelmann und seinen demokratischen Entscheidern in der Stiftung scheint das gleichgültig zu sein. Wer sich informieren will, wie die Förderung und Stipendienvergabe der „Stiftung Aufarbeitung" aussieht, macht auf ihrer Homepage erstaunliche Entdeckungen. Unter den geförderten Projekten „1998 bis 2001" wurde im Anfangsjahr der Einzelposten „Robert-Havemann-Gesellschaft e.V." mit insgesamt 1.684.150DM gefördert. Unter den 2007 geförderten Dissertationen befinden sich abstruse Themen wie „Kaffee in beiden Nachkriegsstaaten", „Die Jagd in der DDR" oder „Traumschiffe des Sozialismus." Die mit vergleichsweise geringen Summen beantragte Förderung wichtiger Projekte im Sinne des Stiftungsauftrages, wie „Analysen über den Widerstand in der DDR", oder „Die Haftzwangsarbeit politischer Häftlinge", wurden dagegen mit fadenscheinigen Gründen abgelehnt. Damit steht die Stiftung keineswegs für eine „vitale", „kreative" oder „pluralistische" Auseinandersetzung mit der kommunistischen Diktatur und ihren Folgewirkungen.

Wer war Robert Havemann,[683] und was ist die „Robert-Havemann-Gesellschaft"? Der Kommunist und Altstalinist, NS-Widerstandskämpfer, DDR-Dissident und Wissenschaftler Robert Havemann war die Ikone der Sozialismusreformer. Im Mai 1992 wurde das Archiv der Robert-Havemann-Gesellschaft gegründet. Die Bestände dieses, inklusive des Matthias-Domaschk-Archivs, dokumentieren die „Überlieferung der „Opposition und Bürgerbewegungen in der DDR". Schwerpunkte sind die Dokumentation der Biographie Robert Havemanns und der Geschichte der Bürgerbewegung, die sich 1989 in der DDR herausbildete. So wurden Havemann und seine Anhänger geschichtsrevisionistisch zur „Opposition in der DDR", von der Stiftung Aufarbeitung mit einem Millionenbetrag gefördert. Was das Verklären eigenen Versagens und die Vorzüge der Diktatur betrifft, so ist die Lüge mittlerweile zum Normalfall von Kommunikation geworden. Eine Gesellschaft, die die Lüge akzep-

683 F. Havemann, Havemann, Frankfurt/M. 2007

tiert, eine Stiftung, die sie mit Unsummen fördert, ist nicht besser als die Unterhaltungsindustrie. In seinem aus dem Nachlass publizierten Tagebuch schreibt der Schriftsteller und ehemalige Bautzen-Häftling Walter Kempowski: *„Haben wir denn alles falsch gemacht, fragen die Leute aus der DDR.. Antwort: Leider ja.“*[684] Es ist zu befürchten, dass aus dieser Art der Förderung eine Generation von Historikern hervorgeht, die ahnungslos ist, was den Zusammenhang von Sozialismus und Diktatur betrifft. Es sind die Zeitzeugen, die bei der Uminterpretation der Geschichte stören. Deshalb sollen sie mundtot gemacht werden. Exemplarisch dafür sind die Angriffe auf die Gedenkstätte im ehemals zentralen MfS-Untersuchungsgefängnis Hohenschönhausen. Im Juli 2000 wurde aus der Gedenkstätte eine Stiftung öffentlichen Rechts und Hubertus Knabe ihr erster Direktor. Für die ehemaligen politischen Häftlinge und Verfolgten ist Knabe ein Glücksfall, denn er ist eine der wenigen Stimmen, denen es in den Medien gelingt, auf das Schicksal der Verfolgten und Opfer hinzuweisen. Er zeigt der Politik, wie schäbig sie mit den Verfolgten des SED-Staates umgeht, und wie nachsichtig sie mit den Tätern ist.[685] Mit dem Widerstand Knabes und seiner Mitstreiter gegen das Schönreden der SED-Diktatur ist weiterhin zu rechnen. Mit dem Widerstand gegen die Verzerrung der Geschichte auch.[686]

Eine Förderung ganz anderer Art kommt aus dem Deutschen Parlament. Am 26. Juni 2008 einigten sich die Fraktionen der großen Koalition auf ein neues Bundesministergesetz.[687] Darin ist festgeschrieben, dass die Minister der letzten DDR-Regierung unter Lothar de Maizière (neben den üblichen Vergütungen) eine „Ehren-Pension“ in Höhe von 650-800 Euro wegen ihrer angeblich „besonderen Verdienste um die Wiedervereinigung Deutschlands“ während ihrer fünfmonatigen Amtszeit erhalten. Ein ehemaliger politischer Häftling bekommt ab 6 Monaten Haft eine Sozial-Zuwendung von 250 Euro. Das nenne ich Chuzpe! Neben Sozialismusreformern wie Rainer Eppelmann, Peter Michael Diestel, Markus Meckel und Rolf Schwanitz, zählt dazu ausgerechnet Kurt Wünsche[688], als Justizminister bereits unter Ulbricht und Honecker in diesem Ressort und einer der Verantwortlichen für die Verschärfung justiziellen Unrechts. Was ist nun der größere Skandal? Die offene Verhöhnung der Verfolgten des SED-Regimes, die ungebrochene Selbstbedienungs-Mentalität unserer gewählten Vertreter, oder die Tatsache, dass die demokratische Wächter-Funktion der Medien in diesem Fall völlig außen vor blieb? Günter Krause sprach sich als einziger gegen diese Pension aus. Wünsche und de Maizière, über den es MfS-Akten (IM „Czerny“) gibt, sind dabei besonders belastet. Die vom Stasi-FO Edgar Hasse verfassten Informationen über Tagungen der evangelischen Synode lassen keinen Zweifel zu, dass „Czerny“ im Rahmen seiner inoffiziellen Zusammenarbeit mit dem MfS äußerst brisante und aktuelle Materialien über innere Vorgänge in der Evangelischen Kirche sowie über einflussreiche kirchenleitende Kräfte er-

684 W. Kempowski, Somnia, Tagebuch 1991, München 2008

685 H. Knabe, Die Täter sind unter uns. Über das Schönreden der SED-Diktatur, Berlin 2007

686 Nach Vera Lengsfeld, www.vera-lengsfeld.de/aktuelles.php aufklären statt weichspülen vom 26.2.2008

687 AFP/cn vom 20.6.2008

688 TV-Magazin KONTRASTE vom 29.5.1990

arbeitet haben dürfte. Zumindest bei Informationen über synodale Fragen kann das nach Lage der Dinge nur „Czerny“ gewesen sein, da Hasse nur einen IMB führte, der Synodaler war.[689] Diestel ist nicht nur für seine spätere Vertretung ehemaliger Täter bekannt. Kaum jemand weiß mehr, dass er als Innenminister im Kabinett de Maizière mit Unterstützung von Bürgerrechtlern (sic) für die Vernichtung der IM-Kartei politisch verantwortlich ist, weil er nichts unternahm, um die Akten vor dem Reißwolf zu retten. Dadurch ist es heute so schwer, ehemaligen IM, wie beispielsweise Gysi, ihre Handlanger-Tätigkeit für die Stasi eindeutig nachzuweisen.[690] Überdies sind drei weitere Minister stasibelastet,[691] ließ der Fraktionssprecher der Grünen im sächsischen Landtag in einer Presseerklärung verlauten, deren Rücktritt schon 1990 gefordert wurde. Ein Skandal, der den Wert der Verfolgten in dieser Gesellschaft neuerlich deutlich macht.

Nachdem Eppelmann als Abrüstungsminister die Vernichtung der Akten des zentralen Informationszentrums der NVA angeordnet hatte um „jene vor Verfolgung zu schützen, die nichts als ihre Pflicht getan haben“, nahm er noch im Juli 2007 einen enttarnten IM („Erich“) öffentlich mit der Bemerkung in Schutz: „Ich habe viele IM gekannt, aber nur zwei, die dies zum Wohle der Menschen (!) getan haben. Einer davon war Dr. F.“ Dieser Dr. F. war stellvertretender Vorsitzender des „Demokratischen Aufbruch“ (DA) unter dem Vorsitzenden Eppelmann und diesem familiär verbunden. Der DA ist durch dessen Gründungsmitglied Wolfgang Schnur (IM „Torsten“) wegen seiner Nähe zum MfS hinlänglich bekannt. *„Der jüngste Aktenfund rückt neben Gysi erneut den letzten Vorsitzenden der Ost-CDU und DDR-Ministerpräsidenten Lothar de Maizière in ein merkwürdiges Licht“*, schreibt Gerhard Besier 1995. Er stützt die Vermutung, dass zur Wendezeit die Stasi alles daransetzte, die Alt- und Reformparteien der DDR personalpolitisch im Griff zu behalten. Aus einer dem Magazin FOCUS vorliegenden IM-Tonbandabschrift geht hervor, wie Maizière sich ratsuchend „an Gysi gewandt“ haben soll, als ihm seine Partei den Vorsitz antrug. Und wie der SED-Rechtsanwalt den CDU-Standeskollegen im „mehrstündigen Gespräch“ bewogen habe, auf dem Scheitelpunkt der DDR-Wende an die Spitze der alten Blockpartei zu treten. Am 2. November 1989 beschloss der Hauptvorstand der Ost-CDU de Maizières Kandidatur, am 9. fiel die Mauer, am

689 Vgl. den Original-Bericht über die Rolle Lothar de Maiziéres für den Stasi-Sonderbeauftragten Joachim Gauck, in: DER SPIEGEL Nr. 12 vom 18.3.1991, S. 41a: „[…]Die Recherchen geben her, daß in der Abt. XX der BV Berlin durch den Mitarbeiter Hasse ein IMB „Czerni“, Reg.-Nr. XV/3468/81, geführt wurde, ab 3.12.1981 von der Abt. XII registriert, der Mitglied der Bundessynode der Evangelischen Kirche der DDR und Rechtsanwalt ist. Weiter ist bekannt, daß Hasse nur einen IM führte, welcher der Bundessynode angehörte. Der auf der Territorialkartei F 78, S.44 vorgenommene Eintrag des Decknamens „Czerni“, die ersichtliche Kategorisierung IMB, die IM-führende Abt. XX und die Reg.-Nr. XV 3468/81 stimmen also mit in den archivierten Unterlagen der Abt. XX vorhandenen Angaben zum IMB „Czerni“ überein. Offen bleibt die Zuordnung der Adresse „Am Treptower Park 31, PLZ 1193“. Da es keine Hinweise gibt, daß unter dieser Adresse mehrere Personen existieren, die entweder Mitglied der Bundessynode oder Rechtsanwalt sind, das trifft nur auf den dort ansässigen Lothar de Maiziere zu, muß der IMB „Czerni“ mit dieser Person identisch sein.“

690 In: DER SPIEGEL Nr. 29 vom 18.7.1994, S. 168b

691 „Wissen die Mitglieder des Bundestages und des Bundesrates nicht, dass drei Minister der letzten DDR-Regierung in besonderer Weise stasibelastet waren?“ K.-H. Gerstenberg, Parlamentarischer Geschäftsführer der Fraktion BÜNDNIS 90/DIE GRÜNEN im Sächsischen Landtag in einer am 30.9.2008 verbreiteten Presseerklärung

10. wurde Maizière gewählt. Der Stasi-„Vermerk zur Wahl des CDU-Vorsitzenden" datiert vom 6. November. Haarklein und unter vier Augen legte Maizière demnach die Gründe seiner Nominierung dar: Der Wende-Parteichef solle „nicht durch eine bisherige Tätigkeit" in Führungsämtern „oder im Apparat der Partei belastet sein". Das dermaßen unbeschriebene Blatt „erschien durch seinen Beruf und deswegen besonders geeignet, weil er bisher Vizepräsident der Bundessynode der Evangelischen Kirche in der DDR war". Man verlangte von ihm eine Stellungnahme, wie er zur DDR stünde. Maizière erklärte, *„dass...die DDR ein souveräner sozialistischer Staat sein muss. Daran habe die CDU mitzuarbeiten."* Gysis knapper Rat: Maizière solle „...übernehmen, wenn er eine Mehrheit des Hauptvorstandes auf sich vereinen kann". Dieser, so heißt es weiter, „sicherte zu, dass er die Ratschläge seiner Ehefrau und auch seines bisherigen Vorsitzenden des Rechtsanwaltskollegiums beachten wird". Auch künftig wolle Maizière vor „politisch schwierigen Entscheidungen" Gysis Rat und Kritik hören.[692]

Maizière bestreitet bis heute, IM „Czerny" gewesen zu sein, zog sich aber bis September 1991 aus der CDU-Spitze und dem Bundestag zurück. Politisch überlebt hat Gregor Gysi, der gleichfalls eine IM-Tätigkeit bestreitet. Der vorliegende IM-Bericht trägt das Handzeichen des Stasi-Oberst Wolfgang Reuter. Der hat, laut Gutachten der BStU vom 26. Mai 1995 über den Fall Gysi/IM „Notar", „im Zeitraum von 1978-1989 durchgängig" die Zusammenarbeit gelenkt. Zwar findet sich im Ministergesetz die Einschränkung, dass Mitglieder der letzten DDR-Regierung die „Ehren-Pension" nicht erhalten, wenn „der Berechtigte [...] gegen die Grundsätze der Menschlichkeit und Rechtsstaatlichkeit verstoßen [...] hat." Wünsche & Co. würden danach theoretisch keine Zuwendung erhalten. Praktisch wurde aber bei keinem der Vorgenannten die Beteiligung an rechtsstaatswidrigen Handlungen rechtskräftig festgestellt. Ergänzend könnten höchstrichterliche Urteile angeführt werden, die eine Alimentierung ehemaliger Täter geradezu festgeschrieben haben. Unter diesen Voraussetzungen bleibt die Sanktionierung oder gar Aufarbeitung des Unrechts eine Farce.

6. Nachschau

Es ist nicht nachvollziehbar, dass die Vertuscher, Verschweiger, Aktenvernichter und linke Reformsozialisten, als Minister des letzten DDR-Kabinetts nunmehr zu Einheitsdemokraten umfunktioniert, wegen „besonderer Verdienste um die Einheit" eine derartige Sondervergütung zugesprochen bekommen, zumal es Tausende gibt, die vergleichbare Verdienste um die Freiheit und Einheit haben. Abgesehen von den politischen Häftlingen, denen man nur einen Bruchteil der beschlossenen

692 G. Besier, Gregor Gysi bestärkte Lothar de Maizière, den Vorsitz der DDR-CDU zu übernehmen, Stasi-„Vermerk zur Wahl des CDU-Vorsitzenden" vom 6.11.1989 über ein Gespräch zwischen Gysi und Maizière (Ausschnitt): de Maizière habe erklärt, „[...] dass für ihn das Wichtigste sei, dass die DDR ein souveräner sozialistischer Staat sein muss. Daran habe die CDU mitzuarbeiten. [...] In dem mehrstündigen Gespräch mit RA Gysi riet ihm dieser, die Funktion des Parteivorsitzenden zu übernehmen, wenn ihm dies ernsthaft angetragen wird und er eine Mehrheit des Hauptvorstandes auf sich vereinen kann." In: FOCUS Nr.10, 1996

Sondervergütung zuerkannt und diese unter den Vorbehalt „sozialer Armut“ gestellt hat. Diese an Schamlosigkeit nicht zu überbietende Selbstbedienung und Selbstbeweihräucherung ist unerträglich. Zu Zeiten des ehemaligen de Maizière-Kabinetts war die Kanzlerin stellvertretende Regierungssprecherin. Heute ist sie die Chefin seines nahen Verwandten, dem jetzigen Kanzleramtsminister Thomas de Maizière. Inwieweit diese Zusammenhänge bei dem Kabinetts-Beschluss eine Rolle gespielt haben, mögen Historiker entscheiden. Die Verfolgten sind einmal mehr fassungslos. Die gegenwärtige Regierungskoalition setzt fort, was die vorherigen Regierungen konsequent betrieben haben: die Ausgrenzung der Verfolgten und Widerständigen, die Glorifizierung und Finanzierung der Mitläufer, der IM und der Nachwendekarrieristen. Die Benennung und Bestrafung von Verbrechen der SED-Diktatur als entschiedener Solidaritätsbeweis würde zeigen, dass das Leid der Opfer nicht als Unglück, sondern als Unrecht begriffen wird.

Dichter und Denker aller Zeiten berichteten davon: „Es wird ein Stück aufgeführt werden in Deutschland, wogegen die Französische Revolution nur wie eine harmlose Idylle erscheinen möchte.“[693] In der Anthologie „Romanzero“ bekennt Heinrich Heine, fünf Jahre vor seinem Tod, die Substanz der Hoffnung auf den Kommunismus: Verlorner Posten in dem Freiheitskriege/Hielt ich seit dreißig Jahren treulich aus/Ich kämpfe ohne Hoffnung, dass ich siege/Ich wusste, nie komm ich nach Haus. Ein Jahr vor seinem Tod 1855 klagte er an der Wiege des Kommunismus: *„Nur mit Grauen und Schrecken denke ich an die Zeit, wo jene dunklen Ikonoklasten zur Herrschaft gelangen werden – Ach! Das sehe ich alles voraus, und eine unsägliche Betrübnis ergreift mich, wenn ich an den Untergang denke, womit meine Gedichte und die ganze alte Weltordnung von dem Kommunismus bedroht ist.“*[694]

Der polnische Schriftsteller Andrzej Szczypiorski beschreibt die Hoffnungslosigkeit am Ende des Feldversuchs Kommunismus: *„Zu der Zeit, von der die Rede ist, tobte in Europa ein jugendlicher, ungewöhnlich räuberischer und aggressiver Totalitarismus, der unbarmherzig ganze Völker mordete und bei dieser Gelegenheit auf beispiellose Weise beraubte. Später sollte die Welt ein wenig ruhiger werden, weil – mindestens in Europa – nicht mehr Krieg herrschte, deshalb betrieben die Totalitarismen ihr Verfahren diskreter und griffen selten nach dem Leben der Menschen, um so häufiger aber nach ihrer Würde und Freiheit, ohne natürlich den Raub des Eigentums und der Gesundheit zu vernachlässigen, vor allem jedoch des Bewusstseins.“*[695]

Anders als die soziologisch-wissenschaftliche Erkenntnis und Analyse von Vorgängen, die auf Recherche und kritischer Beurteilung historischer Sachverhalte beruht, vermag der Schriftsteller mit Leichtigkeit und Eleganz der Sprache zu formulieren, ohne dabei weniger glaubhaft zu wirken oder einem Zensor aufzufallen. Einige wenige Schriftsteller, Dichter und Dramatiker der DDR konnten sich auf diese Weise ihren Lesern und Zuhörern verhalten kritisch artikulieren. Oft misslang auch dies. Schon 1963 gab es systemkritische Lyrik. Ein einziges Gedicht brachte

693 H. Heine, Geschichte der Religion und Philosophie in Deutschland, Berlin, Weimar o. J.
694 In einem Vorwort für die französische Ausgabe von ‚Lutetia‘, Paris 1855
695 A. Szczypiorski, Die schöne Frau Seidenmann, Zürich 1991, S. 98f.

mir bei einer Lyrik-Lesung im Audi Max der HU 1963 zum ersten Mal den Vorwurf „Staatsfeind" ein.[696] Eine temporär-periodische Veranstaltung, die auch Wolf Biermann, Sarah Kirsch, Günter Kunert, Volker Braun, Gisela Steineckert und andere zur Lesung ihrer zumeist systemkonformen Gedichte nutzten. Kritik, prosaische, lyrische oder sachliche, hatte schwerwiegende Folgen. Weniger bekannte Lyriker mit fehlender Demutshaltung wurden verhaftet. Für vergleichsweise harmlose Gedichte wurden Gefängnisstrafen wegen staatsgefährdender Hetze verhängt.

Zwanzig Jahre nach der Implosion der DDR finden sich in Deutschland kaum Verlage, die den Blickwinkel des Widerstands publizieren wollen. Die Thematik sei ökonomisch nicht vertretbar. Dagegen finden sozialistische Reformer, Wendehälse und Aufarbeiter des SED-Staates mühelos Verlage für ihre Anschauungen, erhalten finanzielle Anerkennung durch Ehrungen und Förderung durch die „Stiftung Aufarbeitung". Wolf Biermann, das „kriegsgebrannte Kommunistenkind" zum Beispiel, der sich nach seinem Rauswurf aus dem SED-Staat 1976 beklagte, „vom Regen in die Jauche" gekommen zu sein, nahm 15 Jahre später anstandslos den westdeutschen Georg-Büchner-Preis entgegen. Er sah die DDR lange Zeit wie Heiner Müller, Präsident der Akademie der Künste in Ostberlin: *„Ohne die DDR als basisdemokratische Alternative zu der von der Deutschen Bank unterhaltenen Demokratie der BRD wird Europa eine Filiale der USA sein."*[697] Am Ende kam auch das renitente Kommunistenkind zur Einsicht und fand zu einer späten Distanzierung.[698] *„Mich erschüttert, bis ins Mark die Erfahrung, dass offensichtlich jeder Versuch, irgendein messianisches, christliches, muslimisches oder kommunistisches Himmelreich auf Erden zu errichten, uns in nur immer modernere Kreise der Hölle zwingt."*[699] Andere funktionieren einen sich weitgehend hinter verschlossenen Kirchentüren einer „Kirche im Sozialismus" abspielenden Nonkonformismus zu einer Opposition in der DDR um. Heiner Müller machte daraus 1992 gar einen Widerstand: *„Die so genannte deutsche Wiedervereinigung findet in Form der Kolonisierung statt. Die ökonomisch über- und kulturell unterentwickelte Zivilisation der ehemaligen Bundesrepublik versucht, die in der ehemaligen DDR im Widerstand gegen die stalinistische Kolonisierung gewachsene Kultur durch Diffamierung und administrativ auszulöschen."*[700] Mit Widerstand gegen die stalinistische Kolonisierung, konnte Müller sich selbst nicht gemeint haben. Auch viele andere Schriftsteller und Künstler waren eher angepasst als widerständig. Doch das Wort war raus, mit all seinen Querschlägern gegen die Zivilisation, gegen den Westen, gegen Amerika: Kolonisierung. Stefan Heym assistierte Begriffen wie Ausverkauf, Treibjagd, Ausbeuten, Plattmachen mit dem Wunsch nach Bananen.

Die trauernden Hinterbliebenen des Sozialismus, nicht das Volk, sondern Tonangebende unter seinen Intellektuellen, sahen ihre schöne Welt untergehen in Kommerz und Konsum. Als wenn die Wiedervereinigung ein Versailles gewesen wäre, ein Diktatfrieden der Sieger über die Besiegten, von Deutschen über Deutsche. Hier

696 W. Welsch, Klage. Gedichte gegen die Diktatur, Schwerin 2000, S. 29
697 In: DER SPIEGEL Nr. 40, 1995
698 Biermann über Biermann, in: DER SPIEGEL Nr.7, 2006, S. 119
699 Ders.
700 FAZ vom 29.7.1992

blitzt nichts anderes auf als sozialistisches und semi-sozialistisches Gedankengut, inhaliert durch die vormalige Systemnähe vieler Poeten, Schriftsteller, Künstler und Intellektueller. Auch ihre Biografien sind inzwischen anerkannt. Auch wenn es sich um Duckmäuser, Wegseher und Anpasser gehandelt hat, die sich vom Gedanken der Freiheit nicht anstecken ließen und den Mächtigen mit ihren Worten mitunter zwar kritisch, aber dennoch zu Willen waren, immer mit scharfem Blick auf die nächste genehmigte Westreise. Die Intellektuellen des Westens dagegen hatten aus dem Kulturpessimismus des Feuilletons ihre Visionen bezogen und sahen sich nach dem Untergang des SED-Staates getäuscht. Seitdem verharren sie mehr oder weniger sprachlos. Dabei postulierte Mario Vargas Llosa, dass „Poesie und Literatur sich von dem anstecken lassen sollte, was draußen passiert, sonst wird sie trivial und dekadent." Draußen herrschte der Terror. Aber die vielfältigen Mahnungen des Widerstands blieben ungehört. Ihm haftete Jahrzehnte der Geruch des Kalten Krieges an, und bis heute hat er keine Stimme. Stattdessen machte der schillernde Wanderer zwischen Ost und West, Stefan Heym, während des Prozesses der Wiedervereinigung Mund-zu-Mund-Beatmung an dem toten Weltgeist, der Sozialismus heißt: *„Soll denn das noble Experiment des Sozialismus hier im Herzen Europas, nur weil es so lange mit unzulänglichem Gerät und falschen Zutaten probiert wurde, so gänzlich aufgegeben werden?"*[701] Mit einem ständigen Ausreisevisum in der Tasche, konnte das Experiment für ihn nobel sein. So lebt denn der Sozialismus fort und längst nicht nur in esoterischen Intellektuellenzirkeln, die noch immer den Ruf des Weltgeistes hören. Seine Gläubigen sitzen, zur gesamtdeutsch „Linken" vereint, im Deutschen Bundestag, in den Landtagen und Kommunen der neuen Bundesländer, regieren mit in der Hauptstadt Berlin. Sie bietet allen Platz, *„die der kapitalistischen Gesellschaft Widerstand entgegensetzen wollen und die gegebenen Verhältnisse fundamental ablehnen."*[702] Sie empfiehlt sich als Symbol für eine andere Gesellschaft als die bestehende. Manche der westdeutschen Sozialdemokraten, die Ende der 60er, Anfang der 70er Jahre unter der Verheißung ihres demokratischen Sozialismus groß geworden sind, mögen sich heute fragen, welcher von beiden demokratischen Sozialismen denn nun gelte.

Wer die bisherige Entwicklung verstehen und mögliche Chancen für eine Änderung zum Besseren abschätzen will, darf die Eigeninteressen der politischen Akteure nicht übersehen. Denn würden Verfolgte des Widerstand angemessen entschädigt, wäre dies auch ein politisches Signal: Die Würdigung ihrer Verdienste machte zugleich das Versagen derer in Ost und West deutlich, die entweder die Diktatur reformieren wollten, oder sich ihr aus machtpolitischem Interesse andienten. Beide Gruppen sind in einer neuen politischen Klasse vereint: Es sind die Verklärer der Diktatur.

Wenn es in der Politik fast um nichts anderes geht als um die Interessen der Akteure, bekommen diese Eigeninteressen enorme Bedeutung. Dabei heißt Demokratie, wie der amerikanische Präsident Lincoln 1863 in seiner Gettysburger

701 In: DIE ZEIT vom 13.1.1989
702 PDS Parteiprogramm, 1993

Ansprache formulierte: „Regierung des Volkes, durch das Volk, für das Volk.“[703] Regierung durch das Volk verlangt, dass die Bürger Einfluss auf die Politik haben. Regierung für das Volk, dass die Politik den Interessen der Bürger gerecht wird. Die Ereignisse des 9. November 1989 und die daraus entstehende Einheit Deutschlands waren Bestätigung und Ergebnis, im Besonderen für den Widerstand seit Bestehen des SED-Staates. Altbundespräsident Roman Herzog und die Mehrzahl politischer Repräsentanten würdigten seine Verdienste um die Werte unserer Demokratie. In einer Rede am 17. Juni 2003 forderte Bundespräsident Johannes Rau mehr Gerechtigkeit für die Opfer des SED-Regimes. Eine Forderung, die ungehört verhallte. *„Die Demokratie selbst erkennt den Einsatz für Demokratie nicht an. Sie vollbringt zwar für alle Benachteiligten in unserer Gesellschaft große Solidarleistungen, nicht aber für den durch die Diktatur verletzten Demokraten. Es waren ihrer zu wenige, was offenbar die schwerste Sünde ist, die man in der Demokratie begehen kann. Denn dann hat man keine Lobby und man ist zu gering an Zahl, um wahlrelevant zu sein.“*[704]

Der psychologische Prozess der Erinnerung funktioniert topologisch; das Gedächtnis ist eine räumliche Konstruktion. Cicero erzählt von Simonides, jenem Griechen, der als Einziger den Einsturz eines Festsaals bei einem Gastmahl überlebte; indem er die Sitzordnung der Opfer rekonstruierte, konnte er auch ihre Namen rekapitulieren. Durch die Ordnung der Plätze war es möglich, die Ordnung der Dinge zu erhalten. Schon damals also ging es darum, unbekannte Opfer beim Namen zu nennen. Das Gedächtnis ist der natürliche Feind der Zerstörung, auch im symbolischen Umgang mit Namen im öffentlichen Raum. Und Aristoteles schreibt: „Das Gegenwärtige ist Gegenstand der Wahrnehmung, das Zukünftige der Hoffnung und das Vergangene des Gedächtnisses.“ Eine Kommilitonin von Sophie Scholl fragt: *„Wer von der jungen Generation macht sich schon etwas aus alten Widerstandskämpfern?“* Und schlussfolgert: *„Müsste nicht die Vorstellung des Augenblicks, da eine 21-jährige durch eine Tür geht, ihre Augen die Tötungsmaschine sehen, nach oben gehen zur Vorrichtung für das fallende Messer, dann nach unten, ihr Nacken für das Beil freigemacht wird, müsste nicht die Vorstellung dieses Augenblicks ein Mitgefühl, ein Entsetzen auslösen? Ein Mitgefühl und Entsetzen, dass die Zukunft verändert?“* Müssten sich aus dem zweiten deutschen Desaster nicht tief greifende Veränderungen für die Zukunft ergeben? Müssten nicht die Überlebenden die Solidarität der ganzen Gesellschaft erhalten? Gibt es einen Ausweg aus dem Vergessen? Können Mahnmale und Erinnerungstage das Vergessen aufhalten? Hält die Unfähigkeit zum Trauern an? Ist Erinnern nicht eher ein Verfremden und grundsätzlich eine enorm emotionale Angelegenheit? Gewalt hallt als Echo nach.[705] Für die Dabeigewesenen gibt es kein Vergessen. Die Vergangenheit ist nicht tot. Sie ist nicht einmal vergangen. Und die allermeisten Menschen würden Widerstand als sinnlos bezeichnen; damals, im NS-Staat, und zuletzt im SED-Staat. Widerstand gegen Unrecht ist nie sinnlos. Widerstand ist ein leuchtendes Beispiel für die kom-

---

703 Abraham Lincoln, Gettysburger Address, Krippendorf, 1994
704 A. Vaatz, Rede vor dem Deutschen Bundestag am 29.1.2004
705 H. Welzer [Hrsg.], Das soziale Gedächtnis. Geschichte, Erinnerung, Tradierung, Hamburg 2001

menden Generationen. Bestenfalls, lehrt Aeschylos, zeigt die Lektion Wirkung. Die alte Frage bleibt: Wie lange?

Die Täter und Mitläufer bekamen Pfründe oder Pensionen, die Opfer Gedenkstätten und das Sozialamt. Das Gewissen wurde zur frommen Lüge. Heute sind andere aufgetaucht, die das Bewusstsein der Menschen bestimmen wollen. Sie scharen sich um die staatlichen Fetttöpfe und kommentieren das ausbleiben von Gerechtigkeit wahlweise mit „demokratischen Entscheidungen" oder „koalitionären Zwängen". Die brutale und unmenschliche Wahrheit des Kommunismus, die Wegnahme der „Strafe für Auschwitz", hat die deutsche und europäische Linke für einen Moment verstummen lassen. Doch nur, um sich in heiliger Allianz mit den extremen Rechten, dem alten neuen Anti-Amerikanismus umso heftiger zu widmen. Che Guevara, der Handlanger der sowjetischen Geheimdienste, taugt nur noch als Poster. Im 21. Jahrhundert geht es vor allem um den Erhalt der Glaubwürdigkeit ethisch-moralischer Werte und damit um den Erhalt demokratischer Werte. Die, die uns Deutschen diese Demokratie brachten, müssen uns näher sein als lupenreine Demokraten. Wer in der Demokratie schläft, kann in der Diktatur aufwachen. Die Täter sind unter uns.

Auch 20 Jahre nach dem Untergang der zweiten deutschen Diktatur bleiben ihre Verbrechen ungesühnt. Das Schweigen hat Tradition in Deutschland. Hier helfen weder parlamentarische Anfragen noch verschämte Zeitungsartikel. Auch keine Gutachten anerkannter Staatsrechtler wie Dieter Blumenwitz, der 1991 schreibt: *„Die Verbrechen des DDR-Unrechtsregimes sind vor allem deshalb von der bundesdeutschen Justiz zu verfolgen, weil sie schwerste Verstöße gegen die völkerrechtlich verankerten universalen Menschenrechte darstellen."*[706] Die Justiz des bundesdeutschen Rechtssystems verzichtete bereits 1990 auf die Einrichtung einer übergeordneten Ermittlungsbehörde, wie sie für NS-Taten in Ludwigsburg existierte. Es ist verfehlt zu glauben, die SED-Vergangenheit könnte jemals aufgearbeitet und damit wie eine Akte in die Registratur abgegeben werden. Ich halte es für die selbstverständliche Pflicht der Bundesregierung, die Generalamnestie staatlicher Verbrechen durch Veränderung des Artikels 315 im Einführungsgesetz zum Strafgesetzbuch der Bundesrepublik im Einigungsvertrag aufzuheben, die Untaten im SED-Staat durch Historikerkommissionen aufzuklären und die Täter zu bestrafen. Verbrechen gegen die Menschlichkeit verjähren nicht. Die, die in dunkler Zeit Widerstand gegen den Terror einer menschenverachtenden Diktatur leisteten, sind Vorbilder für alle Zeit und sollten im Gedächtnis dieses Landes einen herausragenden Platz erhalten. Die Beschäftigung mit der Geschichte kann die Gegenwart erhellen. Als die Todeslager 1945 befreit wurden, riefen die moralischen und politischen Autoritäten auf der ganzen Welt: „Nie wieder!" Ein halbes Jahrhundert später ist es nicht mehr möglich, an ein kollektives Gewissen zu appellieren, das in jedem individuellen Gewissen Widerhall findet und alle eint. Das Volk und die Verfolgten des SED-Staates sind frei. Der individuelle Mensch hat im Widerstand gegen das Totalitäre gesiegt, aber die Freude über Befreiung und Sieg ist nicht mit der Politik der Nation verschmolzen. Die Verklärung der Diktatur schreitet voran.

706 Gutachten des Staatsrechtlers Dieter Blumenwitz, 1991

Anhang

Abkürzungsverzeichnis

ANS	Amt für Nationale Sicherheit (DDR)
AGM/S	Arbeitsgruppe beim Minister/Stöcker (MfS)
AI	Amnesty international
AKW	Atomkraftwerk
ARE	Arbeitsgemeinschaft Recht und Eigentum
ASD	Axel Springer Dienst
Az	Aktenzeichen
BA	Bundesarchiv
Bd./Bde.	Band/Bände
BDP	Berufsverband deutscher Psychologen(-innen)
BeRehaG	Berufliches Rehabilitierungsgesetz
BfA	Bundesversicherungsanstalt für Angestellte
BfgA	Bundesanstalt für gesamtdeutsche Aufgaben, Gesamtdeutsches Institut
BGH	Bundesgerichtshof
BK	Bekennende Kirche
BKG	Bezirkskoordinierungsgruppe
BM	Bundesminister
BMA	Bundesministerium für Arbeit
BMF	Bundesministerium für Finanzen
BND	Bundesnachrichtendienst
BRD	Bundesrepublik Deutschland
BStU	Die Bundesbeauftragte für die Unterlagen des Staatssicherheitsdienstes der ehemaligen DDR
BSG	Bundessozialgericht
BSHG	Bundessozialhilfegesetz
BSV	Bund Stalinistisch Verfolgter
BV	Bezirksverwaltung
BVA	Bundesverwaltungsamt
BVerfG	Bundesverfassungsgericht
CIA	Central Intelligence Agency
CDU	Christlich Demokratische Union
CNI	Centro Nacional de Inteligencia, spanischer Geheimdienst
CSU	Christlich Soziale Union
ČSSR	Tschechoslowakische Sozialistische Republik
DA	Deutschland Archiv / dto.: Demokratischer Aufbruch, Bürgerrechtspartei am Ende der Diktatur
DDR	Deutsche Demokratische Republik
DEK	Deutsche evangelische Kirche
DERG	Äthiopischer Militärverwaltungsrat

DGSE	Direction Générale de la Sécurité Extérieure (frz. Auslandsnachrichtendienst)
DST	Direction de la Surveillance du Territoire frz. Inlandsnachrichtendienst)
Diss	Dissertation
DKP	Deutsche kommunistische Partei
Dpa	Deutsche Presse Agentur
DS	Drzaven Sigurnost (bulgarische Geheimpolizei)
EGMR	Europäischer Gerichtshof für Menschenrechte
EuGH	Europäischer Gerichtshof
EVP	Europäische Volkspartei
FAZ	Frankfurter Allgemeine Zeitung
FBI	Federal Bureau of Investigation
FDJ	Freie Deutsche Jugend
FDP	Freie Demokratische Partei
FO	Führungsoffizier, hauptamtlich MfS
GG	Grundgesetz
GBM	Gesellschaft für Bürgerrecht und Menschenwürde (SED-Hilfsverein)
GKS	Geheime Kommandosache
Gestapo	Geheime Staatspolizei
GRH	Gesellschaft zur rechtlichen und humanitären Unterstützung (Stasi-Hilfsverein)
GST	Gesellschaft für Sport und Technik
GStA	Generalstaatsanwalt
GULag	Glawnoje Uprawlenije Lagerej (Hauptverwaltung der Lager)
GVS	Geheime Verschlusssache
HA	Hauptabteilung
HHG	Häftlingshilfegesetz
HIAG	Hilfsorganisation ehemaliger Angehöriger der Waffen-SS
Hrsg.	Herausgeber
HU	Humboldt Universität
HVA	Hauptverwaltung A (Aufklärung) Spionageapparat des MfS
HvD	Hilferufe von Drüben
IM	Inoffizieller Mitarbeiter
IMB	IM zur Bearbeitung im Verdacht der Feindtätigkeit stehender Personen
IMF	IM mit Feindverbindung ins Operationsgebiet
IMT	Internationales Militärtribunal (Nürnberg)
INSIDER	-Komitee, Interessenvereinigung höherer Stasi-Offiziere
ISOR	Tätergewerkschaft der entmachteten SED- und MfS-Kader, HIAG-Gegenstück
Jg	Jahrgang
JHS	Juristische Hochschule (des MfS)
JLU	Justus-Liebig-Universität

KaPo	Kantonspolizei der Schweiz
KGB	Komitet gossudarstwennoi besopasnosti (sowj. Geheimpolizei)
KGU	Kampfgruppe gegen Unmenschlichkeit
KJVD	Kommunistischer Jugendverband Deutschlands
KK3	Schweizer Auslands-Geheimdienst
KMH	Krimineller Menschenhändler
KMHB	Kriminelle Menschenhändlerbande
KoKo	Kommerzielle Koordinierung
Komintern	Kommunistische Internationale, intern. Zusammenschluss komm. Parteien
KPC	Kommunistische Partei der Tschechoslowakei
KPD	Kommunistische Partei Deutschlands
KPdSU	Kommunistische Partei der Sowjetunion
KSZE	Konferenz für Sicherheit und Zusammenarbeit in Europa
KZ	Konzentrationslager
LKA	Landeskriminalamt
LpB	Landeszentrale für politische Bildung
MdB	Mitglied des Bundestages
MdE	Minderung der Erwerbsfähigkeit
MDF	Ungarisch Demokratisches Forum
MDI	Ministerium des Innern
MDJ	Ministerium der Justiz
MDR	Mitteldeutscher Rundfunk
MfNV	Ministerium für Nationale Verteidigung
MfS	Ministerium für Staatssicherheit
Mil-ND	Militärischer Nachrichtendienst der NVA
MI5	Military Intelligence, Dept. 5, (auch Security Service, brit. Inlandsgeheimdienst)
MI6	Military Intelligence, Dept. 6, (auch Secret Service, brit. Auslandsgeheimdienst
ML	Marxismus-Leninismus
NAK	Neuapostolische Kirche
NATO	North Atlantic Treaty Organization
ND	Neues Deutschland, offizielle SED-Parteizeitung
NfD	Nur für den Dienstgebrauch
NJW	Neue Juristische Wochenschrift
NKWD	Narodny Kommisariat Wnutrennich Del (sowj. V.-kommissariat für Inneres, KGB-Vorläufer)
NS	Nationalsozialismus
NSDAP	Nationalsozialistische Deutsche Arbeiterpartei
NT	Neues Testament
NVA	Nationale Volksarmee
NVR	Nationaler Verteidigungsrat
OG	Oberstes Gericht
OibE	Offizier im besonderen Einsatz

OLG	Oberlandesgericht
OPD	Operativdienststelle
OPK	Operative Personenkontrolle
OV	Operativer Vorgang
PDS	Partei des Demokratischen Sozialismus
PEU	Paneuropäische Union
PID	Politisch-ideologische Diversion
PUT	Politische Untergrundtätigkeit
PZF	Post Zoll Fahndung (MfS)
RAF	Rote Armee Fraktion
RIAS	Rundfunk im amerikanischen Sektor
RKP[B]	Russische Kommunistische Partei [Bolschewiki]
Samisdat	alternative, nonkonformistische Literatur
SAPMO-BA	Stiftung Archiv Parteien u. Massenorganisationen der DDR im Bundesarchiv
SBZ	Sowjetische Besatzungszone
Shoah	hebräisch, religiöse Konnotation für Bedrohung (Holocaust)
SD	Sicherheitsdienst (NS)
SDP	Sozialdemokratische Partei (in der DDR)
SED	Sozialistische Einheitspartei Deutschlands
Securitate	Securitatea statului, rumänische Geheimpolizei
SfS	Staatssekretariat für Staatssicherheit
SIRA	System der Informationsrecherche der HV A -Datenbank (Information/Recherche/Auskunft)
SOUD	Sistema Objedinnjonowo Utschota Dannych, Informationsspeicher des sowjet. Geheimdienstes
SPD	Sozialdemokratische Partei Deutschlands
SS	Schutzstaffel
Stasi	Staatssicherheit
StÄG	Strafrechtsänderungsgesetz
StEG	Strafergänzungsgesetz
StGB	Strafgesetzbuch
StrRehaG	Strafrechtliches Rehabilitierungsgesetz
StPO	Strafprozessordnung
StUG	Stasiunterlagengesetz
SU	Sowjetunion
SWR	russ. Dienst für Auslandsaufklärung
SWAPO	South West African People's Organization
Tscheka	Crezvycajnaja komissija, sowjet. Geheimpolizei
Tschekist	Ableitung von Tscheka, (militant Linientreuer)
TU	Technische Universität
UBG	Unrechtsbereinigungsgesetz
UdSSR	Union der Sozialistischen Sowjetrepubliken
UfJ	Untersuchungsausschuss freiheitlicher Juristen
UHA	Untersuchungshaftanstalt

UNO	United Nation Organization (Vereinte Nationen)
UNESCO	United Nations Educational, Scientific, and Cultural Organization
VEB	Volkseigener Betrieb
VG	Verwaltungsgericht
VO	Verbindungsoffizier
VOS	Vereinigung der Opfer des Stalinismus
Vopo	Volkspolizei (umgangssprachlich)
VP	Volkspolizei
VVS	Vertrauliche Verschlusssache
WAMS	Welt am Sonntag (Zeitung)
WDR	Westdeutscher Rundfunk
WHO	World Health Organization (Welt Gesundheits Organisation)
WTC	World Trade Center
ZERV	Zentralstelle zur Ermittlung von Regierungs- und Vereinigungskriminalität
ZJ	Zeugen Jehovas
ZKG	Zentrale Koordinierungsgruppe (MfS)
ZOV	Zentraler Operativer Vorgang (MfS)

Ausgewählte Literatur

Nachschlagewerke

AMNESTIE INTERNATIONAL: Deutsche Demokratische Republik. Rechtsprechung hinter verschlossenen Türen. Köln 1989

ANATOMIE DER STAATSSICHERHEIT Geschichte, Struktur und Methoden. MfS-Handbuch Hrsg.: Thomas Großbölting, Walter Süß, Thomas Auerbach, Roger Engelmann, Berlin 1995

ANTI-FOLTER-KONVENTION DER VEREINTEN NATIONEN von 1984

CHARTA DER VEREINTEN NATIONEN vom 26.6. 1945, Allgemeine Erklärung der Menschenrechte vom 10.12. 1948

DEUTSCHER RICHTERBUND (Hrsg.): Handbuch der Justiz 1996. Heidelberg 1996.

DAS WÖRTERBUCH DER STAATSSICHERHEIT: Definitionen zur „politisch-operativen Arbeit" Nr. 1. Berlin 1993.

DER STAATSSICHERHEITSDIENST. Ein Instrument der Politischen Verfolgung in der Sowjetischen Besatzungszone Deutschlands. Hrsg.: Bundesministerium für Gesamtdeutsche Fragen, Bonn/Berlin 1962,

DIE DDR. 1945-1990. Hermann Weber, Jochen Bleicken, Lothar Gall, Hermann Jakobs (Hrsg.) 3. überarbeitete und erweiterte Auflage, München 2000

FALZ, Erich (Diss. B) / Fritz Meyer (Diss. B) / Klaus Herzog/Gunter Liebewirth/Horst Sachse/Hans-Georg Schulze/Hans-Dieter Tronicke/Reinhard Grimmer/Gerhard Scherf/Uwe Kärsten: Die Qualifizierung der politisch-operativen Arbeit des MfS zur vorbeugenden Verhinderung und Bekämpfung der gegen die Staats- und Gesellschaftsordnung der DDR gerichteten politischen Untergrundtätigkeit (PUT). Dissertation A und B an der Juristischen Hochschule des Ministeriums für Staatssicherheit, Vertrauliche Verschlusssache, VVS. Potsdam 1979

FELBER, Horst: Psychologische Grundsätze für die Zusammenarbeit mit IM, die im Auftrag des MfS außerhalb des Territoriums der DDR tätig sind. Untersuchungen an IM der äußeren Spionageabwehr bei direkter Konfrontation mit den feindlichen Ministerien für Geheimdienste. Dissertation A an der Juristischen Hochschule der Staatssicherheit. Geheime Verschlusssache, GVS. Potsdam 1970

GRABSCH, Werner, Uwe Silbermann, Rainer Wagner, Werner-Michael Stein, Siegmund Quitschau: Das aktuelle Erscheinungsbild politischer Untergrundtätigkeit in der DDR und wesentliche Tendenzen seiner Entwicklung. Dissertation A an der Juristischen Hochschule des Ministeriums für Staatssicherheit, Vertrauliche Verschlusssache, VVS, Potsdam 1989

GUTZEIT, Martin: Widerstand und Opposition in den achtziger Jahren. In: Materialien der Enquête-Kommission „Aufarbeitung von Geschichte und Folgen der SED-Diktatur in Deutschland".

HANNAH-ARENDT-Institut für Totalitarismusforschung: Einschüchterung, Ausgrenzung, Verfolgung. Zur politischen Repression der Amtszeit Honeckers. Berichte und Studien Nr.14. Dresden 1998

HELD, Gerd, Steffen Geithner, Wolfgang Thieme, Lutz Reicherdt, Unger, Klug (ohne Vornamen): Kampftraditionen und Erfahrungen des MfS aus der politisch-operativen Tätigkeit gegen den staatsfeindlichen Menschenhandel andere Formen des organisierten Verlassens der DDR und Schlussfolgerungen für die aktuelle und perspektivische Arbeit. Diss. A an der Juristischen Hochschule des Ministeriums für Staatssicherheit, Vertrauliche Verschlusssache, VVS, Potsdam 1987

HUMMMITZSCH, Manfred, Heinz Fiedler, Rolf Fister, Manfred Gruska, Heinz Roth, Gerhard Teichmann, Peter Winkler, Lutz Beckert (Diss. B), Werner Paulsen (Diss. B): Organisierung der Vorbeugung, Aufklärung und Verhinderung des ungesetzlichen Verlassens der DDR und der Bekämpfung des staatsfeindlichen Menschenhandels. Dissertation A und B an der Juristischen Hochschule des Ministeriums für Staatssicherheit, VVS, Potsdam 1975

JESSE, Eckard: Artikulationsformen und Zielsetzungen von widerständigem Verhalten in der DDR. In: Deutscher Bundestag (Hrsg). Materialien der Enquête-Kommission. Frankfurt/Main 1995

KONFERENZ ÜBER SICHERHEIT UND ZUSAMMENARBEIT IN EUROPA (KSZE) vom 1.8. 1975
KONVENTION ZUM SCHUTZ DER MENSCHENRECHTE und Grundfreiheiten vom 4.11.1952
KOWALCZUK, Ilko-Sascha: Artikulationsformen und Zielsetzungen von widerständigem Verhalten in verschiedenen Bereichen der Gesellschaft. In: Materialien der Enquête-Kommission „Aufarbeitung von Geschichte und Folgen der SED-Diktatur in Deutschland". Bd. VII/2.
LEHMANN, Dieter, Willi Opitz, Waldemar Kästner, Erich Falz, Peter Gräßler (Diss. B), Ulrich Wollemann: Zur Rolle und dem aktuell-politischen Inhalt eines Aufgabenbezogenen Feindbildes in der Zusammenarbeit mit IM, zur weiteren Erhöhung ihrer politisch-operativen Wirksamkeit bei der Lösung der dem MfS von Partei und Regierung übertragenen Aufgaben. Die Kernfragen der weiteren Qualifizierung der Trefftätigkeit, abrechenbare Effektivitätskriterien der Zusammenarbeit mit IM. Dissertation A und B an der Juristischen Hochschule des Ministeriums für Staatssicherheit, Geheime Verschlusssache, GVS. Potsdam 1976
MAERKER, Andreas, A. Beauducel, M. Schützwohl: Trauma severity and initeal reactions as precititating factors for posttraumatic stress symptoms and chronic dissociation in former political prisoners. In: Journal Traumatic stress, 13, S. 651-660. 2000
PEMMAN, Martin: Der Kampf der Angehörigen des MfS zur vorbeugenden Verhinderung und Zerschlagung aller Angriffe des Feindes gegen die DDR[...]. (1961-1965) Diss. A Juristische Hochschule des MfS, Vertrauliche Verschlusssache, VVS. Potsdam 1974
PUSTAGAROW, W.W., Hans Klotz: Die neonazistische Gefahr in der BRD und in Westberlin in der gegenwärtigen Klassenkampfsituation. Dissertation B an der Juristischen Hochschule des Ministeriums für Staatssicherheit, Vertrauliche Verschlusssache, VVS. Potsdam 1974
SCHMIDT, Horst (staatliche Auszeichnung), Jürgen Wolf, Dietrich Krause: Die weitere Qualifizierung der polit.-op. Arbeit zur Aufdeckung ungesetzlicher Grenzübertritte unbekannter Wege und daraus zu ziehende Schlussfolgerungen für die Vorbeugung, Aufklärung und Verhinderung von Erscheinungen des ungesetzlichen Verlassens der DDR, insbesondere des Ausschleusens von Bürgern der DDR. Dissertation A an der Juristischen Hochschule des MfS, Vertrauliche Verschlusssache, VVS. Potsdam 1985
SOZIALISTISCHER STRAFVOLLZUG, Ost-Berlin 1968/69
STRAFGESETZBUCH DER DDR: „[...] „Niemand darf als einer Straftat schuldig behandelt werden, bevor nicht in einem gesetzlich durchgeführten Verfahren von einem Gericht oder gesellschaftlichen Organ der Rechtspflege seine Schuld zweifelsfrei nachgewiesen und rechtskräftig festgestellt worden ist. [...]. StGB v. 12.1.1968, GBl. I,S. 1, Art. 4. Hrsg.: Ministerium für Justiz der DDR, Ostberlin 1968 + 1975
SUCKUT, Siegfried (Hrsg): Das Wörterbuch der Staatssicherheit. Definitionen zur „politisch-operativen Arbeit". Berlin 1996
UNTERSUCHUNGSAUSSCHUSS FREIHEITLICHER JURISTEN UfJ, (Hrsg.): Der Staatssicherheitsdienst – Terror als System, Berlin, o. J.
VERFASSUNG der Deutschen Demokratischen Republik vom 6. April 1968
WELTGESUNDHEITSORGANISATION (WHO): Klassifikationssystem von Krankheiten und Krankheitsbildern, hier: Post Traumatic Stress Disorder (PTSD), New York 1980
ZENTRALE KOORDINIERUNGSGRUPPE: Bekämpfung von Flucht und Übersiedlung, in: MfS-Handbuch, Teil III/17, o.J.

Monographien, Beiträge in Sammelwerken, Zeitzeugenberichte

ADAM, Horst: Philosophisch-pädagogische Probleme des Freund-Feind-Bildes. Berlin Ost 1987
AICHER, Otl: Innenseiten des Krieges. Frankfurt/Main 1985
ANDERT, Reinhold, Wolfgang Herzberg: Der Sturz. Honecker im Kreuzverhör. Berlin und Weimar 1990
ARENDT, Hannah: Elemente und Ursprünge totaler Herrschaft. München 1996
ARENDT, Hannah: Macht und Gewalt. München 1970

ARETZ, Jürgen, Wolfgang Stock: Die vergessenen Opfer der DDR. 13 erschütternde Berichte mit Original-Stasi-Akten. Bergisch Gladbach 1997

ARNIM, Hans Herbert von: Vom schönen Schein der Demokratie. Politik ohne Verantwortung am Volk vorbei. München 2002

AUERBACH, Thomas: Einsatzgruppen an der unsichtbaren Front. Sabotagevorbereitungen des MfS. Berlin 1999

AUERBACH, Thomas/Sailer, Wolf-Dieter: Vorbereitung auf den Tag X. Die geplanten Isolierungslager des MfS. Berlin 1995

BAENTSCH, Wolfram: Der Doppelmord an Uwe Barschel. München 2006

BAKER, James A.: Drei Jahre die die Welt veränderten. Leipzig 1996

BEHLING, Klaus: Kundschafter a. D. – Das Ende der DDR-Spionage. Leipzig 2003

BELEITES, Johannes: Die Rolle des MfS im Bereich des Untersuchungshaft- u. Strafvollzugs der DDR. Güstrow 1998

BENZ Wolfgang: Dimension des Völkermords. Oldenburg 1991

BESANCON, Alain: Über die Shoah, den Nationalsozialismus und den Stalinismus, Paris 1998, Stuttgart 2001

BINSKY, Sigurd (Hrsg.): Zwischen Waldheim und Workuta. Erlebnisse politischer Häftlinge 1945-1965. Bonn 1967

BND-BERICHT, Autorenteam: Bericht zur Lage der politischen Häftlinge in Haftanstalten der DDR. München/Pullach 1987

BOHLKEN, Amanda: Die dritte Dimension der Tränen. DDR-Flucht – Haft und Trauma – Heilungswege, Leipzig 2007

BONHOEFFER, Dietrich: Widerstand und Ergebung. Briefe und Aufzeichnungen aus der Haft. München 1951

BONSACK, Günter: Die Legende stirbt. Berlin 1997

BOUVIER, Beatrix: Ausgeschaltet! Sozialdemokraten in der sowjetischen Besatzungszone und in der DDR 1945-1953, Bonn 1996

BRACHER, Karl-Dietrich: Vierzig Jahre Diktatur (SED-Unrecht) – Herausforderung an den Rechtsstaat. Recht und Politik. 1991

BRAMKE, Werner: Widerstand und Dissidenz. Gedanken über die Vergleichbarkeit von Widersetzlichkeit im Faschismus und im „realen Sozialismus“, in: Jarausch /Middel (Hrsg.) Nach dem Erdbeben. Leipzig 1994

BRANDT, Heinz: Ein Traum, der nicht erfüllbar ist. Mein Weg zwischen Ost und West. München 1967

BRINKSCHULTE, Wolfgang, Gerlach/Heise/Thomas: Freikaufgewinnler. Die Mitverdiener im Westen. Frankfurt/Main 1993

BROSZAT, Martin: Résistance und Widerstand. Eine Zwischenbilanz. München 1977

BÜRGERKOMITEE LEIPZIG (Hrsg.): Stasi intern. Macht und Banalität. 2. Aufl.. Leipzig 1991

BUKOWSKI, Wladimir: Abrechnung mit Moskau. Das sowjetische Unrechtsregime und die Schuld des Westens. Bergisch Gladbach 1996

CHANG, Yung, Jon Halliday: Mao. Das Leben eines Mannes, das Schicksal eines Volkes. München 2005

COURTOIS, Stéphane, Nicolas Werth, Panné, Paczkowski, Bartosek, Margolin: Das Schwarzbuch des Kommunismus. Unterdrückung, Verbrechen und Terror. Mit dem Kapitel „Die Aufarbeitung des Sozialismus in der DDR“, von Joachim Gauck und Ehrhart Neubert. München 1998

DETJEN, Marion: Ein Loch in der Mauer. Die Geschichte der Fluchthilfe im geteilten Deutschland 1961-1989. München 2005

DETJEN, Marion: Zum Staatsfeind ernannt. Widerstand, Resistenz und Verweigerung gegen das NS-Regime in München. München 1998

DIEDRICH, Torsten: Der 17. Juni 1953 in der DDR. Bewaffnete Gewalt gegen das Volk. Berlin 1991

DIRKS, Christian: Die Verbrechen der Anderen. Paderborn 2006

DJILAS, Milovan: Die neue Klasse. Eine Analyse des kommunistischen Systems. München 1963
DUTSCHKE, Rudi, Manfred Wilke (Hrsg.): Solschenizyn und die westliche Linke. Hamburg 1975
ECKERT, Rainer: Widerstand und Opposition; ders. Die Widerstandsforschung über die NS-Zeit – ein methodisches Beispiel für die Erforschung widerständigen Verhaltens in der DDR. In: Geschichte in Wissenschaft und Unterricht 46. In: Materialien der Enquête-Kommission
EISENFELD, Bernd: Widerständiges Verhalten im Spiegel von MfS-Statistiken pp. Berlin 1997
EMMERICH, Wolfgang: Zwischen Hypertrophie und Melancholie. Die literarische Intelligenz der DDR im historischen Kontext, in: Universitas – Zeitschrift für interdisziplinäre Wissenschaft, Nr. 566. 1993
FALIN, Valentin: Politische Erinnerungen. München 1993
FAULENBACH, Bernd: Probleme des Umgangs mit der Vergangenheit im vereinten Deutschland. Zur Gegenwartsbedeutung der jüngsten Geschichte, in: W. Weidenfeld (Hrsg): Deutschland. Eine Nation – doppelte Geschichte. Köln 1993
FILMER, Werner / Heribert Schwan: Opfer der Mauer. Die geheimen Protokolle des Todes. München 1991
FINKELSTEIN, Norman G.: Die Holocaust Industrie. Wie das Leiden der Juden ausgebeutet wird. München 2001
FITTKO, Lisa: Mein Weg über die Pyrenäen. Chicago 1985
FÖRSTER, Günter: Die Dissertationen an der „Juristischen Hochschule“ des MfS. Eine annotierte Bibliographie. Berlin 1994
FRANK, Rahel, Sandra Pingel-Schliemann: Giftspinne im Äther. Hamburg 2005
FREITAG, Karl Heinz: Ist Hass wirklich etwas Hässliches? Ostberlin 1981
FRICKE / Marquardt: DDR-Staatssicherheit-Das Phänomen des Verrats. Zusammenarbeit MfS und KGB. Bochum 1995
FRICKE, Karl-Wilhelm: Jeden Verräter ereilt sein Schicksal. Die gnadenlose Verfolgung abtrünniger MfS-Mitarbeiter, in: DA 27. Jg., H. 3, S. 258-265. Köln 1994
FRICKE, Karl-Wilhelm: Zur Geschichte der politischen Verfolgung 1945-1968. Bericht und Dokumentation. Köln 1979
FRICKE, Karl-Wilhelm: Zur Menschen- und Grundrechtssituation politischer Gefangener in der DDR. Köln 1986
FRICKE, Karl-Wilhelm: MfS intern. Macht, Strukturen, Auflösung der DDR-Staatssicherheit. Köln 1991
FRICKE / Klewin: Bautzen II. Sonderhaftanstalt unter MfS-Kontrolle. Leipzig 2001
FRITZSCH, Günter: Gesicht zur Wand. Willkür u. Erpressung. Mielkes Türen. Leipzig 1996
FUCHS, Jürgen: Und wann kommt der Hammer? Psychologie, Opposition und Staatssicherheit. Berlin 1990
FULBROOK, Mary: Anatomy of a Dictatorship. Inside the GDR. 1949-1989. Oxford 1995
GEISEL, Christof: Auf der Suche nach einem dritten Weg. Das politische Selbstverständnis der DDR-Opposition in den 80er Jahren. Berlin 2005
GEISSLER, Ludwig: Vogels Büroakten. Berlin 1992
GIESEKE, Jens, Doris Hubert: Die DDR-Staatssicherheit. Schild und Schwert der Partei. Bonn 2000
GIESEKE, Jens: Die Geschichte der Stasi 1945-1990. Berlin 2001.
GILL, David / Ulrich Schröter: Das Ministerium für Staatssicherheit. Berlin 1991
GIORDANO, Ralph, Manfred Mittel: Die Zweite Schuld. München 1990, Die Legende von der zweiten Schuld. Frankfurt/Main-Berlin 1993
GLUCKSMAN, André: Hass. Die Rückkehr einer elementaren Gewalt. Zürich 2005
GRAFE, Roman: Deutsche Gerechtigkeit. Prozesse gegen DDR-Grenzschützen und ihre Befehlsgeber. München 2004

GRIES, Sabine / Sabine Meck: Das Erbe der sozialistischen Moral. Überlegungen und Untersuchungen zum Rechtsbewusstsein in der ehemaligen DDR. In: Voigt/Mertens (Hrsg.): Umgestaltung und Erneuerung im vereinigten Deutschland. Berlin 1993
GROSSER, Alfred: Verbrechen und Erinnerung, der Genozid im Gedächtnis der Völker. München 1993
GROßMANN, Werner: Bonn im Blick. Die DDR Aufklärung aus der Sicht ihres letzten Chefs. Berlin 2001
HACKER, Jens: Deutsche Irrtümer. Schönfärber und Helfershelfer der SED-Diktatur im Westen. Berlin/Frankfurt/Main 1994.
HALTER, Hans: Krieg der Gaukler. Göttingen 1993
HAVEL, Václav: Versuch, in der Wahrheit zu leben. Hamburg 1989
HAYEK, Friedrich August von: Recht, Gesetzgebung und Freiheit. München 1980
HOLZWEIßIG, Gunter: West-Medien im Fadenkreuz von SED und MfS. Berlin 1995
HOLZWEIßIG, Gunter: Klassenfeinde u. Entspannungsfreunde. Berlin 1995
HOLZWEIßIG, Gunter: Die schärfste Waffe der Partei. Eine Mediengeschichte der DDR. Köln 2002
HONECKER, Erich: Moabiter Notizen. Berlin 1994
JAKOWLEW, Alexander: Ein Jahrhundert der Gewalt in Sowjetrussland. Berlin 2004
JANDER, Martin: Formierung und Krise der DDR-Opposition. Die „Initiative für unabhängige Gewerkschaften“ – Dissidenz zwischen Demokratie und Romantik. Berlin 1996
KASRILS, Ronnie: Steckbrieflich gesucht. Undercover gegen Apartheid. Essen 1997
KEMPOWSKI, Walter: Im Block. Frankfurt/Main 1972
KEßLER, Heinz: Zur Sache und zur Person. Berlin 1996
KITTEL, Manfred: Die Legende von der zweiten Schuld. Frankfurt/Main, Berlin 1993
KLEWIN, Silke, Kirsten Wenzel: Wege nach Bautzen II. Biographische und autobiographische Porträts.
Hrsg.: Haase/Müller, Stiftung sächs. Gedenkstätten u. Hannah-Arendt-Institut. Dresden 1998
KNABE, Hubertus: Die Westarbeit des MfS. Das Zusammenspiel von `Aufklärung` und `Abwehr‘. Berlin 1998
KNABE, Hubertus: Die unterwanderte Republik – Stasi im Westen. Berlin 1999
KNABE, Hubertus: Die Täter sind unter uns. Über das Schönreden der SED-Diktatur. Berlin 2007
KNABE, Hubertus [Hrsg.]: Gefangen in Hohenschönhausen. Stasi-Häftlinge berichten. Berlin 2007
KNECHTEL, Rüdiger, Jürgen Fiedler (Hrsg): Stalins DDR. Berichte politisch Verfolgter. Leipzig 1991
KOCKA, Jürgen: Revolution und Nation 1989. Göttingen 1995
KOSCHYK, Hartmut: Der Wandel einer SED-Juristin zur Verfassungsrichterin. In: Frankfurter Allgemeine Zeitung, Nr. 219 vom 19. Sept. 1996, S. 11.
KOWALCZUK, Ilko-Sascha: Verschiedene Welten. Zum Verhältnis von Opposition und „SED-Reformern“ in den achtziger Jahren. In: Macht Ohnmacht Gegenmacht, Neubert/Eisenfeld (Hrsg.). Bremen 2001
KROH, Ferdinand: Wendemanöver. Die geheimen Wege zur Wiedervereinigung. Wien 2005
LAMPRECHT, Rudolf, Leo Müller, Peter Sandmeyer: Auftrag Mord/Operation Skorpion. Stern Nr. 49/50. Hamburg 1993
LAMPRECHT, Rudolf, Leo Müller, Peter Sandmeyer: Die Mörder vom Dienst. Stern, Nr. 7 v. 11.2. 1993 Hamburg
LEGGEWIE, Claus, Horst Meier: Zum Auftakt ein Schlussstrich?, in: Cora Stephan (Hrsg), Wir Kollaborateure: Der Westen und die deutschen Vergangenheiten. Hamburg 1992
LEIDE, Henry: NS-Verbrecher und Staatssicherheitsdienst. Die geheime Vergangenheitspolitik der DDR. Göttingen 2005
LENIN, Wladimir Iljitsch: Zwei Schritt vor, einen zurück. St. Petersburg 1919
LENIN, Wladimir Iljitsch: Ausgewählte Werke, Bd. IV. Ostberlin 1974

LÉVINAS, Emmanuel: Totalität und Unendlichkeit. Freiburg, München 1987
LIENICKE, Lothar, Franz Bludau: Todesautomatik. Der Fall Michael Gartenschläger. Kiel 2001
LÖW, Konrad: Der Mythos Marx und seine Macher. Wie aus Geschichten Geschichte wird. München 1996
LUXEMBURG, Rosa: Zur russischen Revolution. In: Gesammelte Werke. Berlin 1974)
MAAZ, Hans-Joachim: Der Gefühlsstau. Ein Psychogramm. Berlin 1990
MAERCKER, Andreas: Psychotherapie bei Opfern politischer Verfolgung in der DDR. Politik u. Zeitg., B38/95, 30-38, 1995
MAIER, Gerhart: Die Wende in der DDR. Bonn 1990
MAMPEL, Siegfried: Der Untergrundkampf des Ministeriums für Staatssicherheit. Berlin 1994
MAMPEL, Siegfried: Totalitäres Herrschaftssystem. Berlin 2001
MAYER, Wolfgang: Flucht und Ausreise. Botschaftsbesetzungen als Form des Widerstands gegen die politische Verfolgung in der DDR. Berlin 2002
MECK, Sabine, Sabine Gries, Dieter Voigt: DDR-Juristen im Dienst von MfS und Kirche. In Christian Striefeler, Wolfgang Templin (Hrsg.): Von der Wiederkehr des Sozialismus. Die andere Seite der Wiedervereinigung. Berlin/Frankfurt 1996
MECKEL, Markus, Martin Gutzeit: Opposition in der DDR. Zehn Jahre kirchliche Friedensarbeit – kommentierte Quellentexte. Köln 1994
MERTENS, Lothar, Dieter Voigt (Hrsg): Opfer und Täter im SED-Staat. Berlin 1998
MERZ, Uwe: Kalter Krieg als antikommunistischer Widerstand. Die Kampfgruppe gegen Unmenschlichkeit 1948-1959. München 1987
MEYER, Michel: Freikauf – Menschenhandel in Deutschland. Hamburg 1978
MIELKE, Erich: Zur Anleitung und Bearbeitung operativer Vorgänge. Ostberlin 1976
MINNERUP, Günter: Politische Opposition in der DDR vor dem Hintergrund der Reformdiskussion in Osteuropa, in: Die DDR im 40. Jahr. Geschichte, Situation, Perspektiven. 22. Tagung zur DDR-Forschung. Köln 1989
MITSCHERLICH, Alexander und Margarete: Die Unfähigkeit zu trauern. Grundlagen kollektiven Verhaltens. München 1977
MITTER / Wolle: Untergang auf Raten. Unbekannte Kapitel der DDR-Geschichte. München 1993
MÖLLER, Horst: Die Geschichte des Nationalsozialismus und der DDR. Ein(un-)möglicher Vergleich? o. J.
MOMMSEN, Hans: Nationalsozialismus und Stalinismus. Diktaturen im Vergleich, in Klaus Sühl (Hrsg.), Vergangenheitsbewältigung 1945-1989. Ein unmöglicher Vergleich? Berlin 1994
MOTSCHMANN, Jens: Die Pharisäer. Die evangelische Kirche, der Sozialismus und das SED-Regime. Frankfurt/Main 1993
MÜHLEN, Patrik von zur: Der Eisenberger Kreis. Jugendwiderstand und Verfolgung in der DDR 1953-1958. Bonn 1995
MÜLLER, Bodo: Faszination Freiheit. Berlin, München 2002
MÜLLER, Leo: Stasi Doktorarbeiten – Anleitung zum Mord. In: Stern Nr. 14, v. 30.3.1995 Hamburg
NAUCKE, Wolfgang: Die strafjuristische Privilegierung staatsverstärkter Kriminalität. Frankfurt am Main 1996
NEUBERT, Ehrhart: Geschichte der Opposition in der DDR 1949-1989. Berlin 1998
NEUBERT, Erhard, Bernd Eisenfeld (Hrsg.):
Macht Ohnmacht Gegenmacht. Grundfragen zur politischen Gegnerschaft in der DDR. Bremen 2001
NEUBERT, Erhard: Unsere Revolution: Die Geschichte der Jahre 1989/90, München 2008
NEUMANN, Eva-Maria: Sie nahmen mir nicht nur die Freiheit. München, Zürich 2007
NITZ, Jürgen: Unterhändler zwischen Berlin und Bonn. Berlin 2001
NITZ, Jürgen: Länderspiel. Berlin 1994
OLESCHINSKI, Brigitte: Nur für den Dienstgebrauch? Das Tabu Strafvollzug in der DDR. Tutzing 1993

ORWELL, George: 1984. London 1949
PLATO, Alexander von: Die Vereinigung Deutschlands – ein weltpolitisches Machtspiel. Bonn 2003
POPPE, Ulrike, Rainer Eckert: Die Ausreisebewegung– eine Erscheinungsform widerständigen Verhaltens. In: Ilko-Sascha Kowalczuk (Hrsg), Zwischen Selbstbehauptung und Anpassung. Berlin 1995
PRIEBE, Stefan, Doris Denis: Psychische Störungen nach politischer Inhaftierung in der DDR. Berlin 1996
PRUYS, Karl Hugo: Helmut Kohl – der Mythos vom Kanzler der Einheit. Mannheim 2004
QUOIRIN, Marianne: Agentinnen aus Liebe. Warum Frauen für den Osten spionierten. Frankfurt/Main 1999
RADEBOLD, Hartmut: Die dunklen Schatten unserer Vergangenheit. Stuttgart 2005
RASCHKA, Johannes: Staatsverbrechen werden nicht genannt. DA Nr. 2. März 1997
RAUSCHENBACH, Brigitte (Hrsg.): Erinnern, Wiederholen, Durcharbeiten. Zur Psychoanalyse deutscher Wenden. 1992
REUTH, Ralf Georg, Andreas Bönte: Das Komplott. Frankfurt/Main 1993
ROUSSEAU, Jean Jacques: Discours sur l'origine et les fondements de l'inégalité entres les hommes. Paris 1965
ROBERS, Norbert: Weshalb der Stasi-Generalmajor Fiedler sich in seiner Gefängniszelle das Leben nehmen konnte. In: Welt am Sonntag. Hamburg, 1994
RÖHL, Bettina: Ulrike Meinhof, Klaus Rainer Röhl und die Akte Konkret. Hamburg 2006
RÖSNER, Norbert: Zum Vergleich von Haftbedingten Gesundheitsstörungen, in: Der Stacheldraht, Nr. 1, BSV. Berlin 1996
RÜTHERS, Bernd: Die Wende-Experten. Zur Ideologieanfälligkeit geistiger Berufe am Beispiel der Juristen, 2. Aufl. München 1995
RULAND, Bernd: Krieg auf leisen Sohlen. Spione in Deutschland. Stuttgart 1971
SAFRANSKI, Rüdiger: Das Böse. Oder das Drama der Freiheit. Frankfurt/Main 1999
SAUER, Heiner, Hans-Otto Plumeyer: Der Salzgitter-Report. Die Zentrale Erfassungsstelle über Verbrechen im SED-Staat. Frankfurt/M. 1993
SCHABOWSKI, Günter: Der Absturz. Berlin 1991
SCHACHT, Ulrich (Hrsg.): Hohenecker Protokolle. Aussagen zur Geschichte der politischen Verfolgung von Frauen in der DDR. Zürich 1984
SHARP, Gene: From Dictatorship to Democracy. A Conceptual Framework for Liberation. Boston 1993
SCHÄTZLER, Johann-Georg: Handbuch des Gnadenrechts. München 1992
SCHÄUBLE, Wolfgang: Der Vertrag. Stuttgart 1991
SCHIRRMEISTER, Karl-Günter: Erziehung zum Hass. Geistige Militarisierung in der DDR. Stuttgart 1987
SCHLOMANN, Friedrich-Wilhelm: Operationsgebiet Bundesrepublik. München 1984
SCHMID, Ulrich: Aschemenschen. Frankfurt am Main 2006
SCHMIDT-POHL, Jürgen (Hrsg.): DDR-Haftzwangsarbeit politischer Gefangener. Schwarzbuch-Archiv 7, Texte zur Zeitgeschichte und Totalitarismusforschung, Dokumentation mit den Materialien der Tagung für die Entschädigung politischer DDR-Haftzwangsarbeit 10./11. 2002. Schwerin 2003
SCHMIDT-POHL, Jürgen: Christlich-Demokratische Union Deutschlands. Sichtbare und geheime Parteitransformation der CDUD in der SBZ und Mitverantwortungs-Diktatur DDR, Schwerin 2003
SCHOLZ, Günther (Hrsg.): Verfolgt-verhaftet-verurteilt. Demokraten im Widerstand gegen die rote Diktatur – Fakten und Beispiele. Berlin 1990
SCHROEDER, Klaus, Jochen Staadt: Der diskrete Charme des Status quo. DDR-Forschung in der Ära der Entspannungspolitik. 1993
SCHULLER, Wolfgang: Bericht der Enquête-Kommission Aufarbeitung von Geschichte und Folgen der SED-Diktatur in Deutschland. GWU 46. Bonn 1995

SCHWAN, Heribert: Der Mann, der die Stasi war. München 1997
SEIFERT, Karl-Heinz, Achim Kopf: Zur Herbeiführung der Aussagebereitschaft von Beschuldigten durch Untersuchungsführer des MfS. Dissertation A an der Juristischen Hochschule des MfS, VVS, Potsdam 1971
SIEBENMORGEN, Peter: Staatssicherheit der DDR. Bonn 1993
SOLSCHENIZYN, Alexander: Der Archipel Gulag (3). Hamburg 1978
SOLSCHENIZYN, Alexander: Der erste Kreis der Hölle. Frankfurt am Main 1970
STEINBACH, Peter: Widerstand, in: Poppe u.a. (Hrsg.) Zwischen Selbstbehauptung und Anpassung. Berlin 1995
TAPPENBECK, Kurt: Jenseits von Recht und Menschlichkeit. Schwerin 1999
THAYSEN, Uwe: Der runde Tisch, oder: Wo blieb das Volk? Der Weg der DDR in die Demokratie. Opladen 1990
THIEMANN, Ellen: Stell dich mit den Schergen gut. München Berlin 1990
TROBISCH-LÜTGE, Stefan: Das späte Gift. Folgen politischer Traumatisierung in der DDR und ihre Behandlung. Gießen 2004
VAHLEFELD, Hans Wilhelm: Deutschlands totalitäre Tradition. Nationalsozialismus und SED-Sozialismus als politische Religionen. Stuttgart 2002
VETTER, Matthias: Terroristische Diktaturen im 20. Jahrhundert. Zum Vergleich zwischen nationalsozialistischer und stalinistischer Diktatur. Opladen 1996
VOIGT, Dieter: Mord. Eine Arbeitsmethode des Ministeriums für Staatssicherheit. München 1996
VOIGT, Dieter: Die Promotionen des MfS. Bochum 1997
VOLLNHALS, Clemens: Das Ministerium für Staatssicherheit. Stuttgart 1994
WALTHER, Joachim: Sicherungsbereich Literatur. Schriftsteller und Staatssicherheit in der DDR. Berlin 1996
WAWRZYN, Lienhard: Der Blaue. Das Spitzelsystem der DDR. Berlin 1991
WEBER, Hermann: DDR. Grundriss der Geschichte 1945-1990. Bd. 7. Hannover 1991
WEBER, Hermann: Aufbau und Fall einer Diktatur. Kritische Beiträge zur Geschichte der DDR. Köln 1991
WEISS, Peter: Die Ästhetik des Widerstands. suhrkamp, Bd. 501. Frankfurt/Main 1988
WELSCH, Wolfgang: Repression und Folter an Untersuchungshäftlingen des MfS. Mertens/Voigt, (Hrsg.), Berlin 1998
WELSCH, Wolfgang: Die Opfer der SED-Diktatur: Ohnmacht und Protest. Dokumentation, Bochum 1998
WELSCH, Wolfgang: Ich war Staatsfeind Nr.1. Als Fluchthelfer auf der Todesliste der Stasi. Frankfurt am Main 2001, München 2004-2006
WELZER, Harald (Hrsg.): Der Krieg der Erinnerung. Holocaust, Kollaboration und Widerstand im europäischen Gedächtnis. Frankfurt/M. 2007
WHITNEY, R. Craig: Advocatus Diaboli -Wolfgang Vogel, Anwalt zwischen Ost und West. Berlin 1993
WINKLER, Heinrich August: Requiem für eine Republik. Zum Problem der Verantwortung für das Scheitern der ersten deutschen Demokratie, in: Steinbach/Tuchel (Hrsg.), Widerstand gegen den Nationalsozialismus. Bonn 1994
WINTERS, Peter Jochen: Der Lebenslauf des Rechtsanwalts interessierte damals niemanden. In: FAZ vom 2.9.1996
WOLF, Markus: Spionagechef im geheimen Krieg. München 1998
WOLF, Claus (MfS-Autorenpseudonym): Bosse, Gangster, Kopfgeldjäger. Flüchtlingskampagnen und Menschenhandel. Berlin-Ost 1982
WOLLE, Stefan: Die heile Welt der Diktatur. Alltag und Herrschaft in der DDR 1971-1989. Bonn 1998
ZILLI, Timo: Folterzelle 36 Berlin-Pankow. Berlin 1993

Dokumente

Dok 1: MfS-Bearbeitungskonzeption zum ZOV „Skorpion“, Berlin-Ost 1981, MfS XV/3359/74 ff Geheime Verschlusssache, GVS/GKS, Anleitung zur Bearbeitung Operativer Vorgänge, Ostberlin 1976-81

Dok 2: Memorandum. Gegen den Beitritt der DDR in die UNO. Giessen/New York 1973

Dok 3: Schlussakte der Konferenz von Helsinki

Dok 4: Einsatzgrundsätze und Hauptaufgaben der Einsatzgruppen im Operationsgebiet, Geheime Verschlusssache, GVS/MfS 005-389/73, GVS/MfS 046-9/81/L, usw. Berlin Ost, jährlich verlängert bis 1988, Mordbefehl Dokument 6 Schriftliche Fragen des Abgeordneten des Deutschen Bundestages, Hartmut Koschyk, vom 19. April 1996

Dok 5: BGH, Großer Senat für Strafsachen, Beschluss vom 25.7.1995 – GSSt 1/95, ergangen auf Vorlagebeschluss des 5. Strafsenats, der bestrafen wollte, während der 4. Senat freigesprochen hatte; Entscheidungen des BGH in Strafsachen (BGHSt) 41, 187

Dok 6: MfS-Führungsakten des IMB Michael Manuel Leria de la Rosa, vormals „Sievert“, 1976 – 1983, MfS-Archiv 4444/87, Bd. 2, BStU 005, 007, Reg.Nr. XVIII 3556/76, Band Nr. 5

Dok 8: Strafrechtliches Rehabilitierungsgesetz (StrRehaG). Bonn 1993

Dok 9: Verfassung der DDR. Ostberlin 1968 zu: Die Welt v. 31.1.1987 über Zwangsadoptionen

Dok 10: Richtlinie 2/68 für die Arbeit mit IM im Operationsgebiet, GVS/MfS 008-252/71

Dok 11: Richtlinie Nr.2/79: Die Anforderungen an Inoffizielle Mitarbeiter der Dienstheiten der Aufklärung des MfS. Die IM-Kategorien, VVS/MfS 198 A31/80

Dok 12: Richtlinie 2/79 für die Arbeit mit IM im Operationsgebiet, GVS/MfS 008 Nr. 2/79

Dok 13: Alle Richtlinien veröffentlicht in: Die Inoffiziellen Mitarbeiter. Richtlinien, Befehle, Direktiven, Teil I+II, Veröffentlichung der BStU Berlin, Reihe A: Dokumente, April 1992

Dok 14: Richtlinien und Dienstanweisungen des MfS, die A- und B- Dissertationen sowie Diplomarbeiten der Juristischen Hochschule des MfS in Potsdam/Eiche, Wörterbuch der Staatssicherheit 1993, Einsatzgrundsätze und Dienstanweisungen/Befehle.

Dok 15: Gesundheitliche Folgen politischer Haft in der DDR. Expertengutachten. Hrsg.: Konferenz der LStU, Freyberger, Frommer, Maercker, Steil, 2004

Dok 16: Ministerrat der Deutschen Demokratischen Republik, Ministerium für Staatssicherheit, Der Minister, Generaloberst Erich Mielke: Erkenntnisse über den staatsfeindlichen Menschenhandel. VVS/MfS 0008-7/79

Dok 17: Nr. 43 DzD, Deutsche Einheit. Sonderedition aus den Akten des Bundeskanzleramtes 1989/90, Dokumente zur Deutschlandpolitik. Hrsg.: BMI unter Mitwirkung des Bundesarchivs, Berlin 1998

Dok 18: Schreiben von MdB Rainer Eppelmann an Bundesjustizministerin Sabine Leutheusser-Schnarrenberger vom 8.9.1992, Schreiben von Leutheusser-Schnarrenberger an Eppelmann vom 24.9.1992

Dok 19: Dienstanweisung für den Dienst und die Ordnung in den Untersuchungshaftanstalten des SfS (Geheime Verschlusssache, Staatssekretariat für Staatssicherheit [SfS], Stellvertreter des Staatssekretärs, GVS, 2708/55) S. 3 BstU, ZA, MfS/SdM 1872, Bl. 281-320, o. J.

Personen- und Namenverzeichnis

Abbeys, Edward 248
Adam, Willy 72
Adenauer, Konrad 68, 114
Adorno, Theodor 73, 91
Albrecht, Hans 235
Améry, Carl 213
Anders, Alfred 174
Anlauf, Paul 204
Appelius, Stefan 11, 166
Applebaum, Anna 175
Aragon, Louis 175
Arendt, Hannah 21, 23, 44, 65, 66, 90, 91, 99, 165, 172, 194, 221, 243, 251, 252
Arnim, Achim von 258
Arnstadt, Rudi 242
Aron, Raymond 97
Ash, Timothy 174
Axen, Hermann 261
Bachmann, Ingeborg 174
Baentsch, Wolfram 36
Bahr, Egon 33, 78, 92, 116, 260, 261, 262, 265
Bahro, Rudolf 36
Barbusse, Henri 175
Baring, Arnulf 272
Barzel, Rainer 117
Beauvoir, Simone de 175
Beck, Kurt 35
Behling, Klaus 14, 23, 25
Bengsch, Alfred 71
Benjamin, Walter 117
Benn, Gottfried 177
Berghofer, Wolfgang 264, 265
Berija, Lawrenti P. 14
Bertele, Franz 41
Bertram, Adolf 67
Berzl, Susanne 257
Besançon, Alain 67, 96, 252
Besier, Gerhard 281
Biermann, Wolf 36, 284
Biolek, Alfred 262
Birthler, Marianne 163, 231, 242, 269, 271, 277
Bisky, Lothar 162, 243, 279
Blecha, Kurt 185
Bloch, Ernst 91, 102, 113
Blumenwitz, Dieter 287
Boeselager, Philipp Freiherr von 259
Bohley, Bärbel 41, 177, 245
Bohlken, Amanda 208, 209
Böhm, Siegfried 209
Bohnsack, Günter 21
Böll, Heinrich 174
Bollnow, Otto Friedrich 133
Bonhoeffer, Dietrich 37, 73, 85
Borchert, Karl-Heinz 171
Brandt, Heinz 213
Brandt, Willy 33, 34, 93, 115, 116, 175, 232
Braun, Volker 284
Brauner 203
Bräutigam, Hans-Otto 180
Brecht, Bertold 24, 38, 50, 88, 245
Brie, André 263
Brodel, Ulrich 85
Broszat, Martin 251
Bruns, Wolfgang 80
Brüsewitz, Oskar 65
Buber-Neumann, Margarete 10
Bubke, Hermann 205
Bukowski, Wladimir, K. 187
Bush, George sen. 265
Buthmann, Reinhard 38, 84
Camus, Albert 7, 9, 194
Cardenál, Ernesto 98
Cassese, Antonio 231
Chan, Jung 103
Chávez, Hugo 191
Christen, Winfried 116
Chruschtschow, Nikita S. 112
Custodis, Bernhard 68
Dahl, Harry 190, 191
Däubler-Gmelin, Herta 259
Detjen, Marion 115, 133
Diestel, Peter Michael 280, 281
Dietrich, Marlene 117
Djilas, Milovan 90
Domaschk, Matthias 279
Dreiser, Theodore 175
Dubček, Alexander 75
Dusdal, Edgar 100
Dutschke, Rudi 26
Dzierzynski, Felix E. 108
Edel, Peter 173
Eich, Günther 174
Eichmann, Adolf 252
Eigendorf, Lutz 23
Eisenfeld, Bernd 48, 81, 118, 167
Eluard, Paul 175
Engels, Friedrich 17, 21
Enkelmann, Dagmar 242, 243
Eppelmann, Rainer 15, 44, 272, 273, 274, 275, 276, 279, 280, 281
Eppler, Erhard 34
Fahsel, Frank 137
Falcke, Heino 43, 70
Falin, Valentin 232
Faulenbach, Bernd 254

Fechter, Peter 113
Fehr, Richard 72, 73
Fiedler, Heinz 24, 25, 119, 1129, 206
Fink, Heinrich 262, 266
Fischer, Horst 96, 185
Fischer, Joschka 34
Fister, Rolf 184
Fittko, Lisa 116, 183
Flade, Hermann 45
Forck, Gottfried 43
Frankenberg und Proschlitz, Egbert Frhr. von 185
Freisler, Roland 97, 170, 197, 215
Freud, Siegmund 19, 56, 240
Fricke, Karl-Wilhelm 20, 21, 48, 159, 170, 199, 200, 204, 205
Fries, Fritz Rudolf 173
Frisch, Max 175
Fuchs, Jürgen 23, 277
Fulbrook, Mary 252
Gandhi, Mahatma 33, 267
Gartenschläger, Michael 23, 120, 135
Gauck, Joachim 11, 65, 222, 234, 276, 277
Gaus, Günter 180, 189, 222
Gehrcke, Wolfgang 192
Geisel, Christof 42
Geißler, Heiner 94
Genscher, Hans-Dietrich 165, 166, 169
Gide, André 175
Giordano, Ralph 170, 272
Girrmann, Detlev 115
Glucksman, André 105, 255
Goebbels, Josef 169, 179
Goethe, Johann Wolfgang von 66, 137, 245
Göhl, Erhard 202
Goldbach, Joachim 51
Gorbatschow, Michail S. 33, 47, 88, 177, 178, 232, 254, 2582, 263, 264
Göring, Hermann 55, 185
Gorki, Maxim 173
Görlich, Günter 173
Graalfs, Jürgen 273
Graf, Oskar Maria 175
Grafe, Roman 27
Grass, Günter 174, 255
Graul, Elisabeth 138
Greene, Graham 175
Gritschneder, Otto 138
Gröllmann, Jenny 268, 269
Gross, Johannes 98, 246
Grosser, Alfred 250, 256
Großmann, Werner 14, 15, 21, 22, 25, 27, 108, 133, 248, 276
Grotewohl, Otto 45
Gueffroy, Chris 202
Guevara, Che 287
Guillén, Nicolás 175
Gysi, Gregor 130, 131, 174, 243, 262, 264, 265, 267, 279, 281, 282
Haack, Peter 87, 122, 132, 133, 136, 137
Habsburg, Otto von 47
Haeckel, Ernst 97
Halliday, Jon 103
Harich, Wolfgang 36, 215
Harnack, Arvid 117
Hasse, Edgar 280, 281
Havel, Vaclav 75, 113
Havemann, Robert 36, 173, 279
Hayek, Friedrich-August von 155
Hebbel, Christian F. 243
Hegel, Georg W. F. 95
Heidegger, Martin 91, 175
Heine, Heinrich 10, 262, 283
Held, Gerd 206
Hemingway, Ernest 175
Herbstritt, Georg 35
Herfurth, Günter 119
Herles, Wolfgang 34
Herrmann, Joachim 92, 179, 180
Herzog, Roman 90, 259, 286
Heuß, Theodor 114
Heym, Stefan 65, 284, 285
Heyns, Harald 234, 235
Himmler, Heinrich 165, 252
Hitler, Adolf 10, 21, 28, 54, 55, 67, 84, 97, 102, 103, 127, 130, 138, 170, 175, 177, 179, 183, 189, 224, 246, 251, 256, 259
Ho Tschi Minh 174
Hochhuth, Rolf 194
Hoffmann, Abbie 175
Hoffmann, Heinz 206
Hoffmann, Peter 82
Hölderlin, Friedrich 227
Holtz-Baumert, Gerhard 173
Holzweißig, Gunter 182
Honecker, Erich 20, 29, 34, 35, 48, 56, 79, 80, 85, 91, 92, 93, 98, 105, 109, 117, 127, 179, 189, 199, 203, 216, 232, 235, 264, 265, 266, 270, 276, 280
Honecker, Margot 105, 248
Höpcke, Klaus 173
Horn, Gyula 47, 58
Hötger, Dieter 115
Hugot, Heinz 197
Hummitzsch, Manfred 129, 206, 207
Hus, Jan 26
Huxley, Aldous 91
Jäckel, Eberhard 255
Jackson, Robert 169
Jahn, Roland 48

Jakowlew, Alexander 102, 254
Janka, Walter 215
Jaspers, Karl 91
Jeschke, Axel 182
Jodl, Alfred 169
Johannes Paul II. 68, 88
Joly, Eva 155
Kalniete, Sandra 255
Kant, Hermann 173
Kant, Uwe 173
Kant, Immanuel 39, 53, 65, 95
Karlstedt, Uwe 27
Kartheus, Bernhard 87
Käsemann, Elisabeth 166, 167
Kasrils, Ronnie 160
Kelly, Petra 42
Kempowski, Walter 271, 280
Kennedy, John F. 112
Keßler, Heinz 109, 235, 236
Kierkegaard, Sören 40
Kinkel, Klaus 137
Kirchhof, (Richter) 229
Kirsch, Sarah 284
Kisch, Egon Erwin 193
Klar, Christian 191
Klausch, Hans-Peter 185
Kleeberg, Michael 39
Klein, (Richter) 229
Kleinjung, Karl 109, 137
Kleinschmidt, Sebastian 191
Kleßmann, Christoph 239
Knabe, Hubertus 25, 48, 75, 78, 119, 134, 135, 241, 272, 280
Knechtel, Rüdiger 77
Kneifel, Josef 209
Kocka, Jürgen 75
Kohl, Helmut 16, 20, 33, 231, 232, 240, 245, 260, 261, 264, 265, 267
Köhler, Bodo 115
Köhler, Horst 190
Kolbe, Fritz 85, 246
Kommol, Michael 268
Kopelew, Lew 240
Korn, Samuel 254
Kortüm, Kurt 72
Koschmieder, Dietmar 190
Kowalczuk, Ilko-Sascha 46, 82, 83
Krause, Günther 280
Krenz, Egon 29, 56, 235, 263, 266
Kroh, Ferdinand 19, 265
Krüger, Waltraud 202
Kühn, Detlef 77, 78
Kuhn, Fritz 35
Kunert, Günter 284
Lafontaine, Oskar 27, 33, 34, 92, 93, 105
Lamprecht, Rolf 90
Lanzmann, Claude 239
Laxness, Haldór 175
Leide, Henry 185, 235
Leisler-Kiep, Walter 265
Lengsfeld, Vera 272, 2278
Lenin, Wladimir Iljitsch 17, 74, 78, 91, 93, 95, 99, 100, 102, 103, 161, 167, 173, 177, 187, 189, 195, 207, 213, 214, 224
Lenk, Franz 204
Lenzlinger, Hans Ulrich 156, 157, 158, 159
Leonhardt, Wolfgang 91
Leutheusser-Schnarrenberger, Sabine 275, 276
Lévinas, Emmanuel 256
Lewis, Sinclair 175
Lienicke, Lothar 135
Limbach, Jutta 15
Lincoln, Abraham 285
Linse, Walter 205
Loest, Erich 272
Loewe, Lothar 20
Löw, Konrad 17
Löwenthal, Gerhard 35
Lundholm, Anja 109
Luther, Martin 53, 65, 67, 68
Luxemburg, Rosa 55, 190, 272, 273, 279
Lynd, Robert S 36
Maaz, Hans Joachim 13, 68
Magirius, Friedrich 43
Mahler-Werfel, Alma 183
Maizière, Lothar de 216, 280, 281, 282, 283
Maizière, Thomas de 283
Malik, Fredmund 186
Mally, Ernst 185
Mandelstam, Nadeschda 239
Mann, Golo 250
Mann, Thomas 254
Mao Tse-tung 97, 103, 174, 177, 191
Marquardt, Bernhard 20
Márquez, Gabriel Garcia 175
Marx, Karl 7, 10, 17, 38, 56, 73, 87, 95, 96, 97, 99, 100, 102, 105, 161, 167, 174, 187, 191, 195, 198, 207, 213, 214, 227, 252, 256
Massera, Emilio E. 166
May, Karl 102
Meckel, Markus 280
Meier, Richard 25
Meisenkothen, Wolfgang 188
Menne, Fritz 165
Meyer, Michael 217
Meyer, Wolfgang 92
Mielke, Erich 13, 17, 18, 21, 22, 25, 29, 30, 31, 43, 44, 55, 76, 78, 80, 84, 89, 118, 119, 132, 133, 135, 137, 145, 165, 170, 180, 182, 186, 197, 200, 203, 204, 207, 220, 235, 252, 262, 268, 277

Mies, Herbert 34
Milgram, Stanley 224
Miller, Henry 102
Minnerup, Günter 45
Mitscherlich, Margarete 19
Mock, Alois 47, 58
Modrow, Hans 49, 65, 76, 106, 171, 264, 265, 279
Möller, Horst 251
Molotow, Wjatscheslaw 13
Mühe, Ulrich 268
Müller, Heiner 173, 284
Myrdal, Jan 175
Naake, Klaus 130, 131
Naimark, Norman M. 255
Näther, Joachim 85, 86
Natho, Eberhard 37
Naucke, Wolfgang 229, 230
Näumann, Wolf-Egbert 217
Neiber, Gerhard 126
Neruda, Pablo 179
Neubert, Erhard 37, 38, 41, 42, 44, 45, 80, 118, 167, 172, 178
Neumann, Alfred 185
Neumann, Eva-Maria 104
Niebling, Gerhard 84, 118, 184
Niethammer, Lutz 257
Nietzsche, Friedrich 54, 73, 95, 102, 245
Norden, Albert 108
Nujoma, Sam 162
Opitz, Willi 128, 206
Orwell, George 20, 90, 91, 106, 111, 239
Oschlies, Renate 261
Pachmann, Luděk 267
Palach, Jan 26
Pearson, Robin 87
Pieck, Wilhelm 85
Pllvousek, Josef 71
Pingel-Schliemann, Sandra 189
Pinochet, Augusto 183
Plüschke, Hans 242
Pohl, Wolfgang 264, 265
Pollack, Detlef 38, 83
Popper, Karl R. 39, 95
Pozsgay, Imre 47
Precht, Richard D. 56
Proctor, William 40
Putin, Wladimir W. 27, 262
Rappaport, Ernest A. 240
Rath, Friedrich 117
Rathenau, Walter 66
Rau, Johannes 47, 286
Rayfield, Donald 256
Reichelt, Dietmar 134, 136
Reinhard, Wolfgang 258
Retzlaff, Björn 134
Reuter, Ernst 114
Reuter, Wolfgang 282
Reyes, Raúl 192
Rice, Condoleezza 35
Richter, Johannes 43
Richter; Hartmut 115
Rieger, Johannes 180
Rinser, Luise 175
Rogalsky-Wedekind, Erwin 185
Röhl, Bettina 174
Rolland, Romain 175
Rosa, Michael M. Leria de la 130 131, 132, 133, 136, 139, 140, 154, 156, 157, 158, 159, 161
Rosenberg, Alfred 77
Rosenthal, Walter 77, 78
Rosh, Lea 272
Rousseau, Jean-Jaques 194
Rupp, Rainer 191
Safranski, Rüdiger 39, 53, 54
Sandmeyer, Peter 131, 133
Sarge, Günter 197
Sartre, Jean-Paul 97, 102, 105, 175
Schabowski, Günter 52, 81
Schaefgen, Christoph 137
Schalck-Golodkowski, Alexander 217, 263, 264, 265
Schätzler, Johann-Georg 228
Schäuble, Wolfgang 108, 230, 231, 262
Schewardnadse, Eduard 166
Schily, Otto 260, 262
Schlöndorff, Volker 167
Schmale, Gerhard 85
Schmid, Ulrich 162
Schmidt, Helmut 165, 248
Schmidt-Jortzig, Edzard 258
Schmidt-Pohl, Jürgen 11, 249
Schmitt, Carl 53, 178
Schneider, Andreas 256
Schnur, Wolfgang 281
Schockenhoff, Eberhard 65
Scholl, Sophie 40, 65, 66, 67, 82, 100, 246, 270, 286
Schölzel, Arnold 190, 191, 192
Schöttler, Wilhelm 181
Schorlemmer, Friedrich 260, 262
Schröder, Gerhard 33, 240, 261, 262, 266
Schröder, Richard 255
Schroeder, Klaus 101
Schubert, Rainer 158
Schulze-Boysen, Harro 117
Schumacher, Kurt 75, 114
Schumpeter, Joseph A. 173
Schütz, Klaus 34

Schwabe, Ernst-Otto 179, 180, 182
Schwan, Gesine 93
Schwanitz, Rolf 280
Schwarzwäller, Ernst-Jochen 185
Schwenke, Hans 239
Seeger, Bernhard 173
Seiters, Rudolf 262
Seligman, Rafael 255
Sémprun, Jorge 251, 255
Sievert, Michael Manuel 130, 131, 132, 133, 139, 140
Sloterdijk, Peter 112
Solschenizyn, Alexander 31, 55, 100, 213, 222, 270
Sommer, Gerhard Martin 185
Sommer, Theo 92, 93, 189
Springer, Axel 117
Stalin, Josef W. 8, 10, 14, 29, 85, 91, 95, 103, 175, 177, 189, 194, 214, 252, 254, 256, 279
Stange, Jürgen 217
Stauffenberg, Claus Schenk Graf von 39, 82, 85, 205, 246
Steineckert, Gisela 284
Stenker, Jürgen 268
Stern, Carola 64, 219
Stöcker, Horst 28
Stolpe, Manfred 37, 38, 70, 271
Stoph, Willy 75, 235
Strauß, Franz Josef 76, 263, 264
Strehlow, Bodo 115
Streletz, Fritz 235
Strittmatter, Erwin 173
Studnitz, Ernst-Jörg von 42
Süßmuth, Rita 253
Szczypiorski, Andrzej 283
Taganzew, Wladimir 116
Teltschik, Horst 262
Templin, Wolfgang 81, 190
Teske, Werner 201
Thaysen, Uwe 56, 66
Thiemann, Ellen 211
Thieme, Dieter 111
Thierse, Wolfgang 103, 246
Thräne, Walter 23
Tillon, Germaine 117
Tocqueville, Alexis de 96
Tresckow, Henning von 49
Triolet, Elsa 175
Trittin, Jürgen 41
Uebe, Wolf-Dieter 135
Uhlig, Ulf 85
Ulbricht, Walter 17, 55, 85, 91, 98, 112, 170, 179, 252, 280
Vahlefeld, Hans Wilhelm 252
Vargas Llosa, Mario 285
Videla, Jorge Rafael 167
Villon, François 88
Vogel, Hans-Jochen 265
Vogel, Wolfgang 117, 165, 183, 217
Voigt, Dieter 87, 135, 187
Vollmer, Antje 34
Volpert, Heinz 217
Waal de, Frans 56
Walter, Vernon 265
Wander, Fred 173
Wareham, John 175
Weber, Alfred 97
Weber, Max 91, 253
Wegner, Christel 242
Weiss, Christa 239
Wekwerth, Manfred 173
Wels, Otto 101
Welsch, Wolfgang 11, 23, 88, 120, 131, 132, 135, 136, 159, 160, 181, 186, 242
Welzer, Harald 129
Weng, Klaus 203
Wetzig, Heinz-Peter 116
Wiemer, Max Richard 255
Wiens, Paul 173
Wilke, Manfred 264
Will, Rosemarie 172
Winking, Friedrich 117
Winter, (Richter) 229
Withney, Craig 217
Wogatzki, Benito 173
Wolf, Christa 173
‚Wolf, Claus‘ 125, 180, 181, 184, 186
Wolf, Markus 13, 14, 15, 20, 21, 22, 23, 24, 25, 26, 29, 88, 126, 127, 248, 264, 265
Wolffsohn, Michael 272
Wolfram, Klaus 191
Wolle, Stefan 43, 191
Wollweber, Ernst 204
Wolter, Peter 191
Wünsche, Kurt 280, 282
Wunschik, Tobias 219
Wyschinski, Andrej J. 14
Xing-Hu Kuo 115, 202
Yazdi, Feridoun 116
Yazdi, Hossein 116
Zahn, Hans-Eberhard 202, 208
Zehm, Günter 100, 175, 191
Zieschank, Klaus 166, 167
Zilli, Timo 203
Zumwinkel, Klaus 35

Koch, Hagen / Lapp, Peter Joachim

Die Garde des Erich Mielke

Der militärisch-operative Arm des MfS / Das Berliner Wachregiment „Feliks Dzierzynski“

Das Anfang 1951 als Wachbataillon beim MfS gegründete spätere Regiment erhielt 1967 den Namen des ersten sowjetischen Geheimdienstchefs Feliks Dzierzynski. Das Wachregiment (WR) bestand zu 80 Prozent aus Zeitsoldaten (Dienstdauer: 3 Jahre) und nahm in erster Linie Sicherungsaufgaben wahr und hatte z.B. die Wohn- und Dienstobjekte der Partei- und Staatsführung zu bewachen. Im Falle innerer Unruhen sollte sich das WR der „Konterrevolution“ entgegenstellen und bei Kriegsausbruch die Spitzen von Partei und Staat schützen. Es unterstand seit Mitte der 80er Jahre direkt der „Arbeitsgruppe des Ministers“ und zählte 1989 mehr als 11.000 Angehörige. Zu DDR-Zeiten umgaben die politisch Verantwortlichen das WR mit einem Schleier von Geheimnissen. Über die zahlenmäßige Stärke, die Aufgaben und Ausrüstung, lagen praktisch keine Angaben vor. Das vorliegende Werk, verfasst von einem ehemaligen Berufsoffizier des Wachregiments und einem früheren Redakteur des Deutschlandfunks, ist die erste umfassende Arbeit über die „Dzierzynski-Soldaten“ des Ministeriums für Staatssicherheit (MfS).

185 Seiten, fest gebunden mit Schutzumschlag, 111 Abbildungen, 17x23,5 cm
ISBN 978-3-938208-72-4

19,90 €

König, Guntram / Heinemann, Günter / Wünsche, Wolfgang

ČSSR-Intervention 68

DDR dabei - NVA marschiert nicht - Zeitzeugenberichte

»ČSSR-Intervention 68« ist im wesentlichen eine Zusammenstellung von bisher nicht veröffentlichten oder schwer zugänglichen Zeitzeugenberichten. Sie werden durch bisher nicht veröffentlichte Fotos aus privatem Besitz, durch zeitgenössische Dokumente und wenig bekannte Sachinformationen ergänzt. Eingeleitet wird das Buch durch zwei militärhistorische Beiträge über die Handlungen der NVA in Vorbereitung und Durchführung der Intervention der ČSSR. Es ist das spezielle Anliegen dieses Buches, zu diesem nach wie vor umstrittenem Thema bisher wenig bekannte Tatsachen zu vermitteln. Und es geht darum, Zusammenhänge und Hintergründe sichtbar zu machen. Dafür braucht es Dokumente, aber auch Berichte von denen, die seinerzeit Akteure und Beobachter des Geschehens waren. Und jeder Zeitzeugenbericht ist, wenngleich er subjektiv gefärbt ist, ein Mosaikstein für eine Geschichtsschreibung, die um Objektivität bemüht ist. Die Berichte bilden ein Kaleidoskop. Da ist der tschechische Student, den Empörung ergreift, als er die Intervention sieht. Da ist ein jüngerer NVA-Offizier, der bereit ist, einen Einmarschbefehl zu befolgen und dann froh ist, daß es nicht dazu kommt. Und da gibt es die Erinnerungen eines sow-jetischen Außenpolitikers und die Erlebnisse eines Bundeswehrgenerals. Der Herausgeber und die Mitarbeiter des Buches sind ehemalige Angehörige der Nationalen Volksarmee. Der Herausgeber erfuhr später, daß die NVA 1968 nicht am Einmarsch beteiligt war, aber wissend, daß die DDR-Führung der Intervention zugestimmt und Maßnahmen zu ihrer Sicherstellung verfügt hatte. Damals entstand seine Idee, einen Sammelband zu diesem Thema herauszugeben.

204 Seiten, fest gebunden mit Schutzumschlag, 148 Abbildungen, 17x23,5 cm
ISBN 978-3-938208-74-8

19,90 €

Friedrich-Wilhelm Schlomann

Was wußte der Westen?

Die Spionage der CIA, des britischen SIS, des französischen DGSE und des BND gegen den Sowjetblock von 1945 bis 1990
Die westalliierten Militärverbindungsmissionen in Potsdam

In den Welteroberungsplänen des Kreml, seiner massiven Aufrüstung und Spionage mußte bald nach 1945 die Gefahr eines erneuten Weltkrieges gesehen werden. Im Kalten Krieg ging es um die Selbstbehauptung der freiheitlichen Lebensordnung des Westens. Der Konflikt führte zu einem Gleichgewicht der militärischen Kräfte – bis hin zu dem des atomaren Schreckens. Für ein halbes Jahrhundert wurde so der globale Friede, ein stets gefährdeter Weltfriede garantiert. Zu dieser Politik der Abschreckung gehörte die Berechenbarkeit des Sowjetblocks. Das bedeutete ständige Informationsbeschaffung durch geheime Nachrichtendienste über die militärischen und wirtschaftlichen Kapazitäten der hermetisch geschlossenen Welt des Ostens – Ausspähung, Aufklärung, Spionage.

Welche Rolle hier die Menschen spielten, welche über die Entwicklung jenseits des Eisernen Vorhangs berichteten und dabei für die Freiheit und den Frieden des Westens ihr Leben auf Spiel setzten, dokumentiert dieses Buch. Die Ziele, die Erfolge und Mißerfolge der Dienste der USA, Großbritaniens, Frankreichs und insbesondere des BND der Bundesrepublik Deutschland, werden anhand vieler Einzelfälle, aber auch historisch-systematisch behandelt und analysiert. Wichtig ist ebenfalls die in ihrer Fülle der Details wohl erstmalige zusammenfassende Darstellung der bis heute weitgehend unbekannten Tätigkeit der westalliierten Militärverbindungskommissionen in Potsdam.

F.W. Schlomann hat sich schon vor 1989/90 jahrzentelang mit den Nachrichtendiensten in der geteilten Welt wissenschaftlich und publizistisch befaßt. Sein jetziges Buch stellt eine Arbeitsbilanz dieses Experten dar. Es fußt auf der Auswertung bisher erschienener Publikationen in Ost und West, auf freigegebenen Akten der Geheimdienste, etlichen Gerichtsunterlagen und vielen Gesprächen mit Nachrichtendienstlern und deren heimlichen „Augen und Ohren". Auch führende Persönlichkeiten dieser Dienste waren zu Auskünften bereit – daß sie namentlich nicht genannt werden wollen, wird der Leser verstehen.

Bei aller Vergangenheitsaufarbeitung soll das Buch nicht zuletzt das heutige Bewußtsein für die Gefahrenlagen der internationalen Politik und deren Abhängigkeit von nachrichtendienstlichen Erkenntnissen schärfen.

Hardcover mit Schutzumschlag, 200 Seiten, 17x23,5 cm, 24 Abb., ISBN 978-3-938208-95-3

19,90 €

Helios Verlags- und Buchvertriebsgesellschaft
Postfach 39 01 12, 52039 Aachen
Telefon: 0241-55 54 26 - Fax: 0241-55 84 93
eMail: Helios-Verlag@t-online.de; www.helios-verlag.de
versandkostenfreie Auslieferung innerhalb Deutschlands